宣言書

吾等은 玆에 我 朝鮮의 獨立國임과 朝鮮人의 自主民임을 宣言하노라 此로써 世界萬邦에 告하야 人類平等의 大義를 克明하며 此로써 子孫萬代에 誥하야 民族自存의 正權을 永有케 하노라

半萬年歷史의 權威를 仗하야 此를 宣言함이며 二千萬民衆의 誠忠을 合하야 此를 佈明함이며 民族의 恒久如一한 自由發展을 위하야 此를 主張함이며 人類的良心의 發露에 基因한 世界改造의 大機運에 順應幷進하기 위하야 此를 提起함이니 是ㅣ 天의 明命이며 時代의 大勢ㅣ며 全人類共存同生權의 正當한 發動이라 天下何物이던지 此를 沮止抑制치 못할지니라

舊時代의 遺物인 侵略主義 强權主義의 犧牲을 作하야 有史以來 累千年에 처음으로 異民族箝制의 痛苦를 嘗한지 今에 十年을 過한지라 我生存權의 剝喪됨이 무릇 幾何ㅣ며 心靈上發展의 障礙됨이 무릇 幾何ㅣ며 民族的尊榮의 毀損됨이 무릇 幾何ㅣ며 新銳와 獨創으로써 世界文化의 大潮流에 寄與補裨할 機緣을 遺失함이 무릇 幾何ㅣ뇨

噫라 舊來의 抑鬱을 宣暢하려 하면 時下의 苦痛을 擺脫하려 하면 將來의 脅威를 芟除하려 하면 民族的良心과 國家的廉義의 壓縮銷殘을 興奮伸張하려 하면 各個人格의 正當한 發達을 遂하려 하면 可憐한 子弟에게 苦恥的財産을 遺與치 안이하려 하면 子子孫孫의 永久完全한 慶福을 導迎하려 하면 最大急務가 民族的獨立을 確實케 함이니 二千萬各個가 人마다 方寸의 刃을 懷하고 人類通性과 時代良心이 正義의 軍과 人道의 干戈로써 護援하는 今日 吾人은 進하야 取하매 何强을 挫치 못하랴 退하야 作하매 何志를 展치 못하랴

丙子修好條規 以來 時時種種의 金石盟約을 食하얏다 하야 日本의 無信을 罪하려 안이 하노라

역사신문

신문으로 엮은 한국 역사

일제 강점기(1910년 ~ 1945년)

역사신문편찬위원회 엮음

이 책을 만든 사람들

검토위원   조동근(경동고 교사)
　　　　　박주현(서울대 대학원 역사교육과)
　　　　　남궁원(서울사대부고 교사)
　　　　　이화연(경서중 교사)
　　　　　신선호(국악고 교사)
집　　필   유시현(고려대 사학과 박사 과정)
　　　　　박진동(덕수산업정보고 교사)
　　　　　정숭교(서울대 강사, 한국사)

시사만평   이은홍
삽　　화   김병하 전기윤 이은홍
만　　화   이바구
지　　도   미디어 오늘
표　　지   박현숙디자인

교　　정   강윤재 최옥미
제　　작   조영준
미　　술   이은홍
연　　구   김성환
기　　획   우지향
편　　집   미디어 오늘(김경희, 김용필, 구은정)
편 집 인   김경택

역사신문 발간에 부쳐

우리가 신문보도를 통해서
그날 그날 일어난 사건을 접하고,
해설기사를 보면서
그 사건의 성격을 이해하며,
사설을 읽고 그 시시비비를 가릴 수 있듯이,
역사신문을 봄으로써 과거의 역사를
생생한 오늘의 일로 느끼면서도 깊이 있게
이해하도록 하자는 것입니다.

우리는 흔히 '역사'에 대해 서로 다른 두 가지 상을 갖게 됩니다. 역사란 오늘의 우리 모습을 비춰 주고, 내일의 삶에 방향을 제시해 주는 거울 같은 것이라는 거창한 명제가 우리들 의식 한 켠에 늘 자리잡고 있습니다. 그러나 다른 한편, 역사를 단순히 흘러간 옛날 이야기로 치부하거나 골치 아픈 연대기를 외우는 지겨운 과목쯤으로 생각하는 경우도 적지 않습니다. 이처럼 역사에 대해 상반된 상을 갖게 되는 것은 역사를 역사답게 배우지 못했던 교육 여건의 결과이기도 하지만, 역사를 올바로 이해할 수 있도록 도와 주는 자료나 매체가 풍부하지 못한 데에도 원인이 있습니다.

역사란 결코 박제화된 먼 과거의 연대기가 아닐 것입니다. 인류는 유사 이래 서로 이해관계를 다투며 각 시대마다 그 시대의 사회체제와 생활양식을 만들고, 또 이것을 떠받쳐 주는 사상을 엮어왔는 바, 그 총체가 바로 역사라고 할 수 있습니다. 또한 오늘 우리들의 삶도 바로 이 역사의 연속선상에서 이루어지고 있습니다. 그러기에 우리는 과거의 태반 속에서 태어난 역사의 자식인 것입니다.

그러나 이 점을 확연하게 깨닫게 해 주는 책은 그리 많지 않은 것 같습니다. 통사류의 개설서나 교과서는 역사의 전 시기를 체계적으로 서술하는 것이 목표이다 보니 너무 추상적이고 어려워, 지식대중들이나 학생들이 역사를 자신의 삶과 관련하여 생생하게 이해하는 데에는 큰 도움을 주지 못하고 있습니다. 그런 반면 이야기 형식으로 꾸며진 역사책들은 흔히 흥미 위주의 이야기들을 모아놓은 데 그치는 경우가 많아 과거 사람들의 삶에 흥미를 갖게 하지만, 각 시대의 실상을 체계적이고 객관적으로 파악하게 하는 데에는 미흡할 수밖에 없다고 생각합니다.

우리가 역사를 신문형식으로 편찬하기로 한 것은 그것이 역사이해에 있어 이처럼 비어 있지만 가장 중요한 자리를 채우는 좋은 방법이 아닐까 하는 생각에서 입니다. 먼 과거의 역사를, 마치 우리가 날마다 주위에서 일어나는 사건을 신문을 통해서 보는 것처럼 쉽고 생생하게 이해할 수 있을 거라는 생각입니다. 말하자면 우리가 신문보도를 통해서 그날그날 일어난 사건을 접하고, 해설기사를 보면서 그 사건의 성격을 이해하며, 사설을 읽고 그 시시비비를 가릴 수 있듯이, 역사신문을 봄으로써 과거 역사를 생생한 오늘의 일로 느끼면서도 깊이 있게 이해하도록 하자는 것입니다.

우리 역사신문편찬위원회는 이런 목표를 이루기 위해 지난 3년여 동안 함께 모여 수많은 논의를 거치며 집필과 편집작업을 거듭하여 우리 역사를 모두 130여 호의 신문으로 편찬하게 되었습니다. 선례가 없이 처음 만드는 신문이라서 기사의 내용이나 편집체제가 애초의 의도를 살리기에 미흡한 점이 적지 않으리라 생각되어 걱정이 앞서기도 합니다.

그러나 그런 가운데서도 우리 역사를 자기 것으로 이해하고자 하는 지식대중들이나 역사를 가르치고 배우는 교사와 학생 모두에게 바른 역사이해의 길잡이가 되었으면 하는 마음 간절합니다.

역사신문편찬위원 일동

역사신문 읽는 법

(1) 역사신문은 중요한 역사적 사건을 중심으로 전후 몇십 년, 간혹 몇백 년을 한 호의 신문에 포괄하고 있습니다. 그래서 어쩔 수 없이 수십 년 동안 일어난 일을 한 호의 신문에 실었고 기사 내용도 몇십 년을 한 시간대로 간주하고 쓰여진 경우가 있습니다.

(2) 역사신문 기본호는 4면으로 구성되어 있습니다.

4면의 예

1면에는 해당 시기의 주요 사건의 보도기사들을 역사적 중요도에 따라 크기를 달리하여 실었습니다.

2면에는 1면 기사 가운데 중요한 비중을 갖는 사건의 배경과 역사적 맥락 등을 이해하도록 하는 해설성 기사와 사설, 만평 등을 실었습니다.

3면에는 1면의 관련기사나 생활, 경제기사를 주로 실었습니다.

4면은 당시의 사회상을 엿볼 수 있는 생활관련기사를 실은 사회면입니다.

5면에는 우리나라에 직·간접적 영향을 준 해외기사를 모아놨습니다.

6면에는 문학·예술·사상 등 문화계의 동향을 실어 시대상을 총체적으로 파악하는 데 도움이 되도록 했습니다.

(3) 역사신문의 기사들은 이런 성격을 갖고 있습니다.

기사제목 : 기사제목은 역사의 사실을 전달하면서도 이를 당시 살았던 사람들의 생각을 통해 이해하도록 뽑았습니다.
주요 기사의 제목만을 쭉 읽어 보아도 한 시대의 흐름을 알 수 있을 것입니다. 물론 기억에도 오래 남습니다.

연표 : 1면 제호 옆의 연표를 보면 해당호에 주로 어떤 사건들이 일어났는가를 파악할 수 있습니다. 또 주요 사건의 관련기사가 몇 면에 실려있는가가 표기되어 있어 신문의 목차 역할도 합니다.

연대표 : 1면 하단의 간단한 연대표를 보면 해당 호의 주요 사건이 각 시대의 전체 흐름 가운데 어떤 위치와 맥락에 있는지 참조할 수 있습니다.

관련기사 : 각 호의 주요 기사에 대해서는 반드시 관련 해설이나 관계 인물과 인터뷰 등을 하여 그 내용을 역사적 관점에서 다각도로 이해할 수 있도록 하였습니다.

참조기사 : 앞뒤 호로 연결되는 사건이나 정책 등에 대해서는 참조기사 표시를 하여 역사적 흐름의 이해를 돕고 있습니다.

사설 : 사설에서는 각 시대의 주요 사건을 오늘의 관점에서가 아니라 그 시대를 살았던 사람들의 관점에서 시비를 가려 평가하였습니다. 오늘날 흔히 논란이 되고 있는 역사적 쟁점을 그 시대인의 눈으로 보는 데에 도움이 될 것입니다.

찾아보기 : 책 말미의 찾아보기는 신문에 실린 각 시대의 주요 사건, 인물, 제도, 정책, 유물 등의 내용을 사전처럼 쉽게 찾아볼 수 있도록 그 게재 위치를 표시한 것입니다. 필요할 때마다 여러 가지 용도로 활용하세요.

(4) 역사신문을 읽고 이렇게 해 보세요.

(1) 역사신문의 사설을 읽고 논평이나 비판을 써 보면 그 주제에 대한 자신의 생각을 정리하는 데에 도움이 됩니다.
(2) 관심 있게 읽은 기사에 대해 독자투고를 써 보면 역사적 사실이 먼 과거에 일어났던 남의 일이 아니라 바로 자신의 일임을 느끼게 됩니다.
(3) 만평을 보고 자신의 소감을 써 보거나 자신이 직접 만평을 그려봐도 재미있습니다.
(4) 특정기사를 광고문으로 만들어보는 것도 흥미로운 일입니다.

일러두기

1. 역사적 사실에 대한 고증이나 평가 가운데 역사학계에서 이론(異論)이 있는 경우, 고등학교 국사교과서를 기준으로 삼았으며, 국사교과서와는 다르지만 중요하다고 생각되는 견해에 대해서는 독자투고 등의 형식으로 소개하고자 했다.
2. '역사신문'의 기사는 모두 사실(史實)에 기초하여 집필하였으나, 신문의 형식상 필요한 경우 사실의 범위 내에서 가공한 부분도 있다.
3. 사설은 기본적으로 역사적 입장을 견지하였으며, 구체적인 사항에 대한 평가는 '역사신문'의 견해에 입각한 것임을 밝힌다.
4. 용어나 지명은 가능한 한 해당 시기의 명칭을 사용하는 것을 원칙으로 하였으나, 현재 확인할 수 없는 경우는 현재의 명칭을 그대로 썼다. 외국 인명이나 지명은 그 나라의 발음에 따르는 것을 원칙으로 하되 우리말 발음으로 굳어진 것(예: 북경, 상해)은 예외로 했다.
5. 역사상의 인물 모습은 가능한 한, 초상화나 인물화를 사용하였다. 그런 자료가 남아 있지 않은 경우에는 임의로 그렸음을 밝혀둔다.
6. 꼭 필요한 경우 외에는 한자를 생략하였다. 중요한 용어나 인명 등에 대해서는 책 말미의 '찾아보기'에 한자를 병기하였다.
7. '찾아보기'는 신문의 각 면을 4등분하여 좌·우, 상·하의 차례대로 가, 나, 다, 라로 세분하여 표시하였다.

역사신문 6권 차례

역사신문

아! 슬프도다 대한이여

한일합병 조약 체결…지도에서 한국 사라져…2천만 민족 울분

우리의 반만년 역사 이래 처음으로 국권을 다른 민족에게 넘기는 일이 일어났다. 이 소식은 8월 28일 통감 데라우치가 기자회견을 가지면서 세상에 알려졌다. 너무나 믿기 힘든 이 한일합방조약 체결의 사실은 29일 관보와 신문지상을 통해 공식적으로 발표되었다.

을사조약으로 외교권을, 정미조약으로 내정권을 단계적으로 박탈한 이래, 전국적으로 일어난 항일의병 투쟁을 남한대토벌작전으로 불길을 끄고, 신문지법, 보안법, 출판법을 통해 언론·교육·각종 정치결사를 통한 구국운동을 탄압했으며, 경찰까지 장악한 가운데 합방은 이미 예견되고 있었다.

통감 데라우치는 1910년 5월 통감으로 부임하기 전에 일본의 각의와 군부와 한국 병합을 사전에 협의하고 이 날에 이를 시행하게 되었다. 이미 총리대신 이완용과 만나 합방조약을 제시하고 합방을 결사 반대하는 학부대신 이용직을 출장보내 배제한 채 22일 어전회의를 통해서 대신들의 동의를 얻고 조약을 체결하게 되었다.

병합조약 공포에 즈음하여 8월 25일 집회취제에 관한 것을 공포하여 정치집회를 일절 금지시키고, 논공행상을 발표하였다. 이제 순종은 이왕(李王)에 봉해지고, 고종은 이태왕(李太王), 황태자는 왕세자로,

근정전에 내걸린 일장기

의친인 이강, 이희는 각각 공으로 침함을 받고 황족과 친일파 76명에게는 작위를 수여하였다. 합방 이후 한반도를 어떻게 부를 것인가에 대해서는 우리 정부측에서 한국을 희망하였으나, 일본은 조선으로 부르도록 하였다.

이와 함께 보안법을 적용하여 대한협회, 서북학회, 전보당, 일진회 등 10여 개의 단체 일제히 해산하고, [대한매일신보]를 강제로 매수하여 이를 총독부의 기관으로 삼아 '대한'이라는 두 글자를 떼고 [매일신보]로 발행하여 한국인의 눈과 귀를 막고 있다.

전국에 한일합병의 소식이 전해지게 되자 2천만 국민들은 울분에 가득차 있다. 그러나 사방에 군대와 경찰의 삼엄한 경계태세 속에서 아직까지 커다란 충돌은 일어나지 않고 있다.

한일합병 조약문

한국황폐하와 일본국황제폐하는 양국 간의 특수하고 친밀한 관계를 고려하여 상호 행복을 증진하며 동양의 평화를 영구히 확보하고자 하는 바, 이 목적을 달성하기 위해서는 한국을 일본제국에 병합함이 최선책이라고 확신하여 이에 양국간에 병합조약을 체결하기로 결정하고 이를 위하여 일본국황제폐하는 통감 자작 사내정의(寺內正毅)를, 한국황제폐하는 내각총리대신 이완용을 각기 전권위원으로 임명함. 이 전권위원은 회동협의한 후 다음과 같이 제 조약을 협정함.

제1조 한국 황제폐하는 한국 정부에 관한 일체의 통치권을 완전하고도 영구히 일본국 황제폐하에게 양여함.

제2조 일본국 황제폐하는 1조에 게재한 양여를 수락하고 또 완전히 한국을 일본국에 병합함을 승낙함.

제3조 일본국 황제폐하는 한국황제폐하·대황제폐하·황태자폐하와 그 후비 및 후예로 하여금 각기 지위에 응하여 상당한 존칭·위엄 그리고 명예를 향유케 하며 또 이를 유지하기에 충분한 세비를 공급할 것을 약속함.

제4조 일본국 황제폐하는 3조 이외의 한국황족과 그 후예에 대하여 각기 상당한 명예와 대우를 갖게 하며 또 이를 유지하기에 필요한 자금을 공여할 것을 약속함.

제5조 일본국 황제폐하는 공훈있는 한인으로서 특히 표창을 함이 적당하다고 인정되는 자에 대하여 영작(榮爵)을 수여하고 또 은금(恩金)을 급여할 것.

제6조 일본국 정부는 전기병합의 결과로서 완전히 한국의 시정을 담당하고 동지(同地)에 시행하는 법규를 준수하는 한인의 신체와 재산에 대하여 충분한 보호를 하며 또 그 복리의 증진을 도모할 것.

제7조 일본국 정부는 성의와 충실로 신제도를 존중하는 한인으로서 상당한 자격이 있는 자를 사정이 허하는 한에서 한국에 있는 제국관리로 등용할 것.

제8조 본 조약은 일본국황제폐하와 한국황제폐하의 재가를 받은 것으로 공포일로부터 시행함.

위를 증거로 양전권위원은 본조약에 기명 조인한다.

융희 4년 8월 22일
내각총리대신 이완용

명치 43년 8월 22일
통감 자작 데라우치 마사다케

특별사설

애국동포에게 호소함

분하고 원통하다! 5천년을 지켜온 나라가 망했으니 이제 어느 하늘 아래서 발을 뻗고 잘 수 있을 것인가. 이제 우리 운명은 남에게 맡겨지고 노예와 같은 삶이 우리를 기다리고 있을 뿐이다. 생각할수록 앞날이 암담하고 지난 격동의 시기에 우리가 그토록 애쓰면서 한 일이 이 정도 결과 밖에 가져올 수 없었는가에 회한이 사무친다.

이 땅은 우리 민족이 오천년 동안 터잡고 살아온 강토(疆土)다. 몽고의 간섭을 받으면서도, 임진왜란과 병자호란의 치욕을 당하면서도 이 땅을 송두리채 이민족에게 넘겨주는 일은 없었다. 그런데 지금에 와서 이 일을 당하다니 그 분하고 원통함을 어느 것에 비할 수 있을까.

강도 일본은 온갖 속임수와 무력을 동원, 매국노를 매수하고 순종황제를 위협해 우리 강토를 강제로 빼앗았다. 저들은 여기에 그치지 않고 우리 땅을 지키고자 정당하게 싸우는 의병 형제들을 학살해 금수강산을 피로 붉게 물들이고 있다. 이처럼 어처구니 없는 일을 저질렀으니 일본은 우리에게 자손만대의 원수가 될 것이다. 애국동포여! 이 날, 이 치욕을 절대로 잊지 말자.

그러나 또한 우리는 분노로 움켜진 주먹으로 땅을 박차며 다시 일어서야 한다. 다시 시작해야 한다. 5천년 역사의 저력이 우리를 받쳐주고 있는 우리에게 영원한 좌절이란 있을 수 없다. 그리하여 이땅에서 강도 일본을 쫓아내고 새나라를 건설해야 한다. 이 일은 몇몇 선각자에게 달려 있는 일도 아니요, 다른 외국에게 의지할 일도 결코 아니다. 2천만 우리 민족 구성원 모두에게 지워진 거룩한 민족사적 사명이다. 일터에 있는 이들은 망치와 삽으로, 문필가들은 펜으로, 장사하는 이들은 돈으로, 예술가들은 재능으로 모두 이일에 떨쳐나서자.

또한 항일투쟁과 새조국 건설은 별개의 일도, 순차적으로 진행해야 할 일도 아니요 마치 동전의 양면과 같이 동시에 추진해야 할 일이다. 역사에 단절은 없다. 오늘 이 시련도 결코 역사의 단절이 아니다. 일제의 지배를 극복하는 길은 바로 봉건적 왕조체제를 극복하고 민족 주체의 근대화를 여는 길이기도 하다. 일제가 우리에게 자본주의체제를 강요하겠지만 동시에 우리를 저들의 편의에 따라 봉건적 예속상태에 묶어두려고 할 것이 뻔하기 때문이다. 우리는 식민지민족해방운동의 모범을 창출해야 할 세계사적 임무도 지고 있는 것이다.

아, 슬픔과 회한을 떨쳐내고 우렁찬 함성으로 해방의 광장으로 몰려나올 동포들의 모습이 눈물 속에 아른거린다. 우리 모두 감격의 눈물을 흘릴 그날을 약속하자.

"조상에 면목없고 후손에 부끄럽다" 국권상실에 울분 '순절' 잇따라

1919년 9월 나라잃은 비통한 슬픔을 이기지 못해 도처에서 순국하는 인사들이 늘고 있다.

금산군수 홍범식이 합병의 비보를 듣고 목매어 자결했다. 전 러시아 공사 이범진이 순종황제에게 올리는 서한과 2천5백루블을 남겨놓고 자결했다. 진사 황현은 아편을 마시고 자결했다. 민비시해와 단발령에 반대하여 의병을 일으켰던 이근주가 합병을 통분하여 자결했다. 전 종정원경 이면주가 독을 마시고 자결했다. 안동사람 유도발은 곡기를 끊고 자결했다. 전 성균관 생원 이현섭도 단식 순국했다. 망국의 소식을 듣고 솔잎으로 연명하던 조장하가 한달만에 순국했다. 병조참의를 지낸 장태수가 한일병합에 통분하여 향리에 가있다가 일제가 은사금을 보내자 거절하고 단식 순국했다(11.27). 일본의 은사금 거절과 배일활동으로 투옥되었던 이학순이 병보석되자 독을 마시고 자결했다. 박병하가 단식 8일만에 순국했다. 내시 반하경이 항복 자결했다. 송주면이 내에 몸을 던져 순국했다. 사간원 정언 이중언이 을사오적을 참할 것을 상소한 후 은거하던 중 단식 순국했다. 훈련첨정 정동식이 포고문과 토적문을 써놓고 자결 순국했다. 사헌부 지평 정재건이 자결 순국했다. 태인유생 김영상이 자결 순국했다. 참관 송도순이 자결 순국했다. 의관 송익면이 자결 순국했다. 승지 이재윤이 자결 순국했다. 승지 이만도가 자결 순국했다. 감찰 권용하가 자결 순국했다. 도살업을 하는 황돌쇠가 비통하여 순국했다.

'병합조약' 문제많다

일제가 주도면밀하게 준비한 병합조약은 법적으로도 문제가 있음이 밝혀졌다. 그 이유를 조목별로 따져본다.

▲ 강제로 체결했으므로 무효.
외교권과 군사권이 없는 나라를 매국노를 동원하여 강제로 넘기게 했으므로 무효.

▲ 문서 상의 결정적 결함
합방조약의 비준서에 순종 황제의 어새만 있고 서명이 없다. 황제가 결재하는 모든 문서에는 황제의 이름자 서명을 받아야 하는데, 합방조약에 서명이 없다는 것은 황제가 비준을 거부한 것이다.

▲ 조약 대표에 논리적 모순
통감을 을사조약에 의하면 한국의 외교권 행사의 대표가 되어야 할 직책인데 일본의 대표로서 기명 조인하는 것은 넌센스이다.

대한제국 국방일지

1897년	고종 대한제국 선포
1904년	러·일전쟁 중 한일의정서 체결로 일제의 내정간섭 본격화
1905년	을사늑약 체결로 외교권 빼앗김
1907년	헤이그사건으로 고종 강제 퇴위, 순종 즉위
1907년	정미 7조약으로 행정·사법권 빼앗기고 군대 해산됨
1907년	군대해산으로 의병전쟁 본격화
1910년	국권을 빼앗김

한일합병조약을 강제로 체결한 일제 당국이 고종(가운데), 순종(고종 왼쪽) 및 한국정부 관리들과 함께 찍은 사진.

"나라가 망해도 책임질 사람 없다니"

대문호요 절사인 매천 황현의 죽음은 많은 사람들의 가슴을 애저리게 한다. 그는 전남 광양에서 태어나 구례에 자리잡은 당대의 문사였다. 평생을 벼슬살이 한번 하지 않았으니 타인의 시선을 조금도 의식하지 않아도 되는 사람이었다.

병합의 소식을 듣고 음식을 전폐한 후 그는 절명시 4수와 유서를 남긴후 마침내 독약을 먹고 순사하였다. 매천은 아들에게 남긴 유서에서 "국가가 선비를 양성한지 5백년에 이제 최후로 망국의 날이 왔다. 한 사람도 국가를 위하여 순사한 사람이 없다하나 어찌 통탄할 일이 아니냐. 나는 황천에 대하여 바른 덕을 책임질 필요는 없으나 평생에 독서한 그 뜻을 남기기 위하여 길이 잠들고자한다. 너희들은 지나치게 애통해하지 마라"고 하였다. 이렇게 독서한 사대부로서 국가의 녹은 받지 않았지만 천하의 의를 위하여 순국한다고 하였다.

난리가 물밀듯 거듭 몰아닥쳐 머리는 세고 나이는 늙어버렸네
몇번이고 죽으려 했건만 아직도 그 뜻을 이루지 못하였는데
어떻게도 돌이킬 수 없는 오늘
가물거리는 촛불만이 푸른 하늘을 비추네

요사하고 간사한 기운에 가리어 제황은 옮겨가고
구중궁궐은 긴 밤에 잠겨 낮이 올 날 기약없네
이제부터는 소칙을 받자올 길 다시 없으니
구슬같은 눈물이 종이 가득히 천갈래로 번지네

새와 짐승도 슬피울고 산과 바다도 고통에 못이겨 찡그리는데
무궁화 삼천리 금수강산은 이미 가라앉아 버렸네
가을밤 등불 밑에 책을 덮고 천고를 회상하니
인간으로 태어나 선비노릇하기 참으로 어렵구나

일찍이 나라를 지탱하는 데에 조그마한 공도 없었으니
단지 인을 이루었을뿐 그것이 충은 아니었네
겨우 윤회와 곡량을 따르는데에 그쳤으니
당시의 진평과 동방삭을 따르지 못한 것이 부끄럽기만 하구나

미국교포들 합병 전면거부 무장투쟁 다짐

합병소식을 전해들은 재미 한인들은 9월 1일 합병부인 성명서를 발표했다. 이들은 성명서에서 한일합병을 부인하면서 "왜적의 부속민이 되지 않을 것을 맹세한다"고 했다. 또 왜적을 우리 강토에서 몰아낼 때까지 8월 29일을 국치일로 기념하여 왜적에 대한 적개심을 새롭게 하고, 이제부터는 대한인국민회가 재미한인을 대표한다고 발표했다.

또 합병 이후 미주지역의 한인들 사이에서는 독립군을 양성하여 독립을 쟁취하자는 움직임이 일고 있다. 1910년 10월 미국 클레어몬트에서는 매주 3일씩 군대훈련을 실시하고 있고 롬폭에서는 의용훈련대가 조직되어 매일 야간에 군사훈련을 실시하고 있다.

세계는 일본의 한국강점을 어떻게 보고 있는가? 일본의 언론들은 대부분 강점을 적극 환영하고 나섰다. 다른 나라들 역시 일본의 한국 강점을 지지하고 나섰다. 일본과 마찬가지로 침략에 열중하고 있는 제국주의 열강들이 일본의 조선강점을 묵인함으로써 자신의 이익을 확보하려는 의도로 해석된다. 우리 민족은 어디에도 호소할 곳이 없는 처지로 떨어졌다.

일 본
정당화 급급 역사왜곡까지

합방의 당사자인 일본언론들은 한결같이 한국에 대한 강점을 지지하였다. 나아가 불난 집에 부재질 격으로 침략적인 행위를 정당화하는데 앞장서고 있다.

「동경조일(東京朝日)」을 비롯한 일본의 유력지들은 강점이 새삼스러운 일이 아니라고 하면서 일본이 고대 역사에서 한국을 점령한 일이 있다는 날조된 역사를 들먹이면서, '병합' 이야말로 역사적·지리적·언어적으로 보아 지극히 자연스러운 일이라고 주장하였다.

「대판조일(大阪朝日)」은 '병합'이 한국인을 위하여 행복한 일이라고 하면서, 한국에게 문명과 평화를 보장할 것이므로 오히려 합방을 기뻐해야 할 것이라는 사이비 행복론을 주장하였다.

또한 병합이 일본측의 침략에 책임이 있는 것이 아니라 한국측이 희망한 것이며, 병합의 원인은 조선왕조의 악정에 원인이 있다고까지 주장하는 언론이 있었다.

청 국
국경문제 등 불안 드러내

청국 정부는 국경문제 등에 의문을 갖는 등 불안안 기색을 보이는 가운데, 북경 간행의 신문은 한국의 멸망에 동정을 나타내면서 청국이 "전철을 밟아서는 안된다"고 하였다. 특히 만주·몽고가 한국과 같은 운명에 빠질지 알 수 없으므로 각별한 주의가 필요하다고 하였다.

영 국
외국인 권리보장에 만족

영국 외무대신은 일본이 한국에서 세력을 증대시키는 것에 대해서 영국 정부가 하등 반대할 이유가 없다고 하면서, 관세율의 유지, 개항장·연안무역의 계속등을 요구하여 조선에서의 외국인의 권리 보장을 주장하였다. 「타임즈」, 「모닝 포스트」등 유력지들도 일본에 호의적인 논평을 하면서 일본의 외국인에 대한 경제적 권리에 대한 조치에 대체로 만족하였다.

미 국
필리핀만 무사하면 좋다

미국 정부는 일본의 한국 강점이 좋은 의도를 가지고 있고 한국민의 행복을 위한 것이라면서 지지를 표명했다. 한편 미국의 언론들도 병합이 한국민의 행복을 증진하는 것이라고 하면서 생명·재산의 보호는 물론 경제의 개발까지 해야 할 것이라고 하였다. 또한 일본의 필리핀에 대한 관심을 아시아대륙으로 향하게 할 수 있기 때문에 미국을 위해 환영한다고 하여 그들의 관심이 필리핀에 있음을 나타냈다.

러시아
이미 끝난 일로 문제없다

러시아의 일반 신문들은 "조선의 운명은 러·일강화조약일에 결정된 것으로 일본은 사실상 이미 조선을 병합하여 이제는 단순히 형식적으로 이를 발표해 버린 것에 불과하다. 따라서 병합이란 사건은 조선인에게 이해관계를 갖는 열강의 동의를 얻어 단행된 것으로 러시아는 이에 반대할 이유가 없다"고 하였다. 일반적으로 병합을 인정하는 가운데, 병합조약을 부인한 것은 보수주의 기자 1명에 불과하였다.

역사신문

일제, 통치권 장악 '무단통치' 시작

헌병경찰제로 공포분위기 조성 … 토지조사령 · 회사령 등 수탈정책 속속 발표

총독에 합병 장본인 데라우치 임명

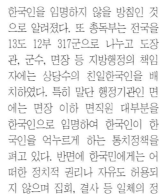

1910년 10월 1일 일제는 한국에 조선총독부를 설치하고, 초대 총독에 한일합병을 주도한 육군대장 출신의 데라우치 마사타케(寺內正毅)를 임명하여 한국 침략을 본격화하고 있다. 일본 육·해군 대장 가운데서 임명되는 조선총독은 일본천황의 직접지시를 받아 입법, 행정, 사법 및 군통수권 등 일체의 통치 권력을 장악하여 한국을 통치할 것으로 알려졌다.

데라우치총독은 통치제제를 정비, 중앙 및 지방의 행정관제를 정비하고 헌병경찰제도를 실시하는 한편, 별도로 임시토지조사국을 설치하여 토지조사사업을 시작하고 회사령을 발표하는 등 억압과 수탈을 위한 무단통치를 시작했다. 총독부 및 소속관서에는 약 2만 2천여 명의 관리를 배치, 그물망 같은 행정조직으로 한국 지배에 나서고 있는데, 총독부 관리에는 가능한 한 한국인을 임명하지 않을 방침인 것으로 알려졌다. 또 총독부는 전국을 13도 12부 317군으로 나누고 도장관, 군수, 면장 등 지방행정의 책임자에는 상당수의 친일한국인을 배치하였다. 특히 말단 행정기관인 면에는 면장 이하 면직원 대부분을 한국인으로 임명하여 한국인이 한국인을 억누르게 하는 통치정책을 펴고 있다. 반면에 한국민에게는 어떠한 정치적 권리나 자유도 허용되지 않으며 집회, 결사 등 일체의 정치활동도 금지하고 있다.

또 총독부는 한국민을 억압하기 위한 장치로 군사조직인 헌병이 경찰권을 장악하는 헌병경찰제도를 실시하고 있다. 이에 따르면 치안책임자인 경무총장에 헌병사령관을 임명하고 각 도의 경찰부장에도 각 도의 헌병대장을 임명, 이들이 경찰사무를 총괄토록 하고 있다. 이 헌병경찰은 의병의 토벌뿐만 아니라 정치·경제·사회·문화의 모든 분야를 지도 감독할 수 있는 막강한 권한을 갖고 있다.

한편 총독부는 1910년 임시토지조사국을 설치, 토지 및 세금 수탈을 위한 토지조사사업에 착수했으며, 한국의 공업발전을 억압하기 위해 회사 설립에 총독의 허가를 받도록 하는 회사령을 공포했다. 또 한국에서 자원을 수탈하고 대륙 진출을 신속히 하기 위해 막대한 예산을 투입, 철도·도로·항만 등의 건설에 나설 계획인 것으로 알려졌다. 총독부는 재원을 확보하기 위해 조세제도를 정비하고 세원 확보에 혈안이 돼 있다. 또 기존 중앙은행인 한국은행을 조선은행으로 바꿔 조선은행권의 발행, 공채 응모·매입 등을 통해 통치자금 마련에 나설 것으로 알려졌다. **관련기사 2면**

의병들 무력항쟁 각지에서 계속

주력군 만주 이동 '독립군' 전환 모색

의병들은 병합 전 일제의 남한대토벌작전으로 괴멸적 타격을 받았으나 병합소식이 전해지자 악조건 속에서도 소규모 투쟁을 계속하고 있다.

1910년 9월 경북 예천 인근에서 영천경찰서 소속 순사 8명이 의병들의 총격을 받았으며 전국 각지의 일본헌병 분견소가 소규모 의병에 의해 피습당하고 있다. 1910년 한 해에 벌어진 이러한 헌병 경찰과의 전투는 무려 120회 가량으로 1천 832명에 달하는 의병이 참가한 것으로 밝혀졌다.

의병활동의 중심지는 황해도와 경북 일월산 일대로 많게는 40~50명 적게는 수 명이 게릴라전으로 일본군에 타격을 주고 있다. 이에 대해 일본군은 1910년 말 황해도에 1개 여단병력, 일월산 지역에 임시 파견대 1개 대대와 경찰·헌병 연합병력을 투입해 이 지역 의병토벌작전에 나서고 있다.

현재 의병부대들은 일본군의 압도적인 무력에 밀려 주력들은 만주로 이동하여 독립군으로의 전환을 모색하고 있는 중이라는 소식이다. 특히 1909년 북간도로 이동한 홍범도부대는 때때로 함경도로 넘어와 일군 수비대와 헌병대를 기습공격하고 있다는 소식이다.

관련기사 5면

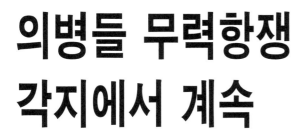

중국 신해혁명 발발 … 사상초유 공화제 실시

중국에서 신해혁명이 발발, 청조가 무너지고 공화정부가 들어서는 대변혁이 일어났다. 1911년 10월 무창(武昌)에서 무장봉기가 일어나 혁명군이 혁명정부를 수립한 가운데 중국 각지로 반청(反淸)봉기가 확산돼 쑨원(孫文)을 임시 대총통으로 하는 중화민국이 선포돼 국내에서도 사태 전개에 비상한 관심을 기울이고 있다.

105인 사건을 날조한 일제가 구속인사들의 머리에 용수를 씌워 재판정으로 끌고 가고 있다.

일제, 안악 · 105인사건 고문 조작 '독립운동 싹자르기' 노골화

1910년 11월 총독 데라우치 암살음모사건으로 안중근의 사촌동생 안명근, 김구 등 황해도지방 민족운동자 160여 명이 검거된 안악사건이 터진 데 이어, 1911년 9월 다시 같은 데라우치 암살음모사건으로 평안도 전역에서 윤치호, 양기탁, 이승훈 등 700여 명의 민족운동자들이 검거돼 이 중 105명이 유죄판결을 받은 이른바 105인사건이 발생했다.

총독부는 이들 사건이 1910년 12월에 있었던 압록강 철교 준공식에 총독 데라우치가 참석하는 것을 계기로 불순분자들이 '제2의 안중근 범행'을 계획한 것으로 발표했으나, 재판과정에서 검거자들은 이것이 참혹한 고문에 의한 날조임을 입증해 충격을 던져주고 있다.

안악사건은 안명근이 안중근의 유지를 이어받아 서간도에 무장독립운동 근거지를 마련하기로 하고 국내에 들어와 자금을 모금하다 적발된 것으로 밝혀졌다. 그는 황해도 신천의 민아무개에게 1천 원 정도의 자금을 요구했으나 거절당하자 "조국광복의 큰 뜻을 모르는 놈"이라며 질책하고 물러갔는데 이 자가 밀고하여 체포됐다. 일제는 이를 계기로 안명근과 접촉한 모든 민족운동자를 검거하여 총독암살사건으로 조작해냈다.

105인사건은 안악사건과 같은 어떤 꼬투리도 없이, 일제당국이 파악한 우리측 비밀결사 신민회 조직원 명단을 토대로 가혹한 고문을 통해 암살사건 그림을 그려낸 것으로 밝혀졌다. 특히 재판과정에서 얀태국이 결정적으로 알리바이를 입증하여 이 사건이 날조임을 폭로했다. 그러나 고문과정에서 태극서관의 김근형과 정주 출신 정희순 2인이 목숨을 잃었고 수많은 사람이 불구의 몸이 됐다.

이번 두 사건으로 평안도와 황해도 일대에는 살벌한 공포분위기가 조성되었고 이에 따라 민족운동은 지하로 잠적할 수밖에 없을 것이라는 비관적 전망이 일고 있다. 한편 일제가 이렇게 무리하게 사건을 조작해내면서까지 검거선풍을 일으키고 있는 배경에는 자신들에 대한 사소한 저항에도 엄청난 대가가 치러짐을 과시해 총독부체제의 기반을 확고히 하려는 의도가 깔려 있다는 분석이 유력하다.

관련기사 3면

역사신문

일제 무단통치와 우리의 대응

사회구조적 고문에 굴복하지 말자

예상하지 못했던 바는 아니지만 일제가 한국을 지배하는 데 폭력적 수단을 동원하고 있어 우려를 표하지 않을 수 없다. 최근에 발표된 안악사건과 105인사건이 그 대표적인 예인데, 엄청난 고문을 통해 사건을 조작해냈음이 속속 밝혀지고 있다. 일제의 무단통치는 비단 이 두 사건에만 국한되는 것이 아니다. 전국 곳곳에 세워진 헌병주재소가 학교보다 많다는 사실은 일제의 폭력수단 사용이 구조화돼 있다는 증거다. 말하자면 우리 민족 전체에 대해 고문을 가하고 있는 것이다.

일제가 이렇게 폭력적 수단에 의존하고 있는 것은 폭력 이외에 우리 민족을 지배할 마땅한 수단이 없기 때문이다. 일본민족의 문화수준이 월등해서 우리를 정신적으로 제압할 수 있는 것도 아니고 근대적 산업이란 것도 우리나 일본이나 발달정도에 큰 차이는 없다. 결국 무력을 통한 강압적인 수단에 호소하지 않고서는 우리 민족을 지배할 수 없는 것이다.

이러한 폭력수단이 반복적으로 사용되고 구조화될 경우 두 가지 극단적인 결과 중 하나가 초래될 것이다. 하나는 민족 전체가 폭력에 순치(馴致)돼 기백을 잃고 결국 민족 자체가 소멸해버리는 것이고, 또 하나는 폭력이 폭력을 부르듯 보다 강력한 무장투쟁으로 일제에 맞서는 것이다. 그리고 이때 우리가 선택해야 할 방향은 너무도 자명하다.

우선 우리는 일제의 폭력적 통치에 절대 순치되지 않도록 끊임없이 스스로 각성하고 서로 일깨워줘야 할 것이다. 헌병경찰에 끌려가 물고문, 비행기태우기 고문, 성고문 등 온갖 잔악한 고문을 당하면 천하장사도 견뎌내지 못하고 굴복한다. 이것은 진정한 굴복은 아니다. 그러나 고문에 굴복한 이들에 대해 우리가 비난하기만 한다면 그들은 진짜 굴복하게 될지도 모른다. 상처를 치유해주고 위로해줌으로써 고문의 공포를 딛고 다시 일어날 수 있도록 도와주어야 한다. 비단 물리적 고문만이 아니라 제도적, 사회적, 문화적인 모든 고문에 대해 우리는 이러한 태도를 가져야 한다.

아울러 폭압적인 일제지배를 극복하기 위한 구체적인 투쟁방법을 모색해야 한다. 일제가 폭력적 지배를 강화하는 만큼 우리의 대응도 폭력적일 수밖에 없을 것이다. 이는 자기방어를 위한 폭력이기 때문에 정당한 폭력이다. 무엇보다도 일제에게 자신이 폭력을 사용하는 만큼 폭력을 당한다는 사실을 일깨워줘야 한다.

원천적으로 우리는 한·일 양 민족이 폭력으로써 서로 맞서는 사태를 원치 않는다. 평화냐 투쟁이냐의 선택은 우리가 아니라 일본에게 달려 있다.

그림마당
이은홍

일제 왜 무단통치 할 수밖에 없나

문화는 열세, 경제수준 엇비슷, 민족적 저항 치열

무력 없이는 지배·약탈 불가능

일제는 한국의 주권을 강제로 빼앗은 이후 전제군주와 다를 바 없는 총독을 두어 세계에 유례가 없는 무단통치를 실시하고 있다. 일제의 무단통치에는 그럴 수밖에 없는 역사적·현실적 배경이 있다는 것이 일반적인 지적이다. 한국과 일본은 수천 년 동안 문화적으로 선·후진국의 관계에 있었다. 지난 50여 년 동안 그들이 서구문물을 우리보다 빨리 받아들여 근대화와 부국강병을 이루긴 했지만, 기본적으로는 한국에 비해 문화적인 후진을 면치 못하고 있다. 이런 차이 때문에 무력을 통한 억압이 아니고는 일본의 한국에 대한 식민통치가 불가능하다는 얘기다.

그런데 한국의 병합은 한국정부의 몇몇 관료들을 매수·협박하여 이루어진 폭거로 전국민적인 저항에 직면해 있다. 특히 전국 각지에서 사그러들 줄 모르는 의병들의 치열한 무장항쟁은 일제의 한국 지배에 중대한 위협이 되고 있어, 이를 무력으로 진압하지 않고는 한국 침략이 불가능한 상황이다.

뿐만 아니라 일제는 영국의 인도 지배처럼 경제력으로 한국을 지배할 능력도 없다. 일본의 공업수준은 겨우 면직물 등 경공업제품의 기계화 단계에 있으며 산업발전을 위한 기술과 자본은 대부분 영·미에 의존하고 있는 실정이다. 경제발전 단계가 한국과 큰 차이가 없다는 얘기다. 특히 최근 일본경제는 무리한 근대화정책의 추진과 러·일전쟁의 막대한 전비지출로 큰 위기에 봉착해 있다. 이런 상황 때문에 한국을 경제력 우위에 바탕을 둔 통상적인 경제관계로 지배하기보다는 무단통치하의 억압과 약탈을 통해 상품시장, 원료공급지로 만들려고 한다는 분석이다.

일제가 회사령을 발포해 한국에서의 기업설립 자체를 총독에게 허가받도록 한 것은 일본 국내자본이 한국에 투자되는 것을 막으려는 목적과 함께 한국자본가의 기업활동을 봉쇄함으로써 한국을 자신들의 상품시장으로 삼으려는 계산 때문인 것으로 풀이된다. 지금 실시를 서두르고 있는 토지조사사업도 이를 통해 조세 수탈의 근거를 마련하고 나아가 구한국정부 및 한국민의 땅을 약탈하여 일본농민을 이주시키기 위한 식민정책의 하나라는 것이 관계자들의 지적이다.

일제하의 세상 이렇게 달라진다

헌병만능의 살벌한 암흑세상

데라우치총독은 "조선인은 총독부 법규에 복종하든지 아니면 죽음을 각오하라"고 하면서 일제에 대한 무조건 복종을 강요하고 있다. 이제 세상이 엄청나게 바뀔 텐데 뭐가 뭔지 모르다가 큰코다치기 십상일 터이니 눈 똑바로 뜨고 살펴보기 바란다.

눈·귀 막고 살라는 건가
어용지 「매일신보」만 남아

그나마 울분을 달래주던 민족신문인 「황성신문」 「대한매일신보」 등이 모두 폐간되고 총독부의 기관지 「매일신보」만 남게 됐다. 「매일신보」를 구독해서 발매부수를 늘려주느니 귀 막고, 눈 막고 사는 것이 상책일 듯. 살짝 귀띔하자면 하와이에서 발간되는 「신한민보」가 비밀리에 국내에 들어와서 읽히고 있다니 뜻있는 독자는 「신한민보」를 볼지어다. 그러나 만일 발각되면 큰 화를 면할 수 없을 것이니 신문도 마음대로 못 보는 세상.

헌병보면 울던 아기도 뚝

헌병경찰제라는 것이 실시되어 이제 일본헌병들이 순사역할을 대신하게 됐다. 이들은 권한도 막강하여 의병토벌은 물론이고 민사소송, 세금조사, 산림감시, 어업단속, 학교 및 서당시찰, 풍기단속 등 안 하는 일이 없어 누구네 집 숟가락이 몇 개인지도 파악할 정도다. 이들은 눈에 거슬리면 언제든지 벌금, 태형, 구류 등의 즉결처분을 할 권한이 있어 그야말로 공포의 대상이니 멀리서라도 헌병만 보이면 피해야 할 판이다. 요즈음은 마을마다 우는 아이를 달랠 때 '호랑이 온다'가 아니라 '헌병 온다'고 하는 실정. 특히 조심할 일은 한국인 무뢰배들이 헌병보조원이랍시고 일제의 개노릇을 한다는데, 숫자가 일본헌병의 절반 정도나 되고 한국말을 잘 모르는 일본헌병보다 더 악질이라고 하니 이제 이놈들에게 시달릴 일을 생각하면 밥이 넘어가지 않을 듯.

이런 사람 치도곤 당한다

일정한 주거나 직업 없이 배회하는 자, 단체가입을 강요하는 자, 함부로 무리를 모아서 관공서에 청원 또는 진정하는 자, 불온한 연설을 하거나 불온문서, 도서, 시가를 게시·낭독·반포하는 자, 남을 유혹하는 유언비어를 퍼뜨리는 자, 돌던지기 같은 위험한 놀이를 하거나 시키는 자. 이런 사람들은 앞으로 태형령에 따라 치도곤을 당할 판이니 똑똑한 정신 갖고 온전하게 살아가기는 아예 그른 일이다.

태형이라는 게 얼마나 지독한 것이냐 하면 사람을 형판 위에 엎드리게 해놓고 양 팔과 양 다리를 묶은 후 볼기를 까서 쇠좆매로 사정없이 후려쳐 살점이 튀는 야만적인 형벌이다. 만약 비명을 지르면 물에 적신 천으로 입을 틀어막는다고. 이런 혹독한 매로 불구가 되기 일쑤고 심지어 죽기까지 한다니 어디다 하소연할 것인가. 태형령은 감옥비

용을 절감하기도 하려니와 특히 우리 민족에게 겁을 주기 위해 한국인에게만 시행한다는 소식이다. 태형은 3개월 이하의 징역에 해당하는 자 또는 벌금을 낼 수 없는 자에게 시행하는데 1911년의 경우 재판에서 형을 받은 사람 가운데 20%가 태형에 처해졌다고.

학교에선 노예교육만

일제는 또 조선교육령을 공포해 우리 자식들을 천황에게 충성을 바치는 백성으로 교육시킨다고. 이제부터 '국어'시간은 일본어시간. 한국어는 '조선어 및 한문' 시간에만 사용하게 한다는 소식이다. 보통학교에서는 역사와 지리시간이 사라지고 고등보통학교의 역사, 지리 시간에도 한국은 '미개', '정체', 일본은 '문명·번영의 나라'로 가르친다니 자식들에게 이런 교육을 시켜야 할까. 또 어린 학생들이 일본어를 배워야 하는 고통을 누가 헤아릴 것인가. 당국은 공립학교 학생을 모집하기 위해 교과서, 점심까지 무료로 제공하고 취직상의 특전을 제공한다고 선전하나 배울 것 없는 학교에 학생을 보낼 학부형은 별로 없는 듯. 공립학교 교사와 학무위원 심지어 헌병, 경찰까지 학교에 학생을 보내라고 돌아다니니 거절할 구실거리를 만들어놔야 할 듯.

특집 지상토론 국망원인과 국권회복운동의 방략

"국력 총집결로 이 땅에서 일제 몰아내야"

1910년 8월 우리는 일제의 침략으로 국권을 상실하여 2천만 겨레가 지구상에 한 민족으로 살아남을 수 있을 것인가를 판가름하는 존망의 기로에 서 있다.
「역사신문」은 국내외에서 국권회복에 몸 바치고 있는 이동휘, 안창호, 신채호 선생과의 지상면담을 통해 국망의 원인과 국권회복의 방략을 전망해보고자 한다.

우리 민족이 국권을 상실하게 된 요인은 어디에 있는가?

이동휘 일제의 침략은 다방면에 걸쳐 진행됐지만 궁극적으로는 군사적 힘을 앞세워 이루어졌다. 우리는 총칼을 앞세운 일제에 대항하여 무력으로 맞설 수 있는 힘을 갖지 못했다. 군대해산 이후 각지에서 의병항쟁이 치열하게 전개됐지만 일제를 무력으로 격퇴하기에는 이미 역부족이었다. 좀더 일찍부터 국가적인 차원에서 국민들에게 대대적으로 독립정신을 불러일으키고 무력을 길러 일제침략에 정면으로 맞섰어야 했다고 본다.

안창호 국권상실 원인이 힘의 부족에 있다고 보는 데는 동감이다. 그러나 힘은 무력이 있느냐 없느냐로만 결정되는 것은 아니다. 내 생각으로는 무력적인 힘보다 우리가 근대적인 문명생활을 할 수 있는

이동휘

일제총칼에 무기력… 무력항쟁 나서야

구한국 육군참령 출신. 강화도 진위대장 때 군대해산을 맞아 봉기를 기도하다 체포됨. 이후 각지에 학교를 세워 계몽운동 전개. 신민회의 강경파로 활동하다 연해주로 망명.

능력이 부족했다고 본다. 문명개화를 좀더 일찍부터 서둘러 독립자강의 힘을 기르는 데 소홀했던 것이 국망의 원인이라고 본다.

신채호 나라가 망한 원인을 무작정 민족 내부의 역량부족으로 돌려서는 문제의 소재를 파악하기 어렵다. 문명개화론에 따르면 우리 민족이 서구문명의 기준에서 볼 때 미개해 보이고 실력이 부족해 보일 것이다. 그러나 우리 민족은 지난 수천 년 동안 자주독립국가로 발전해왔다. 서구제국주의 열강이 우리를 침략하는 상황에 직면하여 국가체제를 쇄신하고 국력을 한데 모으는 것이 중요하지 서구문명을 따라잡는 게 중요한 것은 아니다. 결국

안창호

실력양성에 소홀… 문명습득 주력해야

독립협회에서 활동하다 미국으로 건너가 교포들의 계몽에 주력. 1905년 귀국하여 대성학교와 청년학우회를 세우고 서북학회 등에서 계몽운동을 주도. 신민회에서 실력양성을 주장하는 점진론자.

우리에겐 자주독립의 기백과 국가적 정신이 부족했던 것이다. 그동안 문명개화를 내걸고 학교를 세워 서양학문을 가르치고 배웠지만 그런 교육을 통해 과연 애국자를 몇 사람이나 길러냈다고 보는가.

이동휘 식산흥업과 교육진흥을 통한 문명개화를 주장했던 인사들 가운데 자신의 영달을 위해 친일적인 행로를 걸었던 인사들도 많았지만, 이 가운데는 애국적인 인사들이 적지 않았는데 이들과 민중들의 의병전쟁 역량이 하나로 결합되어 거국일치의 항일투쟁이 전개되지 못한 것이 국권을 잃게 된 배경이라고 할 수 있을 것이다.

일제침략의 성격은 어떻게 봐

신채호

민족정신 허약… 민족주의 확립 절실

성균관박사를 거쳐 「황성신문」, 「대한매일신보」에서 항일필봉을 날림. 「독사신론」을 발표하는 등 역사학에도 조예가 깊어 민족주의 역사학을 제창. 1910년 중국으로 망명.

야 하나?

신채호 지금 세계는 강자가 약자를 마음대로 잡아먹는 그야말로 약육강식의 제국주의 침략의 시대다. 일제가 우리 민족을 침략한 것도 똑같은 것이다. 그런데 잡아먹는 방식은 옛날처럼 군사력을 앞세워 정치적으로 굴복시키고 마는 것이 아니라, 한국사회를 통째로 자본주의적으로 변화시켜 일본사회의 하부구조로 편입시키고 한국인을 일본인화해 일본 하층민으로 만들겠다는 것이다. 그야말로 우리 민족의 존망 자체가 기로에 서 있는 셈이다.

앞으로 국권회복운동은 어떤 방향으로 전개되어야 할까?

안창호 국권회복운동은 민족의 실력을 기르는 데 역점을 둬야 한다. 지금의 세계 대세는 자본주의문명의 시대다. 이 속에서 살아남기 위해서는 근대문명을 배워 실력을 길러야 한다. 우리 민족 각자가 문명적인 생활을 영위할 수 있는 능력을 갖춰 자본도 모으고 산업도 일으켜 스스로 근대적인 국가로 독립할 수 있는 역량이 있어야 장차 독립을 도모할 수 있을 것이다.

이동휘 무엇보다 일제의 침략을 물리치기 위한 무력의 양성이 필요하다. 지금 국내에서는 군대양성이 어려우므로 만주와 연해주 등지의 동포들을 기반으로 독립군을 양성하여 일제와 독립전쟁을 전개해야 한다. 그러자면 먼저 우리 겨레를 하나로 단결시킬 수 있는 이념이 필요하다. 만주에서는 의병을 일으켰던 유인석 같은 이들이 아직도 조선왕조를 회복해야 한다는 복벽주의(復辟主義)를 내걸고 있으나, 중국에서도 신해혁명이 일어나 공화제를 채택하고 있듯이 이제 시대의 대세가 변했다. 기존의 신분관념이나 빈부의 차이를 떨치고 온 겨레를 한 민족으로 결집시킬 수 있는 정신적 기반을 마련해야 한다.

나라 밖 독립운동

'권업회' '동제사' 등 독립운동단체 결성
미국 등지에선 군사훈련도 실시

중국의 연해주, 만주, 상해 등지와 미국 각지에서 동포들의 독립운동조직이 결성됐다.

1911년 블라디보스토크 신한촌에서 항일독립운동단체인 권업회(勸業會)가 결성됐다. 이 조직은 이종호, 이상설 등이 이끌고 있으며 회의 명칭을, 실업을 장려한다는 의미의 권업회로 한 것은 일제와 러시아 당국의 감시눈길을 피하기 위한 것이고 한인들의 조직화와 애국심 고취가 목적인 것으로 알려졌다.

한편 상해에서도 1912년 7월 신규식과 박은식이 중심이 되어 동제사를 결성했다. 이 단체 역시 표면적으로는 동포들의 상조기관이지

만, 실제로는 독립운동단체다. 신규식이 이사장이 되어 실무대표 역할을 맡고 박은식이 총재가 되어 고문 역할을 담당하고 있다. 이 단체에 참가한 구성원들은 대부분 국내에서 신민회활동을 한 경력이 있는 사람들로 동포청년들에 대한 군사교육도 계획하고 있다고 한다.

미국 각 지역의 동포들도 군사훈련에 나서고 있는데 대표적으로 네브래스카에서는 박용만이 소년병학교를 설치하고 헤이스팅스대학의 양해를 받아 이 대학의 교실과 운동장을 빌려 군사훈련을 전개하고 있다.

취재수첩 '한일합방' 선창한 매국노 이용구
일제 본색에 "속았다" 때늦은 후회

지난 1909년 '한일합방성명서'를 발표해 친일매국노의 악명을 드높인 이용구가 1912년 폐병으로 일본에서 죽었다. 45세의 한창 나이에 세상을 뜬 것은 그의 매국행각에 대한 하늘의 징벌일까? 그러나 이완용과 송병준이 일본의 후대를 받으며 승승장구하고 있는 것을 볼 때 꼭 그렇게 볼 것은 아니다. 오히려 한일합방과 그 이후의 정세, 그리고 일본측의 자신에 대한 대접이 모두 자신이 생각했던 바와 크게 다른 데서 오는 당혹감과 '일본놈들에게 속았다'는 자괴감이 그를 끝내 죽음으로 몰고 갔을 것이다.

그가 마지막 순간에 "일본에

속았다"고 토로했다고 하는데 그 속뜻은 두 가지였을 것이다. 우선은 합방에 그토록 몸 바쳐 일한 자신에 대한 일본의 대접이다. 병합이 되자마자 일본은 정치단체 해산령을 내려 그의 일진회까지 해산시켰다. 그러나 더 근원적으로는 '한일합방'이 글자 그대로 그가 구상한 두 나라 간의 '대등한 연방', 즉 '대동합방론'에 입각한 형태가 아니라 일본의 일개 식민지로 전락하는 형태로 이루어진 데 대한 배신감이 그를 괴롭혔을 것이다.

서구문물을 수용해 '문명개화'를 이룩하는 한편 서양세력의 침략도 막아내야 한다고 생각한 그

에게 "아시아 황인종 국가들이 단결해야 한다"는 '대동합방론'은 사실 대단한 호소력을 가졌을 것이다. 그러나 그는 일본인들이 그러한 '대동합방론'의 이면에 침략음모를 숨기고 있었던 것을 보지 못한 것이다.

그는 가난한 농민의 아들로 태어나 동학에 입교하여 1894년 농민봉기에도 참여한 사람이다. 따라서 그의 이후 친일행각은 대중들에게 변절로밖에 보이지 않는다. 죽은 그에게 일본왕이 훈1등 서보장(瑞寶章)을 추서했다는 소식이니 사람의 삶은 말년을 보고 평가한다는 교훈을 새삼 깨닫게 된다.

105인사건 연루자 선우훈 폭로 "이렇게 고문당했다"

매질하다 안 되니 공포탄 쏘며 사형흉내까지

취조실에 들어서자 일본헌병 3명이 다짜고짜 발길로 차 쓰러뜨리고 군화발로 목을 짓누르고 군도로 난타했다. 말 붙일 여유도 없었다. 초죽음이 된 나의 귀를 붙잡고 질질 끌고 가 불빛 한 점 없는 캄캄한 방에 처넣었다.

다음날이 되자 끌려나와 주먹과 채찍으로 다시 초주검이 되도록 맞았다. 일본헌병들의 얼굴은 인간의 모습이 아니라 냉혈동물 독사의 상

이었다. 그들은 나의 한 팔은 어깨 뒤로 돌리고 다른 한 팔은 허리 뒤로 돌린 다음 등 등에서 양 엄지손가락을 묶고는 공중에 매달았다. 그리고 죽도와 채찍으로 사정없이 난타했다. 땀이 낙수처럼 쏟아지고 호흡은 가빠지고 가슴과 코에서는 불길이 확확 달아올랐다. 사지가 발발 떨리고 눈앞에는 안개가 피어올랐다. 생과 사의 갈림길에 서 있다는 생각을 할 즈음 정신을 잃었다. 깨

어나 보니 저들은 내가 죽었나 알아보기 위해 불에 달군 부젓가락으로 다리를 찌르고 담뱃불로 얼굴을 지지고 있었다. 살 타는 냄새가 진동했다. 셀 수 없이 질러댄 비명 때문에 목이 쉬어 더 이상 소리도 나

오지 않았다. 저들도 지쳤는지 의자에 앉아 땀을 닦으며 아무 일 없었다는 듯 즐거운 표정으로 차와 과자를 먹었다. 한 명이 물 한 컵과 과자를 들고 나에게 다가와 "범행을 인정하면 이것을 주겠다"고 했다. 나는 무의식적으로 손을 내밀어 받으려고 했으나 다른 취조관이 이를 빼앗아 창 밖으로 던져버리며 "이놈 아직 정신을 덜 차렸어" 하는 것이었다. 이렇게 한 달쯤이나 지났을까. 저들이 요구하는 범행인정을 계속 거부하자 마침내 사형에 처하겠다는 협박을 해왔다.

나는 죽을 각오를 했다. 형장으로

로 끌려가 얼굴을 가리운 채 마지막 순간이 다가왔다. 총성이 울렸고 나는 죽었다. 그러나 죽지 않았다. 깨어나 보니 총알이 없는 공포탄이었다. 삶에 대한 미련이 다시금 강하게 밀려왔다. 뜻밖에 인자하게 생긴 취조관이 나를 풀어주고 따뜻한 방으로 데려가 물과 음식을 주면서 자기는 진정으로 내가 불쌍하다며 제발 죽지 말고 살아서 나가라고 했다. 몇십 일 만에 접해보는 인간적인 대접에 나는 그만 눈물을 왈칵 쏟으며 그가 하라는 대로 이미 작성돼 있는 진술서에 도장을 찍고 말았다.

일제 '대륙침략 길' 압록강 철교 준공

신의주 - 중국 단둥 연결 한만국경 육로통행 … 만주벌판 일제 안마당화

1911년 10월 평안북도 신의주와 중국 단둥(丹東)을 잇는 압록강 철교가 준공됐다. 이 철교는 일제가 만주침략을 위해 지난 1909년 착공해 2년여 만에 완성된 것으로, 길이 944m에 중앙에는 철도노선을 깔고 양측에 2.6m의 보도를 설치하였다. 선박 출입을 위해 다리 한가운데는 개폐식으로 만들어 다리를 여닫을 수 있게 함으로써 동양 제일의 국경명물이 될 것으로 보인다.

이 다리의 개통으로 만주의 안둥(安東)과 푸톈(奉天)을 잇는 안푸선과 경의선의 연결이 가능하게 되었으며 한만(韓滿)국경이 육로로 연결된다. 압록강 철교의 준공과 함께 일제는 경성과 창춘(長春) 간을 달리는 직통열차를 운행하기 시작해, 이제 만주가 일제의 안마당이 되는 것은 시간문제라는 관측이다.

철교, 무엇을 위한 것인가

대륙 진출 교두보 마련
만주 일제 경제권 편입

압록강 철교의 개통은 일제의 만주 진출에 획기적인 역할을 할 것으로 보인다. 일찍부터 만주를 통한 대륙 진출을 꿈꿔왔던 일본은 이번 압록강 철교의 준공으로 경부·경의선을 거쳐 안푸선을 통해 바로 유라시아대륙으로 진출할 수 있는 다리를 얻은 셈이다. 이와 함께 일제는 만주전역에 대한 경제적 침투를 본격화할 것으로 예측된다. 일제는 앞으로 일본 오사카(大阪), 고베(神戶)의 공업지대에서 만들어진 면직물과 잡화를 일본 산양철도를 통해 시모노세키(下關)로 실어온 다음 부산에 상륙시켜 이를 경부·경의선과 안푸선을 통해 만주전역에 값싸고 신속하게 실어나를 계획인 것으로 알려지고 있다.

또 만주지역에서 값싸게 사들인 콩을 본국으로 손쉽게 수송하는 데도 이 철교는 한몫을 톡톡히 할 전망이다.

인구대비 수감자수 세계최고

한 일본인 학자의 조사에 의하면 한국인구 1천3백만 명 중 감옥에 있는 사람수가 무려 1만 2천 명이나 돼 1천 명당 한 사람은 감옥살이를 하고 있는 것으로 드러났다.

이는 세계에 유례가 드문 일로 태형에 처해진 사람까지 합하면 그 숫자는 3, 4천 명이 더 늘어날 것이라고 한다. 이와 같이 재감자가 많아진 이유는 한국민의 저항의지를 꺾기 위해 일벌백계로 중형을 내리고 있기 때문이라는 설명이다. 한일병합 이후 총독부 사법당국은 경미한 범죄에 대해서도 한국인의 경우 일본인과 달리 엄중하게 처벌하고 있는 실정이다.

신작로 개설공사 일단계 완료

경제수탈·군작전 효율성 위해 건설…땅값 보상 등 전혀 없어 원성

전국 각지에 신작로가 만들어지고 있다. 서울-부산, 서울-목포, 대구-군산 사이 등에 신작로가 놓여진 것이다. 1911년 일제는 한국 지배를 효율적으로 수행하기 위하여 1907년부터 741km에 달하는 서울 및 각 지방 도로의 개수공사를 일차 마무리짓고 '도로규칙'을 공포하였다. 이에 따르면 전국의 도로를 넓이에 따라 1등(7.3m), 2등(5.5m), 3등(3.6m) 및 등외의 4종류로 분류하고 1, 2등도로는 총독이, 3등도로는 도장관이 관리키로 했다. 또 향후 대대적으로 예산을 투여하여 전국적인 도로정비작업을 서두를 것으로 알려졌다.

총독부가 이처럼 도로확장에 열을 올리는 이유는 대부분 도보를 이용하거나 우마차를 사용하는 우리 민족의 생활과는 무관한 것으로, 총독부의 치적을 대외적으로 과시하려는 전시효과와 경제·군사적 목적을 동시에 노리고 있다는 것으로 분석되고 있다. 이번에 개수가 끝난 도로들은 주로 곡창지대를 항구도시와 연결시켜 한국의 곡물을 일본으로 쉽게 실어나르기 위한 경제침략의 목적을 띠는 경우가 많다는 지적이 지배적이다. 또 한말 이래 국경지역에서 일본군의 군사작전을 효율적으로 수행하기 위한 도로들이 많이 만들어졌는데 1등도로의 노폭이 7.3m가 된 것도 포병의 중포 2대가 충분히 지나다닐 수 있는 넓이를 기준으로 했다는 분석이다.

한편 이처럼 넓은 신작로가 만들어지면서 우리 민족은 말로는 다할 수 없는 피해와 고초를 겪는 것으로 알려졌다. 대부분의 도로계획이 헌병들 책상 위의 지도상에서 연필로 찍찍 그어져 속칭 '연필도로'라고 하는데, 이 계획선에 걸리면 논·밭이건 집이건 그대로 헐려 아무 보상 없이 빼앗기고 있어 곳곳에서 원성이 자자한 실정이다. 또 도로건설은 거의 전부 인근 주민들의 강제노역으로 이루어지는데 여기에 동원된 사람들은 점심제공도 받지 못하고 하루종일 일하고 밤이면 길바닥에 쓰러져 자야 하는 형편이다.

결혼풍습 달라진다

결혼연령 높아져 '꼬마신랑' 이제 옛말
학업·직업훈련 등 남자쪽 사정 주요인

1912년 총독부가 전국의 12만 3천여 부부의 결혼연령을 조사한 결과, 조혼풍습이 여전한 가운데서도 결혼연령이 점차 늦어지고 있는 것으로 드러났다.

이 현상은 특히 남자측에서 두드러지는데 이는 사회가 급속하게 자본주의화되면서 학업과 직업훈련 등에 남자들이 많은 시간을 소비하기 때문인 것으로 풀이되고 있다.

조사결과에 따르면 네 부부 중 한 부부는 남녀 모두 20세 미만에 결혼해 여전히 조혼풍습이 강세를 보이고 있는 것으로 나타났다.

그러나 남자 20세 이상 25세 미만, 여자 20세 미만인 경우도 16.6%이고, 남자 25세 이상 30세 미만, 여자 20세 미만인 경우가 6.5%, 남녀 모두 25세 이상 30세 미만인 경우가 5.2%를 차지했다. 전체에서

남녀 모두 25세 이상에 결혼한 부부는 무려 40.4%에 이른다.

결국 조혼풍습이 점차 사라지고 있으며 특히 남자측에서 이러한 경향을 주도하고 있는 것으로 분석된다. 이러한 경향은 우리 사회가 점점 더 자본주의화되면서 더욱 두드러질 것으로 전문가들은 내다보고 있다.

비누수요 급증
비누공업 활기

최근 비누수요가 급증하면서 국내 비누공업이 활기를 띠고 있다. 현재 서울의 4개 공장이 완전 가동하면서 1912년 한 해에만 화장비누 생산액이 1만 6천 원, 세탁비누 생

산액이 1만 9천 원(1근당 단가 9내지 10전)에 이르고 있다. 국내 비누제조업이 지난 1906년에 시작된 점을 감안하면 비약적인 성장을 보이고 있는 것이다.

"깡말라도 기백만은 굳세다오"

우리 어린이 일본 어린이에 비해 키 크지만
몸무게·가슴둘레는 처져 영양 불균형 심각

7세에서 16세 사이의 어린이들에 대한 체격조사를 한 결과 한국 어린이가 일본 어린이들보다 키는 크지만 몸무게와 가슴둘레에서는 뒤지는 것으로 드러났다. 이는 어린이들의 영양상태가 한국인과 일본인 사이에 크게 차이가 난다는 것을 보여주는 것으로 분석된다.

이번 조사는 총독부가 국내 한국인 보통학교와 일본인 소학교 학생들을 대상으로 실시한 것이다. 한국인의 경우 보통학교에 어린이를 취학시키는 가정은 대개 재력 있는 중인층들이라 실제 차이는 더욱 클 것으로 보인다.

조사결과를 보면 키는 한국 어린이가 다소 크지만 이는 인종적 차이에서 비롯된 것이다. 이에 비해 몸무게는 키가 작은

나이	키(cm)		몸무게(kg)		가슴둘레(cm)	
	한인	일인	한인	일인	한인	일인
7	108.9	106.8	20.0	17.6	54.4	54.1
9	117.4	116.0	20.7	21.0	55.5	57.8
12	131.2	128.6	27.2	27.2	60.3	60.3
14	139.0	138.2	32.6	33.0	67.4	67.6
16	148.0	147.2	36.6	40.2	71.4	72.4
평균	128.5	126.8	27.0	27.3	61.9	62.4

일본 어린이들이 오히려 같거나 많이 나가고 특히 나이가 많을수록 그 격차는 더욱 벌어지고 있다. 가슴둘레 역시 이와 비슷한 양상을 보여 한·일 양국간 영양섭취에 심각한 불균형이 있다는 것이 이번 조사를 통해 확연하게 드러났다.

서울거리에 택시 첫선

1911년 왕실용과 총독용으로 리무진 승용차 두 대가 들어온 데 이어 1912년 4월 일본인 직거가일이 한국 갑부 이봉래와 공동출자로 직거자동차상회를 설립하여 자동차영업을 시작함으로써 자동차는 서울거리의 명물로 등장하고 있다. 직거상회는 미국 포드사의 T형 8인승 승용차 2대를 들여와 임대영업을 하고 전화로 차를 부르면 달려가 손님을 목적지까지 태워다준다고 한다. 요금은 시간당 5원을 받고 있는

데 워낙 비싼 요금이라 총독부 고위관리나 한국 갑부들만 가끔 이용하고 있어 영업전망이 밝은 편은 아닌 모양이다.

한편 1912년 대구에서도 일본인 오오쓰가가 포드사의 8인승 승용차를 도입하여 대구-경주-포항 간의 부정기 영업을 시작하였다. 대구에서는 "말보다 빠르대" "아니 기차보다 더 빠르대" 하며 화제가 되고 있기도 한데, 이 차는 차량번호 '경북 1호'를 달고 있다.

중국 '신해혁명' 발발 왕조에서 공화제 전환

청제국 붕괴…쑨원, 위안스카이와 연합 공화정부 출범

1911년(신해년) 10월 10일 우창(武昌)에서 신식군대를 주축으로 한 3천여 혁명군이 봉기, 우창성 총독 쉬청을 비롯한 관리들이 맥없이 도피하고 성이 혁명군에 장악되는 예상 밖의 사태가 발생했다. 혁명군은 신속하게 혁명군정부를 조직, 군정부 도독으로 리유안훙을 옹립하는 등 혁명은 순식간에 기정사실화 됐다.

이 소식이 퍼져나가면서 기왕에 청조 중앙정부에 반감을 품고 있던 후난(湖南), 산시(陝西), 윈난(雲南), 구이저우(貴州), 광둥(廣東), 쓰촨(泗川)성 등이 벌떼처럼 독립을 선포하고 나서 중국본토의 3분의 2가 혁명군 수중에 들어갔다. 뜻밖의 사태에 당황한 청조정부는 위안스카이(袁世凱)에게 전권을 위임,

혁명군 타도에 나서고 있다.

한편 미국여행 중에 이 소식을 들은 쑨원(사진)이 급히 귀국하여 사태를 장악했으며 독립을 선포한 17개 성과 대표자회의를 열어 청조정부의 붕괴를 공식선언하고 자신을 임시 대총통으로 하는 중화민국 임시정부를 출범시켰다.

그러나 위안스카이의 반격이 만만치 않아 쑨원은 위안스카이를 임시 대총통 직위를 보장해주는 조건으로 혁명군쪽으로 끌어들이려는 담판을 진행 중이다. 소식통에 의하면 위안스카이측도 한족 출신인데다 청조정부가 각 지방의 실권자들인 향신층으로부터 극도의 반감을 사고 있던 터라 쑨원측의 제안에 응해올 가능성이 높다고 한다.

한편 중화민국 임시정부는 5색기를 국기로 정하고 각 성의 대표로 구성된 임시 입법기관인 임시 참의원을 여는 등 중국역사상 최초의 민주공화제 체제를 운영하고 있다.

구이저우(貴州)로 진격하고 있는 혁명군.

청, 무엇 때문에 무너지나

정치력 강화한 부르주아층 불만 가득 찬 민중들 동원

청이 별다른 저항 한 번 못해보고 맥없이 무너져내리고 있다. 그러나 현재 중국정세를 주도하고 있는 쑨원조차도 이번 신해혁명의 결정적 발단이 된 우창봉기를 예견하지 못했다고 한다. 그렇다면 그 어떤 힘이 청을 단번에 쓰러뜨리고 있는 것일까.

토착 부르주아의 힘이 바로 그것이다. 19세기 중반 이후 각 지방에서 서구적 문물을 받아들이며 경제력을 키워온 이들은 최근 들어 자신들의 경제력에 걸맞는 정치적 발언권을 강하게 요구하고 나왔다. 중앙정부에 대한 국회소집 요구가 바로 그것이었고 청이 이 요구를 차일피일 미루며 회피하려고 하자 이들의 불만은 가중돼왔다. 여기에 최근 청 중앙정부가 세입을 늘리기 위해 각성 소유의 철도를 국유화하려고 하자 이들의 불만은 폭발 직전에 이르렀다. 바로 이 순간 우창봉기가 뇌관을 때린 격이 된 것이다.

그러나 우창봉기가 성공할 수 있었던 것은 순수하게 이들만의 힘 때문은 아니다. 민중들의 반정부운동을 효과적으로 동원했기에 가능했다. 이미 의화단운동에서 저력을 보여줬던 중국민중들은 최근 정부의 과중한 세금 징수에다 경제공황까지 겹치면서 점차 대중적 반정부운동의 파고를 높여왔다. 특히 최근 전국 각지에서는 납세거부운동과 호구조사 반대 등을 넘어 폭동 일보직전에 이르렀고, 이들의 불만을 토착 부르주아들이 동원한 것이다.

그러나 신해혁명의 앞날은 그리 밝지 않다. 우창봉기 직전 상황에서 중국혁명동맹회는 사실상 단결력이 현격하게 떨어져 있던 것이 사실이고, 앞으로 각 지방 실권자들이 반드시 혁명의 대의에 충실할 것이라는 보장도 없기 때문이다. 일단 지방권력을 장악한 다음 그들이 보수화할 가능성은 얼마든지 있다.

요컨대 중국 전체를 한 길로 이끌 통합력 있는 지도력이 관건이라 할 수 있고 쑨원이 그 역할을 해낼 수 있을 것인지에 관심이 모아지고 있다.

세계문학 거장 톨스토이 사망

1910년 11월 20일 「전쟁과 평화」의 작가로서 세계적인 대문호인 톨스토이가 모스크바 동쪽 랴잔의 시골마을 아스토포보 역에서 시신으로 발견됐다. 사인은 폐렴으로 밝혀졌으나 82세의 고령인 점을 감안한다면 무리한 여행이 건강을 상하게 한 것으로 보인다. 그는 얼마 전 부인과 재산문제로 심하게 다툰 뒤 평소의 지론에 따라 농부들과 함께하는 무소유의 삶을 찾아 막내딸 데리고 홀연히 집을 나섰다.

톨스토이는 1828년 귀족가문에서 태어났으며 그 자신도 백작의 지위에 올랐다. 그러나 그는 자신의 신분적 지위를 못내 부담스러워했으며 말년에 저술한 「부활」에서 기존의 국가제도는 물론 종교의식까지도 부정하고 소유욕 없이 농민과 일체가 되는 삶의 전형을 모색했다. 이로 인해 그는 러시아정교회로부터 파문당해 기독교로 개종했다. 그는 「전쟁과 평화」 「부활」 「안나 카레니나」 「바보 이반」 등 불후의 명작을 남겼다.

생애와 문학

귀족신분 버리고 민중현실에 접근

톨스토이는 「전쟁과 평화」에서 모든 역사적 사건은 반드시 그렇게 될 수밖에 없는 필연성을 가지고 있다며 역사 속 영웅들의 역할을 부정했다. 이에 따른다면 그가 세계적 문호가 된 것도 그의 역량만은 아니다. 러시아의 시대적 상황과 러시아를 둘러싸고 있는 세계가 그와 같은 인물을 만들어낸 것이다. 19세기 말을 산 그에게 던져진 화두는 부조리였다. 유럽 산업혁명의 파도가 후진국 러시아에 밀려오면서 귀족과 상층계급의 뇌리에는 역사발전의 낙관론이 지배적이었다. 그러나 그는 그 한편에서 여전히 봉건적 속박 속에서 비참한 생활을 영위하고 있는 농민들의 모습에서 눈을 뗄 수 없었다. 이 지점에서 그는 국가제도를 비롯한 일체의 지배구조에 대한 불신을 키운다. 이러한 부조리한 상황은 유럽의 독자들에게도 큰 공명을 일으키기에 충분했고 우리에게도 친숙하게 다가온다.

결국 그가 도달한 해결책은 개인의 도덕성 고양이다. 인류 역사 자체가 지배구조의 지속적인 타락과 그에 반비례한 개개인들의 도덕적 성장을 보여준다는 것이 그의 역사철학이다. 따라서 부도덕한 지배구조는 개인들의 도덕성 고양 정도에 따라 혁파된다. 그리고 그러한 개인의 도덕성은 소유로부터 해방됨으로써만 획득될 수 있다. 그가 귀족신분과 재산을 버리고 최하층 농민들에게 다가가려고 한 것은 이런 맥락에서였다. 술과 담배를 끊고 채식주의로 일관하며 농부의 옷을 입고 자신의 노동에 의하지 않은 생산물은 일절 거부한 그의 몸짓은 그가 설정한 개인적 도덕기준의 극한까지 다다르려는 안간힘이었다.

개항 이래 서구의 물질문명과 정신세계에 눈뜬 우리 사회의 지식인들도 나라가 일제에 병합되고 농민들이 생활고를 겪는 것을 보면서 이러한 톨스토이의 문학과 인생관에 감명받고 있다. 톨스토이가 「부활」에서 보여준 민중에의 헌신과 자기부정을 오늘 우리 사회에서 실천하는 지식인들을 통해서도 곧 보게 될 듯하다.

일제하 만화경

이렇게 삽니다

이바구

총독부, '분서갱유'로 민족의식 말살

「을지문덕전」 등 구국사상 고취 서적 압수, 발매 금지

1910년 일제는 민족의식을 말살하기 위해 애국정신을 고취하는 각종 서적을 압수, 수십만 권을 불사르고 판매를 금지했다.

대표적으로 「을지문덕전」은 신채호가 쓴 것으로 애국정신과 반침략적 투쟁기상이 뛰어난 을지문덕장군의 업적을 청소년 학생들에게 소개함으로써 장차 나라 안에 "제2의 을지문덕이 가득 차게" 하여 나라의 위기를 타개하는 데 목적을 두었으니 일제로서는 허용할 수 없는 책이었다.

한편 총독부 학무국 편집과에서는 애국의식을 강조하는 문구나 구국사상을 불어넣는 창가 등을 담고 있는 교과서를 사용 금지토록 했다. 금서가 된 책이름은 다음과 같다.

구한국의 교과서인 「초등본국역사지지」 「중등본국역사지지」 「동국사략」 「여자국독본」 「대한지지」 「대한역사」 일반 국민들의 교양도서인 「유년필독」 「국민수지」를 비롯하여, 신채호의 「을지문덕전」 「이순신전」, 최익현의 「면암집」이나 번역서인 「월남망국사」 「화란망국사」 「미국독립사」 「이집트건국사」 「이태리삼걸전」 「워싱턴전」 등 독립과

건국의 역사나 이를 위해 활동한 위인의 역사를 담은 30여 종 이상이다.

조선의 마지막 선비

"문자나 안다는 사람, 인간되기 어렵구나" 매천 황현이 1910년 8월 한일합병 소식을 듣고 자결하기 전에 남긴 '절명시(絶命詩)' 한토막이다. 이완용 같은 자가 고종에게 합병조약을 들이대며 "어차피 가결될 것이니 대세를 통찰하시어 승인하십시오"라고 한 것과 극명하게 대비되는 광경이다. 황현은 나라를 잃는 엄중한 역사적 순간에 이 땅의 지조 있는 선비의 모습을 보여준 것이다.

그는 일생 동안 한 번도 관직에 몸담지 않았고 따라서 현실개혁에 기여한 바는 거의 없다. 서울 친구들이 전라도의 지리산 자락 구례에 틀어박혀 저술에만 몰두하는 그에게 "나라가 위급한데도 은둔생활만 하고 있느냐"며 꾸짖었을 때 그는 "자네들은 어찌하여 귀신나라 미친놈 속에 나를 끌어들여 함께 귀신이나 미친놈으로 만들려 하는가?"라고 했다. 이것은 조선시대적 선비의 한계다. 그러나 그가 심혈을 기울여 저술한 「매천야록」과 「오하기문」은 동학운동, 갑오개혁, 청·일전쟁으로 이어지는 역사의 격동기를 생생하게 기록한 귀중한 자료다. 그는 이 책들 속에서 정부의 부정과 부패를 통렬히 질타하면서도 선비답게 동학농민군들에게도 폭력적 방법을 사용하는 것에 대해 엄중하게 꾸짖는다.

황현은 28세 때인 1883년 고종이 널리 인재를 구하기 위해 실시한 보거과(保擧科)에 응시한 바 있다. 채점 결과 1등이었지만 그가 전라도 광양 시골 출신의 배경 없는 선비라 2등으로 바뀌었다. 그는 그날로 낙향, 이후 다시는 관직에 나가지 않았다. 1888년 다시금 부친의 권고로 성균관 생원시에 응시, 1등급으로 합격해 생원이 됐다. 그러나 부모님이 돌아가시자 다시 낙향해 저술에만 몰두했다. 을사조약이 발표되자 그는 며칠씩 밥을 굶으며 통곡했고 마침내 합병 소식이 전해지자 절명시 한편을 남기고 소주에 아편을 타서 마시고 자결했다. 죽는 순간까지도 "약을 먹을 적에 입을 세 번이나 떼다니 나 자신이 참으로 어리석다"며 선비의 순수성을 지키려고 안간힘을 썼다고 한다.

일제, 침략 정당화 위해 「조선통사」 출판

일인 학자 하야시 저술
식민사관 기초 마련

1912년 일본인 역사가 하야시(林泰輔)가 쓴 「조선사」 5권과 「조선근세사」 2권이 이번에 「조선통사」라는 이름으로 합본 출판되었다.

1892년에 쓰여진 「조선사」와 1901년에 쓰여진 「조선근세사」는 전통적인 편년체적 역사서술방식을 벗어나 서양사를 모방한 새로운 역사서술체제를 갖추고 있다. 이 책은 한사군 이전은 태고, 삼국·통일신라를 상고, 고려시대는 중고, 조선시대는 금대로 시대를 나누고 각 시대마다 정치적 변천, 제도, 교법, 문학기예, 산업, 풍속 등을 서술하고 있다. 그러나 이 책은 우리 민족의 발전과정을 왜곡하여 고대 한국사회가 중국과 일본의 지배하에 있었다고 강변하고 있다. 하야시는 동경제국대학을 졸업한 역사학자로 해외침략을 선도하는 일본역사학의 입장에 서서 최초로 한국사를 체계적으로 서술, 이후 일본학자들의 한국사 연구의 기초를 다졌다. 이번에 이 책이 다시 출판된 것은 일제의 지배를 역사적으로 정당화하여 우리 민족의 역사의식을 말살하려는 일제당국의 의도에 따른 것이라는 평가가 지배적이다.

사슴을 말이라 우기는 「조선통사」

옛날 중국 진나라 때 조고는 진시황이 죽자 진시황의 어린 아들 호해를 황제자리에 앉히고 권력을 독차지하였다. 그도 모자라 장차 자신이 황제자리를 차지하기 위해 호해를 허수아비로 만들었다.

하루는 호해를 떠보기 위해 사슴을 가져오게 하여 말이라고 우겼다. 엄연한 사슴인데도 그의 권세에 눌려 호해는 이를 사슴이라고 하지 못했다는 이야기가 있다.

그러나 그렇다고 사슴이 어찌 말이 되겠는가. 지금 우리가 하야시의 「조선통사」를 보면서 조고의 고사를 떠올릴 수밖에 없는 것은 그 주장이 마치 사슴이 뻔한데 말이라고 우기는 것과 흡사하기 때문이다. 하야시가 사슴을 말이라고 우기는 부분은 이런 것들이다.

우선 엄연한 우리 민족의 시조신화인 단군전설을 역사사실로 인정하지 않고 있는 것이다. 또 중국 한나라에 의해 고조선이 멸망하고 한사군이 설치됐던 것을 강조하여 마치 이로부터 새로운 시대가 시작된 것처럼 오도하고 있다. 뿐만 아니라 4세기 중엽 왜가 가야지방을 군사적으로 점령하여 임나일본부라는 기관을 두고 6세기 중엽까지 이 지역을 다스렸다는 얼토당토않는 억지를 부리고 있다.

하야시는 왜 이런 황당한 궤변을 늘어놓는 것일까.

이는 필시 자신들의 한국 지배를 정당화하기 위해 한국민족은 고대로부터 주체적으로 발전하지 못하고 중국의 지배나 일본 지배를 받아서 발전했다는 논리를 역사적으로 입증하고 싶어서였을 것이다. 그러나 고대로부터 그들이 우리 땅에서 우수한 문화를 배워가 겨우 나라꼴을 유지해온 것을 아는 우리가 그들이 우긴다고 해서 언감생심 사슴을 말이라고 곧이 듣기야 하겠는가. 그러나 조심하시라! 자라나는 아이들 가운데 혹시 중정 없는 애들이 헛소리라도 자주 들어 정말로 여길까 두렵다. **서울 북촌선비 박우길**

주시경 「조선어문법」

우리말·글 연구에 새 전기 마련

1911년 우리말과 글을 가다듬는 데 온 정열을 바치고 있는 주시경선생의 역저 「조선어문법」이 출판돼 앞으로 우리글 발전에 큰 역할을 할 것으로 보인다.

이 책은 1910년 발행됐던 「국어문법」의 제목을 바꾸어 국판 반양장본으로 다시 펴낸 것이다. 주시경선생은 서문에서 나라의 독립을 지키는 데 말과 글이 가장 중요한 요소임을 강조하고 그것을 올바르게 정리하기 위해 이 책을 썼다고 밝히고 있다. 책의 내용은 우리말의 문장구성방식을 규명하는 데 모아지고 있다. 이 책에서는 문장 구성요소를 품사별로 나누고 각각의 품사가 어떤 자격을 가지고 문장을 이루고 있는가를 설명하고 또 이를 그림으로 도해하여 보여줌으로써 쉽게 이해할 수 있게 한 점이 특징으로 꼽힌다.

최남선 등 광문회 설립
고문헌 보존·반포 계획

1910년 최남선, 현채, 장지연, 유근 등이 중심이 되어 일제하에서 흩어져가는 고문헌의 보존과 반포를 위해 조선광문회를 설립하였다.

이들은 귀중한 문헌의 수집·편찬·출판을 통해 민족전통을 계승하고 이를 널리 보급하려는 뜻을 가지고 이번에 조선광문회를 설립한 것으로 알려졌다. 또 우리말과 글의 발전을 위해 우리나라 최초로 국어사전의 편찬도 계획하고 있는데, 최남선 집안이 유력한 자금줄인 것으로 전해졌다.

사찰령 제정 불교지배 본격화

1911년 총독부는 사찰령을 제정, 반포하여 본격적으로 한국불교의 지배에 나섰다. 일제는 한말 의병전쟁이 승려들과의 긴밀한 관계 속에서 이루어졌던 점에 주목하여 사찰을 일제 통치에 암적 존재로 파악, 이번에 한국불교를 장악하기 위해 사찰령을 만든 것으로 알려졌다.

이에 따르면 전국의 사찰은 30곳의 본산(本山)을 중심으로 30교구로 나뉘게 되었으며, 사찰의 병합, 이전, 폐사는 물론 사찰의 명칭 변경까지도 총독의 허가를 받도록 하고 있다. 또 사찰의 법규를 따로 만들어 총독의 허가를 받도록 하고 각 사찰의 주지를 총독이 임명토록 함으로써 총독을 한국불교의 교조(敎祖)에 버금가는 위치에 올려놓아 불교계를 완전 장악코자 했다. 한편 사찰에서의 집회는 지방장관의 허락을 받도록 함으로써 불교계가 항일운동의 거점이 되는 것을 원천적으로 봉쇄했다.

일제의 이러한 불교통제책으로 불교계의 친일화가 착착 진행되고 있으나 한용운 등 일부 뜻있는 승려들의 저항이 계속될 것으로 보인다.

역사신문

"일본농민이 몰려온다" 농업이민 급증

동척 주도하 … 각종 특혜 제공
"일본인 촌락 건설, 지배 거점화"

일본인들이 동양척식주식회사(동척) 주도하의 농업이민을 통하여 한국의 금싸라기 땅을 야금야금 잠식하고 있다. 이 회사는 1910년부터 농업이민을 시작하여 해마다 1천호 정도가 이주해 와 1913년에는 3천여 호에 도달했다. 현재는 남부지방의 곡창지대에 한정되고 있으나 앞으로는 전국에 걸쳐 이주할 계획이라고 한다.

문제는 일본인들의 농업이민이 한국농민을 쫓아냄으로써 이루어지고 있다는 점이다. 일제는 이미 통감부 시절인 1907년 많은 땅을 제실(帝室)재산 정리라는 명목으로 역둔토에 포함시켜 국유지를 확보하기 시작해왔다. 1912년 현재 국유지로 편입된 땅은 13만 정보로 총 경지면적의 약 5%에 이르렀다. 이 땅은 다시 동척을 비롯한 일본인 회사와 지주들에게 불하되었다. 일본인 지주가 늘어나면서 소작지가 늘어가고 우리 농민들은 소작인으로 몰락하거나 땅에서 쫓겨나는 현실이다. 이미 소작지마저 빼앗긴 농민이 1912년에 약 35만 명에 달하였다고 한다.

일제 당국자는 "주요 도시뿐만 아니라 농촌에도 일본인촌을 건설하고 일본인을 이주시키면 조선 지배의 거점이 될 것"이라고 공언하고 있다. 일본에서는 한국으로의 농업이민을 희망하는 자가 쇄도하고 있다는 후문이다. 이들 대부분은

동척 농업이민 추이

연차	모집호수	응모호수	승인호수
1910	1000	1235	160
1911	1054	1714	720
1912	1300	2086	1167
1913	1500	3472	1330

순수한 농민이 아니라 퇴역군인, 공무원 은퇴자 등 직접 농사를 지을 수 없는 자들로 알려졌다. 한국에 건너온 한 일본이민은 "땅을 싸게 불하받으면, 조선인 머슴을 두어 농사를 짓든지, 소작인에게 농토를 주어 소작료를 받아서 생활하겠다"고 말하고 있다.

당국은 동척이민들에게 특혜를 주고 있는데, 한반도 남부의 비옥한 땅만 골라 연리 6%의 저리에 25년 동안 분할상환이라는 유리한 조건으로 분배하고 있으며, 또한 이사할 때 기차비 50%, 기선비 30%를 할인해주고, 영농자금, 토지개량자금으로 매호 350원 가량을 저리로 대부하는 조건을 제시하고 있다. 게다가 재해 등 흉년을 당한다면 별도로 매호 200원까지 저리자금을 융자해주겠다고 약속했다고 한다. 한국농민들은 생존권을 박탈당하고 일본인 지주의 소작농이 되거나 고향을 떠나 만주로, 시베리아로, 일본으로 일자리를 찾아 떠나야 하는 마당에 너무나 분통터지는 일이 아닐 수 없다.

관련기사 2면

1914년 9월 석굴암 수리공사에 들어간 지 1년 만에 석굴이 완전 해체돼 석굴 속에서 1천200년 역사를 지켜온 석불이 알몸을 드러냈다. 이번 석굴암의 해체는 1912년 데라우치 총독이 직접 석굴에 올라 현장을 답사한 뒤 보수계획을 세우게 함으로써 이루어졌다.

공사 착수 당시 석굴암은 본존불이 안치된 내부의 천장 돌이 세 갈래로 깨져 무너져 있었고 입구쪽의 사각형꼴 전실(前室)은

우리 문화재가 병든다
일제, 경주 석굴암 보수 강행
원래의 설계 무시땐 회복불능

거의 붕괴된 상태였다. 천 년이 넘게 잘 보존돼오던 석굴암이 이처럼 황폐화된 것은 한말의 사회 혼란 속에서 수많은 농민봉기와 의병전쟁으로 관리가 소홀해진 데 근본원인이 있는 것으로 분석되고 있다.

총독부는 곧이어 석굴암 재조립공사에 들어가게 되는데 원형 돔을 쌓고 그 위에 시멘트를 2m 두께로 덮을 예정이다. 그리고 완전히 파괴된 전실은 사료조사를 통해 본래 모습으로 복원하게 된다. 그러나 석굴암의 원형을 알려주는 사료가 충분치 않아 공사에 많은 난관이 있을 것으로

예상되고 있다.

한편 일부 전문가들은 콘크리트로 석굴암을 덮을 경우 자연환풍과 습도조절이 단절돼 보존에 상당한 문제가 발생할 가능성이 있다며 우려를 표명하고 있다. 석굴암이 천 년이 넘게 원형을 유지해온 것은 신라인들 나름의 과학적 설계와 시공이 있었기 때문인데 이를 훼손할 경우 심각한 문제가 발생할 수 있다는 것이다. 특히 시멘트가 습기에 녹으면서 벽면을 타고 흘러내릴 경우 석굴암 전체가 회복불능의 피해를 입을 가능성도 있을 것으로 우려되고 있다.

총독부가 이렇게 무리한 석굴 재조립 공사를 벌이고 있는 것은 일본의 우수한 기술을 과시하는 한편 자신들이 우리 문화재를 보호해주는 은인이라는 여론을 조성키 위해서인 것으로 풀이된다. 그러나 총독부가 한때 석굴암 전체를 일본으로 옮겨 갈 계획을 세운 바 있고, 특히 데라우치가 방문한 직후 내부에 있던 대리석 5층석탑과 10개의 감실에 각기 안치돼 있던 좌불 중 두 개가 사라진 것을 볼 때 일본인들이 우리 문화재를 보존하고 보수해준다는 것은 설득력이 없다는 지적이 많다.

관련기사 3면

2대 총독에 하세가와 임명

데라우치총독의 후임으로 1916년 10월 하세가와 요시미치(長谷川好道)가 2대 총독에 임명됐다. 1915년 육군원수에 임명돼 군인으로서는 최고의 지위에 오른 그는 전임 총독 데라우치와는 달리 정치적인 재능이 없는 전형적인 군인이다. 청·일전쟁과 러·일전쟁에 참전했고 1904년 조선주둔군 사령관을 역임했다. 이 때문에 일본육군에서 한국통으로 불린다.

총독부 쌀농사만 강요
본국으로 수탈 위해 일본품종 강제

총독부가 한국인의 농사일에까지 감 놔라 대추 놔라 하고 있다. 총독부는 우선 농민들에게 다른 작물재배는 그만두고 벼농사에만 전념하도록 강제하고 있다. 또 헌병, 경찰, 면직원을 앞세워 일본인들의 입맛에 맞는 일본품종을 선택하도록 하고 있으며, 못자리 설치, 퇴비 생산, 거름주는 방법, 해충 구제, 수확시 건조방법 등에 이르기까지 일일이 간섭하고 있는 실정이다.

일제의 이런 간섭은 한국을 그들의 식량공급기지로 삼아 한국에서 쌀 생산량을 늘려 일본으로 가져가려는 계획하에 이루어진 것으로 분석된다. 쌀 생산을 늘리기 위해서는 다량의 비료를 뿌리고 수리시설을 갖추어야 하는데 일제는 실질적으로 이런 비용을 한국농민에게 떠넘길 계획이어서 농민들은 "가뜩이나 높은 소작료 부담에다가 비료까지 사다 쓰고 수리조합비까지 내라 하니 허리가 휘어질 지경"이라고 한숨이다. 반면에 지주들은 "수확량도 늘어나고 일본에다 비싼 값에 팔 수 있으니 이익"이라며 적극적인 호응을 보이고 있다는 소식이다.

1차세계대전 발발

1914년 6월 28일 오스트리아 황태자 페르디난트 부부가 보스니아의 수도 사라예보에서 세르비아 민족운동가들에 의해 암살당한 작은 사건이 마침내 전세계를 전쟁으로 몰아넣는 사태로 발전됐다. 이번 전쟁은 유럽은 물론 일본 등 아시아 국가들까지 연쇄적으로 끌어들인데다 각국이 산업혁명 이후 희대의 살상무기들을 만들어놓은 상태에서 수천 년 인류역사상 최초, 최대의 전면살상전이 전개되고 있다. 관련기사 5면

역사신문

석굴암 복원에 앞서 총독부가 해야 할일

빼앗아간 문화재부터 돌려줘야

총독부가 석굴암을 대대적으로 개수한다는 소식이다. 언뜻 들으면 반가운 소식이지만 전후사정을 가만히 살펴보면 반갑기는 커녕 마치 처녀가 괴한에게 겁탈당하는 꼴이어서 가뜩이나 나라 잃고 침울한 우리 민족에게 더욱 울화만 치밀게 하고 있다.

일제의 우리 문화재 약탈은 어제 오늘의 일이 아니지만 석굴암만 보더라도 그들이 진정한 원형회복에 뜻이 있다고는 전혀 생각할 수 없다. 지난 1909년 당시 2대 통감이었던 소네가 석굴암에 다녀간 직후 본존불 뒤편 11면 관음보살상 앞에 있었다고 하는 작고 아름다운 5층석탑과 벽의 감실에 안치돼 있던 석상 중 2점이 사라졌다. 그가 몰래 빼돌려 일본으로 가져갔다는 것은 이제 삼척동자도 다 알고 있다. 우리 민족의 최대보물 중 하나인 불국사 다보탑의 상층기단 네 귀퉁이에서 탑신(塔身)을 떠받치고 있던 돌사자상 넷 중 보존 상태가 나쁜 하나만 남기고 모두 들고 달아난 일도 우리는 똑똑히 기억하고 있다. 심지어 석굴암을 통째로 가져가려 했으나 비용이 엄청나게 들고 현지 여론이 극도로 격양되는 바람에 취소한 전력이 있다.

이러한 일제가 엄청난 비용을 들여 석굴암의 원형을 복원하겠다고 하니 우리는 도저히 곧이 들을 수가 없는 것이다. 오히려 석굴암을 전부 뜯어 헤쳐 그 속 어딘가에 숨겨져 있을 보물을 찾아내려는 것이 진정한 속셈은 아닐는지 모르겠다. 해체 뒤 다시 복원하는 과정에서 콘크리트로 외벽을 바르고 복원이 끝난 뒤에도 제자리를 못 찾은 석재들이 앞마당에 가득 남아 있는 등 몰지각한 행태를 보면 더욱 그런 생각이 든다.

총독부가 진정으로 우리 문화재를 보호해줄 생각이라면 먼저 해야 할 일이 있다. 우선 지금까지 원래의 위치에서 옮겨 일본으로 가져간 문화재의 목록을 밝혀야 할 것이다. 우리가 알기에 지금 일본천황가와 각 박물관에는 일본 자신이 국보급으로 다루고 있는 희귀한 고려청자가 셀 수 없이 많다.

또 일본 박물관이나 미술관 뜰에는 우리나라에서 가져간 석탑과 부도들이 버젓이 전시돼 있다. 우리가 합법적으로 주거나 판 적이 전혀 없는만큼 이는 모두 장물에 해당한다. 총독부가 진정으로 우리 문화재를 보호하려고 한다면 이것을 당장 제자리에 갖다놓지는 못할망정 최소한 그 목록과 출처는 조사해야 마땅할 것이다.

이렇게 하지 않는다면 이번 석굴암 복원공사는 아무리 좋게 봐줘도 "일본은 한국의 문화재까지도 보호해준다. 그러니 총독정치에 잔말 말고 따르라"는 생색내기로밖에는 해석할 수 없을 것이다.

그림마당
이은홍

몰려 나가고……

일본행

……몰려들 온다!!

불행 끝 행복 시작!!

조선행

일본인 농업이민 왜 급증하나

어떤 사업보다 '한국농사'가 수지 맞아

땅값·세금 저렴, 토지 구입에도 제도적 특혜…빈농층까지 너도 나도 이민

한일병합 이후 일본인 지주들이 늘고 있다. 1910년 2천여 명 정도였던 일본인 지주들이 1915년에는 7천 명에 육박하고 있다. 농업투자액도 3배 이상 늘어났다.

이처럼 일본인 지주들이 한국농토에 눈독을 들이는 이유는 무엇보다도 수지가 맞는다는 점에 있다. 한국에서 농토를 사들여 소작시키면 평년의 경우 20%의 이익을 올릴 수 있으며, 흉년을 감안하더라도 평균 10% 이상의 수익을 올릴 수 있다고 한다. 이에 비해 일본에서 얻는 지주경영의 이익은 5% 남짓이라고 한다. 현재 지가와 미가가 계속해서 오르고 있어 일반적으로 상공업분야에 투자하는 것보다 훨씬 많은 이익을 기대할 수 있다.

둘째, 지가가 저렴하고 일본인이 토지를 구입하기 용이하다는 점이다. 1912년 토지조사령을 실시하면서 일본인들이 한국의 토지를 차지하는 데 대한 법적·민족적 차별은 사라졌다. 더군다나 토지에 대한 세금이 일본에 비해 매우 적다는 점도 작용하고 있다.

조선 내 일본인 농업경영 규모		
연도	경영자수	투자액　논(정보)
1910	2,254	13,737　42,584
1911	3,839	12,473　58,004
1912	4,938	29,662　68,004
1913	5,916	36,771　89,624
1914	6,049	38,820　96,345
1915	6,969	45,587　108,742

셋째, 한국의 지주소작관계가 지주에게 유리하게 이루어져 있다는 점이 일본인의 한국 농업투자를 부추기고 있다.

이러한 점들 때문에 일본인 대지주는 물론 자영농이나 빈농층들도 농업이민을 통하여 한국농업을 잠식하고 있다. 일본에서는 불안하게 영세한 농업경영밖에 할 수 없었던 자들도 한국에 와서는 지주로서 한국인 소작인들을 지배하고 있는 실정이다.

특히 일본인 대지주들은 뛰어난 정보력과 자금력을 바탕으로 전북·전남·충남·경남을 중심으로 한 곡창지대에 집중 투자하고 있다. 이런 식으로 계속 가면 전국의 알짜배기 땅들은 전부 일본인의 손에 넘어갈지도 모를 일이다.

동양척식주식회사란?

1908년 일제가 일본농민의 한국 이주를 목적으로 설립한 국책회사. 이 회사는 토지 수탈에 주력하여 한국정부로부터 토지 1만 7천714정보를 인계받고 1913년까지 4만 1천148정보를 수탈, 총독부 다음 가는 대지주가 돼 우리 농민들의 원성의 표적이 되고 있다. 동척은 한국에서 토지의 매매·임차·경영·관리뿐만 아니라, 건물의 축조·매매·대차, 일본 이주민의 모집·분배, 자금의 대출, 부대사업의 운영 등 그 손길이 뻗치지 않는 곳이 없는 공룡회사로 커가고 있다. 지금까지는 한국에서만 활동했으나 장차 본점을 도쿄(東京)로 옮기고 활동영역을 만주·몽골까지 확장할 계획으로 알려졌다.

총독부, 교원자격·교과서 규제 등 사립학교규칙 개정

1915년 3월 조선총독부는 사립학교규칙을 개정하였다. 이번 개정의 특징은, 사립학교 설립은 총독의 인가를 받아야만 가능하며, 교과서는 조선총독부가 편찬한 것이나 검정한 것만 사용할 수 있고, 교원은 일본어를 할 수 있고 총독부가 지정한 학교를 졸업한 사람만 될 수 있다는 내용을 골자로 하고 있다.

이번 개정은 1908년 사립학교령, 1911년 사립학교규칙에 이어진 것으로 사립학교 운영자들은 개정이 아니라 개악이라며 반발하고 있다. 데라우치총독은 훈령에서 "사립학교라도 만일 국가의 요구에 어긋나는 교육을 한다면 자녀의 교화에 끼치는 영향이 매우 우려되므로, 사립도 일정한 교육방침을 준수하지 않으면 안 된다"고 하여 이번 개정이 민족교육을 하고 있는 사립학교를 염두에 두고 이루어진 것임을 분명히 하였다.

대담 이승훈 오산학교장

"사립학교규칙은 민족정신 말살 속셈"

「역사신문」에서는 사립학교규칙 개정으로 어려움을 겪고 있는 사립학교를 찾아보는 기획을 준비하였다. 먼저 오산학교를 찾아 설립자인 남강 이승훈교장을 만나보았다.

105인사건으로 옥고를 치르셨는데, 이번에 사립학교 규칙개정 때문에도 어려움을 많이 느끼시겠습니다.

남강 이번 사립학교규칙 개정은 한마디로 개악입니다. 총독부야 우리 민족의 정신을 깡그리 없애는 것이 목적인데 사립학교가 눈엣가시처럼 보여서 자꾸 악법을 만드는 것이지요.

데라우치총독이 사립학교라도 국가의 방침을 따라야 한다고 훈령을 내렸는데요. 어떻게 보십니까?

남강 물론 독립국가에서야 학교도 국가의 방침을 따르는 것이 도리이겠으나, 지금 국가의 방침을 따르라는 것은 일본놈이 되라는 얘기니까 따를 수 없지요. 그리고 사립학교는 개성이 필요합니다. 학교를 세워놓고 공립학교와 똑같이 하자면 사립학교를 세울 이유가 없지요. 심지어 이번에 종교계통에서 세운 학교에서 종교를 가르치지 말라고 한 것은 억지 간섭입니다. 종교가 문제라면 그 학교에 입학하지 않으면 되는 것이지요.

구체적으로 말하자면 학교 설립, 교과서 사용, 교사 채용 모두를 총독부가 인정해야만 된다고 합니다만.

남강 아 글쎄, 그것이 일제의 속셈이 드러나는 것이지요. 교사문제만 해도 그렇습니다. 사실 지금 우리나라에 총독부가 말하는 교사가 몇 명이나 있습니까? 중등교육이야 학교가 적으니까 일본 유학생 출신 정도로 채울 수 있겠지만, 초등교육은 자격 있는 교사라야 일본인들뿐이지요. 당장은 유예기간을 둔다고 하지만 얼마 가지 않아 일본사람 일색으로 만들려고 하는 것입니다.

앞으로도 학교운영에 어려움이 많으실 텐데, 소신을 말씀해주십시오.

남강 빼앗긴 나라를 다시 찾아야 제대로 될 수 있습니다. 이 일을 위해서는 해외에 나가기도 하고 밖에서 군대를 길러 쳐들어오기도 하고, 세계여론을 환기시켜 지원을 받는 일도 필요합니다. 그러나 먼저 한국인 한사람 한사람이 깨어나 밝고 힘있는 사람이 돼야 합니다. 우리 학생들이 전국 방방곡곡에 나가서 깨우치는 일을 하도록 힘쓸 것입니다.

좋은 말씀 감사합니다.

"나라를 되찾자" 단체결성 잇따라

나라를 빼앗긴 후 의병활동이 침체된 가운데 각지에서 나라를 되찾기 위한 독립운동단체들이 속속 결성되고 있다. 또 이들 가운데는 공화주의를 내세워 국왕의 나라가 아니라 국민의 나라를 세우자는 주장도 일고 있어 주목된다.

대한광복회

1915년 7월 대구에서 대한광복회가 결성되었다. 대한광복회는 1913년 경북 풍기에서 채기중을 중심으로 창립한 광복단과 1915년 초 대구에서 박상진을 중심으로 창립한 조선국권회복단의 일부가 통합한 것이다. 각 도에 지부를 두고 있는데, 특히 경상도, 충청도, 황해도의 조직이 크고 활동도 활발하다고 한다.

이들은 군자금을 모아 무기를 구입하고 혁명을 일으켜 공화주의 독립국가를 건설하려는 계획을 가지고 있다. 이를 위해 앞으로 해외독립운동과도 연결하려 하고 있다. 군자금 모집을 위해 의연금을 모으거나 광산 습격, 우편차 습격 등 일제의 재산을 탈취하는 작전을 벌이기도 했다. 아직까지 복벽주의 독립운동이 많은 가운데 공화주의이념을 표방하고 활발한 활동을 하고 있어 주목되고 있다.

조선국권회복단 중앙총부

1915년 1월 경북 달성군에서 윤상태, 서상일, 이시영 등이 시회(詩會)를 가장하고 경북지방의 유림들을 포섭하여 조직하였다. 이 단체는 단군을 받들고 신명을 바쳐 국권회복운동을 전개할 것을 표방하였다.

독립의군부

독립의군부는 이미 1912년에 조직된 항일 비밀결사이다. 최익현 휘하에서 의병활동을 하던 임병찬이 중심인물이다. 1913년 비밀리에 고종으로부터 전라남북도 순무총장 겸 사령장관에 임명된 임병찬은 유림과 의병출신들을 규합하여 조직을 강화하였다. 의군부는 일본의 내각 총리대신과 조선총독 및 주요 관리들에게 국권반환요구서를 보내 한국 강점의 부당성을 일깨우고, 대규모 의병전쟁을 일으키기 위해 준비하였다. 그러나 1913년 일본경찰에 발각되어 실패하고 말았다. 임병찬은 거문도로 유배되어 지난 1916년 병으로 순국했다.

'마지막' 의병장 채응언 끝내 처형

1915년 9월 21일 평안도에서 활동하던 의병장 채응언이 평양감옥에서 처형되었다. 이로써 국내에서의 의병활동은 종언을 고했다고 할 수 있다. 채응언은 일찍부터 의병활동을 시작했지만 본격적으로 두각을 나타낸 것은 1910년 9월 황해도 선암동 헌병분견소를 습격하여 헌병 1명과 보조원 2명을 처단한 뒤부터이다. 이 무렵은 일제의 대탄압으로 말미암아 국내에서의 의병활동이 점차 소멸해가던 시점인데 그의 부대는 유독 맹렬히 활동하여 그동안 평안도와 황해도 일원에서 맹활약을 한 바 있다. 마음을 놓고 있던 일제의 헌병과 경찰은 이에 놀라 그를 체포하기 위해 현상금 280원을 내걸 정도였다. 결국 아깝게도 처남의 밀고로 체포됐다.

채응언의 생애

거구의 몸집, 겁 없고 당찬 성격. 누가 보아도 무인으로서의 면모를 갖춘 인물이다. 체포될 당시 일본인 헌병과의 난투극 속에서 오른쪽 눈두덩이 거무스레하게 부어올랐지만 웃음을 지으며 헌병에게 '매우 애썼네' 하며 의연한 모습을 잃지 않았다고 한다.

그는 일찍이 군문에 들어가 대한제국 육군 보병부교로 근무하다 1907년 군대 해산을 계기로 의병전쟁에 뛰어들어 이진룡의병에 참여하였다고 한다. 이후 평남, 강원, 함남 일대에서 무력항쟁을 전개했으며 순사주재소 습격, 전신주 파괴, 헌병 사살 등 맹활약을 하였다. 그런데 정작 그가 두각을 나타내기 시작한 것은 일제의 가혹한 탄압으로 의병운동이 소멸해가던 1910년부터이다. 그의 부대는 오히려 이때부터 맹활약을 하여 일제의 간담을 서늘하게 한 것이다. 채응언은 옥중에서도 '나는 의병이므로 강도살인의 죄명으로 사형을 받기 싫다'고 주장하며 과감히 자결을 시도하는 등 마지막 의병장의 기개를 만천하에 떨쳤다.

석굴암 보수 무엇이 문제인가

원형조사 소홀, 마구잡이식 공사 강행

돔 외부공사에 통풍·습도 조절 배려 없이 콘크리트로 '떡칠'

유물이나 유적을 보존하는 최상책은 원래 모습 그대로 복원하는 것이다. 그런데 이번 석굴암 보수공사는 사료조사가 불철저하여 아직 당대의 원형을 알 수 없는데도 공사를 강행해 나중에 심각한 문제를 낳을 수 있다.

특히 전실은 지붕이 돌출돼 기와나 석재로 조형물이 얹혀져 있었는지 아니면 주실을 덮은 흙과 함께 덮여 있었는지 확실하지 않은데도 후자의 방식으로 처리하기로 해 원형을 왜곡할 가능성이 우려되고 있다.

이번 보수공사의 최대 졸작은 주실 돔의 외부를 콘크리트로 덮는 일일 것이다. 신라인들은 이 석굴암을 지을 때 통풍과 습도 조절까지 다 고려했다.

즉 전체를 흙으로 덮을 경우 미세한 공기가 유통돼 석굴 내부의 습기는 밖으로 나가고 밖의 공기는 안으로 유입된다. 더구나 본존불 뒤쪽 지하에 있는 샘물이 주실과 전실 밑을 흐르게 함으로써 차가워진 바닥이 주실 내 공기 중의 습기를 응결시켜 습도를 조절하도록 하는 세심한 배려도 한 것으로 추정되고 있다.

그런데 공기와 습기가 전혀 유통이 안 되게 콘크리트로 처바르고 샘물은 길을 따로 파 좌우로 우회해서 석굴암 바깥으로 빼내게 했으니 앞으로 통풍과 습도 조절이 큰 문제로 제기될 것은 뻔한 일이다.

이것은 한마디로 서구 근대문명의 주제넘은 오만이다. 이제 100년 남짓한 자본주의역사가 수천 년 인류역사를 농락하는 것이다. 자본주의문명이 제아무리 휘

황찬란한 생산력을 뽐내고 있다고 하지만 1천 년이 넘게 원형을 유지할 수 있는 건축물을 지을 수 있는 기술은 아직 가지고 있지 못하다.

석굴암 보수공사는 마치 일본을 통해 서투르게 받아들여진 서구문물이 우리 민족을 학대하고 있는 현실과도 같아 뜻있는 이들의 가슴을 아프게 하고 있다.

공사현장과 단면도 ▶

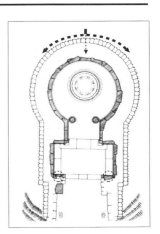

사진 왼쪽은 본존불 위에 2m 두께의 콘크리트로 덧씌우는 공사 모습. 오른쪽은 석굴암 배치도.
◄⋯ 원래의 지하수로, ◄► 일본이 새로 판 수로.
○ 부분은 양쪽 입구에 마주보고 있던 나한상을 안쪽을 향하게 돌려 놓은 것.

일, 조선주둔군 증설 무력 통치기반 확립

1915년 12월 24일 일본은 조선 2개사단 증설안이 확정됨에 따라 제19사단과 제20사단을 창설하여 나남과 용산에 배치했다. 이로써 상주병력에 의한 조선지배체제가 확립됐으며 조선총독의 권한이 확대되었다. 조선주둔군이 정식으로 편성된 것은 1906년 8월 '한국주차군사령부조례'에 따라 경성에 사령부가 설치되면서부터인데, 여태까지는

일본 내 사단이 1개 사단씩 2년 교대로 한국에 주둔해왔다. 이번 19, 20사단 신설로 이 부대는 영구히 조선에 주둔하면서 조선 남부와 북부를 관할하게 되었다. 이번 조치는 조선에 대한 항구적인 지배체제를 구축하기 위한 것으로 분석된다.

나라 밖 독립운동

안창호, 미국서 흥사단 결성···운동방향 놓고 비판도

1913년 5월 13일 미국에 거주하는 이민교포와 유학생을 중심으로 한 운동단체인 흥사단이 조직됐다.

이 단체는 그동안 꾸준히 개인의 인격수양을 통한 국권회복을 주장해온 안창호의 주도로 결성된 것으로 알려졌는데, 조병옥, 염만석, 홍언, 송종익 등이 전국 8도를 대표해

서 참여하고 있지만 주력은 서북지역 출신자들인 것으로 전해지고 있다. 이 단체는 무실(務實)·역행(力行)·충의(忠義)·용감(勇敢)의 네 가지 항목을 지도이념으로 삼아 건전한 민주시민 양성을 1차적인 목표로 하고 있다. 일부에서는 이것이 과연 일제의 식민지 침탈이라는

엄중한 상황에 걸맞는 운동방향이겠냐는 지적도 있다.

그러나 이 단체는 미주에서 상당한 세력을 모으고 있으며 국내 및 다른 지역에도 세력을 확장할 추세여서 앞으로 독립운동의 엄연한 한 흐름으로 자리잡을 전망이다.

박용만, 하와이서 조선국민군단 조직

1914년 9월 10일 미주 하와이에서 이민교포들이 직접적인 독립투쟁을 위한 무력조직인 대조선국민군단을 조직하였으며, 이어 병학교 막사와 군문의 낙성식을 거행하였다. 국민군단은 교민자치단체인 국민회 연무부(演武部) 사업으로 조직되었는데, 이는 무력투쟁론을 주장, 이미 네브래스카에서 헤이스팅스소년병학교를 설립한 바 있는

박용만이 주도하고 있는 것으로 알려져 있다.

그런데 현지에서 활동하고 있는 이승만은 박용만의 무력투쟁론을 극력 반대하고 있으며 현지교민들까지 이승만파와 박용만파로 나뉘어 대립하고 있다는 소식이다. 이러한 내분과 함께 미국주재 일본대사도 국민군단의 활동을 주목하여 미국 외무성과 하와이총독에 극렬히

항의하는 등 방해공작을 벌이고 있어서 국민군단의 앞날이 반드시 밝지만은 않다는 것이 일반적인 분석이다.

호남선, 경원선 잇단 개통

호남선　일본으로 쌀 유출 위해 호남평야-목포항 연결
경원선　함경도거쳐 대륙 진출 위한 정치·군사적 목적

1914년 호남선 철도와 경원선 철도가 잇따라 개통됐다.

호남선은 대전에서 논산·이리·김제를 거쳐 목포에 이르는 총 연장 260.6km로 지난 1911년 대전-연산 간 39.9km가 개통된 이래 공사가 계속되어 1914년 1월 22일 전통식이 거행됐다.

이 철도는 경부선의 대전역에서 출발하여 비옥한 곡창지대인 호남평야를 가로질러 목포항에 이르는 것으로, 군사·정치적 목적이 강했던 경부·경의선에 비해 순전히 경제적 목적을 위해 건설된 것으로 알려졌다. 호남평야의 쌀을 목포항을 통해 일본으로 실어나르기 위한 기반시설이라는 것이다.

한편 9월에는 서울에서 철원·안변을 거쳐 원산에 이르는 총 연장 222.7km의 경원선이 개통됐다.

이 철도는 서울과 동해안을 잇는 간선철도로, 위로 함경도를 거쳐 대륙으로 이어지는 길목이어서 대륙 진출을 노리는 일제의 정치·군사적 목적이 큰 것으로 알려졌다. 1910년부터 공사가 시작된 경원선은 험준한 산악지대를 통과하게 돼서 난공사가 많았고, 의병들의 습격이 잦아 측량대가 헌병들의 보호 아래 한복으로 위장해서야 측량을 마칠 수 있을 정도로 어려움이 큰 것으로 알려졌다. 이 철로 연변에는 금강산·석왕사·원산해수욕장 등 명소가 많아 관광객의 이용도 잦을 것으로 예상된다.

일본 유학 다시 늘어

농·공업 등 전공 다양

나라가 망하는 침울한 분위기 속에서 급격히 줄어들었던 일본 유학의 발길이 다시 잦아지고 있다. 1905년을 전후하여 크게 늘었던 일본 유학생은 1910년 새로이 일본에 건너간 유학생이 불과 5명에 불과했으나 1911년 93명, 1912년 58명, 1913년 107명, 1914년 68명으로 차츰 늘어나고 있는 추세다. 또 이들 유학생들의 경향도 '실력주의'를 내걸고 개인적인 실력을 기르자는 분위기 속에 학과공부에 열심인 것으로 알려졌다. 또 이들의 관심은 정치·경제·법률이 주류를 이루고 있지만 실업방면으로 눈을 돌려 농업·공업·상업을 공부하는 학생들도 늘어나고 있다고 한다. 이들은 주로 와세다대학이나 명치대학, 중앙대학 등에 다니고 있다.

한편 이처럼 유학생들이 늘어가면서 1913년에는 이들이 모여 유학생학우회를 조직, 김성수·송진우·김병로·장덕수·신익희·최두선·최팔용·이광수·현상윤 등이 활약하고 있다.

친선 야구시합장서 한·일 난투극

1914년 10월 10일 오후 훈련원에서 열린 야구시합 도중 응원하던 한국인과 일본인들 사이에 편싸움이 벌어져 여러 명이 크게 다치는 난투극이 발생했다. 이 일의 발단이 된 야구시합은 한국인의 오성(五星)학교와 일본인의 용산철도구락부가 벌인 것이었다. 두 팀은 지난해에도 접전한 결과 오성학교가 패배한 바 있었다. 이번 시합은 오성학교의 복수전이었는데, 응원단도 1천여 명이 참석하여 좌우로 나뉘어 맹렬히 응원하였다. 시합은 8회까지 오성학교가 10대13으로 불리하게 몰리고 있었다. 그러나 9회 말 오성학교가 마지막 공격에서 전력을 다해서 공격한 데 비해 철도팀의 투수는 승부욕을 잃고 사사구 아니면 느린 공을 연발하여 패세가 짙어졌다. 결국 14 대 13으로 오성학교가 승리하였다. 시합은 오후 3시에 시작되어 5시 10분에 끝났는데, 시합에 진 일본인 관중들이 흥분하여 운동장에 난입, 오성 선수를 포위하고 폭행을 가하자, 이를 지켜본 우리 관중들 역시 이에 대항하여 편싸움이 벌어진 것이다.

총독부 연초·주세령 실시

총독부는 1914년 7월 연초세령을 공포한 데 이어 1916년에는 주세령을 실시하여 술과 담배를 국고수입 증대를 위한 수입원으로 삼으려 하고 있다. 이와 아울러 담배와 술의 생산을 허가제로 바꿈으로써 연초제조업과 양조업에 대한 통제도 강화하여 이의 생산구조를 개편하려 하고 있다.

연초세령은 1909년의 연초세법으로 경작세와 판매세를 신설한 위에 연초제조세와 연초판매세를 추가하였으며 연초제조업을 허가제로 바꾼 것이 특징이다. 주세령은 1909년

이에 따라 국내 소비자의 세금부담이 증가하게 되었으며 소규모 생산업자들이 몰락하는 등 부작용이 발생하고 있다.

의 주세법을 강화하여 세율을 인상하고 일정한 규모 이상의 제조를 행하는 자에게만 면허를 주어 양조업의 합동·집약화를 추구한 것이 특징이다. 이러한 세율의 인상으로 1916년의 주세액은 전년에 비해 3배나 증가하였으며 곧 지세에 맞먹는 비중을 차지할 것이라는 게 조세전문가의 분석이다.

술도 마음대로 못 먹는 세상

독자투고

일본사람들이 주세령을 내려 이제 한국사람들은 술도 맘대로 못 마시는 팍팍한 세상이 됐다.

알다시피 한국사람들 밥 없이는 살아도 술 없이는 못 살 만큼 탁주는 일용 음료나 식량과 같은 것이다. 그러니 자연히 집집마다 술을 안 담을 수 있겠는가. 그래서 요즘은 단속 나온 순사들과 마을사람들 사이에 '숨바꼭질'을 하느라 야단법석이다. 만에 하나 발각되면 엄청난 벌금을 물어 배보다 배꼽이 더 큰 꼴이니 그런 꼴 안 당하려면 값싼 일본소주를 사 먹어야 할 판인데 뒷골 땡기는 그게 어디 술인가.

또 이제 웬만한 부자가 아니면 술장사를 하기 어렵게 됐다. 술을 만들어 팔 수 있는 양조장 규모의 기준을 대폭 올려놓아 앞으로 소주는 2석, 탁주·약주는 5석 이상을 만드는 집만 술을 만들어

팔 수 있다고 한다. 대규모 양조장만 남겨놓아 세금 걷기 쉽게 하자는 일제의 뻔한 속셈인데, 그 덕분에 앞으로는 각 면에 돈 있고 빽 있는 한두 개의 양조장만 살아남을 모양이다.

이래저래 맨정신으로 살아가기 어려운 세상에 술통마저 조여오니 이놈의 세상 빨리 뒤집혀야 어디 살겠는가!

양주 술꾼 김두주

신비의 소리 에밀레종 경주로

에밀레종이 1915년 새로 지은 경주박물관으로 옮겨졌는데, 에밀레종을 만지면 병이 낫고 복이 온다는 소문이 있어 이 종을 만져보려는 사람들로 인산인해를 이루었다. 에밀레종은 원래 봉덕사종으로 만들어졌다가 봉덕사가 폐허가 되자 조선시대 때 경주 남문 밖 봉황대 밑으로 옮겨 와 성문을 열고 닫을 때와 정오를 알릴 때 울렸다. 청아하고도 은은하기로 유명한 이 종소리를 이제는 듣기 어려울 듯.

마산서 하와이로 국제 사진결혼

3년 새 18명… '사기극' 소문도

경남 마산 마동면 사는 김성녀(가명, 18)가 남자사진 한 장만 보고 태평양 건너 하와이에 사는 이길성(가명, 38)에게 시집가 화제가 되고 있다.

김성녀는 마을에서 예쁘기로 소문이 났었는데 작년 겨울 하와이에 있는 이씨로부터 사진결혼 제의가 들어와 서로의 신분을 확인한 후 응낙, 하와이에서 보내온 여비 2백 원을 받아 지난 2월 25일 마산을 출발했다. 마산경찰서가 조사한 바

에 의하면 사진결혼에 응하여 하와이로 건너간 사람이 1913년 8명, 1914년 6명, 올해는 지금까지 김성녀를 합하여 3명에 달한 것으로 알려졌는데, 사진결혼의 중매는 모두 기독교 목사가 취급하며 기독교 신자들이 매파가 된다고 한다.

그런데 처음 데려갈 때는 행복한 결혼생활을 약속하지만 데려간 후에는 여자를 팔아넘긴다는 소문도 있어 사진결혼에 신중해야 한다는 소식이다.

"정조를 보상하라"

전처, 남편 재혼에 발끈 '훼손된 정조 보상' 소송 2백 원 지급 판결

여성의 정조를 돈으로 치면 얼마나 될까? 최근 유린된 정조를 보상하라는 재판이 열려 화제다. 1916년 2월 20일 강원도 홍천군 북방면의 김소사(가명, 19)는 전남편 정대흥(가명, 19)을 상대로 춘천지청에 정조위자료 1천 원을 청구했다. 김소사의 주장에 따르면 이들은 작년 1월 양가 부모의 허락하에 결혼식을 올리고 같이 살던 중 6개월 만에 아무런 이유 없이 병신이라는 핑계로 친정으로 쫓겨났다는 것. 그 후 정대흥은 올해 1월 북방면 매곡리 지경오의 둘째딸 지씨와 성대한 결혼식을 올렸다. 이에 분개한 김소사가 자신의 훼손된 정조를 1천 원에 보상하라는 청구소송을 제기, 재판부는 이를 받아들여 지난 4월 19일 피고에게 위자료 2백 원을 지급토록 판결했다. 이는 한국인 사이의 최초의 정조대 청구사건으로 꼽히는데, 여성들이 인권에 눈떠감에 따라 앞으로 이런 사건이 계속되리라는 전망이다.

대서양-태평양 연결

파나마에 운하 개통

1914년 8월 마침내 대서양과 태평양을 잇는 파나마운하가 개통됐다. 북아메리카 대륙과 남아메리카 대륙 사이에 미녀의 허리같이 잘록하게 들어간 파나마 지협은 이 지형적 특성 때문에 오래 전부터 운하 건설의 적격지로 꼽혀왔다.

길이 약 80km인 이 운하의 개통으로 선박이 미국 동해안에서 서해안으로 가려면 남아메리카 남단 혼곶을 돌아가야 하는 불편을 덜게 돼 항해거리 약 8천 해리가 단축됐다. 따라서 이 지역 산업발전에 지대한 공헌을 할 것으로 기대되고 있다.

일, 독일에 선전포고

산둥 침공 후 21개조 요구

1914년 8월 일본정부는 유럽에서 발생한 1차세계대전에 대해 기존 영·일동맹을 내세워 신속하게 대독일 선전포고를 하고 중국 산둥(山東)반도에 군대를 출동시켜 1차세계대전은 글자 그대로 세계대전으로 확산됐다.

일본은 이에 그치지 않고 남태평양과 인도 동부 및 지중해에까지 해군을 출동시켜 전쟁에 적극 개입하고 있다.

산둥반도 일대를 점령한 일본은 중국에 대해 산둥지역에 대한 기존 독일 이권의 일체 승계와 철도부설권 등 각종 이권을 요구하는 이른바 21개조를 중국의 실권자 위안스카이에게 요구하여 파문이 일고 있다.

일본이 진격하는 곳은 전부 독일이 이왕에 차지하고 있던 지역이라 일본의 의도가 무엇인지 자명하다.

즉 일본은 독일이 주도하는 3국 간섭에 의해 중국 진출을 봉쇄당하고 있던 터에 이번 전쟁을 통해 독일을 몰아내고 그 이권을 일본이 차지하겠다는 야욕을 노골적으로 드러낸 것이다.

사라예보 총성, 유럽전역을 전면전으로

사라예보 총성, 유럽전역을 전면전으로

오스트리아-세르비아 영토분쟁 1주일 만에 세계대전으로 번져
국제질서 주도권 놓고 영·러·프와 독·오·터 전면 대결

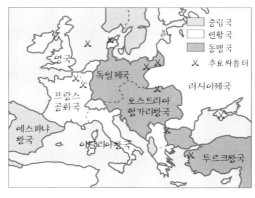

프랑스 폭탄공장. 독·불은 초기의 마른전투에서만 러·일전쟁때 소비된 양과 맞먹는 포탄을 소모했다.

1차세계대전 발발배경과 성격

발칸반도가 유럽의 화약고라는 점은 이전부터 예고돼왔지만 오스트리아의 대세르비아 선전포고 후 불과 1주일 만에 유럽의 강대국 대부분이 이 전쟁에 신속하게 개입함으로써 당사자들조차 놀라고 있다.

오스트리아는 애초부터 자신의 선전포고를 세르비아 길들이기 차원으로 생각했다. 그러나 러시아가 같은 슬라브민족인 세르비아를 지원하여 총동원령을 내리자 인접한 독일이 뒤질세라 동맹관계에 있던 오스트리아에 가담하고 나서면서 국지전이 일순간에 세계대전으로 확대됐다. 독일은 산업혁명이 늦은 후발자본주의국가로서 영국과 프랑스가 주도하는 국제관계에 내심 불만이 가득 차 있던 참이었다. 급기야 독일이 세르비아와는 관계없는 벨기에를 침공하자 프랑스와 영국이 연달아 대독일 선전포고를 발동했다. 영국과 동맹관계에 있던 일본도 영국을 따라 대독일 선전포고를 발령했다.

이로써 오스트리아·독일·터키를 한편으로 하고 러시아·영국·프랑스·세르비아를 상대편으로 하는 전세가 짜여졌고 러·독 국경, 독·프 국경, 오스트리아·이탈리아 국경에서 치열한 전투가 벌어지고 있다.

시장확대 위한 식민지 획득경쟁이 원인
막대한 물량투입으로 각국 총력전 펼쳐

오스트리아와 세르비아 간의 국지적 성격에 불과했던 것이 단번에 세계대전으로 확대된 가장 주요한 요인은 독일의 참전이다.

20세기 들어 독일이 무서운 속도로 성장하면서 영국과 독일 간에 치열한 경쟁이 벌어져왔고 최근에는 그 영역이 군비로까지 확대돼왔다. 실제로 전쟁 발발 직전 유럽정세는 독일·오스트리아·이탈리아의 3국동맹과 영국·프랑스·러시아의 3국협상으로 이미 양 세력판도가 짜여져 있었다. 이러한 양 세력의 갈등은 근원적으로 세력 팽창, 즉 식민지 획득경쟁 과정에서 파생된 것이다. 선발자본주의국가인 영국과 프랑스는 이미 전세계에 자국의 식민지를 확보했다. 여기에 후발국가인 독일 등이 가세하면서 갈등의 골이 깊어간 것이다. 특히 자본주의는 그 속성상 원료공급지와 상품시장을 계속 넓혀야만 생존할 수 있기 때문에 식민지 획득을 위해 전쟁은 필연적이었다고까지 말할 수 있다. 이번 전쟁의 또다른 주요 특징은 전쟁 그 자체가 거대한 물량소모전이 되고 있다는 점이다. 현재 각국의 자본주의가 식민지를 갈망하는 주요 원인은 시장확대와 유효수요의 창출을 통한 생산의 확대에 있다. 그런데 이번 전쟁은 일시에 거대한 유효수요를 만들어냈다. 각종 무기, 의복·의약 등 군수품, 전쟁 효율을 높이기 위한 각종 기술 등이 거의 무한대로 요구되고 있다. 이번 전쟁은 그 규모도 역사상 최대지만, 전쟁 자체가 산업발달을 지원하는 참으로 이상한 전쟁이기도 한 것이다.

일본, 전쟁물자 공급으로 경제호황 절정

러·일전쟁 후 늘어난 외채로 휘청거리던 일본경제가 1차세계대전 덕에 돌연 호황을 맞이해 눈부신 발전을 거듭하고 있다.

일본이 전쟁호황을 누리고 있는 것은 직접 전쟁터가 되지 않으면서 전쟁물자 공급을 담당하는 데서 비롯되고 있다. 우선 전쟁과 직접 관련이 있는 구리, 아연, 석탄 등 1차산업이 크게 활기를 띠고 있고, 조선과 해운업도 일본경제를 선도할 정도로 팽창하고 있다. 그 밖에도 유럽에 염료와 화학약품의 공급이 달려 국제가격이 폭등, 이들 산업도 엄청난 호황을 누리고 있다. 군수품의 대종을 이루는 면직업도 주문이 쇄도하고 있다.

이에 따라 일본산업의 구조가 급격하게 변모되고 있다. 대전 전에 존재하던 가내수공업들은 이제 모습을 감추고 기계식 대공장이 태반을 이루고 있으며 수력발전을 통한 전기의 대량공급으로 에너지 공급체계가 전기로 완전히 탈바꿈했다.

한편 이러한 일본경제 호황의 여파는 우리에게도 다가오고 있다. 일본경제가 급팽창하면서 주요 식량인 쌀수요가 폭증해 우리나라의 쌀이 일본으로 대량 유출되고 있는 것이다. 이는 쌀값 폭등을 초래해 지주들에게 엄청난 이득을 가져다 주는 반면 영세민들 중에는 폭등한 쌀값 때문에 굶어죽는 이들도 발생하는 등 유럽에서의 전쟁이 우리 땅에서까지 사상자를 발생케 하고 있는 실정이다.

일제하 만화경

학교종

이바구

등학교 종이 땡땡땡♩

어서 모이자~♪♬

사립 학교법

학교종이~♪

땡이노 땡이노 땡이노

엄복동, 자전거대회 우승

일본 일류선수 당당히 제쳐 '민족적 영웅' 인기 절정

엄복동이 한국선수와 일본선수가 참가한 자전거대회에서 우승하여 민족적 영웅으로 떠오르고 있다. 1913년 4월 27일 평양 역전광장에서 열린 자전거대회에 참가한 엄복동은 2만 5천여 관중의 터질 듯한 환호 속에 일본의 일류선수들을 물리치고 당당히 일등으로 골인, 민족적 영웅이 되어 그 인기가 하늘 높은 줄 모르고 치솟고 있다.

이번 자전거대회는 일본에서 건너온 일류 자전거선수 10여 명을 포함, 100여 명이 참가하여 인천(4월 12일), 서울(13일), 부산(20일), 평양(27일)에서 차례로 열렸다. 평양대회는 한국인 2명과 일본인 4명의 우수선수가 출전한 결승전과 같은 경기로서 엄복동과 황수복이 각각 1등과 3등을 차지하여 온 겨레의 환호와 감격은 절정에 달했다.

엄복동은 자전거판매상인 일미상회의 점원으로 일하고 있는 것으로 알려졌는데, 이번 대회 우승으로 노인에서 어린아이에 이르기까지 그의 자전거 솜씨를 칭송하느라 온 사회가 떠들썩하다.

이번 호의 인물   주시경

한글연구로 독립혼 일깨운 국학의 선구

'저 소가 푸른 풀을 먹소'를 문법적으로 풀어헤치면 '소가'는 '임이'이고 '풀을'은 '씀이'이고 '먹소'는 '남이'이다. 무슨 말일까? 한자말로 바꾸어 말하면 "'소가'는 주어이고 '풀을'은 목적어이고 '먹소'는 서술어"가 된다. 주시경이 「국어문법」에서 최초로 정립한 우리 말글의 문법체계이다. 그는 이렇게 문법체계만 세운 것이 아니라 글도 모두 순수한 우리글로 바꾸어 놓았다.

주시경이 펴낸 이 「국어문법」은 세종대왕이 훈민정음을 만들어낸 이래 460여 년 만에 이룩한 위대한 업적이다. 세계 어디에 내놓아도 손색이 없는 과학적 문법체계다. 더구나 주시경은 이 일을 "우리 말글이 독립해야 나라도 독립하게 된다"며 이루어냈다. 일본군 몇 개 사단을 물리친 것과는 비교도 안 될 일을 해낸 것이다.

한흰샘으로 더 잘 알려져 있는 주시경은 이렇게 엄청난 학문적 업적을 남겼지만 그렇다고 고리타분한 학자는 아니었다. 독립협회가 탄압받을 때 청년 이승만이 사형당할 것이라는 소문을 듣고는 권총 한 자루를 마련해 탈옥하도록 도와준 일화는 유명하다. 국어학에 전념하게 된 뒤부터는 자료들을 싸짊어지고 열심히 돌아다니며 국어의 중요성을 역설해 '주보따리'란 별명이 붙을 정도였다.

18세 때인 1894년에 배재학당에 입학해 서양학문을 교육받았는데 이때 만국지리, 항해술, 측량술 등 과학지식 습득에도 남달리 열중했다. 아마도 중인집안 출신이라 서양학문을 거부감 없이 받아들였을 것이다. 이후 서재필이 만든 순한글신문 「독립신문」에 참여하면서 국어에 대한 관심을 가지게 됐고 서양과학의 합리성을 한글에 적용시키는 지난한 작업에 몰두하였다.

그러나 나라가 완전히 망하고 일제의 탄압이 점차 조여오자 해외로 망명해 독립운동에 몸 바치기로 하고 준비하던 중 34살의 한창 나이에 원인 모를 체증으로 급사했다.

1876년 황해도 봉산 출생. 남긴 저서로 「국어문법」, 「소리갈」, 「말의 소리」 등이 있다.

서점가에 통속소설 붐

출판탄압 영향…육전소설 등 가격경쟁 치열

합병 이후 서적계의 출판경향이 크게 바뀌고 있다.

구한국시대에 꾸준히 출판됐던 역사전기물 등이 일제의 탄압으로 출판 금지됨에 따라 「옥중화(獄中花)」나 「유충렬전」, 「토의 간(兎의 肝)」, 「구운몽(九雲夢)」, 「조웅전(趙雄傳)」 등 통속적인 고전소설이 베스트셀러 자리를 차지하고 있다. 이와 함께 서적계의 판도에도 변화가 일어 기존에 역사전기물을 주로 출판했던 중앙서림, 광학서포(廣學書鋪) 등이 문을 닫거나 출판을 포기한 상태이며 광덕서관(廣德書館)과 박학서관(博學書館)은 주인이 바뀌었다. 반면에 재빨리 통속적인 고전소설을 번안하거나 일본어 서적을 출판하는 새로운 서적상이 50여 개나 생겨나고 있다.

이처럼 출판계의 판도 변화를 몰고 온 직접적인 요인은 일제의 출판탄압인 것으로 지적되고 있다.

합병 이후 선도적으로 출판방향을 바꾼 회동서관 주인 고유상씨는 "조선총독부가 들어왔더니 경찰에서 수레를 끌고 와서 이전에 발간된 책을 모조리 실어갔다. 돈 한푼 못 받고 빼앗기는 손실도 컸지만 이제는 망했구나 하는 생각과 함께 눈앞이 캄캄했다. 그러나 이대로 죽을 수는 없어서 출판방향을 일본어 서적이나 정치색이 없는 통속적인 신소설과 고전소설쪽으로 돌리지 않을 수 없었다"고 털어놨다.

통속소설은 이해조가 「춘향전」을 개작하여 「매일신보」에 연재했던 「옥중화」를 박문서관이 1912년 출판하면서 인기를 끌자 모든 서적상들이 너도 나도 고소설을 각색 출판하여 붐을 이루고 있으며 말투만 조금씩 바꾼 중복출판도 크게 늘고 있다.

지금 서점가에서 많이 팔리는 통속소설로는 「토의 간」, 「연의 각(燕의 脚)」, 「구운몽」, 「조웅전」 등 전래의 고소설을 시대에 맞게 각색한 것이 주류를 이루고 있으나, 「고려강시중전(高麗姜侍中傳)」이나 「추풍감별곡(秋風感別曲)」, 「부용의 상사곡(芙蓉의 想思曲)」과 같이 전쟁 영웅과 애정문제를 다룬 신작소설도 등장하고 있다.

그러나 이 소설들은 봉건적인 충효관념을 숭상하거나 물질위주와 힘의 논리를 강조하는 것들이어서, 지금 사회 속에서 일제 지배를 합리화하는 역할을 하는 것으로 분석되어 뜻있는 이들의 우려를 자아내고 있다.

한편 이 소설들은 한 권에 30전 내외로 비싼 편이어서 최남선이 경영하는 신문관에서는 경비절감을 위해 전래의 고소설을 그대로 인쇄하여 6전씩에 판매하는 육전소설을 내고 있어 이들 간의 판매경쟁도 치열해질 전망이다.

새로나온 책   서평 「한국통사」

박은식 「한국통사」

민족주의사관 입각 침략논리 정면반박

1915년 중국 상해에서 태백광노(太白狂奴)라는 필명하의 「한국통사(韓國痛史)」가 간행돼 내외의 역사학계에 충격을 주고 있다. 이 책은 해외에 망명 중인 박은식선생이 저술한 것으로 확인되고 있는데, 민족의 독립을 목표로 민족주의사관에 입각하여 국교대 이후 최근의 역사를 정리한 것으로, 일제의 침략과정을 낱낱이 폭로하여 그 침략논리를 정면으로 반박하고 있다. 이 책에서 박은식선생은 국가와 역사의 관계를 눈에 보이는 '형(形)'과 눈에 보이지 않는 '신(神)'의 관계로 파악하고 국가의 멸망으로 비록 '형'은 훼손됐더라도 '신'만 살아 있으면 '형'도 부활시킬 수 있다고 주장하고 있다. 책은 1863년 고종의 즉위부터 '105인 사건'이 일어난 1911년까지의 최근 역사를 근대역사학의 방법론에 의거하여 서술한 것으로, 총 3편 114장으로 구성되어 있으며, 한문으로 쓰여졌다.

역사학 분야 본격적 독립운동

일본인 학자들이 식민사관을 날조하여 우리 역사를 심각하게 왜곡시키고 있는 현실을 고려할 때, 「한국통사」 출간은 역사학 분야에서 일제침략에 저항하는 본격적인 독립운동의 선포라고 봄이 마땅하다. 더구나 일부 주견 없는 지식인들이 일제의 식민사관에 물들어가고 있는 현실을 감안하면 이 책의 출간은 더욱 뜻깊다.

이 책은 역사를 통해 국혼을 보존함으로써 장차 나라를 독립시킬 수 있는 터전을 마련하려는 것으로, 민족주의사학의 초석을 이룰 것임에 틀림없다.

특히 국교확대 이후 일제침략을 저자의 체험을 통해 낱낱이 폭로함으로써 그들의 침략미화론을 정면으로 반박하고 있어 일제의 침략책동에 휘둘리고 있는 우리 모두가 '중심'을 잡는 데 중요한 길잡이가 될 것으로 평가된다.

뿐만 아니라 이 책은 우리 역사학의 발전에서도 중요한 획을 긋고 있다. 역사서술 면에서 전후 사실을 인과관계에 따라 분석·비판·종합해가는 근대역사학의 방법을 최초로 실현하고 있으며, 사관에서도 우리 시대의 역사적 과제인 민족주의사관을 충실히 구현하고 있는 점에서 그렇다. 향후 한국역사학의 발전은 박은식선생이 열어놓은 길을 밟으면서 발전할 것임에 틀림없다.

한용운 「조선불교유신론」

불교 일대혁신 위한 개혁방안 집중 논의

젊은 승려 한용운이 불교의 부흥을 위해서 일대혁신을 단행해야 한다는 취지로 쓴 책.

1909년 집필하여 1910년 백담사에서 탈고, 1913년 회동서간에서 간행했다. 모두 17장으로 이루어져 있으며, 불교의 근대화를 위해 사상과 교학, 제도, 의식 전반에 걸친 개혁방안을 다루고 있다.

현재 불교계가 불교근대화라는 명목하에 일본불교의 영향을 몰주체적으로 받아들이고 있으며 총독부당국은 불교계 정화를 명목으로 사찰령을 공포하여 불교통제를 강화하고 있는 상황에서 이 책의 간행은 불교의 자주적 개혁방안을 제시했다는 점에서 의미가 깊다.

한용운은 일부 불교지도자들이 일본의 지배에 순응하고 있는 것을 강력히 비판하고 있는 인물이라는 점에서 이 책의 간행은 불교계에 많은 논란을 불러일으킬 것으로 예상된다.

역사신문

쌀값 폭등, 민심 '폭풍전야'

서울 쌀판매소에서 한때 폭동…농촌에선 아사자 속출

최근 쌀값이 하늘 높은 줄 모르고 폭등하는 가운데 서울의 쌀판매소에서 폭동이 일어나 많은 사람이 다치고 잡혀가 민심이 폭발 직전에 이르고 있다. 또 각 지방에서도 쌀값 폭등으로 가난한 농민들 가운데 아사자가 속출하고 있어 민심이 흉흉한 상황이다.

1918년 8월 28일, 영세민들의 구제를 목적으로 설치한 종로소학교 쌀판매소에서 오후 2시에 쌀이 다 떨어지자 줄 서서 기다리던 사람들과 경찰 사이에 실랑이가 벌어졌다. 그 와중에 한 노파가 순사에게 떠밀려 넘어지면서 질식하자 흥분한 군중 200여 명이 "순사가 사람을 죽인다"며 그를 에워쌌고, 이에 다른 경관들이 몰려와 대치하는 일촉즉발의 상황이 벌어졌다. 이 소문이

바로 번져나가 삽시간에 군중은 천여 명으로 불어났고 종로서에서 증파된 경관들이 제지하는 가운데, 그 자리에 있던 청년 서너 명이 "이런 꼴로 나가다가는 우리 모두 다 굶어죽을 수밖에 없다"고 군중들을 선동하면서 사태는 걷잡을 수 없는 폭동으로 발전했다. 성난 군중들은 학교건물을 부수고 흙담을 무너뜨려 대치 중인 경찰과 투석전을 벌였다. 사태가 이렇게 발전하자 서울시내 전 헌병경찰이 출동하여 시위대를 무력으로 해산시키고 체포, 구금하여 종로서 유치장은 발 디딜 틈이 없는 상황이며 종로 일대는 밤늦게까지 사람들이 웅성거리며 불온한 공기가 가라앉지 않고 있다.

이번 사태는 1917년 이후 내릴 줄 모르고 치솟기만 하는 쌀값 폭

등에 그 원인이 있는 것으로 분석되는데 최근의 쌀값 동향을 보면 1917년 1월 상품 한 가마에 15원하던 쌀값이 그해 말에는 23원으로 치솟았는데 1918년에 들어서도 3월에 27원, 8월에는 38원으로까지 폭등하였고 10월에는 쌀 한 되 값이 '개벽 이래 처음'이라는 39전까지 올라, 시중에서는 쌀을 구경하기조차 어렵게 되고 민심은 흉흉해졌다. 이에 상황의 심각성을 인식한 경성부에서 시내 9곳에 염가판매소를 설치, 쌀 한 되에 시중시세보다 10전씩 싸게 팔게 했으나 그나마도 동이나 팔 수 없게 되자 굶주린 서민들이 이번과 같은 폭동을 일으킨 것으로 알려졌다.

그러나 이번 사태는 서울만의 일이 아니라 전국 주요 도시는 물론

농촌 구석구석까지 같은 지경에 빠져 있어 사태는 심각한 상황인 것으로 지적되고 있다. 1918년 8월 현재 평양, 대구, 전주, 인천, 마산 등지에서도 구제회가 조직되어 쌀의 염가판매에 나서고 있으나 상황은 서울과 마찬가지인 것으로 알려졌다. 또 지금 전국 농촌에서는 식량이 떨어져 초근목피로 생계를 이어나가거나 그도 못 해서 아사하는 사람이 속출하고 있으며 도시로 나가거나 만주, 일본 등지로 떠나는 사람이 크게 늘고 있다. 또 도시에서는 일반 물가와 쌀값 폭등으로 생계비가 올라가자 임금 인상을 요구하는 노동자들의 파업이 줄을 잇고 있어 한반도 전체가 죽느냐 사느냐로 아수라장이 된 상황이다.

관련기사 2면

토지조사사업 사실상 완료

총독부, 식민수탈 기반마련… 농민몰락 등 농촌경제 파탄

1918년 11월 조선총독부는 9년에 걸쳐 실시한 토지조사사업의 완료를 발표했다. 총독부는 1910년 9월 '임시토지조사국'을 설치하고 1912년 토지조사령을 공포한 이후 2천 400여만 원의 경비를 지출하면서 대대적인 토지조사사업을 실시해왔다. 이 사업은 전국의 토지를 샅샅이 조사해 지세수입을 늘리고, 토지소유권 조사를 통해 광대한 국유지를 창출했으며 지주들에게는 완전한 사적 소유권을 보장해 줬다.

이로 인해 총독부는 안정적인 조세수입을 얻게 된 한편 민간에서는 등기령으로 재산권 행사가 확고해지고 토지매매가 활발해질 것이 예측된다. 이 과정에서 확고한 소유권자로 인정받은 지주는 성장하고, 경작권을 상실한데다 세금부담까지 가중된 농민은 몰락하는 약육강식 현상이 급진전될 것으로 보인다. 한 농업경제전문가는 "총독부가 토지조사사업을 완성함으로써 광대한 국유지 창출로 식민지 수탈의 기반을 마련하고, 조사과정에서 지주를 우대함으로써 식민지 지배의 협력자를 확보했으며, 안정적인 지세수입을 얻게 되어 통치자금을 확보하는 등 세 마리 토끼를 한 번에 잡은 격"이라고 평가하였다.

관련기사 3면

러시아에 혁명…세계최초 사회주의국가 탄생

페테르부르크의 노동자 집회에서 레닌이 혁명을 선동하고 있다. 관련기사 5면

1차세계대전 종결

오스트리아·독일 등 3국동맹 패배… '윌슨평화안'에 국내 인사 관심 고조

1918년 11월 11일 오전 11시 4년 동안 전세계를 증오와 살상의 무한경쟁으로 몰아넣은 1차세계대전이 독일, 오스트리아 등 3국동맹측의 패배로 종결됐다. 이번 종전은 지난 1917년 4월 신흥강대국 미국이 참전하면서 전세가 기울기 시작해 불가리아, 터키, 오스트리아가 차례로 항복한 뒤 독일에서 제정이 무너지고 공화제가 선포되는 혁명이 일어나면서 자연스레 이루어진 것이다.

종전에 결정적 역할을 한 미국의 윌슨대통령은 이미 연초에 14개조에 이르는 평화안을 제출한 바 있어 전후 국제정세는 이 안을 중심으로 논의가 전개되고 있다. 특히 이 14개조 평화안에는 "자유롭고 공평무사하게 식민지를 재조정하고 식민지인들에게 동등한 선택권을 부여할 것"이라는 조항이 들어 있어 우리에게도 이 조항이 적용될 가능성이 점쳐지고 있다. 4년간 지속된 1차세계

대전은 막대한 인명 및 재산 피해를 낳았는데, 총 6천500만 명의 군인이 동원돼 그 중 1천만 명이 죽고 2천만 명이 부상을 입었으며 1천 5백억 달러의 재산피해가 발생하고 무려 1천 860억 달러의 전비가 소모된 것으로 조사됐다. 이는 역사상 전례가 없는 피해로 탱크, 비행기, 독가스 등 최신 살상무기의 무제한 개발과 생산에서 비롯된 것이다.

관련기사 2·5면

여운형, 미 특사 크레인과 회견

독립청원서 전달·파리평화회의 참가 위한 협조 요청

1918년 11월 여운형은 신한청년단 총무의 자격으로 미국대통령 특사로 상해를 방문한 크레인을 접견하고 파리평화회의에 한국대표를 파견하는 데 대한 협조를 요청하여 동의를 얻어냈다.

이에 따라 신한청년단은 그 후속 작업을 구체화하여 톈진에 거주하고 있는 김규식을 한국대표로 파리에 파견할 것을 결정하는 한편, 크레인을 통해서 독립에 관한 청원서를 미국대통령 윌슨과 파리평화회의에 제출하기로 하였다.

크레인은 미국대통령 윌슨의 절친한 친구로서 그의 상해 방문은 윌슨이 주도하는 파리평화회의에 중국대표의 참가를 종용하기 위한 것이었으며 신한청년단은 이 점에 주목하여 그와의 접견을 추진한 것이다.

크레인은 상해 도착 후 칼튼카페에서 열린 환영회에서 연설하였는데 여운형은 환영회가 끝난 후 전격적으로 그를 방문, 협조 동의를 얻어낸 것으로 알려지고 있다.

관련기사 2면

역사신문

쎄계졍세 변화
똑바로 직시하자

독립외교는 국민적 역량이 뒷받침돼야

세계정세가 정신을 차릴 수 없을 정도로 급변하고 있다. 그리고 이는 우리에게도 직접적으로 영향을 미치고 있다. 이러한 전세계적 차원의 정세변동은 우리가 일찍이 경험해보지 못한 것이다. 따라서 우리의 대응 또한 새로워지지 않으면 안 될 단계에 이르렀다.

최근 세계정세에서 발생한 두 충격파는 1차대전과 러시아 혁명이다. 1차대전은 세계의 주요 강대국이 거의 모두 연루되고 그 피해가 인류역사상 최대에 이르렀다는 점에서 대단한 충격파를 던지고 있다. 그리고 앞으로도 상당기간 동안 그 여파는 계속될 전망이다. 우리의 경우 일본이 1차대전에 참여하면서 전쟁특수(特需)로 호황을 누리게 됨에 따라 일본의 증가된 곡물수요를 충당하느라 쌀이 대량으로 일본에 유출되는 바람에 곡가폭등이 일어나는 일을 당했다. 한편 러시아 혁명은 자본주의 강대국의 식민지 쟁탈경쟁이 치열한 가운데 자본주의 자체를 전면 부정하고 그 당연한 귀결로 식민지체제도 부정해 또 다른 충격파를 던지고 있다. 특히 식민지 상태에 있는 우리에게는 귀가 솔깃한 사태다.

이러한 일련의 변화들은 우리에게 빛과 그림자의 양측면을 던져주고 있다. 1차대전 전후처리에서 윌슨의 민족자결주의에 의해 식민지 문제가 제기되고 있고 여기에 러시아 혁명의 영향으로 이 문제는 더욱 뜨거운 쟁점으로 떠오르고 있는 것은 밝은 면이다. 그러나 일본이 1차대전 승전국이고 최근 국외팽창에 더욱 열을 올리고 있다는 점은 어두운 면이다.

이러한 시점에서 우리는 세계정세를 그저 바라만 보고 있을 수는 없다. 보다 능동적으로 세계정세에 개입해서 우리의 목소리를 내야 한다. 최근 국외의 우리 독립운동세력들이 파리강화회의에 대표를 파견하는 등 활발한 외교활동을 펴고 있는 것은 이런 점에서 바람직한 일이다. 이런 활동을 더욱 강화해야 할 것이다. 다만 계획 없이 대세에만 휩쓸려 무턱대고 달려들기만 한다고 해서 일이 잘 풀리는 것은 아닐 것이다. 정세와 세력관계를 냉철하게 분석하고 전망을 세운 뒤 질서정연하게 대응해야 한다.

특히 우리가 유념해야 할 것은 외교력은 국민적 역량의 크기에 정확하게 비례한다는 것이다. 아무리 정세분석이 정확하다고 해도 국민적 역량이 뒷받침되지 않는 대표는 국제무대에서 아무 힘도 발휘할 수 없다. 현재 우리 처지에서 국민적 역량이란 국내외에서 독립운동에 종사하고 있는 각 세력들의 결집력이라고 할 수 있을 것이다. 따라서 우리의 독립역량을 강화하는 일과 외교무대에서 활동을 강화하는 일은 철로의 두 레일과 같이 항상 함께 추진돼야 한다.

그림마당
이은홍

일본, 쌀 부족하자 마구잡이로 가져가

지주·미곡상 사재기도 한몫 … 일본경제 예속·사회갈등 커질 듯

최근의 쌀값 폭등과 물가 급등은 서민들의 생존을 위협하는 단계에 와 있으며 사회전체가 일촉즉발의 상태다. 이번 쌀값 폭등의 직접적인 계기는 돈 많은 지주나 미곡상들의 쌀 매점에 있는 것으로 지적되고 있다. 1917년 이후 쌀값이 오르기 시작하자 이들은 가지고 있던 쌀을 시장에 내놓지 않고 오히려 쌀 매점에 나섰다. 이런 사태는 1918년 들어 더욱 심각한 양상으로 전개됐다. 쌀을 쌓아둔 지주들은 쌀값 폭등으로 그만큼 돈을 벌게 되자 가난한 농민, 서민들의 굶주림에 아랑곳없이 매점을 통해 더욱 배를 불리게 된 것이다.

그러나 이번 사태의 근본원인은 다른 데 있다는 지적이다. 즉 일본으로의 과도한 쌀 이출이 한국에서의 살인적인 쌀값 폭등을 가져왔다는 얘기다. 일본은 공업화가 진전되면서 급격히 쌀부족에 시달려왔다. 특히 1차세계대전을 계기로 급속한 공업발전이 이루어지면서 이런 현상은 훨씬 더 심각해져 1918년 급기야 일본 전국에서 물가 폭등과 쌀부족에 항의하는 민중항쟁이 일어났다. 이를 전후해 일제당국은 자국의 쌀부족을 메우기 위해 한국쌀을 과도하게 실어가, 역으로 한국의 쌀부족을 초래한 것이다. 그러나 이런 상황이 가져온 더 근본적인 문

제점은 한국경제가 일본경제에 깊이 예속돼가고 있으며, 그런 가운데 농민은 몰락하고 대지주들은 더욱 비대해지는 사회적 양극분해가 심화되고 있다는 점이다. 농민들은 비싼 물가에 쌀값마저 폭등하는 이중고에 시달려 땅을 팔거나 남부여대하여 만주 등지로 떠나는 반면, 지주들은 쌀값 폭등으로 막대한 돈을 벌어 오히려 토지를 늘려가고 있는 상황이다. 이는 결국 농민들의 발전, 나아가 한국사회의 균형 있는 근대화를 불가능하게 할 뿐만 아니라 장차 심각한 사회적 갈등과 대립을 가져올 것이라는 것이 전문가들의 일치된 분석이다.

일본, 승전국으로 전후처리 참여 … 섣부른 낙관 금물

1차세계대전은 전세계에 엄청난 피해와 심리적 충격을 안겨줬다. 이제 전쟁이 종결되자 세계인들은 뼈저린 반성의 토대 위에서 다시는 이런 전쟁이 일어나지 않게 할 방안을 모색하고 있다. 우리 또한 1차세계대전으로부터 결코 자유롭지 않았던 아시아의 한 식민지로서 앞으로 전개될 전후처리에 온 신경이 집중되고 있다. 특히 종전 이후 국제정세의 주역으로 부상할 것으로 보이는 미국이 전후처리에 식민지문제의 해결이 포함돼야 한다고 언급하고 나서 우리의 기대는 더욱 부풀고 있다.

미국이 이렇게 식민지문제의 해

결을 주장하고 나선 것은 1차세계대전 자체가 강대국들의 식민지 쟁탈경쟁에서 비롯된 것임을 자인하는 것이다. 따라서 앞으로 전개될 전후처리는 강대국들의 이 식민지 획득욕구를 어떻게 조정하느냐에 달려 있다고 보아도 무리가 없다. 이 점에서 우리나라의 일부 인사들은 윌슨이 14개조에서 말한, "식민지인들에게 자결권을 부여해야 한다"는 이른바 민족자결주의에 주목하고 있다. 우리도 우리 의사에 따라 독립할 수 있게 된다는 것이다.

그러나 현재의 전후처리는 상호 대등한 지위에서 진행되는 협상이 아니라 승전국과 패전국 사이의 협

상이다. 즉 승전국이 패전국의 식민지를 회수하기 위한 단순한 절차적 언사임을 간과할 수 없는 것이다. 더구나 일본은 승전국이다. 같은 승전국인 영국, 프랑스, 미국 등 모두가 자신들이 장악하고 있는 식민지를 다 내놓겠다고 하지 않는 한 일본에게 한국을 독립시켜주라고 할 가능성은 전무한 것이다.

다만 일본이 이번 전쟁과정에서 동남아시아와 태평양 일대 그리고 중국의 독일식민지 및 이권을 모두 차지해버린 것이 여타 승전국들의 비위를 거스르고 있어 이의 재조정은 불가피할 것으로 보인다.

"파리평화회의 참석 도와달라"에
"돕겠다, 그러나 공식입장은 아니다"

1918년 11월 신한청년단 총무 여운형은 미국대통령 특사 크레인을 방문하여 단독면담을 가졌다.

이 면담은 크레인에 대한 환영식이 끝난 뒤 여운형이 그의 숙소를 전격 방문함으로써 이루어졌는데, 앞서 크레인은 윌슨이 주창한 민족자결주의의 의미를 강조하는 연설을 한 바 있다.

두 사람 간의 면담은 비공개로 이루어졌지만 본지는 다각도의 취재를 통해 두 사람 간에 오간 회견 내용을 재구성해 보았다.

여운형 귀하의 연설에 큰 감동을 받았다. 특히 파리평화회의에서 피압박민족의 해방문제가 논의될 것이라는 대목은 크나큰 복음과도 같은 것이다. 우리 조선의 문제도 이번 파리평화회의에서 논의될 수 있을까?

크레인 내 연설을 재미있게 들었다니 고맙다. 내가 피압박민족이

라고 한 것은 어느 한 나라를 가리킨 것이 아니라 단지 일반적인 의미다.

여운형 우리 한국은 일본의 강압과 악랄한 간계로 합병을 당하고 말았다. 국민들은 이에 반대하여 유혈의 사투를 벌이고 있으며 일본의 억압은 날로 심해만 가고 있다. 이번 기회에 우리도 일제의 압박과 지배에서 해방되려고 한다. 따라서 이번 회의에 대표를 파견하여 일본의 야만적 침략상을 폭로하려고 한다. 귀하와 미국이 우리를 도와달라.

크레인 귀하의 우국충정에 경의를 표하는 바이다. 할 수 있는 모든 힘을 다하여서 돕겠다. 다만 아직 이것을 미국정부의 공식입장이라고 말할 수 없는 것이 유감이다.

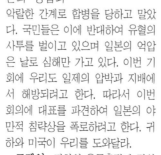

여운형

1918년 8월 여운형 등 상해의 망명인사들이 조직한 독립운동단체다. 발기인은 여운형, 장덕수, 선우혁, 한진교, 조동우 등 6명인데 이 단체는 터키청년당의 경험을 모델삼아 창립된 것으로 알려지고 있다. 이들 회원들은 대부분 신민회와 기독교계열의 청년활동가들이라는 것이 가장 큰 특징이다.

김규식을 파리평화회의에 한국대표로 파견하고 여운형을 연해주에, 장덕수를 일본에, 선우혁·김철·서병호 등을 국내에 파견하는 등 맹렬한 활동을 전개하고 있다. 이들의 이러한 활동력은 해외 독립운동진영에 새로운 활력을 불어넣고 있으며 이들이 앞으로 독립운동의 차세대 주도세력을 이루지 않겠느냐는 분석이 조심스럽게 제기되고 있다.

특 집 토지조사사업을 해부한다

"저 땅이 분명 내 땅인데…"

농민들, 자본주의적 소유 제도에 무지, 곳곳에서 토지 박탈
총독부, 최대지주로 부상 … 지주들의 사적소유권 철저보장

9년에 걸친 전국적인 토지조사사업이 마무리됐다. 이로 인해 농촌사회가 크게 달라지게 됐으며 농민들의 생활도 엄청난 타격을 받게 됐다. 이에 「역사신문」은 이 사업 내용을 다각적으로 분석하는 특집을 마련했다.

토지조사사업 목적

경제침탈 기초작업 일환
일본인 토지소유 합법화

이 사업은 기본적으로 일제가 한국을 경제적으로 침탈하기 위한 기초작업의 일환이라는 지적이다. 따라서 토지조사사업은 다음 몇 가지의 목적을 갖고 있는 것으로 분석된다. 첫째, 일제는 구한국 황실과 관청이 갖고 있던 각종 토지와 일부 민간의 토지까지 국유지로 편입시켜 총독부 소유지로 만들었다. 이를 통해 총독부의 재정수입을 늘리고 또 일부를 동양척식회사나 일본회사에 불하하여 일본인 이주의 터전을 마련하기 위한 조치라는 분석이다. 둘째, 일제는 그동안 장부에 누락된 땅이나 농사를 쉬고 있던 땅까지도 파악하고 땅에 대한 세율을 높여 지세수입을 늘렸다. 이것은 일제가 한국을 통치하기 위해 날로 늘어나는 경비를 한국민에 대한 수탈을 통해 마련하려는 조치라는 것이다. 셋째, 일제는 토지에 대한 땅임자의 사적소유권만 인정하는 등 기제도를 시행함으로써 조선 후기 이래 그 땅에서 농사짓던 경작농민이 갖고 있던 도지권 등 일체의 권리를 부정하고 있다. 이것은 지주들의 사적소유권을 보장하여줌으로써 일본인의 한국에서의 토지 소유를 자유롭게 하고 한국지주들의 소유권을 확보해줘 이들을 한국 지배의 동반자로 끌어들이기 위한 것이라는 분석이다.

토지조사사업 결과

농토 13% 이상 '일본땅'
지주, 농경지 50.4% 차지

토지조사사업으로 파악된 땅의 면적은 논 154만 5천여 정보, 밭 279만 1천여 정보, 대지 12만 9천여 정보, 기타 40만 4천여 정보로 집계됐다. 이는 사업 실시 전에 비해 논은 84%, 밭은 80%가 늘어난 것으로, 한국민의 입장에서 보면 그만큼 이전보다 세금이 가중되는 것을 뜻하게 된다.

또 이 사업을 통해 총독부 국유지와 일본인 소유 토지가 엄청나게 늘어났다. 총독부와 동양척식회사 소유의 농경지가 전국 농경지의 약 5.8%(27만 2천여 정보, 국유림이 955만 7천여 정보로 전국 임야의 52%)로, 일본인 소유 농경지 7.5%까지 합하면 전국 농토의 13% 이상을 일본이 합법적으로 소유하게 되었다.

이 밖에도 토지조사사업으로 지주들의 사적소유권이 확실하게 보장되고 최근 쌀값이 폭등하자 토지가 확실한 투자가치를 갖게 돼 지주들의 땅 매입이 더욱 늘어나는 추세. 전 농가호수의 3.1%인 약 9만호에 불과한 지주가 전체 농경지의 50.4%를 가진 반면, 소작을 하지 않고는 살 수 없는 농가는 77.2%로 약 200만 호에 이르는 실정이다.

이와 함께 일제가 지세령을 개정하여 토지에 대한 세율이 밭의 경우 평균 9%가 감소했으나 논은 35%나 증가, 1/4 이상의 농가가 이전보다 지세를 2배나 더 내게 됐다. 이로써 몰락이 가속화된 농민들은 살길을 찾아 멀리 만주나 시베리아, 일본 등지로 떠날 수밖에 없는 상황이다.

토지조사사업 각종 분쟁

관습적 소유 일체 부정
도지권도 아예 묵살
국유지 분쟁 1만 건 육박

토지소유권을 조사하는 과정에서 각종 분쟁이 잇따랐다. 전국적으로 총 9만 9천여 건의 분쟁이 일어났는데, 이 가운데 특히 국유지를 둘러싼 분쟁이 65%에 이르는 다수를 점했다.

이것은 곧 그동안 특별한 땅문서 없이 관습적으로 한국민들이 소유해오던 땅을 총독부의 국유지로 강제수탈했음을 증명하는 것이다. 예컨대 경남 진주군 진주면의 경우를 보면 195년 전 토지대장에 무주, 즉 임자 없는 땅으로 기재되어 농민들이 자기 땅처럼 농사지어오던 곳을 문서가 없다는 이유로 국유지로 빼앗아버렸다.

또 농민들에게 큰 타격이 됐던 것은 주로 종래 왕실 소유 토지에 대해 농민들이 갖고 있던 도지권(해당 토지를 영구히 소작할 수 있는 권리로서 소작인이 매매할 수도 있는 권리)을 일절 인정하지 않고 국유지로 편입시킴으로써 도지권을 기반으로 성장하고 있던 농민들은 단순한 소작인으로 전락, 몰락의 길을 갈 수밖에 없었다. 민유지의 경우 지주와 소작인 사이에 분쟁이 일어나면 아무래도 시세에 어둡거나 문서관리가 소홀했던 소작인에게 불리한 결론이 내려졌다.

이 밖에도 소유주체를 자연인이나 법인으로 한정함으로써 마을이나 문중의 공동소유로 돼 있던 땅에서 분쟁이 끊이지 않았다.

1917년 전남 무안에서 토지조사사업의 일환으로 행해진 토지측량작업.

토지조사 끝난 농촌을 찾아서

"지주들이야 좋은 세상 만났지만 땅 뺏긴 농민들은 어떻게 살라고"

농민들은 토지조사사업을 어떻게 보고 있을까? 수확이 끝나고 조금은 한가해진 농촌을 찾아갔다.

이 마을에서는 언제 토지조사가 있었는가요.

농민 우리 마을은 후미진 곳에 있어서 토지조사가 늦었지요. 토지를 조사한다는 소문만 듣고 있다가 어느 날 난데없이 총칼을 찬 경찰의 호위를 받은 조사원들이 들어와서 측량기라는 이상한 기구를 가지고 땅을 측량했습니다.

신고는 제대로 했습니까?

농민 사실 우리는 신고가 뭔지 잘 알지도 못했습니다. 또 문중땅은 개인이름으로 신고할 수도 없고 차일피일 하다가 옆사람 땅으로 넘어갔지요. 옛날부터 내 땅으로 생각하고 신고한 땅도 지주들이 중간에서 장난을 쳐서 남에게 넘어가기도 했지요. 도지권은 우리 할아버지가 돈을 주고 산 것인데 이제 와서 인정할 수 없다 하니, 졸지에 빈털터리가 되었습니다. 그나마 나는 소작이나 얻고 있지만, 내 땅이 아니니 농사지을 힘도 나지 않아요. 얼마 전에 지주에게 밉보인 우리 마을 칠갑이는 땅을 떼이고 타향으로 떠나갔습니다. 그런 사람들이 벌써 여럿 됩니다.

토지조사로 얻은 것이 없군요.

농민 글쎄, 우리 농민들 전답 뺏기고 만든 빌어먹을 법 아니겠어요. 지주들이야 소작민들을 마음대로 부릴 수 있는 좋은 세상 만났지만.

나라 밖 독립운동

"임시정부 수립하자"

신규식·박은식 등 국권회복 차원 넘은 획기적 제안

1917년 상해에서 신규식, 박은식, 신채호, 박용만, 한진교 등 14인이 연명하여 임시정부 수립을 주장하면서 이를 구성키 위해 민족대회의를 개최할 것을 제안해 내외의 관심이 집중되고 있다.

지금까지의 독립운동이 지역별로 조직을 결성해 1910년에 잃은 국권을 되찾자는 수준의 것이었음에 비춰 볼 때 이는 획기적인 제안이다. 이들은 선언에서 1910년에 순종황제가 주권을 포기한 것은 바로 주권을 국민에게 양여한 것으로 봐야 한다며 국민주권설을 주장했다. 그리고 현재 국내는 일본에게 강점돼 있어 국민주권은 해외동포가 행사할 수밖에 없는 상황이므로 해외동포 전체의 의사를 결집하는 민족대회의를 통해 대한제국의 정통성을 이어받아야 한다고 주장했다. 이번 '대동단결선언'은 신문보도를 통해 각 지역 동포들에 전파되고 있어 호응도에 따라 실행될 가능성도 있는 것으로 보여 귀추가 주목된다.

사회주의 독립운동단체 출현
이동휘 등 한인사회당 결성

러시아에 10월혁명이 일어나 사회주의정권이 들어선 가운데 하바로프스크에서 최초의 사회주의 독립운동단체인 한인사회당이 결성됐다. 결성을 주도한 이동휘, 박애, 박진순 등은 코민테른의 극동지역 선전위원인 그레고리노프와 접촉, 러시아정부의 지원을 약속받은 것으로 알려졌다. 당위원장으로 선출된 이동휘는 연해주와 흑룡강 일대에 지부를 결성할 계획이며 러시아정부로부터 자금을 비롯한 지원을 받아 유력한 독립운동단체로 성장해 나갈 것이라고 밝혔다. 그는 원래 의병에서 시작하여 무장독립운동에 뜻을 둬왔지만 러시아정부가 노동자·농민의 정권으로 어느 나라보다 적극적인 권리보장에 어느 나라보다 적극적이라는 데 감명을 받은 것으로 알려졌다. 한편 러시아정부는 극동지방에서 일본 등 외국이 볼셰비키정권을 붕괴시키기 위해 간섭전쟁을 일으킬 경우에 대비해야 하기 때문에 한인사회당에 대해 상당히 우호적이라는 소식이다.

연해주지역 운동단체 통합
전로한족회중앙총회 창설

1917년 6월 연해주 일대에서 활동하던 한족회, 대한교육청년연합회, 권업회 등이 통폐합해 전로한족회중앙총회를 결성해 러시아 영토 내에 단일 독립운동단체가 탄생했다. 이번 중앙총회의 결성은 러시아에 2월혁명이 발생, 차르체제가 붕괴되고 입헌제를 표방한 임시정부가 들어선 데 자극받은 러시아 한인들에 의해 이루어진 것으로 알려졌다. 이에 따라 창립총회에서는 "러시아의 한인동화정책 반대, 앞으로 구성될 러시아 입법의회에 한인의석 요구" 등을 결의했다. 그러나 러시아 임시정부가 대중들로부터 공격당하는 등 정세가 상당히 급박하게 돌아가고 있어 한인들의 의사가 제대로 관철될지는 미지수이다.

경성전차 노동자 한때 파업

'생계난' 이유 임금인상 요구 … 경찰 중재로 타결

1918년 8월 13일 250명의 경성전기회사 운전사, 차장들이 쌀값 폭등으로 생계에 위협을 받자 임금인상을 요구하며 파업에 들어갔다. 이들은 12일 밤 용산 차고에 두기로 한 전차를 모두 동대문 차고로 몰아넣고 회사측에 임금인상을 요구했으나 회사측이 경찰을 동원하여 이들을 해산시키려 하자 바로 파업에 돌입했다. 그러자 회사측은 안남미를 사다가 싸게 팔 테니 계속 근무하라고 종용하는 한편 사무원과 직공 등을 동원하여 다음날 차량운행을 강행하려 했다. 이에 격분한 차장과 운전사들이 전차를 둘러싸고 운행을 방해하자 경찰이 출동하여

이들을 제지, 겨우 전차운행을 했다. 그 다음날은 아침부터 폭우가 쏟아져 승객들이 몰려들면서 아수라판이 벌어진 가운데 겨우 20여 대만 운행되었다. 이에 당황한 경찰의 중재로 협상이 이루어져 한 달에 1인당 2～4원씩 임금을 올리기로 하고 다시 정상적인 운행에 들어갔다.

1918년 들어 파업 급증

쌀값 폭등으로 생계가 어려워지자 각지에서 노동자들의 파업이 빈발하고 있다. 1918년 3월 겸이포 미쓰비시제철소 직공 50여 명이 30%

임금인상을 요구하며 동맹휴업을 벌인 데 이어, 5월 1일 만주철도 경성관리국 용산공장의 직공 1천여 명이 임금인상을 요구하며 파업에 들어갔다. 또 6월 30일 동아연초회사 직공 2천여 명이 같은 요구를 내걸고 파업을 일으켰으며, 8월 5일에는 쌀값 폭등으로 살 수 없게 된 부산 부두노동자 300～400명이 부산역 앞에 모여 시위를 하고 동맹파업에 들어갔다. 이러한 파업양상은 더욱 확대되는 추세여서 1918년 현재 50건 발생에 참여인원 4천443명으로, 1916년과 1917년 각각 8건 발생에 362명, 1천128명이 참여했던 데 비해 격증하고 있다.

한강 인도교 개통

1917년 한강에 인도교가 놓여 이제 배를 타지 않고도 한강을 건널 수 있게 됐다. 이 다리는 용산에서 한강에 있는 노들섬을 지나 노량진에 닿는 총길이 629m 폭 7.7m의 철교로, 지난해 공사에 착수하여 1년 만에 개통됐다. 다리 중앙에는 폭 4.5m의 차도를, 양측에는 1.6m의 보도를 설치하여 우마차와 사람이 함께 이용할 수 있도록 했고 가로등을 설치하여 일반인들의 산책로로도 이용될 전망이다.

한편 한강에 다리가 놓이자 사람들이 여기 와서 투신자살하는 새로운 풍속도가 생겨나고 있다. 1918년 용산철도병원 간호부가 실연의 아픔을 못 이겨 한강다리에서 투신한 것이 투신자살 1호를 기록했는데, 이후 다리에는 '잠깐 참고 기다리라'는 푯말이 세워졌다.

전북 순창군 팔덕면 석흥리에 사는 김성녀(37)란 여인이 살기 위해 자식을 생매장한 일이 일어나 세인을 가슴아프게 하고 있다. 이 여인은 걸식을 하던 중 아들 홍석(2) 때문에 어려움이 많아 차라리 죽이기로 마음먹고 1917년 8월 27일 석흥리 서편 숲속에 아이를 산 채로 묻은 후 산에서 내려왔다. 그런데 때마침 나무하고 내려오던 그 동네 박고미가 땅속에서 아이 우는 소리를 듣고 마을사람들을 데리고 가 홍석이의 목숨을 구했는데, 박성녀는 살인미수죄로 체포됐다고 한다.

총독부, '서당규칙' 제정
'민족교육' 서당 탄압 나서

총독부는 날로 늘어나는 서당에 대한 대책으로 '서당규칙'을 마련하고 있다.

이제 서당을 만들려면 당국에 신고해야 하고 서당에서는 학교와 유사한 교육을 할 수 없게 된다.

총독부가 이처럼 서당 통제에 나선 것은 민족교육을 실시하는 서당이 급증한 데서 비롯된 것으로 분석되고 있다.

총독부 조사에 의하면 1918년 현재 서당수는 2만 3천369개교, 학생수 26만 975명으로 전체 학생 중에서 70% 정도가 서당에서 공부하고 있는 것으로 밝혀졌다.

이 수치는 1911년 서당수 1만 6천540개교, 학생수 14만 1천604명에 비하면 크게 증가한 셈이다. 이제 서당은 대략 1개 면에 10개 가량 분포하고 있을 정도로 한국인 교육에서 커다란 비중을 차지하고 있다.

특히 최근에는 한문 외에 일본어나 산술을 가르치기도 하고 한국의 역사나 지리를 가르치는 개량서당이 부쩍 늘고 있다.

일제당국은 대략 전체 서당 가운데 10% 정도가 개량서당인 것으로 파악하고 있다.

한 학부형은 "일본말만을 알게 하며 조상이 한 일은 모두 멸시당하여 조상 전래의 미풍양속은 모두 잊어버리게 하는 학교를 만드는 것보다는 서당을 만드는 것이 훨씬 낫다"고 할 만큼 서당을 환영하고 있다.

서민들 '서반아 독감' 줄초상

전세계 독감 유행… 국내서만 넉 달 새 14만 명 사망

1918년 10월부터 유행한 소위 서반아감기는 서울·인천·대구·평양·원산·개성 등지에서 만연, 관공서의 업무가 마비되고, 각급 학교가 휴교하는가 하면 각 회사의 업무에 막대한 지장을 초래하고 있다.

또 추수 때인데, 환자가 날로 격증하며 병은 쉽게 잡히지 않아 벼를 거두기는커녕 초상 치르느라고 정신을 차리지 못하여 전국의 민심이 흉흉한 실정이다. 1919년 1월까지 4개월 동안 무려 14만 명이 사망한 것으로 집계되었다.

요즈음 감기의 유행은 전세계적인 것으로 3개월간 감기, 폐렴으로 죽은 자가 2천만 명이 넘는 것으로 추산되고 있다.

진주에서는 우편국 교환수와 배

달부가 모두 병에 걸려 관리들이 우편물을 거두고 배달하는 실정이다.

평양에서는 인구의 반 이상이 감기로 고생하는데다 죽은 자가 100여 명이나 돼 해만 지면 행인이 끊겨 적막하기 이를 데 없다고 한다.

한국인과 일본인의 사망률을 보면 일인의 경우 유행성독감 발병자 15만 9천916명 중 1천297명이 사망했으나 한국인은 742만 2천113명 발병에 13만 9천128명이 사망하여 치사율이 일인의 0.81%에 비해 1.88%로 배 이상이 높았다.

이는 쌀값의 폭등과 그로 인해 가중된 민생의 피폐 때문에 독감을 견뎌내기도 더욱 힘들기 때문으로 보인다.

눈치에다 돈만 있으면 일확천금 절로 …

봉이 김선달 판치는 요지경 세상

봉이 김선달은 옛날에만 있었던 게 아니다. 요즈음 쌀값이 폭등하는 와중에서 돈 한푼 없는 빈털터리가 눈치 하나와 요령으로 떼돈을 벌고 있다. 고향 강릉에서 조실부모하고 먹고살 길을 찾아 상경하여 종로 시전에서 잔심부름으로 잔뼈가 굵은 박아무개가 쌀사재기로 떼돈을 벌어 주위의 부러움을 사고 있는 것이다. 어떻게 일거에 떼돈을 벌었을까. 그 비법은 이렇다.

박아무개는 쌀값이 날로 뛰는 것을 보고 1917년 가을 주인이 예금하라는 돈 200원으로 주인 몰래 쌀 10석을 샀다. 이 10석을 담보로 심부름 다니던 은행에서 160원을 빌려 8석을 더 샀다. 또 8석을 담보로 120원을 빌려 6석을 더 사고 6석을 담보로 80원을 빌려 4석을 샀다. 이런 식으로 쌀을 담보로 계속 돈을 빌려 200원으로 무려 30석을 살 수 있었다. 지금 은행에서는

돈 많은 지주들의 예금이 쏟아져 들어오는 판이라 웬만한 담보만 있으면 담보액의 8할까지는 쉽게 대출해주는 상황이다. 올 봄이 되자 쌀값이 28원으로 껑충 뛰었다. 쌀값이 더 뛸 것으로 예상하고 기다리자 가을에는 38원으로 또 뛰었다. 그러자 30석을 모두 내다 팔아 1천140원을 손에 쥔 것이다. 주인 돈 200원과 쌀을 담보로 빌렸던 돈을 은행이자 7%로 계산한 뒤에도 900여 원이라는 큰돈이 남은 것이다. 900원이면 총독부 한국 고등관의 1년 치 월급이다.

박아무개가 이렇게 맨손으로 떼돈을 버는 것과 쌀값 폭등으로 대부분의 서민들이 굶주린 배를 움켜쥐어야 하는 현상은 한국사회의 양면을 이루고 있는 셈이다. 이제 우리 사회가 본격적으로 자본주의화하면서 나타나는 신화와 폐해를 동시에 맞보고 있는 것이다.

서울사람들 무엇들 해 먹고 사나

직업분포 날품팔이·노동자·농사꾼 순
노동자 하루 벌어 하루 먹기도 '빠듯'
고급관리·서민 생활수준 '하늘과 땅'

1917년 현재 서울인구가 총독부 집계만 보아도 25만이 넘어 대도시의 규모를 갖추고 있다. 이들의 직업별 분포를 보면 직업이 분명한 부류는 장사꾼이 5만 8천872명(28.6%)으로 가장 많고 다음이 공장노동자로 3만 3천504명(16.2%), 농사꾼이 6천148명(3%), 어부가 295명(0.1%)순인데, 반수 이상인 10만 7천396명(52.1%)이 기타로 잡혀 있다. 이들은 대부분 막노동꾼, 지게꾼, 머슴, 식모, 하녀들인 것으로 추측된다.

그런데 이들의 생활형편을 보면 목숨을 부지하고 살아나가는 것이 신기할 정도다. 장사꾼들이야 상황에 따라 수입이 천차만별이어서 일률적으로 말하기 어렵다. 그러나 서울사람의 68%를 차지하는 노동자들의 노임수준을 보면 양복장이가 일당 1원 내외, 목수 80전 내외, 막노동자나 지게꾼이 50전 정도를 받는다. 문제가 되는 것은 노동자나

지게꾼의 경우인데, 이들은 일당으로 돈을 벌기 때문에 계속해서 일을 하지 못하는 경우 이 수입마저도 보장되지 못하는 실정이다. 이들의 수입과 주요 생필품 가격을 비교해보면 생활이 얼마나 어려운지 분명해진다. 1915년 물가로 따져서 중품 쌀 한 섬에 12원 22전, 만주 좁쌀 한 섬에 9원 20전, 쇠고기 한 근에 20전인데 지금처럼 쌀 한 가마가 35원을 웃도는 시점에서 비교해보면 그 비참함은 형언키 어렵다.

이에 반해 관리들의 월급은 총독이 연봉 8천 원, 정무총감이 6천 원, 판·검사가 3천～5천 원 수준이고, 고등관 3급의 경우 일본인 3천750원, 한국인 1천800원이며, 10급의 경우 일본인 1천500원, 한국인 700원이다. 관임관은 3급의 경우 일본인 104원 한국인 40원, 8급은 일본인 60원 한국인 15원 수준으로, 고급관리와 일반 서민 간의 엄청난 생활수준 차이를 쉽게 알 수 있다.

레닌, 볼세비키 이끌고 10월혁명 세계사에 '사회주의' 대파란 예고

소비에트 전면봉기로 민중요구 외면한 임시정부 권력 장악

1917년 10월 25일 러시아 수도 페트로그라드의 동궁이 혁명군중에 의해 점령되고, 지난 2월혁명 이래 8개월간 유지돼오던 임시정부가 붕괴됐다. 곧이어 혁명봉기를 주도해 온 전러시아소비에트대회가 권력을 장악, 인류 최초로 사회주의국가가 탄생하는 대격변이 일어났다.

26일에는 혁명을 이끈 볼세비키 지도자 레닌이 "노동자·농민의 사회주의적 질서를 건설하기 위해 전진할 것"을 선포하고 아울러 국제사회를 향한 '평화에 관한 포고'를 채택했다.

여기에서 "소비에트정부가 제시하는 평화는 전쟁에 지친 대다수 노동자 및 고통받고 있는 계급이 바라고 있는 공정하고 민주적인 평화, 즉 무병합, 무배상의 즉각적인 평화를 의미한다"고 해 일본에 병합돼 있는 우리나라에도 적지않은 영향을 끼칠 것으로 보인다.

이번 10월혁명은 지난 2월 러시아 전역에서 40만 명 이상의 노동자가 정치파업을 단행, 차르체제를 붕괴시킨 지 8개월 만에 이루어진 2차혁명이다. 유럽의 후진국 러시아가 1차세계대전에 참전하면서 과중한 군비 때문에 경제가 극도로 침체되고 사회혼란이 이어지는 가운데 지난 2월 전국의 노동자들이 "차르 타도"를 외치며 봉기했고 여기에 오히려 이들을 막아야 할 정부수비대가 가담함으로써 차르체제는 끝장이 났다. 이후 입헌민주주의자들과 온건 사회주의자들로 임시정부가 구성됐으나 이 임시정부는 민중들의 뜻과는 반대로 전쟁계속 정책을 선포하고 식량문제나 토지문제 해결에 전혀 손을 대지 않음으로써 자멸의 길을 걸어왔다.

한편 2월혁명을 이끈 노동자 및 병사들은 러시아의 전통적 자치기구인 소비에트(평의회라는 뜻)를 혁명기구로 활용해 각지에 노동자, 병사, 농민의 소비에트를 건설하고 이의 연합체를 구성, 혁명의 중추로 키워왔다. 이번 10월혁명은 페트로그라드 소비에트가 임시정부에 더 이상 기대할 것이 없다고 판단, 전면봉기를 결의함으로써 촉발됐다.

"혁명적 이론 없이 혁명적 운동은 있을 수 없다."

레닌이 1908년 「유물론과 경험비판론」에서 이 말을 했을 때 반드시 자신의 이론만을 지칭한 것은 아니었지만 혁명이 성공한 지금, 레닌의 이론과 지도는 러시아혁명 그 자체라고 할 만큼 주목받고 있다.

레닌은 러시아혁명을 성공으로 이끌기까지 반대파와 몇 번씩 부딪쳐야 했고 그때마다 사태의 핵심을 꿰뚫는 논리로 반대자들을 제압해왔다.

러시아 현실에 마르크스이론 적용 사회주의혁명 성사

그가 처음 상대해야 했던 반대파는 소박한 인민주의자들이었다. 톨스토이를 연상시키는 이들 인민주의자들은 러시아 민중이 처한 비참한 현실을 개혁하기 위해서는 아직도 중세적 의식에 사로잡혀 있는 '인민 속으로' 들어가 그들을 계몽하여 힘을 키우도록 도와야 한다고 주장했다.

이에 대해 레닌은 「러시아 자본주의의 발달」(1899)에서 러시아가 비록 후진적이기는 하나 이미 자본주의화돼 있음을 논증했다.

이후 사회민주노동당으로 결집한 사회주의자들이 마르크스의 자본주의 분석이론에 따라 노동조합운동을 금과옥조로 떠받들자 그는 다시 「무엇을 할 것인가」(1902)를 발표, 당(黨)을 프롤레타리아 계급의 전위대로 규정하고 당을 통한 혁명운동을 역설했다. 이를 계기로 사회민주노동당은 그를 지지하는 볼세비키(다수파라는 뜻)와 반대하는 멘세비키(소수파라는 뜻)로 갈라졌다.

1905년 혁명이 일어나자 이번에는 혁명의 경로와 주체를 두고 멘세비키와 맞섰다. 사회주의혁명은 부르주아혁명을 거쳐야만 가능한 부르주아혁명은 부르주아들에게 맡겨야 한다는 것이 멘세비키측의 주장이었다. 이에 대해 레닌은 「국가와 혁명」(1917)을 통해 어느 혁명이든 노동자 계급이 주도권을 장악해야 하며 러시아노동자들은 그럴 힘이 충분히 있다고 강조했다. 그리고 1905년에도, 또 이번 10월혁명에서도 이러한 레닌의 주장은 옳았음이 입증됐다.

러시아는 우리와도 국경을 접하고 있는 나라다. 여기에 레닌의 이론이 러시아혁명 성공으로 타당성을 검증받은만큼 우리나라에도 그의 이론에 입각한 사회운동과 독립운동이 급속하게 전파될 것으로 보인다.

포성 멈춘 1차세계대전, 무엇을 남겼나

'전쟁도 상품' 자본주의 경제논리가 세계대전 부추겨
전쟁호황 끝나자 산업자본 먹구름 … '제2비극' 우려

1차세계대전의 도화선은 세르비아와 오스트리아 간의 국지전이었지만 독일이 벨기에를 침공하면서 세계 27개국을 끌어들인 세계대전으로 확대됐다. 따라서 1차세계대전은 영국 등 선발자본주의 국가들과 독일 중심의 후발 자본주의국가들 간에 세계지배권을 두고 벌어진 제국주의 간의 전쟁이다.

1차세계대전의 기본속성이 이렇다고는 해도 이 때문에 4년 동안, 우리나라 인구의 두 배가 넘는 3천만 명 이상을 서로 살상하게 된 원인을 설명하기는 매우 힘들다. 전쟁 자체가 상대방에 대한 극도의 적개심을 불러일으키고 이것이 양측 간에 상승작용을 한다는 것은 이해할 수 있는 일이다. 그러나 전쟁수행을 결정하는 국가의 지도자들은 더 냉정해질 수 있는 위치에 있는 것 또한 사실이다. 그런데도 전쟁이 '갈데까지' 가게 된 데에는 다른 해석이 필요할 듯하다. 이 점에서 전쟁 중 각국의 산업발전에 주목하지 않을 수 없다. 미국은 군수산업의 호황에 힘입어 일약 세계 제1의 경제대국으로 부상했고, 일본 역시 단번에 현대적 산업국가로 변모했다. 심지어 패전국 독일조차도 개별 산업부문만 보면 엄청난 성장을 이룩했다. 결국 자본주의 산업체제는 전쟁 자체도 상품화하는 괴력을 보인 것이고 산업자본가들이 정책결정에 영향력을 행사하는 한 전쟁은 계속될 수밖에 없었던 것이다.

전장의 포성이 멎으면서 이렇듯 이성을 상실한 대량살육전에 대한 반성이 움트고 있다. 윌슨의 평화안 역시 이를 일정하게 반영한 것이다. 그러나 전쟁호황이 일순간에 끊긴 각국의 산업자본은 심각한 시련에 직면할 수밖에 없는 상황이다. 벌써부터 각국에서 대량실업이 발생하는 등 먹구름이 몰려오고 있다. 더구나 독일 등 패전국에 과다한 전쟁배상금이 부과될 경우 이들 국가들은 다시 이성을 잃게 될 가능성도 배제할 수 없다. 세계정세에 포연보다 더 검은 먹구름이 드리우고 있는 것이다.

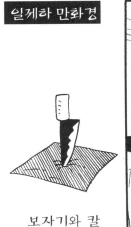

보자기와 칼

이바구

나~ 산에가서 쉬어나 있는지 뒤져볼라고 그랴~!!

이번 호의 인물　　　이동휘

독립 위해 사회당 세운 무장투쟁의 선봉

이동휘는 타고난 무골(武骨)이다. 열여덟살 때 군청의 잔심부름을 하다 군수의 부패와 탐학을 보다 못해 뜨거운 청동화로를 군수에게 뒤집어씌우고 도망쳐 한 때 숨어 살았다. 그 후 서울로 올라와 같은 함경도 출신인 이용익의 소개로 육군무관학교를 다녔고 이후 1901년 삼남지방 검사관으로 부패 관리들을 징치한 후 참령으로 승진, 강화도의 진위대장으로 부임했다.

그는 무관이기는 했지만 기우는 나라를 구하기 위해서는 교육이 급선무라고 생각하여 강화도에 보창학교를 세웠고, 계몽운동에도 적극적으로 참여하여 1906년 신채호가 만들던 '가정잡지'의 발행에도 참여하고 서북학회 등에서도 활동했다. 1907년 군대가 해산되자 그는 이에 항거하다 인천 앞바다의 섬으로 유배되기도 했다. 이때부터 그는 일제를 몰아내기 위해서는 무력투쟁을 해야 한다는 생각을 굳히게 됐다. 비밀결사 신민회 결성에 참여했으나 나라가 망하자 무장투쟁을 모색하여 북간도를 거쳐 블라디보스토크로 망명했다. 여기서 그는 러시아혁명을 목격하고 사회주의이념에 크게 공감하기 시작했다. 더구나 러시아혁명을 저지하기 위해 일본군이 극동지역에 출병하자 소련정부는 일제에 저항하는 한국 독립군에게 우호적인 상황이었다. 그래서 그는 러시아혁명에 대한 협조가 곧 우리 민족이 독립하는 길이라고 생각하고, 김립·유동열·오하묵 등과 함께 한국인으로는 최초로 사회당을 결성했다.

그러나 그가 과연 사회주의이론에 정통한 사회주의자인가는 의문이다. 그는 어떤 이념을 좋아하기보다는 민족 독립에의 열정이 훨씬 더 뜨거운 사람이기 때문이다. 한때 그가 기독교에 입교하여 기독교를 통해 사회를 개화시키고 나라를 구할 수 있을 것으로 생각했듯이, 사회주의가 민족의 독립을 쟁취할 수 있는 무기라면 주저없이 사회주의자가 되는 것이 그의 모습이다. 민족해방 앞에 주의가 무슨 대수인가. 이동휘의 건승을 빌자.

1872년생. 함남 단천 출신. 호는 성재(誠齋).

우리 연극 '일본눈물'에 익사 중?

퇴행적 근대의식 담긴 일본 '신파극' 앞다퉈 무대화

1910년대의 연극계는 가히 '신파극의 시대'다. 1911년 겨울 임성구가 혁신단이란 단체를 조직하여 신파극 「불효천벌」을 가지고 창립공연을 한 이래 1913년 윤백남이 조중환과 함께 문수성을 조직하고, 이 기세가 유일단을 조직하는 등 각종 연극단체가 우후죽순처럼 나타나서 신파극의 시대를 열었다. 그동안 공연된 주요작품을 살펴보면 「카추샤」, 「육혈포강도」, 「장한몽」, 「혈의 누」 등이 있는데, 특히 「장한몽」은 일본신파극인 「곤지키야샤」를 번안한 것으로 「이수일과 심순애」라는 제목으로 알려지기도 하였다.

신파라는 말은 1910년 이후 일본에서 들어왔다. 일본에서는 개항 이후 새로운 형태의 연극이 나타나기 시작했는데 이를 전통적인 연극인 가부키와 대비시켜 신파극이라고 불렀다. 처음에는 정치선전의 목적으로 연극을 이용했지만 청·일전쟁과 러·일전쟁 기간에는 전황 보고의 목적으로 쓰이기도 했으며 점차 상업적인 공연으로 바뀌어갔다.

신파극은 자신을 전통적 연극과 애써 구별하려고 했지만 과장된 몸짓이나 멜로드라마틱한 구성은 전통적 연극에서 이어받은 것이었다. 이러한 일본의 신파극이 1910년대 경성 내 일본인 거류지 극장을 통해서 한국에 전해진 것이다. 한국에서 공연된 신파극은 대부분 그 이름과 마찬가지로 일본의 것을 그대로 옮겨왔으므로 천편일률적으로 탐정극, 의협극이며 남녀간의 애정에 관한 것이다. 애정문제도 주로 봉건적 유습에 굴종하는 비애를 다

루어 '신파조(新派調)의 눈물'이란 말이 생겨나기도 하였다. 이는 일본의 근대가 천황제의 틀에 가두어져 굴절된 것이다 보니, 여기서 나타난 근대의식 또한 소극적이고 퇴영적이었기 때문에 나타난 현상이다. 이러한 일본의 신파가 한국에 들어오면서 식민지의 비애가 겹쳐져 우리 '신파의 눈물'이 나타난 것이다. 따라서 신파극은 외견상 근대의 흉내를 내고 있기는 하지만 그것이 갖는 비주체성과 함께 눈물로 상징되는 퇴영성이 문제라고 할 수 있을 것이다. 허나 언제까지 감상의 눈물에 젖어 있을 것인가?

문예시평

이광수 「무정」

근대적 자아 개성적 형상화 … 역사인식에선 현실과 괴리

신예문학가 이광수씨가 총독부의 기관지인 '매일신보'에 연재한 장편소설 「무정」은 새로운 세대가 구축하고 있는 세계인식과 현실감각의 한 모습을 확연히 드러내주고 있다는 점에서 주목받고 있다.

이 소설은 남녀간의 애정문제를 축으로 전통과 근대의 긴장과 갈등 구조를 풀어나가 소설적 재미와 함께 작가의 역사의식을 보여주고 있

다. 소설사에서 남녀의 애정문제는 「금오신화」 이래 해묵은 소재이다. 그러나 「무정」에서는 애정문제가 단지 소설적 재미를 더하기 위한 장치에서 벗어나 작품의 근본적인 화두가 되고 있다. 이 소설에서 다루어진 자유연애의 사상은 인간관의 근본문제에 기초하고 있다. 즉 신의 예정조화에 따르거나 공동체와의 관계에 긴박된 존재로서의 인간이 아니라 자신의 원리에 따라 스스로 행위하는 존재로서의 인간을 추구하고 있는 것이다. 이를 달리 말해서 근대적 자아라고 할 수 있는데 이는 개항 이후 지식

인들이 추구해온 근대지향이 이제 인간본성에까지 미치게 되었음을 말해주는 것이다.

그러면 「무정」에 나타난 역사인식은 어떠한가? 이광수는 이 소설에서 우리사회가 경제, 문화 등 모든 분야에서 장족의 진보를 했다고 하고 있다. 그리고 자신의 과제는 여전히 봉건인으로 남아 있는 대다수 백성에게 '근대'라는 교리를 '계몽'하는 것이 된다. 그러나 그의 근대지향은 외면상 변화만 주목할 뿐 식민지라는 본질은 외면하고 있다. 이렇게 작가의 역사인식 속에서 '근대와 계몽'이 현실에 뿌리내리지 않은 것이기 때문에 「무정」에서 그리는 근대적 자아가 우리에게는 살아 있는 인간형으로서 생생하게 느껴지지 않는다.

세브란스의전 인가

1917년 세브란스의학교가 사립세브란스의학전문학교로 인가를 받았다. 이는 1915년 일제가 사립학교규칙과 전문학교규칙을 동시에 공포하여 사립고등교육기관의 설립을 억압하는 정책을 펴고 있는 상황에서 이루어져 그 의미가 크다.

세브란스의전은 1885년 미국선교사 알렌이 설립한 광혜원에서 비롯하는데 1899년 4월에는 자체에 의학교를 설립하였으며 1903년에는 간호원양성소를 설립한 바 있다.

이 학교에 세브란스란 이름이 붙게 된 것은 1899년 미국 뉴우의 실업가 세브란스로부터 거액의 기부금을 받아 병원과 의학교 건물을 신축하고 학교의 체계를 갖추었기 때문이다.

모자패션 '서양바람'

여름엔 맥고·파나마모자 … 젊은층엔 도리우치모자 유행

모자패션에도 서양바람이 불고 있다. 이제 번화한 도심에서 중절모나 파나마모자를 쓴 멋쟁이들을 구경하는 것은 어려운 일이 아니다. 행세깨나 하는 사람들은 예나 지금이나 옷과 모자를 갖추는 것이 기본 예의. 최근 젊은 지식인이나 상류층 인사들을 중심으로 양복 입은 사람들이 늘어나면서 모자도 서양식으로 바뀌고 있는 것이다.

지금 여름용 모자로는 맥고모자

와 파나마모자가 유행하고 있으며 겨울용으로는 흔히 중절모를 쓴다. 또 젊은층을 중심으로 활동적인 분위기를 연출하기 위해 계절에 관계없이 도리우치모자를 많이 쓴다.

맥고모자는 젊은층이 주로 많이 쓰는 것으로 가격대는 1원 7, 80전이 보통인데 다스킨식 밀짚 외겹일자 모자는 신사용으로 2원 6, 70전까지 나간다. 파나마모자는 대개 장년·노년의 신사들이 쓰는 것으

로 젊은층은 나이들어 보여 기피하는 경향이다. 요즘에는 영국제가 안나와 일본제가 진열장을 독차지하고 있다. 가격은 3원 80전부터 6, 7원대까지 있다.

도리우치모자는 모양이 여러 가지나와 요즘은 뒤에 테가 있고 솔기가 분명하게 보이는 것이 유행하고 있다. 중절모는 나이든 신사들이 겨울용으로 즐겨 쓴다.

　중절모자　　　　　맥고모자　　　　파나마모자　　　　도리우치모자

미술계 '서화협회' 결성

1918년 우리나라 최초의 근대적 미술단체인 서화협회가 결성되었다.

1915년 우리나라 최초로 일본에서 서양화를 전공하고 귀국한 고희동이 미술계의 주체적인 근대화와 활성화를 위하여 미술단체 조직의 필요성을 절감하고 당시 서화계의 대가들인 안중식, 조석진, 오세창, 현채, 김돈희 등과 접촉한 결과 이 단체의 창립을 보게 된 것이다. 1918년 6월 16일 창립총회를 열고 회장에 안중식, 총무에 고희동, 간사에 김균정을 선출하였으며 창립 1개월 후인 7월 21일에는 태화정에서 창립기념 서화협회를 개최하였다. 미술계는 이번 서화협회의 창립으로 우리 미술문화가 근대화·활성화될 것으로 기대하고 있다.

역사신문

"오등은 자에 조선의 독립국임을 선언하노라"

대한독립만세

"일제 억압 끝장내자" 3·1만세운동 폭발

3·1운동의 횃불이 당겨져 전국으로 확산되고 있다. 민족대표를 중심으로 해서 치밀하게 준비된 운동은 고종의 장례식에 대비해서 엄중한 경계를 펴고 있던 일제 당국조차 놀랄정도로 요원의 불길처럼 번지고 있다. 특히 과거 10년동안 일제의 압박에서 신음하고 있는 우리 민족은 이 운동을 계기로 떨쳐 일어나 이번에 꼭 독립을 이루고야 말겠다는 결연한 의지를 보이고 있다.

3·1운동의 발원지라 할 수 있는 탑골공원의 만세 시위는 3월 1일 2시 30분경에 시작되었다. 미리 연락을 받고 모인 시내 중등학교 이상 학생들과 시민들 앞에서 학생대표 정재용이 팔각정에서 우렁찬 목소리로 2천6백여자의 '독립선언서'를 낭독하였다. 낭독이 끝나자 집회에 모인 수천명의 학생과 시민들은 '대한독립만세' '조선독립만세'의 구호를 외치며 시가로 진출하기 시작했다.

이어서 학생들과 시민들은 '독립만세'를 연창하면서 거리로 뛰쳐나왔다. 이들이 '조선은 지금 독립하려 한다. 함께 만세를 부르라'고 권유하자, 고종의 국장을 보러 온 지방민들이 합세하여 수만명을 헤아렸다. 한편 일제는 당장 "시위를 위협하여 해산시키고, 주동자는 체포해서 처벌하면 큰일은 닥치지 않을 것"이라면서 사태의 심각성을 간과하고 있는 형편이다.

이번의 독립선언의 준비는 1918년 11월 세계대전이 종결되고, 1919년 파리에서 평화회의가 열리게 되자 천도교 간부들이 독립운동의 기회임을 논의하면서 시작되었다. 1월 20일경 천도교 측은 독립운동의 3대 원칙을 대중화·일원화·비폭력화로 하기로 합의하고, 별도로 준비하고 있었던 기독교 측과 전문학교 학생들과의 2월 24일경 민족대연합전선을 결성하게 되었다. 특히 천도교측은 운동자금 5,000엔을 조달하여 독립선언에 결정적인 역할을 하였다고 한다. 불교측에서는 2월 24일 한용운이 합류하였다.

이번에 발표된 웅장한 명문 독립선언서는 최남선이 작성하였다고 한다. 최남선은 일본정부 등에 보내는 '독립통고서'와 미국 대통령 윌슨에게 보내는 '독립청원서'도 작성하였다고 한다. 이 원고는 2월 27일 밤에 천도교가 직영하는 인쇄소 보성사에서 밤새워 2만여장을 인쇄하여 전국에 비밀리에 배포하여 3월 1일 이전에 끝을 맺어 발표 준비를 마쳤다고 한다.

한편 지방의 각 도시에서도 시위가 발생하는 등 이 운동은 그 반향을 걷잡을 수 없는 예측불허의 상황으로 전개되고 있다.

만주 용정서도 3·13독립선언대회

1919년 3월 13일 북간도의 용정시 북편 서전 큰 벌판에서 1만명 이상의 한국인들이 모여 독립선언축하회를 개최하고 독립만세 시위운동을 전개했다. 참가한 사람들은 명동학교, 정동중학교, 은진중학교, 동흥학교, 대성학교의 학생들을 비롯해 친일분자를 제외한 북간도에 거주하는 대부분의 한국인들이 참가한 것으로 집계됐다.

민족대표 33인 독립선언 발표

천도교·기독교·불교 등 참가

3·1운동의 기폭제를 마련한 천도교, 기독교, 불교 각 교파의 민족대표 33인은 3월 1일 2시 탑골공원 부근의 중국음식점 태화관에서 독립선언식을 거행했다. 이들은 미리 인쇄한 독립선언서를 배부하고, 대표 중 한용운이 "오늘은 조선의 독립을 선언하는 매우 영광스러운 날"이라는 요지의 인사말과 함께, '독립만세' 삼창으로 간단히 독립선언식을 마쳤다고 한다. 곧이어

이들은 신고를 받고 출동한 경찰에게 전원 연행되어갔다. 원래 민족대표는 33인이지만, 이날 지방에서 제시간에 도착하지 못한 4명이 빠져 29명이 참석하게 되었다.

한편 미리 연락을 받고 탑골공원에서 민족 대표들을 기다리던 학생들은 대표를 보내어 "민족 대표 중 1명이라도 탑골공원에 와서 독립선언서를 낭독해달라"고 강력히 요청했으나 거절당하자 매우 실망스러

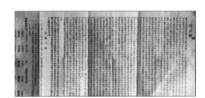

워하면서 돌아갔다. 대표 중 박희도는 "군중이 밀집한 탑골공원에서 선언식을 거행하게 되면 군중심리에 의해 폭력사태가 일어날지도 모르고, 일제 경찰이 어떤 간계를 사용할지 모르므로 우리는 여기서 당당하게 잡혀가기로 했다"고 말하여 아쉬움을 남겼다.

3·1 전국만세운동 현장

한라에서 백두까지 독립 염원 담고 '태극기 물결'

평양·진남포·안주·의주·선천·원산 등지에서도 서울과 비슷하게 독립선언과 독립만세 시위가 일어났다.

사전에 이미 독립선언서가 배포되고 천도교측과 기독교측의 조직인 준비가 있었기 때문에 동시다발적인 만세시위가 발생하게 된 것이다. 아래에서는 3월 1일 이후 약 1주일간에 걸쳐 일어나고 있는 전국의 시위를 요약하였다.

평 북

3월 1일 의주읍에서는 33인 중 하나인 유여대 목사의 선도로 1천명의 군중이 모인 가운데 독립선언을 하였다. 이어서 의주에서는 3.4.6일에도 자발적인 시위가 있었다. 3월 1일 선천군에서는 신성중학교, 보성여학교 학생들이 1천명의 군중들과 함께 태극기를 들고 시위를 전개했는데, 경찰의 발포로 1명이 숨지고 2명이 부상당하였다. 3월 4일 신의주에서 6백여 군중들이 독립선언식을 거행하고 시위를 전개했다. 같은 날 용천군에서는 5천명이 시위에 참가했고, 3월 5일 철산군에서는 기독교도들이 선도하여 약 3천명의 군중이 봉기하였다. 같은 날 정주군에서는 기독교도와 천도교들을 중심으로 독립만세를 불렀다. 또 삭주읍에서는 천도교도와 기독교도들의 선도로 3천여명이 시위했는데 헌병대의 발포로 4명이 순국하고 다수가 부상당했다. 5일 초산읍과 6일 위원읍에서도 시위가 있었다.

평 남

평양에서는 3월 1일 1시에 독립선포식을 거행하였다. 진남포에서도 3월 1일 5백여명의 기독교도와 군중이 모여 독립선언식을 했고, 2일에도 4백명이 시위를 전개했다. 안주에서도 1일 독립선포식을 하고 3일 5천명의 시위가 있었는데 헌병대의 발포로 2명이 숨지고 5명이 부상당했다. 2일 중화군에서는 천도교들이 선도하여 농민들이 봉기했는데 주재소를 습격하고 경찰서장을 감금했다고 한다. 3일 강서읍 장날을 이용하여 4천명 봉기. 4일 증산읍 5백명. 4일 발생한 성천읍 시위에서는 헌병대의 발포로 20여명이 순국하고 70여명이 부상당했다. 대보면에서 3일 4백명, 4일 5백명의 농민들이 시위에 참가하여 만세를 불렀다. 2일 은산에서 1천명, 4일 자산에서 1천명, 5일 신창면에서 3천명, 5일 덕천읍에서 3백명, 6일 광량만 염전노동자를 포함한 1천명.

함 남

3월 1일 원산에서 독립을 선언하고 2천명의 군중이 시위 전개. 2일 함흥읍에서 수백명의 자발적 시위. 3일 1천명 시위전개. 5일 영흥읍에서 소규모 시위.

황 해

3월 1일 해주에서 기독교인 180명이 예배당에 모여 '독립선언서'를 낭독하고 만세를 불렀다. 황주군에서는 3월 2일 천도교들을 중심으로 장날에 대규모 시위가 있었다. 3월 3일에도 수안읍에서 벌어진 시위에서는 일본 헌병대의 발포로 9명이 숨지고 18명이 중상을 입는 피해도 발생했다. 같은 날 사리원에서는 상인, 기독교도, 천도교들을 중심으로 5백여명이 시위를 벌였다. 4일에는 곡산읍에서 천도교도를 중심으로 대규모 시위가 있었다.

강원·전북

3월 1일에 천도교도들이 철원읍에서 '독립선언서'를 배포하였다. 3월 5일 전북 군산에서 영명중학교 교사와 학생들이 중심이 되어 500여명이 독립만세 시위를 전개했다.

경 기

3월 3일 개성읍내에서 호수돈 여자고등보통학교 학생들을 비롯하여 읍민 등 1천 5백여명이 독립만세 시위를 전개했다. 이때 식산은행 개성지점에 게양된 일본 국기를 찢어버리는 일이 발생했다고 한다. 인천, 강화 등지에서는 3월 6일부터 시위가 시작되었다.

해외서도 독립선언·시위 잇따라

"섬사람은 섬으로 돌아가라" 길림에서 대한독립선언 발표

1919년 2월 만주와 러시아령에서 활동하는 신규식, 박은식, 이시영, 신채호, 김좌진, 김규식, 이승만 등 39명의 독립운동 명망가들이 길림에서 〈대한독립선언〉을 발표했다. 이들은 선언서에서 "우리 대한은 자주독립국이자 민주자립국이다. 일본의 합병은 사기와 강박과 무력폭행에 의한 것이므로 무효이다"라고 선포하고, 2천만 동포는 육탄혈전으로 독립을 쟁취할 것을 촉구했다. 아울러 "섬사람은 섬으로 돌아가고 한반도인은 한반도로 돌아오게 하라"고 요구했다.

일제 심장부 동경서도 유학생 4백여명 독립선언

1919년 2월 8일 동경시내의 청년회관에서 유학생 4백여 명이 운집, 조선독립청년단 명의로 〈독립선언문〉을 발표하고 가두시위에 나서려다 일본경찰에 최팔용, 서춘, 김도연 등 주동자 20명이 체포되는 사건이 발생했다.

동경유학생들은 1918년 미국 윌슨의 민족자결주의가 알려지자 이를 조선독립의 기회로 인식 이번 선언문과 집회를 준비해온 것으로 알려졌다. 이번 집회 전 대표단은 선언문을 일본정부와 의회, 각국 대사관 등에 우편송달했다. 선언문 집필은 이광수가 한 것으로 밝혀졌다.

"일제 그냥두면 세계평화위협" 니콜리스크에서 선언후 시위

1919년 3월 17일 러시아령인 니콜리스크와 블라디보스톡에서 3·1운동의 뒤를 이어 독립선언과 시위가 잇달아 발생, 투쟁열기가 끓어오르고 있다.

여기서 발표된 〈조선독립선언서〉는 서울 등에서 기왕에 나온 선언서가 주로 일제를 향해 요구하는 형식을 취한 것과는 약간 다르게, 국제사회를 향해 일본의 위험성을 경고하고 나와 귀추가 주목되고 있다. 일본은 지금 산동반도와 시베리아에 출병하고 있는데, 이를 방치할 경우 세계평화가 심각한 도전을 받을 것이라고 주장하며 일본의 대륙진출을 막기 위해서도 한국이 독립하여 길목을 봉쇄해야 한다고 했다.

"경제적 부담 떠맡겠다" 미국동포들 호응 포고문

3·1운동 소식이 미국에 전해지자 동포들의 아연 긴장을 하고 신속한 대응에 나서고 있다. 미국지역을 대표하는 단체인 대한인국민회는 3월 15일 멕시코와 하와이 대표까지 참석한 전체 대표자회의를 열어 미국지역 독립운동을 더한층 강화하기로 결의하는 한편 3·1독립선언에 호응하는 포고문을 발표했다.

고종 장례 만세시위 속 거행

1919년 1월 22일 숨을 거둔 비운의 황제 고종의 장례식이 3월 3일 수많은 애도 인파속에 덕수궁에서 거행되었다. 대한문을 나선 고종의 어가는 금곡에 안장되었으며 능호를 홍릉으로 정했다.

고종은 올해 68살로 평소 건강했던 것으로 알려졌는데, 당국은 1월 21일 고종이 갑자기 중병에 걸려 이틀날 사망했다고 발표했다. 이 소식을 접한 동포들은 망국의 설움 속에 비통한 마음을 억누르지 못하고 있으며 그의 갑작스런 죽음에 의아해하였다.

지금 항간에는 일제의 사주를 받은 한상학이 고종의 식혜에 독을 넣어 독살했다는 소문이 쫙 퍼져 있다. 또 고종이 1월 21일 밤 식혜를 들고나서 "내가 무슨 음식을 먹었길래 이러나"고 부르짖으며 갑자기 죽었는데, 두 눈이 붉고 온 몸에 붉은 반점이 돋았다는 소문도 입에서 입으로 전해지고 있어 민중들이 격분하고 있다.

고종 연보

1852년	영조의 현손인 흥선군의 차자로 출생
1863년	철종이 후사 없이 죽자 즉위, 흥선대원군이 국정 총람
1866년	여성부원군 민치록의 딸을 왕비로 맞음
1873년	친정 시작
1895년	일본폭도에 의해 민비 죽음
1897년	대한제국을 선포하고 황제에 오름
1907년	헤이그밀사 사건으로 일제에 의해 강제로 퇴위당함
1919년	사망

"국제연맹이 한국 위임통치" 이승만, 미 대통령에 청원 뒤늦게 밝혀져 물의

1919년 2월 16일 미국지역 독립운동 연합체인 대한인국민회 소속 이승만, 민찬호, 정한경 등이 회의에 참석한 미국 대통령 윌슨에게 "국제연맹이 한국을 위임통치해달라"는 청원서를 전달한 것이 언론 보도를 통해 밝혀져 미국 동포들 사이에 미묘한 파문이 일고 있다.

대한인국민회는 지난 해 말 이들을 파리평화회의의 대표단으로 선정해 이들이 회의에 참석하여 윌슨의 14개조 평화안에 따라 우리나라도 독립해야 한다는 것을 주장하도록 결의했었다.

그러나 이들이 출국허가를 받지 못해 임무가 좌절돼자 지난 1월 차선책으로 민찬호가 워싱턴에서 개최된 전세계약소국동맹회에 참석해 발언한 바 있다. 이러던 중에 이승만 등이 파리에 가 있는 윌슨에게 우편을 통해 청원서를 보내고 연합통신이 이를 보도함으로써 그 내용이 세상에 밝혀진 것이다.

청원서는 "한국이 일본의 속박을 벗고 완전한 정부를 수립할 때까지 국제연맹이 위임통치를 실시해 보호를 해달라"는 것이 주내용이다.

한편 이 청원소식을 전해 들은 동포들 중에는 이것이 냉엄한 국제정치의 현실을 감안한 적절한 대안으로 보는 이들도 없지 않지만 대부분은 즉각 독립이 아닌 위임통치를 청원한 것에 대해 분노하고 있다.

역사신문

만세시위 전국확산 폭력화 치달아

파업·철시·일제시설 파괴 등 과격 양상
만세꾼-지하신문, 시위 '촉매' 역할

3월 1일 서울을 중심으로 일어난 독립만세운동은 도시뿐만 아니라 농촌으로도 점차 확산되고 있다. 시위양상도 일제의 탄압에 대항해서 폭력화되고 있다. 만세시위는 초기에 북한지방에서 주로 일어났으나 3월 10일 이후에는 남한 일대로 확산, 3월 한 달 동안만 해도 700여 회를 헤아렸고, 4월 초에 들어와 최고조를 이루고 있다. 게다가 초기에 청년·학생들이 앞장섰던 양상에서 농민·노동자·중소상공업자 등 민중세력들이 주체적으로 참여하고 있는 형편이다. 이처럼 민중세력이 적극적으로 참여하고 있는 것은 10년간 일제수탈을 겪으면서 극도에 달한 분노가 폭발한 때문으로 풀이된다.

또 주동학생들이 대량 검거되면서, 전면에 나서기 시작한 노동자·농민·중소상공업자들은 시위와 함께 파업, 철시 등의 투쟁을 벌여 경제가 마비상황에 이르고 있다. 도시에 이어 농촌에서는 장날을 이용하여 태극기를 들고 풍물을 치며 시위에 돌입하고 있다. 농민들은 면사무소나 경찰관서로 몰려가 '독립만세', '왜놈은 물러가라'를 외치는 상황이다.

한편 평화적으로 시작된 시위는 일제 헌병경찰의 무자비한 탄압으로 폭력투쟁화하는 양상을 보이고 있다. 민중들은 일제의 탄압에 물러서지 않고 돌멩이·몽둥이·낫·죽창 등으로 무장하고 경찰관서, 헌병대, 면사무소는 물론 우편소, 공립학교, 금융조합 등 일제 시설물을 파괴하는 사태가 전국 곳곳에서 발생하고 있다. 행상 중에는 '만세꾼'을 자처하여 장날을 쫓아다니며 이 마을 저 마을에서 시위를 유도하는 사람들이 등장하고 있으며, 낮뿐만 아니라 밤에도 횃불시위를 벌이는 등 새로운 전술도 등장하고 있다고 한다. 이러한 시위에는 독립선언서 외에도 각종 지하신문들이 등장하여 운동의 정보를 전하고 시위를 촉발하는 데 한몫을 하고 있다고 한다.

만세꾼들이 외치는 주장을 보면 "일본인은 속히 일본으로 물러 가라", "독립으로 모든 관공서는 폐지되었다", "앞으로 너희들의 명령 지시를 따를 필요가 없다"는 등 일제를 몰아내려는 결연한 의지를 보이고 있다. 관련기사 2·3·4·6면

종로에서 만세를 부르는 시민들의 모습.

상해에 임시정부 수립

각지 임정수립운동 결집…독립운동 조직화 등 기대

1919년 9월 6일 상해에서 대한민국 임시정부가 수립돼 3·1운동 이후 한성·상해·블라디보스토크 등 각지에서 동시다발적으로 추진된 임시정부 수립운동이 하나의 정부로 합쳐짐으로써 이제 일사불란한 면모를 갖추게 됐다. 이번 통합과정에서 여러 가지 방안이 논의됐지만 법통은 한성임정을 이어받되 운동의 여건상 근거지는 상해에 두기로 합의된 것으로 알려지고 있다.

3·1운동 후 가장 먼저 임시정부 수립운동을 시작한 곳은 블라디보스토크였다. 이곳에서는 국내에서 독립선언이 발표된 직후인 3월 17일 독자적으로 독립선언을 발표하는 한편 3월 21일에는 손병희를 대통령, 이승만을 국무총리로 하는 정

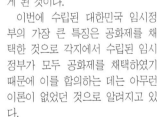
임시정부 의정원 요인들. 앞줄 가운데가 안창호, 뒷줄 오른쪽이 김구, 넷째줄 왼쪽이 여운형이다.

부조직을 발표했다. 이어 상해에서도 4월 11일 1천여 명의 망명인사들이 집결한 가운데 임시의정원을 구성하고 임시헌장 10개조를 반포하여 임시정부를 선포했다. 4월 23일에는 서울 봉춘관에서 13도 대표에 의한 국민대회가 열려 임시정부를 선포했다. 여기서는 이승만을 집정관 총재, 이동휘를 국무총리로 추대하고 약법 6조를 발표했다. 이렇게 각지에서 동시다발적으로 선포된 임시정부가 곧 통합작업에 들어가 이번 상해임시정부의 선포를 보게 된 것이다.

이번에 수립된 대한민국 임시정부의 가장 큰 특징은 공화제를 채택한 것으로 각지에서 수립된 임시정부가 모두 공화제를 채택하였기 때문에 이를 합의하는 데는 아무런 이론이 없었던 것으로 알려지고 있다.

관련기사 2·6면

일본보병 등 증원
한국에 병력 급파

일본정부는 시위 진압을 위해 보병 6개 대대와 헌병 300~400명을 급파했다. 이는 만세운동이 계속 확산되면서 언제 끝날지 모르는 예측 불허의 사태가 전개되자 총독부의 요청에 의해 이루어진 것이다. 이러한 병력 증강은 외국에 알려지지 않게끔 은밀히 진행되고 있는데, 총독부는 4월 10일 한국에 수송된 병력을 기존 병력과 합쳐 4월 15일까지 각 지방에 재배치할 계획이다. 이번 재배치의 주안점은 각지에서 운동이 일어날 때 종래보다 더 빨리 출동할 수 있도록 주재지점을 확충하는 데 있다고 한다.

김규식 파리강화회의 참석
"한국독립" 외교활동 활발

김창숙도 유림단 진정서 파리로 보내

1919년 3월 김규식이 파리강화회의에 파견돼 독립을 위한 외교활동을 활발히 전개하고 있다. 파리에 도착한 김규식은 새로 수립된 임시정부 명의의 탄원서를 강화회의에 제출하고 '한민족의 주장' 등의 선언서를 배포했다. 또 김창숙은 137명의 유림을 대표하여 유림단의 진정서를 파리강화회의에 보냈다. 이번의 외교노력으로 소기의 목적을 달성하기는 어렵겠지만 국제사회에 한국문제를 상기시키는 데는 크게 기여할 것이라는 게 외교전문가들의 견해이다. 관련기사 2면

베르사유조약 체결 전후처리 매듭

'식민지 독립보장' 관련, 한국 언급 없어 실망

1919년 6월 28일 1차세계대전 전후처리문제로 진통을 거듭하던 파리강화회의가 이날 파리 근교 베르사유 궁전에서 마침내 전문 231개조로 확정된 조약을 체결함으로써 일단락됐다.

이 조약에 따르면 독일은 연합국 측에게 막대한 피해배상금을 지불해야 할 뿐 아니라, 일체의 식민지를 빼앗기고 알사스·로렌 지방을 프랑스에 넘겨주는 한편 폴란드 등을 독립시키는 등 영토와 인구가 대폭 축소됐다.

이번 조약 체결은 미국의 윌슨 대통령, 영국 수상 로이드 조지, 프랑스의 수상 클레망소가 주도했다. 특히 윌슨이 14개조 평화안을 제출해 이를 토대로 수 개월간 협상을 진행해왔다. 그러나 영국·프랑스·이탈리아·일본 등 승전국들은 독일 소유였던 식민지나 이권을 차지하려고 혈안이 돼 있어 민족자결권 등을 주장한 윌슨의 평화안은 결국 관철되지 못했다.

특히 우리 민족은 윌슨의 14개조 중 민족자결 조항에 크게 기대를 걸고 파리에 대표를 파견하는 등 적극적인 대응을 했으나 최종적으로 마무리된 조약에는 독일 점령지 이외의 식민지에 관해서는 일절 언급이 없어 실망을 안겨주고 있다.

1910
한일합병
3·1운동
1926
6·10운동
1929
광주학생운동
1937
중·일전쟁
1945
민족해방

31

역사신문

3·1운동 계승하여 민족해방의 한길로 나서자

일본은 더 이상 한국지배 생각 버려야

자유는 만인의 생명이요, 평화는 인생의 행복이다. 그렇기 때문에 자유가 없는 인간은 죽음과 같고 평화가 없는 인간은 가장 고통스런 사람과 같다. 압박을 당하는 자의 주위의 공기는 무덤으로 변하고, 쟁탈을 일삼는 자의 생애는 지옥이 될 뿐이다. 행복은 자유와 평화에서 오는 것이다. 그러므로 자유를 얻기 위해서는 생명을 돌보지 않고 평화를 지키기 위해서는 희생을 감수하는 것이다. 자유와 평화를 지키는 것은 인간의 권리인 동시에 의무이다. 그런데 자유는 남의 자유를 빼앗지 아니하는 것을 한계로 삼으니 남을 침략하는 자유는 평화를 망치는 야만적 자유이며, 위압적인 평화는 굴욕이 될 뿐이니 진정한 자유는 반드시 평화를 지키고, 진정한 평화는 반드시 자유를 동반한다.

일본이 한국을 강점한 이후로 우리는 하루도 자유와 평화를 잊은 적이 없다. 하루도 독립을 잊은 적이 없다. 이러한 우리의 의지가 한순간에 폭발했으니 바로 3·1운동이다. 지금까지 이처럼 우리 민족이 일치단결하여 간악한 적과 피로 싸운 적은 없었다. 남과 여, 어른과 아이 할 것 없이 흘린 피가 길에 가득하였으니 용기는 더욱 떨치고 기세는 한층 장렬하였다. 해외에서도, 깊은 시골 구석에서도 만세를 외치며 앞다투어 죽기를 맹세하지 않은 이가 없었으니 3·1운동으로 인하여 우리 민족의 열렬한 반일정신과 독립의지를 세계에 알렸으며 일본의 간담을 서늘하게 하였다. 따라서 3·1운동은 우리 민족해방운동사에서 찬란하게 빛나는 봉우리이다. 앞으로 일어날 모든 독립운동이 이 3·1운동을 모태로 하여 태어날 것이다.

우리가 왜 이처럼 일어났는가? 지난 10년간의 일제의 통치를 참지 못했기 때문이다. 무엇을 추구하였는가? 과거로 돌아가는 것이 아니다. 왕조국가로 돌아가려는 것은 더욱 아니다. 3·1운동은 한민족의 부흥과 재생을 위한 운동이다. 반드시 '반일 독립'하겠다는 것이고 반드시 민주적이고 자유로운 세상과 국가를 만들겠다고 일어선 것이다. 이제 일제는 더 이상 한국인을 힘으로 지배하겠다는 어리석은 생각을 버려야 한다. 힘을 과신하지 말고 물러나 참된 이웃나라로서의 도리를 다해야 할 것이다. 그렇지 않는다면 언제 어느 곳에서든지 비싼 대가를 치러야 할 것이고 결국에는 물러나야 할 것이다.

3·1의 아들딸들인 동포여! 이제 한숨과 눈물일랑 떨쳐내고 우리의 민족적 주체역량을 총집결하여 일제로부터 독립하고 새로운 조국을 건설하기 위한 성스러운 과업을 향해 매진하자.

그림마당
이은홍

3·1운동, 우리에게 무엇을 남겼나

민중들, 투쟁 주체로 우뚝

민주공화제 이념 정착, 무장투쟁 필요성 부각 … 지도력 부재는 한계

3·1운동은 극히 일부의 친일파를 제외하고 전민족이 참여한 항일투쟁으로서, 민족운동사에 획기적인 분수령을 이루었다는 것이 일반적인 평가다.

역사적 안목으로 본다면 3·1운동은 25년 전 갑오농민전쟁으로 분출했던 거족적인 항일투쟁의 물결이 일제 지배에 정면으로 맞서 다시 한 번 폭발한 활화산과 같은 것이다. 이제 우리 민족 누구도 항일투쟁을 전면화한 이 3·1정신을 부정하거나 거역할 수 없을 것이라는 지적이다.

그러나 3·1운동의 역사적 의미는 비단 항일투쟁의 전면화에만 있는 것이 아니다. 이제 3·1운동에 참여한 각계각층의 민중들이 운동과정에서 새롭게 각성하여 우리 역사를 끌어가는 주체로 거듭나고 있다는 점에 주목할 필요가 있다. 시골 구석구석에서 손에 손에 태극기를 들고 독립만세를 외쳤던 무지렁이들이 자신과 세상에 대해 새롭게 눈을 뜨게 됨으로써, 이제까지 억압과 통치의 대상에 지나지 않았던 존재에서 새 나라, 새 사회를 건설해나갈 주인공으로 일어서고 있는 것이다. 3·1정신을 기반으로 만든 상해임시정부가 민주공화제를 주창하는 것도 이런 시대적 추세를 반영한 것이라는 지적이다. 이렇게 본다면 3·1운동은 밖으로 윌슨의 민족자결주의나 러시아 사회주의혁명의 영향을 받았지만, 기본적으로는 1876년 국교확대 이래 우리 민족이 추구해온 반제·반봉건 투쟁과 근대사회 건설 노력을 계승한 가운데 가능한 일이었다는 분석이다.

또 3·1운동은 이런 역사적 의미와 함께 새로운 과제를 우리 민족에 던지고 있다. 내외 정세로 볼 때 앞으로 우리 사회에 본격적으로 자본주의화 물결이 밀려와 계층 간의 이해관계가 크게 벌어질 것이고, 일제의 지배정책은 더욱 간교해져 민족분열책동이 강화될 것임에 틀림없다.

이런 시대적 추세 속에서 전 민족이 어떻게 각자의 이해관계를 조정하고 일치단결하여 항일전선을 끌어갈 것인가 우리 민족에게 주어진 역사적 과제다.

대한민국 임시정부 수립, 왜 뜻깊은가

독립운동 총 결집체 마련…공화제 채택 획기적

1919년 9월 6일 마침내 상해에서 대한민국 임시정부가 탄생했다. 1910년 대한제국 멸망 이후 10년 만에 우리 민족이 자주적으로 세운 정부인 셈이다. 이는 말할 것도 없이 3·1운동으로 분출된 전 민족의 자주독립에 대한 의지와 열망에 힘입어 가능한 일이었다. 국내외의 모든 독립운동세력들이 자연스럽게 한데 모여 정부 구성에 나선 것은 이런 정세를 반영한 결과라는 분석이다. 그런 점에서 상해임시정부는 앞으로 민족해방운동의 총결집체로서 신국가 건설의 초석을 놓아야 할 임무를 지고 있다는 지적이다.

이와 관련하여 볼 때 상해임정이 새 나라 건설의 방향을 민주공화제로 잡은 것은 올바른 역사적 선택이라는 평가가 지배적이다. 민족구성원이면 누구나 신분적 차별 없이 스스로 나라의 주인으로 설 수 있는 국가를 만들려는 노력은 지난 반세기 동안 줄기차게 추구해온 우리의 숙원이었다. 뿐만 아니라 민주공화정은 이제 세계 어디서나 시대적 대세를 이루고 있는 실정이다.

다른 한편, 상해임정은 앞으로 해결해나가야 할 많은 과제를 떠안고 있는 것 또한 사실이다. 임시정부 수립과정에서 드러났듯이 임정은 이념과 노선을 달리하는 여러 갈래의 독립운동세력들이 모여 있다. 만주나 연해주에 기반을 두고 무장투쟁을 주장하는 이동휘 중심의 세력이 있는가 하면 미국교포들을 기반으로 외교를 통한 독립을 주장하는 이승만세력도 있다. 또 사회주의이념을 내거는 사람도 있고 자본주의이념을 주장하는 인사들도 있다. 그런데다 출신지역에 따른 파벌대립도 도사리고 있는 실정이다.

우선은 1차세계대전 종전의 분위기 속에서 국제적인 여론에 호소하는 노력이 필요하다는 점 때문에 상해를 근거로 모여 외교활동에 주력하고 있지만, 장차 국제정세가 바뀌면 임정 내에 잠복해 있는 이런 분열요소들이 고개를 들어 사분오열할 가능성은 얼마든지 있는 것이다. 어떻게 이런 문제를 극복하여 명실상부한 임시정부로 기능할 것인가가 향후 상해임정의 최대 과제가 될 전망이다.

인터뷰 - 파리강화회의 참석 김규식

'식민지 나눠먹기' 바빠 한국문제 '관심 밖'
일본 급성장에 강대국 우려는 눈여겨볼 만

1차세계대전이 끝날 무렵 미국의 윌슨대통령이 제안한 14개조 가운데 피압박민족의 민족자결주의 조항은 우리 민족에게 한껏 기대를 품게 했으나 결과적으로 이는 한낱 짝사랑이었음이 드러났다. 파리강화회의에 참석하고 온 김규식 대표와 만나보았다.

회의결과는 어떠했습니까.

실망이다. 윌슨이 애초 주장한 평화안은 포괄적으로 세계평화를 보장하기 위한 것이었고, 그 핵심이 식민지문제였기 때문에 여기에 우리가 기대를 건 것은 잘못이 아니다. 그러나 현재의 국제관계는 모든 국가를 대등하게 대접해주는 체제가 아니다. 이번에 베르사유조약에서도 역력히 드러났듯이 강대국들의 관심은 독일이 다시는 전쟁을 일으키지 못하도록 하는 데 모아져 있다. 따라서 한국문제는 그들의 관심 밖이었다.

그래도 식민지문제가 다뤄지지 않았나요?

베르사유조약에서 식민지문제가 다뤄지지 않은 것은 아니지만 그것은 독일이 점령하고 있던 식민지에 한정돼 있다. 다시 말하면 독일이 차지하고 있던 식민지를 빼앗아 누가 가질 것인가를 규정한 것에 지나지 않는다. 폴란드, 시리아, 레바논, 팔레스타인 등이 그 대상이다. 우리가 관심을 갖고 있는 동아시아와 태평양지역을 보면 독일이 차지하고 있던 식민지와 이권은 일본과 영국이 대부분 차지했고 현재 시점에서 커다란 분쟁은 없으므로 베르사유조약에서 언급이 없었다.

앞으로 전망은 어떻게 보는가.

그러나 일본의 중국 진출속도가 굉장히 빠르고 이에 대해 강대국들이 우려를 나타내기 시작하고 있는 점은 눈여겨볼 만하다. 그러한 우려가 국제정치의 현안으로 떠오를 경우 우리나라의 독립문제가 국제적인 관심사항이 될 가능성이 있으므로 실망하고만 있을 일은 아니다.

일제 총칼 앞에 농민들 궐기 … 조선말기 농민봉기 방불

3·1운동으로 지금 우리는 민족사의 커다란 전환기를 마련하는 역사의 현장에 서 있다. 시위운동은 지난 두 달 동안 전국으로 파급되어 전국 218개 군 모두에서 200여만 명이 총 1천500여 회의 시위운동을 벌인 것으로 추산되고 있다. 「역사신문」은 3·1운동의 전체적인 양상을 살펴보기 위해 각 지방 주재기자들을 연결하여 종합취재란을 마련했다.

사회 먼저 만세시위가 전국적으로 파급된 양상부터 점검해보자.

김기자 민족대표들이 주도한 3·1운동은 처음부터 전국 주요 도시에서 시작하기로 계획됐다. 평양에서는 3월 1일 오후 1시에 시위를 시작했고, 이 밖에도 진남포·안주·의주·선천 원산 등 이북지방에서 서울과 같은 날 운동이 시작됐다. 이 지역에서 일찍 일어날 수 있었던 것은 기독교와 천도교가 운동을 조직적으로 주도했기 때문이었다.

정기자 남한지방에서는 3월 2일 경기도 개성, 충남 예산에 이어 4일에 전북 옥구, 8일 경북 대구, 10일 전남 광주·강원 철원·함북 성진, 11일 경남 부산 시위로 불길이 타올랐고 19일에 충북 괴산에서 시위가 일어남으로써 전국 각 도로 퍼져나가는 양상이었다. 제주도는 바

기생들까지도 만세운동에 나섰다.

다 너머 있어 21일에 시위가 시작되었다.

사회 누구에 의해 만세운동이 각 지방으로 확산되었는가?

조기자 천도교나 기독교의 조직을 통한 경우도 있고 서울 학생들이 고향에 내려와 만세시위를 주도한 곳도 있다. 또 고종 장례식에 참석하기 위해 상경했던 지방인사들이 집에 내려와 시위소식을 전하기도 했다. 시골 구석구석은 인근 고을의 만세소식을 듣고 자연발생적으로 일어나기도 했다.

사회 서울에서는 4월까지 크고 작은 평화적인 시위가 매일 계속되었다. 그런데 운동은 시위의 형태로만 전개된 것이 아니었다. 상인들은 철시에 들어가고, 전차회사 운전사들이 동맹파업을 단행하는 등 노동자들도 파업의 형태로 시위에 참여했다. 3월의 한 달 서울 시내 노동자들의 출근율이 10%에 불과한 형편이라고 하던데, 농민들은 어땠는가?

최기자 지방에서는 주로 장날을 이용해서 시위가 벌어졌는데 시위를 계획한 인사들이 미리 태극기를 준비하여 장꾼들에게 나눠주고 독립선언서를 읽어 분위기를 고조시켜나가는 양상이었다. 또 곳에 따라서는 탄압을 피해 야간에 횃불시위를 하기도 하고 산에 올라가 함성을 지르는 경우도 많았다.

사회 3월 1일 일제의 발포로 첫 희생자가 나온 이래 곳곳에서 일제의 잔인무도한 탄압이 계속된다는 소식이다. 실상이 어떤가.

정기자 충남 병천의 4월 1일 시위는 전국에서 가장 격렬했다. 일본 헌병의 총칼에 무려 19명이 순국했다. 이때 16세 소녀 유관순의 활약은 눈시울을 뜨겁게 했다.

최기자 발포는 물론, 칼로 난자하는 만행도 서슴지 않고 있다. 4월 4일에 있었던 이리 시위에서는 태극기를 들고 앞장섰던 문용기의 오른팔을 일본군이 칼로 잘라 왼손으로 태극기를 집어들고 만세를 부르자 다시 왼손을 내려치니 온몸으로 뛰어나가며 독립만세를 부르다가 숨지는 가슴아픈 일이 일어났다.

조기자 4월 15일 화성군 제암리에서는 온 마을사람을 불태워 죽이는 차마 눈뜨고 볼 수 없는 만행을 저질렀다. 만세운동이 걷잡을 수 없이 확산되자 일제는 우리 민족에 겁을 주기 위해 만세운동이 치열했던 몇 곳을 골라 의도적으로 그런 짓을 한 것 같다.

사회 3월에서 4월로 넘어오면서 평화적인 시위가 폭동의 양상으로 발전하는 것 같다. 양상은 어땠고 요인은 무엇인가?

최기자 일제의 야만적인 탄압에 시위군중이 점차 폭력으로 대응해나가는 실정이다. 또 시위군중이 시위주동자들을 체포해간 경찰서, 주재소를 습격하는 일이 많이 일어났다. 농촌에서는 이 밖에도 면사무소가 공격목표가 되고 있다.

정기자 헌병경찰의 총칼 앞에 시위군중이 투석전으로 대항하고 있다. 아예 면사무소를 접수하여 독립자치행정을 실시하는 등 마치 조선말기 농민봉기를 방불케 하고 있다. 지난 10년 동안의 일제 수탈에 맞서 다시 농민들이 일어선 것이다.

사회 결국 3·1운동은 일제를 몰아내야만 우리가 살 수 있다는 것을 전 민족이 온몸으로 보여준 민족적 거사였다. 해외에서는 임시정부가 수립되었다는 소식도 들리고 있는데 이번 3·1운동의 민족적 역량이 효과적으로 모아져 해방의 그 날이 빨리 왔으면 한다.

3·1운동 이렇게 준비됐다

1918년 말부터 천도교·기독교측 모색
도쿄 유학생 2·8선언 후 거사준비 본격화

3·1운동의 계기를 마련한 민족대표의 독립선언은 상당 기간 동안 치밀하게 준비돼온 것으로 알려졌다. 이미 1918년 말부터 국내에서는 손병희, 최린 등 천도교 간부들과 이승훈, 길선주 등 기독교의 지도급 인사들이 각각 1차세계대전의 종전과 윌슨의 민족자결주의 제창에 자극받아 일대 독립운동을 모색하고 있었다.

독립선언서를 발표했던 태화관.

한편 상해에서는 신한청년단이 1919년 초 김규식을 파리강화회의에 대표로 파견하는 한편, 국내와 일본에 장덕수를, 만주·노령 등지에 여운형을 대표로 보내 각지 인사들과 독립운동 방법을 협의했다. 그런 가운데 도쿄에서 한국인 유학생들이 2·8독립선언서 발표를 준비하면서 송계백을 국내에 보내 중앙학교의 송진우·현상윤과 보성학교의 최린 등 국내인사들에게 독립선언서 초안을 전달함으로써 서울에서의 준비가 본격화됐다.

도쿄 소식이 최린을 통해 천도교측에 전달되면서 곧 거족적인 독립운동을 모색하게 되었고 별개로 진행되던 천도교와 기독교의 거사계획이 최린의 주선에 의해 2월 하순 하나로 합류됐으며 여기에 한용운 등 불교계 인사가 가담했다. 이때부터 사태는 긴박하게 돌아가 이들은 수 차례 회합을 통해 운동의 대중화·일원화·비폭력화에 합의했고, 이런 취지하에 최남선이 독립선언서 작성에 들어갔다. 또 비밀리에 독립운동을 준비하던 서울시내 각 전문학교 학생들과 연결하는 한편, 2월 25, 26일 독립선언서에 서명할 민족대표 33인을 선정했다. 2월 28일 밤 민족대표들이 최종적으로 모여 고종 장례식 참석차 각 지방 인사들이 서울에 모여드는 3월 1일을 거사일로 정하고, 태화관에서 독립선언식을 거행하기로 합의했다.

일제 '사냥개 1호' 신철의 '마지막 애국'
3·1운동 알고도 묵인…체포 직전 음독자살

신철 하면 모르는 사람이 없는 종로서의 악질형사다. 일본말을 일본사람 뺨치게 잘하는데 또 옷은 항상 한복을 입고 다니는 게 특징이다. 종로서 형사 10년에 사냥개 같은 예민한 후각으로 민족지사들의 일거수 일투족을 손금 보듯 들여다보는 일본경찰의 사냥개 1호다. 이 신철이 어디서 냄새를 맡았는지 2월 26일 밤 천도교 보성사에 나타나 독립선언서 인쇄현장을 보고 총총히 사라졌다. 일촉즉발의 순간이었다. 관계자들은 아연 당황했고 천도교 중진 최린이 은밀히 사람을 보내 신철을 만났다. 최린은 "당신이 입을 다문다면 역사는 신철이라는 사람을 명예롭게 기억할 것이요" 하며 거금 5천 원을 내놓았다. 그는 한참을 묵묵히 생각에 잠겨 있다가 돈을 거절하고 정중히 인사를 한 후 사라졌다.

신철은 그 자리에서 나온 후 만주로부터 신의주에 독립단이 잠입했다는 정보를 입수했다며 신의주로 출장을 떠나버렸다. 신철이 떠난 후 서울과 각 지방에 이상한 움직임이 있다는 막연한 첩보가 경무총감부에 계속 들어왔으나 당국은 구체적인 수사를 전개할 수 없었다. 3·1운동이 터진 후에야 일본경찰은 신철이 배신한 것을 눈치채고 용산 헌병대에 연락하여 신의주에 있던 신철을 체포하도록 했다. 이런 사태를 미리 짐작했는지 신철은 품 속에 준비하고 있던 청산가리를 마신 뒤여서 당국이 취조하려 할 때는 이미 인사불성이 돼 있었다. 그는 죽음으로 3·1운동의 비밀을 지킨 셈이다. 3·1만세운동의 함성은 신철 같은 민족반역자의 죽음을 딛고 터져나온 것이기에 더욱 뜻깊은 것이다.

나라 밖 독립운동

만주서는 무장투쟁 본격준비

전 민족적 3·1운동의 분출과 이에 대한 일제의 혹독한 진압소식이 해외로 전파되자 해외 독립운동단체들이 본격적인 무장투쟁 준비에 나서고 있다. 특히 중국 동북 3성 일대에서 정규군 부대를 방불케 하는 전투태세를 속속 갖추고 있다. 한편 상해에 수립된 임시정부가 이들을 효율적으로 통합하려는 노력을 기울이고 있어 그렇게 될 경우 이들의 무력은 상당한 위력을 발휘할 것으로 기대되고 있다.

서울서 노동자들 대거 시위
만세운동 다시금 '불꽃'

서울시내 노동자들의 집단적인 만세시위가 계속되고 있다. 노동자들이 집단적으로 만세시위에 가담한 것은 3월 2일 종로에서의 시위가 처음인데, 3월 5일 서울역과 남대문에서 벌어진 대규모 시위에도 학생들뿐만 아니라 노동자와 시민들이 대거 합세해 최대 규모의 격렬한 시위가 벌어졌다. 이에 일본군은 총을 발포하여 다수의 사상자를 내고 현장에서 100여 명을 체포하여 시위가 소강상태에 들어갔다.

그러나 3월 22일 일반 노동자들이 시위행진을 시작하면서 잠잠했던 서울의 만세시위는 다시 확대일로에 있다. 이날 오전 9시 반경 봉래동 철로 부근의 음식점에서 아침을 먹으러 온 잡역노동자 3천여 명이 태극기를 세워놓고 독립만세를 부르기 시작하자, 부근의 전차 차장·공장직공·날품팔이 노동자와 일반 시민이 합세하여 시위군중이 삽시간에 7천여 명으로 불어나 의주로를 거쳐 독립문까지 시위행진을 벌였다. 23일에는 새벽부터 훈련원·동소문·원효로·창덕궁 앞 등 시내 도처에서 시위가 벌어졌으며 27일 아침 용산의 철도노동자 800여 명이 파업에 돌입하고 원효로에서 시위를 전개함으로써 시위투쟁은 절정에 올랐다. 초기 만세운동 기간 중 노동자들의 출근율은 평상시의 1할에 지나지 않은 것으로 집계되고 있다.

전차 운전사 등 시위동조 파업

3월 9일부터 서울 시내 전차 차장과 운전사들이 만세시위에 동조, 파업에 돌입함으로써 서울의 전차 교통이 마비상태에 빠졌다. 3월 9일 오전 10시 30분 출근·교대해야 할 차장과 운전사가 속속 퇴사하고 운행 중이던 운전사들도 3시경부터 전차를 차고에 넣고 퇴사, 120여 명이 파업에 돌입함으로써 전차 운행이 중단된 것이다. 이에 당황한 회사와 당국은 내근 일본인 사원과 일부 운전사를 회유·협박하여 시내 중심부만이라도 운행하려고 했으나 3월 10일 종로 4가에서 300여 명의 시위대원들이 파업에서 이탈하여 전차운행을 하던 한국인 운전사들에게 투석하며 폭행을 가했다. 이로 인해 평상시 58대가 운행되던 전차가 겨우 19대만 운행되었고 그나마도 일본군의 무장경호하에 이루어졌다. 이후에도 3월 23일, 25일, 26일에 걸쳐 광화문과 종로 곳곳에서 운행 중인 전차를 습격, 투석·파괴하는 사태가 벌어져 26일 하루에만 20량의 전차가 대파됐다.

갖은 고문 모자라
시체 토막까지 '경악'

이화학당의 학생 유관순(16) 양이 천안에서 만세운동을 주도하다 7년형을 선고받고 서대문형무소에 수감, 감옥에서도 '독립만세'를 외치다 결국 옥사하여 세인의 가슴을 아프게 하고 있다.

이화학당의 학생이었던 유관순 양은 서울에서 3·1운동이 일어나자 만세시위에 참여했다가 학교가 휴교하자 고향 천안으로 내려와 조인원·김구응 등 마을지도자들과 천안에서의 만세운동을 준비했다. 그녀는 4월 2일 아오내 장날, 수천 명의 군중을 모아놓고 '독립만세'를 선창하며 만세시위를 주도했다. 이 시위에서 잔인한 일본헌병의 총칼에 14명이나 죽었는데 이때 유관순의 아버지 유중권과 어머니 이씨도 희생됐으며 그녀는 주동자로 잡혀 무자비한 고문을 받았다. 공주지법에서 3년형을 선고받았으나 이에 불복하여 경성복심법원에서 재판을 받았는데 이때 또 독립만세를 고창하며 일제의 한국 침략을 규탄하고 일제법률에 의한 재판을 거부한 결과 법정모욕죄까지 추가되어 7년형이 선고됐다. 그녀는 서대문형무소에서도 틈만 있으면 독립만세를 불렀고 그때마다 끌려가 모진 악형을 받아 이듬해 끝내 숨지고 말았다.

이 소식을 들은 이화학당의 프라이씨가 유관순의 시체 인도를 요구했으나 거절당했고, 이에 국제여론에 호소하겠다며 강력히 항의하자 일제는 할 수 없이 시체를 인도했는데 석유상자를 열어보니 유관순의 시체가 무참히 토막나 있어 보는 이의 분노를 샀다.

교회 안에 모아놓고 총으로 난사 … 살려달라 아우성에 불까지 질러

일제에 의해 불타버린 민가.

일제는 만세시위가 전국적으로 확산되자 이를 진압하기 위해 도처에서 우리 동포를 학살하고 있다. 가장 대표적인 것 가운데 하나가 경기도 화성군 향남면 제암리 학살현장이다. 「역사신문」은 학살현장을 목격하고 유일하게 살아남은 전동례 여인의 입을 통해 당시의 상황을 재구성했다.

4월 5일 발안 장날이었어요. 나는 이웃집 순복이네와 발안장에 장 보러 나갔어요. 해가 중천에 떠 있고 장꾼들이 모여 바글대는데 발안주재소쪽에서 갑자기 "대한독립만세" 하고 외치는 소리가 들리고 시끌벅적합디다. 그래서 '무슨 일인가' 하고 장꾼들과 함께 우르르 몰려갔더니 글쎄 우리 마을 제암교회 청년들이 언제 준비했는지 태극기를 들고 만세를 불러요.

그래서 이것이 소문 돌던 만세운동인갑다 하고 우리도 따라서 마구 "대한독립만세"를 외쳤지요. 그랬더니 주재소에서 헌병들이 "빠가야로" 하면서 뛰쳐나와 채찍으로 마구 사람들을 후려치는 바람에 우리는 겁이 나 그냥 집으로 돌아왔지요. 집에 와서 들으니 청년들 대여섯이 잡혀서 죽도록 맞았다고 그래요. 마을사람들이 흥분해서 밤마다 뒷산에 올라가 불을 피우고 큰 소리로 만세를 불렀지요. 그러고 한 열흘이 지났는데 갑자기 대낮에 일본헌병 30여 명이 트럭을 타고 마을에 와서는 알릴 일이 있다며 마을사람들을 모두 제암리 교회에 모이게 했어요. 영문을 모르는 마을사람들이 모두 모이자 헌병들이 교회의 창문과 문을 잠그더니 교회당을 향해 마구 총을 쏘아댔어요. 총을 맞고 피 흘리며 쓰러지는 사람, 바닥에 엎드리는 사람, 밖으로 나가려고 창문을 깨는 사람, 그야말로 아비규환이었지요. 칠석이네는 두 살배기 아들을 창 밖으로 내밀며 "이 아이만은 살려달라"고 소리쳤지만 헌병들의 무차별사격에 모자가 즉사했어요.

사람들이 밖으로 나오려고 아우성치자 헌병들은 교회건물에 불을 질렀어요. 교회 안에서는 식구들끼리 서로 껴안고 불길을 견디다 결국 모두들 타 죽고 말았어요. 생각하기도 싫어요. 교회 안에서 죽은 사람이 22명이고 뛰쳐나와 밖에서 죽은 사람이 6명이나 됐어요. 헌병들은 또 마을에도 불을 질러 마을이 다 타버렸고 그 불길 속에서도 39명이나 타 죽었어요.

만세시위에 참여한 농민들을 일본 군경이 총살하고 있다.

일제, 곳곳서 살육 자행

**평화 시위 군중에 발포 선천에서 첫 희생자 …
"독립군에 점심제공" 빌미 부락전체 화형도**

선천에서 만세운동의 첫 희생자가 나왔다. 3월 1일 오후 2시경 일제경찰이 군청과 경찰서 앞을 질서 있게 행진하던 시위군중에 발포하여 강신혁이 사망함으로써 만세시위의 첫 희생자가 발생했다. 이틀 뒤 평남 강서군 옥천면에서는 일본헌병대가 시위하던 2천여 군중에 총을 난사하여 6명이 숨졌고 이에 항의하는 군중들에게 다시 발포하여 43명을 즉사시키고 20여 명의 중·경상자를 냈다.

전북 남원에서는 4월 3일 덕과면장 이석기가 각 면에 연락하여 대대적인 시위운동이 벌어졌는데 일본군의 발포로 10명이 희생됐다. 시위 도중 소금장사하던 방진형이 참살당했는데 이 소식을 들은 그의 아내는 빨랫방망이를 들고 일본군에 대들었으나 여의치 않아 스스로 목숨을 끊었고 그의 노모마저 자결하는 참상을 빚었다.

경남 통안 녹동면에서는 시위주동혐의로 조씨 일문 70여 명이 학살당했고, 경기 평택에서는 12살의 소년이 성냥갑에 태극기를 그렸다 하여 총살을 당했다.

또 위원군 화창면에서는 독립군에 점심을 제공했다는 혐의를 붙여 부락민 전부를 장작더미에 올려놓고 불을 질러 몰살시켰다.

한국인 고무신공장 설립

그동안 일본에서 수입돼왔던 고무신을 우리 손으로 만들게 됐다. 평양의 고무신장수 이병두는 일본으로 건너가 여러 달 동안 고무신 공장에서 고무신 제조기술을 배워와 1919년 평양 교구동에 새로 공장을 차리고 본격적인 고무신 제조에 나섰다는 소식이다.

고무신공장의 설립에는 최형준, 최창환 등 평양의 자본가들이 참여한 것으로 알려졌다.

토착자본가들
이윤추구 "쌩쌩"

**쌀값 폭등, 전쟁 특수에 눈독
대지주·상인 잇단 기업설립**

3·1운동 만세시위가 소강상태에 접어든 가운데 토착자본가들이 각지에서 회사 설립에 나서고 있다.

부산에서는 1919년 5월 안희재가 자신의 백산상회를 백산무역주식회사로 개편하고 최준, 윤현태, 최태욱 등 영남지방의 대지주와 상인들을 대거 참여시켜 자본금 100만 원의 대규모 무역회사로 발전시켰다. 백산무역은 현재 부산에서 최대 규모의 회사일 뿐만 아니라 대구, 서울, 원산, 만주 등지에 지점을 설치해 영업망을 확장할 계획인 것으로 알려졌다.

또 목포에서는 호남의 대지주 현기봉이 1919년 6월 자본금 30만 원으로 목포창고금융주식회사를 설립, 목포상인들의 금융기관으로 발족시켰다. 여기에는 김성규, 문재철, 조설현 등 호남 일대의 대지주와 상인들이 주주로 참여한 것으로 확인됐다. 현기봉은 지난 4월에도 서울 상인들과 합작해 서울 봉래동에 해동물산주식회사를 설립한 것으로 알려졌는데 여기에는 윤정하, 김병로 등이 경영진으로 참여하고 있다는 소식이다.

이처럼 회사 설립이 활발해진 것은 최근의 쌀값 폭등으로 이들 대지주나 미곡상들이 막대한 거금을 모을 수 있었고, 1차세계대전에 따른 호경기로 상품가격이 급등하자 이윤을 찾아 새로이 회사 설립에 나선 것이라는 분석이다.

'국제평화기구' 국제연맹 창설

미국 국내사정으로 불참

1919년 파리평화회의에서 미국을 비롯한 각국들은 국제 간 분쟁을 미연에 방지하고 국제협력을 강화하기 위한 항구적 기구로 국제연맹 창설규약에 서명했다. 규약에 따르면 국제연맹은 모든 회원국의 대표로 구성되는 총회와 주요 국가의 상임대표로 구성되는 상임이사회를 두게 된다. 또 사무총장이 책임자인 사무국을 두며 상설 국제사법재판소를 설치해 국제분쟁을 평화적으로 해결하기로 했다. 본부는 스위스의 제네바에 둘 예정이다. 국제연맹의 1차적인 사업은 1차세계대전 이후 아시아와 아프리카의 패전국측 식민지를 승전국 사이에 배분하는 일이 될 것으로 보인다.

한편 국제연맹은 미국 윌슨대통령의 제안에 따라 창설됐으나 최근 그가 과로로 인한 혈전증으로 반신불수가 돼 정치력이 떨어져 있는데다 공화당측에서 국제연맹 창설에 부정적인 입장을 보여 정작 미국의 가입은 불투명한 상태다.

레닌 주도하 코민테른 창설

1919년 3월 지난 1917년 10월혁명으로 수립된 사회주의국가 소비에트연방의 수도 모스크바에서 공산주의자 인터내셔널, 즉 코민테른이 창설됐다. 이날 대회에는 19개국 사회주의정당의 대표가 참석했으며 레닌은 이 대회에서 제2인터내셔널의 한계를 통박하고 새 국제조직이 결성돼야 할 당위성을 역설했다.

그동안 제2인터내셔널은 마르크스와 엥겔스의 과학적 사회주의 노선에 따라 결성돼 활발한 활동을 해왔으나 1차세계대전에서 각국 정당이 자국의 전쟁 승리를 위해 애국주의로 돌변, 사실상 국제활동이 중단됐다. 레닌은 바로 이런 점을 강하게 비판하면서 코민테른 결성을 주도한 것이다.

세계 곳곳에서 민족해방운동 폭발

1차세계대전이 종결되자 세계 곳곳에서 피압박민족들의 독립투쟁이 가열되고 있다.

우리나라에서 3·1운동의 봉화가 오르자 중국에서는 5·4운동이 일어났다.

무엇보다도 제국주의의 선두에 서온 영국의 각 식민지에서 독립투쟁이 터져나오고 있다. 인도에서 간디의 주도 아래 반영운동이 고조되고 있고 이집트에서는 우리의 3·1운동과 유사한 시위운동 열기가 거세다. 미얀마와 실론에서도 분위기가 심상치 않다는 소식이다.

중국
학생들 '5·4' 총궐기 "반제·반일" 함성

1919년 5월 4일 북경에서 학생들 수천 명이 거리로 뛰쳐나와 "일본은 21개조 요구를 폐기하라, 친일매국노 물러가라, 제국주의적 파리강화조약 거부한다"며 시위를 벌이고 여기에 시민들이 합세하면서 삽시간에 전국적으로 반제국주의 시위운동이 확산됐다. 시위가 텐진(天津), 상해, 항저우(杭州) 등지로 번져나가면서 상인, 노동자, 시민 등이 합세하는 민중대회로 발전했고 전국적인 파업사태까지 초래되고 있다. 또 일본상품 불매운동도 벌어져 일본물품 수입이 순식간에 절반으로 주는 등 반일열기가 최고조에 달하고 있다.

중국정부는 처음에는 학생들을 체포하는 등 탄압 일변도로 나오다가 워낙 시위열기가 거세지자 거의 손을 놓고 있는 상태다. 정계 소식통들은 북경의 직예과 군벌정권이 곧 시위대의 요구를 받아들여 조여림 등 친일각료를 파면하고 베르사유조약 조인을 거부할 것으로 예측하고 있다.

한편 이번 5·4운동에는 두 달 전에 있었던 우리나라의 3·1운동과 러시아혁명이 상당한 자극을 준 것으로 알려지고 있다. 중국학생들 사이에 신문화운동의 기수로 알려져 있는 천두슈(陳獨秀)는 5·4운동의 와중에서 "조선의 3·1운동은 위대하고 성실할 뿐만 아니라 명료하고 정확한 관념을 가지고 있다"고 평했다는 후문이다. 또 일부 학생들 사이에서는 러시아를 본받아 사회주의사상을 적극 수용해야 한다는 여론이 점차 공감대를 얻고 있다고 한다.

인도
간디 주도하에 비폭력 무저항운동

1919년 4월 인도국민회의 의장 간디가 전 인도인 파업을 촉구하며, 비폭력·불복종운동을 선언해 인도 전역이 총파업에 돌입했다.

영국은 엄청난 파업열기에 놀라 간디를 체포, 구금했으나 파문이 더욱 커질 것을 우려해 다시 석방하는 등 우왕좌왕하고 있다.

이번 총파업은 영국이 1차세계대전이 끝나면서 오히려 인도에 대한 통제를 강화, 최근 치안유지법(Rowlatt법)을 제정하여 영장 없는 체포, 정식재판 없는 금고 등을 시행하는 데 따른 것이다. 원래 영국은 1차세계대전 중 인도민중의 협력을 구하고 그 대가로 전쟁이 끝나는 대로 인도에 자치권을 부여해준다고 약속한 바 있다. 이를 믿고 인도는 병사 120만 명을 전쟁에 동원해줬고 3억 파운드 이상의 금을 제공했다. 사정이 이렇기 때문에 전 인도인이 분노하고 있는 것이다.

간디가 이끄는 운동을 인도에서는 사티야그라하(satyagraha)라고 말하는데 이는 '진리를 따른다'는 의미로, 어따한 위험에 처해도 결코 폭력을 사용하지 않는 비폭력·불복종 투쟁을 가리키는 말이다. 이번 인도사태는 1차세계대전 이후 전세계 곳곳에서 터져나오는 반제국주의운동에 적지않은 영향을 끼칠 것으로 보인다.

이집트
"독립약속 지켜라" 반영시위 격화

이집트에서 지그룰 파샤가 이끄는 와프트당 주도로 반영시위가 격화되고 있다. 이번 시위는 이집트가 1차세계대전에서 영국에 적극 협력하는 대신 전쟁이 끝난 뒤 독립시켜주기로 한 약속을 전쟁이 끝났는데도 영국이 지키지 않은 데서 비롯된 것이다. 영국은 특히 수에즈운하에 걸린 엄청난 이권을 포기하지 않으려고 가능한 한 이집트인들의 불만을 억누르고 이집트를 계속 영국령으로 묶어두려 하고 있다. 그러나 세계 각지에서 반제국주의투쟁이 분출하고 있는 것이다.

특히 영국의 식민지인 인도, 실론, 미얀마가 들썩거리고 있다. 바로 턱밑 아일랜드에서도 분쟁이 일고 있다. 따라서 영국의 의도가 관철되기에는 무리라는 조심스런 예측이 나오고 있다.

소련 "중국내 이권 포기" 카라한 선언
반제국주의정책 과시 … 세계열강 긴장

1919년 7월 15일 소련 외무장관 레프 카라한이 "지난날 차르정권이 중국에서 획득한 이권과 특권을 포기한다"고 선언해 국제정세에 충격파를 던졌다.

이것은 중국이 지난 아편전쟁 이후 외국으로부터 처음 받아보는 우호적인 대접으로, 마침 1차세계대전의 전후처리에 골몰하고 있던 서구 각국에도 미묘한 자극을 줄 것으로 보인다.

이번 선언은 무엇보다도 전세계 피압박 식민지민족들에게 복음과도 같은 것이다. 지난 수 세기 동안 서구열강들은 아시아 등 후진국들을 단지 식민통치의 대상으로 삼아온 것이 사실이기 때문이다. 소련은 세계 최초의 사회주의국가로서 이번 선언은 소련이 억압받는 노동자와 농민의 정권이라는 점을 과시하는 것이다.

이에 따라 현재 중국에서는 청년들을 중심으로 사회주의사상이 급속하게 전파되고 있고, 나아가 소련식 사회주의국가를 건설하자는 운동이 터전을 넓혀가고 있다. 그리고 이러한 운동추세는 우리나라도 예외가 아닐 것으로 보인다.

독립선언 이끈 천도교 지도자

노령에서 세운 임시정부가 천도교 교주 손병희를 대통령으로 추대했고 서울에서 발표된 조선민국 정부에도 그가 대통령으로 올라 있다. 3·1운동에서 민족대표의 맨 윗자리에 있었던 점이 중요하게 작용했겠지만, 그렇다 하더라도 그를 종교지도자 정도로 아는 사람들에겐 의외가 아닐 수 없다. 그러나 그의 이력을 살펴보면 손병희는 지극히 정치적인 인물임을 금방 알게 된다.

본래 청주감영 아전 집안 출신으로 스물두살 때 동학에 입도, 동학 북접의 간부로 최시형을 모시고 충청도 일원에 동학의 교세를 넓히는 데 큰 역할을 했다. 갑오년 농민전쟁 때부터 관군에 쫓기는 신세가 돼 조선정부 아래서는 살 수가 없었다. 1901년 일본으로 망명, 러·일전쟁의 기운이 감돌자 그는 동학교도를 동원, 일본군과 함께 봉기하여 조선정부를 타도할 계획도 세웠다.

1904년 러·일전쟁이 터지자 전국 각지에서 동학교도들이 '문명개화'를 표방하면서 일제히 단발(斷髮)하고 진보회(進步會)를 만들어 세상을 떠들썩하게 했던 일도 일본에 있던 그가 이용구를 통해 지시한 것으로, 동학의 본격적인 정치세력화를 시도한 사건이었다. 이와 함께 그는 동학교도를 동원하여 러·일전쟁에 참여한 일본군을 지원하여 동학의 정치적 입지를 도모했다. 일본이 이겨야 동학이 조선정부의 탄압에서 벗어나고 문명개화도 가능하다는 게 당시 그의 생각이었다. 1906년 귀국하여 동학을 천도교로 개칭했으며, 이용구와 결별하고 권동진·오세창 등을 측근으로 삼아 이들의 대한협회에서의 정치적 활동을 지원했다.

이처럼 그는 한말의 풍운 속에서 동학의 합법화를 위해, 그리고 자신의 입지를 확보하기 위해 끊임없이 활동해왔다. 이런 경력과 기반이 그를 여기저기서 대통령에 추대케 하는 배경으로 작용한 것이다. 그러나 지금은 늙고 병든 몸으로 옥고를 치르고 있다.

1861년생. 본관은 밀양. 충북 청원 출신. 호는 의암(義菴).

"전민족 투쟁소식 가득 싣고 일제의 어둠을 가른다"

지하신문 속속 발간
투쟁열기 고취에 큰 몫
해외신문도 국내 반입

3·1운동의 전개과정에서 각종 지하신문이 속속 발간되어 각지에서의 투쟁소식을 신속히 전파하는 한편, 투쟁열기를 고취하여 운동을 고양시키는 데 결정적인 역할을 하였다. 이러한 지하신문으로는 「조선독립신문」, 「노동회보」, 「반도의 목탁」, 「혁신공보」, 「각성호회보」 등 30여 종에 달한다.

이들 지하신문은 격문의 수준을 벗어나지 못하는 것도 있지만 제법 신문의 형태를 갖춘 것도 있다. 대부분 지하신문이기 때문에 발행자를 밝히고 있지 않거나 가공의 단체명으로 발행되고 있어서 발행과정을 자세히 알 수 없다. 이들 지하신문은 대체로 각지의 투쟁경과를 가장 먼저 다루고 있으며 해외소식도 주요 내용을 이루고 있다.

이들 지하신문과는 성격을 약간 달리하지만 해외교민들이 제작하는 신문들도 비밀리에 국내에 반입되어 전파되고 있다고 한다. 이들 신문은 자유로운 환경에서 제작되기 때문에 신문의 형식을 제대로 갖추고 있으며 해외운동과 국내운동을 연결시키는 역할을 하고 있다는 분석이다.

한밤중 다락방서 인쇄 새벽에 배포

3·1운동을 이끌고 있는 지하신문들은 비밀리에 발행되고 있기 때문에 그 발행과정을 자세히 알 수 없다. 이 가운데 「혁신공보」의 발행과정을 살펴봤다.

「혁신공보」는 혁신단이라는 단체의 명의로 발행되고 있는데 혁신단은 1919년 4월 1일 중앙고보 졸업반인 박노영·윤익중, 불교학원 졸업반 신화수, 보성중학 3년생 정설교 등이 청년 신상옥과 함께 조직한 것으로 알려지고 있다. 이들은 3·1운동의 전개과정에서 각지에서 저질러지는 일본군의 만행에 분노하였으며 운동을 어떻게 하면 지속시킬 수 있을까 하는 고민 끝에 신문을 발행하기로 결정하였다.

신문을 통해 일제의 잔인무도한 식민지정책의 진상과 해외에서 전개되고 있는 독립운동의 동향, 특히 상해에서 이루어지고 있는 임시정부의 동향을 보도함으로써 항일의식을 한층 고무하고 독립의지를 확산코자 한 것이다. 그리하여 신속한 준비

작업 끝에 4월 17일 창간호를 발간하게 된 것이다. 신문발간의 구체적 작업을 제작진에게 들어보았다.

"우선 박노영이 국내기밀을 수집하여 기사를 만드는 한편 윤익중은 만주 안동현에서 오는 기밀통신을 정리·복사하여 원고작성을 끝내게 됩니다. 이 기밀통신은 궤짝에 넣어서 오는데 흰 노트에 약품으로 썼기 때문에 여기에 다시 약품을 발라 불을 쪼여서 보아야 합니다. 원고를 수하동보통학교에 근무하고 있는 서대순에게 가지고 가면 서대순은 밤늦게 천장에 설치한 비밀인쇄소에 올라가서 등사판을 걸고 롤러에 잉크를 묻혀 한장 한장 찍어내는데, 밤새 찍어내도 고작 2천 부밖에는 찍을 수 없습니다. 새벽 5시가 되면 각자 담당 부수를 가지고 골목골목을 돌면서 대문틈으로 한장씩 밀어넣게 되는데 시간이 지체되어 날이 밝으면 좌우 사방을 살피면서 가슴을 조일 수밖에 없습니다."

상해임정 기관지 「독립신문」 창간

주필에 이광수…4면 매주 2, 3회 발행

1919년 8월 상해임정의 기관지 「독립신문」이 창간됐다.

민족사상의 고취와 민심통일을 목표로 창간된 독립신문은 4면 신문으로 매주 2, 3회 발행될 예정이다. 이광수가 사장 겸 주필에, 주요한이 편집국장에 취임했으며 조동호·김여제·옥관빈 등이 신문편집에 참여한 것으로 알려졌다.

독립신문 연재소설 「피눈물」 3·1운동 상세히 묘사
'생생한 감동'으로 애국심 고취에 '한몫'

상해 임시정부의 기관지 「독립신문」 1호, 1919년 8월 21일자부터 「피눈물」이라는 소설이 연재돼 독자들의 애국심을 더욱 고취시키고 있다.

소설의 필자는 기월(其月)이라는 필명을 사용하고 있어 어떤 사람인지 알 수 없으나 소설의 내용이 3·1운동을 상세히 묘사하고 있어 국내에서 3·1운동을 직접 체험하고 상해로 망명한 애국투사로 여겨진다.

「피눈물」의 무대는 서울이다. 주인공으로는 학생신분으로 독립단을

조직하여 서울 여러 곳에서 수많은 시민들을 선동하는 '박암'과 그의 동지 '윤섭', 그리고 용감한 여학생 '정희'가 등장하고 있다.

소설은 어린 학생들이 밤중에 몰래 달아놓은 수많은 태극기가 펄럭이는 감격적인 모습과 태극기를 떼어 불태워버리는 일제주구를 대비함으로써 자주독립국가를 이루려는 강렬한 열망을 형상화하였다. 또한 일본헌병과 경찰에다가 일본민간인까지 가세한 끔찍한 살상행위를 증언하고 있다. 이러한 극단적인 공포상황 속에서도 '살아서 노예가 되

려거든 차라리 죽어서 자유의 귀신이 되자'는 불굴의 정신을 작가는 믿고 있다.

결국 여학생 정희는 일병의 장검에 쓰러진다. 그녀는 거꾸러지면서도 "동포여, 분을 참으시오. 대한독립만세를 부릅시다"라고 외친다. 이런 대목은 결코 상상력의 소산이 아니다. 여기저기서 벌어진 현실을 소설로서 형상화했을 뿐이니, 3·1운동을 겪은 사람이면 누구나 공감하는 대목이다.

마지막 장면은 공덕리 공동묘지에서 정희와 무명의 청년 2명의 장례를 치르는 장면이다. 비장한 독립청년대원들과 가족들의 모습 뒤에 작가는 "이날 밤에 공동묘지에서 만세소리가 나다"라는 짧은 문장으로 작품을 마무리하고 있다.

최초 문예동인지 「창조」 창간
김동인, 주요한 등 일본서 펴내
동인지 시대 개막

1919년 2월 일본 도쿄에서 우리나라 최초의 문예동인지인 「창조」가 창간되었다.

창간동인은 김동인, 주요한, 전영택, 김환, 최승만으로 특히 창간호에 실린 주요한의 「불노리」는 새로운 형식의 시로 크게 주목받고 있다. 이 동인지의 창간을 주도한 김동인은 창간호에서 최남선, 이광수의 계몽적 목적문학에 반대한다고 표방하고 나서 논란을 불러일으키고 있는데 도쿄에 유학하여 서양의 문학사조를 본격적으로 익힌 새로운 세대의 사고를 반영하고 있는 것이 아닌가 분석되고 있다.

이 밖에도 여러 문학가들이 동인

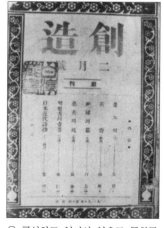

을 구성하고 있어서 앞으로 문학동인지의 시대가 열릴 전망이다.

역사신문

만주 독립군, 일본군 잇따라 격파 봉오동·청산리 전투서 '쾌거'

홍범도·김좌진 부대, 대규모 일제 정규병력 맞서 혁혁한 전과 거둬

1920년 6월 김좌진과 홍범도가 이끄는 만주지역의 독립군 부대가 봉오동에서 일본군을 대파하더니, 10월 21일부터 26일 새벽까지 6일간에 걸쳐 청산리 일대에서 벌어진 10여 차례의 전투에서도 큰 승리를 거뒀다.

의병항쟁 때부터 명성을 떨쳐온 홍범도가 이끄는 대한북로독군부는 봉오동전투에서 약 900명의 병력에 불과했으나 우세한 병력과 무기를 갖추고 두만강을 넘어온 일본군을 유리한 지형을 이용해 섬멸했다. 이때 독립군은 전사 4명, 중상 2명의 가벼운 피해를 입은 반면, 일본군의 피해는 전사 157명, 중경상 300여 명에 이르는 것으로 확인됐다. 또한 독립군은 무기와 탄약 등 많은 전리품을 노획했다.

봉오동전투에서 패배한 일본군은 훈춘사건을 조작, 이를 빌미로 중국 영토에 대규모 군대를 파견했다. 마적들을 사주하여 훈춘의 일본영사관을 습격하도록 한 뒤 일본인의

생명과 재산을 보호한다는 구실을 내세워 2만 5천 명의 병력과 항공대까지 포함한 대규모 정규군을 간도에 출병시킨 것이다.

청산리전투는 김좌진의 북로군정서와 홍범도의 대한독립군이 연합한 부대가 이들과 맞붙어 6일간에 걸쳐 격전을 벌인 대전쟁이었다. 10월 21일부터 벌어진 10여 차례의 전투에서 일본군은 전사 1천 257명, 부상자 200여 명 이상의 피해를 입고 퇴각했다. 우리 독립군측도 전사 130여 명, 부상 220여 명의 피해를 입었으나 현격히 열세인 전력으로

막강한 일본군을 패퇴시킨 것은 거의 기적에 가까운 일로 평가되고 있다. 우리 독립군들은 전쟁이 끝나고 이동하면서 "일본군은 이곳의 험한 지형에 익숙하지 못하면서도 우리 독립군을 가볍게 여겼다. 이에 비해 우리 독립군은 생명을 돌보지

않는 불굴의 정신을 가지고 있는데다 지형을 유리하게 이용했고, 적의 예상을 뛰어넘는 전술 구사와 신속한 행동을 취함으로써 승리를 거둘 수 있었다"고 평가했다.
관련기사 2·3면

전투 패배 일본군 양민학살 만행

청산리전투에서 크게 타격을 받은 일본군이 이에 대한 보복으로 우리 동포를 습격, 학살하는 만행을 저지르고 있다. 일본군은 한 마을 전체를 불사르고 양민을 닥치는 대로 죽이기도 했다.

피해지역은 북간도, 동삼성 일대이며 1922년 말 현재 조선인의 피해상황은 사망 3천600여 명, 가옥소실 3천500여 채, 곡식소각 6천여 석에 달한다.
관련기사 4면

일본군의 만행은 그칠 줄 모르고 해를 넘길 전망이어서 피해는 더욱 늘어날 것으로 보인다.

신임총독 사이토 부임 "문화정치 펴겠다"

헌병경찰제 폐지 등 내걸어 … 동포들 '기만적 술책' 강력반발

1919년 8월 새로 조선총독에 임명된 사이토 마코토(齋藤實)는 이른바 문화정치를 표방하며 일련의 유화조치를 펴고 있다. 이는 과거 무단통치가 3·1운동으로 강력한 반발에 부딪히자 이를 무마하고자 나온 것으로 분석되고 있다.

3·1운동 이후 하라 일본수상은 한국을 일본에 동화시키는 것을 축으로 무관총독제 폐지 등 식민지정책의 근본적 개편을 추진해왔다. 이에 따라 새 총독에 임명된 사이토는 「조선총독의 시정방침 훈시」를 통해 문화정치의 대강을 발표했다. 여기에는 헌병경찰제 폐지, 한

국인 관리 임용, 한국인에 대한 처우 개선, 언론집회결사의 자유 보장, 지방자치를 위한 연구, 한국의 문화와 관습 존중 등이 포함돼 있다.

일본은 표면적으로는 이렇게 유화정책을 펴고 있지만 내부적으로는 독립 절대불가, 자치 불허, 재외 한국인에 대한 단속 등의 방침을 확정하고 있는 것으로 알려졌다. 또 최근의 정책만 보더라도 무관총독

제 폐지는 의무조항만 삭제되었을 뿐 여전히 해군대장인 사이토가 부임했으며, 헌병경찰을 대신하여 일반 경찰의 수가 대폭 증원됐다. 언론 자유 보장에 따라 창간된 한국인 신문은 가혹한 검열로 창간 초기부터 압수와 정간이 되풀이되고 있다. 때문에 이른바 문화정치라는 것이 식민지체제 내에서의 부분적 개량책으로 그 본질상 기만적인 것이라는 게 정계의 일반적인 분석이다. 우리의 일부 자산가층이 이러한 문화정치에 동조하고 있지만 민족 대다수의 독립의지를 무마할 수 있을지는 미지수다.
관련기사 2면

강우규, 사이토에 폭탄세례

"일제 기만적 유화책 응징 위해 거사"

1919년 9월 2일 새로 조선총독에 임명돼 서울에 부임하던 사이토가 서울역에서 폭탄세례를 받았지만 아깝게도 목숨을 건졌다.

이번 거사를 단행한 사람은 10여 일 만에 체포됐는데 강우규라는 65세의 노인인 것으로 밝혀져 충격을 주고 있다. 그는 블라디보스토크에서 박은식 등이 조직한 대한국민노인동맹단의 간부로서 3·1운동 이후 이른바 문화정치를 내걸고 기만적인 유화술책을 벌이고 있는 일제를 응징하고자 이번 거사를 단행했다고 밝혔다. 이번 거사를 위해 강우규는 폭탄을 가지고 원산에 잠입해 최자남의 집에 은신하면서 거사를 준비해왔는데, 여기서 조선독립청년단의 조직원 허형과 만나 함께 거사를 도모했다고 한다. 사이토가

부임하던 1919년 9월 2일 남대문역에서 군중 속에 끼여 있다가 사이토가 열차에서 내려 마차에 오르는 순간 폭탄을 던졌다. 폭탄이 약간 빗나가는 바람에 사이토는 불행히도 파편에 혁대와 군복이 조금 탔을 뿐 큰 상처를 입지 않았다. 그러나 일제 관헌 37명이 중경상을 입었다. 거사 후 현장을 빠져나온 강우규는 용의주도하게 피신했지만 불행히도 거사 10여 일 만에 조선인 순사 김태석에게 체포되고 말았다. 이번 거사로 한때 소강상태로 접어들어가는 조짐이 보이던 3·1운동의 열기가 다시금 고조되고 있다. 한편 사이토를 조선총독에 임명해 사태의 수습에 나서고 있던 일제측은 큰 충격을 받은 것으로 알려지고 있다.
관련기사 2면

역사신문

문화정치의 속셈 간파해야

독립 위한 준비에 더욱 박차를 가하자

절규하는 만세함성이 팔도의 산하를 뒤흔들다 못해 일제의 총독정치마저 뒤흔든 것일까. 일제는 총독을 전격교체하고 이른바 '문화정치'라는 것을 들고 나왔다. 그러나 이름도 생소한 이 '문화정치'는 겉으로는 "조선인의 행복과 이익의 증진을 꾀하기 위한 것"이라고 하지만 알고 보면 오히려 모욕적이기까지 한 기만책에 지나지 않는다.

우선 도대체 왜 '문화'란 단어가 등장한 것일까. 이유는 간단하다. 한국인이 일제의 "보호와 개발에도 불구하고 이를 감사하기는 커녕 폭동으로 나오는 것은 민족성이 야만적이기 때문이고 따라서 이 야만성을 순화시키기 위해서 '문화'적 소양을 기를 필요가 있다"는 것이다. 이것은 단군 이래 최대 모욕이다. 3·1운동을 야만성의 발로로 해석하는 것도 문제지만 사실 문화로 말하자면 다른 나라는 몰라도 일본에 비해서만은 우리가 훨씬 더 문화민족인 것이 부인할 수 없는 역사적 사실이기 때문이다. 일제는 미국이 영국의 식민지 지배에 대항해 일으킨 독립전쟁도 미국인의 야만성으로 해석하는지 궁금하다. 또 우리 문화가 자신들보다 열등하다면 우리의 문화재는 왜 그리 눈이 벌개 가지고 찾아다니는가.

일제는 아예 솔직하게 더 이상 무단통치로는 한국 지배가 불가능할 것 같아서 회유책으로 문화정치를 들고 나왔다고 말하는 것이 나을 것이다. 그러나 이렇게 말해도 엄밀하게 보자면 솔직한 것이 아니다. 문화정치에 따라 기존의 무관총독제를 문관총독제로 바꾼다고 했다. 그러나 신임 사이토총독은 여전히 육군대장 출신이다. 헌병경찰제도를 없애겠다고 했지만 그 대신 경찰병력은 더욱 증가했고 한국주둔 일본군도 크게 늘어났다. 문화적인 낌새라고는 털끝만큼도 느껴지지 않는 것이다. 따라서 회유책이라기보다는 기만책이라고 해야 할 것이다.

지방자치제를 실시하고 한국인 관리를 등용하고 「동아일보」, 「조선일보」 등 민간신문발행을 허용한 것을 두고 반박할지 모르나 이는 그야말로 우리 3·1운동에 위협을 느낀 일제가 마지못해 양보한 것이지 그냥 베풀어준 것이 아니다. 따라서 일제는 이러한 시책에 참여할 한국인들을 철저히 친일파로 한정하려고 안간힘을 쓰고 있는 것이다.

우리는 3·1운동의 성과로 해외에 임시정부를 구성하는 등 독립을 위한 준비에 박차를 가하고 있다. 일제의 '문화정치'는 결국 날로 강화되는 우리의 독립의지를 어떻게든 희석시키려는 것에 지나지 않는다. 우리가 갈 길은 온갖 억압과 기만을 뚫고 가야 할 독립의 한 길뿐임을 잊지 않아야 할 시점이다.

그림 마당
이은홍

왜 깨졌나?

홍범도가 개불선을 앞세우고 달려나오니까 … 김좌진이 행주치마에 돌을 담아서 ……

봉오동·청산리 승리, 어떻게 가능했나

불굴의 정신-지형 이용, 유격전술 결합에 동포들의 헌신적 지원까지 '삼위일체'

봉오동, 청산리 전투의 승리는 우리 독립투쟁 역사상 길이 빛날 전공으로 그동안 소문으로만 떠돌던 무장항쟁이 마침내 결실로 나타난 것으로 평가되고 있다.

이번 승리는 그동안 우리 독립군이 끊임없이 시도한 국내진공작전의 연장선상에서 이루어진 것이다. 1920년 1월에서 3월까지 3개월 동안만 하더라도 두만강을 넘어와 일본군경을 공격한 유격전이 24회에 달했다. 일본은 이러한 유격전이 대규모화할 것을 우려해 아예 독립군의 근거지를 제거하려고 불법적으로 중국영토에 일본군을 투입했다.

봉오동, 청산리 전투는 바로 이 일본군대와 싸워 이긴 것이기에 더욱 의미가 깊은 것이다.

그러면 우세한 병력과 화력을 앞세운 일본군을 우리가 이길 수 있었던 힘은 무엇인가? 목숨을 바치기로 결의한 독립군 병사의 영웅적 분전, 지형을 적절히 이용한 지휘관의 유격작전, 간도지역 한국동포들의 헌신적 지지와 성원이 완벽한 삼위일체를 이룬 것이 승리의 원동력이 됐다.

특히 만주지역 동포들의 역할이 컸다. 중국영토에 우리 무장독립군을 양성한다는 것은 매우 어려운 일이었지만, 우리 동포들은 신흥학교를 비롯, 많은 학교를 세워 독립군을 기르고, 자치단체를 통해 독립운동 자금을 마련해왔다. 이번 봉오동, 청산리 전투에서도 동포들은 독립군의 무기 구입자금을 조달하고, 식량과 의류를 공급했다. 또 일본군의 동정을 탐지해 정보를 제공하는 한편 일본군에게는 허위정보를 제공했으며, 독립군의 길잡이 노릇을 해서 지형지물을 유리하게 이용하도록 도왔다.

일본군이 패전한 뒤 우리 동포를 무참히 학살하고 있는 것은 바로 이에 대한 보복인 것이다.

'문화정치' 무엇을 노리고 있나

무단통치 한계 비켜가기 고단수 지배술책
일본자본 투자 위한 환경 개선목적 … 산미증산 등 추진, 수탈 심화될 듯

3·1운동 이후 새로 부임한 사이토총독이 표방하고 있는 이른바 문화정치의 본질이 무엇인가를 놓고 여러 가지 분석이 제기된 바 있다. 한때 기대 섞인 관측도 있었지만 점차 이것이 기만적인 유화술책에 지나지 않는다는 쪽으로 결론이 모아지고 있다.

문화정치는 무엇보다도 3·1운동에 대한 대응으로 나온 것이다. 과거의 무단통치 방식으로는 더 이상 조선에 대한 안정적 지배가 불가능하다는 판단에서 나온 고단수의 통치정책이라는 것이다. 그런데 여기에는 이밖에도 여러 가지 복합적인 배경이 작용하고 있다. 즉 일본은 1차세계대전을 계기로 엄청난 경제적 번영을 구가했다. 그 결과 경제

규모가 일정 수준으로 팽창하자 잉여자본을 수출해야 할 필요성이 대두됐다. 그래서 한국을 이제 단순한 수탈대상이 아니라 자본투자의 대상으로 보기 시작한 것이다. 한국을 일본자본의 투자시장으로 삼기 위해서는 투자환경을 개선해야 한다. 즉 한국을 어느 정도 개발해야만 한다. 따라서 이전의 무단통치 시기의 제반 법률과 제도를 완화시키지 않을 수 없는 것이다.

또다른 배경으로는 일본 국내 정치구조의 변화를 들 수 있다. 즉 일본은 경제적 안정을 기반으로 국내적으로 과거에 비해 상당한 수준의 정치적 자유를 보장해주었다. 민간 정치인 출신인 하라가 수상이 된 것도 그 한 예인데 이를 일본에서

는 다이쇼(大正) 데모크라시라고 한다. 이러한 정치환경에 놓여 있기 때문에 조선에 대한 정책도 전보다 유화적인 모습으로 나타날 수밖에 없는 것이다.

그러나 문화정치가 아무리 유화적인 내용을 담고 있더라도 그 정책의 기본방향은 안정적인 조선지배에 있는 것이다. 그리고 이번 문화정치의 일환으로 산미증식계획이 추진되고 있는 것이 보여주듯이 조선에 대한 적극적인 개발을 통한 수탈의 강화가 이 정책의 목적인 것이다. 아울러 조선 내 자산가층을 이러한 개발에 편승시킴으로써 이들을 체제내화하는 것도 이번 정책이 노리는 바라고 할 수 있다.

강우규 옥중인터뷰

"총독 교체로 독립의지 무마하려는 일제에 경고 … 이번 거사로 독립의지 다시금 타오른다면 여한 없다"

1919년 9월 2일 사이토 신임총독에게 폭탄을 던져 서대문형무소에 수감 중인 강우규의사와 옥중인터뷰를 했다. 강우규의사는 65세의 노인이지만 꼿꼿한 자세와 형형한 눈빛이 여느 젊은이에 못지않았다.

사이토에게 폭탄을 던진 동기는 무엇입니까?

우리 민족은 3·1운동을 통해 전세계에 독립을 선언했다. 그러나 일제는 우리의 독립을 받아들이기는 커녕 총독을 교체하는 선에서 사태를 마무리지으려 하고 있다. 사이토는 이른바 문화정치를 표방하고 있지만 이는 우리의 독립의지를 호도하기 위한 기만술책에 지나지 않는

다. 나는 이를 폭로하기 위해 그에게 폭탄을 던진 것이다.

이번 거사는 어떻게 준비했습니까?

국내 잠입에 앞서 먼저 블라디보스토크의 운동단체를 통해 폭탄 1개를 구했다. 원산에 잠입하여 평소 나를 따르던 최자남군의 집에 은신하면서 예비용 폭탄을 하나 더 구하려고 백방노력했지만 실패하고 그대로 서울로 올라왔다. 남대문역 근처의 여인숙에 숙소를 정하고 매일 역전에 나가 지형을 답사하여 거사를 준비했다. 이때 조선독립청년단의 조직원인 허형군이 도움을 주었다.

그동안 해외에 있었던 것으로

아는데 어떤 활동을 했습니까?

… 평남 덕천의 가난한 농가에서 태어났지만 젊었을 때 의술을 배워 돈도 좀 모았다. 그러나 나라가 망한 이후 가만히 있을 수 없어서 만주로 망명했다. 지린성 요하현에 신흥동을 개척하고 동광학교를 설립해 후진들을 독립운동의 근간으로 육성하려고 애썼다. 올 3월 4일에는 신흥동에서 만세시위를 했으며 이후 박은식선생이 조직한 대한국민노인동맹단에 가담했다.

마지막으로 남기고 싶은 말은?

사이토를 죽이지 못해서 안타깝다. 그러나 나의 거사로 우리 민족의 독립의지가 다시금 타오를 수 있다면 아무런 여한이 없다.

홍범도와 김좌진이 이끄는 2천여 병력의 독립군이 나남의 19사단과 항공대와 포병대까지 동원한 2만여 일본군에 대승을 거둔 청산리전투는 사실상 우리 독립군이 원해서 벌인 전투는 아니었다. 홍범도의 대한독립군과 김좌진의 북로군정서는 봉오동전투 이후 중국당국의 요청을 받아들여 허룽(和龍)현과 안도현 일대로 퇴각하던 중이었다.

중국 지방정부는 홍범도장군이 수시로 국경을 넘어 들어가 일본군을 공격하고, 끝내 중국영토인 봉오동으로 일본군을 끌어들여 전투를 벌이기까지 하자 일본이 이를 빌미로 중국에 대규모 군대를 파견할 것을 우려해 우리 독립군들에게 "제발 해산하든지, 그렇지 않으면 백두산 일대 산림 속으로 피신해달라"고 간청했다. 우리 독립군은 이를 받아들여 퇴각하기로 했다. 그러나 이미 일본군은 훈춘사건을 일으켜 이를 빌미로 대규모 병력을 파견한 뒤였다. 그리하여 청산리에서 양군이 맞부딪치게 된 것이다.

10월 21일 백운평전투

10월 21일 김좌진과 이범석이 이끄는 북로군정서 600여 병력은 청산리 백운평 일대로 이동 중이었다. 청산리는 북, 서, 남쪽이 모두 험한 산세로 가로막히고 계곡 길이가 동서로 25km에 이르는 험준한 지역이다. 오전 8시, 야스카와(安川)소좌 휘하의 200여 병력이 반대편에서

"만주벌판 뒤흔든 6일전쟁"

익숙한 지형 이용, 일본군 유인해 궤멸시켜

청산리전투 승전 기념사진(맨 앞에 앉은 사람이 김좌진장군).

청산리전투 지도.

백운평 골짜기로 진입하고 있다는 보고를 받았다. 지형에 익숙한 김좌진 부대는 주위의 높은 산으로 올라가 매복했다. 오전 9시, 김좌진부대의 600여 소총과 4정의 기관총, 2문의 박격포가 불을 뿜기 시작했다. 당황한 일본군도 전열을 정비하고 소총과 대포로 응사해왔으나 주위 삼림이 워낙 깊어 조준사격이 불가능했다. 반면 독립군부대는 그들과 10보 이내의 거리에 몸을 숨긴 채 위에서 아래를 향해 공격하니 일본군 200여 병력은 괴멸했다.

같은 날 완루구전투

한편 21일, 완루구에서는 홍범도가 이끄는 1천여 병력의 대한독립군부대가 도오마사(東正)소좌의 일본군 주력부대와 접전, 일본군이 공격해오자 홍범도장군은 독립군이 저지선에서 전투를 개시하도록 하

대승을 거둔 김좌진부대는 쉴 틈도 없이 급히 이동을 개시, 약 50km 북동쪽 완루구에 있는 홍범도 부대로 향했다.

는 한편 예비대를 모아 중간 샛길로 빠져서 적의 측면을 공격, 이 사이 일본군 지대가 예비대가 있던 고지를 점령했다. 예비대가 측면으로 돌아 공격을 개시하자 혼비백산한 일본군 본대는 자신들의 지대를 우리 본대로 착각하고 급히 공격하기 시작했다. 군복 색깔이 서로 비슷했기 때문이다.

결국 일본군끼리 서로 죽고 죽이는 전투를 하다 앞뒤 배후로부터 독립군의 총공세를 받아 400여 전사자를 내고 괴멸됐다.

22일 어랑촌전투

22일 홍범도부대는 백운평에서 이동해온 김좌진부대와 합세, 2천여 병력으로 어랑촌을 저지선으로 삼고 연합작전에 들어갔다. 일본군도 전열을 가다듬고 5천여 병력으로 대규모 공세를 취해왔다. 이날 오전 9시부터 시작된 전투는 날이 저물도록 치열하게 전개돼 청산리전투 최대의 격전을 기록했다.

독립군은 어랑촌 주위 고지를 선점하고 진격해오는 일본군을 향해 맹렬한 사격을 퍼부었다. 일본군은 기관총과 포병을 앞세우고 측면을 돌아 200m 전방까지 접근해오는 등 맹렬하게 반격해왔으나 독립군의 높은 사기와 불리한 지형 때문에 1천여 전사자를 내고 패퇴.

26일 고동하전투

어랑촌전투 이후 홍범도가 이끄는 연합부대는 23일 맹개골전투, 같은 날 만루구전투, 24일 쉬구전투, 24, 25일에 걸친 천보산전투 등에서 계속 승전했다. 그리고 26일 아침부터 저녁에 걸친 고동하에서의 마지막 대전을 끝으로 청산리대첩은 막을 내렸다. 아군은 확인된 것만 전사 1명, 부상 5명, 포로 2명의 경미한 피해를 입었으나 일본군은 연대장 1명, 대대장 2명을 포함해 1천 200여 명의 사상자를 냈다.

주요기관 공격, 군자금 모금까지
서북지방 무장투쟁 활발

3·1운동 후 국내 서북지방을 중심으로 천마산대·구월산대·보합단 등의 조직이 생겨 무장투쟁을 전개하고 있다.

천마산대
일제 공격, 평북 일대 치안 마비

최시흥을 대장으로 하는 구한국군인 출신들이 3·1운동 직후 평안북도 천마산에서 조직. 활동목표는 군자금 모금, 적의 주요기관 파괴, 일제군경 및 친일주구 사살 등이다. 1920년 3월 24일 평북도청 수의사 에구치를 사살하고 6월에 삭주군 신안동 주재소를 폭파하여 순사 1명을 폭사, 1명에 중상을 입히는 등 유격전을 구사하고 있다. 이들의 활약으로 평북 일대의 치안·행정이 마비될 정도다. 또한 지역의 부호들은 군자금 요구에 대비하여 항시 자금을 준비해두고 있다는 후문이며 친일분자들과 일본인들은 엽총으로 무장하여 자체경비에 나설 정도다.

보합단
군자금 모집, 임정에 자금조달

1920년 평안북도 의주군 동암산에서 350명이 모여 조직. 김시황, 김동식, 한우종 등의 간부를 중심으로 선천, 용천, 의주 등지에서 일제의 행정기관을 습격하고 밀정을 사살했다.

이들이 일으킨 운미동사건은 대규모 군자금 모금계획으로 세상을 놀라게 한 바 있다. 이들의 활동은 군자금 모금을 위주로 하고 있는 것이 특징이다. 모금한 자금은 주로 임시정부에 전달되고 있다.

구월산대
구월산 중심 헌병·경찰 습격

황해도 구월산을 중심으로 활동해왔으나 최근 일제의 토벌작전으로 괴멸. 임시정부의 지원단체로 만주에서 활약하던 대한독립단의 산하부대로 주로 군자금 모금활동을 해왔다. 1920년 8월 15일 독립운동을 방해한 은율군수 최병혁을 처단하고 헌병주재소를 습격, 일제경찰을 여러 명 살해했다.

이에 일제는 구월산대의 본거지를 찾는 데 혈안이 되어 있던 중 밀고로 본거지를 기습, 경찰과 4, 5시간의 총격전 끝에 경찰 20여 명을 사살했으나 중과부적으로 대장 이명서 등 다수가 전사했고 일부는 중상을 입고 붙잡혔다.

나라 밖 독립운동 ■

김원봉, 의열단 결성
일제 요인-통치기구 테러공격이 목표

1919년 11월 3·1운동 이후 무장독립운동의 기운이 높아가는 가운데 만주 지린에서 김원봉의 지도 아래 우리 청년들이 일제에 대한 직접적 공격을 목표로 하는 테러조직 의열단을 비밀리에 결성한 것으로 밝혀졌다.

1920년 9월 박재혁이 부산경찰서에 폭탄을 투척, 서장 등 3명이 즉사하게 한 사건, 이에 앞서 밀양과 진영에서 폭발물 소포가 발견돼 경찰이 곽재기, 이성우 등을 범인으로 체포한 사건, 또 최근의 밀양경찰서 폭파미수사건 등이 모두 의열단의 조직적 거사로 밝혀졌다. 이에 따라 의열단은 목숨을 돌보지 않으며 일제에 대해 암살과 파괴를 실행하는 '공포의 조직'으로 화제가 되고 있다. "조선총독 죽이기를 대대로 5, 6대에 걸쳐서 하면 그 후임자로 되려는 자가 없을 것이며, 동경시민을 1년에 두 차례씩 놀라게 하면 그들 스스로 한국통치를 포기하게 될 것"이라는 강령을 가지고 있다고 한다.

이 의열단은 목숨을 던져 투쟁하는 테러조직인만큼 일본인들은 이들이 다음에는 어느 곳에서 누구를 대상으로 공격해올지 몰라 공포에 떨고 있다는 후문이다.

전러한족공산당 창당

1918년 시베리아의 이르쿠츠크에서 한인 이주민들을 중심으로 전러한족공산당이 창당됐다. 김철훈의 지도 아래 결성된 이 당은 자신들이 한국인 사회주의운동을 대표한다고 주장하고 있어 한인사회당과 갈등이 발생할 것으로 우려되고 있다. 이들은 주로 러시아 이주 1세대들로 구성돼 있고 고국으로부터 상대적으로 멀리 떨어져 있어 독립운동보다는 볼셰비키적 사회주의운동에 대한 애착이 강한 것으로 알려졌다.

– 의열단장 김원봉

"암살-파괴 없이 독립 없다"

현재 지린성 일대에서 의열단을 총지휘하고 있는 김원봉단장을 비밀리에 만나 의열단 결성경위와 활동방향에 대해 들어보았다.

생각보다는 온화하게 생기셨습니다만 눈빛이 매섭습니다.

동지들이 일본놈들한테 붙잡혀 고문당해 죽어가는데 눈에 핏발이 안 설 수 있겠습니까.

신변에 위험은 없는지요.

이곳 동포들이 모두 도와주기 때문에 아무 걱정 없습니다. 그리고 어차피 죽을 각오로 모인 우리들이기 때문에 두려울 것도 없습니다.

몇몇 개인의 테러로 과연 독립이 이루어질지 의문을 제기하는 이들도 있는데요.

(언성을 높이며) 3·1운동 때 우리가 평화적으로 시위를 했지만 일본놈들이 어떻게 나왔습니까? 또 동포들은 이제 와서 임시정부를 만든다, 군대를 조직한다며 동분서주를 하고 있는데 도대체 그래서 얻은 게 뭡니까? 싸움은 실익이 있어야 합니다. 일본놈들을 죽이고 시설을 때려부숴서 저들에게 한국을 지배하는 것이 대단히 힘들다는 것을 확실히 인식시켜줘야 합니다.

조직원 모집은 힘들지 않나요.

나라를 위해 죽을 각오가 돼 있는 열혈청년은 여러분들이 생각하는 것보다 아주 많습니다. 또 의열단 열혈남아에 대한 동포 처녀들의 인기도 대단합니다.

토착자본가들 기업설립 붐

은행-상업-제조업 분야 위주…조선경제회 조직 경제장려활동도

1919년에 이어 올해도 토착자본가들이 앞을 다투어 기업설립에 나서 일대 붐을 이루고 있다. 최근 조사된 바에 의하면 한국인의 회사 설립은 1918년 16개사이던 것이 1919년 62개사, 1920년 85개사로 급증하고 있다. 이런 창업열은 은행·금융·창고회사·상업회사·제조회사의 설립에 집중되고 있는데 투자자본의 절반 이상이 곡물·면직물 등의 수출입 매매를 주로 하는 상업회사의 설립에 쏠리고 있다는 소식이다.

은행 설립에는 각 지방의 대지주·상인들이 나서고 있는데 1918년에 동래은행(부산)과 북선상업은행(함흥)이 세워졌다. 1920년에는 은행 설립 붐이 더욱 확산돼 해동은행(서울), 삼남은행(전주), 경일은행(대구), 호남은행(광주) 등이 설립되었다. 제조회사로는 1919년 호남의 대지주 김성수가 박영효를 사장으로 내세워 설립한 경성방직주식회사가 대표적인 것으로 손꼽힌다. 이 밖에도 1920년 연말 이래 서울에서 직물업을 하던 김덕창·최규익 등이 동양염직주식회사를 세웠고 민병석·김규환 등이 조선제사주식회사를 설립했으며, 이병학·최준 등 영남의 대지주와 자본가들이 고려요업주식회사를 세웠다. 이런 기업설립 붐을 두고 전문가들은 한국사회에 본격적인 공업화·자본주의화의 물결이 일기 시작한 것이라고 평가하고 있다.

한편 이들 자본가들은 회사 설립에 그치지 않고 1919년 조선경제회라는 경제단체를 세워 한국민의 자본주의 경제의식을 깨우려는 운동을 전개하고 있다. 조선경제회는 박영효·민영휘·윤치호·박승직·최준·김성수 등이 주도하고 있는데, 이들은 장차 한국의 산업발전과 생활향상을 위한 계몽활동을 벌일 계획이라고 한다.

기업설립 붐 왜 일어나나

쌀값 폭등으로 대지주들 큰 돈 벌어 호경기 편승 너도 나도 상공업 진출 회사령 철폐도 한몫

최근 기업설립 붐의 요인은 몇 가지로 지적된다.

우선 지난 몇년 동안 쌀값이 급등하면서 한국의 대지주와 미곡상들이 막대한 자금을 축적하게 됐다는 것이다. 그러자 이들은 이 자금을 바탕으로 더 큰 이익을 찾아 너도 나도 회사 설립에 나선 것이다.

한편 1차세계대전의 호경기로 엄청난 호황을 누린 일본의 독점자본들은 이제 새로운 투자처를 찾아 본격적으로 한국에 진출하기 시작했고, 총독부 당국도 이를 장려하기 위해 1920년 회사령을 철폐하고 소위 '문화정치'를 한다고 선전하고 있다. 이런 환경이 한국자본가들에게 쉽게 회사 설립에 나설 수 있게 하고 있다.

또 최근 몇년 동안의 유례 없는 호경기로 시장이 확대되고 있으며 물건값과 판매마진이 커지자 쉽게 상공업분야에 뛰어들 의욕을 갖게 된 것이다.

시내버스 대구에 첫선

정류장 아닌 곳도 손 들면 태워줘

1920년 7월 대구에서 우리나라 최초로 시내버스 운행이 시작됐다.

사업자는 대구호텔 경영주인 베이무라 다마치로(米村玉次郎)다. 그는 자동차 4대를 도입, 시내에서 버스영업을 시작했는데 이 버스들은 대구역을 기점으로 시내 주요 지점을 거쳐 북쪽으로 팔달교, 동쪽으로 동촌까지를 쉴새없이 왕래한다는 소식이다.

시내 각처에 설치된 정류장에서 손님이 타고 내린다는데, 전차와 달리 정류장이 아닌 곳에서도 손님이 손을 들면 정차해 태워준다고 한다.

총독부 지방자치제 실시 발표

문화통치 일환…실질적 자치와는 거리 멀어

'문화정치'를 내세운 일제는 그 일환으로 지방자치제 실시를 발표했다. 이는 각 지방자치단체에 자문기구를 두어 지방행정을 자문토록 하는 것을 골자로 하고 있다.

총독부 발표에 따르면 각 도(道)에는 자문기구로 도평의회를, 각 부(府)와 면(面)에는 부·면협의회를 설치하고 부·군(郡)·도(島)의 보통교육 자문기구로 학교평의회를 설치한다는 것이다. 그러나 일본인이 많이 살고 있는 부와 지정면의 협의원은 선거로 뽑도록 하지만, 도평의원의 경우 1/3을 도지사가 임명하고 2/3는 부·면협의회원이 선출토록 하고 있으며, 인구의 대다수가 한국인인 보통면은 협의원을 군수가 임명토록 하고 있어 실질적으로는 일본인과 친일적 인사에 의한 자문기구가 될 가능성이 크다는 지적이다. 또 선거권도 재산세 5원 이상을 내는 사람에게만 부여하여 중류층 이상의 부자들만 참여하는 자치제라는 비난이 일고 있다. 이는 실질적으로 한국민의 민의를 반영하기 위한 것이 아니라 각 지방의 친일적인 지주·자본가들을 일제 통치체제에 끌어들여 일제 지배의 안전판 역할을 부여하기 위한 조치라는 분석이다.

조선노동공제회 창립

첫 노동운동단체…노동자 지위향상 목표
지식인 대거 참여 속 활동방향 논란 예상

우리나라 최초로 노동운동단체인 조선노동공제회가 조직됐다. 1920년 4월 조선노동공제회는 286명의 발기인과 678명의 회원으로 창립총회를 열고 회장에 박중화, 총간사에 박이규, 의사장에 오상근을 뽑았다. 앞으로 각 지방에 지회를 설치하여 조직을 확대할 것으로 알려졌다.

이 단체 회원들은 언론인·교육자·변호사 등 지식인이 주류를 이루고 있는데, 이처럼 지식인들이 노동운동을 표방하고 단체를 조직한 것은 아직 한국사회에서 노동자들이 성장하지 못한 사정을 반영한 것이라는 지적이다. 이를 반영하여 이 단체의 활동방향도 노동자 교육과 생활난 구제 등을 통해 노동자의 인격적·경제적 지위 향상에 치중하는 노사협조주의를 취할 것으로 알려졌다.

그러나 이들 가운데는 사회주의를 표방하는 인사들도 포함되어 있어 앞으로 활동방향을 놓고 논란이 일 것으로 예상된다.

요즘은 새 고무신이 나와 크게 히트를 치고 있다.

문제의 고무신은 평양의 이병두 고무신공장에서 만든 것으로, 우리 짚신과 코신의 모양을 본떠 만듦으로써 우리나라 사람들의 기호에 적중한 것이다. 지금까지 고무신은 주로 일본에서 수입한 서양식 고무단화여서 일부 개화된 청년과 학생들이나 신을 뿐 일반 서

짚신-코신 본떠 만든 한국형 고무신 '빅히트'

질기고 비와도 새지 않아

민들은 외면해왔다. 대중들의 정서에 맞지 않았던 것이다.

그러나 새 고무신은 남성용은 짚신모양을 본뜨고 여성용은 버선발의 코를 본떠 만들어 전래의 신발모양과 별로 다르지 않다. 또 짚신보다 훨씬 질겨 오래 신을 수 있고 비가 와도 물이 새지 않아

시골사람들까지 너도 나도 찾고 있다.

이를 기화로 전국 각지에 고무신공장이 들어서 한국의 고무공업은 일대 호황을 맞았고 한국 고무신이 일본 고무신을 내쫓는 속 시원한 풍경이 연출되고 있다. 조금만 머리를 쓰면 아이디어 하나로 큰돈도 벌 수 있고 애국도 할 수 있는 세상이다.

조선물산장려회 결성

평양서 조만식 등 주축

1920년 8월 평양에서 조만식·오윤선·김동원 등이 중심이 되어 조선물산장려회를 결성했다.

조선물산장려회에는 평양의 유지 70여 명과 교육자·종교인·실업인 및 청년들이 참여한 것으로 알려졌는데, 이들은 당면 실천과제로 경제의 진흥·국산품 애용·근검풍토 조성 등을 내세우고 있다. 12월에는 평양기독교청년회관에서 선전강연회를 개최하는 등 조선물산장려운동을 확산시키기 위한 활동을 활발하게 전개하고 있다.

현장르포 - 만주학살사건의 현장

청산리 패배 분풀이로 마구잡이 학살 자행
가족 참살장면 "눈뜨고 보라" 강요까지 …

만주에 있는 우리 동포들이 죽어가고 있다. 만주의 참상은 일제의 보도통제 때문에 잘 알려지지 않고 있다. 심지어 일본군의 만행을 취재하려던 동아일보 기자 장덕준이 일본인에게 납치·살해되는 일까지 발생했다. 이에 본지는 기자를 현지에 급파하여 만주의 참상을 취재한 르포기사를 긴급 게재한다.

청산리전투에서 대패한 일본군이 비무장한 우리 양민동포들에게 분풀이로 저지른 참상은 차마 눈뜨고 볼 수 없을 만큼 처참하다. 목격자의 말을 빌리면, 일본군은 아무런 조사도 없이 양민을 학살했다고 한다. 한 예로 10월 30일 새벽 장암동 마을을 일본군이 포위하고 주민을 나오게 한 다음 모든 성인남자들에게 사격을 가했다고 한다. 반쯤 죽어 넘어지자 불붙은 건초를 덮어씌워 알아볼 수 없도록 태워버렸다고 한다. 게다가 여자들과 자녀들에게 가족이 죽는 광경을 억지로 쳐다보게 만들었다고 한다.

우리가 마을에 도착해보니 마중

일본군에 의해 철저하게 파괴된 동포들의 가옥.

나온 사람들은 전부 부녀자나 어린아이, 노인밖에 없었다. 아직도 불길이 남아 집들을 태우고 있는데, 그동안 애써 장만한 곡식들까지 다 타버려 죽은 사람도 원통하려니와 당장 이 추운 겨울을 어떻게 지낼지 큰 걱정이다. 한 노인은 "내 아들 2명이 모두 사살당하고, 형제 3명은 불길 속에 던져졌다"고 하면서 눈물조차 잊은 채 탄식했다. 이러한 처참한 광경을 여기저기서 목도하면서 기자의 마음도 무거워져 맨손으로라도 원수 갚을 생각이 떠나지 않았다.

일본에도 '민주주의 봄'은 오는가

선거 통한 정권교체 등 서구식 민주주의 따라잡기 '다이쇼데모크라시' 한창

일본에서는 다이쇼데모크라시로 대중집회가 빈번해졌다. 노동자들의 대중집회 장면(왼쪽)과 보통선거운동 광경.

최근 일본정계는 정우회와 헌정회가 서구식 양당체제의 틀을 갖추며 서구식 민주주의정치를 정착시켜나가고 있다. 이런 정세변화의 중심은 물론 지난 1918년부터 집권하고 있는 정우회의 하라내각이다. 정우회는 러·일전쟁 이후 근대적 선거제도에 힘입어 정계에 진출한 정치인들의 결집체다. 따라서 현재 일본정계에서 가장 서구지향적인 정치노선을 견지하고 있다.

그러나 이번 다이쇼 데모크라시를 가능케 한 무시할 수 없는 세력은 전통적 번벌과 관료 출신들이 집결한 기득권집단인 헌정회다. 이들은 1918년의 쌀소동과 그에 따른 전국적 소요사태로 실각압력이 가중되자 이에 저항하지 않고 순순히 물러났으며 선거를 통한 재집권방식을 수용함으로써 정당정치의 한 축을 떠받친 것이다. 중세시대 일본의 정치는 지역을 장악하고 이를 기반으로 중앙정계에 진출한 각 지역의 번벌세력들에 의해 이루어졌는데 이들은 타협과 토론보다는 무

력을 통한 정변을 선호했다. 이러한 관행은 심지어 메이지유신 이후에도 좀처럼 사라지지 않았다. 따라서 헌정회의 이와 같은 조치는 일본사에서 획기적이라고 할 만하다.

이렇듯 상층에서 민주주의의 물꼬가 트이자 최근에는 보통선거권 쟁취를 위한 민중들의 시위가 뜨겁게 달아오르고 있다. 연 3엔 이상의 직접세납부자에게만 주어져 있는 기존의 선거제도에 대해 학생들을 중심으로 거센 반발이 터져나오고 있는 것이다. 그리고 이에 대해 신문 등 언론과 출판물들이 적극적으로 찬동하고 있고 노동자와 농민들도 전폭적으로 지지를 보내고 있어 이 불길은 쉽게 사그러들지 않을 기세다.

이러한 민주주의를 향한 각 부문에서의 진일보를 두고 '다이쇼 데모크라시'라고 부르고 있는데 이는 메이지천황의 뒤를 이어 지난 1912

년부터 제위에 오른 다이쇼천황의 임기 중에 이런 변화가 일어났기 때문이다. 그렇다고 해서 다이쇼천황이 정치적 권한을 가지고 있는 것은 아니다. 이 또한 다이쇼 데모크라시의 한 모습이다.

한편 최근 한국에 대한 통치방식을 무단통치에서 이른바 문화통치로 바꾼 것도 다이쇼 데모크라시의 연장선상에서 이루어진 것이라는 분석도 나오고 있다.

식민지 해방 운동 이론적 지침 확정

코민테른 2차 대회

1920년 7월 소련 모스크바에서 코민테른 제2차 대회가 열렸다. 이 대회는 세계 사회주의혁명에서 반(半)식민지와 식민지의 민족해방운동이 갖는 역할의 중요성을 강조하고 이에 대한 최초의 이론적 지침을 채택했다. 대회에서 레닌은 피압박국의 공산주의자는 민족해방을 위한 투쟁에서 전위세력이 되지 않으면 안 된다고 주장하면서, 피압박국의 민족이 수행하는 진보적 역할을 강조했다. 특히 혁명적인 동양이 반제국주의운동의 강력한 기지가 될 것이라고 했다.

이는 기대했던 유럽에서의 혁명은 오히려 퇴조하고, 제국주의와 식민지 간의 관계를 볼 때 제국주의를 타도 또는 약화시키는 데 식민지의 민족해방운동은 지극히 중요한 것이고, 사회주의 대의에도 부합되는 것이라는 의미이다. 또 갓 수립된 소련이 경제적으로 큰 위기에 처해 있고, 내전을 겪고 있으며, 제국주의 강대국들에 포위당해 있다는 사정도 고려된 것으로 보인다.

소련 "한국독립 적극 지원"

운동자금 60만 루블 건네…자금 유용 스캔들 조짐

1920년 6월 소련정부는 한국의 독립운동을 전폭 지원하겠다고 밝혔다. 임시정부의 이동휘 국무총리가 한형권을 모스크바에 파견해 원조를 요청하자 레닌은 "온 힘을 다해 한국의 독립운동을 지원할 것"이라고 확약했다. 이에 따라 소련정부는 독립운동자금으로 금화 200만 루블을 지원할 것을 약속하고 그 중 60만 루블을 한형권에게 건네줬다.

소련의 이러한 지원은 1차세계대전 후 미국의 윌슨이 민족자결주의를 제창하고서도 막상 우리의 독립호소에 귀를 막고 있는 것과 선명한 대조를 보이는 것으로, 사회주의

국가 정책의 도덕성을 보여주는 예라는 평을 받고 있다. 물론 이는 우리 이동휘국무총리가 한국의 대표적인 사회주의자인데다 소련이 전세계 피압박민족의 민족해방투쟁을 전세계 사회주의화의 중요한 단계로 인식하고 있는 것이 더 근본적인 배경이라고 할 수 있다.

한편 소련의 지원금 60만 루블이 임정으로 입금되지 않고 있어 자금 스캔들이 일 조짐을 보이고 있다. 소식통에 의하면 이동휘국무총리가 자신이 총수로 있는 한인사회당 활동자금으로 전용했다는 의혹이 제기되고 있다고 한다.

'긴 다리 짧은 치마' 미니스커트 등장 … "이브의 반란?"

여성 활동성 강화 따른 자연스런 흐름
성 상품화-가치관 타락 비판도

1차세계대전이 끝나자마자 미국에서 여성 스커트의 새로운 패션, 미니스커트가 등장해 충격을 주고 있다. 이 미니스커트는 종전의 발목까지 내려오는 스커트에 비해 길이가 절반 정도밖에 안 돼 수천 년 동안 천으로 감싸여 있던 여성들의 무릎 아래가 훤히 드러난다. 거리에 미니스커트를 입은 여성들이 나타나자 남자들의 눈길이 온통 여성의 다리에만 쏠려 사회적으로도 커다란 파장이 일 조짐을 보이고 있다.

의류업계에서는 이를 두고 1차세계대전으로 일하는 여성이 늘어나게 됨에 따라 의복에서도 활동성을 중시하지 않을 수 없게

됐기 때문에 나타난 것이라고 주장하고 있다. 스커트 길이와 함께 소매도 점점 짧아져 소매가 거의 없는 웃옷이 선을 보이고 있는 것도 이와 같은 맥락이다.

그러나 사회학자들은 이 외에도 자본주의 산업의 발달에 따른 성(性)의 상품화 추세에, 전쟁으로 인한 가치혼란과 쾌락추구 경향이 결합돼서 이러한 패션이 등장한 측면도 있다고 본다. 어쨌든 미니스커트는 이전의 스커트에 비해 재료와 수공이 훨씬 적게 드는 반면 가격은 그대로이기 때문에 의복업자들이 반기고 있어 앞으로 널리 유행할 것으로 예측된다.

일제하 만화경

그것이 알고 싶다

이바구

이번 호의 인물　　　홍범도

일제 간담 서늘케 한 백두산 호랑이

봉오동, 청산리에서 일본군을 통쾌하게 무찔러 십년 가뭄에 단비 같은 낭보를 전했던 홍범도를 사람들은 백두산 호랑이라고 한다. 함경도의 포수 출신으로 호랑이보다 더 날쌨기 때문이다. 함경도와 간도 일대의 지리를 손바닥 들여다보듯 훤히 꿰고 있는 그였으니 남의 땅에 들어와 천지 분간 못하고 허둥대는 일본군이 당해낼 재간이 있겠는가.

그는 어려서 부모를 여의고 머슴살이를 했고 한때 평양병영에서 나팔수를 하기도 했다. 황해도 수안의 제지소(製紙所)에서도 3년간 일했다. 그는 이렇게 어려서부터 온갖 천한 일을 하면서 못사는 사람들의 애환과 소망을 절절히 체험했고 항상 이들과 호흡을 같이하며 컸다. 1891년에는 금강산 신계사에 들어가 2년 동안 승려생활을 하면서 지담(止潭)으로부터 글을 배우고 승군의 활동에 대해 들으며 민족의식을 키웠다. 마침내 1907년 군대해산을 계기로 전국적인 의병항쟁이 일어나자 차도선, 송상봉 등과 포수, 농민들을 모아 거병하여 일본군 북청수비대를 궤멸시키는 등 혁혁한 전과를 올렸다. 그러자 일제는 그의 체포에 혈안이 됐고 그가 잡히지 않자 일진회원을 시켜 그의 아내를 체포, 처형시켜버렸다.

이후 국내에서의 무력항쟁에 한계를 느끼고 블라디보스토크로 망명, 노동자로 일하는 한편 노동회를 조직, 품삯의 일부를 군자금으로 비축했다. 1918년 일본군이 한인 민족운동을 말살하기 위해 연해주로 쳐들어오자 100여 명의 독립군을 이끌고 이들과 싸웠고, 이듬해 대한독립군을 편성하여 다시 국내로 진공하기 시작했다. 8, 9월에는 혜산진·만포·자성 등지에서 일본군과 전투를 벌이고 1920년 봄 온성·종성 일대로 진격했다. 봉오동싸움의 단초가 여기서부터 열리기 시작한 것이다.

봉오동·청산리의 대승은 따지고 보면 우연히 얻은 단 한 번의 승리가 아니고 홍범도의 이런 고난에 찬 역정의 결정체인 셈이다. 1868년생. 평북 양덕 출신. 일명 범도(範道).

새로 나온 책
박은식 「한국독립운동지혈사」

「한국통사」 속편 … 근대사 주체적 서술

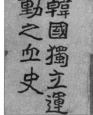

1920년 12월 중국에 망명 중인 독립운동계의 원로 백암 박은식이 독립운동을 축으로 우리 근대사를 기술한 「한국독립운동지혈사」를 출간했다. 이 책은 1915년 편찬한 「한국통사」의 속편에 해당하는 데 3·1운동이 이 책을 집필하는 데 주요한 계기가 됐다고 한다.

박은식은 서문에서 「한국통사」를 저술한 후 민족독립을 기다려 그 속편으로 광복사를 쓰려고 했으나 마침 거족적인 3·1운동이 일어났기 때문에 광복 때까지 기다릴 것 없이 이 책을 쓰게 됐다고 밝혔다.

상편, 하편, 부록의 3편으로 이루어져 있는 이 책은 갑신정변부터 일제치하 1920년까지의 일제의 침략과정, 의병의 활동, 독립운동의 상황을 상세히 기술하고 있다. 특히 일제의 침략 죄상을 낱낱이 비판하고 3·1운동이 갑신정변 이래 민족내부에 축적되어온 민족독립운동 역량이 봉기한 것임을 천명한다. 이어 3·1운동을 전환점으로 한국민족의 불굴의 독립운동이 더욱 거세게 일어나 반드시 독립을 이루어낼 수 있을 것이라는 낙관적 견해를 표명하고 있다. 이 책은 전통적인 역사서술방식인 편년체나 기전체에서 탈피, 근대역사학의 서술방식인 주제·사건·사실별 체제를 택하여 역사학적으로도 큰 의의를 지니는 것으로 평가되고 있다.

동아·조선 잇단 창간
민간지 시대 열려

"일제와 타협 산물아니냐" 곱지않은 시각도

1920년 들어 「동아일보」, 「조선일보」, 「시사신문」 등이 잇따라 창간돼 다시금 민간지 시대가 열렸다.

그동안 「매일신보」가 있었지만 총독부의 기관지였기 때문에 우리 민족의 신문이라고 할 수 없었는데 3·1운동 후 총독부의 이른바 문화정치의 일환으로 신문창간이 허가됨으로써 민간신문이 창간된 것이다. 그러나 일제당국은 이번에 신문창간을 허가하면서 면밀한 심사를 한 것으로 알려졌다. 그 결과 친일적인 자본가단체인 대정친목회에 「조선일보」 창간을 허가해줬다. 또 「동아일보」는 호남재벌인 김성수가 실질적인 주인이지만 친일정치인 박영효의 명의를 빌려 허가받을 수 있었다. 이렇기 때문에 일부에서는 이번에 창간된 신문들을 두고 일제와의 타협에 의한 것이 아니냐는 곱지 않은 시선을 던지기도 한다.

동아 · 조선에 바란다

1910년 국권을 상실하면서 민간신문들이 강제 폐간당한 지 꼭 10년 만에 다시 민간지들이 발행된 것을 받아보니 감개가 무량하다. 그러나 현재의 국내외 정세를 보면 그냥 감격만 하고 있을 상황이 아니다.

국내로 보면 3·1운동 이후 일제가 문화정치라는 카드를 내밀며 우리의 독립의지를 희석시키려고 하고 국제적으로 보면 1차세계대전 전후처리에서 우리의 기대와는 달리 식민지 독립문제가 도외시되고 있다. 이런 상황에서 민족의 독립역량을 모으는 데 언론의 역할은 너무나도 중요하다. 그러나 이번에 창간된 「동아」와 「조선」을 보노라면 그러한 중요한 역할을 제대로 해낼 수 있을지 의문이다. 「동아」의 사장은 친일정객 박영효이고 「조선」의 사장은 한국과 일본의 동화를 주장하는 조진태이다. 그래서인지 「동아」는 '문화주의'를, 「조선」은 '신문명진보주의'를 기치로 내걸었는데 이는 어쩐지 총독부의 '문화정책'과 비슷한 느낌을 준다.

그러나 일방적으로 비판만 할 것은 아니라고 본다. 제도권 언론으로 살아남으려면 그 정도는 감수해야 할지도 모른다. 아무쪼록 양 언론이 독립의 대의를 잊지 말고 끝까지 민족의 필봉으로 남기를 간곡히 바란다.
　　　　　　　　남산골 김서방

천도교, 사회운동 위해
월간종합지 「개벽」 펴내

1920년 6월 25일 천도교 청년회에서 월간종합지인 「개벽」을 창간했다. 천도교의 후천개벽사상에서 이름을 따 개벽이라고 하였으며 발행인은 최종정, 편집인은 이돈화로 모두 천도교계의 중진들이다.

이 잡지는 창간호에서 민족사상의 앙양에 주력하겠다고 밝혀 창간호부터 발간과 동시에 일제에게 전부 압수당하는 비운을 겪었는데 앞으로도 일제당국과 마찰이 잦을 것으로 전망된다.

또 지면의 3분의 1 이상을 문학과 예술에 할애, 앞으로 신진문학가들이 문단에 데뷔할 수 있는 창구역할을 할 것으로 보인다. 문단은 발표공간이 몇몇 동인지밖에 없던 차에 큰 기대를 걸고 있다고 한다.

김억 - 오상순 등
문예동인지 「폐허」 창간

1920년 7월 김억, 오상순, 염상섭 등 문인들이 동인지 「폐허」를 창간했다. 이 동인지의 창간은 지난해 도쿄에서 발간된 동인지 「창조」의 뒤를 이은 것으로 국내에 동인지운동을 전파하는 계기가 될 전망이다.

「폐허」는 그 제호에서도 알 수 있듯이 서양문예의 퇴폐주의인 데카당스를 사상적 기초로 하고 있다. 데카당스란 서양사회에서 세기말의 불안과 방황을 반영한 사조다. 3·1운동이 끝나고 난 뒤 절망에 빠진 우리 유학생들이 이러한 우울하고 비관적인 사조에 빠져들어가는 것은 어쩌면 당연한 일인지도 모른다는 분석도 있다. 그렇지만 이 동인지에 실린 모든 글이 퇴폐주의를 담고 있는 것은 아니다.

최초 한국영화
「의리적 구투」
단성사서 개봉

1919년 최초의 한국영화 「의리적 구투(義理的 仇鬪)」가 서울 단성사에서 개봉됐다. 매일같이 관객들이 구름떼처럼 몰려들어 평소 40전이던 상등석의 관람료가 1원으로 올랐으며 하등석도 80전이나 한다.

줄거리는 가문의 재산을 노리는 계모의 흉계를 물리치고 가문을 일으키는 과정을 담고 있으며 김도산과 이경환이 주연을 맡았다. 제작자는 단성사 대표 박승필이다.

이 영화는 우리나라 사람이 제작한 최초의 영화라는 점에서 의미를 갖지만 아직 영화로서의 완성도는 떨어진다. 즉 이 영화는 연쇄극인데 연쇄극이란 기본 줄거리는 연극으로 이어가면서 중간중간 무대에서 해결할 수 없는 장면만 영화로 찍어 삽입한 것을 말한다. 흥행에 성공해 1천 원 정도 들어간 제작비는 벌써 회수했다고 한다.

일본 미술평론가 야나기, 일제통치행태 비판

"두 민족 참된 친선의 길 찾아야" 이상주의자적 관점 피력

1920년 4월 일본의 저명한 미술평론가 야나기 무네요시(柳宗悅)가 「동아일보」에 발표한 「조선의 벗에게 드리는 글」이 화제가 되고 있다.

야나기는 한국의 예술품과 그 미에 매료돼 '한국의 아름다움은 선(線)의 아름다움'이란 주장을 해 주목을 받은 바 있다. 그는 이번 글에서 일본내 양심적인 지식인을 대표해서 3·1운동에 대한 일본의 무자비한 무력탄압은 잘못이라고 개탄하며 두 민족의 참된 친선과 이해의 길이 무엇인가를 찾아야 한다고 일제당국에 호소하고 있다. 또 공포와 좌절 속에 빠져 있는 한국인들에게 우정 어린 마음으로 희망과 용기를 북돋워주고 있다.

이 글을 읽고 많은 사람이 일본인들 가운데도 미미하나마 양심과 정의를 가진 사람이 있다는 것을 알게 돼 신선한 느낌을 받았다고 말한다. 그러나 일부에서는 야나기가 코스모폴리탄의 이상을 가지고 자기 나라를 비판한 점은 높이 사지만 우리 입장에서는 이러한 코스모폴리탄의 이상만으로 일제의 지배를 극복할 수는 없다는 지적도 있다.

역사신문

이광수는 '일제 앵무새'인가

일제 침략논리 빼닮은 '민족개조론' 「개벽」지에 발표

3·1운동-독립운동 열기 싸잡아 모욕…해외서도 분노

1922년 국내 최고의 작가이자 2·8독립선언문 작성자인 이광수가 월간 「개벽」 5월호에 "민족이 무능하여 독립이 불가능하다"고 전제하고, "민족을 개조해야 살 수 있다. 그러기 위해서는 교육과 산업의 발전이 독립보다, 정치보다 필요하다"는 요지의 '민족개조론'을 발표해 국내외에 파문을 일으켰다.

특히 우리 민족이 아직도 미개상태를 벗어나지 못했다는 부분과 3·1운동 및 3·1운동 이후 민족의 각성으로 활발해진 민족해방운동, 사회운동을 전면부정하고 모욕한 부분이 격렬한 분노를 사고 있다. 이에 따라 이 글을 발표한 개벽사와 이광수의 자택이 흥분한 시민들에 의해 습격당하는 등 사태가 심상치 않게 전개되고 있다.

비평가 신상우는 "어떤 근거로 민족을 모욕하는가. 춘원이 병약해서 헛소리한 것이 아니라면 지조를 저버린 것이 틀림없다"며 "빛 없는 명성을 얻으려 하지 마라"고 질타했다. 신일용은 "나는 일찍이 춘원의 문제에 감탄해, 조선문단의 선구자로 존경해왔다. 그러나 모순투성이의 글을 써서 자신을 죽였으니 가엾기 짝이 없다"고 혹평했다.

세간에서는 이광수가 도쿄에서 2·8독립선언을 기초하고 상해임정에서 「독립신문」의 사장 노릇까지 했는데도 작년에 귀국할 때 경찰에 체포되지 않아 총독부측과 모종의 거래가 있지 않았나 하는 의혹이 일었다. 이후 「동아일보」에서 거액의 월급을 받고 논설위원으로 일하고, 천도교 종학원의 강사로 버젓이 활동해 의혹은 더욱 증폭돼왔다. 결국 이번 '민족개조론' 파문은 그러한 의혹이 사실임을 입증한 것이라는 게 시중의 여론이다.

한편 총독부 경무국장 마루야마 쓰루키치는 사석에서 "이광수가 비정치적인 입장을 가지고 있어 관여할 바 아니다"며 사태를 즐기는 듯한 태도를 보였다.

관련기사 2면 참조기사 3호 6면

외교무대 "좌는 가깝고 우는 멀다"

소련, 독립 적극 지원 약속…미국 등 회의 참석조차 불허

1921년 11월과 1922년 1월 모스크바와 워싱턴에서 각각 열린 '극동인민대표대회'와 '태평양회의'에 우리 대표단이 참석하여 활발한 외교활동을 폈으나 소련은 우리 독립운동에 대한 적극 지원을 표명한 반면 미국 등 서구열강은 회의 참석을 불허하는 등 푸대접으로 일관해 현격한 대조를 보였다.

'태평양회의'는 태평양연안 및 극동지역의 문제를 두고 열강들의 이해를 조정하기 위한 회의였는데 우리 임정은 전권대사 이승만, 전권부사 김규식을 파견하여 외교활동을 펴도록 했다. 이들은 국내외 애국지사 372명이 서명한 독립건의서를 제출, 일본의 한국합병을 부인하고 상해임정이 한국의 유일한 정부임을 알렸다. 그러나 대표단은 회의에 참석하지 못했고 한국문제가 공식의제로 채택되지도 못하였다.

관련기사 3면

한편 '극동인민대표대회'는 중국, 한국, 일본, 자바 등으로부터 대표를 초청하여 모스크바에서 열렸는데, 한국은 김규식 등의 민족주의 인사와 이동휘, 여운형, 박헌영을 비롯한 사회주의 인사 등 좌우익을 합해 52명이 참석했다. 여운형이 모스크바 역전에서 연설하고, 김규식이 대회에서 개회사를 하는 등 활발한 활동을 전개했고 특히 이동휘와 여운형은 레닌과 면담, 한국의 민족해방운동을 적극 지원하겠다는 약속을 받아냈다.

임정 '공중분해' 위기

이승만 독선에 내분…이동휘마저 자금 스캔들로 사임

신채호 등 "임정 부인 – 국민대표회 소집" 주장

1920년 임정이 이승만대통령(왼쪽사진)의 독선적 행동으로 내분을 겪어 위신이 실추된 가운데 이동휘국무총리(오른쪽)마저 사임, 임정이 공중분해 위기를 맞고 있다.

이승만은 최근 미국교포들의 임정 지원금을 중간에서 가로채 임의로 사용함으로써 상해임정이 그의 탄핵을 요구하고 나선 상태다.

이승만대통령 문제는 이미 임정 초기부터 논란이 끊이지 않았다. 당시 임정에는 대통령 직위가 없고 국무총리가 정부를 대표하는 체제였는데, 국무총리 이승만이 미국에서 계속 대통령 행세를 하는 바람에 상해에서 이승만에게 전보를 띄워 "계속 대통령 행세를 하는 것은 위헌이니 이를 중지할 것"을 통고했다. 그러나 이승만은 "우리끼리 내분으로 시끄러워지고 이것이 외국에 알려지면 독립운동에 방해가 되니 떠들지 마시오"라는 고압적인 답변을 보내 상해측 인사들을 분노케 했다. 결국 안창호의 중재로 1919년 9월 헌법을 개정해 이승만에게 대통령 직위를 주고 국무총리에 이동휘가 임명됨으로써 사태는 일단락됐으나 자금문제로 다시 내분이 일고 있다.

한편 이동휘국무총리는 이승만의 독선적 행동을 비판하며 사임했다. 그러나 그는 소련에서 지원받은 60만 루블을 임정에 입금시키지 않고 자신의 고려공산당 운영자금으로 사용해 파문을 일으킨 바 있다. 이로써 임정은 최고책임자인 대통령과 국무총리가 내외로부터 규탄받는 바람에 활동이 거의 중단되다시피한 상태다.

이런 가운데 1921년 4월 북경에서 박용만, 신채호 등의 주도 아래 만주와 노령에서 활동하는 10개 무장독립운동조직의 대표들이 참석한 군사통일주비회를 열고 독립군들이 통일적 대오를 갖출 것을 결의하는 한편, 이승만의 독선을 성토하며 임정의 법통을 부인한다고 발표해 주목을 끌고 있다. 이들은 임정의 법통문제를 해결하기 위해 국민대표회를 소집할 것을 결의하고 준비에 나서고 있어 귀추가 주목되고 있다.

관련기사 2면

한국학생들에게 일본어를 가르치는 보통학교 수업 광경.

총독부 교육령 개정 발표…'동화주의 교육' 노골적

1922년 2월 총독부는 교육령 개정안을 발표했다. 이번 개정안은 표면상 일본인과 한국인을 차별하지 않는다는 명분으로 한국의 학제를 일본의 학제와 동일하게 한 것이지만 실질적으로는 일본식 교육을 더욱 강화한 것이다.

이에 따라 우선 수업연한을 연장해 보통학교는 4년에서 6년으로, 고등보통학교는 4년에서 5년으로 했다. 교육과정에서는 한국어를 필수과목으로 정해 이른바 '문화정치'의 생색을 내면서도 다른 한편으로는 일본어, 일본사, 수신(修身) 등의 교육을 대폭 강화했다. 또한 실업교육, 전문교육, 대학교육도 일본의 제도를 따르도록 해 한국에도 대학 설립의 길을 열었다.

이번 교육령 개정은 문화통치의 일환이지만, 일제의 실제 의도인 동화(同化)교육, 즉 일본화교육을 강조하여 한국인을 일본제국의 신민(臣民)으로 확고히 개조하려는 데 초점이 맞춰져 있다고 할 수 있다. 교육령의 개선을 희망하고 건의서를 냈던 사람들은 "특히 보통학교만큼은 한국어로 가르쳐야 한다는 주장이 받아들여지지 않아 지극히 실망스럽다"는 반응이다.

참조기사 1호 1면

노동자·농민 심상찮다

파업-소작쟁의 잇따라

1920년대 들어 부산의 부두노동자가 파업을 벌이고 순천의 농민들이 소작인대회를 개최하는 등 노동자와 농민의 동향이 심상치 않게 전개되고 있다.

이는 식민지 경제체제가 결국 노동자와 농민에게 극심한 생활고만 가져다주었다는 반증으로 해석되고 있다. 소작농민들은 토지조사사업으로 경작권마저 박탈당하면서 생활조건이 급격히 악화되고 있고 노동자들은 극도의 저임금에 시달리고 있다. 일제당국은 시국 불안정에 대해 신경을 곤두세우면서도 뾰족한 대책을 찾지 못하고 있다.

관련기사 4면

역사신문

3·1정신 잊지 말고 민족대단결 원칙 지켜야

상해임정의 분열상을 보며

3·1운동의 감격적인 순간을 겪은 지 불과 몇 해가 지났다. 당시에 우리는 민족운동을 지도할 최고기관의 필요성을 절감하고 각처에 있는 임시정부를 통합하여 통합임시정부를 상해에 세웠다. 내로라 하는 인사들이 각처에서 결집하여 온 겨레들에게 이제 무언가 이루어지겠거니 하는 희망을 안겨줬다.

그런데 3년 가량이 지나간 지금 우리는 우울한 광경을 목격하고 있다. 민족의 대동단결을 힘차게 세계에 떨쳤던 그날의 기백은 어디로 사라지고, 이제 편을 갈라 서로를 비방하고 있다. 이번 임시정부의 분열은 크게 외교론과 무장투쟁론자들 간에 일어난 것으로 보고 있지만 주도권문제로 감정적 대립이 격화되고 있다는 얘기도 있다. 특히 미국의 동포들이 사탕수수 농장 등에서 어렵게 일하면서 한푼 두푼 모아서 낸 성금을 이승만이 임시정부에 내지 않고 자기 주머니를 차고 있는 것은 아주 큰 문제다. 동포들이 돈을 낸 것은 독립을 기원하는 마음에서였을 것이다. 그러니 돈을 낸 사람들의 뜻을 생각해서라도 이 돈을 가지고 사리사욕을 채워서는 안 된다. 독립이 하루아침에 이루어지는 일이 아니라면 해외동포들의 자금지원을 계속 받아야 할 터인데 여기에 의혹이 많다면 누가 믿고 돈을 내놓겠는가.

우리는 어느 한쪽에 편을 들자는 것이 아니라 대원칙을 확인하고 이를 기준으로 시비를 가리자는 것이다. 임시정부는 3·1운동의 정신을 이어받아 세워졌다. 따라서 임정의 창립정신은 3·1운동에서 높이 고양된 민족대단결의 원칙일 것이다. 임정의 분란을 해결하는 길은 누가 민족의 독립과 민족대단결이라는 원칙 위에 서 있고 어느 쪽이 이를 깨뜨리는가를 판별하면 해결될 것이다.

임시정부의 분열은 해외에서만 그치는 문제가 아니라 국내에까지 영향을 주고 있다. 이광수가 쓴 「민족개조론」은 독립은 제쳐두고 낙후한 민족성을 개조하는 것이 급선무라고 주장해 독립운동전선에 혼선을 빚고 있다. 특히 3·1운동이나 독립운동을 전면부정하고 있어 국내는 벌집 쑤신 듯이 소란하다. 이것은 일제가 3·1운동 이후 고도의 민족분열정책을 구사하고 있는 것에도 한 요인이 있겠지만 무엇보다도 독립운동의 최고 지도기관이 중심을 못 잡고 흔들리는 모습을 보이고 있기 때문이기도 하다.

임시정부를 이끌어가는 민족지도자들은 하루바삐 단결하여 전열을 재정비해야 한다. 제2의 3·1운동을 만들어가는 각오로 큰 뜻을 위해 작은 이해를 버려야 한다. 민족지도자들은 우리 민족구성원들이 지도자들에게 기대하는 바가 무엇인지 깊이 통찰하기 바란다.

그림마당
이은홍

상해임정 왜 이러나

명망가들 주도권 다툼, 구조적 문제 겹쳐
미국·상해 인사 간 운동노선 '동상이몽' … 재정 문제로도 잡음

전 민족의 기대 속에 출범한 임정이 극심한 내분으로 붕괴될 위기에 처했다. 이는 현상적으로는 임정에 참여하고 있는 명망가들의 주도권 싸움에서 비롯된 것이지만 그 배경에는 임정이 민족구성원의 총의에 의해 운영되지 못하다는 점, 재정이 극도로 열악하다는 점 등 구조적인 문제가 도사리고 있다.

임정은 창설 초기에는 3·1운동으로 고양된 전 민족의 독립의지에 힘입어 통일단결의 기운이 높았다. 그러나 시간이 흐름에 따라 만주, 노령, 미주 등지에 흩어져 있는 독립운동세력을 하나로 결집하기에는 역부족임이 드러나고 있는 것이다.

이러한 상황에서 지도부를 구성하고 있는 인사들 사이의 주도권 다툼이 일어날 개연성은 일찍부터 존재해왔다. 특히 미국을 주무대로 활동하는 이승만과 중국본토에서 활동하는 임정의 대다수 인사들은 활동환경이 판이하게 다른만큼 운동노선도 다를 수밖에 없어 갈등의 소지를 안고 있었다. 미국을 무대로 활동하는 이승만은 외교적 노력에 의한 독립을 일관되게 주장하고 있고 상해는 만주와 노령에서의 무장투쟁에 직접 영향을 받고 있어 둘 사이가 구조적으로 조화될 수 없는 측면이 있었던 것이다.

더구나 임정 내부사정은 최근 러시아혁명의 영향으로 한인사회에 일고 있는 사회주의 열풍 때문에 더욱 복잡해지고 있다. 현재 우리나라 독립운동에 물적 지원을 해주겠다는 국가는 소련이 유일하다. 그리고 소련은 그 대가로 사회주의세력이 한국독립운동의 주도권을 쥐도록 요구하고 있는 것이다.

이승만의 이탈로 임정 재정의 상당 부분을 차지하던 하와이와 미주 등지로부터의 지원금이 끊기고, 이동휘의 이탈로 소련의 자금지원이 끊긴 것은 이런 점에서 상징적이다. 이렇게 되면 상해임정은 그야말로 집세 내기도 어려워질 형편이다.

뜻있는 이들은 독립운동 명망가들로 하여금 임정의 법통은 국민들로부터 나오는 것이라는 점을 인식하고 단결하도록 호소하고 있지만 꼬여만 가는 국면을 되돌리기에는 역부족으로 보인다.

'민족개조론' 이광수에게 묻는다
"우리 민족은 근본부터 열등… 민족성을 개조해야"

「민족개조론」을 써서 논란이 되고 있는 이광수를 만나보았다.

▲ 우선 3·1운동에 앞서 '2·8독립선언문'을 직접 작성하고 또 상해임정에서 「독립신문」 사장을 맡았던 사람으로서 3·1운동을 미개야만인종의 난동으로, 해외독립운동가를 사기꾼으로 모욕을 주는 데 놀라지 않을 수 없다. 생각이 극에서 극으로 바뀌게 된 배경은 무엇인가.

안창호선생의 '무실역행(務實力行)' 사상으로부터 깨달은 바가 크다. 또 프랑스의 민족심리학자 르봉의 이론을 많이 공부했다.

▲ 르봉의 이론에 따르면 근본성격이 열악한 민족은 개조 가능성이 없고 멸망할 수밖에 없다고 한다. 그리고 당신은 우리 민족의 근본성격이 열악하다고 했다. 그러면서도 '수양동맹회' 같은 단체를 통해 민족을 개조하고자 하는 것은 모순이 아닌가.

소수의 예외적인 선각자들이 있을 수 있다.

▲ 그렇다면 그 소수의 선각자들을 중심으로 민족성이 개조됐을 때 우리 민족은 일본으로부터 독립하게 되는가.

자신할 수 없다.

▲ 자신의 주장에 대해서도 자신할 수 없는가.

백년쯤 후면 내 진심을 알게 될 것이다.

▲ 상해에서 귀국한 것은 최근 결혼한 신여성 허영숙이 상해로 와서 귀국할 것을 종용했기 때문이라고 알고 있다. 허영숙이 그 당시 사이토총독의 정치참모인 아베(阿部)의 친서를 가지고 오지 않았는가.

뭐라고 말할 수 없다.

▲ 귀국 후 사이토총독과 만나 '유랑조선청년 선도구제의 건'을 제시하면서 우리 열혈청년들을 사기꾼이나 강도로 표현한 것이 사실인가.

「민족개조론」을 잘 읽어보면 나의 충정을 이해할 것이다.

이광수 어떤 인물인가
「무정」 등 소설로 명망
「독립신문」 주필 등 활동
최근 변절자 비난 일어

1917년 최초의 근대적 장편소설 「무정」 발표. 1919년 도쿄에서 '2·8독립선언문' 집필. 상해임정에서 「독립신문」 주필 역임. 이 정도의 화려한 문필경력을 가진 이는 아마 조선에 없을 것이다. 또 최근에는 우리나라 최초의 여의사 허영숙과 세간을 떠들썩하게 하는 열애 끝에 결혼해 또다른 의미의 충격을 줬다.

1921년 귀국, 경찰에 체포됐으나 불기소처분으로 석방. 이후 그간의 독립운동을 깨끗이 청산하고 일제에 적극 협력하고 있는 중. 3·1운동으로 복역하다 최근 출감한 최린, 최남선과 '친일파 트로이카'를 형성한 셈. '민족개조론'의 실천단체인 '수양동맹회'를 결성, 바쁜 나날을 보내고 있다. "서리 맞은 낙엽에 묻힌 산골짜기 암자에서 꾀꼬리 울고 물에 고기 뛰는 아름다운 세상으로 나온 것"이 자신의 처지라고.

1892년 평북 정주 출생으로 11살에 일진회 유학생으로 선발돼 일본으로 건너갔다. 1910년에 귀국해서 오산학교 교원생활을 했다.

'민족개조론' 어떤 내용인가 (요지)

어떻게 하면 우리 민족을 행복과 번영으로 인도할 것인가. 민족성을 개조해야 한다. 왜냐하면 우리 민족이 피폐한 것은 바로 민족성이 나태와 비겁과 불신으로 가득 차 있기 때문이다. 우리나라가 식민지가 된 것은 이런 점에서 필연적이다. 1919년의 3·1운동도 무지몽매한 야만인종의 맹목적 행동에 불과하다. 독립은 일종의 법률상 수속이니 이는 독립의 실력이 있을 때 국제법상 수속으로 되는 것이지 운동으로 되는 것이 아니다.

프랑스 학자 르봉(Le Bon)에 따르면 민족에게는 근본적 성격과 부속적 성격이 있다고 하며 근본적 성격이 열악한 민족은 살아남을 수 없다고 했다. 우리 민족은 원래 인(仁)·의(義)·예(禮)·용(勇)과 같은 좋은 기본성격을 가지고 있었으나 지금은 이것이 허위, 나태, 비사회성, 경제적 쇠약으로 바뀌고 말았다. 따라서 우리 민족의 개조 가능성은 비관적이다.

그러나 방법이 없는 것은 아니다. 근본적 악을 가장 소량으로 지닌 소수의 선각자들이 민족 개조에 나서면 된다. 이러한 일을 수행할 동맹체가 필요하니 이에 가장 적합한 것이 '수양동맹회'다. 이들을 중심으로 오직 교육의 진흥, 산업의 발전, 민도의 진작 같은 어느 정부도 실현할 수 있는 비정치적인 근대화를 달성하는 것이 이상적이다.

요즘 명사라고 자처하는 이들을 보면 공상과 공론만 떠드는 이는 나태한 자의 특징이다. 애국명망가라고 하는 자들은 감옥에나 드나들거리는 것, 해외에 떠돌아다니는 것밖에 하는 위, 나네, 비사회성, 경제적 쇠약으로 바뀌고 말았다. 망명객들은 최근 중국의 고관, 부호에게 애걸하거나 사기로 금품 뜯는 일을 능사로 한다.

우리는 우선 국가에 대한 의무를 다하고 봉사하는 국민이 되어야 한다. 특히 도, 부, 군, 면과 같은 행정자치단체의 일원으로서 단체생활에 충실해야 한다. 조선인이 교육을 떠들고 산업을 떠들면서 아무 일도 해놓은 것이 없지만 일본은 우리나라에 전등, 수도, 전신, 철도, 도로, 학교 같은 것을 만들어 세웠다.

민족의 타락상을 개조하지 않으면 우리 민족의 장래는 쇠퇴를 거듭하며 멸망할 뿐일 것이다. 실제로 나는 매우 비관적이다.

각지 청년회 … 조선청년회연합회로 결집

종교계 중심 '금주금연' 등 문화운동 치중 … 사회주의계도 꿈틀

3·1운동 이후 전국에 청년회 설립 붐이 일어 각지에 수많은 청년회가 조직된 가운데 이들 청년회들의 통합작업이 진전되어 조선청년회연합회가 설립됐다.

이들 청년회들은 대부분 금주, 금연 등 계몽활동에 치중하는 문화운동을 펼치고 있지만 한편에서 사회주의적 성격이 짙은 세력이 대두하고 있기도 하다.

3·1운동 후 설립된 청년회는 1920년에 251개, 1921년에 446개, 1922년에 448개에 달하며 이 가운데 종교관계 청년회가 큰 비중을 차지하고 있다. 이렇게 광범하게 설립된 청년회는 1920년부터 통합의 움직임을 보여 조선청년회연합회기성회가 조직되었으며 드디어 12월 종로 중앙청년회관에서 조선청년회연합회가 결성됐다. 이날 116개 회원단체 가운데 84개 단체의 대표 124명이 참석했는데 집행위원장에 오상근, 집행위원에 윤자영, 이영, 안확 등을 선출했다. 연합회는 실력양성 등 개량주의적 문화운동을 표방하고 있지만 사회주의성향을 가진 단체에서는 정치적인 활동을 더욱 더 요구할 것으로 예상된다.

청년·지식인에 '사회주의' 확산

1922년 들어 청년 지식인들 사이에 사회주의 붐이 일어 각종 사상단체가 속속 결성되고 있다.

1월에는 윤덕병, 김한, 신백우 등 국내 지식인들이 최초의 사회주의 사상단체인 무산자동지회를 결성하였으며 2월에는 일본유학생들이 고학생동우회를 조직, 「조선일보」에 직접적 계급투쟁을 주장한 「동우회선언」을 발표하여 충격을 주었다. 앞으로도 사회주의 사상단체의 설립은 계속 이어질 것으로 보여 사회주의이념이 청년계에 큰 영향을 끼칠 것으로 보인다. 사회주의의 바람은 연해주, 만주, 상해 등지와 일본 도쿄를 통해서 불어오고 있다.

일본은 현재 이른바 다이쇼 데모크라시 시대의 정치적 자유로 말미암아 사회주의운동이 활발히 전개되고 있는데 우리 유학생들이 일본의 사회주의단체에 개별적으로 참가하면서 사회주의와 첫 접촉이 시작됐다.

이후 유학생들 간에 사회주의 사상단체 조직의 움직임이 일어나 1921년 10월 원종린 등이 신인연맹을 조직했으며 11월에는 김약산, 박열 등이 흑도회를 조직했다. 이러한 분위기 속에서 일본유학생의 친목단체인 고학생동우회도 급격히 좌경화되어 앞서 말한 동우회선언을 발표하기에 이른 것이다.

한편 이러한 사회주의 바람은 국내에도 밀려들어 1922년 1월 조직된 무산자동지회가 이영 등이 조직한 신인동맹과 통합하여 무산자동맹회로 발전, 국내에서의 사회주의 붐을 선도하고 있다.

사회주의 붐, 무엇 때문인가

자본주의 극복 통한 '계급·민족해방' 추구

현재 청년계에서 신사상이란 이름으로 붐을 일으키고 있는 사회주의란 유럽에서 발생한 것으로서 노동자들의 계급해방을 통해 인간해방을 이루려는 사상이다. 아직 노동자계급의 성장이 부진한 우리 실정에서 사회주의 사상은 아직 걸맞지 않은 것 같기도 하지만 우리 청년들은 이를 맹렬하게 받아들이고 있다.

우리 청년들은 왜 사회주의 사상에 공명하고 있을까? 이는 일본의 식민지 지배는 본질적으로 자본주의에 의한 지배라고 보고 자본주의의 극복을 통해서만 궁극적인 해방이 있을 수 있다고 믿기 때문이다.

또한 1917년 러시아혁명으로 수립된 공산주의정권이 식민지 민족해방운동을 적극 지원하고 나선 것도 사회주의 붐의 또다른 이유이다. 소련이 식민지 민족해방운동을 지원하고 나선 것은 자신이 자본주의열강의 포위에서 벗어나려면 식민지 민족해방운동과의 연합이 절실하기 때문이다. 앞으로 세계 세력판도는 자본주의열강 대 사회주의국가 및 식민지국가의 대결구도로 이루어질 전망이어서 식민지 지식인들 사이에 사회주의의 영향력은 더욱 커질 것으로 보인다.

양근환, 친일파 민원식 도쿄서 살해

1921년 1월 16일 28세 청년 양근환(사진)이 친일파 민원식을 도쿄 철도호텔에서 살해한 사건이 일어났다. 양근환은 거사를 감행하고 상해로 도피하려다 경찰에 체포됐다.

살해당한 민원식이 일본에 건너간 목적은 일본에 참정권 청원서를 제출하기 위해서였다고 한다.

참정권 청원은 일본 국회에 한국인 대표를 보내자는 것인데 마치 일본인과 동등한 법적 지위를 얻을 것처럼 해서 민족의 독립의지를 희석하려는 불순한 의도를 가진 것으로 해석되고 있다.

민원식은 상해임시정부가 1차 암살대상자로 지목할 만큼 친일행위를 일삼던 자다. 이미 1908년에 이지용 등과 함께 친일단체인 대한실업협회를 조직하여 반민족행위를 해왔고, 1919년 일제가 문화정치를 표방하자 신일본주의를 내걸고 국민협회라는 단체를 조직, 직업적으로 친일활동을 벌였다.

1920년 4월 「시사신문」을 발행하여 총독정치를 홍보하고 친일여론을 조성하던 인물로 원성이 자자했는데, 이번 일을 당하니 사람들은 "죽어도 싸다"며 양근환의 의기를 칭송하고 있다.

나라 밖 독립운동

자유시서 독립군 무장해제 거부

러군과 충돌, 다수 사상

1921년 6월 러시아 영토 자유시에서 우리 독립군이 러시아군대에 의해 강제로 무장해제당하고 그 과정에서 다수의 사상자가 발생하는 불행한 사건이 터졌다. 사건 당일 러시아의 자유시 수비대는 일본군에 쫓겨 이곳으로 몰려든 우리 독립군에게 무장해제를 요구하는 최후통첩을 보내왔다. 이에 대해 이르쿠츠크파 공산당에 소속된 독립군은 순순히 응했으나 상해파 공산당계열이 주도권을 장악하고 있는 사할린 의용대는 이를 끝내 거부했다. 이에 강제로 무장해제를 시키려는 러시아군과 충돌이 일어난 것이다. 사할린 의용대는 러시아군의 우세한 화력에 초반부터 다수의 사상자를 내고 900명에 이르는 병사가 포로로 잡혀 무장해제당했다.

이번 사건은 우리 사회주의운동 내부의 알력에 소련과 일본 사이의 밀약이 더해져 빚어진 것으로 앞으로 노령지방의 무장투쟁이 상당히

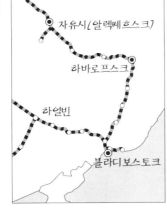

자유시(알렉쎄흐스크)
하바로프스크
하얼빈
블라디보스토크

약화될 것으로 우려된다. 소련정부는 일본이 우리 독립군을 핑계로 시베리아로 계속 진격해 들어오는 데 겁먹고 일본에 우리 독립군의 무장해제를 약속한 것으로 알려졌고, 이에 대해 우리 독립군 가운데 이르쿠츠크파는 소련의 정책에 동조하여 러시아군 휘하로 편입해 들어간 반면 상해파가 이끄는 사할린 의용대는 끝까지 독립군 해체를 거부하다 변을 당한 것이다.

이동휘·여운형의 레닌 면담기

"독립열기 못지않게 방법도 중요 … 공산주의 실천은 국내상황에 맞게"

극동인민대표대회에 참석한 이동휘와 여운형은 이곳에서 러시아혁명의 영웅 레닌은 물론 트로츠키, 지노비예프 등 고위관계자들과 접촉, 한국독립운동에 대해 심도 깊은 대화를 나눈 것으로 알려졌다. 이 중 레닌과 면담한 과정을 들어본다.

여운형 모스크바에서 그 유명한 레닌을 만났다. 나는 그를 만나기 전까지 러시아가 단지 한국에 자신들의 공산주의를 주입하려는 의도를 가진 것이 아닌가 의심하고 있던 참이었다. 그러나 실제로 레닌과 만나 얘기를 나누면서 이러한 의구심은 어느 정도 사라졌다.

그가 "한국의 교통과 언어는 어떻습니까" 하고 묻길래 "교통은 자동차로 하루면 끝에서 끝까지 갈 수 있고 언어는 단일민족어입니다"라고 했더니 그는 "한국은 옛날에는 문화가 발달한 나라였지만 지금은 민도가 낮기 때문에 공산주의를 당장 실천하는 것은 잘못입니다. 민주주의를 실천하는 것이 옳습니다" 하는 것이었다. 이것은 나의 주장과 완전히 같은 것이었다.

이동휘 나는 모스크바에 올 때 내심 불쾌한 감정을 가지고 있었다. 러시아측이 한인 사회주의운동의 한 분파인 이르쿠츠크파를 더 지원하는 듯했기 때문이다. 그러나 레닌과 실제 면담할 때 그는 이 문제에 관해 거론하지 않았다. 오히려 나에게 "한국의 공장과 농촌에 노동자가 얼마나 있습니까" 하고 물었다. 나는 통계자료가 없어 대답할 수가 없었다. 레닌은 웃으면서 지노비예프를 불러 "우리는 이동휘동지를 도와줘야 합니다. 이동휘동지는 한국독립을 향한 뜨거운 피를 가지고 있는 하지만 방법은 갖고 있지 않습니다"라고 말했다. 아쉽기는 했지만 역시 대혁명가답게 대국적으로 보는구나 하는 생각이 들었다.

신채호 등의 이승만 성토문(요지)

1921년 4월 1일 북경에서 임정 대통령 이승만의 위임통치청원 행동을 규탄하는 '성토문'이 발표됐다. 이 성토문에는 독립운동가 54명이 서명했으며 집필자는 신채호다.

우리 3천만 형제자매의 이름으로 이승만이 미국에 위임통치청원서를 제출한 것을 엄중히 성토한다.

조선이 이미 멸망했다 하여도 조선인의 마음에는 영원 독립의 조선이 있어 총이나 칼로, 아니면 맨손으로라도 싸우는 것이 조선의 정신이다. 친일자는 일본에, 친미자는 미국에 노예되기를 청원한다면 조선민족은 영원히 노예의 길을 걸을 것이니 이승만을 성토하지 않을 수 없다. 따지고 보면 이승만은 이완용이나 송병준보다 더 큰 역적이다. 이완용 등은 있는 나라를 팔아먹었지만, 이승만은 아직 우리나라를 찾기도 전에 있지도 않은 나라를 팔아먹는 자다.

부산 부두노동자 총파업 승리

임금인상 내걸고 10여 일간 투쟁 … 노동운동 본격 대두 '신호탄'

1921년 9월 부산 부두노동자 5천여 명이 총파업을 단행, 10여 일간의 파업투쟁 끝에 10% 정도의 임금인상을 얻어냈다. 이는 노동운동이 새로운 사회현상으로 본격 대두될 것임을 예고하는 것이어서 주목되고 있다.

이번 총파업은 9월 초부터 제기된 석탄운반노동자들의 임금인상요구가 사용자측에 의해 묵살당하면서 발생했다. 파업이 시작되자 경찰은 비상경계망을 펴 주동자를 체포하고 집회를 방해했으며 운송업자들도 경찰의 힘을 믿고 강경한 태도를 취했다. 그러나 10여 일 이상 파업이 계속돼 부산항의 화물수송이 마비되는 등 전 산업에 큰 타격을 주자 결국 양보하지 않을 수 없었다. 파업에 참가한 한 노동자는 이번 파업으로 얻은 직접적인 성과가 썩 흡족하지는 않지만 노동자 단결투쟁의 모범사례를 만들었다는 점에 자부심을 느낀다고 밝혔다. 식민지 경제체제가 지속되는 한 이와 같은 노동운동은 잇따를 것으로 예상된다.

노동문제 전문가들은 이번 총파업에 대해서 우리 경제의 산업화가 아직 더디고 식민지적인 구조를 갖고 있는 까닭에 노동운동의 중심을 산업노동자가 아니라 부두노동자가 맡게 된 것이라고 분석하고 있다.

노동공제회 '메이데이' 행사 첫 개최

1922년 5월 1일 조선노동공제회는 각황사에서 메이데이를 기념하는 강연회를 개최했다.

메이데이가 국내에는 아직 생소한 것이어서 이번 행사는 조촐한 규모로 치러졌다. 그러나 메이데이는 전세계 노동자들이 기리는 명절로 우리나라에서 메이데이 행사를 가진 것은 세계노동운동과 보조를 같이하게 되었다는 점에서 큰 의미가 있다.

일제당국은 이번 행사에 대해 직접적인 반응을 나타내고 있지는 않지만 메이데이 행사가 자칫 식민지 지배에 반발하는 운동으로 이어지지 않을까 하여 우려의 눈초리를 보내고 있는 것으로 알려지고 있다.

메이데이란

1886년 5월 1일 미국의 노동자들은 8시간 노동을 요구하면서 전국적인 파업에 들어갔다. 이 파업은 결국 노동자의 대승리로 돌아갔는데, 1889년 파리에서 열린 제2회 사회주의인터내셔널에서 이를 기념하여 5월 1일을 세계노동자의 날로 선포했다. 이후 해마다 이날이 되면 8시간노동제와 세계노동자의 단결을 도모하는 시위운동을 전개해왔는데 이날을 일컬어 메이데이라고 한다. 메이데이는 전세계로 확산되어 일본에서도 1919년부터 메이데이 행사를 개최했는데 도쿄에서 5천 명, 오사카에서는 1만 5천 명이 참가하는 등 성황을 이뤘다.

순천에서 소작인대회 열려

소작인조합 구성 … '지주가 지세 부담' 등 소작조건 개선투쟁 전개키로

1922년 12월 13일 순천농민 1천 600명이 소작인대회를 열어 지세의 지주 부담을 요구하고 나섰다. 이는 식민지 지주제의 전개에 따른 소작조건 악화에 대응한 농민들의 집단적인 반발로, 이러한 소작인들의 움직임은 전국적으로 확산될 것으로 전망된다. 이에 전국의 지주들은 긴장하고 있으며 일제당국도 이것이 식민지 지배에 대한 반대운동으로 이어지지 않을까 촉각을 곤두세우고 있다.

순천에서 소작조건 개선운동이 가장 먼저 일어난 것은 전라도지역이 식민지 지주제의 영향을 가장 많이 받았기 때문인데 순천의 농민들은 소작인대회에 이어 12월 28일에는 소작인조합을 조직하여 소작료 감액, 소작권이동 반대 등 소작조건 개선투쟁을 지속적으로 전개하기로 했다.

최근 조직된 조선노동공제회에서도 이 사건에 주목하여 소작인운동을 전국에 확산하는 데 주력하기로 했다. 특히 최근 사회주의사상의 영향을 받은 청년운동과 농민운동이 결합됐을 때 엄청난 파급력을 가질 수도 있다는 것이 공안당국의 관측이며 이에 일제는 매우 우려하고 있다고 한다.

'러시아혁명 특집' 이유 구속 … 「신생활」 필화사건 공판에 '인파'

1922년 12월 26일 경성지방법원에서 「신생활」지 필화사건에 대한 공판이 열렸다. 「신생활」은 올 3월 11일 창간된 잡지로서 지난 11월 22일 적화사상 선전을 이유로 발매 금지되고 사장 박희도가 구속된 바 있다.

이번 재판은 사회주의사상에 대한 최초의 탄압사건이어서 관심이 집중되고 있다. 이 잡지는 창간 이후 새로운 사상에 대한 소개에 주력하여 창간호부터 많은 기사가 삭제되는 등 탄압을 받아왔는데 이번 11월호와 12월호에서 러시아혁명을 특집으로 다루면서 발매 정지와 구속사태에 이른 것이다. 문제가 된 논문은 김명식의 「러시아혁명 기념」, 유진희의 「민족운동과 무산계급의 전술」, 이항발의 「자유노동조합 결성의 취지」 등인데 공안당국은 이 글이 러시아혁명을 옹호하고 사회주의 혁명을 고취하고 있다고 밝히고 있다. 언론계와 법조계에서는 이번 사건을 언론자유 수호 차원에서 대응하기로 하고 11월 27일에 언론옹호결의문을 채택하는 한편 공동변호인단을 구성하는 등 대책 마련에 나서고 있다.

이번 공판에도 아침부터 수백 명의 방청객이 몰려드는 등 화제를 불러일으키고 있는데 이는 현재 시중에 유행하고 있는 사회주의사상에 대한 관심을 반영하는 것이 아니겠냐는 분석이다.

"5월 1일은 어린이날" 천도교소년회 선포

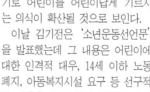

1922년 5월 1일 방정환(사진)과 김기전이 중심이 되어 활동하고 있는 천도교소년회는 성대한 기념식을 열고 이어 매년 5월 1일을 어린이날로 정하기로 결정했다. 이날 소년회는 동화·동요 잔치 등 어린이를 위한 다채로운 행사를 벌였다. 이 행사를 계기로 어린이를 어린이답게 기르자는 의식이 확산될 것으로 보인다.

이날 김기전은 '소년운동선언문'을 발표했는데 그 내용은 어린이에 대한 인격적 대우, 14세 이하 노동 폐지, 아동복지시설 요구 등 선구적인 내용을 담고 있어 전국의 소년단체들이 환영하고 있다.

안창남 고국방문비행 환호성 연발

1922년 12월 10일 한국인 최초의 비행사 안창남이 고국에서 역사적인 비행을 가졌다. 마침 일요일인 이날 비행을 지켜보기 위해 5만 명의 관중이 여의도 비행장과 한강변을 메웠다.

강풍이 몰아쳐 비행이 위험했지만, 안창남씨는 "수많은 군중들을 기다리게 할 수 없다"면서 비행을 감행했다. 마침내 12시 25분에 비행기는 활주로를 떠나 하늘로 올랐다. 비행기가 날아오르자 수만 군중의 환호로 넓은 여의도광장이 떠나갈 듯했다.

비행기는 1000m 상공에 조그맣게 떠서 한강을 지나 남산자락을 따라가다 동대문을 돌아 창덕궁에서 경의를 표한 후 돌아왔다. 여의도 상공에서 낙엽처럼 가로 세로로 핑핑돌기, 얕게 떠서 마치 비행기에 머리가 닿을 듯한 재주부리기 등을 선보여 갈채를 받았다. 비행기는 금강호로 명명된 영국제 단발쌍엽의 1인승으로 기체에는 한반도 지도가 그려졌다. 2시 20분에는 2차 비행을 시도했는데 이때는 약 800m 상공에서 "과학 발달에 힘쓰기 바란다"는 내용의 5색 삐라를 1만 장이나 뿌렸다.

이번 비행시범을 보인 안창남씨는 1919년 일본으로 건너가 도쿄 오쿠리비행학교에 입학, 3등비행사 자격을 따내 우리나라 최초의 비행사가 됐다.

이어서 1921년 6월 일본에서 열린 민간항공대회에서 2등에 입상하는 등 탁월한 비행실력을 보인 바 있어 주목을 받아오다가 이번에 동아일보사 초청으로 자랑스런 '고국방문비행'을 하게 된 것이다.

관련기사 6면

민족의 영산 백두산 첫 사진촬영

1921년 8월 동아일보 백두산 탐험대가 백두산을 최초로 사진촬영하는 데 성공했다. 사진촬영은 동아일보사 소속 사진기자인 일본인 야마하나 요시기요가 했다. 같이 간 한 기자는 "무거운 유리원판과 카메라를 운반하기가 쉽지 않았고, 마침 폭우로 감광재료가 침수되어 하마터면 사진을 못 찍을 뻔했다. 천지에 오른 순간 하늘이 금방 맑아져서 백두산이 생긴 이후 처음으로 사진을 찍을 수 있었다"며 하늘에 감사했다고 한다.

여성쪽 이혼소송 급증 … 위자료 청구까지

남편들 "아, 옛날이여"

시대가 발전함에 따라 여성들도 이제 자신의 운명을 남편의 손아귀에만 맡겨두지 않고 적극적으로 자기 권리를 찾아 나서고 있다. 최근 조사에 의하면 여성들의 이혼소송이 격증하는 추세다. 1915년 830건, 1916년 905건, 1917년 951건이던 이혼소송이 1918년에는 1천42건, 1919년에는 1천248건에 이를 정도로 크게 늘었다. 가장 큰 소송 이유는 남편의 학대 때문인 것으로 조사됐고, 그 다음이 남편의 행방불명 및 감옥생활로 인한 생활곤란 때문인 것으로 밝혀졌다. 또 이혼소송에는 반드시 위자료 청구가 뒤따르고 있어 여성들의 권리의식이 그만큼 높아지고 있음을 반증하는 것으로 지적되고 있다. 여성들의 권리의식은 일본에 유학했던 신여성을 중심으로 높아지고 있는데 이제 이런 추세가 일반 가정에까지 확산되고 있다는 분석이다.

서울, 도박 대유행

최근 경제불황이 깊어지면서 실업자와 생활고에 시달리는 사람들이 도박에 빠져들어 서울에 도박이 크게 번지고 있다. 특히 바깥활동이 적은 겨울철에 방안에 모여 앉아 무료를 달래기 위해 시작한 도박판이 점차 커져 마침내 하룻밤에 수백 원의 돈이 오가는 큰 도박판이 된다는 것이다.

한편 경찰은 최근 터진 종로서 폭탄사건에만 매달리느라 도박 단속은 뒷전이라는 소식이다.

군비 증강 "누가 막으랴"

미·영·일 등 워싱턴 군축회의 성과 없어…식민지 기득권 인정, 독립운동에 '찬바람'

1920년대 들어와 일본과 미국을 필두로 1차세계대전 승전국들 사이에 군비경쟁이 치열하게 전개되고 있다. 이를 보다 못한 미국의 제안으로 워싱턴에서 일본, 영국, 프랑스, 이탈리아 등 5개국이 모여 군축회의를 갖고 앞으로의 해결책을 모색했으나 군비경쟁은 좀처럼 수그러들 기세를 보이지 않고 있다.

각국의 군비경쟁은 1차세계대전에서 비행기, 탱크, 독가스 등 신무기가 개발돼 이전의 구식병기를 모두 교체해야 할 필요성 때문에 더욱 촉발되고 있다. 특히 1차세계대전에서 해군함정의 위력이 입증되면서 각국이 대형함정 건조에 열을 올리고 있다. 이를 선도하고 있는 일본의 경우 최근 88대라는 것을 신설해 '함령 8년 미만의 전함과 구축함 각 8척으로 주력함대'를 삼기로 했다. 여기에 최근 영국, 미국, 일본은 항공기의 이착륙이 가능한 거대한 항공모함도 건조하고 있다.

이렇게 전함 건조에 재정을 쏟아붓다시피 하자 각국은 심각한 재정 압박을 받고 있다. 이들 항공모함은 대개 배수량이 3만 톤을 넘는데 배수량 1천 톤의 구축함 건조비가 워싱턴의 국회의사당 건축비와 맞먹는다는 것을 생각하면 건조비용이 얼마나 엄청난지 알 수 있다. 이에 따라 일본의 경우 1921년의 군비가 세출총액의 절반에 육박하고 있다.

워싱턴 군축회의는 이러한 무제한적인 군비경쟁에 제동을 걸고자 열린 것이다. 회의 결과 각국은 앞으로 총 190만 톤에 달하는 해군함정을 해체하고, 미·영·일·프·이 각국은 주력함을 5:5:3:1.67:1.67로 보유하게 됐다. 그러나 이 조항 이외의 협정문구는 표현이 모호해 나중에 해석상의 논란이 일

소지가 있고, 특히 일본이 미국과 영국에 비해 적은 비율을 보장받은 데 대해 내심 반발하고 있는데다 패전국 독일이 이 협정에 참가하지 않아 이는 불안한 협정이라는 평이 지배적이다.

한편 이번 회의에서 기존의 영·일동맹은 폐기됐고 각국은 태평양 연안에 확보하고 있는 자국의 요새와 기지에 대한 기득권을 인정받았다. 특히 부속협정에서 각 당사국이 소유하고 있는 태평양상의 섬 및 위임통치령의 기득권도 인정돼 우리나라의 독립운동에 찬물을 끼얹은 셈이 됐다.

중국공산당 결성

러시아혁명 영향 … 천두슈·마오쩌둥 등 참여

1921년 7월 상해에서 중국 최초로 사회주의정당인 중국공산당이 결성됐다. 이날 이곳에는 북경, 한커우(漢口), 창사(長沙), 광저우(廣州) 등지에 이미 조직돼 있던 57개의 소조로부터 지역대표 12명이 참석했다. 대표자는 광동대표 진공박, 상해대표 이한준과 이달, 북경대표 장궈타오(張國燾)와 유인정, 창사대표 마오쩌둥(毛澤東) 등이다. 당중앙위원장에는 천두슈(陳獨秀), 부위원장에 저우포하이(周佛海), 조직부장에 장궈타오 등이 선출됐으며 당규약을 채택한 뒤 폐회했다.

이번 중공당 창당은 지난해 코민테른에서 파견한 보이틴스키가 중국 각지의 진보적 청년들을 지원하여 각지에 세포(소조)를 건설하도록 한 끝에 이루어진 것으로 알려졌다. 천 두슈 등 중국의 청년운동을 이끌던 이들도 러시아혁명에 감명을 받고 있던 차에 보이틴스키의 지도를 충실히 받아들인 것으로 보인다.

쑨원, 광동정부 수립 … 북벌 성패여부 미지수

1921년 5월 쑨원이 중국 광동에 광동호법(護法)정부를 수립했다. 이로써 중국은 또다시 북경 군벌정권과 광동 국민정권이 양립하는 정국을 이루게 됐다. 광동 국민정부는 지난 1916년에 이어 두 번째로 성립됐는데 이번 정부는 얼마나 지속될지에 관심이 모아지고 있다.

1911년에 일어난 신해혁명은 이후 군벌들의 발호로 사실상 퇴색할 대로 퇴색했으며 북경의 군벌정부

도 끊임없는 이합집산을 거듭해왔다. 이에 쑨원은 신해혁명의 대의를 수호하자는 호법(護法)운동의 기치를 내걸고 광동에 별도의 정부를 설립해 군벌 타도를 꾀했으나 광동에 연고를 두고 있는 군벌들의 텃세에 밀려 광동에서 밀려난 바 있다. 이번에는 광동군벌 진형명의 도움으로 다시 호법정부를 수립하고 재기에 나섰으나 성공할지는 의문스러운 상황이다.

1922년 10월 30일 이탈리아에서 무솔리니가 이끄는 12만 6천 명의 경무장한 파시스트군이 로마로 진군해 들어와 무력으로 정권을 장악했다. 무솔리니정권은 만만치 않은 무력을 과시한데다 여론의 지지를 받고 있어 쉽사리 무너지지 않을 전망이다.

1921년 7월 나치당(독일국가사회주의노동당) 임시 당대회에서 아돌프 히틀러(사진)가 당총서기로 선출됐다. 총서기로 선출된 히틀러는 당위원회의 무능력을 성토하면서 총서기 중심의 강력한 중앙집권체제로 당을 이끌겠다고 발표해 앞으로 나치당은 그의 전면적 지휘 아래 운영될 전망이다. 벌써부터 그의 호칭은 '동지'가 아니라 '우리

이탈리아에서 파시스트라고 불리는 극단주의자들이 정권을 장악하게 된 것은 공산주의에 대한 공포와 이탈리아의 영토적 요구들을 만족시키지 못한 평화조약이 다수의 자본가, 상인, 대지주, 공직자들을 불안하게 했기 때문으로 보인다. 그러나 파시즘은 공산주의뿐만 아니

의 지도자'로 바뀌고 있다.

나치당은 독일노동당의 후신으로 정책내용은 상당히 사회주의적이지만, 혁명을 반대하고 독일 애국주의를 강조하는 묘한 색깔의 우익정당이다. 독일노동당 시절에는 대중적 지지도가 그리 높지

라 의회민주주의까지도 반대하고 있다. 그래서 정부에 대한 일체의 비판은 조직적으로 탄압받고 있으며, 질서와 규율만이 요구되는 실정이다. 그런데도 이탈리아 국민들은 파시스트들의 민족주의적 선전과, 고용 프로그램, 사회질서 유지 등에 지지를 보내고 있다.

않았지만 최근에는 한 번 집회를 열면 2천 명 이상의 군중이 동원되는 등 지지세를 넓혀가고 있다.

히틀러 총서기는 집회 때마다 전 독일인의 결집과 외국의 압력으로부터의 독일국민 해방을 열정적으로 호소해 대중적 인기가 높다. 특히 그는 1차세계대전 패전조약으로 독일에 엄청난 배상금을 물린 베르사유조약의 즉각 폐기를 주장

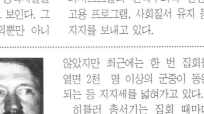

해 중산층으로부터 열렬한 환호를 받고 있다. 그리고 지난 1918년에 일어난 혁명을 무력으로 제압한 반혁명적 군부와 왕정파 일부가 그를 은밀하게 지원해주고 있다는 후문이다. 그러나 그는 아리안족의 생물학적 우수성을 주장하면서 반유대주의를 극명하게 표방하고 있어 이에 대한 우려도 적지 않은 것으로 알려지고 있다.

부웅~
떴다!!
슈이잉~
우와~!
뱅그르르…
아슬 아슬……
빵
쌩~
왕
임정
으악~ 떨어진다!!!!
휴~
정말 조마조마해서 못봤겠네!

곡예비행
이바구

문단에 동인지 바람…문학경향도 갖가지

최근 이상화·홍사용 등 「백조」 창간 '3·1운동 실패 절망감' 담아

「창조」 「폐허」에 이어 1922년 「백조」가 창간되고 앞으로도 동인지의 창간이 잇따를 것으로 예상돼 문단에는 이른바 동인지의 시대가 열린 느낌이다.

이러한 잇따른 동인지 창간에 대해 한 문학가는 "우리 문단에 아직 발표공간이 충분하지 않아 문학가들이 자구책으로 동인지를 만들 수밖에 없지 않았겠느냐"고 해석하고 있다.

이들 동인지들은 각기 문학적 경향을 달리하고 있다. 최근 창간된 「백조」는 홍사용, 이상화, 현진건, 박종화, 박영희 등 7명의 동인이 만들었는데, 이들의 문학경향은 일견 낭만주의적인 것으로 보이지만 서양의 낭만주의와는 그 성격이 많이 다르다는 것이 일반적인 평가다. 이들의 문학에는 애조 띤 감상성이 넘쳐흐르고 있는데 이는 3·1운동이 실패로 돌아가고 난 이후의 절망적인 분위기가 배경이라고 한다. 그러나 언제까지나 감상에 빠져 있을 수는 없어 이들 동인 가운데도 다양한 문학적 모색이 이루어지는 것으로 알려져 주목되고 있다.

토월회 창립동인들

박승희 등 연극 단체 '토월회' 조직
신파극 일색 연극계에 활력소 기대

1923년 5월 도쿄유학생 박승희, 김기진, 이서구, 김을한 등이 새로운 연극단체 토월회를 조직하고 7월 4일 창단공연을 가졌다.

창단공연에서는 체호프 작 「곰」, 버나드 쇼 작 「그 남자가 그 여자의 남편에게 어떻게 거짓말하였나」가 무대에 올라 신선한 충격을 줬다. 토월회는 앞으로도 서양연극을 직접 소개할 예정이라고 밝혀 그동안 일본 신파극의 번안극만이 판치고 있던 연극계에 새로운 바람을 불어넣을 것으로 보인다.

토월회는 창단멤버가 문학, 조각, 미학, 영문학 등 다양한 전공을 갖고 있어서 아직은 전문연극단체라기보다는 예술전반에 걸친 문예서클의 성격이 짙다. 그러나 박승희와 같은 이들은 토월회를 전문연극단체로 발전시키겠다는 의지가 굳은 것으로 알려지고 있다.

미술 일본 종속 우려 속
제1회 조선미술전 열려

1922년 봄 조선총독부 주최로 제1회 조선미술전람회가 개최됐다. 입상자는 허백련, 김은호 등이다.

이번 전람회는 문화정치의 일환으로 1921년 10월 28일 개최취지가 발표된 데 이어 12월 27일 서화계의 중진인 김돈희, 정대유, 이도영 등이 총독부에 들어가 간담회를 가지면서 구체화됐다. 여기서 응모부문을 동양화, 서양화, 조각 및 서예

3개 부문으로 하고 1922년 봄에 제1회전람회를 여는 것으로 시안을 마련했다.

이러한 정기적인 전람회 개최로 작가들의 활동기반이 구축됐다는 점이 널리 평가받고 있지만 자칫 한국미술의 일본화를 부추기지 않을까 하는 우려의 목소리도 높다.

이번 호의 인물　이승만

'위임통치' 파문 던진 독선적 정치인

이승만을 잘 아는 사람들은 그의 아집과 독선에 혀를 내두른다. 어떤 단체건 그가 발을 들여놓으면 금새 파쟁과 알력이 일어난다고 한다. 지금도 미국의 대한인국민회와 상해임정이 그 때문에 온통 소란스럽다.

독립협회 활동으로 옥고를 치렀고 3·1운동 직후 만들어진 한성임시정부에서는 집정관총재로, 통합 상해임시정부에서는 대통령으로 추대돼 대중들의 존경을 받아온 그는 정작 독립운동가들 사이에서는 '문제아' 취급을 받고 있다. 그의 끝없는 권력욕과 독선 때문이라는 것이 일반적인 평이다. 대한인국민회는 이승만과 박용만의 갈등으로 분열될 처지에 놓여 있는데 이는 이승만이 자신이 최고지도자가 되고 모두 자신의 추종자가 돼야 한다는 독선을 고집한 때문이라는 것이 관계자들의 일치된 지적이다. 최근에는 박용만파에 테러를 가하는 추태까지 연출했다.

이승만이 욕을 먹는 더 중요한 이유는 '외교'에 지나치게 의존하는 그의 독립운동노선 때문이다. 그는 극단적인 친미주의 성향을 보이고 있는데 1913년 하와이로 망명하여 한 첫마디가 '의병투쟁은 불평 가득 찬 혈기의 발산에 불과하다'였다. 미국이 관심을 보이지 않는 행동은 백해무익하다는 것이다. 3·1운동으로 전국이 떠들썩한 가운데도 파리강화회의에 '국제연맹이 한국을 위임통치해주시오'라는 청원서를 제출했다. 현재 그는 이 때문에 임정으로부터 탄핵당할 위기에 처해 있다.

일찍이 배재학당에서 신식공부를 하고 독립협회운동에 적극 참여했던 이승만. 프린스턴대학에서 박사학위까지 받은 최고지식인. 그런데도 그와 감옥동기가 절친한 친구였던 박용만은 "이승만 같은 사람이 해방 후에 민족의 지도자가 된다면 민족의 장래에 큰 불행이 올 것"이라고 예언한다. 아직 두고 봐야겠지만 그는 독립운동가라기보다는 노회한 정치가라고 불러야 할 듯하다.

1875년생. 본관은 전주. 황해도 평산 출신. 호는 우남(雩南).

객석에서　신파극 「이수일과 심순애」

경제논리 우선 사회상 반영
시대적 분위기 묘사 공감…
주체적 운명 극복 외면 아쉬움

최근 원각사에서 공연되고 있는 신파극 「장한몽」(일명 「이수일과 심순애」)이 장안의 화제가 되고 있다.

이 연극은 신파극이란 이름이 말해주듯이 그 형식의 참신함 때문에 대중의 관심을 모으고 있지만, 남녀관계의 갈등구조를 통해 일정하게 시대적 정서를 드러내 대중의 공감을 불러일으키고 있다.

즉 심순애가 사랑하는 이수일과의 굳은 맹세를 저버리고 '돈의 논리'에 따라 김중배를 선택한다는 이 율배반은 한편에서는 자본주의사회에 진입하면서 경제논리가 무엇보다 우선시되는 사회상을 반영하고 있다. 다른 한편에서는 일제의 압박으로 고민해야 하는 대중들의 비극적인 의식구조도 반영하여 현실에 순응해야 하는 죄의식을 자학적으로 표출하고 있다는 점에서 호소력을 가진다고 볼 수 있다.

그러나 이 연극이 가진 대중적 정서라고 하는 것은 결국 타율성과 비극성이다. 심순애는 타율적인 힘을 주체적으로 풀어나가지 못하고 하나의 피해자로 전락하고 마는 비극적 인물이다. 심순애를 보고 흘리는 '신파적 눈물'은 결코 건강하다고 할 수 없다는 게 평론가들의 지적이다.

문예시평
현진건 「술 권하는 사회」

마시고 취하는
자유밖에 없는
식민지 서러움 묘사

1921년 11월 월간 「개벽」에 현진건의 단편소설 「술 권하는 사회」가 발표됐다. 이 소설은 제목이 드러내주고 있듯이 식민지 지식청년의 고민과 사회적 부적응을 화두로 삼고 있다.

남편의 오랜 일본유학기간을 참고 기다린 부인은 남편이 귀국하자 이제는 재미나게 살게 되었다고 꿈에 부푼다. 그러나 남편은 귀국 후에도 매일같이 고주망태가 되도록

술을 마시고 새벽에야 들어온다. 부인이 참다 못해서 도대체 누가 이렇게 술을 권하느냐고 따져 묻자 남편은 이 사회라는 것이 나에게 술을 권한다고 대답한다.

남편이 밤낮 술만 먹을 수밖에 없는 것은 일본에 가서 고등교육을 받고 돌아왔지만 중요한 자리는 모두 일본인이 차지하고 있어 막상 자신의 재능을 펼칠 자리는 주어지지 않기 때문이다. 고뇌하는 식민지 지식인의 전형적 모습이다. 한편 온갖 기대를 걸고 어떠한 희생도 감수한 아내의 모습은 식민지 조국의 현실을 표상하고 있다.

현진건은 한 가정의 모습을 들여다봄으로써 식민지 조국이 처한 사회적 현실을 은유적으로 암시하고 있다.

안창남의 비행기 시승기
"공중에서 본 서울은 깨끗하고 아름다워"

여의도 비행장을 이륙해 고도 1100m에 이르니 서울이 한눈에 내려다보였다. 아물아물한 시가 중에 제일 눈에 띄는 것이 동대문과 남대문이다. 남대문을 보니 오랜만에 오는 아들을 대문 열어놓고 기다리는 어머니를 보는 것 같아 "오, 서울아!" 하고 소리치고 싶었다.

한강 물줄기를 바라보니 서울이 빛 고운 남색 비단허리띠를 두른 것 같고 서강에서 공덕리에 이르기까지의 초가집들은 겨울철 마른 잔디 같다. 서쪽으로 뚜렷이 보이는 것은 무학재와 독립문이다. 독립문은 쓸쓸해 보이고 그 옆 서대문 감옥은 우중충하니 독립문의 기세를 누르고 있는 듯하다. 위로 겸 독립문 위를 한 바퀴 돌았다. 경복궁 상공으로 가니 넓은 옛 대궐은 우거진 잡초에 덮인 폐가같이 사람 하나 보이지 않고 쓸쓸해 보인다. 창덕궁 위를 날 때는 한 바퀴 돌아 경의를 표했다.

동대문 밖 청량리를 지나 왕십리와 뚝섬을 돌아 다시 광화문 앞으로 오니 성냥갑 같은 전차 여러 대가 고장난 장난감처럼 느릿하게 기어간다. 종로통과 황금정통은 시커먼 기와집이 몰려 있고 사방으로 가옥 줄기가 쭉쭉 뻗어 있어 마치 큰 거미에 발이 여럿 달린 것 같다. 종로 종각 위에서 재주 두 번을 넘고 송곳질(송곳 부비듯 뱅뱅 돌면서 떨어지는 것) 비행을 했다. 다시 한 번 광화문과 창덕궁으로 크게 원을 그리며 돌고 서대문 밖으로 나가 여의도로 돌아왔다. 서울은 도쿄보다 좁기는 하지만 몹시도 깨끗하고 어여뻐 보였다.

'국산품 애용도 애국' 물산장려운동 본격 전개

조선물산장려회 주도 … "민중생존현실 외면" 비난도

물산장려운동 행렬이 종로거리를 행진하고 있다.

국산품을 애용하자는 물산장려운동이 대대적으로 일어나고 있다. 1923년 1월 20일 실업인, 교육가, 종교인, 지식인 등의 발기로 조선물산장려회 창립총회가 서울 낙원동 협성학교에서 열린 데 이어 2월 15일 서울, 평양, 인천, 함흥 등 대도시를 중심으로 대대적인 선전활동에 들어가 물산장려운동이 본격화됐다.

물산장려회 창립총회에서는 유성준, 김철수, 김윤수, 김덕창, 최경호 등 20명을 이사로 선출하고 경기도 참여관인 유성준을 이사장으로 뽑았으며, 산업 장려, 국산품 애용, 생활 개선 등을 활동방향으로 정했다. 또 실행방침을 정해 이번 설날부터 의복은 한국인이 만들거나 가공한 옷감으로 남자는 두루마기, 여자는 치마를 해 입고, 음식물은 소금, 설탕, 청량음료 등을 제외하고는 전부 한국 토산물을 먹도록 결의했다. 또 2월 3일에는 천도교당에서 청중 2천여 명이 모인 가운데 민중강연회를 개최하고, 지방 순회강연을 실시함과 동시에 각 지방에 분회를 설치했다. 이와 함께 전국적인 계몽활동의 일환으로 설날을 기해 전국 8도의 특산옷감으로 기를 만들어 가두행렬을 실시키로 했다. 서울의 행사는 일제의 탄압으로 금지됐으나 평양에서는 물산장려 선전행렬을 성대하게 벌인 가운데 수만 명의 군중들이 모여 성황을 이루었다. 물산장려회에서는 운동을 효과적으로 벌이기 위해 소비조합 및 생산기관을 설치하고 조선물산품평회를 개최하며 기관지도 발행할 계획이라고 한다.

그러나 물산장려운동이 전개됨에 따라 토산품의 가격이 크게 올라 기업과 상인들은 큰 이익을 보고 있으나 서민들은 생활의 어려움을 겪고 있는 실정이라고 한다. 또 사회주의 지식인들은 "이게 기업가들 살찌우기 위한 운동이지 어디 민족이 살길이냐"며 맹렬한 반론을 제기해 운동이 얼마나 지속될지에 대해서는 회의적인 시각이 많다.

관련기사 2·3면

임정 분열 끝이 없다

개조-창조파 이견 못 좁혀 국민대표회 성과없이 폐회

1923년 1월 상해에서 임정의 분열과 혼란을 수습하기 위해 국내외의 독립운동 대표 140여 명이 모여 국민대표회를 열었으나 임정을 대신할 새로운 조직을 짜자는 창조파와 임정을 그대로 두고 문제점을 보완하자는 개조파로 나뉘어 몇 개월 동안 논란만 거듭, 합의를 보지 못한 채 6월 2일 폐회됐다. 폐회에 앞서 안창호 등 40여 명의 개조파는 퇴장해버렸고 창조파는 일방적으로 새로운 정부 수립을 위한 헌법초안을 만들고 국무위원을 선출하여 조선공화국을 선포했다. 그러나 개조파 중심의 상해임정은 이를 불법으로 규정, 해산을 명령해 임정의 난맥상은 더욱 심화되고 있다.

이번 국민대표회는 준비과정에서부터 두 갈래로 진행돼왔다. 임정이 이승만의 위임통치청원문제로 시끄럽게 되자 지난 1920년 북경에서 박용만, 신채호, 신숙 등의 발의로 군사통일주비회가 열리고, 이때 임정의 법통을 부인하는 결의를 하며 국민대표회 소집의 필요성을 제기했다. 이들을 창조파라고 부르는 이유는 이 때문이다. 한편 안창호 등 상해임정 요인들도 임정이 이대로는 안 되겠다고 보고 별도로 국민대표회 기성회를 조직하여 임정 수습을 위한 노력을 전개했다.

결국 양측 모두 같은 국민대표회를 준비하고 있었으므로 지난 1922년 양 파 합동으로 국민대표회 준비위원회를 결성해 이번 대표회 소집에 이른 것이다. 관련기사 2면

의열단 '조선혁명선언' 발표

외교론·준비론 비판, "무장혁명" 옹호

1923년 1월 김원봉을 중심으로 조직된 의열단은 민중직접혁명을 주장하는 조선혁명선언을 발표했다.

이 선언문은 저명한 사학자이자 독립운동가인 신채호가 김원봉의 요청을 받아 집필한 것으로 알려지고 있다. 이 선언의 주요 내용은 상해임시정부의 독립노선 중 외교론과 준비론을 통렬히 비판하면서 민중직접혁명의 수단에 의한 새로운 독립투쟁방략을 모색한 것으로 분석되고 있다. 이 선언을 발표한 의열단은 1919년 11월 중국 지린성에서 조직된 단체로 일제에 대한 테러를 통해 독립을 달성하려는 목표 아래 1919년부터 올해까지 수백 건의 테러행위를 감행했다. 그러나 이러한 테러행위만으로는 한계를 느끼고 선전·선동 활동을 병행하기로 했으며 그 일환으로 이번 선언문을 내게 됐다고 한다.

관련기사 2·3면

일본, 관동대지진 발생에 "조선인 난동" 유언비어 날조

동포 수천 명 '인간사냥'

일본 자경단이 한국인을 학살하는 장면.

1923년 9월 일본 관동지방에 사상 초유의 대지진이 발생한 가운데 우리 동포들 수천 명이 학살당하는 차마 눈뜨고 볼 수 없는 만행이 자행되고 있다.

일제는 대지진으로 인한 민심의 동요를 막기 위해 "조선인들이 작당하여 내습한다"느니 "조선인들이 식수에 독약을 타고 다닌다"느니 하는 터무니없는 유언비어를 퍼뜨린 결과 일반인들까지도 이에 동조, 참사가 빚어지고 있는 것이다.

이번 대지진은 일본의 수도 도쿄를 중심으로 요코하마(橫濱), 지바(千葉), 가나가와(神奈川), 시즈오카(靜岡) 등 관동지방 일대를 초토화할 정도의 괴멸적인 천연재해다. 현재까지 밝혀진 바로는 10만여 사상자가 난 것으로 알려졌고 20만 명 이상의 이재민과 100억 엔 이상의 재산피해가 발생했다.

그런데 난데없이 한국인들에 관한 유언비어가 퍼지고 자경단이라는 조직이 생겨나 한국인에 대한 테러를 주도하기 시작했다. 이에 흥분한 일본인 군중들이 가세해 한국인들을 닥치는 대로 학살하고 있다. 특히 현지 소식통에 의하면 군경도 이들을 적극적으로 제지하지 않고 있으며, 오히려 자경단을 비호하는 일이 많은 실정이라고 한다. 현재까지 비공식적으로 집계된 바로는 대략 6천여 명의 우리 동포가 학살당한 것으로 조사됐으나 시신을 강물에 버리거나 소각하는 경우도 많아 실제 희생자 수는 훨씬 많을 것으로 추정되고 있다.

일본인들이 이렇게 이성을 잃고 야수로 전락하게 된 것은 일본경제가 최근 심한 불황에 빠져 있는데다 정국마저 불안정해 이번 대지진으로 민중소요가 발생할 것을 우려하던 차에 민중들의 분노가 우리 동포에게 향하도록 교묘한 심리전을 폈다는 것이 일부 양식 있는 이들의 해석이다.

1910 한일합병
1919 3·1운동
물산장려운동
1926 6·10운동
1929 광주학생운동
1937 중·일전쟁
1945 민족해방

49

역사신문

시대착오적 신분차별 철폐돼야 마땅

형평운동의 성공을 바란다

　도살업과 피혁업에 종사하는 전통적 천민계급인 백정(白丁)들이 형평사(衡平社)를 설립하고 신분해방운동을 전개하고 있다. 우리 사회에서 신분제는 이미 19세기 들어 그 의미를 거의 상실했고 법률적으로도 1894년 갑오개혁 때 공식적으로 철폐됐다. 이런 마당에 새삼스레 신분철폐운동이 일어나고 있는 것은 우리 사회의 또 다른 어두운 면이 드러난 것이라는 점에서 주목을 끌기에 충분하다. 더구나 이 형평운동에 대한 보수층의 반발도 거세 양측 사이에 폭력사태가 발생하는 등 사회문제화될 조짐마저 일고 있다.

　20세기도 중반에 접어들고 있는 오늘날 백정들이 신분문제를 들고 나온 것은 그만큼 우리 사회에 이들에 대한 차별의식이 뿌리깊다는 것을 반증하는 것이다. 백정들은 지난 1909년에 제정된 '민적법'에 의해 호적에 직업기록이 없어졌는데도 자신들만은 호적에 '도한(屠漢)'으로 기재하거나 빨간 점을 찍어 일반인과 구별되도록 해왔다며 분노하고 있다. 뿐만 아니라 자녀들의 입학원서나 관공서에 제출하는 이력서에도 자신들만은 반드시 신분을 기록하게 하는 것은 형평성을 잃은 처사라며 강력하게 반발하고 있다.

　우리 사회에서 다른 천민계층보다도 유독 백정들에 대한 차별이 심했던 것은 사실 짐승을 도살하는 이들의 직업적 성격 때문이라기보다는 인종적·문화적 이질감 때문이라고 할 수 있다. 백정의 시초는 신라 말 고려 초의 혼란한 시기에 이주해온 말갈족이나 거란족이라고 한다. 이들은 유목민족의 특성상 한 곳에 정착하지 않고 이동하며 수렵하는 습속을 버리지 않았고, 이것이 전통적으로 농경사회를 이루어온 토착민과 섞이지 못하고 차별받게 된 요인이 된 것이다.

　그렇다고는 해도 20세기에 들어선 오늘날 이들은 이미 우리 민족으로 동화된 지 오래다. 이번에 형평사 설립에 주도적인 역할을 한 이학찬씨의 경우 진주지방의 유력한 자산가로 알려져 있을 만큼 경제적 지위도 높은 이들이 많다. 따라서 백정들에 대한 차별은 껍데기만 남은 고대의 관습일 뿐 현실적인 효용성이나 필요성은 전무한 것이다. 형평운동에 반대하는 일부 보수층은 감정만 앞세울 것이 아니라 이성적으로 사태의 진상을 직시해야 할 것이다.

　특히 일제가 자신들 나름으로는 한국을 근대화시켜준다고 말하면서 이러한 신분차별을 오히려 조장하는 제도와 관행을 유지해온 것은 모순이 아닐 수 없다. 이 때문에 형평사 내부에서 일부가 형평운동을 항일운동 차원에서 전개하자고 하는 것이다. 형평운동이 성과를 거둬 어느 한쪽으로 기울지 않은 저울과 같은 형평(衡平)한 사고가 우리 사회에 뿌리내릴 수 있기를 기대한다.

그림마당
이은홍

애국심 이용한 한국자본 살아남기

"민중 생존현실 외면 자본가적 발상" 비난도 … 방법론도 이견

　국산품 애용을 외치는 물산장려운동은 일시적으로 대중들의 큰 호응을 받았으나, 국산품 값이 크게 오르고 사회주의진영의 논박이 거세진 가운데 1년도 못 가 열기가 시들해지고 있다. 일견 애국적으로 보이는 이 운동이 이 지경이 된 데는 그럴 만한 이유가 있다.

　국산품 애용이라는 명분은 누구도 부정할 수 없는 당위성을 갖고 있다. 그러나 결국 이 운동을 통해 누가 이익을 보게 되는가는 또다른 문제다. 국산품 값이 오르면서 한국인 자본가들이야 돈을 벌겠지만 그 제품을 사야 하는 일반 민중들은 생활이 더 어려워질 수밖에 없는 실정이다. 지금 우리 서민들은 어느

나라 물건을 살 것인가를 고민할 만큼 여유 있는 처지가 아니다.

　또 기업가들은 한국인의 기업이 육성되면 민족경제가 발전한다지만 일제 강점하라는 조건 속에서 몇몇 기업이 살찐다 해서 과연 민족경제가 발전할 수 있느냐도 의문이다. 이 점은 물산장려운동의 주장 가운데 민족경제를 살리기 위해서 우리 경제를 지배하고 있는 일본상품을 사지 말자거나 일본자본을 몰아내자는 구호는 일언반구도 없다는 데서도 짐작된다. 물산장려운동을 주창하는 측에서는 이 운동을 간디의 토산장려운동에 비유하고 있는데 양자는 그 성격이 전혀 다르다. 인도의 토산운동은 영국이 자국의 면

직물을 팔기 위해 인도민중의 전통적 면직생산방식인 물레질을 금지한 조치를 거부한 것이다. 말하자면 영국 지배에 대한 정면도전인 셈이다. 그러나 이 운동을 주도하는 한국의 큰 기업들은 반대로 기업을 살리기 위해 일본 은행에서 돈을 빌려 쓰고 심지어 총독부에 보조금 지원을 요청하고 있는 형편이다.

　그렇기 때문에 이 운동은 1차세계대전 후 호경기를 맞아 마구 생겨났던 한국기업들이 일본자본과의 경쟁에서 살아남기 위해 한편으로 총독부에 지원을 요청하면서, 다른 한편 한국민들의 애국심에 호소하여 제품 판매시장을 확보하려는 것이라는 게 일반적 평가다.

민족주의·사회주의·무장투쟁 노선갈등 '난맥상'

　임정이 수립될 당시 상해에는 각지에서 2천여 독립투사들이 모여들어 나라의 독립이라는 한 뜻으로 뭉쳤다. 그에 비하면 오늘의 상해임정은 잦은 내분으로 만신창이가 된 느낌이다. 왜 이렇게 됐을까. 이렇게 된 데는 임정 내부가 창설 당시의 열정을 계속 모아나갈 수 없을 만큼 세력관계가 복잡해짐에 따라 각 파마다 다른 노선을 주장하고 있기 때문이다.

　우선 임정의 위신을 결정적으로 추락시킨 이승만 문제는 무장투쟁노선과 외교노선과의 갈등이다. 이번에 이른바 창조파와 개조파로 갈

라진 것도 단순히 임정의 유지냐 폐기냐의 문제라기보다는 그 이면에 민족주의노선과 사회주의노선의 갈등이 자리잡고 있기 때문이다. 물론 윤자영 등 상해파 고려공산당측은 안창호의 개조파에 합세했지만 이들은 애초에 독립운동의 일환으로 사회주의를 받아들인 세력이다. 윤해로 대표되는 이르쿠츠크파와 고려공산당이 창조파에 적극 가담하고 있는 것은 임정에서 사회주의세력의 주도권을 확보하기 위해서다.

　또 중요한 한 측면은 현재 만주와 연해주 일대에서 직접 무장투쟁을 수행하고 있는 세력들의 동향이

다. 이들은 자신들이 현지에서 목숨을 걸고 싸우고 있는 마당에 멀리 떨어진 안전한 상해에서 이러쿵저러쿵하는 것에 대해 기분이 좋을 리가 없다. 이들은 나름대로 임정에서 무장투쟁세력이 주도권을 잡아야 한다고 생각한다. 신숙, 신채호 등 북경의 군사통일주비회세력이 창조파를 이끌고 있는 이유가 여기에 있다.

　사정이 이러니 해결은 쉽지 않을 것이다. 결국 우리 독립운동이 어떠한 노선을 따라 나아가야 하는가에 대한 일정한 합의가 도출될 때만 해결의 실마리가 잡힐 것 같다.

"남의 힘을 빌리거나 기다릴 수만은 없다 민중들이 직접 나서야만 한다"

　본지는 의열단의 위촉으로 '조선혁명선언'을 집필한 신채호씨를 만나보았다. 그는 저명한 사학자이자 독립운동가로 특히 필력이 뛰어나 여러 단체의 선언문을 도맡아 대필해준 바 있다.

　선생님께서 쓰신 「조선상고문화사」를 읽고 점잖으신 학자이신 줄만 알았는데 언제부터 테러리스트가 되셨습니까?

　허허, 제가 테러리스트라고요? 저 같은 백면서생이 어떻게 테러리스트가 될 수 있겠습니까? 이번 '조선혁명선언'은 제가 필력이 조금 있어서인지 김원봉선생이 간곡히 부탁하여 대신 써준 것에 지나지 않습니다. 그렇지만 저도 마음만은 그들과 같습니다.

　선언을 읽어보니 민중직접혁명을 강조하셨던데 민중직접혁명은 어떤 것입니까?

　저도 한때 몸담았지만 임시정부에서 판치고 있는 것은 준비론과 외교론입니다. 그런데 어느 세월에 준비만 하고 있을 것이며 어떻게 외국의 힘을 빌려 독립을 할 수 있단 말입니까. 강도 일본의 침략은 이 시각에도 삼천리 방방곡곡에 스며들고 있습니다. 우리가 가진 유일한 무기는 직접적인 폭력으로 일제와 맞서는 것밖에 없습니다. 삼천만 민족이 들고 일어나 무력으로 일제와 맞서는 것, 이것이 바로 민중직접혁명입니다.

　선생님께서는 민중을 말씀하시는데 여기서 말하는 민중은 요즘 사회주의자들이 즐겨 쓰는 민중과 같은 것입니까?

　꼭 그렇지는 않습니다. 사회주의자들은 한 사회를 유산자층과 무산자층으로 나누어 무산자층을 민중이라고 부르는 것 같습니다. 그러나 조선과 같은 식민지에서는 일본이

유산자에 해당하고 우리 민족은 모두 무산자라고 해도 과언이 아닙니다. 따라서 제가 말하는 민중은 극소수 부일세력을 제외한 모두를 일컫는 말입니다.

　사람에 따라서는 이번 선언이 무정부주의사상에 기반하고 있다고 하는데 맞는 말입니까?

　무정부주의사상의 영향을 부인하고 싶지는 않습니다. 제가 1918년 북경 보타사에 머물 때 북경대학 교수 이석증선생을 통해서 무정부주의를 접했습니다. 개인적 자유와 사회적 평등을 동시에 추구할 수 있으며 제국주의와 지배계급을 철저히 비판할 수 있다는 점이 매우 매력적이었습니다. 그러나 저의 제일 큰 관심은 민족의 해방과 민중의 평등하고 자유로운 발전입니다. 나의 사상은 무정부주의라기보다는 민족혁명을 추구하는 민족주의라고 생각합니다.

지상중계 물산장려운동 논쟁

"자본주의 발전 우선" "사회혁명 시급" 현격한 시각차

일제가 지배한 이후로 한국은 경제적으로 어려움에 처해 있습니다. 그 이유가 무엇이라고 보십니까?

나경석 세계대전 이후 호황을 맞이한 일본자본이 물밀듯이 들어오고 있기 때문에 자본과 기술이 열악한 우리 기업이 발전할 수 있는 틈이 없습니다. 소비자들은 같은 값이라도 외제 물건을 사려고 하니 품질 면에서 외제에 못 미치는 우리 물건이 경쟁이 되지 않습니다.

이성태 그렇다고 해서 민족적이다, 애국적이다라는 감상적인 말로 소비자들에게 우리 물건을 사도록 할 수 없습니다. 요즘 물산장려운동은 민족운동이기보다는 한국인 기업 살리기운동이라고 보아야 할 정도입니다.

일본기업에 비하여 한국인 기업이 불리한 입장인 것은 틀림없는 사실이지요.

나경석 일본기업과 완전히 경쟁할 수 없으므로 일정 기간 한국인 기업을 보호하는 조치가 절실합니다. 한국인 기업에도 보조금을 지급한다든지 한반도와 일본 사이에 보호관세를 부과하여 한국인 산업을 보호해야 합니다. 지금 상태에서는 우리 물건을 사자는 물산장려운동도 우리 기업을 위해서 필요한 일입니다.

이성태 식민지하에서 민족기업이란 존재할 수 없습니다. 물산장려운동으로 우리 산업이 다소 발전한다 해도 민중들이 얻는 혜택은 무엇이 있습니까? 오히려 물산장려를 기회로 악덕상인이 원산지에서 한 필에 1원 60, 70전 하는 무명을 3원

일제가 지배한 이후로 한국은 경제적으로 어려움에 처해 있습니다. 물산장려운동을 놓고 민족주의진영과 사회주의진영 사이의 논쟁이 벌어지고 있다. 본지에서는 양측의 이론가를 모시고 지상토론의 자리를 만들었다. 토론자는 물산장려회 이사 나경석씨, 「신생활」 기자 이성태씨이다.

일본기업과 경쟁하기 위해 일정기간 한국인 기업 지원해야 한다
나경석

물산장려운동으로 자본가 성장할지 몰라도 민중생활과는 무관
이성태

내외의 고가로 팔아 폭리를 취해 결국 민중들을 곤욕에 빠뜨리고 있습니다.

민중도 살리고, 기업도 살릴 수는 없을까요?

나경석 우리 민중이 가난하다 해도 기업가의 부익부를 증오만 하면 안 됩니다. 결국 많이 팔려야 많이 만들게 되고 잘 써주어야 잘 만들게 되는 것이지요. 당장 품질이 떨어진다고 외면하면 언제나 그 모양일 수밖에 없어요. 한국민중들이 단합해서 도와야 클 수 있습니다. 우리 공장도 규모가 커지면 더 많은 한국인들을 고용할 수 있겠죠. 다시 말하자면 물산장려운동은 우리가 살자는 운동이고 한국인 기업을 부흥시키자는 운동입니다.

이성태 없는 돈에 우리 공산품을 사라고 외치느니 차라리 스스로 만들어 자급자족하는 것이 원시적으로 보일지 몰라도 실천성 있는 얘기가 되지 않을까 싶습니다.

물산장려도 하나의 운동이라고 하면 전체 민족운동에서 어떤 의미를 가지고 있는지 말씀해주십시오.

나경석 사회주의가 들어오면서 계급투쟁을 운운합니다만, 단지 궁핍에 빠졌다고 혁명이 가능한 것은 아닙니다. 사회혁명은 생산력이 고도로 높아져야 이루어질 수 있는 것입니다. 그것이 사회주의이론의 기초 아닙니까? 지금 한국에서 정치혁명이 일어난다고 생각해보세요. 지금 있는 것마저 퇴보해서 우리는 지구상에서 사라져버릴 거예요. 우선 산업이 발전해야 합니다.

이성태 물산장려운동이 시위행렬이나 선전 같은 활동처럼 겉으로 보이는 활동만 하는 것은 문제가 있습니다. 외국제품 불매운동이나

외국상인 축출운동으로 발전해야겠지요. 현재는 국산품 애용이 주목적인데, 반제·반일 운동으로 가야 한단 말씀이에요. 그런데 물산장려운동을 추진하는 쪽에서는 우리 경제가 몰락한 근본적인 원인인 일본상인, 일본제품을 '몰아내자는 쪽으로는 별 얘기가 없어요.

결국 경제운동이냐, 민족운동이냐라는 논의로 압축되는군요.

나경석 일본의 앞선 자본주의에 대항하기 위해서는 한국인들이 단결하지 않으면 안 됩니다. 소비 없는 생산은 있을 수 없지요. 우리가 경제적 자립의 정신으로 노력을 합한다면 자본을 축적하고 기술을 발전시켜 근대적인 문명국가의 산업발달로 가게 될 것입니다. 지금 민중들의 적극적인 호응에도 불구하고 물산장려운동이 차츰 시들해져가는 원인이 무엇이겠습니까? 생산이 뒤따라가지 못하기 때문입니다. 경성방직회사 같은 광목공장이 한국에 100개만 있으면 우리 모두 입고도 남을 것입니다. 그러니 이런 생산시설의 확충을 두고 신자본가 계급을 만든다고 비난하는 것은 옳지 못합니다.

이성태 일제는 한국경제가 가지는 원료공급지와 상품시장으로서의 역할 때문에 한국산업이 독자적으로 발전하는 것을 허용하지 않을 것입니다. 그래서 대규모 산업의 발달은 불가능하고 수공업 또는 가내공업 정도가 살아남게 되겠죠.

물산장려운동의 전망이 밝지만은 않은 듯합니다. 토론을 이 정도로 마치겠습니다.

의열단원 김상옥 종로경찰서 투탄

1923년 1월 12일 의열단원 김상옥이 종로경찰서에 폭탄을 던져 유리창을 부수고 행인 몇 사람을 다치게 하였다.

현장에서 도주한 김상옥은 거사 후 닷새만에 은신처가 발각됐으나 권총을 머리에 쏴 자살했다. 당시 시내 모처에 은신하고 있던 그는 일제형사대의 급습을 받았지만 종로경찰서 유도사범인 다무라를 사살한 뒤 포위망을 뚫고 사라졌다. 다시금 이혜수의 집에 은신하다가 경찰대의 포위를 받자 지붕 위에 올라가 거의 3시간 동안 대치하다가 총알이 떨어지자 마지막 한 발을 자신의 머리에 쏘아 장렬한 최후를 마쳤다.

종로경찰서는 독립운동가에 대한 체포와 고문으로 악명을 떨치고 있는 대표적인 기관이다. 따라서 김상옥의 이번 거사에 일제당국이 아연 긴장하고 있다고 한다.

"조선사람 조선것" …
물산장려운동 선전문 확정

1923년 2월 16일 물산장려를 알리는 시위행렬에 앞서 선전문이 확정되었다. 물산장려회에서는 이 선전문을 대량 인쇄해서 배포하기로 했다. 선전문은 작년 12월 1일 조선청년연합회가 현상모집한 표어를 표제로 해서 만들었다. 현상모집에 당선된 표어는 7가지인데, '내 살림은 내 것으로' '내 살림 내 것' '조선사람 조선 것' '조선사람 조선 것으로' '우리는 우리 것으로 살자' '우리 것으로만 살기' '불매원물(不賣遠物)·유토물애(惟土物愛)'였다.

좌익세력 청년운동 주도권 장악
90여 청년단체 결집 전조선청년당대회 개최

1923년 3월 24일 서울청년회 등 90여 개 청년단체가 참석해 전조선청년당대회를 개최했다(사진). 이는 서울청년회 등 청년운동 내 사회주의세력들이 4월 2일에 개최하기로 예정되어 있던 우익 중심의 조선청년회연합회 정기총회를 겨냥해 개최한 것으로 청년운동 전반을 사회주의노선으로 방향전환하기 위해 추진한 것이다. 이 대회의 성공적 개최로 조선청년회연합회는 청년운동의 주도권을 상실하고 청년운동은 급격히 좌경화될 것이라는

게 청년운동계의 일반적 분석이다.

1920년 결성된 조선청년회연합회는 출발 당시부터 좌우대립의 불씨를 안고 있었다. 급기야 1922년 4월 사회주의계열의 서울청년회가 탈퇴하면서 연합회와 서울청년회 간의 좌우 대립구도가 성립된 바 있다. 이번 청년당대회는 이러한 대립구도에서 서울청년회측이 승리했음을 의미하는 것이다. 청년당은 앞으로 사유재산제 철폐, 물산장려운동 반대 등 사회주의적 성격을 더욱 강화할 것으로 보인다.

나라 밖 독립운동

창조파 '조선공화국' 소련 추방조치로 해체

1923년 8월 노령 블라디보스토크로 옮긴 '조선공화국'이 소련정부로부터 추방조치를 받아 신숙, 김규식, 이청천 등 임원진이 각지로 흩어짐으로써 '조선공화국'은 사실상 해체됐다. 지난 6월 국민대표회가 창조파와 개조파로 나뉘어 논란을 거듭한 끝에 해산된 뒤 창조파에 의해 수립된 '조선공화국'은 그 근거지를 한국인들이 많이 거주하는 블라디보스토크로 옮기기로 했다. 그러나 블라디보스토크로 옮긴 직후 소련정부는 일본과의 관계가 껄끄러워질 것을 우려하고 또 한국인 독립운동세력들 사이의 내분에 개입한다는 의혹을 받는 것이 부담스러워 추방조치를 내린 것이다. 이로써 상해임정은 명칭만 간직한 채 한 분파로 남게 됐다.

무정부주의 활동가 박열 일황 암살음모로 체포
일본여성 가네코 연루에 일본 정가 발칵

1923년 5월 재일동포 무정부주의자 박열을 비롯한 16명이 일본천황 일가에 대한 암살음모로 도쿄 경시청에 전격 체포돼 일본정가가 발칵 뒤집혔다.

이번 사건은 일본인들이 신처럼 떠받드는 천황일가를 목표로 한 불경스런 사건이라는 점에서 일본인들에게 충격이지만 일본인들은 이 사건에 일본여성 가네코 후미코(金子文子)가 연루돼 있는 것에 더욱 충격을 받고 있다. 가네코는 주모자 박열과 연인 사이인 것으로 알려졌다.

도쿄 경시청은 박열 등 무정부주의자들이 상해 의열단으로

부터 폭탄 50여 개를 들여온 것이 발각되면서 사건 전모가 드러났다고 밝히고 있으나 현지에서는 관동대지진 때 한국인에 관해 유포된 유언비어를 증명하기 위해 조작해낸 것이라는 의혹이 일고 있다.

박열은 지난 1921년 김약수, 조봉암 등과 함께 '흑도회(黑濤會)'를 결성했으며 최근에는 무정부주의자들로만 이루어진 '흑로회'로 갈라져 나와 '불령선인(不逞鮮人:일본인들이 한국인을 경멸적으로 부르는 말)'이라는 기관지를 발간하는 등 무정부의운동의 핵심을 이뤄왔다.

"백정도 똑같은 인간이다"
신분차별 철폐 '형평운동' 전개

진주서 조선형평사 창립 … 쇠고기 불매 등 '반형평운동'도 거세

1923년 4월 25일 전국 각 지역의 백정 대표 80명이 진주에서 조선형평사 창립대회를 열고 강상호를 사장에 선출했다.

이들은 이 자리에서 "앞으로 전국의 40만 백정을 대표하여 백정에 대한 차별 철폐를 위해 활동하겠다"고 밝혔다. 형평이라는 말은 수평으로 된 저울대를 뜻하는데 백정도 다른 사람들과 평등한 대우를 받아야겠다는 의미를 가지고 있다. 여전히 백정의 자식은 일반 사람들이

다니는 학교도 못 다니게 배척하는 현실에서 이번의 형평운동은 커다란 사회적 반향을 일으키고 있다.

많은 진보적인 사회단체들이 격려를 보내고 있지만 형평운동을 반대하는 움직임도 만만찮게 일어나고 있다. 진주에서는 수백 명의 농민들이 쇠고기 불매운동을 벌이는 한편, 형평운동의 지도자들을 구타하는 일이 발생하는 등 반형평운동을 일으키고 있어 형평운동의 앞길에 어두운 그림자를 드리우고 있다.

형평대회를 알리는 포스터.

형평운동이란
**백정들 신분해방운동 …
교육에서 이발소까지
온갖 차별에 항의**

형평운동이란 백정(白丁)들의 신분해방운동을 말한다. 현재 형평사의 통계에 의하면 백정의 숫자는 40여만 명에 달하고 있는데 주로 도살업, 제혁, 유세공 등에 종사하고 있다. 이들은 주로 삼남지방에 분포하고 있다.

이번에 일어난 형평운동은 일반인의 차별, 공무원과 교사들의 차별, 목욕탕, 이발소, 요리점 등 사람들이 출입하는 곳에서의 차별들을 지적하면서 시작되었다.

화제 지주 강택진씨 소작농민에게 전토지 분배

"일하지 않는 자 먹지도 마라" 고심 끝 결단
"사회제도 모순타파 위해 함께 싸우자" 결의

1923년 4월 각지에서 소작인의 권리를 주장하며 소작인운동이 활발하게 전개되고 있는 지금, 경북 영주의 지주 강택진씨는 자기 재산 전부(토지 1만 9천평)를 소작인조합에 내주어 큰 충격을 주고 있다.

강택진씨는 찾아간 기자에게 "박애, 평등, 자유를 실현하려면 먼저 소유욕을 없애고, 계급을 같게 해야 할 것입니다. 다른 사람들이야 어떠하든지 나 혼자만이라도 참사람의 참살림을 해보려고 하는 것입니다"며 흥분된 어조로 말하였다.

씨는 나이 32세로 여러 해 동안 만주, 상해 등지를 돌아다녔으며, 현재 보통학교에 다니는 첫째 아들은 고향에 있는 형에게 맡기고, 둘째 아들과 아내 등

세 식구가 살고 있는데, 일거리를 찾고 있는 중이라 한다. 강택진씨는 '소작인 제군에게 고백하노라'는 글을 통해, 땅을 내놓은 동기를 "남의 힘으로 먹고 입지 말고 자신의 힘으로 먹고 살라는 진리를 실천하기 위해 고심했다"며 사회주의에 감명받아 지주권을 부정하게 되었음을 밝혔다. 씨는 계속해서 "소작인의 고혈을 소작료니 뭐니 하면서 빼앗았으니 죄를 지은 것이지만 이 죄는 사회제도의 모순 때문이니, 앞으로 희망찬 앞날을 위하여 손잡고 싸워나가자"고 주장하였다.

이 소식을 들은 소작인들은 "너무도 감사하다"면서 기뻐하고 있지만 지주들은 놀라지 않는 사람이 없다고 한다.

서울땅 노른자위 일본인들 '야금야금'

사령부 들어선 용산 이어 명동 등 새 중심지 급부상

인구 25만의 대도시 서울, 그 서울땅의 요지를 일본인이 누에가 뽕잎 갉아먹듯이 야금야금 집어삼키고 있다. 또 일본군사령부가 있는 용산 인근에 새로이 일본인 신시가지가 개발돼 서울이 한강변까지 확장되고 있다.

서울의 경우 남산 기슭은 이미 한말부터 일본인 거류지로 발전해왔는데, 부근의 진고개를 중심으로 일찍부터 상가가 발달하여 지금은 본정(충무로), 명치정(명동) 일대에 현대식 건물이 들어서면서 서울의 새로운 상업중심지로 크게 발전하고 있다. 또 최근에는 전통적으로 서울 상권의 중심지인 종로 일대에까지 일본상점이 들어서고 있는 실

정이다. 주택가의 경우도 서울 동쪽은 물론 북쪽까지도 야금야금 일본인의 손에 넘어가 웬만한 큰 집이나 빈 땅은 거의 일본인 소유다.

또 지금 경복궁을 허물고 조선총독부 건물공사가 진행 중이며 남대문과의 중간지점에 경성부 청사를 세우고 이곳을 중심으로 복심법원, 동양척식회사, 조선은행 등 한국 수탈기구를 집중 배치했다. 한편 서울역이 새로운 교통의 거점으로 떠오르면서 서울역에서 용산나루에 이르는 용산지역이 일본인들의 신시가지로 개발되고 있다.

용산은 조선시대부터 한강을 이용한 상품유통의 거점인데다 일본군사령부가 있는 곳으로 새로이 한

강인도교가 개통되면서 한강 이남과의 교통이 수월해져 신개발지로 각광을 받고 있다.

이처럼 일본인에 의한 서울의 요지 점령은 상대적으로 한국인의 몰

락을 가져오고 있다. 한국인의 상권이 크게 잠식당하는 것은 물론 집을 잃고 도시 변두리에서 토막을 짓고 사는 사람들이 차츰 늘고 있는 실정이다.

"임금인하 반대"
파업 잇따라

평양 양말공장 직공 1923년 7월 21일 평양의 양말공장 직공 1천 명이 직공조합의 결의에 따라 임금인하를 반대하는 파업에 들어갔다. 노동자들은 조선노동연맹회의 지원 아래 요구조건을 관철시킨 것으로 알려졌다.

경성 고무공장 여공 1923년 7월 3일 경성 광희문 밖에 있는 해동, 뇌구, 경혜, 동양 등 4개 고무공장 여공들이 임금인하에 반대하여 연대파업을 벌였다. 경찰과 사용자측은 파업을 진압하기 위해 모든 수단을 동원하였지만 노동연맹회 등의 지원에 힘입은 파업노동자의 기세에 눌려 파업 10여 일 만인 7월 19일 노동자들의 요구조건을 수용하였다.

서울 시내 '쓰리꾼' 횡행, 요주의 경계령

정거장-극장 등 혼잡한 곳에서 빈발

요즈음 서울에서는 남의 주머니에 든 돈을 훔치는 데 귀신이라는 쓰리꾼이 횡행하고 있으니 호주머니 두둑한 사람들은 정신 바짝 차려야 할 판이다.

쓰리꾼은 정거장, 전차, 극장같이 혼잡한 곳에서 사람들이 표를 사느라고 돈을 꺼낼 때 지갑 속에 돈이 얼마나 들어 있는가를 엿보았다가 부주의한 틈을 타 지갑을 슬쩍한다는 것.

최근 이런 쓰리꾼에 의한 일반의 피해가 날로 늘어 각 경찰서에서는 수십 명의 형사를 각지 정류장 등에 배치하여 쓰리꾼 체포에 나서고

있는 것으로 알려졌다. 그러나 피해를 당하지 않으려면 무엇보다 당사자가 주의해야 할 일인데, 번잡한 곳에서 돈 쓸 일이 있으면 미리 필요한 만큼만 돈을 호주머니에 넣어놓고 큰돈은 깊숙이 잘 간직하는 게 최상책이라고. 또 정류장 대합실에서 짐을 잃어버리거나 여관방에서 구두를 잃어버리는 것도 본인의 부주의이니 자기 짐에서 눈을 떼지 말아야 할 것 같다. 특히 시골양반들 오랜만에 서울구경 나왔다가 세상물정 모르고 어물쩡거릴 때 지갑 털리는 수가 많으니 각별히 주의시킬 바란다.

**공중변소도 민족차별
"일본인은 똥도 먼저 누나"**

25만 인구가 사는 서울에 공중변소가 부실해 경성부에서는 기존 공중변소를 고치는 한편 올해는 일본 사람이 많이 사는 본정, 장곡천정, 고시정, 남대문 등 네 곳에 새로 공중변소를 설치한다는 소식이다. 이 소문을 들은 사람들은 "일본사람은 똥도 먼저 누는 거냐"며 불평이 대단하다.

민립대학 설립운동 본격화

'기성회' 결성 … 일제, 제국대학 설립 움직임

1923년 3월 29일 오후 1시 서울 기독교청년회관에서 조선민립대학 기성회가 조직됨으로써 한국에도 대학을 설립하자는 운동이 시작되었다.

이것은 민족부르주아들이 전개한 실력양성운동의 일환으로 여기에는 이상재, 이승훈, 윤치호, 김성수, 송진우 등이 참여하고 있는데, 이들은 "교육으로 인생의 발달을 꾀하고 국가발전의 토대를 마련하려면 어찌 이러한 최고 학문의 성취를 등한히 하겠는가"라면서 대학의 필요성을 강조하였다.

대학설립운동 관계자는 "2천만 동포 중 절반이 1원씩만 낸다면 1천만 원이니 비록 거금이라 하나 불가능한 일은 아니다. 모든 민중이 일치단결하여 민립대학 설립운동에 적극 참여하자"고 주장하고 있다.

그러나 1923년 여름의 물난리와 경제불황으로 모금운동은 지지부진한 상태인 것으로 알려졌다.

한편 일제는 이런 움직임에 대응하여 한국에 제국대학 설립을 적극 검토하고 있다고 한다.

"국민당-공산당 합작"

쑨원-요페 공동 선언
내부반발…진통 예상

1923년 1월 중국국민당의 쑨원과 코민테른 대표 요페는 '공동선언'을 발표하고 중국공산당이 국민당에 개인자격으로 입당하는 방식으로 양당이 합작하고 소련과의 우호관계를 유지하기로 했다고 밝혔다. 이로써 국민당과 공산당은 군벌세력 토벌과 민주주의 개혁이라는 공동의 목표를 향해 함께 협력하게 됐다.

이번 '공동성명'은 쑨원과 코민테른 사이의 1년여에 걸친 지루한 토론 끝에 이루어진 것으로 알려졌다. 이렇게 시일이 걸린 것은 코민테른측이 '당 대 당', 즉 당외합작을 주장한 반면, 쑨원은 하나의 당으로 합치는 당내합작을 주장해 쉽게 결말이 나지 않았기 때문이다. 결국 쑨원의 의견대로 낙착이 됐는데 이는 코민테른이 판단하기에 중국공산당의 당원수가 500명도 채 안 되고 프롤레타리아의 역량이 미숙해 일단 부르주아민주주의혁명의 주도권을 국민당에 일임하기로 판단했기 때문이라고 한다.

이러한 결정을 두고 코민테른 내부에서 트로츠키파의 격렬한 반대가 있었고, 중국공산당 내에서도 천두슈, 장궈타오 등이 한때 반대의견을 피력한 것으로 알려져 구체적 실행에 들어가기까지는 다소 시일이 걸릴 것으로 보인다.

'독일죽이기' 너무 심하다

프랑스, 전후배상 미집행 보복 이유로 루르지방 전격 점령
독일 배상능력 이미 상실 … 승전국들 대책 없이 팔짱만

1923년 1월 프랑스는 전후배상을 집행하지 않고 있는 독일에 대한 보복으로 루르지방을 전격 점령했다. 공업지대인 루르지방을 점령당한 독일의 경제는 그렇지 않아도 극심한 불황에 시달리던 차에 마르크화 가치가 폭락하고 식료품 등귀소동이 일어나는 등 심각한 타격을 받고 있다.

연합군은 1921년 독일에 최종적으로 총 1천320억 마르크의 1차세계대전 배상금을 제시한 바 있다. 이는 독일로서는 지불능력을 훨씬 초과하는 것이었다. 독일은 1차세계대전 패전 후 줄곧 배상금 지불과 식량수입을 위해 국채를 남발해왔다. 그러나 상환기일이 다가와도 지불능력이 없어 불환지폐로 보상해줬고 그 결과 물가는 걷잡을 수 없이 폭등했다. 1914년 당시 1마르크에 25센트 하던 것이 1922년에는 겨우 2센트에 불과하다. 이러한 형편에 프랑스의 침공까지 당해 독일이 자첫 공중분해되는 것 아니냐는 우려까지 대두되고 있는 것이다.

물가의 폭등은 곧바로 노동자들의 임금감소 효과를 불러왔고 중산층과 연금생활자들도 피해를 보고 있다. 이러한 상황에서 독일국민의 여론은 단연 히틀러의 나치강령으로 쏠리고 있다. 1918년의 혁명을 이끈 좌익세력들은 여론으로부터 독일에 '배후의 일격'을 가한 매국노로 비판받고 있다. 전쟁에 져 허약해질 대로 허약해진 독일에 내부로부터 타격을 가해 회생불능으로 만들어버렸다는 것이다. 히틀러는 이러한 증오와 분노의 물결을 유태인에게 향하도록 유도함으로써 대중적 명망이 더욱 높아지고 있다. 영국과 프랑스 등 전승국들도 최근에는 독일을 계속 몰아붙이는 것이 위험하다는 것을 깨닫고 있다고 한다. 그러나 그들에게는 사태를 치유할 수단이 거의 없다는 것이 비극이다.

'나치돌격대' 너무 설친다

히틀러, '우익정권 수립' 맥주홀 폭동 … 바이에른 정부에 의해 진압
국내외 상황 악용 선전선동에 대중들 열광적 환호

1923년 11월 8일 뮌헨의 한 맥주홀에서 폭동이 일어났다. 술취한 주정꾼들의 폭동이 아니다. 나치당 지도자 히틀러와 그에 동조하는 루덴도르프, 크라이벨 등 고위장성들이 가세한 정치폭동이다. 목표는 우익독재정권 수립과 베를린으로의 진격이다.

이 폭동은 바이에른정부의 진압으로 무위로 돌아가고 주동자 히틀러는 감옥행이 됐지만 독일국민들의 히틀러에 대한 지지는 이를 계기로 더욱 치솟고 있다. 히틀러는 수감되면서도 꼿꼿한 자세로 독일공화국의 나약함과 분열과 부패를 신랄하게 공격했고 독일민족의 강력한 국민정부 수립을 강조했다. 이는 자신들이 겪는 극심한 생활고가 불합리한 베르사유조약 때문이라고 생각하는 국민들의 불만의 정곡을 찌르는 웅변이다.

맥주홀은 히틀러와 인연이 깊다. 그는 3년 전, 나치당의 전신인 독일노동당의 선전부장을 지내던 시절, 바로 뮌헨의 이 맥주홀에서 2천여 청중을 모아놓고 '베르사유조약 폐기'와 '독일영토 확장'을 포함한 25개조 강령을 선포한 적이 있다. 이는 현재까지 나치당의 '불변의 강령'으로 국민들의 뇌리에 깊이 박혀 있다. 아마도 맥주홀이 사람들이 많이 모여 시국담을 나누는 곳이기에 연설장소로 선택했을 것이다.

이후 맥주홀을 주무대로 감동적인 연설을 해왔는데 장소가 술집인만큼 나치당에 반대하는 자들의 소란도 끊이질 않았다. 히틀러는 이에 대한 대책으로 '집회장소 방위반'을 편성했고 이것이 요즘은 '나치돌격대'로 성장했다. 감옥에 수감 중인 그는 요즘 「나의 투쟁」이라는 저서를 집필하고 있다고 한다. 권력의 정상을 향한 그의 돌격투쟁에 유럽의 관심이 모아지고 있다.

뮌헨에서 열린 1차 나치집회.

패전국 터키 서구열강 격퇴 공화정 수립

반제운동사상 획기적 사건

1923년 터키에서 오랜 이슬람 통치체제인 술탄제의 오스만제국이 무너지고 터키공화국이 수립됐다. 이번 혁명적 사건은 무스타파 케말 파샤(사진)의 지도 아래 터키국민이 그리스 등 제국주의국가들의 무력침공을 물리치고 그 여세를 몰아 술탄제를 폐지함으로써 이룩된 것

이어서 반제국주의운동에 획기적인 사건이 될 듯하다.

터키는 1차세계대전에서 독일측에 가담함으로써 패전국의 일원이 된데다 1차세계대전의 시발이 된 세르비아사태가 바로 터키의 영토확장 욕구에서 비롯된 것이어서 1차세계대전 종전과 함께 열강으로부터 시달림을 받아왔다. 급기야 그리스를 비롯해 이탈리아, 프랑스, 영국 등의 군대가 아나톨리아지방으로 진격해 들어오자 터키민중들은 강력한 반제국주의항쟁을 전개했고 케말의 뛰어난 지도력에 힘입어 이를 물리쳤다.

세계 각국은 터키민중의 반제투쟁과 공화제 수립에 경악하면서 이를 기적과 같은 일로 보고 있다. 뿐만 아니라 이웃 회교국가들도 공화국 수립에 상당히 놀라고 있는 것으로 전해졌다.

일제하 만화경

차별 철폐!
이유있는 반항
이바구

최초 극영화 「월하의 맹서」 개봉

'저축장려' 총독부 정책 홍보관련 윤백남감독 어용시비도

1923년 4월 9일 우리나라 최초의 극영화 「월하의 맹서」가 개봉됐다.

이 영화는 연극계의 중진 윤백남이 각본과 감독을 맡고 자신이 이끌던 민중극단 단원들을 동원하여 제작했다. 「의리적 구투」를 비롯하여 여태까지 만들어진 영화가 모두 영화로서의 완성도가 떨어지는 연쇄극이었던 데 비해 이 영화는 완결적인 극영화로 형식 면에서 진일보했다고 평가되고 있다.

이 영화의 줄거리는 서울에서 돌아온 주인공이 노름과 주색으로 파탄지경에 이르자 약혼녀의 아버지가 그동안 저축해둔 돈으로 주인공의 빚을 갚아주고 주인공이 심기일전하여 행복한 가정을 꾸린다는 내용이다. 이 과정에서 갖가지 에피소드가 삽입되고 변사의 걸쭉한 입담이 곁들여져 관객들의 눈물을 자아낸다고 한다.

그러나 이 영화는 그 줄거리에서도 알 수 있듯이 저축을 장려하기 위해 총독부에서 정책적으로 만든 영화라는 점이 문제시되고 있다. 그래서 영화계에서는 윤백남을 둘러싸고 어용시비가 제기되고 있다.

윤심덕 귀국독창회 개최 '스타탄생'

최초 소프라노…신여성 대표주자로 화제

1923년 6월 성악가 윤심덕이 종로 중앙청년회관에서 귀국독창회를 가졌다. 윤심덕은 이날 귀국독창회에서 풍부한 성량과 당당한 용모로 대중을 휘어잡았으며 이후 우리 사회의 새로운 스타로 자리잡을 것으로 보인다.

그녀는 1897년 평양에서 태어났으며 평양여고보와 경성여고보 사범과를 졸업하고 잠시 소학교 교원을 하였다. 그녀는 일본으로 건너가 우에노음악학교 성악과에서 수업을 하였으며 졸업 후 1년 동안 조교생활을 하다가 올해 귀국했다. 그녀는 우리나라 최초의 소프라노가수로서 이른바 신여성의 대표주자로 여성계의 추앙을 받고 있는 것으로 알려져 있다. 그녀는 신여성답게 자유연애에도 선구적이어서 일본유학 당시 동우회의 순회극단에 참여하던 중 극작가 김우진과 모종의 관계를 맺고 있다는 소문이다.

특히 김우진이 유부남이기 때문에 보수적인 사고방식을 가진 사람들 가운데는 이를 지탄하는 사람도 많다.

새로 나온 책　안확 「조선문명사」

개선-진화 관점서 민족사 서술…

'조선왕조 매도'에 반기

"당쟁은 곧 열린 정치" 평가

1923년 안확이 쓴 한국사개설서 「조선문명사」가 회동서관에서 간행됐다.

일명 조선정치사라고도 하는데 저자는 당초 민족사, 미술사, 학예사, 문학사, 정치사, 경제사, 외교사, 육해군사 등을 아우르는 체계적 문명사를 기획하였는데 이 가운데 정치사를 먼저 펴낸 것으로 밝히고 있다.

이 책은 개항기에 도입된 사회진화론의 영향을 받아 민족사를 개선과 진화의 관점에서 발전적으로 보고 있는 점이 특징인데, 정치사의 관점에서는 민족사를 자치제의 발달을 축으로 발전적으로 서술하고 있다. 저자는 근대 민주주의의 기본 요건을 자유, 자주, 자치라고 보면서 우리 민족사에서는 이 가운데 자치제가 크게 주목된다고 하였다.

특히 조선시대의 정치를 자치제의 발달에 기반한 정당정치라는 틀로 이해하여 당쟁의 차원에서 부정적으로 인식하고 있는 학계의 일반적인 관점과는 현격한 차이를 보이고 있다. 즉 조선시대에는 향회, 촌회 등 지방자치를 기반으로 지방사족들이 중앙정치에도 참여하는 열린 정치가 펼쳐졌지만, 세도정치로 인해 이런 열린 정치의 공간이 폐쇄되면서 나라가 쇠퇴할 수밖에 없었다고 보았다. 이러한 관점은 망국의 후유증으로 인해 조선왕조 500년을 싸잡아 매도하는 데 너무나 익숙한 지식계에 신선한 충격을 주고 있다고 한다.

이번 호의 인물　신채호

칼보다 매서운 필봉 휘두른 민족혁명가

신채호는 큰선비의 그릇이로되 세상 탓에 공부보다는 독립운동으로 동분서주하고 있다. 선비여서 붓끝은 언제나 매섭고 불의의 사람이나 집단과는 추호의 타협이 없다. 3·1운동 이후 임시정부 수립에 가장 열성이었지만 임정이 독립운동에 전념하지 않고 파벌로 갈라져 싸움을 일삼자 분연히 일어나 이를 성토하고 임정 해체를 주장했다. 독선과 아집으로 똘똘 뭉친 이승만이 임정을 맡아먹으려 하자 누구보다 먼저 그를 규탄하고 나섰는데 어찌나 격렬했던지 이승만에 비판적이었던 사람들도 고개를 저었을 정도다.

그의 추상같은 안목이 가장 크게 빛을 발한 것은 이번에 발표한 「조선혁명선언」이다. 거족적인 3·1운동이 일어난 지 불과 2, 3년 만에 외교론이네 준비론이네 하며 일제와의 항쟁을 포기하는 부류를 분명하게 단죄하고, 일제에 대한 민중직접혁명만이 민족해방을 가져올 수 있음을 내외에 선언한 것이다. 또 장차 우리가 건설해야 할 나라는 '고유적 조선의 자유적 조선민중'의 나라임을 제시하여, 가히 이 시대 최고 지성의 면모를 유감없이 보여줬다.

선비로서 신채호의 진면목은 그의 역사연구에서 보다 크게 드러난다. 그는 이미 한말부터 겨레의 민족정신을 고양시키기 위해 「독사신론(讀史新論)」 등 많은 사론(史論)을 발표해 우리 근대역사학의 기틀을 잡기 시작했다. 나라를 잃은 후 그는 만주 일대의 고구려와 발해 유적지를 답사, 우리 민족의 웅대한 기상을 재발견하여 일제의 식민사관을 분쇄할 학문적 터전을 마련했다. 이때의 연구를 바탕으로 치밀한 실증을 통해 「전후삼한고(前後三韓考)」와 같은 탁월한 업적을 낳았다. 그의 이런 역사의식은 조선 후기이래의 실학자들의 학문적 전통을 계승함으로써 이뤄진 것이다.

날로 어지러워지는 세상 속에 민족운동의 방향을 올바로 잡아 나가기 위해서나 우리 역사학의 튼튼한 발전을 위해서 그의 건투를 빌어 마지않는다.

1880년생. 본관은 고령. 충북 청원 출생. 호는 단재(丹齋).

윤치영 등 중심 조선야구협회 창립

1923년 5월 23일 윤치영, 이원용, 허성 등의 발기로 조선야구협회가 창립되어 조직적인 활동에 들어갔다. 이로써 개항기에 도입된 야구가 우리 사회에 본격적으로 뿌리를 내릴 수 있게 되었다.

야구는 1905년 미국인선교사 질레트가 황성기독교청년회회원들에게 가르치면서 우리 사회에 도입되었는데, 주로 학교 위주로 전파되어 1910년대에는 한성외국어학교, 동경유학생회, 대한의원부속학교, 한성고등보통학교, 휘문의숙 등 여러 학교에 야구팀이 창설된 바 있다. 1920년에는 제1회 전조선야구대회가 개최되어 중학부 5개 팀과 청년부 5개 팀이 출전하여 배재고보가 우승을 차지하기도 하였다.

물산장려회 기관지 「산업계」 창간

1923년 11월 조선물산장려회는 대중계몽을 위한 기관지 「산업계」를 창간했다. 물산장려회는 이 해 1월에 창립된 이후 이 운동의 대중적 확산을 위한 대중매체의 필요성을 절감하고 기관지 발행을 결의한 바 있다. 그러나 총독부의 탄압으로 자금원이 봉쇄되어 이의 실현을 보지 못하다가 기관지만은 무슨 일이 있더라도 조속한 시일 내에 발행해야 한다는 여론에 따라 이번에 「산업계」란 이름으로 창간된 것이다.

이 잡지의 창간으로 물산장려회는 자신의 이론을 체계적으로 전파할 수 있게 되었지만 사회주의세력 가운데는 이 잡지가 그 이름이 말해주듯이 자산가들의 잡지가 될 것이라고 비판하는 사람도 많다.

염상섭 「만세전」

'안팎 곱사등이' 지식인 고뇌 묘사

「폐허」의 동인으로 1921년 「표본실의 청개구리」를 발표하여 주목받았던 작가 염상섭이 이번에 「묘지」란 소설을 발표하여 화제가 되고 있다. 이 소설은 「만세전」이란 제목으로 더 유명한데 3·1운동 전의 암울한 현실을 묘지라고 하는 이미지로 적확하게 형상화하고 있다는 평가를 받고 있다.

이 소설에서 그리고 있는 세계는 모든 것이 혼재되어 있는 세계이다. 이러한 혼재는 일본과 한국이라고 하는 두 공간의 대립으로 나타나는데, 이 소설에서 일본은 '자아의 해방'과 '자유연애'가 가능한 20세기 지식인이 숨쉴 수 있는 공간인 동시에 하숙방에 형사들이 들이닥치는 땅이며, 한국은 도처에 순사와 헌병이 깔려 있고 일본인 세상에 빌붙어 한몫 챙기려는 무리가 들끓는 곳이자 동시에 애정이라고는 손톱만큼도 느낄 수 없는 아내가 죽어가는 곳이다. 또한 아내로 표상되는 온갖 구역질나는 봉건적 인습이 가득 차 있는 곳이다.

이 소설은 이 두 세계 가운데 어느 곳에도 안주할 수 없는 주인공을 통해 식민지 지식인의 고뇌를 표현하고 있다. 근대적 이상을 추구하려 해도 억압을 받고, 자신의 전통도 따를 수 없는 상황, 이것이 바로 3·1운동 전 식민지 지식인이 처한 한계상황이라는 것이다. 필자 스스로도 게이오대학 사학과 재학 중에 3·1운동을 맞이해 시위를 벌이다가 체포된 경력을 갖고 있는데, 이러한 경험이 이 소설의 현실성을 더해준 배경인 것으로 보인다. 앞으로 식민지 지식인의 갈 길은 무엇일까?

역사신문

동척, 쟁의농민들에 엽총 난사

소작료 인하요구 북률농장 농민에 마구잡이 폭력…소작권 몰수 뒤 일본인 이주 추진

1925년 전국적으로 소작쟁의가 격증하는 가운데 동양척식회사의 황해도 재령군 북률농장에서 동척과 소작농민 간에 1년여의 대립이 폭발, 일제가 소작농민에게 엽총을 발사하는 폭력적 양상을 빚어 민족적 분노를 사고 있다.

동척 소작쟁의는 지난 1922년 이래 재해에 따른 대흉작이 계속되자 소작농민들이 소작료 감면을 요구하며 소작료를 내지 않았으나 동척이 이를 거부하고 일본인 척식청년단을 동원, 강제징수에 나서면서 폭발했다. 계속된 흉작으로 먹을 식량조차 떨어진 농민들은 1924년 9월 500여 명이 동척 사리원지점에 모여 연일 연좌시위를 하며 소작료 감면을 요구했다.

동척은 이를 거절하는 한편, 소작지를 빼앗아 일본인 이민에게 주어 일본인 이상촌을 세우려는 계획을 추진했고, 이에 생존 위협을 느낀 전체 농민들이 투쟁에 나섰다.

이들은 소작료 감면, 소작권 보장, 일본 이상촌 건설 연기 등을 주장하며 5차례나 총독부당국에 진정하고 동척지사와 담판을 거듭했다.

전국적으로 비난여론이 비등하는 가운데 1925년 1월에는 농민대표 이몽서가 최종적으로 서울의 동척당국과 담판을 벌여 타협안이 마련된 듯했으나 사리원지점에서는 다시 미납소작료 강제징수에 나서 농민들과 격돌하게 된 것이다. 동척은 일본 이민과 어용소작인 수십 명을 엽총과 몽둥이로 무장시켜 농민들

에게 엽총을 쏘면서 강제집행에 나서는 한편, 경찰을 동원해 차압을 붙이고 농민대표들을 구속해버렸다. 이후 동척은 미납소작료를 몇 년으로 나누어 갚으라는 등 몇 가지 타협안을 제시하고 이를 따르지 않는 농민들은 농장을 떠나라는 최후통첩을 내려 사태를 마무리하고 있다는 소식이다. **관련기사 2·3면**

"일제 인정범위 내서 자치운동 전개" 동아일보 사설 「민족적 경륜」 파문

1924년 1월 2일부터 6일까지 「동아일보」는 자치운동을 주장하는 사설 「민족적 경륜」을 연재하여 파문을 일으키고 있다. 이 사설은 이광수가 집필한 것으로 알려졌는데, 이에 대해 국내는 물론 도쿄와 상해를 포함하여 각지에서 동아일보 불매운동을 비롯한 반대운동이 거세게 일어나고 있다.

이 사설의 요지는 민족의 백년대계를 위해서는 일제가 허용하는 범위 내에서 일대 정치적 결사를 조직해야 한다는 것이다. 그리고 이를 통해 당면한 민족적 권리와 이익을 옹호하고 한국인을 정치적으로 훈련·단결시켜 민족의 정치적 중심세력을 길러서 장래 정치운동의 기초를 이루어야 한다는 것이다. 이 사설은 일제의 통치를 기정사실로 인정하고 이 울타리 안에서 자치운

동을 전개할 것을 주창한 것으로, 집필자 이광수는 1922년 민족개조론을 발표하여 물의를 일으킨 바 있다.

그런데 이번 사설은 그의 개인적 의견이라기보다 송진우, 김성수 등 동아일보 간부들과 최린 등 천도교 일부 세력과의 충분한 교감을 거쳐서 나온 것으로 알려지고 있다. 이들 세력은 자치운동을 축으로 한

모종의 정치적 결사를 준비하고 있다는 소문이다. 이에 대해 사회주의 세력이 주도권을 잡고 있는 조선노농총동맹이 임시대회를 열고 동아일보 배척결의안을 내는 등 적극적인 반대운동을 결의하였다. 한편 우파세력 내부에도 이번 자치운동론의 타협성에 대해 반대하는 세력이 만만치 않은 것으로 알려지고 있다. **관련기사 2면**

을축년 대홍수 전국 휩쓸어 사상최대 피해

기근까지 겹쳐 '이중고'

1925년 7, 8월에 4차례에 걸쳐 전국에 큰비가 내려 사상최대의 피해가 발생했다.

7월 10일과 11일에는 중부지방 일대에 300mm에 달하는 비가 쏟아져 한강과 금강이 범람했다.

이에 그치지 않고 16일부터 18일까지 최고 650mm의 비가 더 내려 임진강과 한강이 크게 범람했다. 이로 인해 한강수위가 급격히 상승, 뚝섬 13.59m, 한강인도교 11.66m, 용산 12.74m로 역사상 최고수위를 기록했다. 8월 초에는 관서지방에 큰비가 내려 대동강, 청천강, 압록

이번 홍수로 한강철교의 중간 교각이 무너져 철도가 파손됐다.

강이 범람했다. 이어 8월 말에는 남부지방에 태풍이 급습, 낙동강, 영산강, 섬진강이 범람했다. 홍수는 한반도 어느 한 곳도 예외가 아니라는 듯이 차례로 전국 지역을 강타했다. 이번 을축년 대홍수로 사망·행불 647명, 가옥 파손 및 유실 2만 3천여 호, 농경지 침수 10만 단

보의 피해를 입었다. 피해액은 1억 3백만 원으로 추정되는데 이는 총독부 1년 예산의 거의 60%에 달하는 엄청난 금액이다.

한편 이번 홍수로 각지의 도로와 교량, 철도가 두절돼 곡물과 야채 수송이 중단, 물가가 급등하고 있다. 이에 따라 서울 등 대도시의 이

재민들은 홍수와 기근이라는 이중고를 겪고 있으며 이재민 수용소에 집단 이질까지 발생, 생지옥을 방불케 하고 있다. 현재 총독부와 민간단체들이 나서 구호활동을 펴고 있으나 피해규모가 워낙 엄청나 사태 수습이 장기화될 전망이다. **관련기사 4면**

사이토총독 국경순시 중 총탄세례

만주 참의부 독립군 거사 목숨은 건져

1924년 9월 19일 오전 9시경 압록강변 국경을 순시하던 사이토총독이 우리 독립군으로부터 총탄세례를 받았으나 목숨은 건졌다. 사이토총독은 경무국장 마루야마 등 총독부 간부들을 거느린 채 배를 타고 국경을 시찰하던 중 평북 위원군 부근에서 집중적인 총격을 받았다.

이번 거사는 만주 참의부 소속 독립군이 수행한 것으로 알려졌다.

소식통에 의하면 참의부에서 정보를 입수한 뒤 제2중대 제1소대장 이의준에게 작전지령을 내렸다고 한다. 이의준은 대원들과 함께 위원군 마산탄 강변에 매복하여 기회를 엿보고 있다가 사이토 일행을 태운 경비선이 다가오자 일제 사격을 가했다. 불의의 습격을 받은 총독 일행은 혼비백산하여 뱃머리를 돌려 응사하면서 도주해 사상자는 발생하지 않았다. 관계자들에 의하면 총독은 이번 시찰을 마치고 본국 제국의회에 한국이 평화를 유지하고 있다고 보고할 예정이었는데 이번 일로 할말을 잃게 됐다고 한다.

역사신문

독립의지 포기하는 「민족적 경륜」을 규탄한다

일제 지배논리의 허구성을 간파해야

동아일보에 24년 1월 2일부터 6일까지 5회에 걸쳐 연재된 이광수의 「민족적 경륜」이 커다란 파장을 불러일으키고 있다. 이미 이광수는 지난 22년에 「민족개조론」을 발표하면서 파란을 일으킨 바 있는 장본인이다. 지난번에는 정치적 활동에서 벗어나야 한다고 주장하더니 이번에는 오히려 강력하게 정치적 활동을 하는 것으로 내용이 바뀌었다. 2년이 지난 지금 무엇이 바뀌었는가.

이광수가 말하는 정치운동은 자치운동을 가리킨다. 이것은 이광수 개인만의 생각은 아니고 최린, 송진우 등 연정회라는 단체로 결집했던 일부 세력의 정치노선이다. 이들은 합병 이후 10년이 넘게 흐른 지금, 일제의 존재를 부정할 수 없고 현실적으로 한국인의 행복과 번영을 위해서는 일제와 타협할 수밖에 없다고 주장한다.

그러나 일본은 합병 때부터 한국인의 행복을 증진해준다고 했지만 오늘날의 현실은 그것이 거짓이었음이 너무나도 명백하게 밝혀져 있다. 자치론만 보더라도 일찍이 송병준, 민원식 등 극렬 친일파가 참정권을 달라고 애원하였으나 이루어진 적이 없었다. 설혹 일본이 관대한 마음이 있어 자치를 허락한다고 하자. 독립을 이루지 못하고 국권을 되찾지 못하는 상태에서의 자치란 일본의 보호를 받는 어린아이와 같은 존재를 벗어나지 못하는 것 아니겠는가. 참정권을 얻어 식민지 대표 자격으로 일본 의회에 참가한다고 하자. 그래봤자 일본의 이해관계를 합리화시켜주는 거수기 노릇 이상을 할 수 있겠는가.

「민족적 경륜」에서는 정치·산업·교육의 결사를 만들어 한민족의 중심세력이 되기를 기약하자고 한다. 이것은 아직까지 확립되지 못한 한국의 민족적 경륜을 키워 일제가 허락하는 범위 내에서 정치적 중심세력을 이루어 민족을 지도해가겠다는 말이다. 이것은 자치운동세력이 이미 한번 선보인 주장의 반복일 뿐이다. 자치론이 사실상 독립을 포기하는 노선인 이상 격렬한 반대를 피할 수 없다. 지금 전국적으로 벌어지고 있는 동아일보 불매운동을 보면 이 자치론에 대한 여론이 얼마나 나쁜가를 알 수 있다. 이광수 등 자치론자들은 자신들의 논리를 합리화하기에 앞서 이러한 민족적 공분을 똑바로 직시해야 할 것이다.

그러나 우리는 이번 일로 일제와의 타협을 전제로 하는 논의가 그칠 것으로 생각하지 않는다. 일제의 지배를 계속 받으면서 독립의 희망이 눈앞에 닥쳐오지 않는 한 갈수록 노골적인 친일을 외치는 이들이 늘어갈 것이다. 이제 우리는 눈앞에 있는 적들 외에도 우리 내부에서 갈래갈래 흩어져서 반목하고 있는 논의들을 정리하고 가지치기해야 할 때이다.

그림마당
이은홍

저기 사람이……

내버려 둡시다! 워낙 대세에 휩쓸리길 좋아하는 분이어요 !!

자치론

'민족적 경륜' 무엇이 문제인가

자산계급 이익 확보 위해 항일 포기

민족분열·독립의식 마비에 기여…총독부 배후 개입설도

「동아일보」의 「민족적 경륜」이라는 사설로 여론이 벌집 쑤신 듯하다. 사설 내용의 핵심은 일제에 대한 적대적인 자세를 버리고 일제 통치를 수용한 가운데 자치운동을 전개하자는 것이다. 이것은 바로 항일운동의 포기를 뜻하는 것이어서 국내외의 여론이 물 끓듯 할 수밖에 없다.

사회주의진영뿐만 아니라 해외에서도 항의가 빗발치자 「동아일보」는 비난여론을 의식해 해명기사를 싣고 이광수를 퇴사시켰다. 연이어 사장 송진우가 물러나는 등 간부진을 대대적으로 개편함으로써 표면상 사태가 진정국면에 들어선 것으로 보인다. 그러나 이번 사설은 어느 한 개인의 일회성 발언이 아니라 자치운동을 추진하려는 세력이 분위기 조성을 위해 띄운 일종의 애드벌룬이라는 점 때문에 문제가 간단치 않다는 지적이다.

실제로 이 사설이 발표된 직후 천도교 중진인 최린·이종린, 동아일보의 김성수·송진우·최원순, 변호사 박승빈, 그리고 이승훈·조만식 등이 모여 자치운동을 추진할 연정회 구성을 협의한 것으로 알려졌다. 또 이들의 모임은 사이토총독의 정치참모인 아베(阿部充家)와 관련이 있다는 풍설도 나돌고 있는 실정이다.

이런 정황으로 미루어볼 때 이번 사설은 김성수·송진우·최린 등 동아일보 경영진과 천도교 일부 세력이 추진하는 자치운동의 신호탄이라는 분석이 지배적이다.

그러면 이들은 왜 이 시점에서 자치운동을 모색하게 되었는가. 1920년대 들어 일본경제가 번영함에 따라 한국에도 일정 규모의 산업화가 이루어지면서 한국의 토착 지주나 자본가들도 산업자본가로 변신하게 되었다. 이들은 자신의 발전을 위해서는 일제의 통치를 인정하는 가운데서나마 일정하게 정치권력을 분점할 필요를 절감하게 되었다는 지적이다. 이처럼 자치운동은 자산계급의 이익을 위해 항일을 포기한 것으로, 최근 대두한 사회주의진영이 강력히 반발하는 것도 이런 맥락에서 이해된다는 분석이다.

한편 총독의 참모 아베가 이번 움직임에 관여하고 있다는 풍설도 자치운동의 성격을 이해하는 데 시사하는 바가 크다.

즉 일제는 한국민 전체를 적으로 돌리기보다는 유력한 자산계급에 권력분점의 미끼를 던져줘 저항을 포기토록 하는 민족분열정책을 취하고 있다는 것이다. 이로써 향후 한국의 세력 판도는 일제 지배를 인정하는 타협적인 세력과 이를 거부하는 비타협적인 세력으로 크게 분열될 것으로 점쳐지고 있다.

> **자치론의 본질**
>
> ## 일제지배 인정한 독립불능론
>
> 자치론은 이번에 평지돌출식으로 튀어나온 게 아니다. 합병 직전 제기된 바 있는 대한협회의 정당정치론이나 일진회의 합방론도 일본의 통치를 기정사실로 인정하는 가운데 자신들이 일정한 범위의 권력을 분점하겠다는 점에서 자치론과 맥락을 같이하고 있다. 그런데 이번에 「동아일보」 사설을 통해 제기된 논리까지 포함한 자치론에는 공통된 생각이 바탕에 깔려 있다. 즉 우리 민족에게는 아직 스스로 독립할 수 있는 역량이 없다는 것이다. 따라서 일본의 지배를 일정하게 수용하면서 정치적 훈련을 쌓아 먼 장래에 독립할 실력을 기르자는 생각인 것이다. 이는 뒤집어 말하면 독립불능론으로 일제 침략논리와 맥이 닿아 있는 생각이다. 이것은 한말 이래의 문명개화론·실력양성론이자 그 현대판인 것이다. 불과 5년 전 일제로부터의 해방을 절규했던 3·1정신을 생각하면 이 얼마나 터무니없는 망발인가.

인터뷰 – 동척 소작농민 대표 이몽서

"생존권 짓밟는 동척에 최후수단으로 쟁의 돌입 … 쫓겨난 농민 만주 등지로 떠나"

전국적인 여론을 들끓게 했던 북률 소작쟁의의 농민대표 이몽서를 만나 소작쟁의의 경위와 그후 소식을 들어보았다.

이번 쟁의를 이끄느라 수고가 많다. 우선 쟁의 경위부터 말해달라.

이야기를 하자면 길다. 지금 동척농장이 된 북률 땅은 원래 왕실의 땅으로 우리 조상들이 대대로 농사를 지어왔다. 그러나 나라를 잃게 되자 왕실 땅을 총독부가 빼앗아 동척에 넘겨주면서 이 땅도 동척 땅이 돼버렸다. 그러면서 우리 농민들은 엄청난 손해를 보게 됐다. 이전에는 소작료가 수확량의 1/3 내외이던 것이 1/2로 크게 높아졌고 이것저것 합해서 실제로는 7~8할까지 거둬갔다. 또 '영소작(永小作)'이라 하여 별다른 일이 없으면 계속해서 농사지을 수 있었는데, 동척 땅이 되면서 소작기간을 3년으로 못박아 자기들 말을 안 들으면 마음대로 소작권을 빼앗아버렸다. 그런데다 최근 연이은 흉작 때문에 규정대로 소작료 감면을 요구했으나 감면액이 턱없이 적었다. 동척은 흉작으로 먹을 식량조차 없는 우리들에게 소작료를 강제로 징수하겠다고 나섰고, 만약 소작료를 내지 않으면 소작권을 빼앗겠다고 위협해 당장 살기 위해서라도 쟁의를 하지 않을 수 없었다.

동척농장에 일본농민들이 이주해 온다는 소식이 있던데….

이 소식이 쟁의에 불을 붙인 격이다. 동척은 이곳에 일본인 이상촌을 세운다는 계획하에 1924년 봄 일본 이주민 300여 명을 모아놓고 한 사람당 1.5정보씩을 더 불하해주겠다고 발표했다. 결국 우리가 조상 대대로 농사짓던 땅을 빼앗고 이곳을 '소일본'으로 만들겠다는 거다. 또 모범농장을 만들겠다며 동척에 고분고분한 사람들로 척식청년단이나 소작인향상회를 만들어 이들에게만 소작을 줘 소작쟁의를 방지하겠다는 것이다. 동척은 이들을 이번 쟁의의 파괴에 앞장세웠다.

동척의 최종 협상안에 만족하는가?

그럴 턱이 있는가. 이번 쟁의를 이끈 사람들은 모두 소작지를 빼앗겨 살길이 막연하다. 동척은 힘으로 밀어붙이면서 불만 있는 사람은 농장을 떠나라는 것이다. 그야말로 굴러온 돌이 박힌 돌을 뽑아내고 있다.

지금 농민들의 상태는 어떤가?

실로 비참한 지경이다. 북률 사람들 가운데 당장 먹을 것이 없는 사람이 350호, 보름치 식량밖에 없는 사람이 480호, 한 달 식량밖에 없는 사람이 500호다. 올 봄을 어떻게 넘길지 걱정이다. 이미 370여 명이 생계가 막연하여 정든 고향을 떠났고 앞으로 더 많은 사람들이 강원도나 만주 등지로 갈 수밖에 없을 것이다.

소작쟁의 격증·대규모화
사회주의 결합 조직화도

최근 각지에서 소작쟁의가 격증하고 있다. 또 쟁의양상도 암태도 소작쟁의에서 보듯이 1년여의 장기간에 걸친 치열한 투쟁이 이어지고 있다.

최근 조사에 의하면 1921, 1922년에 각각 27건, 24건에 지나지 않던 쟁의가 1923년 들어 176건으로 격증했고 1924년 164건, 1925년 204건으로 계속 늘어나는 추세다. 또 쟁의 참가인원도 1924년 6천929명, 1925년 4천2명으로 점차 대규모화 되고 있다.

소작쟁의가 발생하는 지역은 주로 전라·경상·충청·황해 등 곡창지대로서 지주경영이 발달한 곳에서 빈발하고 있다. 1924년의 경우 대표적인 쟁의지역은 전남 무안군 암태도, 광양군 인덕면, 광주군 우치면, 구례군 일대, 경북 안동군 풍산면, 달성군 화원면, 영주군 풍기면, 황해도 재령군 북률면, 신천군 일대, 봉산군 사인면 등인 것으로 알려졌다.

소작쟁의가 일어나고 있는 원인은 전체 농민의 7, 8할이 소작을 해야 할 만큼 지주제가 확대되어 농민들의 가난이 극에 달하면서 지주의 소작권 박탈, 소작료 인상 반대, 소작료 인하요구가 주된 것으로 분석되고 있다.

또 농민들의 의식이 각성되고 사회주의사상이 유입되면서 농민들의 권리를 찾고자 하는 노력이 조직적으로 이루어지고 있는 것도 중요한 추세로 주목되고 있다. 총독부의 조사에 의하면 1925년 현재 전국적으로 126개의 농민단체가 있는 것으로 파악되고 있다.

'치안유지법' 한국도 시행

사회주의 탄압 겨냥… 소작쟁의도 처벌 가능

1925년 4월 총독부는 일본에서 공포된 치안유지법을 5월 7일부터 한국에서도 시행하기로 했다.

이 법은 "국체를 변혁하고 사유재산제도를 부인할 목적으로 결사를 조직하거나 사정을 알고 이에 가입한 자(제1조)"를 중형에 처하게 돼 있어 사회주의운동 탄압을 겨냥한 것이지만, 실제로는 최근 빈발하고 있는 노동쟁의와 소작쟁의가 모두 이 법에 의해 처벌 가능해 희대의 악법이라는 여론이 일고 있다.

이 법이 시행됨으로써 일단 사회주의적 강령을 지닌 단체들의 운명은 매우 위급해질 것으로 보인다. 그러나 사회주의자들은 치안유지법 실시 자체가 사회운동이 격렬하다는 것을 증명하는 것이라고 말하면서 앞으로도 위축되지 않고 활동을 계속하겠다고 말하고 있다.

전조선민중운동자대회 준비사무소에서 참가자들이 일본경찰에 의해 밀려나고 있다.

전조선민중운동자대회 무산

일제, 돌연 집회 금지…종로서 대규모 항의시위

1925년 4월 전조선민중운동자대회를 불과 몇 시간 앞두고 경찰당국은 집회 금지조치를 내리고 무력을 동원, 집회 자체를 원천봉쇄했다. 대회에는 전국 각지의 노동단체 263개, 청년단체 100개, 형평운동단체 18개, 사상단체 44개 등 전국의 거의 모든 사회운동단체가 참가했으며, 서울에 올라온 각 단체 대표만 총 508명에 달하는 등 큰 규모로 치러질 예정이었는데 토의내용이 불온하다는 이유로 갑자기 집회 금지처분이 내려진 것이다.

수 개월에 걸쳐 준비했던 대회가 강제로 무산되자, 대회 참석차 상경했던 대의원들은 일제의 탄압에 흥분과 분노를 감추지 못하고 밤 9시경 종로 단성사 앞과 관철동 우미관 앞에 집결했다. 우미관 앞에 모였던 군중 약 200명은 붉은 기 5개를 들고 '전조선민중운동자대회 만세!' '무산자 만세!'를 외치면서 규탄시위를 벌였다. 여기에 종로 야시를 구경하러 나왔던 군중까지 합세하여 데모대의 시위는 격렬해졌다. 대규모 시위는 무장경찰의 진압으로 해산되고 현장에서 대의원 수십 명이 연행됐다.

청년단체 총결집 조선청년총동맹 결성

1924년 4월 21일 서울 종로의 중앙청년회관에서 223개 청년단체 대표 170명이 참가한 가운데 조선청년총동맹이 결성돼 청년운동의 총본산이 될 것을 자임하고 나섰다.

이번 청총은 1920년에 결성된 조선청년연합회가 내부의 좌·우익 갈등으로 사실상 와해된 가운데 사회주의 청년단체가 중심이 돼 결성한 것으로 알려졌다.

중앙집행위원에는 정백, 조봉암, 김찬, 김단야 등이 선출됐으며, 중앙검사위원에는 한신교, 박헌영, 주종건 등이 뽑혔다.

노동·농민단체 결집 조선노농총동맹 세워

1924년 4월 18일 종로 기독교청년회관에서 전국 167개 노동·농민운동단체 대표가 모여 조선노농총동맹을 결성했다. 이는 최근 빈발하고 있는 파업과 노동쟁의로 노동운동이 급격히 성장함에 따라 이를 조직적으로 발전시키기 위한 것이다. 이들은 강령에서 "노동자·농민 계급의 완전 해방, 신사회 건설, 노동자·농민의 복리증진 및 경제향상" 등을 내걸었다. 이날 강택진, 김종범, 윤덕병, 권오설 등을 상무위원으로 선출했는데, 이들은 사회주의계열의 인물들이다.

나라 밖 독립운동

만주 무장조직 '참의부-정의부-신민부' 통합바람

1925년 들어 만주 각지의 무장독립운동조직이 지역별로 통합되는 새로운 양상이 나타나 주목받고 있다. 통합 판도를 보면 남만주에 참의부, 중만주에 정의부, 북만주에 신민부로 3부체제를 이루게 됐는데 앞으로 이들 3부 전체가 통합될 가능성도 높은 것으로 알려졌다.

신민부는 김좌진계열의 대한독립군단이 주축이 되어 조직한 것으로 대종교 신자들이 많다고 한다. 이들은 대종교적 민족주의를 앞세워 단군신앙을 강조하고 있으며, 공산주의에는 반대하고 공화제를 표방하며 무장투쟁을 독립운동 방략으로 채택하고 있다.

남만주의 참의부는 한·만 국경지역 가까이에 위치하고 있으며 군사활동을 많이 전개하고 있다. 1924년 5월 국경을 순시하던 사이토총독에게 총격을 가한 독립군도 바로 참의부 소속 무장조직인 것으로 알려진 바 있다. 참의부가 군사적 성격이 강한 데 비해 정의부는 자치정부의 성격을 강하게 띠고 있다. 조직에서도 입법기관인 의회와 행정기관인 위원회, 사법기관인 재판소를 두어 3권을 분리시켰다.

'식민지 농꾼의 가난' 누구 잘못인가

고창농민 76% 이상 "세 끼 못 먹는다"
아동 줄줄이 학업 포기… 범죄도 급증

소작쟁의 소식으로 전국 농촌이 들끓고 있다. 그만큼 소작농민들 살길이 팍팍하다는 반증이다. 일제가 들어와 산미증식계획이다 뭐다 하면서 식량증산에 열을 올리고 있지만 농사지어 수확의 반 이상을 소작료로 뜯기고 수리조합비다 비료값이다 해서 내고 나면 식구들 1년 양식조차 턱없이 부족한 실정이다. 흉년이라도 들면 그조차 바라보기 어려운 형편이고 봄철이면 끼니 이을 걱정이 태산이다.

최근 흉년이 들었던 전북 고창군 농민들의 살림살이 조사를 보면 사태의 심각성을 실감하게 된다. 고창군의 총 인구는 10만 4천930명으로 대부분이 농사를 짓고 사는데, 이들 중 하루 세 끼를 다 찾아 먹는 사람은 2만 4천787명(23.6%)에 불과하고 두 끼만 먹는 사람이 4만 7천445명(45.2%), 한 끼만 먹는 사람도 3만 2천668명(31.1%)이나 됐다. 그 중에서도 쌀밥을 먹는 사람은 2만 2천734명(21.7%)인 데 비해, 잡곡밥을 먹는 사람이 5만 681명(48.3%)이며 잡곡과 나물을 섞어 먹는 사람이 2만 6천743명(25.5%), 그야말로 초근목피로 연명하는 사람도 4천799명(4.6%)이나 됐다.

먹을 것도 없는 처지에 자식들 학교인들 제대로 보낼 수 있겠는가. 보통학교 학생들의 결석·퇴학이 늘어나고 있다는 우울한 소식이다. 전북 김제에서는 흉년으로 보통학교의 총 학생수 2천500명 가운데 결석생이 하루 평균 465명이요, 학업을 포기한 학생도 153명이나 된다고 한다. 또 학생들 가운데 점심을 못 먹는 학생도 상당수에 달한다는 소식이다.

사정이 이러하니 강도·절도 등 범죄 또한 격증하고 있는데 초범죄 중 70%가 생활곤란 때문이라는 통계가 나왔다. 농민들은 지주들을 찾아가 도움을 요청하나 거절되기 일쑤고 살기 위해 어쩔 수 없이 범죄를 저지르는 것이다. 이런 참상은 누구의 책임이며 누가 누구에게 돌을 던질 것인가.

상해임정, 대통령 이승만 탄핵

이승만은 탄핵 거부-자금송금 전면중단

1925년 3월 혼란을 거듭하고 있는 상해임정이 마침내 이승만대통령을 정식으로 탄핵하고 후임에 박은식을 선출했다. 그러나 이승만은 이를 인정하지 않겠다는 의사를 굽히지 않고 있어 임정은 갈수록 난맥상을 노정하고 있다.

한편 이승만은 이에 대한 보복으로 미주로부터의 자금송금을 전면 중단했으며 임정의 법통 자체를 부인하고 있다. 임정의 법통은 3·1운동 직후 한성에서 구성된 임시정부에 있으며 자신도 한성임정의 대통령이지 상해임정의 대통령이 아니라는 것이다.

한편 문제가 해결될 기미가 보이지 않자 임시의정원은 3월 말 헌법을 개정해 대통령제를 폐지하고 집단지도체제인 내각제를 채택해 각파의 대동단결을 모색하고 있다.

"차별교육 거부" 동맹휴학 잇따라

일본인 교사 노골적 민족차별 - 열악한 학교시설 등 주요 원인

학원이 동맹휴학으로 떠들썩하다. 발생건수만 하더라도 1922년 52건, 1923년 57건에 달하고 있다. 경찰은 맹휴가 학교시설 개선을 요구하고 일본인 교원을 배척하는 데 원인이 있다고 분석하고 있다.

지난 4월 전주고보 학생들이 교육시설 부족에 항의한 맹휴, 5월 송도고보 학생들이 일본인 교사에 대한 불만을 이유로 한 맹휴, 6월 경성제일고보 학생들이 일본인 교사의 횡포에 항의했으나 오히려 일본인 교장이 학생들에게 무기정학을 내려 맹휴에 돌입한 일 등은 1924년에 발생한 중요한 동맹휴학사건들이었다.

특히 일본인 교사가 모욕적인 말을 하거나 횡포를 부려 학생들이 맹휴에 돌입하는 경우가 빈발하고 있다. 이것은 교사들의 소양문제 차원이 아니라 일제가 민족을 차별하는 데서 발생하는 문제라는 인식이 주류를 형성하고 있다. 일제의 민족차별에 대항하여 어린 학생들이 중요한 배움의 권리를 포기하는 사태에 이르고 있기 때문에 사회적 관심이 모아지고 있다.

경성제대 예과 개교

1924년 6월 12일 지난 5월에 개교한 경성제국대학 예과의 개교식이 있었다. 본과는 이번에 입학한 학생들이 예과를 마치는 2년 뒤에 시작될 예정이다. 개교식에는 대부분 일본인들이 참석했고 일부 한국인들은 친일분자 일색이었다.

이번 예과 입학생은 문과 90명, 이과 80명 도합 170명인데 이 중 한국인 학생은 45명에 지나지 않아 한국인 학생의 비율은 1/3에 불과하다. 경쟁률을 보면 일본인은 2.8대 1인 데 비해서, 한국인은 4.7대 1이었다고 한다.

일제가 이번에 경성제대를 설립한 이유는 한국 지배를 위한 학문적 기초를 다지는 한편, 한국민의 민립대학 설립운동을 미연에 막기 위한 것이라는 분석이 지배적이다.

한국여성 "왕서방 띵호와"

생활난에 중국인과 결혼 이민 늘어…사기결혼 요주의

갈수록 생활난이 심해지면서 인천에서는 살기 위해 중국인에게 시집이 중국으로 건너가는 여자들이 늘고 있다. 대개 남편이 죽거나 불량하여 생활이 어려운 여자들이 돈 많은 중국인과 결혼하는데 이들은 곧 남편을 따라 중국으로 건너간다고 한다. 요즘은 인천경찰서에는 이런 여자들이 매일 여러 명씩 신고를 한다는 소식인데 이들은 중국으로 건너가 큰 불행을 당하는 경우가 많다는 후문이다. 불량한 중국인들이 한국여자를 유혹하기 위해 처음에는 호사스런 의복을 사주는 등 돈을 물 쓰듯 하지만 중국으로 데려가서는 거금을 받고 다른 사람에게 팔아넘긴다는 것이다.

한편 각처에서 처녀를 유인하여 중국인에게 팔아넘기는 사례도 빈발하고 있다. 1924년 9월 경기도 고양군 용강면에서 음식점을 하는 김명숙(41)과 서울시 다옥정에서 야채업을 하는 정운백(51)이 공모하여 시내 태평여관에서 전남 출생의 김막동(18)을 유인, 중국인에게 팔아넘기다 적발됐다. 또 전북 전주에서는 걸인생활을 하던 아버지가 아홉 살 먹은 딸을 중국인에게 팔아넘기려다 적발되기도 했다.

돈은 고희경, 땅은 민영휘, 사업은 김성수

지방으론 대구가 으뜸 … 개성부호는 '고전 중'

한국에서 제일 부자는 누구일까? 만석꾼(1년 추수곡식이 1만 석) 부자만도 수십 명에 이르는데, 문 밖으로 새나가지 않는 게 부잣집 사정이라 누가 제일 부자라고 딱 집어내기가 쉽지 않다. 경향 각지 큰 부자만 꼽아보면 대강 이렇다.

서울의 3대 부자로는 고희경·민영휘·김성수를 친다. 현금실력으로는 고희경이니 은행에 1천만 원의 어마어마한 돈을 예금하고 있다. 땅부자로는 민영휘를 치는데 추수량이 7만 석 이상이다. 사업으로는 김성수이니 현금으로는 고희경만 못하고 땅으로는 민영휘만 못하나 우애 있는 집안이라 아우 김연수와 동심합력하여 중앙학교·동아일보·경성방직·해동은행을 경영하고 있다.

서울 다음으로 부자가 많은 곳은 대구이다. 대구부자로 이장우·서병조·서병국과 정재학을 꼽는데, 이들은 부자의 행티로 유명하다. 이장우는 그 아들이 피도 눈물도 없는 고리대금업자로 유명하고 그 사람 땅에서는 소작쟁의가 끊일 날이 없다. 정재학은 경일은행을 경영하나 욕심이 많아 미두와 주식에 손댔다 망해 속 빈 강정이라는 소문이다.

장사 잘하기로 유명한 개성사람들 중에는 김정호를 꼽는데 수완과 신용은 제일이나 개성전기 외에는 사업이 별로 없다. 손봉상도 삼업의 대왕으로 전국 인삼업계를 좌지우지하나 인삼값이 폭락하여 현상유지도 어렵다는 풍문이다.

이 밖에도 경상도 부자로 최준이 있고 황해도에 원덕섭, 영암의 현기봉·현준호 부자가 있으며 공주 부자 김갑순이 있다. 서북지방에서는 단연 최창학이 꼽히는데 원래 광산 경영으로 떼돈을 벌어 그 테두리를 못 벗어나고 있다.

수재에 악덕상인 극성 시장 쌀 재고 바닥

○…이번 을축년 대홍수로 한강 연안 일대의 교통이 두절된데다 전기도 끊겨 정미소가 가동을 중단함에 따라 시내의 쌀 재고가 바닥을 드러내고 있다. 이를 기화로 악덕상인들이 쌀값과 채소값을 마구 올려받아 쌀시세가 하루가 다르게 폭등하고 있다. 이로 인해 30만 서울시민의 불안은 말로 형용할 수 없는 상태여서 사회불안이 가중됐다.

상황이 위급하게 전개되자 경찰당국은 무리하게 값을 올려 받는 악덕상인들을 엄중처벌하겠다고 나섰고, 총독부 식산국에서는 임시로 염가판매소를 설치, 외국쌀을 방출할 예정이라고 발표했다.

완전 침수 뚝섬에 새 지류

○…뚝섬은 완전 침수돼 섬 안의 1천200여 호가 물에 잠겼다. 그런데 급류가 뚝섬을 할퀴고 지나가면서

홍수로 완전 침수된 용산 시가지.

흙이 패여 뚝섬을 가로지르는 새로운 지류가 생겨났다. 이로써 한강은 뚝섬을 둘로 나누어 가로지르는 형세가 돼 홍수로 지형마저 변형되는 진기한 일까지 발생했다.

청년들 목숨 건 구조활동

○…서빙고 청년들의 목숨을 건 구조활동에 주민들 가슴 뭉클. 서빙고도 침수지역인데 이 동네 청년들은 자기 마을은 돌보지 않고 상류에서 떠내려오는 인명을 구조하는 데 안간힘을 썼다. 이들은 멀리 철원에서부터 30리나 떠내려오는 12명을 구조하는 등 30여 명의 목숨을 건졌다.

이들이 아니었으면 떠내려오던 수재민들은 한강철교에 부딪혀 뼈도 못 추렸을 것이라는 후문.

「여유당전서」 일부 유실… 암사동 석기유물 다량 발견

○…이번 수해로 각종 피해가 속출하는 가운데 양주 한강변의 정약용 생가가 물에 잠겨 「여유당전서」 일부가 유실된 것으로 밝혀져 관계자들이 한숨을 내쉬고 있다. 반면 암사동 일대 한강변에서는 급류에 토사가 씻겨 내려가면서 선사시대 주거지와 석기유물이 다량 발견돼 명암이 교차됐다.

봄철 주부가출 '유행'에 길 잃은 아이들 속출

해마다 봄철이 되면 묘령의 여자들이 집을 나가는 사건과 길 잃은 유아들이 거리를 방황하는 일이 빈발하고 있다. 1925년 4월 한 달 동안 서울 동대문경찰서에만 신고된 길 잃은 아이가 25명이고 집 나간 여자의 숫자가 72명에 이른 것으로 알려졌다. 길 잃은 아이는 대개 2~3일 후면 다시 집을 찾아 들어가게 되지만 집 나간 여자는 한번 집을 나가면 다시 돌아가기를 꺼려 찾아내기가 무척 어렵다고 한다.

6천 평 대궐 같은 집, 바로 건너 움막촌엔 배고픈 아이 울음소리만

일제 침략으로 온 민족이 가난과 억압에 신음하고 있다지만, 요즘음 풍경을 보면 꼭 그런 것만도 아니다. 오히려 돈 버는 사람은 더 큰 부자가 되고 그만큼 더 많은 사람이 빈곤해지는 것이다. 그 빈부격차의 현장을 찾아가봤다.

동대문을 나서면 왼쪽 성 밑에 어마어마하게 큰 집이 있다. 집주인은 누대에 걸쳐 한강에서 거간과 배를 부려 부자가 된 임씨의 손자 임종상이다. 임씨는 10여 년 전부터 마음에 드는 집을 짓기 위해 터를 고르던 중 홍충현에게 6천700평을 사서 공사를 시작하여 아홉 달 만에 준공하였는데 인부 300~400명이 동원되었으며 건축비가 20여 만 원이 들었다고 한다.

성곽같이 높은 돌담을 끼고 그 집 대문에 들어서면 돌기둥 위에 하늘 높이 솟은 누대가 먼저 눈에 띈다. 주인을 만나려면 현관을 지나 청지기방을 거쳐 큰사랑, 작은사랑 다 지난 후 안사랑에 들어가야 한다. 160칸이 넘는 큰 집을 한 바퀴 돌고 나면 정신이 없어서 혼자서는 찾아 나오기 어려울 정도이다. 방마다 장판에 겹구들을 놓아 '스팀'을 피운 것같이 훈훈하며 비단 병풍과 방장에 둘러싸여 창 밖의 겨울을 알 수 없다. 추위와 주림에 신음하는 민중의 소리를 듣지 않고 향락의 밤을 보내기에는 제격이다.

그런데 이 집에서 얼마 떨어지지 않은 곳에는 이와는 너무나 대조적인 집들이 있다.

얼핏 보아서는 사람이 사는 집 같지도 않은 움집들이 처마를 마주 대고 늘어서 있다. 이 집들은 주소도 없고 번지도 없는데 아무것도 바르지 않은 흙방에 거적자리 몇 닢을 가렸을 뿐이다. 지붕조차 제대로 이지 못해 비가 새어 새털조각을 얻어 덮었으며 창에는 눈보라가 들이치니 겨우 공석 닢으로 깔았을 뿐이다.

이것도 집이라고 한 달에 2원씩 세금을 내야 하는데 이나마 내지 못하면 거리로 쫓겨날 수밖에 없다. 이곳엔 막벌이꾼 지게꾼이 온종일 거리를 떨며 헤매다 얼어 죽을 수 없어 기어들고 있다. 쿨럭거리는 노파의 기침과 밥 달라 보채는 아이의 울음소리 높은데 온기 없는 부엌에는 깨진 바가지 하나만 구르고 있다.

중국 "국공합작"

국민당 전국대표회의 '연소용공' 등 3대 정책 결의

1924년 1월 역사적인 중국국민당 제1차 전국대표회의가 광둥에서 열려 '연소(소련과의 연대)·용공(공산당 활동허용)·노농 원조'의 3대 정책을 결정하고, 국민당과 공산당이 합작할 것과 당조직을 소련방식으로 개조할 것을 결정했다. 새로운 당 임원에 공산당원이 취임했고 군·정부 최고 고문에는 소련공산당에서 파견된 보로딘이 취임했다. 이렇게 국민당이 새로운 정책을 이행하기 시작하자 벌써부터 광둥은 '붉은 광둥' 또는 심지어 '극동의 모스크바'로 불리고 있다.

아울러 국민당은 러시아의 자금지원을 받아 새로운 국민당정권을 군사적으로 뒷받침할 황포군관학교를 설립하기로 결의했다. 여기에는 장 제스를 교장으로 하고 저우 언라이(周恩來)가 정치부 주임으로 내정됐다. 국민당 관계자들은 머지않아 이들 황포군관학교 출신들이 국민혁명군의 핵심으로 성장할 것으로 기대하고 있다.

한편 이 회의 중에 레닌이 사망했다는 소식이 전해지자 회의 진행은 3일 동안 중지됐고 레닌을 기념하는 특별추모회가 열리기도 했다.

레닌 사망…스탈린 최고권력자로

1924년 1월 러시아혁명의 지도자이자 현 소련정부의 상징적 존재인 레닌이 지병으로 사망하고 당중앙위원회 서기장 스탈린이 권력을 승계했다. 레닌은 올해 54세로 아직 한창 일할 수 있는 나이이었지만 지난 2년간 지병으로 몸져누워 있었다.

스탈린은 그루지야 출신의 볼셰비키로 일찍이 1900년대부터 당조직에서 활약해온 혁명투사이다. 그는 특히 혁명 이후의 내전에서 정치적, 군사적으로 역량을 발휘해 러시아혁명을 보위한 것으로 평가받고 있다. 이 때문에 1922년 레닌이

공석에서 물러나자 그의 뒤를 이어 서기장직을 맡아왔다.

그의 측근들은, 스탈린은 오랜 조직운동을 통해 정치적 감각을 단련해왔고 러시아혁명의 이념에 대한 투철한 헌신성을 지니고 있어 소련이 그와 같은 지도자를 갖게 된 것은 행운이라고 말했다. 그러나 일부에서는 레닌이 죽기 직전에 "그는 너무 거칠고 포악하다"는 유언을 남겼다고 주장하며 그가 공포정치를 펼지도 모른다고 우려했다.

쑨원 사망…"중국을 구해야" 유언

중국국민당 영수 쑨원이 1925년 3월 12일 북경에서 58세를 일기로 간암으로 사망하였다. 북경정부의 돤 치루이(段祺瑞)의 정치협상 요청을 받고 열렬한 환영을 받으며 지난 1924년 12월 31일 북경에 도착한 그는 지병인 간장병이 악화되어 수술까지 했으나 절망적이었다.

쑨원은 임종하면서 그 어느 때보다 분명히 중국이 나아가야 할 방향을 제시하였다. 그가 남긴 유언 중 한 가지는 그의 동지들에게 국

민당의 새로운 기본정책을 마음에 새기라는 정치적 유언이었고, 다른 한 가지는 소련에 보내는 서한이었다. 고통에 시달리면서 그가 남긴 마지막 말은 '평화, 투쟁, 중국을 구해야 한다…'였다고 한다.

이 위대한 혁명가의 장례식에는 수십만의 시민들이 참석하였고, 영구는 슬픔 속에서 북경 교외의 서산 벽운사에 안장되었다.

"세계의 모든 길은 미국으로 통한다"

폭발적 경제성장 앞세워 국제정치·경제 중심국으로 급부상

미국경제가 급성장하고 있다. 특히 자동차, 라디오, 냉장고 등 기계와 가전제품의 생산량이 폭발적으로 증가하고 있다. 이에 힘입어 뉴욕 주식시장이 국제경제의 중심지로 떠올랐으며 국제정치의 주도권도 영국에서 미국으로 넘어갔다.

미국은 1차세계대전 전까지만 해도 채무국이었으나 최근에는 일약

100억 달러 채권국으로 변신했으며 이미 지난 1923년에 전세계 금 보유고의 3분의 1을 보유하는 세계최대경제국이 됐다. 산업에서는 특히 포드, 제네럴모터스, 크라이슬러 등 자동차산업이 눈부신 발전을 하고 있어 1900년에 4천 대에 불과하던 것이 최근에는 400만 대에 육박해 무려 1천 배의 증가속도를 보이

고 있다. 미국가정의 70%에 전기가 공급되고 있고 전 인구 중 도시인구가 이미 절반을 넘어섰다.

전후에 윌슨대통령이 14개조 평화안을 내놓으며 국제정세를 주도하게 된 것도 이런 경제력 상승을 배경으로 가능했다는 분석이 일반적이다. 이러한 추세는 앞으로 더욱 가속화될 전망이다.

물질적 풍요 앞세워 '자본주의, 지상최대의 쇼'
영화·프로스포츠 등 대중오락 만개, 섹스·폭력도 일상화
"우리에게 내일은 없다" 젊은이들 정신적 공황도

미국은 기회의 나라다. 직업을 얻을 기회, 새 사업구상을 펼칠 수 있는 기회, 예술가가 제약 없이 창작활동을 할 수 있는 기회 등 인간이 상상할 수 있는 거의 모든 것을 실현할 수 있는 나라다. 최근 미국에 유입된 이민자가 수백만 명에 이를 정도로 급증하고 있는 것도 이를 반영한다.

이러한 미국의 번영은 미국인들의 생활패턴을 급속하게 변모시키고 있다. 각종 가전제품의 새 모델이 하루가 다르게 시장에 선보이고 할부판매제도의 도입으로 소비자들은 현금이 없어도 이를 당장 집으로 가져갈 수 있다. 최근 일반화된 쾌적하고 편리한 아파트에 들어앉아 통조림이나 가공식품을 먹으며 할부로 사온 라디오와 전축으로 여가를 즐긴다.

이렇게 생활이 변하자 이제 미국인들은 무언가 좀더 재미있고 화끈한 것(?)을 찾아나서고 있다. 스포츠와 영화에 열광하고 남녀간의 사랑에서도 최신 테크닉이 필수가 되고 있다. 스포츠 중에는 프로권투와 프로야구가 인기정상이다.

헤비급 챔피언 터니는 최근 대전료로 260만 달러를 받았으며 그가 7회전에 다운당하자 라디오중계를 듣던 팬 5명이 심장마비

고층빌딩이 즐비한 뉴욕시가지(왼쪽)와 뒷골목.

로 죽었다. 뉴욕양키스 팀의 외야수 베이브 루스는 한 해 홈런 60개라는 전대미문의 기록을 세워 미국에서 대통령 모르는 사람은 있어도 그를 모르는 사람은 없다. 떠오르는 대중스타의 최정상은 아무래도 나이트클럽 웨이터에서 일약 할리우드의 왕자로 변신한 영화배우 루돌프 발렌티노다. 최근 31세의 젊은 나이에 요절한 그의 무덤에는 하루에 1천 명이 넘는 여성들이 찾는 등 팬들의 발길이 끊이지 않고 있다.

그러면 미국인들은 1차세계대전의 피비린내를 까맣게 잊은 것일까. 아니다. 오히려 이것은 전쟁의 상처를 달래기 위한 탈출구다. 이것으로도 전쟁의 허무를 달래지 못하는 젊은이들은 '어차피 내일을 기약할 수 없는 몸, 먹고 마시고 즐기자'는 몸부림을 하고

있다. 이들은 최근 어느 작가가 말했듯이 '잃어버린 세대(Lost Generation)'다. 영혼을 앗아가는 듯한 격렬한 재즈음악이 이들을 달래주고 있다. 그것도 모자라면 자동차경주에서 목숨을 건 스피드를 감행한다. 가사노동에서 해방된 여성들과의 사랑놀이도 해볼 만하다. 온갖 성애의 테크닉을 소개해주는 잡지가 가판대에 널려 있으니 걱정할 것은 없다.

그러나 진짜 걱정되는 것이 있다. 온몸을 흰 천으로 둘러싼 KKK단이 흑인과 이민자들을 향해 무자비한 테러를 감행하고 있고 밀주와 매춘과 도박이 판치는 밤의 세계에서는 공권력을 제치고 갱단 두목 알 카포네가 '밤의 대통령' 행세를 하고 있다. 도대체 미국이라는 나라는 지금 어디로 가고 있는 것일까.

일제하 만화경

타작마당

이바구

천재머리 가진 해바라기 문학가

이광수는 해바라기 같은 인간이다. 가늘고 긴 육신에 커다란 머리가 끊임없이 해를 따라 움직이는 꼴이 꼭 해바라기를 닮았다. 그는 도쿄여의전 출신의 인테리 의사 허영숙과 결혼하기 위해 열아홉에 결혼했던 농촌 출신의 조강지처 백혜순을 헌신짝처럼 버렸다. 1차세계대전 후 민족자결주의 소식이 들려 곧 독립이라도 될 것 같은 분위기에서는 2·8독립선언서도 썼지만 다시 일본세상이 확고해지는 것을 보고 주저없이 총독부의 품에 안겼다. 한때는 상해에서 임정에 드나들며 「독립신문」도 만들었지만 곤궁한 타국생활에 지치고 독립의 가망이 없어 보이자 독립투사들을 문명사회를 어지럽히는 부랑자로 매도했다. 이렇듯 그는 늘 헐벗고 고난에 찬 민족의 참담한 현실을 외면하고 일본을 통해 들어오는 문명생활의 호화로움과 안락함만을 추구해온 해바라기다. 「민족개조론」과 「민족적 경륜」은 이러한 그의 생리에서 나온 작품이다.

그는 1917년 총독부 기관지 「매일신보」에 소설 「무정」, 「개척자」 등을 써 작가로서 명성을 얻으면서 일약 선각자로 자처하게 되었는데, 이 또한 가소로운 일이다. 소설을 통해 그는 일제 억압하에 있는 현실은 외면한 채 일제 치하에서 문명이 장족의 발전을 거듭했다고 떠들며 스스로 무지몽매한 '백성'들에게 문명생활을 계몽하겠다고 나선 것이다.

그의 이런 착각은 아주 일찍부터 싹터온 것 같다. 가난했던 그는 어려서 동학에 들어갔다가 열네 살에 영민한 머리 덕에 일진회 유학생으로 뽑혀 일본유학을 하게 됐다. 도쿄에서 그는 어린 나이에 날로 번창하는 서구문명을 보고 그만 넋을 잃어 무조건적인 문명숭배자가 됐다. 이런 그의 눈에 '문명국' 일본의 침략성이 보일 리가 없었다. 그후 그는 김성수의 돈으로 재차 와세다대학에 유학하여 문명숭배사상을 확실히 굳히면서 「매일신보」에 여러 차례 글을 발표하여 가소로운 계몽행각을 해온 것이다.

1892년생. 본관은 전주. 평북 정주 출신. 호는 춘원(春園).

"음풍농월·신세타령식 문학은 이제 그만"
사회주의 리얼리즘 표방 '카프' 출범

박영희 김기진 등 주축…계급·순수 문학 대립 팽팽할 듯

1925년 8월 박영희, 김기진, 이상화 등 진보적 성향을 띤 문학가들이 사회주의혁명을 위한 문학가들의 실천단체를 표방하는 조선프롤레타리아예술가동맹을 조직했다.

이 단체는 단체명을 약칭해서 카프(KAPF)라고 불리는데 이것은 단체명의 에스페란토식 표기의 머리 글자를 딴 것이라고 한다. 이와 비슷한 단체로 소련에는 라프(RAPF),

일본에는 나프(NAPF)가 있는데 그 명칭에서도 알 수 있듯이 카프의 결성은 국제 사회주의 문학가들의 움직임과 보조를 같이하는 것을 의미한다.

이 단체는 문학을 통한 사회적 실천과 무산계급의 문학을 주창하고 있는데 이 단체를 주도하고 있는 박영희는 '문학은 이제 도피와 비애, 애상적 인도주의에서 벗어나

조선을 해방하는 새로운 문학이 돼야 하며 형식보다는 절규에, 묘사보다는 사실 표현에, 미(美)보다는 힘(力)에, 타협보다는 불만에 노력을 기울여야 할 것'이라고 밝히고 있다. 그러나 이러한 계급문학에 대한 반발도 만만치 않아 카프의 탄생으로 한국문학계는 계급문학과 순수문학이 팽팽히 맞서는 대립구도 속에 놓이게 될 것으로 예상된다.

「시대일보」창간…민간지 경쟁시대

초대 사장에 최남선…1면 사회면으로 꾸며 파격

1924년 3월 31일 새로운 민간신문 「시대일보」가 대중지를 표방하며 창간되었다. 이 신문의 초대 사장에는 최남선씨, 편집국장에는 진학문씨가 선임되었다.

이 신문은 대중지를 표방한만큼 대담하게도 1면을 정치면으로 꾸미지 않고 사회면으로 할당한 것이 무엇보다 큰 특징이다. 또한 1면 머리에 '오늘일 내일일'이란 칼럼을 두었으며 '영석바지'라는 미국만화와 특약을 맺어 여섯 커트짜리 대형만화도 연재하고 있다. 1면을 한

글 위주의 사회면으로 꾸민 것은 식민지하에서의 딱딱한 정치기사보다 사회기사를 우선적으로 다루어 대중들을 끌어들이려는 의도로 보인다. 이러한 편집방침은 신문 하면 엄숙하고 진지한 것으로 여기는 우리의 신문전통에서 볼 때 매우 이채로운 것으로, 성공 여부에 관심이 모아지고 있다. 이로써 신문계는 「동아일보」, 「조선일보」와 함께 3대 민간신문이 경쟁하는 체제로 들어서게 되었다.

YMCA야구단 하와이원정 나서

1924년 7월 YMCA야구단이 하와이 동포들의 초청으로 우리 야구사상 첫 해외원정에 나섰다. 지난번 하와이학생 모국방문단에 대한 답례형식으로 이루어진 이 원정을 위해 하와이 동포들이 1인당 1달러씩 모금하였다고 한다. 이번 원정단의 단장은 허성, 총무는 김영구가 맡았는데 선수는 주로 휘문학교, 경신학교 등 각 학교 학생으로 이루어졌

다. 허성단장은 출정에 앞서 선수단에게 원정 기간 중 일본인과 상종하지 않으며, 조선이라 쓰지 않고 대한이라 쓰며, 감시원에 각별히 주의하며, 일본팀과 싸울 때는 죽어도 이겨야 한다는 내용의 서약을 하도록 했다는 소문이다. 따라서 출정식 당시 선수단 사이에는 첫 해외여행에 대한 설레임과 함께 무거운 긴장감이 감돌았다고 한다.

특별기고　신채호 「낭객의 신년만필」

"민족 주체적 입장에서 외래사상 수용하는 자세 시급"

현재 중국에서 활동 중인 독립운동가 신채호씨가 신년을 맞이한 소회를 특별히 기고해주었다. 그 내용이 우리 지성계에 큰 귀감이 되리라 여겨 이를 발췌, 게재한다.

신년을 맞이하여 방랑객이 생각나는 대로 이것저것 써봅니다. 옛날의 도덕이나 오늘날의 주의란 어디서 나왔느냐? 인류에게는 누구에게나 이해관계로 얽힌 문제가 있는데 이 문제를 해결하기 위해 석가도, 공자도, 예수도, 마르크스도, 크로포트킨도 나온 것입니다. 그런데 이것을 받아들인 사람들은 각기 자기편의 이익을 구하므로 중국의 석가 인도의 석가와 다르며, 일본의 공자가 중국의 공자와 다르며, 마르

크스도 소련의 마르크스와 중국이나 일본의 마르크스와 다르게 됩니다. 그런데 조선사람은 석가가 들어오면 조선의 석가가 되지 않고 석가의 조선이 되며 무슨 주의가 들어와도 조선의 주의가 되지 않고 주의의 조선이 되고 맙니다. 현재 항간에는 '조선인 중에도 유산자는 세력 있는 일본인과 같고, 일본인 중에도 무산자는 가련한 조선인과 마찬가지이니 우리 운동을 민족으로 나눌 게 아니라 유무산의 여부로 나누어야 한다'고 떠들고 다니는 이도 있는 모양입니다.

그러나 내가 보기에는 일본인 무산자의 배후에는 일본제국이 있으며 그들 또한 조선인 생활을 위협하는 식민의 선봉이니 결코 환영할

수 없다는 생각이외다. … 또한 항간에는 '마흔 이상 되는 사람은 모두 죽여야 한다'고 말하는 사람도 있습니다. 그러나 어떻게 그렇게만 볼 수 있을까요?

물론 구세대도 찬양해줄 수 없지만 정치적·경제적 현실을 무시하고 신시, 신소설로 피난하여 일생을 마치려고 하는 신청년이야말로 참으로 애석한 사람들이라 할 수 있습니다. 설혹 학업을 성취하더라도 고작해야 자기 밥벌이이고 나아가 관리가 될지라도 일신의 안위만 도모할 뿐 고통에 찬 동포들을 거만히 내려다보기만 하니 이러한 데 쓰이는 신지식이라고 하면 이것을 어디에다 쓰겠습니까? … 다시금 신문학을 하시는 분들에게 부탁드

립니다. 예술주의문학이라고 하면 현재 조선을 그리는 예술이 되어야 하며 인도주의문학이라 하면 조선을 구하는 인도가 되어야 할 것이니 지금 민중과 관계없이 사회의 모든 운동을 쇠락케 하는 문학은 과감히 내버려야 할 것입니다. 이제 우리는 문학에서 도피처를 찾지 말고 조선을 구하는 문학을 해야 할 것입니다.

문예시평

최서해 「탈출기」

책상머리 관념과는
질적 차별성 확연…
"무산자문학 걸작"
문단 좌우서 갈채

노동자작가, 무산자가 쓴 무산자문학, 최근 화제를 일으키고 있는 최서해와 「탈출기」에 대한 평이다.

몇 년 사이 사회주의문학이 붐을 일으키면서 빈곤문제가 새로운 문학의 소재로 각광을 받아왔다. 그런데 이러한 작품을 쓴 작가들이 대부분 지식인, 그것도 유산자 출신의 지식인이었기 때문에 리얼리티를 확보하는 데 많은 한계를 갖고 있는 것이 사실이었다. 이러한 가운데 최서해의 「탈출기」가 발표되면서 그는 일약 문단의 스타로 각광받고 있다.

최서해. 그는 독립군이 된 아버지를 찾아 18세에 간도로 건너가 유랑생활을 하며 부두노동자, 음식점 심부름꾼, 머슴 등 온갖 밑바닥 인생을 두루 겪은 인물이다. 그는 이러한 경험을 유려한 필치로 작품에 담아내고 있다.

「탈출기」는 벗에게 주는 편지형식으로 된 소설인데 가족을 데리고 만주로 가서 수탈과 모욕 속에 생활하면서, 포악하고 요사한 무리를 옹호하는 세상을 믿고 산 것이 잘못임을 깨닫고 험악한 제도를 쳐부수기 위해 가족과 이별하고 나설 수밖에 없다고 밝히는 내용이다.

그의 작품은 최근 항간에 유행하고 있는 사회주의문학과는 분위기를 달리하면서도 현 사회의 주요한 문제인 빈곤을 다루고 있으며 사회에 대한 비판의식을 담고 있다. 이 작품은 문단에서 좌우를 막론하고 폭넓은 주목을 받고 있으며 이것이야말로 진짜 무산자문학이라고 흥분하는 사람도 있다.

이러한 까닭에 항간에는 최서해 신드롬이란 말까지 나돌고 있다.

역사신문

순종 인산일에 망국한 폭발 대규모 만세시위

삼엄한 경비 뚫고 학생중심 조직적 항거

일본 기마경찰의 삼엄한 경계 속에 순종 인산 행렬이 종로를 지나고 있다.

1926년 6월 10일 순종의 국장일에 3·1운동 이후 가장 큰 규모의 반일 만세시위운동이 발생하였다. 인산 당일 30만 명이 넘는 애도인파가 돈화문에서 홍릉까지 장례행렬이 지나가는 연도에 늘어섰고, 여기에 2만 명의 학생들이 동원되어 돈화문에서 황금정(을지로)까지 가도에 도열하고 있었다. 일본경찰은 학생들의 앞뒤에서 10m 정도 간격으로 배치되었고, 큰길에는 기병, 기마헌병, 무장군대 등이 진을 치고 있었다.

시위는 삼엄한 감시 속에서 장례행렬을 따라 크게 여덟 차례에 걸쳐 조직적인 사전준비 아래 전개되었다. 시위준비는 조선공산당쪽에서 6·10투쟁특별위원회를 조직하여 사전에 투쟁조직을 갖추고, 격문을 인쇄하는 등 진행해왔으나 6월 7일 발각, 체포됨으로써 와해되고 말았다. 그러나 조선학생과학연구회를 중심으로 전문학교와 중학교 학생들이 시위를 이끌어냈다고 한다. 또 시위투쟁은 6월 10일을 전후해서 인천의 만국공원을 비롯, 개성·전주·순창·고창·구례·강경·공주·당진·홍성·마산·하동·병영·통영·평양·이원·원산·신천 등지에서 산발적으로 이어졌다.

일본경찰은 지난 4월 25일 마지막 황제 순종이 서거한 이래 3·1운동의 경험을 살려 '특별경계방침'을 내리고 사전검거에 나서는 한편 경성 전역에 삼엄한 경계활동을 벌여왔다. 특히 국장 당일에는 군대 5천 명과 정사복 경찰 2만여 명을 동원했다고 한다.

이번 6·10만세시위운동을 계기로 경찰은 대대적인 검속에 나섰는데 5천여 명의 민중이 연행, 구금되고 160여 명의 중경상자가 발생하였다고 한다. 특히 경찰은 조선공산당 파괴에 열을 올려 공산당원 150여 명을 검거하는 등 대대적인 2차 공산당 검거에 나서고 있다는 소식이다.

관련기사 2·3면

일제, 사회주의 탄압에 혈안

두 차례에 걸쳐 조선공산당 대검거…'조직 완전와해' 장담은 섣불러

1926년 6·10운동의 준비과정에서 조선공산당조직이 드러나 7월 17일 책임비서 강달영 등 100여 명이 체포되었다. 이번 조선공산당 검거는 지난해 11월에 발생한 조선공산당 검거사건에 이은 것으로 공안당국에서는 제2차 조선공산당이라 부르고 있다. 당국에서는 두 차례에 걸친 대대적인 검거로 국내 사회주의운동을 박멸했다고 장담하고 있다. 그러나 지식인들 사이에 사회주의의 영향이 워낙 뿌리 깊어 이로써 공산당 조직운동이 완전히 소멸할지는 의문이라는 것이 전문가들의 일반적인 견해이다.

이번 사건은 중국위조지폐 위조범을 수사하던 일본경찰이 우연히 6·10운동을 위해 조선공산당에서 인쇄한 선전문을 입수하면서 빚어졌다. 이 선전문은 약 5만 매가 인쇄돼 천도교당에 숨겨져 있었는데 한 여공이 그 중 두 장을 호기심에 들고 나갔다가 여러 사람의 손을 거쳐 경찰의 손에 들어갔다는 소문이다. 경찰 수사에 의하면 이번에 적발된 2차 조선공산당 책임비서는 동아일보 진주지국장으로 있던 강달영이며 공산청년회 책임비서는 권오설인 것으로 알려지고 있다.

이번 2차 공산당은 지난해 12월 제1차 공산당의 후속조직으로 서울에서 조직되었는데, 제1차 공산당은 1924년 4월 17일 김재봉, 박헌영 등 화요회계열의 사회주의자들이 중심이 되어 결성됐다가 지난해 11월 신의주에서 발생했던 우연한 충돌사건으로 말미암아 대대적인 검거를 당한 바 있다. 이번 2차 공산당의 정치목표는 좌우연합의 국민적인 정당을 조직하여 이를 공산당이 주도하는 것이었으며, 이를 위해 천도교 인사들과 접촉하여 6·10운동을 준비해온 것으로 알려지고 있다. 이 과정에서 조직이 일제당국에 적발돼 대대적인 검거를 당한 것이다. 이번 검거로 국내 공산주의자들 가운데 화요회계열은 궤멸적인 타격을 받았지만 나머지 계열의 인사들은 대부분 살아남았기 때문에 공산당 조직운동이 소멸되지는 않을 것으로 예상된다.

관련기사 2면

경복궁앞에 새로 들어선 총독부청사가 1926년 완공됐다.

총독부 산미증산계획 수정

1차 계획 실패 자인…성공여부는 미지수

1926년 총독부는 1920년부터 추진해온 제1기 '산미증식계획'이 목표 달성에 실패했음을 시인하고 이를 수정한 제2기 '산미증식계획'을 발표했다. 이번 계획에 따르면 앞으로 14개년에 걸쳐 35만 정보의 토지를 개량하여 수확량을 820만 석 증가시키게 된다. 아울러 우량품종을 대량 보급하고 비료사용량을 획기적으로 늘릴 것이라 한다. 이를 위해 드는 사업자금은 총 3억 2천500만 원인데 이 중 3억 원이 국고보조금과 정부알선자금으로 충당된다.

1920년부터 실시돼온 제1기 '산미증식계획'은 15개년에 걸쳐 42만여 정보를 개량하는 것이 목표였으나 6년 동안 불과 9만 정보에 그쳤고, 사업비 총액은 2억 3천여만 원이었으나 총독부는 예산에서 매년 2백 수십만 원을 지출하는 데 그쳤다. 제1기 계획이 이렇게 지지부진한 이유에 대해 총독부는 사업자금의 금리가 고율이어서 투자가 제대로 이루어질 수 없었던 점을 들고 있다. 그러나 실제 이유는 한국농민에 대한 약탈적 농업경영으로 생산의욕이 극도로 저하된데다 최근에는 이에 대한 불만이 소작쟁의로 분출하는 등 근본적인 문제점에 있다는 지적이 일고 있다.

따라서 이러한 근본문제에 대한 처방이 없는 이번 2기 계획 역시 소정의 목표를 달성하기란 어렵다는 전망이 벌써부터 나오고 있다.

영화 「아리랑」 단성사 앞 연일 장사진

나운규, 감독·주연까지 1인 3역 … 항일정서 담고 대중심금 울려

1926년 10월 1일 종로4가 단성사에서 나운규 각본, 감독, 주연의 영화 「아리랑」이 개봉됐다. 개봉 후 이 영화가 항일정서를 담고 있고 심금을 울리는 영화라는 사실이 알려지면서 350석을 갖춘 단성극장은 연일 만원사례이고 입석손님까지 가득 들어찬다고 한다. 특히 아리랑의 주제가는 입에서 입으로 전해져서 전국적으로 유행하는 노래가 되었다. 이 영화는 조선키네마사가 제작한 영화로, 지금까지 영화는 선전용이나 오락용인 줄로만 알았던 한국관객들에게 좋은 영화란 이런 것이다라는 것을 실제로 보여주고 있다. 아울러 지금까지 무명이었던 감독 겸 배우 나운규에게 천재라는 찬사가 쏟아지고 있다.

관련기사 2면

1910
한일합방

1919
3·1운동

1929
광주학생운동

6·10운동

1937
중·일전쟁

1945
민족해방

61

역사신문

민족의 심장부 짓누르는
총독부 청사를 바라보며

치욕의 역사를 가슴 깊이 새기자

1926년 들어 4월에는 마지막 황제 순종이 돌아가시더니 10월에는 경복궁 근정전을 가로막고 웅장한 조선총독부 청사가 우뚝 세워져 두 사건이 묘한 연상작용을 일으킨다. 500년을 이어져온 조선은 완전히 망하고 총독부 통치가 자리를 잡았다는 것을 상징한다고나 할까. 그런데 새로 세워진 총독부 건물과 옮겨 지은 광화문이 근정전과 일직선을 이루지 못하고 삐딱하게 배열돼 있어 고개를 갸우뚱하게 한다. 우리가 사실 일제 총독부 보기를 삐딱하게 보는데 그것을 알고 이렇게 지었을 리는 없다.

진상은 이렇다고 한다. 총독부 건물과 함께 경복궁에서 약간 동남쪽으로 치우쳐 있는 남산 중턱에 일본인들이 숭배하는 시조신을 모신 '조선신궁(神宮)'이 완공됐는데 총독부 건물과 광화문은 이 조선신궁과 일직선을 이루도록 배치한 것이다. 일제는 한국땅에 일본 혼을 심기 위해 이렇게 한 것으로 보이는데 덕분에 북악산에서 정남향으로 자리잡고 있는 근정전과는 심한 부조화를 연출하게 된 것이다. 일제의 의도가 어떠하든 이것은 우리가 보기에 우리 민족과 일본과의 부조화를 상징한다.

순종황제는 때를 잘못 만난 비운의 인물임에 틀림없지만 이러한 부조화의 비극을 잉태케 한 책임자의 한 사람이기에 그를 원망하지 않을 수 없다. 고종이 헤이그에 밀사를 파견하는 등 자주독립을 위해 안간힘을 쓰다 일제에게 강제 퇴위당하게 됐을 때 아들인 그는 아무 말 없이 제위를 물려받았다. 이후 한 · 일합병에 이를 때까지 그는 나라에 국왕이 있는 건지 없는 건지 모를 정도로 유약한 모습만 보였다. 합병 후에는 경복궁에서 쫓겨나 창덕궁에 유폐돼 '황제'도 '국왕'도 아닌 '이왕(李王)'이라는 치욕적인 호칭을 들으며 말년을 보냈다. 역사의 진행이 한 국왕의 힘만으로 방향을 틀 수 있는 것은 아니라는 것을 알지만 그럼에도 그가 보인 모습은 너무나 나약한 것이었다. 국가의 최고통치자인 국왕이 강력한 지도력을 발휘했다면 설사 합병을 막을 수는 없었을지라도 최소한 지금 우리 독립운동이 훨씬 좋은 조건에서 진행되게 할 수는 있었을 것이다.

이제 우리는 북악산 쪽으로 눈을 돌려도 장엄한 근정전과 광화문을 보지 못하고 육중한 돌덩어리로 자리를 차지하고 삐딱하게 들어앉은 총독부 건물만 바라볼 수 있게 됐다. 아예 눈을 감아버릴 수가 없다면 이 삐딱함 그 자체를 음미하는 방식으로 바라볼 수밖에 없다. 일제의 모든 지배정책을 삐딱하게 보고, 독립정신을 잊고 일제에 아부나 하는 일부층들을 삐딱하게 보고, 그리하여 삐뚤어진 우리 역사를 두 눈 똑바로 뜨고 바로 보자.

그림마당
이은홍

삼천리 강산에 태어나 황제가 되었고 나라를 뺏겼습니다. 이제 세상을 떠남으로 치욕의 제복을 비로소 벗나니… 날 위해 울지말아요 아, 조선이여 !!!

조직적 동원, 민중적 슬로건 뚜렷
학생 · 사회주의계 주도적 참여 … 좌우연대 가능성도

6 · 10만세운동은 조선왕조의 마지막 임금이었던 순종의 장례일을 기해 응어리졌던 한국민의 망국 설움이 다시 터져나온 것이다. 3 · 1운동을 연상시키는 이번 운동은 규모나 영향 면에서 3 · 1운동에 못 미치는 것이었지만, 내용상 3 · 1운동과 구별되는 중요한 특징을 갖고 있다는 분석이다.

우선 살포된 격문을 보면 민족해방, 사회해방을 요구하는 구호를 전면에 내걸어 한국민중의 요구를 분명하게 표명하고 있다. 특히 8시간 노동제 확립이나 소작권과 소작료 문제, 교수용어를 우리말로 하는 문제 등 최근 사회적으로 각성하고 있는 노동자, 농민, 학생들의 요구를 구체적으로 제시하고 있다.

이것은 3 · 1운동에서는 볼 수 없었던 것으로, 1920년대에 전개된 민족현실을 반영하여 이를 민족운동의 목표로 천명한 것이다. 또 운동의 추진주체가 3 · 1운동과 달랐다. 3 · 1운동 때는 민족대표들의 준비가 중요한 계기를 만들었으나 전체 운동을 지도하지는 못했다.

그러나 이번 운동은 조선공산당을 중심으로 사회주의세력과 학생층이 조직적으로 운동을 계획, 실천하려는 움직임을 보였다. 공산당의 사전검거로 실천과정에서는 학생층이 주도했지만 사회주의계열이 대중투쟁의 주체로 부상한 것도 이번 운동의 특징이라는 평가다.

이와 함께 주목되는 것은 '제2의 3 · 1운동'을 일으키기 위해 민족이 총집결하려는 움직임이다. 이번 운동을 주도한 사회주의계열은 독자적으로 움직인 게 아니라 민족주의자, 종교계, 학생, 청년 등 각계 각층을 망라하여 '대한독립당'을 결성하고 이를 중심으로 운동을 전개하려 했던 것이다. 이것은 국(國民黨) · 공(共産黨)이 합작한 중국국민당과 같은 연합전선을 결성하여 민족해방투쟁을 전개하려는 시도여서 주목된다. 준비단계에서 민족주의계열 인사들의 참여 거부로 뜻을 이루진 못했지만 이런 시도는 향후 계속되리라는 전망이다.

이상 지적된 6 · 10만세운동의 몇 가지 특징은 우리 민족운동 성격의 변화방향을 잘 보여주는 것이라는 분석이다.

'화요회' 등 여러 사상단체 기반으로 창립
일제탄압과 파벌대립 극복 · 사회주의 토착화 등 과제

1925년과 1926년 두 차례에 걸친 공산당 검거사건으로 국내 사회주의자들이 비밀리에 전개한 전위정당 조직운동이 그 모습을 드러냈다.

한국의 사회주의운동은 1920년대 들어 지식층을 중심으로 사회주의 사상이 급격히 유입되고, 사회적 모순의 격화로 노동운동, 농민운동 등 제반 사회운동이 활발해짐에 따라 급성장했다. 이번에 검거된 조선공산당은 이런 기반을 바탕으로 이를 통일적으로 지도할 전위조직으로 결성된 것이다. 이는 전위분자들에 의한 혁명적 전위정당의 지도 없이 혁명을 성공시킬 수 없다는 사회주의혁명이론에 비추어서도 필연적이라는 게 전문가들의 지적이다.

사실 공산당의 설립 움직임은 일찍부터 있었다. 1920년 이동휘, 박진순, 여운형 등이 상해에서 고려공산당을 조직했고 이르쿠츠크에 근거를 둔 한인들은 별도로 공산당을 조직한 바 있다. 이와 함께 국내에서는 1922년 이후 지식인들 사이에 여러 사회주의 사상단체가 결성됐다. 이르쿠츠크파와 연결된 화요회, 상해파 고려공산당과 가까운 서울청년회, 일본유학생 중심의 북풍회 등이 그것이다. 그런 가운데 국제공산당인 코민테른은 상해파와 이르쿠츠크파를 통합해 한국 내에 공산당을 조직하기로 하고 김재봉을 국내에 파견, 공산당 조직에 나선 것이다. 김재봉은 화요회를 모체로 박헌영, 김단야, 김찬 등과 조선공산당 조직에 성공, 코민테른 한국지부로 승인받았다.

그러나 최근의 두 번에 걸친 검거사건을 통해서 보듯이 조선공산당의 앞날은 험난한 실정이다. 우선 일제경찰의 물샐틈없는 추적이 예상된다. 뿐만 아니라 1 · 2차 조공이 주로 화요회계 인사들로 조직되자 서울청년회나 북풍회 등 다른 계열들이 반발하고 있어 운동의 통일단결에 장애가 되고 있다. 또 공산주의운동의 원리상 코민테른의 지도를 거부할 수야 없겠지만 어떻게 우리 실정에 맞는 운동과 이념을 세울 것인가도 당면한 과제라는 지적이다.

조선공산당 주요 인물들

권오설

강달영

박헌영

김재봉 1890년 경북 안동에서 출생, 대구 계성학교와 경성공업강습소를 마쳤다. 해주일보 서울지사 기자로 3 · 1운동에 적극 참여했다가 투옥됐다. 출옥 후 북경을 거쳐 모스크바로 가 여운형, 김규식 등과 함께 극동인민대표자대회에 참석, 귀국길에 치타(Chita)에 머물면서 이르쿠츠크파 공산당에 참여. 1923년 김찬, 신철 등과 공산당 창당을 위해 국내에 잠입. 제1차 조선공산당 조직 후 책임비서로 활동.

박헌영 1900년 충남 예산 출생. 경성고보에 입학, YMCA영어반에서 영어를 배우면서 미국유학 준비 중 3 · 1운동이 일어나자 상해로 건너가 이원근,

김단야와 함께 이르쿠츠크파 고려공산당에 가입. 1921년 김단야, 임원근과 함께 모스크바로 가 극동인민대표자회의에 참석. 1922년 4월 귀국 도중 체포, 투옥되고 출옥 후 신흥청년동맹에 가입해 청년운동에 참여하는 한편 동아일보에 기자로 입사. 1925년 제1차 조선공산당이 결성되자 그 산하에 고려공산청년동맹을 결성하고 책임비서를 맡음.

강달영 1887년 진주 출생. 진주도립보통학교 졸업. 3 · 1운동에 참가하여 투옥됨. 출옥 후 노동운동에 투신, 조선노동공제회, 조선노동연합회, 조선노농총동맹 등에 참가. 1925년 4월 조직된 1차 조공에 가입하여 당세 확장에 주력하던 중 검거사건을 치

르면서 당 재건에 힘써 제2차 공산당의 책임비서가 됐다. 중앙에는 별로 알려지지 않은 인물로 당국의 주목을 피하기 위해 그가 책임비서가 됐다는 후문.

권오설 1899년 경북 안동의 양반가문에서 출생. 일본 와세다대학을 다닌 후 귀국하여 화요회의 전신인 신사상연구회에 참여. 1924년 조선노농총동맹에서 화요회를 대표하여 중앙위원이 되었다. 1925년 1차 공산당이 결성되자 고려공산청년회의 중앙집행위원이 되었으며 1차 공산당 검거 이후 공산청년회 재건에 착수해서 2차 공산당의 공산청년회 책임비서가 됐다. 1차 공산당 책임비서 김재봉의 고향 후배.

6·10만세운동 상보

장례행렬 맞춰 사전준비 치밀 … 곳곳서 시민가세

순종황제의 장례행렬은 오전 8시 창덕궁에서 발인하여 종로3가→청계3가→을지로3가→을지로6가→훈련원(영결식, 노제 : 오전 11시~오후 1시)→동대문→창신동→신설동→청량리→금곡유릉(장지)의 순서로 진행되었다. 6·10만세운동은 이 장례행렬을 따라 전개되었다.

이날의 만세시위는 제2차 조선공산당계와 학생운동 두 집단에서 준비했으나 2차 조공의 거사계획이 발각되자 학생들이 독자적으로 준비하여 이루어졌다. 학생들의 시위운동은 두 갈래에서 이루어졌는데 한 갈래는 조선학생사회과학연구회 중심의 전문학교 학생들이었고 또 한 갈래는 고등보통학교 학생이 중심이었다. 이날 경찰에 체포된 학생은 서울에서만 210명, 각 지방에서 1천여 명에 달하고 있다.

시위경과

1차 오전 8시15분경, 종로 단성사 앞에서 대여(大興)가 지나갈 때 중앙 및 중동고보생들이 '조선독립만세'를 고창하고 격문 1천여 매를 뿌리며 태극기를 휘날리자 도열한 민중 일부가 합류함.

2차 오전 8시45분, 관수교 부근에서 연희전문 학생 50여 명이 '조선독립만세'를 부르고 격문 살포.

3차 오전 9시30분, 을지로 경성사범학교 부근에서 박두종의 선동으로 '조선독립만세'를 외치고 격문 150매 살포.

4차 오후 1시, 훈련원 부근에서 시위.

5차 오후 1시30분, 동대문 앞에서 「시대일보」 배달부 김낙환 선동으로 격문 살포.

6차 오후 1시15분, 창신동 채석장 입구에서 '만세'를 외치고 격문 살포.

7차 오후 2시, 신설리 고무회사 앞에서 격문 살포.

8차 오후 2시 20분, 동대문 밖 동묘 앞에서 학생들 격문 살포하고 만세시위.

6·10만세 시위 약도

순종 약력

1874(고종 11년)~1926 재위 1907~1910. 조선왕조 마지막 제27대 왕. 고종과 명성황후의 둘째 아들로 탄생. 탄생 다음 해 왕세자로 책봉됨. 1882년 민씨를 세자빈으로 맞이함. 1907년 일제의 강요로 고종의 양위를 받아 대한제국의 황제로 즉위하고 연호를 융희로 고침. 1910년 한일 합병 조약이 성립되자 왕으로 강등되어 창덕궁 이왕(李王)으로 되었다. 세자 이은을 일본에 볼모로 보내야 하는 등 실권 없는 허수아비 생활을 했다. 결국 위장병, 신장염, 류머티즘 등의 각종 질병으로 고통을 받다가 1926년 4월 25일 53세를 일기로 서거.

의열단원 나석주, 동척에 폭탄 일본인 7명 사살 후 자결

1926년 12월 28일 오후 2시경부터 약 30분간 남대문통의 조선식산은행과 황금정의 동양척식주식회사 경성지점에 의열단원 나석주가 난입, 폭탄을 던지고 권총을 난사하여 동척사원과 경찰 등 일본인 7명을 죽이는 일대 사건이 벌어졌다. 나석주는 경찰에 쫓기다가 권총으로 자살했다.

이날 나석주는 남대문의 식산은행에 들어가 폭탄을 던졌으나 불발되는 것을 보고 식산은행을 나와 다시 동척 정문으로 들어갔다. 수위 마쓰모도가 제지했으나 권총을 발사, 사살했다.

마침 곁에 있던 잡지기자 다카키도 사살한 후 나석주는 잽싸게 몸을 날려 2층으로 올라가 총성을 듣고 달려나오려던 다케지라는 직원도 사살했다. 계속하여 2층의 토지개량부 기술과장실로 들어가 맞은편 의자에 걸터앉아 있던 과장 차석 오오모리를 쏘고 그 옆에 앉아 있던 과장 야마다를 사살했다. 이어서 그 옆 기술과에 폭탄 1개를 투척하였으나 역시 터지지 않았다.

나석주는 동척 뒷문을 나섰으나 이미 경찰이 포위하고 있었다. 일본 경찰이 총을 쏘아댔으나 모두 빗나갔다. 뛰어가던 나석주는 날쌔게 몸을 돌리면서 방아쇠를 당겨 일본경찰 1명을 쓰러뜨렸다.

계속 뛰던 나석주는 도주가 불가능함을 느끼는 순간 멈춰서서 자기 가슴에 3발의 총을 쏘아 장렬히 순국했다.

경찰에 의하면 나석주는 3·1운동 때 옥고를 치렀으며 중국에 망명하여 의열단에 가입, 군자금 모집 등 활발한 활동을 한 청년으로 이번에도 입국한다는 정보가 있어 특별히 경계했던 인물이라고 한다.

의열단원 어떻게 활동하나

상해에서 의열단원들의 생활은 남다르다. 매일 저격연습을 하는 것은 당연한 일이지만 최상의 컨디션을 유지하기 위해 항상 수영, 테니스 등 운동을 한다. 여가시간에는 독서도 하지만 심리적 스트레스를 해소하기 위한 레크리에이션도 게을리하지 않는다. 말하자면 그들의 생활은 심각함과 명랑함이 기묘하게 혼합돼 있다.

그들은 외모도 멋쟁이다. 스포티한 멋진 양복에다 머리는 항상 단정하게 손질돼 있다. 언제 봐도 깨끗하다고 할 정도로 말쑥하게 차려 입는다. 항상 죽음을 눈앞에 두고 있어 내일이 없다는 생각에서일까. 상해 조계의 공원을 이런 멋쟁이차림으로 산책하는 그들을 가끔 볼 수 있는데 한국처녀들은 이들을 열렬히 동경한다는 후문. 이렇기에 간혹 맺어지는 한국처녀와 의열단원의 사랑은 짧고도 열정적이다. 그들은 사진찍기도 아주 좋아한다. 이번에 죽기 전에 마지막으로 모습을 남기는 것이라 생각하며….

사회주의계열 '조선학생사회과학연구회' 창립

조선학생사회과학연구회가 1925년 9월 27일 창립하였다. 연구회를 조직한 학생들은 사회주의사상의 영향을 받았고 조선공산당과도 관련을 맺고 있다고 한다.

기존의 학생단체는 '사상적 단결과 실력의 충실'을 목적으로 한 민족주의계열이었으나, 1924년 조선학생총연합회가 사회주의의 영향을 받아 창설된 이래 이번에 본격적인 사회주의계열의 학생단체가 탄생한 것이다.

순수 연구단체 표방 조선사정연구회 창립 … 안재홍, 백남운 등 주도

1925년 9월 15일 조선사정연구회가 '복잡한 실제 운동을 떠나서 현하 조선의 사회사정을 과학적으로 조사연구' 함을 목적으로 창립되었다. 처음부터 순수 연구단체를 표방한 조선사정연구회에는 안재홍 등 비타협적인 민족주의자들을 중심으로 백남운교수를 비롯한 학자, 김준연 등 일부 사회주의자들을 포함하여 내로라 하는 20여 명의 지식인들이 참가하고 있다.

한편 조선사정연구회는 창립성명에서 "극단적인 공산주의를 주장하여 외국의 것을 그대로 따르다가 조선에 실시하려는 과격론자가 있으나, 조선에는 조선의 역사가 있고 독특한 민족성이 있으니, 조선민족을 연구하고 장점을 살려서 민족정신을 보존하자"고 하였다. 이것은 사회주의에 대한 전면적 반대가 아니라 사회주의의 장점을 취하되, 민족을 우선으로 하는 주체적인 시각을 보여준 것이다.

나라 밖 독립운동

만주 정의부, 고려혁명당 결성

민족유일당운동 선도 … 위원장에 양기탁

1926년 4월 지린에서 정의부의 주도 아래 양기탁을 대표로 하는 고려혁명당이 결성돼 최근 일고 있는 민족유일당운동을 선도하고 나섰다. 정의부는 일찍부터 신민, 참의 양 부와 합동하는 문제를 제기해오다 이번에 먼저 고려혁명당을 결성하고 이를 중심으로 각 운동정파들이 대결집할 것을 제안한 것이다.

창당대회는 합병 전 「대한매일신보」를 창간해 항일의 필봉을 휘두르고 병합 이후 만주에서 독립운동에 헌신해온 양기탁선생을 위원장으로 선출하고 책임비서에는 형평사운동을 해온 이동구씨를 선임했다. 이 밖에 소련에서 돌아온 인사들과 천도교쪽 인사들도 포함해서 위원단이 꾸려져 일단 각 정파를 총망라하려는 노력을 보였다. 아울러 양기탁위원장은 앞으로 참의부 및 신민부와 연락, 민족유일당이 되도록 최대한 노력할 것이라고 밝혀 귀추가 주목되고 있다.

그러나 현지소식통에 의하면 사회주의에 공감하는 이들이 다수를 차지하고 있는 데 대해 민족운동 진영에서 부담스러워하고 있어 전망이 밝지만은 않다고 한다.

일본인 뇌리 강타한 박열의 폭탄과 여성

'옥중임신' 가네코 무기감형 직후 의문사

1926년 천황암살사건으로 사형을 선고받은 무정부주의자 박열과 옥중결혼한 가네코가 무기징역으로 감형됐으나 감형 직후 가네코가 옥중자살로 발표된 의문사를 당해 일본열도가 발칵 뒤집혔다. 최근 그녀가 옥중임신했다는 추측보도가 있어 정부를 곤혹스럽게 했던 점에 비춰 '불령한' 조선인과의 혼혈아를 사전에 없애려 한 타살이라는 추측이 무성하다. 박열 부부는 지난 1923년에 체포됐는데 재판이 이토록 늦어진 것은 증거가 충분치 않은 탓도 있었지만 박열 부부의 이야기가 세간에 화제가 되고 있는 터에 이들의 법정발언이 워낙 일본인들에게 충격적이어서 고의로 재판을 늦추었다는 해석이 많다.

박열은 현재 장기수와 흉악범들만 가두어둔다는 홋카이도(北海道)의 아미하시 형무소에 수감돼 있다.

가네코, 잇단 충격 발언

박열 재판을 바라보는 일본인들은 착잡하기만 하다. '조선인'이 자신들이 신으로 떠받드는 천황을 암살하려고 한 것은 괘씸하기는 하나 피압박민족으로서 있을 수 있는 일이다. 그러나 천황의 신민인 일본여성이 그 조선인과 옥중결혼을 하고 "모든 것이 죄악이요 허위요 가식이라. 박열과 함께 죽는 것을 가장 만족스럽게 생각하는 바이다"며 당당하게 말하자 일본인들은 마치 뒤통수를 얻어맞은 듯한 표정이다.

"스물다섯 살 청년이 일군 한국영화 새 경지"

「아리랑」 이런 영화다

무성영화 「아리랑」은 주제가와 함께 변사의 해설로 시작한다. "평화를 노래하고 있던 백성들이 오랜 세월에 쌓이고 쌓인 슬픔의 시를 읊으려고 합니다."

3·1운동의 충격으로 미쳐버린 주인공 김영진(나운규 분)이 낫을 휘두르며 오기호를 쫓아간다. 오기호는 악덕지주 천가의 머슴이며 왜경의 앞잡이다. 한편 영진에게는 영희라는 여동생이 있는데 미치광이 특유의 사랑으로 영희를 아낀다. 어느 날 영진의 대학동창 윤현구가 마을을 찾아온다. 영진은 친구를 알아보지 못하고 영희가 오빠를 대신하여 그를 맞이한다. 두 남녀 사이에는 어느덧 순수한 애정이 싹트고.

어느날 고약한 머슴 오기호는 혼자 집안일을 하고 있는 영희를 범하려 한다. 이때 현구가 돌아와 기호와 격투를 벌인다. 영진도 자리에 있지만 두 남자의 격투가 마치 장

난처럼 보여 히죽히죽 웃기만 한다. 그러다가 환상을 본다. 사막에 쓰러진 한 쌍의 연인이 지나가는 상인에게 물을 달라고 애원한다. 상인은 물 대신 여자를 끌어안는다. 영진은 낫으로 후려친다. 그 순간 영진은 정신이 돌아오고 낫에 찔려 쓰러진 것은 기호였다.

마을사람들이 모인 가운데 영진의 손에는 포승이 묶이고 영진은 오열하는 마을사람들에게 말한다.

"여러분 울지 마십시오. 이 몸이 삼천리강산에 태어났기에 미쳤고 사람을 죽였습니다. 지금 이곳을 떠나는 나는 죽음의 길을 가는 것이 아니라 갱생의 길을 가는 것이오니 여러분 눈물을 거두어주십시오." 영진은 일본순경에게 끌려가고 주제가 '아리랑'이 흐른다. 이 라스트신이 상영될 때 여가수 이정숙이 울먹이며 아리랑을 부른다. 이에 통곡하지 않는 관객이 없었다.

영화평

일본 '영화판 싹쓸이' 뚫고 나온 보배 "나운규 성격연기 동양권서 최고" 칭송

「아리랑」이 등장하기 전까지는 대부분의 영화가 일본인의 돈벌이를 위해서 만들어졌다. 제작, 각본, 감독, 촬영 등 중요한 일은 전부 일본인이 맡았다. 예를 들면 일본인 하야가와(早川孤舟)가 만든 「춘향전」은 배우만 한국인이었고 그가 제작, 각본, 감독을 담당했으니 제목은 '춘향전'이라 해도 우리 영화

가 아니라 우리 관객을 노린 일본영화라 할 수밖에 없었다. 이런 현실에서 「아리랑」 같은 영화가 어떻게 나왔나 싶을 정도의 보배라고 평론가들이 한결같이 극찬했다.

영화동호회 김을한씨는 "이 영화가 살아난 것은 배우들이 적재적소에 배치되었기 때문이다. 나운규, 신홍련, 주인규, 남궁운, 이규설 등

은 독특한 동작과 개성을 표현하였다. 특히 나운규의 표정은 동양사람에게서 거의 볼 수 없을 만큼 선이 굵고 강렬하여 조선 영화배우 중에서 제1인자라 할 것이다. 장면 중에서는 사막의 장면이 조선영화를 통틀어 가장 우수한 장면이었다"면서 나운규의 재능을 높이 평가하였다.

나운규 인터뷰

"제작자가 일본인이었기 때문에 검열통과 … 민족현실 담으려 노력했다"

나감독이 만든 영화 「아리랑」이 전국 관객들을 울리고 있을뿐더러 진짜 우리 영화가 나왔다는 평가를 받고 있다. 영화경력을 말해달라.

내 나이 이제 스물다섯인데 사실 영화에 뛰어든 것은 1924년 조선키네마사에 연구생으로 들어간 후부터라고 할 수 있다. 그 전에는 학생 때 극장에 자주 들락거리는 정도였다.

「아리랑」에는 민족의 시련이 잘 담겨 있는데….

개인적으로는 3·1운동 때문에 감옥생활도 하고 방랑도 하면서 민족현실을 깊이 탄식했고, 이런 문제를 영화에 담으려고 노력했다.

제작자가 쓰모리라는 일본사람인데 어떻게 이런 영화가 나올 수 있었는가.

사실 일본인이 돈을 댔기 때문에 검열을 통과할 수 있었다. 제작자는 돈을 벌려고만 했으니 그로서는 성공한 셈이다.

그 전에도 「운영전」, 「심청전」, 「농중조」라는 영화에 출연했던데….

내가 연기력을 인정받게 된 것이 「농중조」였지만 사실 나 자신은 별로 마음에 들지 않았다. 내가 만들면 좋은 작품을 만들 수 있겠다 싶었는데, 마침 새로 제작하려는 영화의 각본을 구하던 중에 내 것이 채택되어 「아리랑」이 등장하게 된 것이다.

이번 영화를 통해 감독이자 배우로 확고히 자리잡았는데 앞으로 작품계획은 어떤가?

계속해서 민족현실과 저항정신을 담은 영화를 만들려고 한다. 「아리랑」으로 돈도 좀 벌었으니 독립제작사를 만들 생각도 있다.

「아리랑」으로 인해 영화에 대한 검열을 강화한다는 소식이 있다. 제대로 된 영화 만들기가 더욱 힘들어질 텐데 앞으로 좋은 작품 많이 만들기 바란다.

'삶은 괴로운 것', 해마다 자살 늘어

20대가 가장 많고 원인으론 생활난, 불치병 등 꼽혀

날로 치열해지는 생존경쟁 속에 인생고를 감당하지 못하고 스스로 목숨을 끊는 행렬이 날로 늘고 있다. 한강 인도교에서 한강에 뛰어드는 사람을 만류하기 위해 여러 가지 대책을 마련하는 등 자살 예방에 애쓰는데도 그 숫자는 해를 거

듭할수록 늘어 1925년 3월부터 1년 동안 무려 1천670명에 이르렀다.

자살 증가는 생활난이 가장 큰 원인으로 꼽히고 불치병과 정신착란이 그 다음이며 그밖에 가정불화, 사업실패, 연인의 배신 등도 자살의 유인인 것으로 밝혀졌다.

이들이 취한 자살방법은 죽을 때 가장 고통이 적은 목매달기가 가장 많고 투신, 음독, 할복, 열차에 뛰어들기 등의 순이다. 연령별로는 열정이 풍부한 20대가 가장 많았는데 15~16세의 소년들도 41명이나 돼 애처로운 마음을 지울 수 없다.

1925년 10월 일제는 한국민들이 성산으로 여겨왔던 남산 중턱을 깎아내 이 일대 12만 평 규모의 부지에 조선신궁을 건립했다. 신궁 참배를 위해 남대문쪽으로 전용도로를 내고, 입구에서 본전까지는 총 384개의 계단을 만들고, 좌우에는 15개의 부속건물을 세우는 대규모 공사였다. 1920년 5월 27일 기공식을 가지면서 시작된 이 공사에는 총 공사비 156만 원이 소요되었으며 매년 10월 17일 이곳에서 그들의 개국신인 아마데라스 오오미카미(天照大神)와 명치천황에게 제사를 지낼 예정이라고 한다. 합병 이후 일본은 한국 전역에 신사를 세워왔는데 이번에 한반도 중앙에 조선신궁을 완공함으로써 황민화작업을 본격화하여 한국민의 민족혼을 제거하려는 의도를 본격화할 것으로 보인다.

김우진-윤심덕 현해탄서 투신자살

1926년 8월 4일 오전 4시 시모노세키를 떠나 부산으로 오던 관부연락선 덕수호에서 양장을 한 여자 1명과 신사 1명이 서로 껴안고 투신한 사건이 발생했다. 선장은 즉시 배를 멈추고 부근을 수색했으나 흔적을 찾지 못했다. 승객명부를 확인한 결과 남자는 김우진(29세), 여자는 윤심덕(29세)으로 밝혀졌다.

김우진은 일본 와세다대학 영문과에서 희곡을 공부하고 우리나라에 서양근대극운동을 본격적으로

소개한 최초의 연극이론가였다. 윤심덕은 우에노음악학교를 졸업한 우리나라 최초의 성악가이자 배우였다. 두 사람 사이의 애정은 지난 1921년부터 싹텄던 것으로 알려지고 있다. 김우진은 이미 19살 때 결혼해 1918년에 큰딸을 낳는 등 윤심덕과 애정을 이룰 만한 처지가 못 되었던데다가, 만석꾼인 아버지가 가업을 잇기를 강권했기 때문에 갈등한 것으로 알려졌다.

한편 클래식가수인 윤심덕은 대

중가요를 취입하기도 했는데 이번에도 일본에 가 닛토레코드회사에서 24곡을 취입한 뒤 먼저 와 있던 김우진과 함께 현해탄에서 자살하기에 이르렀다고 한다. 이들의 시체조차 찾지 못했으나 윤심덕이 이번에 직접 작사하고 부른 '사의 찬미'는 레코드에 남아 사람들의 마음을 아프게 하고 있다.

「정감록」 빙자 3인조 사기단 적발

정도령이 계룡산에 도읍을 정하고 새 세상을 열 것이라며 어리석은 민심을 현혹해 사기를 치는 사건이 늘고 있다. 동대문경찰서는 전북의 최모와 경북의 이모 등이 서울 예지동에 근거를 두고 서울과 전북 일대를 다니면서 정감록을 빙자하여 조선이 망했으니 장차 정도

령이 계룡산에 도읍하여 황제가 된다, 새 세상이 되면 큰 벼슬을 주겠다, 자신은 둔갑술로 어떤 일도 할 수 있다는 둥 감언이설로 부자들과 시골사람들의 돈을 울거냈다고 한다. 최근 이런 사기행각에 넘어간 사람들이 대단히 많고 피해액도 수만 원에 이른다고 한다.

**일본천황 요시히토 사망
히로히토 왕위계승**

1926년 12월 일본 다이쇼(大正)시대의 상징 요시히토천황 (사진 왼쪽)이 47세를 일기로 세상을 떠났다. 아들 히로히토(裕仁)가 왕위를 계승, 새 연호는 쇼와(昭和)를 사용하게 된다.

요시히토천황은 지난 5년 동안 정신병을 앓아 히로히토가 섭정을 해왔다. 그러나 요시히토의 재임 중 이른바 다이쇼 데모크라시로 의회정치가 정착돼 이전 메이지천황과 같은 권력은 가지고 있지 않았기 때문에 이번 왕위교체에 정치적 의미는 별로 없다. 일본인들은 다이쇼 집권시기를 정치의 민주화와 경제의 선진화가 달성된 빛나는 시대로 기억하고 있다.

일본, 자본주의 '급행열차' 탑승
도시풍경 – 생활풍속 날로 변모

지난 14년 동안의 다이쇼 시기에 일본은 급속하게 자본주의화됐다. 이에 따라 도시 풍경과 도시인들의 생활이 하루가 다르게 변모하고 있다. 특히 지난 1923년의 대지진으로 많은 가옥이 부서지고 새 건물을 짓는 바람에 변화폭은 더욱 크다.

지진대비 철근아파트 속속
전차이용 출근 '북새통'

대지진의 피해를 입은 지역에 새 건물이 들어서고 있는데 지진에 견딜 수 있도록 철근콘크리트를 사용한 서양식 아파트를 많이 짓고 있다. 교외에는 이른바 '문화주택'이라고 부르는 양옥집이 속속 들어서고 있다. 이 문화주택에는 식탁과 수도·가스 시설을 갖춘 부엌이 등장하고 있다. 이런 집은 젊은 부부들에게 동경의 대상이다. 시내와 교외는 전차로 연결돼 있어 샐러리맨들은 전차를 이용해 출근한다. 이에 따라 신주쿠, 시부야 등 전차터미널은 오전이면 통근 샐러리맨으로 북적거린다.

도시 직업여성 급증
패션 뽐내며 유흥가 활보

지방에서 일자리를 구하러 올라오는 여성들이 많아짐에 따라 전화교환수, 타이피스트, 백화점 점원 등에 여성들이 대거 진출하고 있다. 최근에는 도쿄 시영버스에 일본 최초로 버스안내양이 등장했다. 긴자(銀座) 거리를 활보하는 여성들을 '모가'라고 부르는데 이는 '모당 가루(modern girl의 일본식 발음)'의 약자다. 물론 '모보(modern boy)'도 있다. 이들은 한결같이 양복차림이다. 이렇게 긴자의 레스토랑과 카페와 댄스홀을 '부라쓰쿠(어슬렁거리다)' 하는 이들 때문에 '긴자부라'라는 신조어가 생겨났다.

돈까스 등 서양먹거리 인기
백화점 개업 성업 중

중심가에 식당이 늘어나면서 카레라이스와 돈까스가 인기를 끌고 있다. 집에서는 빵과 우유로 식사를 하는 서양식 식습관이 점차 퍼지고 있다. 조미료도 우스터소스와 케찹이 많이 쓰이고 있다. 이러한 식료품은 도시의 백화점에서 구입할 수 있는데 최근 긴자에는 미쓰코시(三越)백화점을 비롯한 서너 곳이 개점해 손님을 끌고 있다. 백화점은 비싼 고가품에서 값싼 실용품까지 다양하게 갖춰놓고 있어 대중들이 취향에 따라 선택할 수 있다.

중국국민당 '군벌과의 전쟁'

장제스 총사령 임명 전면 북벌전쟁 … 공산당 '적극 지원' 결의
'부패온상' 군벌들 잇단 패주로 양쯔강 이남지역 완전 장악 임박

1926년 7월 9일 광둥의 중국국민당은 장 제스를 국민혁명군 총사령으로 임명, 북부지역 군벌들에 대한 전면 북벌전쟁을 선포하고 북진을 개시했다. 광둥을 출발한 북벌군은 모두 약 10만의 병력을 8군으로 나눠 세 방향으로 북상했다. 제4·제7·제8군은 우페이푸(吳佩孚)가 지배하고 있는 후난(湖南)·후베이(湖北) 방면으로, 제2·제3·제6군은 쑨촨팡(孫傳芳) 지배하의 장시(江西) 방면으로, 그리고 제1군은 푸젠(福建)·저장(浙江) 방면으로 쾌속 북상하고 있다. 이에 따라 머지않아 양쯔강 이남의 중국본토가 국민혁명군의 장악하에 들어갈 것으로 보인다.

북벌군이 놀랄 만한 속도로 진격하고 있는 것은 북벌군과 군벌군이 그 사기 및 정치의식 수준에서 비교가 되지 않을 정도로 차이가 있기 때문인 것으로 분석된다. 군벌의 군대는 극도로 부패하여 싸울 뜻이 없었으며 반면에 북벌군은 국민당군이나 공산당원의 지도를 받아 적어도 분명한 목표의식과 왕성한 전투정신을 지니고 있다는 평이다. 특히 군벌의 압제에 신음하던 민중은 두 손 들어 북벌군을 환영하고 있다.

한편 북벌 직전의 중국본토는 각지 군벌들이 주도권을 놓고 상호 국지전을 벌이는가 하면 발흥하는 민중운동과 사회주의운동을 토벌하기에 혈안이 돼 있었다. 특히 장 쭤린(張作霖)과 같이 이를 위해 일본이나 영국 등 제국주의에 기대는 양상까지 드러나자 광둥의 국민정부는 이를 더 이상 좌시할 수 없다고 보고 북벌전쟁을 선포한 것이다.

북벌전쟁이 개시되자 중국공산당은 긴급히 중앙확대회의를 열고 북벌전쟁은 중국 민족민주혁명에서 중요한 의미를 가진다고 표명하며 이를 적극 지원하기로 결의했다.

세계대전이 빚은 문화계 두 조류

보수주의 **절제된 아름다움 추구 … 고전주의 영향권 회귀**
비관주의 **인간의 악마적 속성에 전율 … 냉소·우울 탐닉**

1920년대 중반에 들어와 서구 문화계가 1차세계대전의 파괴적 충격에서 서서히 깨어나면서 세계대전이 인간에 가한 상처가 보수주의와 비관주의의 두 흉터로 선명하게 드러나고 있다. 1차세계대전이 역사상 유례가 없는 비극이었던만큼 전쟁 이전의 부유하고 평화롭던 세상을 그리는 이들은 보수주의의 깃발 아래로 모여든다. 좀더 냉정한 이들은 전쟁에서 드러난 인간의 악마적 속성에 충격을 받아 인간 자체에 대한 회복불능의 불신으로 기울어 비관주의를 키우고 있다.

보수주의의 텃세가 가장 강한 곳은 경제학 동네다. 오스트리아의 하이에크는 「예종에의 길」에서 모든 부조리의 주범으로 '경제적 자유의 파괴'를 지목한다. 자본주의 초기의 자유방임원칙에 손을 댄 결과 1차세계대전 같은 비극이 잉태됐다는 것이다. 음악계에서도 쇤베르크와 스트라빈스키는 20세기 초에 열정

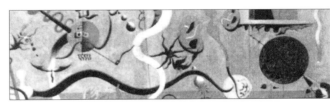
초현실주의작가 조안 미로의 「하알리퀸의 카니발」.

적으로 추구했던 실험정신을 내팽개치고 18세기 말의 감미로운 세계로 되돌아가자는 신고전주의에 나섰다. 아방가르드(전위)가 판치던 조각계에서도 사실적이고 정교한 초상조각이 부쩍 늘고 있다.

냉소와 우울함이 주조를 이루는 비관주의의 아성은 문학계다. 레마르크는 전쟁터에서 돌아와 전쟁의 어리석음과 야비함을 비꼬는 「서부전선 이상 없다」를 내놓았고, 헤밍웨이는 「무기여 잘 있거라」로 이에 화답한다. T. S. 엘리엇은 절망과 좌절의 「황무지」를 묘사했다. 프로이드식 무의식세계를 그림으로 구현한 막스 베크만의 초현실주의는 양

갈래 중 어디에 속하는지 정체불명이지만 불안의 그림자가 드리워져 있는 것은 확실하다.

그러면 1차세계대전이라는 한배에서 나온 이 보수주의와 비관주의의 쌍생아 형제는 화해할 것인가, 아니면 각자의 길을 갈 것인가. 아마도 각자의 길을 가고 말 것이다. 모든 분야에서 어쨌든 소재와 기법의 지평이 널리 확장됐고 이미 가까워지기에는 너무 멀리 나가 있기 때문이다. 이것을 그저 문화의 다양성이라고 심드렁하게 말할 수도 있지만, 아무래도 인간정신의 혼돈으로 규정하는 이들이 많은 듯하다.

이번 호의 인물   나운규

은막에 민족혼 불어넣은 영화인

나운규는 이제 막 걸음마를 시작한 우리 영화계에 혜성처럼 나타난 기린아다. 그는 이민족 압제하의 영화예술이 어떠해야 하는가를 「아리랑」 한 편에 선명하게 압축시켰다. 그의 영화가 나라 잃은 백성들에게 주는 감동은 단성사 앞에 꼬리에 꼬리를 물고 서 있는 관객들의 물결이 여실하게 보여주고 있다. 「아리랑」은 현대적인 환타지의 기법을 동원하고 있지만 기교로 만든 영화가 아니다. 그가 살아온 인생을 더듬어보면 그 점을 알게 된다.

나운규는 고향 회령에서 보통학교를 졸업하고 3·1운동 직전 만주로 이주, 이때부터 만주 일대를 유랑하면서 나라 잃은 설움을 뼈저리게 체험하기 시작했다. 열혈청년이면 당연히 그렇듯이 그도 독립군에 가담해 '청회선터널 폭파미수사건'의 용의자로 체포돼 1년·6개월의 감옥살이를 했다. 감옥 속의 나운규 가슴 속에는 민족의 설움과 한이 내연하고 있었던 것이다. 1923년 출옥 후 그는 대중적인 흥행에 성공하고 있던 영화에 주목하게 되고, 자신의 진로를 바꿔 영화 속으로 뛰어들었다.

1924년 조선키네마주식회사가 설립되자 여기에 연구생으로 들어가 본격적인 연기수업에 들어갔다. 조선키네마주식회사가 제작한 윤백남감독의 「운영전」에 단역인 가마꾼으로 처녀 출연, 연기력을 인정받고 백남프로덕션의 첫 작품인 「심청전」에서 심봉사 역을 맡아 연기파배우로 자리를 굳혔다. 이어서 조선키네마의 「농중조(籠中鳥)」에 출연하여 일약 명배우의 명성을 얻었다. 그러나 나운규는 자신의 혼이 배어 있는 작품을 직접 만들어보고 싶었다. 그래서 일본인 요도의 제작지원을 받아 직접 원작을 쓰고 감독, 주연한 회심의 역작 「아리랑」을 만들어냈다.

「아리랑」의 성공은 비단 그 자신의 출세만을 가져온 게 아니다. 우리 영화의 새로운 장을 열었을 뿐만 아니라 겨레의 가슴 속에 잠자던 민족혼을 뒤흔들어 깨워준 것이다.

1902년생. 함북 회령 출신. 호는 춘사(春史).

특별기고   헐려 다시 짓는 광화문

"민족의 가슴에 부딪혀 울리는 광화문 지붕 위 망치소리"

평남 단천 출신으로 일본대학 사학과를 마치고 동아일보 기자로 있는 설의식씨가 총독부 청사 공사로 말미암아 이전되는 광화문의 모습을 통해 민족의 운명을 애도하는 글을 발표했다. 본지는 그 내용을 옮겨 싣는다.

헐린다 헐린다 하는 광화문이 마침내 헐리기 시작한다. 총독부 청사 까닭에 헐리고 총독부 청사 덕택으로 다시 지어지리라 한다. 원래 광화문은 물건이다. 의식 없는 물건이요 말 못 하는 건물이라 헐고 부수고 옮기고 하여도 반항도 회피도 하지 않는다. 다만 조선의 하늘 땅을 같이한 조선백성들이 슬퍼하는 것이다. 팔도강산의 석재와 목재와 인재의 정수를 뽑아 지은 광화문.

돌덩이 하나 옮기기에 억만 방울의 피가 흐르고 기왓장 하나 덮기에 억만 줄기의 눈물을 흘렸던 광화문! 너는 옛 모양 그대로 있어야 너의 생명이 있으며 너는 그 몸 그대로 무너져야 네 일생을 마치는 셈이다. 총독부에서 헐기는 헐되 총독부에서 다시 지어놓는다 한다. 그러나 다시 짓는 그 사람은 상투 짠 옛날의 그 사람이 아니며 다시 짓는 그 솜씨는 피 묻은 옛날의 그 솜씨가 아니다. 다시 옮기는 그 자리는 북악을 등진 옛날의 그곳이 아니며 다시 옮기는 그 방향은 구중궁궐을 정면으로 한 옛날의 그 방향이 아니다. 광화문 지붕에서 뚝딱이는 망치소리는 조선민족의 가슴에 부딪혀 구슬피 울리고 있다.

설의식(동아일보 기자)

훈민정음 반포 480주년 기념 '가갸날' 제정

1926년 11월 4일 조선어연구회는 요리집 식도원에서 훈민정음 반포 480주년을 기리는 기념식을 거행하고 이날을 '가갸날'로 제정했다.

이날을 기념일로 정한 것은 훈민정음 원본의 말미에 적힌 '正統 11년 9월 上澣—세종 28년 9월'이란 기사에 근거하여 음력 9월 29일인 이날, 행사를 거행한 것이다.

훈민정음 반포를 기념하는 행사는 이번에 처음으로 개최된 것인데 기념일의 명칭을 가갸날로 정한 것은 우리글을 일컫는 이름이 통일되지 않은 가운데 가장 대중적인 것이 '가갸거겨…'이므로 우리글에 대한 대중적 관심을 이끌어내기 위해서인 것으로 알려지고 있다.

한글운동 어떻게 진행됐나

창제 이후로 줄곧 수난
국권 상실로 더욱 외면 …
그나마 민간부문서 고군분투

훈민정음 창제 이후 우리글의 역사는 그야말로 수난의 역사라고 할 수 있다.

조선시대에는 고급문자인 한자에 눌려서 한시도 기를 펴지 못하였으며 연산군대와 같이 때에 따라서는 탄압을 받기도 하였다. 근대사회를 맞이하여 우리글은 새롭게 발전할 기회를 가졌지만 그 뒤로도 우리글의 운명은 그리 순탄치만은 않았다.

1894년 11월 칙령으로 정부공문서를 순한문이 아니라 국한문으로 쓰도록 하면서 한글 재발견이 시작되었다. 그러나 국권의 상실로 이 모든 것은 물거품으로 돌아가고 말았으며 나라의 공식적인 문자로 일본어가 쓰이게 되었다.

결국 우리글을 다듬는 일은 민간학자들의 몫으로 돌아갔고, 이는 민족의 앞날을 준비하는 일이 되었다. 여기서 가장 큰 역할을 한 인물이 바로 주시경인데 그는 일찍부터 한글연구에 전념하여 「국문문법」 「국어문전음학」 「소리갈」 「말의 소리」 등의 업적을 내놓은 바 있다. 그는 후진 양성에도 힘을 기울여 최현배, 신명균, 권덕규, 장지영 등을 배출, 이러한 인물들이 1922년 조선어연구회를 조직했다. 조선어연구회의 결성은 주시경이 뿌린 씨가 발아하여 아직은 미약하지만 한글연구가 민간에서나마 끊이지 않고 이어질 수 있는 기틀을 마련한 것이다.

이번 가갸날 선포는 이러한 뜻을 대내외적으로 알리는 다짐으로서의 의미를 가지는 것이다. 앞으로 한글이 면면한 생명력을 갖고 새봄을 준비하기를 기대해본다.

총독부 조선사편수회 설치

친일파 등 가세 지배합리화 위한 역사왜곡 우려

1925년 6월 총독부는 칙령 218호로 공포된 조선사편수회관제에 따라 조선사편찬위원회를 확대·강화하여 조선사편수회를 설치했다. 이에 따라 총독부가 추진해온 조선사편찬작업은 가속화될 것으로 예상된다. 이번에 설치된 조선사편수회는 회장을 정무총감이 겸임하고 있으며 고문에 이완용, 박영효, 권중현, 구로이다 등이, 위원에는 이능화, 어윤적, 이마니시, 오다 등이 임명된 것으로 알려지고 있다. 위에서 보듯이 한국인도 상당수 참가하고 있으나 대개 친일적인 인사인데다 그나마 보조적인 역할에 그치고 있으며 실제업무는 동경제대 교수인 구로이다와 만선사관의 대표자인 이나바가 주도하고 있다고 한다.

이렇게 일제가 조선사 편찬을 주도하고 있는 것은 자신들의 침략을 합리화하기 위한 식민사관을 더욱 체계화하기 위한 것으로, 각계에서 우려의 소리가 높다.

종합잡지 「동광」 창간

1926년 5월 「불놀이」로 유명한 시인 주요한이 종합잡지 「동광」을 창간하였다. 이 잡지는 안창호가 주도하고 있는 흥사단이 현재 세력을 얻어가고 있는 사회주의세력에 대항하기 위해서 창간한 것으로 알려지고 있으며 발행인 주요한도 흥사단의 주요인물로 전해진다.

새로 나온 책   한용운 「님의 침묵」

님 찾는 강렬한 희원 담아
상실감 겪은 모든 사람 애송

"우리는 만날 때 떠날 것을 염려하는 것과 같이 떠날 때는 다시 만날 것을 믿습니다. 아아 님은 갔지만은 나는 님을 보내지 아니하였습니다."

승려이자 독립운동가로 알려진 한용운이 이번에는 시집 「님의 침묵」을 펴내 극찬을 받고 있다. 그의 시는 잃어버려서는 안 될 어떤 것을 잃어버리고 괴로워하면서 그 잃어버린 것을 되찾고자 간절히 바라는 심정을 절절히 표현했다.

여기서 말하는 잃어버린 것, 그 구원적인 것은 무엇일까. 그가 말하는 임이 무엇일까에 대해서는 평론

가들마다 의견이 구구하다. 말 그대로 사랑하는 임이라고 하는 사람도 있고 종교적 해탈이라는 사람도 있으며 고난에 찬 우리 민족이라는 사람도 있다. 그러나 임이 어떤 것인들 무슨 상관이랴.

한용운의 시는 젊은이에게는 사랑의 노래로, 종교인에게는 구원의 노래로, 민족주의자에게는 민족해방의 노래로 들리면 그만이다. 여기에 그의 시의 매력이 있다.

또한 서양문학의 아류들이 판치고 있는 우리 문단에서 그의 시는 우리의 감성으로 쉽게 다가와 새로운 바람을 일으키고 있다.

문예시평   이상화 「빼앗긴 들에도…」

자연과의 결합 통해
현실 상징적 표현

1926년 6월 신예시인 이상화가 「개벽」지에 「빼앗긴 들에도 봄은 오는가」라는 시를 발표하여 식민지 백성의 비애를 탁월하게 표현했다는 평을 받고 있다. 일제 검열당국은 이 시가 표현하는 바가 매우 불온하다는 것을 뻔히 알고 있으면서도 이 시에서 식민지 지배를 직접적으로 표현하는 말은 한 마디도 쓰지 않았기 때문에 마지못해 무삭제 통과시켜주었다는 후문이다.

시인은 우선 '푸른 하늘 푸른 들이 맞붙은 곳으로/ 가르마 같은 논길을 따라 꿈속을 가듯 걸어만 간다'처럼 우리 들판의 아름다움을 노래한다. 그러나 이 시가 단지 자연의 아름다움만을 그린 것은 아니다. 이 시에서 들판은 멀찍이 떨어져서 구경하는 대상이 아니다. '살진 젖가슴과 같은 부드러운 이 흙을 발목이 시도록 밟아도 보고/ 좋은 땀조차 흘리고 싶다.' 평론가들은 이 대목이 모성의 이미지를 연상토록 배치된 것이라고 보기도 하며, 발로 흙을 밟는 행위는 성적 결합을 상징한다고 보기도 한다. 즉 이 시에서 들판은 단순한 관조의 대상이 아니라 떨어져서는 존재할 수 없는 어떤 것이 된다. 때문에 이 들판과 떨어지는 것, 즉 들판을 빼앗기는 것은 지극한 아픔일 수밖에 없다. 따라서 시인은 '그러나 지금은 들을 빼앗겨 봄조차 빼앗기겠네'라고 노래하는 것이다. 우리는 언제나 봄을 되찾을 수 있을지?

역사신문

'좌우합작' 신간회 창립

'민족유일당 지향-기회주의 배격' 등 3대강령 채택
민족주의 명망가 중심에 사회주의자들도 대거 참가

1927년 2월 15일 그동안 전개된 좌우합작 민족단일당 건설노력이 성과를 거두어 신간회가 창립됐다.

발기인은 언론계 인사로 신석우, 안재홍, 기독교계의 이승훈, 천도교의 권동진, 불교계 한용운, 사회주의계열의 한위건 등 각계를 망라한 34명이다. 창립대회는 서울 YMCA 강당에서 오후 7시부터 열렸는데 대회에서 회장에 이상재, 부회장에 홍명희를 추대하고 총무, 재무, 출판, 정치문화, 조사연구, 조직, 선전 등 7개 부서를 설치하고 각 부서에 간사를 두기로 했다. 또 대회에서는 규약과 선언서를 채택했는데 선언서는 일제당국에 압수당했다. 이 선언서에는 정치적·경제적 각성을 촉진함, 단결을 공고히 함, 기회주의를 일절 부인함 등 3개 강령이 포함돼 있는 것으로 알려졌다.

이번에 신간회 결성이 신속하게 이뤄진 계기는 작년에 일어난 6·10만세운동에 자극받은 것이 일차적이지만, 최근 송진우, 최린, 최남선 등 일부 타협적인 민족주의세력들이 다시 연정회를 조직하여 자치운동을 부활하려는 움직임을 보이자 이에 쐐기를 박기 위한 것으로 분석되고 있다. 창립대회에서 채택된 강령에 '일체의 기회주의를 배격함'이라는 조항이 포함된 것도 이들을 겨냥한 것이라고 한다.

신간회는 조직방침을 단체별 가입이 아니라 개인별 가입으로 하고 있기 때문에 안재홍, 홍명희 등 민족주의계열 명망가들이 중앙본부의 간부직 중 대다수를 차지했다. 주로 소장활동가들로 이루어진 사회주의자계열은 조선노농총동맹이나 조선청년총동맹등 대중운동단체들을 기반으로 가입했다. 따라서 간부는 민족주의계열이 다수를 이루고 있지만 실질적 조직기반은 사회주의계열이 떠받치고 있는 형세를 이룰 것으로 보인다. 따라서 신간회 내의 역관계는 장차 변할 수도 있다는 것이 관계자들의 분석이다.

한편 신간회는 앞으로 국내외 각지에 지회를 광범위하게 조직해 전민족적으로 독립의식을 고취시켜나갈 예정이라고 한다.

관련기사 2면

여성운동도 총집결 근우회 결성

1927년 5월 27일 한국 여성운동 세력의 총 결집체인 근우회가 창립돼 기독교청년회관에서 창립총회를 가졌다.

중앙집행위원에 박원희, 정칠성, 황신덕 등 사회주의계열 9명과 김활란, 유각경 등 민족주의계 8명, 김동준 등 중립 4명이 선출돼 신간회와 같이 좌우연합을 이루었다. 또 행동강령으로는 여성에 대한 차별 철폐, 봉건적 인습 타파, 농촌여성의 경제적 이익 옹호, 여성노동자 임금차별 철폐 등을 채택했다.

이번 근우회 창립은 신간회의 창립에 결정적인 영향을 받은 것으로 알려지고 있으며 항간에서는 근우회를 신간회의 자매단체로 보기도 한다. 그러나 여성운동의 대중적 기반이 아직 약해서인지 일반회원의 참여는 미흡한 실정이다.

중국-만주서도 통합 움직임

상해·만주에 유일당 추진조직 결성 활발

국내에서 신간회가 결성되는 등 좌우합작운동이 본격화하는 것과 때를 같이하여 중국 관내와 만주에서도 좌우합작에 의한 민족운동단체의 통합 움직임이 일고 있다.

이미 1926년 10월 북경에서 대독립당조직 북경촉성회가 결성된 데 이어 1927년 4월에는 한국유일독립당 상해촉성회가 결성됐고, 이런 움직임이 광동, 우한, 난징지역으로 파급돼 마침내 10월에 이를 통합한 한국독립당 관내촉성회연합회가 상해에서 결성됐다.

한편 만주지역에서도 1927년 8월 정의부가 제4차 중앙회의를 열고 신민부, 참의부와 연합해 유일당 조직을 조속히 결성할 것을 결의했다. 이에 따라 1928년 5월 좌·우파 18개 단체 대표가 참석한 가운데 지린성에서 전민족유일당회의가 개최됐고, 9월 3부의 대표가 참가한 가운데 지린성 신안둔에서 삼부통일회의가 개최됐다. 그러나 통합방법에 대한 현격한 견해차이로 통합에 실패, 일단 3부를 해체하고 김좌진·이청천 등이 1928년 12월 민족유일당 재만책진회, 일명 혁신의회를 결성했고, 1929년 3월 정의부를 중심으로 현익철, 김이대 등이 국민부를 조직했다. 참조기사 8호 3면

간부 잇단 검거로 공산당 해체 위기

1928년 2월 종로경찰서는 김준연, 김세연, 최익한, 하필원 등 3차 조선공산당 간부 30여 명을 대거 검거한 데 이어 7월부터 10월에 걸쳐 한명찬, 김재명 등 170여 명의 4차 공산당 조직원을 체포했다.

조선공산당은 지난 1926년 6·10만세운동을 계기로 2차 조선공산당 간부들이 대거 체포된 이후 체포를 모면했던 김철수 등과 안광천, 하필원 등 일본유학생단체 일월회 간부들이 결합, 3차 공산당을 재건하고 신간회 결성에 참여하는 등 활동을 해오다 경찰의 추적 끝에 검거됐다. 곧이어 김재명, 한명찬 등 살아남은 인사들이 1928년 3월 바로 당조직을 재건, 4차 공산당을 조직했으나 역시 경찰의 집요한 추적으로 검거되기에 이르렀다.

이에 대해 코민테른은 1928년 12월 '12월테제'를 발표, 조선공산당의 승인을 취소하고 앞으로 노동계급에 기초한 혁명적 당으로 개선하도록 지시했다. 참조기사 9호 2면

원산총파업 현장에서 노동자들이 시위를 벌이고 있다.

원산노련 총파업 돌입

8개노조 2천여 노동자 참여 장기화 조짐…원산경제 일대 마비

1929년 1월 22일 원산노동연합회(이하 원산노련)가 총파업을 선언한 이래 산하 단위노조들이 속속 파업에 참가해 원산시 전체에 파업의 소용돌이가 휘몰아치고 있다.

이번 총파업은 작년 가을 영국인이 경영하는 라이징 선(Rising Sun) 석유회사 문평 유조소의 파업에서 비롯됐다. 이 회사의 일본인 현장감독 고다마가 한국인 노동자를 구타한 사건이 발생하자 노동자들이 일본인 감독 파면, 최저임금제 확립, 단체협약 체결 등을 요구하면서 파업에 들어갔다. 결국 회사측은 위의 요구들을 수락했으나 약속한 3개월이 지나도록 이행하지 않자 노동자들은 올 1월 14일부터 파업을 재개했다. 이에 원산노련은 산하 조합원들에게 연대파업을 호소, 두량노동조합, 해륙노동조합이 동조파업을 시작한데 이어 결복노동조합, 운반노동조합, 중사노동조합, 제국노동조합 등에 소속된 2천여 노동자가 파업에 참가하는 등 파업은 확대일로로 접어들고 있다.

이에 대해 기업주들의 단체인 원산상업회의소는 부두노동자 450명을 일거에 해고하고, 중국 안둥, 인천 등 외지에서 노동자를 모집해 파업노동자들을 대체할 태세를 갖추는 한편 파업노동자들을 경찰에 인계할 계획을 세우고 있다. 경찰은 300명의 인원을 배치하고, 400여 명의 군병력까지 동원하여 공포분위기를 조성한 가운데 이미 파업을 총지휘하던 위원장 김경식과 원산노련 규찰대들을 검거한 상태다.

한편 원산총파업 소식이 알려지자 부산노우회, 수원노동조합, 군산철도노동회 등 이미 100여 개 단체에서 지원금품과 격려전보가 속속 답지하고 있다. 특히 일본에서도 지원금 모금운동을 벌이고 동조파업까지 단행하는 등 원산총파업을 지원하려는 움직임은 국제적으로 확산되고 있다. 심지어 중국, 프랑스, 소련으로부터도 격려문이 도착했다고 한다.

관련기사 3면

역사신문

민족대단결 사명 띤
신간회 활동에 바란다

조직확대와 좌우합작 정신 견지가 필수적

민족주의자와 사회주의자가 서로 손을 잡고 신간회를 만든 것은 매우 뜻깊은 일이다. 최근 중국에서도 국민당과 공산당이 합작을 이루어 공동투쟁한다는 소식이 있었는데 이제 우리도 그와 같은 흐뭇한 광경을 보게 됐다.

주지하다시피 이번에 신간회 창립을 자극한 것은 민족주의자들 일부가 추진하는 자치운동이었다. 최린과 송진우 등이 주도하는 이 자치운동은 일제의 총독부에 우리도 일정 부분 참여하여 민족의 이익을 지켜내자는 것이다. 그러나 일제 지배에 우리가 참여해서 얻어낼 것이 무엇인가. 일제가 한국을 지배하려는 핵심은 인적·물적 자원의 수탈에 있다. 이는 일제가 절대 양보할 수 없는 근원적인 것이다. 그렇다면 일제 통치기구에 우리 민족 일부가 참여한다고 해도 이 근원적인 부분을 건드릴 수는 없다. 우리가 보기에 한국의 대지주나 대자본가의 이익을 보장해주는 정도의 소득밖에는 얻을 것이 없다. 말하자면 자치운동은 독립을 포기하는 대가로 한국인 지주와 자본가의 이익을 보장받자는 것에 불과하다. 따라서 신간회가 이러한 자치론에 대한 공격에 중점을 두기로 한 것은 백 번 옳은 일이다.

민족주의자와 사회주의자가 손을 잡은 것도 너무나 반가운 일이다. 이념이나 이론으로만 따진다면 이 두 세력이 손을 잡기란 쉬운 일이 아닐 것이다. 그러나 민족주의나 사회주의나 당면목표는 일제의 타도와 독립쟁취다. 당면목표를 성취하지 않고는 그 다음에 올 세상을 아무리 멋지게 그려도 허망할 뿐이다. 게다가 일제타도라는 당면목표를 성취하는 일은 수많은 고난과 희생을 요구하고 있다. 당연히 힘을 모아야 할 상황인 것이다.

사정이 이렇기 때문에 신간회가 잘 운영돼서 독립운동의 중추로 자리잡는 일은 매우 중요하다. 따라서 몇 가지 당부하지 않을 수 없다. 우선 대중들이 신간회운동에 박수를 치며 지지하고 동참할 수 있는 프로그램을 시급히 마련해야 한다. 자치론 반대가 중요하기는 하지만 반대만 있는 운동은 오래 지속될 수 없다. 대중들의 실생활과 관련된 문제나 정치적인 이슈에 대해 대안을 제시하고 이를 통해 조직을 확대해나가야 할 것이다.

한편으로 내부조직상의 문제에도 주의를 기울여야 한다. 창립 당시 개인별 가입을 원칙으로 해 중앙은 대부분 민족주의운동 명망가들로 구성됐다. 반면 최근에 확장되고 있는 지회들을 보면 사회주의자들이 조직적으로 가입하고 있는 양상이다. 결국 중앙과 지회 간에 갈등의 소지를 안고 있는 셈이다. 이를 적절하게 조절, 창립 당시의 좌우합작 정신이 퇴색하지 않도록 해야 할 것이다.

그림마당
이은홍

자치론 경계-합법 정치공간 이용에 이해 일치

이념 차이, 주도권 다툼 해소 여부 따라 신간회 운명 결정될 듯

민족주의세력과 사회주의세력이 한 집안에서 동거하게 된 신간회는 여러 가지 면에서 획기적이다. 사회주의는 자본주의 타도를 목표로 하고 있어 자본가세력인 민족주의세력은 그 이념상 적일 수밖에 없다. 민족주의세력도 자신들을 타도돼야 할 적으로 삼는 사회주의자들과 손잡는다는 것은 쉬운 일이 아니다. 우리는 이미 지난 물산장려운동에서 양 세력이 격돌하는 것을 목격한 바 있다. 그러한 양대 세력이 이제 서로 손을 잡게 된 것이다.

양대 세력이 손을 잡을 수밖에 없도록 한 공통분모는 물론 민족의 독립이라는 대의다. 그러나 하필 이 시점에서 결합이 이루어진 것은 정세의 변화와 양 세력 각자가 처한 내부사정이 중요하게 작용한 결과라고 할 수 있다.

정세변화의 기본축은 이제 한국인에게도 제도권 정치에 참여할 수 있는 가능성이 엿보이고 있다는 점이다. 이는 일본정계의 변화와 맞물려 있는데 일본에서는 최근 이른바 '다이쇼 데모크라시'의 물결을 타고 정치적 자유와 의회주의를 근간으로 하는 서구식 자유민주주의가 도입되고 있다. 이 물결은 자연히 한국에도 몰려올 수밖에 없다.

최린, 김성수, 송진우 등이 조직한 연정회도 이러한 정세를 업고 정치참여를 노리며 결성된 것이다. 그런데 이들이 추구하는 것은 사실상 독립을 포기하고 일제와 타협하자는 자치론이다. 민족주의진영으로서는 이들이 주도권을 장악하는 사태를 좌시할 수 없어 이들에 대항할 세력결집이 시급해졌다.

한편 사회주의자들도 잇단 탄압으로 기반이 허약해진 상태에서 일본의 사회주의운동이 다이쇼 데모크라시라는 새로운 상황을 맞이해 국회에 진출할 것을 모색하고 있다는 소식을 접하고는 이에 영향을 받지 않을 수 없었다. 따라서 민족주의진영과 손을 잡고 제도정치에 참여해 합법공간에서 정치투쟁에 참여하는 것이 사회주의세력의 활동공간을 확대하는 데 유효한 방법이라는 공감대가 확산됐다.

신간회는 이러한 배경에서 탄생한 것이다. 그렇다고 내부적으로 양 세력 사이의 이념차이가 완전히 해소된 것은 아니다. 앞으로 같은 배를 탄 두 세력이 어떻게 신간회를 이끌어갈지 귀추가 주목된다.

신간회 도쿄지회 강령개정 의결

1927년 12월 18일 신간회 도쿄지회는 제2회 대회를 열고 신간회 정기대회에 제출할 '보고서 및 제출안건'을 채택했는데 이 가운데 신간회 강령개정 요구안이 포함돼 주목받고 있다.

이 요구안에 따르면 신간회 창립총회 때 채택한 강령이 일제의 검열을 의식한 나머지 지나치게 모호해 구체적 활동을 제약하고 있으므로 이 강령을 더 구체적인 표현으로 개정해야 한다고 주장하고 있다. 즉 기존 강령의 '정치·경제적 각성'을 '정치·경제적 해방'으로, '단결을 견고히 한다'를 '민족적 대표기관이 될 것을 기한다'로, '기회주의 부인'을 '일체의 개량주의운동 배격'으로 고쳐야 한다는 것이다. 이렇게 도쿄지회에서 강령개정을 요구하고 나선 것은 지방지회에 포진한 사회주의세력이 신간회 본부에 조직적으로 압력을 가하고 있음을 의미하는 것이라는 분석도 있다. 신간회 도쿄지회는 신간회 지회 가운데 사회주의 세력이 가장 강한 곳이라는 점도 이러한 분석을 확인시켜주는 요소이다.

신간회 지방확산 지회 100개 돌파

1927년 12월 23일 현재 신간회 지방지회가 100개소를 돌파하는 등 신간회운동이 들불처럼 전국으로 확산되고 있다. 이는 신간회에 거는 대중들의 기대가 워낙 크다는 것이 일차적 요인이지만 조선공산당 지방조직이 중앙의 결의에 따라 대거 신간회에 참여한 것도 주요인이 된 것으로 보인다.

이에 따라 신간회 내 민족진영과 사회주의진영 간의 세력구도가 역전되거나 최소한 지회들이 본부에 대한 압력단체로 기능할 것이라는 견해가 지배적이다. 특히 지회는 설립이 자유롭고 임원의 선출도 자율적으로 하게 돼 있어 일반회원 다수를 장악하고 있는 사회주의진영에서는 지회가 개인별 가입의 문제점을 해결할 대안이라고 판단하고 있다는 후문이다.

특별인터뷰 신간회 창립주역 홍명희·안재홍

안재홍 "자치론 움직임에 맞설 조직 필요"
홍명희 "사회주의와 손 못잡을 이유 없어"

안재홍　　홍명희

신간회 창립의 두 주역인 홍명희, 안재홍 두 사람에게 창립의 뒷얘기를 들어보았다.

이번 신간회 창립에는 누구보다 홍명희씨의 역할이 컸다고 하는데 신간회를 만들게 된 동기는 무엇인가?

홍명희 1926년 말, 오산학교 교사 시절 겨울방학 때 서울에 와 최남선씨를 만났더니 그는 현재 상황에서 독립은 절대 불가능하니 자치로 운동 방향을 바꾸어야 하지 않겠느냐고 했다. 그가 나에게 이런 이야기를 했을 때는 개인만의 생각이 아니라 일정한 세력을 이루고 있을 거라는 생각이 들었다. 따라서 이거 이렇게 가만히 있어서는 안 되겠다고 판단했다.

안재홍 그렇다. 자치운동을 꾸미고 있는 세력이 분명히 있다. 천도교 신파 최린과 동아일보의 김성수, 송진우 등이 주도적인 인물들인데

그들은 연정회라는 단체를 만든 적도 있다. 이광수로 하여금 「민족적 경륜」이란 사설을 쓰게 한 것도 사실은 이들이었다. 그러다가 전국적으로 들끓고 일어나자 꼬리를 감춘 것이다. 그러나 이들의 움직임이 이것으로 끝난 게 아니므로 이에 대항할 조직의 필요성을 느낀 것이다.

홍명희 우리는 이를 위해 진정한 민족단일당이 필요하다고 생각했다. 여기에는 해외에서 진행되는 민족유일당운동도 큰 영향을 주었다. 즉 좌우합작을 통해 민족단일당을 구성해서 자치운동을 분쇄하자는 것이 우리 입장이다.

일제당국의 방해는 없었나?

홍명희 물론 없을 리 없었다. 그러나 우리가 합법단체를 표방하면서 꼬투리를 주지 않자 나중에는 이름을 물고 늘어졌다. 우리는 애초 신한회(新韓會)로 하려 했다. 당국은 '한'이란 표현은 쓸 수 없다고

우겼다. 우리는 큰일을 위해 작은 것을 포기하자는 입장에서 대신 신간회로 했다. 이는 '신간출고목(新幹出枯木)'이란 고사성어에서 나온 것인데 '간(幹)'자와 '한(韓)'자가 모양이 비슷한 것도 고려됐다.

신간회에 사회주의자들이 많이 참여했는데 사회주의에 대해서는 어떻게 생각하는가?

안재홍 나는 분명히 사회주의자는 아니다. 그러나 무조건 사회주의를 배격하는 것도 아니다. 계급보다 민족이 우선이라는 입장이다.

홍명희 사회주의에도 배울 것이 많다. 일반 근로대중에 대한 배려에는 사회주의만한 것이 없다. 대중의 복리에 기반한 민족노선, 이것이 우리의 입장이다. 따라서 우리가 사회주의자와 손을 잡지 못할 이유가 하나도 없다. 이념은 다르지만 사회주의도 식민지상황의 극복과 독립을 위한 한 방편이라고 본다.

전국을 들끓게 한 3개월 원산총파업

지역범위 넘어 식민지 자본가와 노동자의 정면대결…지도부 대대적 검거로 '무릎'

문평제유노조의 1월 14일 파업이 도화선이 돼 원산 전체로 파급된 총파업이 4월 6일 원산노련의 사업장 복귀결정으로 3개월여 만에 막을 내렸다. 원산노련의 복귀결정은 외형상 노동자의 패배지만 일본인 경영자단체인 원산상업회의소측도 원산노련의 해체를 위해 온갖 방법을 동원했으나 뜻을 이루지 못했고 원산총파업을 가능케 한 전국적 노동운동역량의 결집은 향후 노동운동에 고스란히 계승될 것이라는 점에서 사실상 노동자의 승리다.

원산노련은 사건의 시초부터 방향키를 틀어쥐고 투쟁을 이끌었다. 문평제유노조사건을 보고받자 13일 즉시 집행위원회를 열고 '8시간노동제 쟁취', '취업규칙 개정'을 투쟁목표로 제시했다. 이어 산하노조들에게 문제가 된 '라이징 선'사의 화물을 일절 취급하지 말 것과 전조합원이 파업이 끝날 때까지 금주하고 매일 1인당 5전씩 파업지원금을 모금할 것을 지시했다.

원산상업회의소 역시 17일 신속하게 회동, 투쟁을 총지휘하고 있는 원산노련 파괴공작에 돌입했다. 원산노련 소속 노동자는 일절 고용하지 않고 파업노동자는 해고하기로 했다. 사태가 이렇게 단위사업장을 넘어 전 산업으로 확산되자 원산노련은 22일 투쟁수위를 한 단계 높여 총파업 돌입을 선언했다. 각 사업장이 속속 동조파업에 들어가 2월 들어 원산노련 산하 2천200여 노동자가 모두 파업에 돌입했다.

사태가 원산시 전체로 파급되자 경찰이 개입해 함흥보병대에서 300여 군인을 차출, 시내에서 무력시위를 전개해 공포분위기를 조성했다. 이어 원산노련 간부들을 속속 연행했으며 2월 7일에는 김경식위원장을 구속했다. 원산노련은 사태를 전국적으로 확산시키기 위해 서울의 김태영변호사를 위원장으로 보선했으나 상업회의소와 경찰의 연합공세에다 새 지도부의 타협적인 태도로 전열은 흐트러지기 시작했다.

경찰과 상업회의소측이 어용 노동단체인 함남노동회를 결성, 노동자들을 이간질하자 노동자들은 지도부를 비판하면서 폭력투쟁으로 나갔다. 이에 더욱 입지가 좁아진 지도부는 마침내 4월 6일 소속 노조원들의 자유의사에 따라 작업장에 복귀하도록 했다.

총파업 지도부 원산노련

총파업을 지도한 원산노련은 1925년 창립한 이래 산하 단위노조의 쟁의를 적극 지도, 노동자들에게 유리하게 해결함으로써 실력을 인정받아왔다.

현재 산하에 부두노조를 중심으로 8개의 단위노조를 가지고 있는데, 이번 파업에 전부 참가했다. 이들은 자체기금을 적립해 파업자금을 준비했을 뿐만 아니라, 소속 노동자들의 복지를 위하여 병원, 이발부까지 설치했을 정도다. 노동자가 사고를 당하면 생활보장을 해줄 방법도 마련하고 있다. 특히 소비조합에서는 잡화와 미곡 등 생활필수품을 시가의 20~40% 할인 공급하여 노동자 가족들에게 인기가 높다.

긴급접접 - 노동자 생활상·노동운동 현주소

저임금 - 열악한 환경에 혹사… 생존권 수호위해 속속 조직 결성

3개월에 걸친 원산총파업은 일제에 의한 한국의 식민지적 공업화가 얼마나 착취와 수탈과 멸시로 점철돼 있는가를 증명한다. 한국의 노동자들이 처해 있는 상황과 노동운동의 현황을 살펴본다.

기운깨나 쓰는 자는 노동자로

"쓸 만한 전답은 신작로 되고 / 얼굴 고운 딸년은 신마저 가고 / 살림깨나 살 년은 공장에 간다" 최근 불리는 '아리랑' 사설 한 토막이다. 이렇게 우리 사회는 산업화·공업화가 급속하게 진행되고 있다. 최근 10년 동안 공장수는 2천여 개에서 4천여 개로 두 배가 늘었고 노동자수도 5만여 명에서 10만여 명으로 역시 두 배 늘었다. 그만큼 일본자본의 한국 진출이 활발하다는 것인데 일본경제가 1차세계대전을 계기로 급속히 팽창하면서 자본의 대외수출이 불가피해졌기 때문이다.

그러나 광산, 부두, 토목 분야의 노동자가 다수를 차지하고 있

원산부두 노동자들이 하역작업을 하는 모습.

고 공장노동자는 아직 소수에 불과하다는 점을 생각한다면 전체 노동자수는 약 1백만 명에 이를 것이다. 특히 부두노동자가 압도적인 다수를 차지하고 있는데 이는 한국에서 일본으로 농산물과 석탄 등 천연자원을 실어나르는 일이 산업의 중심을 차지하고 있다는 것을 반영한다.

죽도록 일하고 봉급은 쥐꼬리

노동자들은 대개 하루 12시간 이상의 초인적인 노동에 시달리고 있다. 거기다 연중무휴로 일하는 경우가 대부분이다. 최근 통계에 따르면 공장 및 광산 노동자 중 연중휴일 10일 미만, 즉 평균 한 달에 하루도 쉬지 못하는 노동자가 60%에 달한다. 일을 많이 한다고 봉급을 많이 받는 것도 아니다. 1920년의 임금수준을 100으로 할 때 1925년에는 85, 최근에는 83으로 오히려 뒷걸음질치고 있다. 그것도 일본의 성인남자 1일 임금수준이 2원 32전, 성인여성이 1원 1전인 데 비해 한국인 성인남

자는 1원, 여성은 59전으로 일본 수준의 절반 이하이다. 가히 살인적인 저임금이라고 할 수 있다.

이러한 상황에서 산업재해가 급증하는 것은 당연한 일이다. 광산의 경우 1924년에 1천200여 건이던 산재가 1929년에는 3천170여 건으로 급증했다.

단결투쟁만이 살길

원산총파업이 비록 일본인 감독의 부당한 대우로 인해 촉발됐지만 총파업으로 확산되면서 '단체교섭권과 8시간노동제 보장'이라는 요구조건을 내건 것은 원산지역뿐 아니라 전국 노동자의 처지를 대변한 것이다. 특히 열악한 노동조건에 처해 있는 노동자들에게 사회주의사상이 도입, 전파되면서 노동쟁의는 자연발생적 경제

투쟁에서 목적의식적 정치투쟁으로 질적 변화를 보이고 있다.

지난 1920년에 결성된 '조선노동공제회'는 노동자들의 생활안정과 상호부조를 도모하기 위한 계몽단체였다. 1922년 본격적인 계급운동을 목표로 한 '조선노동연맹회'가 결성됐고 이것이 모태가 돼 1924년에는 노동자와 농민의 전국적 투쟁단위인 '조선노농총동맹'이 결성됐다.

지난 1927년 농민동맹과 분리된 '노동총동맹'은 노동자계급의 해방, 완전한 신사회 건설, 자본가계급과의 치열한 투쟁, 노동자의 복리증진 및 경제적 향상을 강령으로 삼고 있다. 여기서 '완전한 신사회'란 계급대립이 없고 만인이 평등하게 대접받는 사회주의 사회를 가리킴은 물론이다.

총파업 비용 얼마 들었나

당국의 통계에 따르면 원산총파업에서 발생한 손실액은 6만 원 이상인 것으로 밝혀졌다. 생산손실액 이외에 파업대책으로 쓴 비용만 3만 1천700원에 달했다. 이 금액은 노동자들의 임금을 50% 인상해서 1년간 지불하여주고도 남을 금액이다. 파업기간 원산항의 무역액도 줄어들어 작년 동기간 대비 41만 1천452원이 감소했다. 또한 같은 기간 원산 각 은행의 부도액은 약 50만 원에 달했다.

노동자들의 희생도 기업가측 못지않게 컸다. 조선일보사가 추산한 바에 의하면, 파업기간 중 원산노련이 사용한 비용은 3만 원에 달했다고 한다. 이 외에도 파업기간 중 발생한 임금손실 및 해직으로 말미암은 생계문제 등을 고려하면 노동자들의 희생은 돈으로 환산한 것 이상으로 컸다고 할 수 있다.

나라 밖 독립운동

임정, 완전 집단지도체제로

1929년 4월 김구국무령이 이끄는 상해임정 내각은 국무령직을 폐지하고 국무위원회가 전권을 갖도록 헌법을 개정했다. 국무위원은 아직 선출하지 못했지만 이동녕, 김구, 오영선, 김철 등이 물망에 오르고 있다. 국무위원회의 상징적 대표로 국무위원 중에서 호선되는 주석직에는 이동녕이 거론되고 있다.

이번 헌법개정은 이승만대통령 탄핵 이후 대통령직을 폐지하고 국무령직을 신설했으나 각 정파의 이견과 알력으로 새 국무령 선출이 극도의 난맥상을 보이자 문제를 근원적으로 해결하기 위해 김구국무령이 강력하게 제안한 것이다. 즉 국무회의가 전권을 가져 완전한 집단지도체제를 이룸으로써 모든 정파가 부담없이 임정에 참여하도록 하자는 것이다.

그러나 이번 개헌에도 불구하고 독립운동세력들이 임정을 중심으로 단결할 전망은 그리 밝지 않은 실정이다.

신채호선생 일경에 체포

1928년 5월 8일 단재 신채호선생이 타이완 지룽(基隆)항에서 잠복 대기하던 일본경찰에 체포됐다. 선생은 무정부주의 동방연맹의 일원으로서 자금 마련을 위해 외국채권을 위조한 뒤 현금으로 환전하려다 체포된 것으로 알려졌다.

선생은 지난 1월 북경에서 열린 무정부주의 동방연맹에 참여, 무정부주의 선전지 발행과 일제의 주요 기관을 파괴할 폭탄제조소 설치를 결의했고 이를 위한 자금조달을 직접 맡았다. 이에 따라 외국채권 400장(액면가 6만 4천 원 상당)을 위조 인쇄한 다음 이를 현금으로 바꾸기 위해 타이완으로 향했던 것이다.

몽양 여운형, 상해서 체포

1929년 7월 여운형선생이 영국경찰에 체포돼 일본에 인도됐다. 선생은 1924년부터 중국국민당에 입당해 활동해왔다. 영국은 선생이 일전에 영국의 식민지정책을 비판한 데 대한 보복으로 이번에 전격 체포해 일본에 넘겨준 것으로 보인다.

조선노농총동맹 농총 - 노총 분리

1927년 9월 조선노농총동맹이 창립된 지 4년 만에 조선노동총동맹과 조선농민총동맹으로 분리됐다. 노동운동과 농민운동은 별개로 활동하는 것이 유리하다는 인식 아래 이미 1925년부터 조직의 분리가 결의됐으나 일본경찰이 집회허가를 내주지 않아 늦어지게 됐다. 지방에 따라서는 이미 노동단체와 농민단체가 분리돼 따로 활동하는 곳이 많았다.

'항일' 학생맹휴 날로 급증

학내문제 넘어 "일제타도 · 계급해방" 구호로 정치투쟁화

항일적인 성격을 띤 학생들의 동맹휴교가 날로 늘어나고 있다. 1921년 23건이던 맹휴가 1922, 1923년에 각각 52건, 57건으로 늘어나더니 이런 추세가 계속 이어져 1926년 55건, 1927년 72건이었고 1928년에는 무려 83건에 달했다. 이런 맹휴는 보통학교에서 가장 빈발하고 있는데 1926년 이후부터는 공 · 사립 고등보통학교까지 확산되고 있다.

맹휴투쟁은 양적으로만 늘어나는 것이 아니라 내용도 단순한 학내문제 차원을 넘어 일본제국주의 타도와 심지어 계급해방을 구호로 내건 항일운동 성격을 띠고 있어 일제당국을 당혹스럽게 하고 있다.

이전 학생들의 맹휴는 대부분 학교설비 부족, 학교운영상 문제, 학과목 불만, 일본인 교사 배척 등 민족차별교육이 주요 이슈가 돼왔다. 그러나 최근의 학생맹휴는 사회주의사상이 보급되고 노동 · 농민운동이 활발해지는 사회상황과 맞물리면서 일본의 한국 지배 자체를 거부하는 정치운동의 성격을 띠고 있다. 이에 일제당국은 최근의 학생운동을 주의적(主義的) 운동으로 규정하고 본격적으로 탄압에 나서고 있다.

한편 학생들의 맹휴투쟁은 고창고보가 6차례, 광주고보 4차례, 보성고보 4차례, 수원고농 3차례와 같이 한 학교에서 2회 이상 일어난 경우가 상당수인데, 이는 투쟁이 그만큼 조직적으로 집요하게 이뤄지고 있음을 말해준다.

고학력 실업사태 사회문제화

상업은행 경쟁률 무려 25 대 1 … 차장 · 전차운전사 응모에도 대거 몰려

논밭을 팔아 6, 7년 동안 공부하고도 취업을 못 해 거리를 방황하는 고학력 실업자가 날로 늘어나 심각한 사회문제가 되고 있다. 올해 식산은행은 43명 채용공고에 무려 1천471명이 지원했으며 한성은행은 겨우 6명 채용에 약 100명이, 상업은행도 20명 채용에 500여 명이 지원해 치열한 취업경쟁을 보였다. 조선은행은 단 한 명도 채용하지 않을 방침인데도 불구하고 이력서와 호적등본을 들고 와 채용해달라고 야단법석이라는 후문이다. 경성전기회사의 경우도 초임이 30~40원에 불과한 차장 및 전차운전사 약 50명 채용에 고학력자를 포함, 1천여 명의 응모자가 쇄도할 것으로 회사측은 관측하고 있다. 이렇듯 취업문이 좁아지자 지원자들은 온갖 연줄을 동원해 취업전쟁에 나서 각 기업들은 골머리를 앓고 있다고 한다.

경성방송 개국 첫 전파 송출

1927년 2월 16일 경성방송국이 우리나라 최초로 정동에서 호출부호 JODK, 1KW의 출력으로 첫 전파를 내보냈다. "여기는 경성방송국입니다. JODK"로 시작한 첫날 방송은 지난 1926년에 사망한 다이쇼천황을 애도하는 음악 프로그램이 많은 시간을 차지했다. 모두 일본인이 경영진으로 참여한 사단법인 경성방송국은 "반도 민중의 문화를 개발하여 복리를 증진시킨다"는 취지하에 총독부의 허가를 받아 1926년 11월 30일 개국했다.

경성방송국은 오전 6시부터 오후 11시까지 17시간의 방송을 허가받았으나 장비부족과 인력의 한계로 방송 송출이 불규칙한 실정이다.

한편 1927년 현재 전국의 라디오 보급대수는 1천440대에 이르는데 방송청취료가 월 2원으로 다소 비싸 많은 사람들이 청취하기는 어려운 실정이다.

우편자동차 습격 현장. ⊗은 운전수를 납치해 간 천마산 정상.

독립군 단원들 우편자동차 습격 현금 탈취, 일본인 우편 불태워

1929년 4월 20일 서울 망우리에서 독립군 단원들이 우편자동차를 습격한 사건이 터져 그 대담함에 사람들이 혀를 내두르고 있다. 사건의 주인공들은 중국 산시성에서 안창남 등이 독립군 비행사 양성을 목적으로 조직한 공명단의 단원인 최양옥, 이선구, 김정련 등이다.

이들은 춘천에서 서울로 향하던 우편자동차를 망우리고개에서 강제 정차시킨 후 싣고 있던 거액의 현금을 빼앗고 일본인 명의의 우편물을 모두 태워버렸다. 이들은 이 사실이 알려지지 않도록 하기 위해 지나가던 다른 차량들을 세워 탑승객 70여 명의 눈을 가리고 부근 산속에 감금한 후 도주하였다.

뒤늦게 사실을 안 일본경찰은 군 병력까지 동원해 일대를 포위 수색했고 산 속에 숨어 있던 이들은 교전 끝에 탄약이 떨어져 결국 체포되고 말았다.

서울에도 시내버스, 대중교통시대 본격 진입

1928년 4월 22일 대구에 이어 서울에도 시내버스가 운행되기 시작했다. 그동안 전차에만 의존했던 서울 시내 교통에 시내버스가 등장함으로써 시민들의 발이 한층 빨라지게 됐다.

총독부는 시내버스가 대중교통이라는 점을 감안, 서울시에 운영을 맡겼는데 서울시는 일본산 우즈레 흑색 상자형 버스 10대를 들여오고 운전수 및 여차장 15명으로 영업을 시작했다.

운행노선은 서울역을 기점으로 남대문─부청 앞─총독부─창덕궁─초동─필동─저동─조선은행─서울역의 순환코스다. 운행시간은 여름철에는 오전 6시부터 밤 10시까지, 겨울철에는 오전 8시부터 오후 7시까지다. 요금은 7전이고 5살 미만의 어린애는 1명까지 무료다. 시내버스 노선 대부분이 전차노선과 중복돼 앞으로 전차와 버스 사이에 승객유치 경쟁이 치열해질 전망이다.

1927년 3월 30일 일생을 조국의 독립과 청년의 교육에 몸 바쳐온 월남 이상재선생이 향년 78세를 일기로 재동 자택에서 숙환으로 별세했다.

장례는 사회장으로 엄수됐는데 당일 직접 장의행렬에 참가한 사람만 수천 명이었고 길가에 나와서 선생의 영구를 보려는 사람들이 교동 천도교당에서부터 경성역까지 가득 차 10만 명이 넘었다. 사람들은 "참으로 장엄하고 성대하여 국장에 못지 않다"고 말했다.

이상재의 삶
대쪽 성품 줄곧 유지 좌 · 우서 모두 존경

한국인이라면 모르는 이 없는 백발의 청년 이상재선생이 이제 다시 돌아오지 못할 길을 떠났다. 1849년부터 78년을 살았으니 나라의 험한 꼴을 모두 지켜본 셈이다. 그 격동의 세월을 한결같은 태도로 일관한 사람이 많지 않아서인지 그를 잃은 슬픔은 더욱 깊어진다.

선생의 외고집은 대단했다. 3 · 1운동으로 경찰에 붙잡혀갔을 때 취조형사가 때리려고 하자 "일본놈들은 제 애비나 할애비도 때리더냐"고 호통을 친 일화는 유명하다. 청년시절 독립협회활동으로 감옥살이를 할 때도 시종 대쪽 같은 태도를 지켰고, 잠시 관직에 몸담았을 때는 회의시간에 지각하는 상관을 면전에서 나무란 일도 있다.

이렇게 외고집이었지만 인생관만은 낙관적이었다. 일생을 가난하게 살았어도 그 누구도 선생에게 "요즘 형편이 어떠시냐"고 묻지 않았다. 겉으로 보기에 너무나 행복해 보이고 빈티가 전혀 나지 않았기 때문이다. 거기다 사람들을 웃기는 데도 일가견을 가져 임종 며칠 전 기자들이 찾아오자 "기자들은 사람 살리는 기술은 없나" 하여 위문 온 사람들을 폭소케 했다.

말년에는 기독교에 귀의하여 기독교청년회에서 청년들을 가르치며 영원한 청년으로 살다간 월남. 민족진영, 좌익진영 모두 존경하여 신간회 초대회장으로 추대된 민족의 지도자. 시련의 세월을 대쪽 같은 절개로 버텼기에 가고 남은 빈 자리가 너무도 적막하다.

'농촌 20대' 결핵환자 많아

총독부 경무국 위생과의 조사에 의하면 1927년 2월 말 현재 결핵환자가 경기도 1천985명, 경남 1천50명, 경북 654명에 이르고 장결핵과 기타 결핵성환자가 총 2천190명에 달한다고 한다. 1926년에 발생한 폐결핵환자는 총 5천145명으로 이 중 사망자가 3천26명이었는데 해마다 발생건수가 늘어가는 추세다. 이를 직업별로 보면 농축산업 3천305명, 상업 및 교통업 1천824명, 공무 및 자유업 822명, 무직 899명이며 연령별로 보면 10세 미만 225명, 20세 미만 1천650명, 30세 미만 2천311명, 40세 미만 1천842명이다. 농촌에 환자가 많은 것은 영양상태가 별로 좋지 않기 때문으로 분석되나 한창 일할 나이인 20, 30대에서 환자가 많은 것은 원인분석이 필요할 듯하다.

부호 2세 · 지식인층 아편중독 급속 확산

요즘 아편중독자가 날이 갈수록 늘어나 사회문제화되고 있다. 최근 당국의 조사로는 아편중독자가 10만 명 이상에 이른다고 하며 서울 서소문이 아편쟁이의 최대 소굴로 알려졌다.

특히 아편중독자 대부분이 고등교육을 받은 지식인과 부잣집 자제들이라는 것이 밝혀져 충격적이다. 이들이 아편을 맛보게 되는 원인은 고통스러운 병을 참지 못하고 잊기 위해서거나, 자신의 불우한 처지를 비관하여 이를 잊기 위해서라고 한다. 또 화류계에서 남녀가 성적 쾌감을 추구하기 위해 아편을 찾는다. 아편을 맞고 성관계를 가지면 성행위를 오래 지속할 수가 있으며 여자는 성적인 쾌감이 커진다고 한다. 부호 자제들은 인생목적을 쾌락 추구에만 두는 경우가 많으며 지식인들은 식민지 현실에 좌절해 자포자기하는 경우가 많다.

장제스 쿠데타로 '국공합작' 파탄

제국주의세력 장제스 앞세워 '공산당 때려잡기' … 공산당, 전면봉기로 대응

1927년 장제스의 4·12쿠데타로 4년간 유지돼온 국민당과 공산당 사이의 국공합작이 완전 파탄에 이르고 공산당이 국민당 우파 및 제국주의세력에 대해 전면봉기노선을 채택, 중국정세가 험악해지고 있다.

국공합작 파탄은 장 제스의 상해 4·12쿠데타로 표면화되기 시작했다. 이에 앞서 상해에는 국민당 북벌군과 상해 노동자들에 의해 혁명정부가 들어섰다. 그러나 장제스는 돌연 휘하 부대를 동원 4월 12일을 기해 상해를 급습, 노동자들을 무장해제시키고 공산당원들을 체포하는 한편, 이에 항의하는 노동자들에 발포하여 수천 명의 사상자를 냈다. 이후 장 제스의 공산당 토벌은 광둥 등 각지로 확대됐고 중국 전역이 '백색테러의 공포' 분위기로 얼어붙었다. 상황이 이렇게 전개되자 국공합작 우한(武漢)정부 내의 국민당 좌파들도 동요하기 시작, 공산당으로부터 하나 둘 떨어져나가 반공으로 선회했다. 급기야 8월 19일, 우한정부 내의 국민당파는 장제스의 난징정부와 통합을 선언해 우한정부는 붕괴되고 국공합작은 종식됐다.

장제스의 반공 토벌이 전개되는 동안 공산당 지도자 천두슈는 여전히 부르주아세력과의 합작에 대한 미련을 버리지 못하고 국민당에 대한 타협적 자세를 견지했다. 우한정부가 사실상 붕괴된 8월 1일에야 뒤늦게 사태의 심각성을 깨달은 공산당은 난창(南昌)에서 약 3만 명을 동원, 봉기했지만 장제스 군대의 공격을 받아 무참하게 패배했다.

상황이 갈수록 최악으로 빠져들자 공산당은 8월 7일 저우장(九江)에서 이른바 8·7긴급회를 열었는데, 이 자리에서 천두슈는 가혹한 비판을 받고 축출당했다. 이어 긴급회의는 도시노동자 중심의 폭동노선을 반성하고 토지혁명을 통해 농민을 혁명의 주력군으로 동원하기로 하는 신노선을 채택했다. 이 과정에서 공산당 내의 신진인사인 마오 쩌둥이 주동적인 역할을 한 것으로 알려져 주목받고 있다.

1928년 들어 중국 정세는 장제스가 지도력을 발휘, 북벌을 재개해 북경을 함락하는 등 북벌완성을 눈앞에 두고 있고 공산당은 장 제스 군대에 쫓겨 도시에서는 지하로, 지역적으로는 농촌으로 퇴각 중이다.
참조기사 7호 5면·9호 5면

국공합작 왜 파탄났나

서구 제국주의, 중국민중 혁명열기에 이권 '흔들'
장제스 - 매판자본가 앞세워 분열공작

장제스의 4·12쿠데타는 표면적으로는 공산당의 급부상에 대한 우려에서 결행한 것이지만 그 배후에는 영국 등 서구 제국주의 세력이 있다.

우선 국민당 북벌군이 진주하는 곳마다 해당 지역의 외국 조계지가 모두 회수됐다는 점에 주목해야 한다. 특히 4·12쿠데타 직전 상해와 우한의 영국조계지가 회수된 것은 4·12쿠데타가 무엇을 노리고 있는지 분명하게 보여주는 것이다. 좌우합작 정세가 중국민중들의 혁명열기를 더욱 부채질하며 제국주의세력을 중국에서 몰아내려고 하는 한 제국주의세력은 이를 좌시할 수 없었던 것이다. 얼마 전 완셴, 한커우, 저우장 등지에서 서구열강들이 직접적 무력간섭을 감행한 것도 이들의 초조함이 어느 정도에 이르렀는가를 보여준다.

그러나 중국 전역에 대해 무력간섭을 확대하는 것은 이들에게 엄청난 모험이다. 이미 혁명열기에 가득 차 있는 중국민중들과의 전면전을 각오해야 하고, 또 이 전면전에서 승리한다는 보장도 확실치 않기 때문이다.

이러한 상황에서 제국주의세력이 선택한 것이 장제스를 통한 국공분열공작이다. 4·12쿠데타 직전 상해의 매판자본가 위샤칭(虞洽卿), 저장재벌 장군 및 왕칭우 등이 난창의 장제스를 방문했을 때 어떤 얘기가 오갔을지 추론하기는 어렵지 않다. 공산당을 정계에서 축출하고 이전에 위안스카이가 그랬듯이 중국 전역을 자신들의 손아귀에 넣는 것이었을 게다. 그리고 이런 계획에 대한 서구열강의 든든한 후원이 전달됐을 것이다. 이러한 시나리오는 현재로선 성공적이다. 그러나 전면대결을 선언한 공산당을 제압하지 못하는 한 성공이라고 장담하기에는 이르다.

1928년 10월 소련정부는 5개년에 걸쳐 진행될 1차경제계획을 발표하고 실시에 들어갔다. 이번 계획에 따르면 200억 달러 이상을 투자해 전 산업의 기계화를 추진하며 특히 농업을 집단화해 농민의 노동자계급화를 이루게 된다.

이 1차 5개년계획은 레닌집권시기에 추진된 신경제계획(NEP)에 뒤이은 것으로, 신경제계획이 과도적으로 자본주의적 요소를 도입한 것이 특징이라면 이번 계획은 사회주의적 계획경제를 본격화하는 것이 목표다. 스탈린은 이번 계획을 일국사회주의론에 입각해 입안한 것으로 알려졌다. 즉 레닌이나 마르크스가 꿈꾸었던 유럽혁명에 대한 미련을 과감하게 버리고 소련만의 사회주의화를 추진한다는 것이다.

한편 스탈린은 이러한 정책을 추진하면서 반대를 절대 허용하지 않아 독재자라는 지적이 조심스럽게 일고 있다. 일반인들의 반대는 물론 당 내에서의 반대도 허용되지 않는다. 최근 그에 대한 강력한 반대자였던 트로츠키가 국외로 추방됐고 결국 스탈린이 보낸 자객에 의해 암살당했다.
참조기사 8호 5면·9호 5면

뉴욕-파리간 무착륙 비행 대기록 달성
미국 '열광의 도가니' … "과열" 비난도

린드버그가 파리에 도착하자 수많은 군중들이 모여들어 열광하고 있다.

1927년 5월 21일 미국인 루이스 린드버그가 뉴욕을 이륙해 무려 33시간 30분 동안의 무착륙 비행 끝에 "무척 졸렸으나 우연히 함께 탄 파리 한 마리 때문에 심심치 않게 버틸 수 있었다"는 한마디와 함께 파리에 무사히 착륙했다. 미국국민들은 이 사실이 알려지자 열광했고, 워싱턴에서 벌어진 환영행사에 수만 군중이 운집했으며 비행성공을 축하하는 축전만 한 트럭분이 답지했다.

뉴욕-파리 간 무착륙 비행에는 2만 5천 달러의 상금이 걸려 있었고 최근 6명의 비행사가 이에 도전했다가 목숨을 잃었다. 린드버그는 지방의 우편비행기 조종사였는데 이번에 대기록에 도전, 마침내 성공한 것이다.

그의 도전이 언론을 통해 알려지자 미국은 물론 유럽 전체의 관심이 집중됐다. 심지어 그가 출발하던 시각 권투시합이 열리고 있던 뉴욕의 양키스 스타디움에서는 장내 아나운서가 그를 위해 기도하자는 멘트를 내보냈고 4만 관중이 일제히 기립해 축도를 올릴 정도였다. 현재 미국의 학교와 가정에는 그의 초상화가 걸리고 있으며 그를 링컨 다음 가는 위인으로 숭배하고 있다.

그러나 일부에서는 이에 대해 이성을 잃은 군중의 스타숭배심리가 표출된 것이라며 우려를 표했다.

무얼 먹고 사나

이바구

마을지주 최 부자는

울 아버지 농사일로 먹고살고

읍내 공장 다니까 사장은

우리 누나 공장일로 먹고 살고

넌 필요 없어!!

우리집 식구들은

무얼 먹고 사나 ???

"고대 동아시아에 단군 중심 대문화권 존재"
최남선 '불함문화론' 주장

천재적 문필가로 이름 높은 최남선이 1926년부터 「단군론(檀君論)」, 「아시조선(兒時朝鮮)」, 「단군급기연구(檀君及其研究)」 등 일련의 논문들을 통해 이른바 불함문화론을 제창해 학계의 관심을 끌고 있다.

'불함'은 '빛'이란 뜻의 고대어로 '불함문화'란 곧 '빛문화'다. 그에 의하면 먼 옛날 한반도를 중심으로 하고 일본과 중국 북부지역을 포괄하는 넓은 지역에 태양신을 숭배하는 거대한 문화권이 존재했다고 한

다. 이 불함문화의 발원지는 단군신화에 등장하는 태백산이며 단군이 그 중심 인물이라는 것이다. 특히 그는 한반도 인근지역에 대한 지명분석을 통해 그 범위를 일본, 중국의 동부 및 북부 일대, 몽고 및 중앙아시아 일대로까지 넓혀 잡고 있다.

이렇게 고대 동아시아에 중국문화와는 성격을 달리하는 단군중심의 대문화가 존재했었다는 그의 주장은 우리에게 민족적 자부심을 높여주고 있다.

그러나 일부에서는 일제가 최근 들어 부쩍 강요하고 있는 이른바 '일본과 조선은 조상이 같다'는 '일선동조론(日鮮同祖論)'이나 조선과 만주를 하나로 묶는 '만선사관(滿鮮史觀)'과 그 논리구조가 놀랄 만큼 비슷하다는 데 우려를 표하고 있다.

이번 호의 인물 　　　 안재홍

현실과 타협 모르는 올곧은 선비

조선일보에 항일의 숨결을 불어넣은 사람이 바로 안재홍이다. 애초에 대정실업친목회라는 친일단체가 설립했던 조선일보는 1924년 신석우가 인수하여 이상재가 사장에 취임하고 안재홍이 주필을 맡으면서 '조선민중의 신문'으로 탈바꿈, 민족의 여론을 본격적으로 표출하기 시작했다. 그러면서 동아일보에서 쫓겨난 사회주의계열 기자들도 조선일보로 모여들어 동아일보와는 달리 사회운동을 중점 보도하는 등 진보적인 색채를 선보이고 있다. 이 대목에서 그는 동아일보의 김성수·송진우 등과는 다르다. 그가 동아일보측의 자치운동을 경계하여 사회주의자들과 손잡고 신간회 창립에 발벗고 나선 것도 같은 맥락이다. 그는 누구 못지않게 민족주의를 강조하면서도 사회주의에 대해서도 그 필요성을 어느 정도 인정하고 있는 편이다.

이런 안재홍 자신의 성품은 영락없이 올곧은 선비다. 그런 성품을 타고 났기에 그는 현실에 타협하지 않고 민족의 대의를 충실하려는 자세를 견지해왔다. 나라가 망하던 해에 일본으로 유학해 와세다대학 정경과를 다니면서도, 출세길을 찾던 다른 유학생들과는 달리 독립운동을 해야 된다는 생각으로 잠시 중국으로 건너갔다. 그는 중국에서 신채호·박은식 등의 지사들을 만났는데 당장 뾰족한 방안이 있는 것도 아니어서 다시 학업을 마치고 국내로 들어왔다. 1917년 윤치호가 총무로 있던 중앙기독교청년회의 간사가 됐으나 윤치호처럼 일제에 타협하지 않고 독립에의 일념을 버리지 않았다. 그러나 막상 3·1운동이 터지자 이에 적극 참여하지는 않았다. 감옥 가기가 두려웠다는 게 그의 고백이다. 하지만 본바탕이 있는 사람이라 3·1운동을 발전시키려는 생각에 청년외교단에 가담했다가 3년의 중형을 살았다. 출옥 후 이제 조선일보에 자신의 둥지를 틀고 일제에 타협하는 자치운동을 배격하기 위해 신간회의 결성과 발전에 혼신의 힘을 쏟고 있는 것이다.

1891년생. 본관은 순흥. 경기 평택 출신. 호는 민세(民世).

홍명희 「임꺽정」 폭발적 인기

1928년부터 「조선일보」에 연재 중인 벽초 홍명희의 장편 역사소설 「임꺽정」이 폭발적 인기를 끌고 있다.

임꺽정은 조선 중기의 지방 도둑으로 조선왕조실록에 그 행적이 실려 있을 정도인데 작가는 이를 토대로 방대한 역사소설을 그려내고 있다. 작가가 천민계층의 인물을 내세워 조선시대 서민의 생활양식을 총체적으로 형상화하겠다고 소설연재의 포부를 밝혔듯이 잊혀져가는 토속적 언어와 전래의 야담 등을 과감하게 채택, 독자들의 구미를 당기게 하고 있다. 평론가들은 「임꺽정」이 문학작품으로서만이 아

니라 국어학적 가치도 높을 것으로 보고 있다.

한편 그가 하층민들을 주인공으로 등장시키고 있는 것은 역사를 지배층 중심이 아니라 민중 중심으로 본다는 것을 암시하는 대목으로, 이 역시 신선함을 주고 있다.

홍명희는 괴산 출신으로 동아일보 편집국장과 시대일보 사장을 역임했으며 최근 창립된 신간회의 부회장에 선임된 바 있는 사회운동에 비중 있는 인물이다. 이번 「임꺽정」 집필로 문학에도 만만치 않은 솜씨가 있음을 보여주고 있는데 항간에서는 최남선, 이광수와 함께 한국의 3대 천재로 불리기도 한다.

불교전수학교 명륜동에 개교

1928년 3월 재단법인 조선불교중앙교무원은 명륜동 구중앙학림 자리에 불교전수학교를 개교했다. 이로써 1922년 이후 없어졌던 불교계 최고학부가 다시 복원됐다.

불교계의 중앙교육기관은 1906년 5월 동대문 밖 원흥사에 세워진 명

진학교로부터 비롯된다. 이 학교는 1910년 불교사범학교로 개편되었으며 1914년에는 불교고등강숙으로 개편된 바 있다. 1915년에는 다시 중앙학림으로 개칭되어 명륜동에 위치한 북관왕(북관왕)묘로 이전했다. 3·1운동에 학생 대부분이 참가하였으며 지도학생들은 상해와 만주로, 나머지 학생들은 지방 사찰로 피신하여 결국 일제에 의해 강제 폐교당하고 말았다.

제1회 전조선씨름대회 열려
씨름 근대화 첫 출발

1927년 9월 서울 휘문고등보통학교 운동장에서 조선체육회와 조선씨름협회 공동주최로 제1회 전조선씨름대회가 개최됐다. 대회에서 함흥 출신의 이도남이 우승, 천하장사의 영예를 차지했다.

이번 씨름대회를 개최하는 데는 강낙원, 서상천, 한진희, 강진구 등이 조직한 조선씨름협회가 결정적인 역할을 했다. 이들은 대부분 일본에 유학하여 근대적인 체육교육을 받고 서울의 고등보통학교에서 체육교사로 재직하고 있던 인물들로 전통씨름의 근대화를 위해 씨름협회를 조직했다. 협회는 첫 사업으로 전국 씨름의 실태를 조사했는데 이북지역과 경상도·충청도·강원도 등 10개도는 왼씨름을, 호남지방과 경기도 등 3개도는 오른씨름을 하고 있는 것으로 밝혀졌다. 협회는 왼씨름을 원칙으로 통일하기로 했으며, 창립기념으로 이번 씨름대회를 개최한 것이다.

협회의 결정에 대해 호남지역 씨름인들은 내심 반발하고 있지만 한국씨름의 발전을 위해서라면 희생할 수도 있다는 입장이 지배적인 것으로 알려졌다.

김동환 「삼천리」 창간

1929년 6월 「국경의 밤」으로 유명한 시인 김동환이 교양종합지 「삼천리」를 창간했다.

이 잡지는 가십기사에 치중, 대중의 호기심을 끌 만한 특종을 잘 포착하여 기사화하는 데 주력할 방침이라고 한 데서 알 수 있듯이 취미 중심의 대중교양지이지만 저급한 취미에 흐르지 않고 대중의 교양수준을 높이는 데 주력하겠다고 한다. 또한 발행인이 시인인만큼 문학에도 지면을 많이 할애할 예정이라고 해 문인들은 발표공간이 조금이나마 확대될 것으로 보고 반기는 분위기다.

'황성옛터', 나라 잃은 설움 싣고 전국서 메아리

1929년 순회극단의 여가수 이애리수가 부른 대중가요 '황성옛터'가 공전의 히트를 치고 있다.

서울 취성좌에서 열린 연극 막간에 이애리수가 처음 이 노래를 부르자 객석의 관객들은 모두 눈물을 흘리며 이 노래를 합창할 정도로 폭발적인 반응을 보였으며, 이후 전국 방방곡곡으로 퍼져나가 이제는 일본인들까지도 조선의 세레나데라

고 부를 정도다.

이 노래는 전수린이 작곡하고 왕평이 작사했는데 이 노래가 지어진 데는 애틋한 사연이 있다고 한다. 1929년 어느 날 순회극단은 비 때문에 개성의 한 여인숙에 발이 묶여 있었다. 창 밖에 후드득후드득 떨어지는 빗발을 보고 있던 전수린은 며칠 전 구경한 개성 만월대에서 느낀 감회가 치밀었다. 푸르른

달빛 속에 흩어진 옛 기와, 황폐해진 옛 성의 애수. 이런 것들이 가슴에 젖어들면서 손길은 자기도 모르게 바이올린을 더듬었다.

그래서 나온 노래가 바로 이 '황성옛터'이며, 때문에 이 노래의 곡조에는 망해버린 나라의 비애가 담겨 식민지 백성들의 가슴을 울릴 수 있었던 것이다. 일제당국은 이 노래가 심히 불온하다며 전수린과 왕평을 불러 닦달했다는 후문이지만, 노래는 이미 대중 속에 퍼져버려 속수무책인 것을 어쩌랴.

우리나라 사람이 운영하는 최초의 다방 '카카듀'가 관훈동에 문을 열었다. 이 다방은 실내장식을 인도식으로 하고 삼베에다 한국탈을 걸어놓고 촛불을 켰으며 간판에는 붉은 칠을 한 바가지 세 쪽을 달아놓아 경성 가두에 이채를 띠고 있다.

우리나라에 다방이 처음 나타난

다방 카카듀 개업… 다방시대 '활짝'
1923년 일인 개업 이후 우리나라 사람으로 처음

것은 1902년 정동에 세워진 손탁호텔 내의 커피숍이지만 호텔 밖에 다방을 개업하기 시작한 것은 1920년대 이후의 일이다. 일본이나 서구

에 유학하고 돌아온 지식인들이 자신들만의 문화공간을 희구한 것이 바탕이 됐다. 처음 다방을 개업한 사람들은 약삭빠른 일본인들로,

1923년 최초로 후다미라는 이름의 다방이 명동에 문을 열었다.

카카듀의 주인은 우리나라 최초의 영화감독인 이경손이라는 사람인데 그는 「춘희」, 「장한몽」 등의 영화를 감독한 바 있으며 나운규, 김창근 등의 배우를 길러낸 영화계의 대부다.

역사신문

광주서 대규모 학생시위 … 전국 확산

한국학생 차별 발단, 시위 항일운동으로 번져 … 일제, 휴교·보도금지령 등 탄압

1929년 11월 3일과 12일 광주에서 연이어 일어난 대규모 항일학생 시위가 전국으로 확산되고 있다.

11월 3일 오전 광주고등보통학교 학생들은 광주중학교 일본인 학생들과 시내에서 충돌한 데 이어 오후에는 가두로 진출, 시위투쟁에 들어갔다. 이번 시위는 지난 10월 30일 광주중학교의 일본인 학생들이 통학열차 안에서 우리 광주여자고등보통학교 학생들을 희롱한 사건이 직접적 발단이 되었다. 평소부터 항일의식으로 무장돼 있던 광주고보 학생들에게 이 사건은 마른 장작에 불을 지핀 격이 됐다. 더구나 일본인 학생들과 광주고보 학생들의 충돌에 대해 경찰이 일방적으로 일본학생들 편을 들자 광주고보 학생들은 '조선독립만세'를 외치며

가두로 나온 것이다. 시위가 광주시내 전체로 파급되자 경찰은 광주고보생 39명과 광주농업학교생 1명을 구속했고, 도당국은 문제가 된 광주고보와 광주중학에 무기휴학을 내렸다.

이에 광주지역 청년 장석천, 장재성 등은 학생투쟁지도본부를 설치하고 이번 투쟁을 전 민족적 투쟁으로 확대하기로 결의하는 한편 구체적인 준비에 들어갔다.

11월 12일 오전 10시 광주고보생들은 "철창에서 신음하는 교우들을 구하자"는 외침과 함께 거리로 쏟아져나왔다. 광주농업학교 학생들도 이에 호응하여 나왔다. 이들은 충장로 등 중심가로 진출, 격문을 뿌리고 '조선독립만세' 구호를 외치며 시위를 전개했다. 이날 280여

명의 학생이 검거됐는데 유치장이 부족해 도청 앞 무덕전에 집단으로 학생들을 수용하고 있다. 일제는 휴교조치를 내리는 한편 보도금지령을 내린 상태다.

한편 전국에 지회를 가진 신간회를 통해 사건소식이 순식간에 전국으로 퍼져나가 서울을 비롯한 전국

곳곳에서 '진상보고회'가 잇따르고 학생들의 동조시위가 확산되고 있어 일제당국은 초긴장 상태다.

관련기사 2·3면

월스트리트 주가폭락… 경제대공황 전세계 강타

1929년 10월 24일 목요일 최근 줄곧 하향세를 보여오던 주가가 이날 사상최대 폭으로 떨어지면서 경제대공황이 발생하고 있다.

주가의 폭락으로 수많은 주식이 순식간에 휴지조각으로 변했으며 은행대출을 받아 주식을 매입한 사람들이 상환능력을 상실함으로써 은행들이 도산하고 있다. 사태에 겁먹은 예금주들이 일시에 예금을 인출하려고 하는 바람에 은행의 파산은 더욱 가속화되고 있다. 그리고 이는 은행에 자금줄을 대고 있는 기업들에까지 파급돼 기업들의 연쇄도산 사태를 몰고 오고 있다.

상황이 최악에 이르자 세계최대 채권국인 미국이 유럽 각국으로부터 채권을 회수하기 시작하면서 공황은 전세계로 파급되고 있다. 이번 대공황으로 순식간에 수천만 명의 실업자가 발생할 것으로 전망되고 있다.

관련기사 5면

국내도 경제공황 여파로 생활난 가중

거리마다 실업자 홍수 … 아사자 속출, 범죄 급증

1930년대 들어와 세계경제대공황의 여파가 우리에게도 몰아닥치면서 우리 사회는 일찍이 겪어보지 못한 심각한 생활난에 직면하고 있다. 관련기사 4면

미국에서 시작된 경제공황은 일본경제를 강타하고 한국경제에도 심각한 타격을 주어 모든 산업이 생산위축과 판매부진을 면치 못하고 있다. 이에 따라 각 회

사들은 경영합리화라는 미명하에 마음대로 노동자들을 해고하고 있어 거리는 실업자들로 홍수를 이루고 있다. 최근 총독부 조사에 의하면, 1930년에 직장을 잃은 실업자가 15만 명에 이르렀고, 일본에서 직장을 잃고 귀국한 사람도 5만 명이나 됐다. 또 1930년 농사는 유례없는 풍작인데도 일본으로의 쌀수출이 막히면서 농

촌에는 돈가뭄으로 농민들의 생활도 비참한 형편이다.

이런 생활난 속에 각처에서 굶어죽는 사람이 속출하고 있으며 영양부족으로 길거리에 쓰러지는 사람도 날로 늘어나고 있다. 지난 1월 4일 서울 시내 죽첨정 337번지 골목길에서 50세 가량의 남자가 얼어죽었고, 신당리 170번지 부근에서는 30대의 건장한 남자가 영양부족으로 아사한 채 발견됐다. 경기도 연천 사는 김영창군(12살)은 집을 나와 정처 없이 떠돌다 마장리 72번지 부근에서 영양부족으로 졸도한 채 발견됐다. 한편 불경기가 심각해지면서 범죄도 날로 증가하고 있는데 최근에는 특히 지능범이 격증하여 큰 사회문제가 되고 있다. 1930년 6월 한 달 동안 서울 시내 범죄발생 검거건수가 무려 1천194건에 이르렀다.

미국의 주식투자자들이 주가폭락에 항의하러 월 스트리트로 몰려들고 있다.

신임총독에 또 사이토

1929년 8월 지난 6월 터져나온 총독부 독직(瀆職)사건에 연루된 야마나시 한조(山梨半造)총독이 해임되고 전임 사이토총독이 다시 부임했다.

사이토총독이 재부임하게 된 것은 그가 3·1운동 이후 위태로운 한국정세를 잘 추스렸다는 평가를 받고 있어 최근의 원산총파업, 신간회 결성 등으로 어수선해진 한국정

세를 수습할 적임자로 지목됐기 때문으로 보인다. 사이토는 이에 따라 당시의 '문화정치'와 비슷하게 한국인에게도 참정권을 부여해주겠다는 '자치론'을 제시하고 있다.

신간회 민중대회 무산 지도부 대거검거 타격

1929년 12월 13일 신간회가 광주학생운동을 지원하기 위해 개최하려던 '민중대회'가 경찰에 의해 원천봉쇄돼 집회가 무산됐다. 나아가 신간회 지도부 인사 홍명희, 권동진, 조병옥, 김동삼 등이 치안유지법 위반으로 구속돼 신간회 자체의 활동력도 큰 타격을 받을 것으로 보인다. 관련기사 3면

신간회는 광주학생운동이 일어난 직후 현지에 조사단을 파견하는 등 이 문제에 기민하게 대응했다. 이어 서울에서 진상보고대회를 개최, 투쟁을 전국적으로 확산시키려고 했으나 좌절된 것이다. 경찰은 대회 결행 불과 8시간 전에 신간회 중앙간부 20여 명을 전격 체포하고 신간회 본부를 급습, 각종 인쇄물을 압수하는 등 대회를 원천봉쇄했다.

이번에 체포된 간부들은 대부분 신간회 활동의 중추를 이루고 있던 인물들이어서 앞으로 신간회의 활동력이 크게 위축될 것이라는 우려의 소리가 높다.

1910 한일합방
1919 3·1운동
1926 6·10운동
광주학생운동
1937 중·일전쟁
1945 민족해방

73

역사신문

광주학생운동을 보고 일제에 경고한다

처벌일변도는 사태 근본해결책 될 수 없어

11월 3일 광주역전에서 한국인 학교인 광주고등보통학교와 일본인 학교인 광주중학교의 학생들이 충돌한데서 비롯된 학생운동이 전국 학생들에게까지 번져 학교가 있는 곳이면 어디서든지 시위가 발생하고 있다. 수백 명의 학생이 학교에서 쫓겨나고 감옥에 들어가는 등 많은 희생자가 발생한 이번 학생운동을 냉정하게 살펴보지 않을 수 없다. 한마디로 말하면 조선총독부는 이번 사건을 직시하고 앞으로 한국 통치를 다시금 생각해야 할 것이다.

이렇게 학생운동이 전국적으로 전개될 수 있는 것은 무엇보다도 일제의 차별적인 교육정책에 한국인이라면 누구나 분노하고 있었기 때문이다. 그런데 경찰 당국은 이번 학생운동을 주로 학생간의 사소한 충돌을 이용한 일부 공산주의자와 불순분자가 선동한 결과라고 보는 듯하다. 물론 학생들이 독서회 같은 서클을 만들어 사회주의 서적을 탐독하는 것은 사실이다. 그러나 이것은 학문과 사상의 자유에 관련되는 문제로 이번 학생운동에 갖다붙일 것이 아니다. 실제로 이번 학생운동에서 사회주의적인 구호가 등장한 적도 없다. 일제는 한국학생들의 의식구조를 근본적으로 잘못 이해하고 있다고 아니할 수 없다.

광주고보생이 일어난 것은 결코 일시적으로 감정이 폭발한 것이 아니다. 이번에 일어난 학생들의 시위 이전에도 해마다 연중행사로 학생들의 맹휴투쟁이 있어 왔다. 학생운동에서 학생들이 작성한 격문을 보면, '언론·집회·결사·출판의 자유쟁취', '식민지 노예교육의 철폐', '한국인 본위의 교육확립' 등 어느 하나 틀린 데가 없다. 그런데 이러한 학생들의 정당한 요구는 어떤 대접을 받고 있는가. 일제 경찰은 어린 학생들을 검거하고 야만적 악형을 가하고 있지 않은가. 기껏해야 각 학교 교장들에게 압력을 가하여 주모자 학생들을 처벌하라고 지시하고 내리고 있다. 이러한 모순된 상황이 누적돼 오늘의 광주학생운동으로 터져나온 것이다.

사태의 근본원인은 일제의 식민지교육제도 그 자체에 있다. 일본이 한국에 대한 지배자, 정복자로서 우월감을 가지도록 하는 교육, 한국인은 자신이 열등해서 일본의 지배를 받지 않을 수 없다는 식의 교육이 문제의 주범인 것이다. 반면에 한국학생들은 "이 땅의 주인은 우리"라는 확고부동한 신념을 가지고 있다. 자신이 주인인 땅에 이민족이 지배자로서 군림하려 할 때에 느끼는 모멸감이란 한국인이 아니고는 이해할 수 없는 심각한 것이다.

피끓는 학생들은 언제 어디서든 기회만 있으면 계속해서 일어날 것이다. 일제는 여전히 강압책 일변도로 사태를 해결할 수 있다고 생각하는가?

그림마당
이은홍

광주학생운동이 전국으로 번진 이유

일제 강점따른 모순 누적 "건드리면 터진다"

투쟁지도본부 결성 등 조직적 대응, 신간회 등도 시위 확산에 큰 몫

일본학생들이 우리 여학생들을 희롱한 사건은 어찌 보면 어린 학생들 간에 흔히 있을 수 있는 사소한 일이다. 따라서 이 정도의 사소한 일이 전국적 사태로 확산된 데는 좀더 근원적인 배경이 있다.

우선 시국이 매우 불안정한 양상을 띠고 있고 이것이 학생들의 동향에도 영향을 끼쳤다고 보아야 할 것이다. 얼마 전 원산의 한 공장에서 일본인이 한국노동자를 구타한 것이 발단이 돼 3개월 동안 전국을 들끓게 한 것도 이런 점에서 시사적이다. 즉 일본의 한국 지배가 안고 있는 모순이 계속 누적돼 이제 조그만 충격으로도 폭발할 수준에 이르고 있는 것이다.

모순의 폭발은 3·1운동에서도 나타났다. 그러나 일제는 '문화정치'를 통해 한국인의 불만을 어느 정도 누그러뜨릴 수 있었다. 그러나 그것이 알맹이 없는 기만책에 불과하다는 것은 이미 입증됐다. 더구나 최근 세계대공황으로 큰 타격을 받고 있는 일제로서는 한국에 대한 수탈의 끈을 더 조이지 않을 수 없는 상황이다. 한국민중 대 일제의 정면대결이 불가피한 상황이 이미 조성돼 있었던 것이다.

한편 광주학생운동은 자연발생적이었던 3·1운동과는 달리 철저하게 조직적으로 전개됐다는 점이 특징이다. 광주에서 학생투쟁지도본부가 결성돼 투쟁을 계획적으로 이끌었고 특히 전국적으로 확산되는 데는 신간회의 활동이 눈부셨다. 그리고 조직을 이끄는 이들은 대부분 비타협적 투쟁을 주장하는 사회주의자들이다. 이들의 역량에 따라 제2, 제3의 광주학생운동이 일어날 개연성은 항상 존재한다.

따라서 일제는 운신의 폭이 그리 크지 않다. 이 점에서 일본정계가 만주로 속속 군대를 집결시키고 있는 것은 심상치 않은 조짐이다. 중국대륙으로까지 식민지를 넓힘으로써 당면하고 있는 난국을 일거에 해결하려고 하는 것일지도 모른다.

광주학생운동 배후조직

투쟁본부의 배후엔 성진회가 있었다

광주학생운동은 학생투쟁지도본부를 중심으로 계획적으로 진행됐는데 이 투쟁본부 구성원들은 대부분 '성진회'라는 비밀결사에 속해 있는 것으로 알려졌다.

성진회는 1926년 11월 3일 광주고등보통학교생 김광용, 정우채 등과 광주농업학교생 정남균, 정동수 등이 사회과학 연구와 일제 타도를 목적으로 조직한 학생비밀결사이다.

이번 광주학생운동에서 각 학교는 학교별 독서회의 지도에 따라 질서 있게 움직였는데, 이 독서회가 모두 성진회 구성원들에 의해 만들어진 것이다.

서울의 경우 학생과학연구회가 주도적으로 활동했다. 이렇듯 전국적으로 일어난 학생운동은 조직력에 의해 계획적으로 전개됐다.

시 론

일제타도만이 살길이다

민족의 앞날이 실로 암담하다. 갈수록 생활난이 심각하여 거리마다 실업자가 넘쳐흐르고 굶어죽는 사람이 속출하는 실정이다. 세상이 이러하니 결핵, 마약 등 각종 질병과 범죄까지 만연하고 있다. 우리 겨레가 육체적으로만이 아니라 정신적으로도 병들어가고 있는 참담한 현실이다.

최근 보도에 의하면 평양, 단천, 신흥, 용천 등지의 노동자, 농민들이 자신과 가족의 목숨을 부지하기 위해 처절한 투쟁을 벌이고 있다는 소식이다. 그야말로 민족적 위기가 아닐 수 없다.

오늘날의 위기는 총체적으로 일제의 침략과 수탈에서 나오는 구조적인 문제임이 분명하다. 그동안 일제는 산미증산계획이라는 이름하에 농민들을 생산증대 전선으로 내몰았으나 남은 것은 대다수 농민들의 토지 상실과 고율소작료로 인한 굶주림뿐이고, 그 자리를 메운 것은 동양척식주식회사를 비롯한 일본인 대지주의 농장이다.

또 1920년대 들어 물밀듯 들어오는 일본 독점자본은 민족기업이 설 땅을 송두리째 빼앗고 우리 노동자를 생존 이하의 저임금으로 혹사시켜 이제는 더 이상 감내할 수 없는 상황에 이르고 있다.

이러한 일제의 수탈구조가 한계에 부딪힌 상황에서 세계공황의 파도가 밀려와 사태를 더욱 악화시킨 것이다. 최근의 쌀값 폭락만 하더라도 일본시장에 헐값으로 쌀을 팔아야 살 수 있게 된 종속적 농업구조가 공황의 여파로 일본 쌀값이 급락하면서 우리 농민들까지 몰락시키는 꼴이 아닌가. 더욱 심각한 문제는 일본경제가 위기에 몰릴수록 우리 민족에 대한 수탈과 탄압은 더 가속화될 것이라는 점이다.

그렇다고 하여 망연자실 절망감에만 빠져 있을 수는 없다. 오늘의 난국은 궁극적으로 일제를 이 땅에서 몰아내야만 타개할 수 있는 것이고, 그 임무는 결국 우리 민족 모두의 어깨 위에 걸려 있는 것이다. 민족해방의 첫걸음은 우리 모두가 내일을 향한 희망과 용기를 잃지 않고 전의를 가다듬는 데 있다. 광주를 비롯한 전국의 학생들이 최근에 전개한 만세운동은 우리에게 더욱 희망을 주고 있다.

다 함께 각자의 삶의 현장에서 어깨를 걸고 일제타도의 전열에 앞장서자.

학생운동 이끈 주역

조직운동의 선두에 선 장재성

11월 3일 투쟁으로 휴교령이 내리자 신속하게 투쟁지도본부를 꾸리고 12일 시위를 조직해나간 핵심인물. 학교별로 조직돼 있는 독서회의 중앙본부 책임비서였던 그는 이번 시위가 지역적, 1회적으로 그쳐서는 안 된다는 생각에서 조직에 의한 운동을 선두에 서서 이끌었다. 지난 1927년 광주고보를 졸업하고 일본 도쿄 중앙대학에 진학했으나, 1929년 학업을 중단하고 귀국했다. 성진회의 창립멤버이기도 한 그는 귀국 후 독서회 조직에 전념해왔다고 한다.

전국투쟁으로 이끈 장석천

전남청년동맹 위원장이자 신간회 광주지회 상임간사인 그는 투쟁의 초기부터 서울과 긴밀히 연락, 투쟁이 전국화되는 데 결정적 다리 역할을 했다. 평소부터 "노동쟁의나 소작쟁의와 같은 경제투쟁만으로는 안 된다. 우리 운동은 일반 정치투쟁으로 전환하지 않으면 안 된다"고 역설한 것으로 알려졌다. 수원고등농림학교 중퇴, 동경대 상과에 진학했으나 역시 중퇴하고 1926년 이래 광주에서 활동했다.

노동자 출신 선봉대장 박오봉

학교라고는 문 앞에도 가보지 못한 순수 노동자, 광주지방에서 일어난 노동운동에는 빠지지 않고 관여해왔다. 11월 12일 투쟁 때 학생과 노동자를 이끌고 광주시내의 관공서나 일본인 건물에 조직적으로 방화했다.

3 · 1운동 이후 최대 전국 항일학생운동 속보

학생들, 독립운동 속으로

전국서 맹휴 · 시위 잇따라 … '민족해방 · 일제타도' 구호, 정치투쟁으로

서울 시내에서 학생들을 불심검문하고 있는 일본 경찰.

11월 3일 광주에서 불붙은 학생운동이 호남으로 번지고 12월에는 서울에서도 항일학생시위가 일어나는 등 학생운동이 전국으로 확산되고 있다. 당국은 사태의 확산을 막기 위해 신간회의 민중대회를 원천봉쇄하고 간부들을 긴급 구속하는 한편, 학생운동 관련 보도를 금지하는 등 안간힘을 쓰고 있으나 급류처럼 터져나오는 학생시위 열기를 막아내기에는 역부족인 상태다.

서울에서는 12월 2일 밤부터 경성제국대학, 중동학교, 동덕여자학교, 중앙고등보통학교 등 시내 공·사립학교들에 학생과 민중의 총궐기를 촉구하는 격문이 일제히 뿌려졌다. 이어 12월 5일부터 학생시위대가 거리로 쏟아져나오기 시작했다. 특히 12월 5일과 7일에 있었던 제2고보와 제1고보의 동맹휴학은 이들 학교가 최고 명문학교라는 점에서 여타 학교들의 동참을 자극하는 견인차가 됐다. 이들의 뒤를 따라 경신 · 중동 · 보성 · 중앙 · 휘문 · 숙명 · 배재 · 이화 · 동덕 · 선린상업 · 배화 · 진명 · 정신 등의 학교가 동맹휴학에 돌입하고 시위대열에 합류했다.

일제당국은 서울 시위사태에서 2천400명의 경찰을 동원해 남녀 학생 1천400여 명을 검거했으나 좀처럼 가라앉을 기미가 안 보이자 12월 13일 조기 겨울방학에 들어가도록 했다.

그러나 개학과 동시에 맹휴와 시위는 다시 이어졌다. 1월 15일 보성전문학교를 비롯 남녀 고보학생들이 '구속학우 석방'과 '일제타도'를 내걸고 일제히 맹휴에 들어갔다. 이번에는 지방으로까지 확산돼 대구 · 진주 · 부산 · 공주 · 개성 · 평양 · 재령 등지의 중등학교와 전문학교가 시위와 맹휴에 동참했다.

2월 초순에 들어와서야 소강상태에 들어갔는데 이때까지 전국적으로 맹휴와 시위에 참가한 학교는 총 149개교(초등 54, 중등 91, 전문 4), 참가학생수는 5만 4천여 명에 이른 것으로 집계됐다. 또 이번 학생시위로 퇴학처분을 받은 학생이 582명, 무기정학 2천330명, 피검자 1천642명에 이르러 3 · 1운동 이후 최대의 항일운동을 기록했다.

한편 경찰은 학생운동의 배후에 코민테른의 지령을 받는 사회주의자들이 있으며 이들이 계획적으로 사태를 확산시키고 있다고 판단하고 있다.

신흥탄광 폭동

노조 결성 방해에 격분
발전소 · 사무소 등 파괴

1930년 6월 22일 새벽 2시 함경남도 신흥탄광 노동자들이 노동조합 결성을 방해하는 기업주의 횡포에 분노해 탄광의 발전소시설을 습격, 전선을 절단하고 탄광사무소와 일본인 관리자 사택을 파괴하는 폭동이 발생했다. 급보를 접한 함남 경찰서는 비상경계령을 내리고 대규모 병력을 동원, 100여 명의 노동자들을 연행한 상태다.

이번 폭동은 지난 5월 노동자들이 노동조합을 결성하려고 하자 기업주측에서 주모자들을 해고하겠다고 협박해온 것이 발단이 됐다. 노동자들은 파업을 벌이면서 노동조합 결성에 간섭하지 말 것, 처우를 개선할 것, 임금을 인상할 것, 8시간노동제를 실시할 것 등을 요구했다. 그러나 회사측이 경찰을 동원해 주도적인 노동자들을 해고함으로써 사태는 폭동으로 치닫게 된 것이다.

용천 불이농장 소작쟁의 격화

농장측, 고율소작료 폐지운동에 소작권 박탈 등 잇단 강경책

용천 불이농장 전경.

1930년 4월 평안북도 용천에 있는 일본인 소유 불이(不二)흥업주식회사 농장의 소작인과 그 가족 3만여 명이 벌이고 있는 소작쟁의가 회사측의 강경대응과 맞부딪쳐 사태가 악화되고 있다.

소작인들은 몇 년 전부터 고율소작료 폐지운동을 전개해왔으나 최근 회사측이 오히려 소작인들의 소작권을 박탈하는 강경책으로 나와 소작인들을 격분시켰다.

소작농민들은 불경동맹(不耕同盟)을 결성, 논둑을 무너뜨리고 농기구를 파괴하면서 강력하게 항의했으나 경찰이 이들을 연행하는 바람에 사태는 더욱 격화되고 있다.

농민들은 영구소작권을 보장할 것, 물세는 지주가 부담할 것, 개간비를 줄 것 등을 요구하고 있으나 회사측은 한치의 양보도 할 수 없다는 입장이다.

불이흥업주식회사는 1917년 총독부로부터 자금을 보조받아 용천 일대의 황무지를 헐값에 사들여 농장을 설립했는데 소작인들에게는 개간의 대가로 10년 동안 소작권을 주고, 첫해는 소작료를 받지 않는다는 따위의 달콤한 조건을 제시했다.

이에 가족을 포함, 3만 명에 달하는 소작인들은 소금에 찌든 농토를 열심히 개간했지만 회사측은 약속을 지키지 않았고 5할이 넘는 소작료를 징수해 농민들의 불만이 가중돼왔다.

단천군민 2천여 명 군청 · 경찰서 습격 격렬시위

1930년 7월 20일 함경남도 단천에서 군민 2천여 명이 군청과 경찰서를 습격하는 등 격렬시위를 벌이는 과정에서 다수의 사상자가 발생했다. 이번 사건은 일본인 산림간수가 단천군의 화전농민들을 산림령 위반혐의로 체포, 구금하자 단천농민조합과 청년동맹의 간부들이 전 군민을 동원하여 투쟁을 조직화함으로써 일어났다. 일제는 지난 1911년에 제정한 '삼림법'에 의해 농민들의 전통적인 국유림 이용권을 엄격하게 제한해왔다. 농민들은 산림조합 해체, 연행자 즉각석방을 요구하며 군청 앞에서 시위했으나 반응이 없자 군청을 점령하는 한편 400여 명의 행동대가 망치와 몽둥이로 무장하고 경찰서로 몰려갔다. 이에 겁먹은 경찰이 무작정 발포를 하는 바람에 사망 16명, 중경상 30여 명의 피해가 발생했다.

나라 밖 독립운동

한국독립당 · 조선혁명당 등 정당 창당 잇따라

정파별 이념색깔 분명 … 통폐합운동 재차 관심거리로

1930년대에 들어오면서 한국독립당, 조선혁명당 등 각 정파가 각각의 노선에 따른 정강과 정책을 내세우며 정당을 만들고 있어 새로운 현상으로 주목되고 있다.

상해임정 내의 이동녕, 안창호, 김구 등 민족주의계열 주요 인사들은 1930년 1월 한국독립당을 창당했고 이에 앞서 1929년 9월에는 만주 지린에서 이탁, 최동오 등이 조선혁명당을 결성했다.

또 의열단도 최근 자신의 정치이념을 구체화한 강령을 제정함으로써 정당의 성격을 갖췄다. 사회주의 세력들은 이미 고려공산당으로 결집해 있는 상태다.

각 정파가 이렇게 앞 다퉈 정당 결성에 나서고 있는 것은 그동안 민족유일당 건설운동의 실패경험을 통해 각 정파가 통합이 안 되는 이유는 각기 노선과 사상이 다르기 때문이라는 것을 뼈저리게 인식했기 때문으로 보인다.

이에 따라 당의 형태로 자기 노선과 정강을 명확히 밝히고 그 깃발 아래로 자파세력들을 결집시키고 있는 것이다.

특히 한국독립당이 '개인과 개인 · 민족과 민족 · 국가와 국가 간 의완전한 균등생활 실현'을 목표로 하는 조소앙의 이른바 3균주의를 정강으로 내걸고 창당한 것은 계급해방을 강령으로 하는 사회주의세력에 대응해 우파 민족주의의 깃발을 올린 것이다.

이로써 해외 독립운동세력은 사회주의 · 민족주의 · 무정부주의의 세 갈래로 정리된 셈이다.

그러나 이들 각 정당의 관계자들은 "어차피 모두가 조국의 해방이라는 공동의 목표를 가지고 있기 때문에 민족유일당운동은 여전히 유효하다"고 말하고 있어 앞으로 이들 정당 간의 통폐합운동이 재차 전개될 전망이다.

간도지역 공산주의자 5 · 30봉기 … 격렬투쟁

1930년 5월 30일 간도지역의 한인 공산주의자들이 박윤서, 김근 등의 지도 아래 대규모 봉기를 일으켰으나 출동한 일본군대에 의해 진압당했다. 이날 봉기는 상해 5 · 30 반제국주의 봉기 5주년을 맞이해 중국공산당의 지침에 따라 이루어진 것인데, 이곳 한국인들은 코민테른의 1국 1당 원칙에 따라 모두 중국공산당에 입당해 있다. 봉기군은 용정의 일본영사관과 동양척식회사 출장소에 폭탄을 투척하고 일본인 지주의 집에 방화를 하는 등 격렬한 투쟁을 전개했다. 그러나 함경도 회령 주둔 일본군 75연대가 급파돼 진압에 나서 봉기군 60여 명을 사살하고 85명을 검거했다.

김좌진장군 '의문의 암살'

1930년 1월 24일 만주 영안현에서 김좌진장군이 정체불명의 청년에게 암살당했다. 집 앞 정미소 부근에서 괴청년의 총격을 받았는데 범인이 검거되지 않아 갖가지 추측이 나돌고 있다.

그는 충남 홍성 출신으로 일찍이 국내에서 대한광복회 활동을 했고 이후 만주에 와 북로군정서 총사령직을 맡아 청산리전투를 대승으로 이끌었다. 지난 1925년에 신민부 창설에 주도적으로 참여해 신민부의 군사부 위원장을 맡아왔다.

"쌀값이 흙값" 전국 쌀값 폭락

1년 농사 지어봤자 빚만 늘어 … 곳곳서 살인적 생계난

쌀값이 낙수처럼 폭락해 농민들이 아우성이다. 5, 6년 전만 해도 현미 한 섬에 36~37원 하던 쌀값이 현재 서울시내에서는 18원 50전에, 남부지방에서는 13원에 매매되고 있다. 서울 공설시장에서도 햅쌀이 나오면서 다섯 번이나 가격이 내려 햅쌀 나오기 전 100kg들이 한 가마에 20원 하던 것이 현재 14원 50전까지 내렸다.

이처럼 쌀값이 폭락하자 농민들은 1년 수확물을 다 팔아도 비료대와 물세를 내고 나면 남는 것이 없어 쌓인 빚은 갚을 엄두도 못 낼뿐 아니라 생계를 잇는 것조차 막막한 실정이다. 관계당국은 쌀값이 앞으로 언제나 오를지 예측할 수 없다고 한다.

쌀값 왜 폭락하나

일제 쌀농사 강요로 쌀농사 단작화
한일 양국 쌀 풍년들자 공급과잉으로 쌀값 폭락

쌀값 폭락의 1차적 원인은 1930년에 일본과 한국에 유례없는 풍년이 든 데 있다. 한국은 평년작 1천 300만 섬이던 것이 올해는 1천900여만 섬으로 600만 섬이 증산됐다. 한국의 연간소비량은 보통 1천300~400만 섬 정도. 1년 수확량 가운데 650만 섬을 일본으로 가져가고 대신 돈으로 1억 8천만 원을 가져다 만주 좁쌀을 구입, 나머지 700만 섬과 섞어서 1년을 지내왔다.

그런데 금년에는 일본에도 대풍이 들었다. 일본의 쌀 생산량은 평년작이 6천만 섬 정도. 소비량은 1년에 6천650만 섬으로 해마다 부족분을 한국에서 수입했는데 올해에는 일본에도 대풍이 들어 6천600만 섬을 수확했다. 자연히 외국에서 수입할 필요가 없어졌고 그 여파로 한국에는 갑자기 쌀 공급과잉이 빚어진 것이다.

그러나 쌀값 폭락의 근본 원인은 좀더 구조적인 데 있다. 일제가 자국의 식량부족을 메우기 위해 한국 농가에서는 쌀농사만 짓도록 해와 오늘날 농민들이 다른 작물로 쌀값 폭락을 보충할 수 있는 길을 근본적으로 차단시켜왔다는 것이다. 일본경제에 예속된 한국경제의 비참함을 다시 한 번 확인하게 된다.

각계 아우성

하숙업자 쌀값은 떨어졌지만 연료비 등 다른 물가가 내리지 않아 별 이익이 없다. 투숙객도 많이 준데다 있는 손님들마저 밥값을 잘 내지 않고 도망가버리는 경우도 많아 오히려 손해다.

전당포 돈을 빌려주려해도 빌려줄 돈이 없고 서민들은 전당잡힐 물건도 없는 형편이다.

잡화도매상 우리는 오뉴월에 죽을 쑤다가 가을에 햇곡식 나올 때

만 기다리는데 쌀값이 떨어져 농촌 형편이 말이 아니게 되면서 지방에서 주문이 전혀 없다. 서울 소매상도 예년의 절반 수준이다.

운동구점 우리 고객은 주로 학생들인데 시골학생들이 돈이 떨어져 가을철이 됐어도 개미새끼 하나 보이지 않는다.

서점 서점을 찾는 발길이 뚝 끊겼다. 쌀값 폭락은 독서인들에게도 심각한 번민을 안겨준 것 같다. 매상고가 전과는 비교가 안 된다.

가난 탓에 한잔, 시대 탓에 한잔…

극심한 불황으로 거리마다 실업자가 넘쳐나고 있다. 또 농촌에서는 유리(流離)걸식하는 사람이 부지기수이며, 돈이 없어 퇴학하는 아이들이 날로 늘어나는 등 암울한 기운이 우리 사회를 뒤덮고 있다.

그런 가운데서도 유난히 잘 되는 것이 술장사다. 지난 1년간 술꾼들이 낸 세금이 무려 1천 300만 원에 이르러 토지세 다음으로 큰 항목을 차지했다고 한다. 한국사람들이 유난히 술을 좋아하고 흥청망청해서일까?

오늘날과 같은 살인적 불황 속에 술집의 호경기는 내일을 기약할 수 없는 생활의 불안을 술로 달래는 사회풍조를 반영한

다고 봐야 할 것 같다.

또 도시지식인들이 주로 마시는 맥주 소비도 부척 늘어 지난해 맥주소비량이 940만 병, 한 병에 40전이니 돈으로 376만 원에 달했다.

졸업만 하면 돈방석에 앉는다는 의대 졸업생조차도 갈 곳이 없는 것이 최근의 실정이다. 고등보통학교건 전문학교건 어렵게 졸업을 했어도 취직할 곳이 없는 우리네 형편을 들여다보면 고등룸펜들이 갈 곳은 술집밖에 더 있겠는가.

이래저래 너나없이 세상을 원망하며 술로 세월을 낚고 있는 것이다.

그야말로 술 권하는 사회다.

생활난에 교육까지 '파탄'

학생들 수업료 못 내 방방곡곡 퇴학소동

쌀값 폭락으로 농민들의 생활이 날로 곤궁해지면서 수업료 미납 학생수가 점점 늘어 학교들이 골치를 앓고 있다.

경기도 광주군의 경우 관내 각급 학교에서 1930년 11월 중 퇴학한 아동이 120명에 이르고 있는데 앞으로 더욱 늘어날 전망이다. 평안도

의 경우 퇴학자가 성천군에서 170명, 맹산군에서 60명 등 전국을 합하면 수천 명에 달하는 것으로 집계됐다. 강원도에서는 강릉보통학교에서만 12월 수업료 체납 총액이 1천300여 원에 달한 형편인데 이런 현상은 전국적인 것으로 알려져 그 심각성에 우려의 소리가 높다.

평양고무공장 파업노동자 공장 점거 경찰과 대치

파업지도부 경찰 검거에 항의

1930년 8월 평양에서 1천여 명의 고무공장 파업노동자들이 시위 끝에 고무공장들을 습격하고, 출동한 경찰과 충돌하는 사태가 발생했다.

이번 사태는 공장주들의 임금인하 조치가 발단이 됐다. 공장주들이 경기침체를 이유로 임금인하를 단행하자 그렇지 않아도 저임금에 시달리던 노동자들은 "새벽부터 어두울 때까지 피땀으로 노력해도 겨우 조밥도 먹기 힘든데 임금을 깎는 것

은 생명을 깎는 것과 같다"며 파업투쟁에 나섰다. 그러자 경찰이 나서 파업지도부를 검거하기 시작했고 노동자들은 이에 대해 폭력투쟁으로 맞선 것이다.

한편 경찰당국은 평양시내에 '계급해방'을 선동하는 유인물이 뿌려지고 있다며 이번 파업의 배후에 사회주의자들이 개입되어 있는 것으로 보고 있다.

신간회 체제 개편 … 새 위원장에 김병로

1930년 11월 9일 신간회는 중앙집행위원회를 개최, 새 위원장에 김병로를 선출하고 기타 간부들을 교체하는 등 체제개편을 단행했다. 신간회는 지난해 주요 간부들이 체포, 구속되는 바람에 임시집행부에 의해 운영돼왔다.

신임 김병로위원장은 민중대회

사건 때 함께 구속됐다가 기소유예로 석방된 뒤 공백상태에 빠진 중앙본부를 지켜온 인물이다. 일본 메이지대학 법과 출신으로 판사 생활을 하다 지난 1923년 이래 민권변호사로 6·10만세시위사건 등 각종 시국사건 변호를 맡아왔다.

한국인 독서열 일본인 10배

정치·사회과학-마르크스 등 주로 탐독

도서관 어린이 열람자 한국아동 압도적

한국인이 일본인보다 독서열이 왕성한 것으로 밝혀졌다. 서울시의 3월 중 도서관 열람자 조사에 의하면 한국인이 일본인보다 10여 배 많다고 한다.

한국인 열람자 가운데에는 거의 외부출입을 하지 않던 부녀자들도 상당수 있으며 백발이 성성한 노인도 적지 않다고 한다. 더욱 반가운 현상은 어린이 열람자는 한국 어린이가 대부분이라는 사실인데 이는 학교에 들어갈 형편이 못 돼 도서관을 이용해서라도 문맹에서 벗어나

고 새로운 지식을 충족하려는 눈물겨운 모습이다.

한국인이 주로 독서하는 분야는 정치문제와 사회과학 서적 또는 마르크스나 부하린 같은 진보적인 사상가의 저술이다. 문학도 기존의 가치관에서 벗어난 새로운 문예사조를 다룬 시나 소설이 주를 이룬다. 또 한국과 처지가 비슷한 인도에 대한 연구서도 인기인데, 이는 한국이 처한 식민지 상황에 대한 고민을 반영하는 것으로 보인다.

사상관련 구속자 작년보다 30% 증가 … 사회주의 확산 반영

1930년 사상단체나 비밀결사를 조직, 일제당국에 검거돼 재판을 기다리는 사건수가 작년보다 3할이나 증가한 것으로 밝혀졌다.

이는 일제침략으로 인한 사회모순이 격화되고 있으며 이를 타개하기 위한 이념으로 사회주의사상이

널리 확산되고 있음을 보여주고 있어 주목된다. 특히 이들 사상사건은 수십 명 혹은 수백 명이 집단적으로 연루돼 있어 재판정에서 소란을 피우거나 재판 자체를 거부하는 경우가 많아 일제 사법당국은 이의 처리에 골머리를 앓고 있다.

인력거 줄고 자동차 급증

서울시내 교통사고 한 달 100건 넘어

당국의 발표에 의하면 9월 한 달 동안 서울에서 발생한 교통사고는 100여 건이며, 사망자 2명, 중경상자가 85명에 이른다고 한다. 이처럼 교통사고가 격증한 이유는 인력거는 줄고 자동차가 늘었기 때문이다(4월 현재 인력거 1천94대, 자동차 128대). 또한 박람회를 구경하기 위해 벽촌 산골마을에서까지 몰려든 사람들과 이들이 타고 온 인력거 및 자동차로 시내가 매우 혼잡하기 때문이다. 주된 사고는 전차와 사람과의 충돌, 버스와 인력거 또는 전차와의 충돌이다. 경무국에서는 교통사고를 줄이기 위해 곳곳에 더 많은 교통경찰을 배치하여 교통정리에 나설 예정이라고 한다.

'대공황' 자본주의경제 최대위기…각국 자구책 부심

1929년 10월 24일 '검은 목요일'의 주가 대폭락은 전세계에 공포의 회오리를 몰고왔다. 월스트리트 증권거래소에서 연말까지 이어진 주가폭락으로 대략 400억 달러가 공중으로 날아가버린 것으로 추산되고 있다. 이 금액은 미국이 1차세계대전에서 사용한 군사비 총액보다 훨씬 많은 액수다. 이에 따라 월스트리트에는 연일 주식거래자들이 몰려들어 거세게 항의하는 통에 폭동사태를 방불케 하고 있고 증권거래소건물 옥상에서 투신자살한 자만 수십 명에 이르고 있다.

피해자는 주식거래자에만 한정되어 있지 않다. 은행이 파산함으로써 기업들이 극심한 자금난에 빠지고 이는 곧바로 실업자의 양산으로 이어지고 있다. 실업자들은 주택임대료와 가전제품 할부금을 감당하지 못해 길거리로 내쫓기고 있다.

시장에는 여전히 재고품이 가득 쌓여 있지만 구매력 없는 실업자들에게 이는 글자 그대로 그림의 떡이다. 이에 따라 캘리포니아 오렌지 농장에서는 수확한 오렌지를 그대로 땅에 묻고 있고, 반면에 도시에서 구호식량 배급을 기다리는 군중들의 줄은 수백 미터에 달하고 있다.

다급해진 미국정부가 유럽 각국에 대해 채권상환에 나서자 유럽에서도 미국에서 일어나고 있는 사태의 복사판이 벌어지고 있다. 특히 그렇지 않아도 전후 배상에 시달리던 독일이 치명적 타격을 입고 있다. 독일은 현재 공업생산액이 공황 전의 절반 이하로 급전직하하고 있으며 수많은 기업이 도산하고 드레스덴은행, 다나르트은행 등이 파산했다. 기아선상에 처한 수많은 독일인들은 최근 히틀러의 나치당에 대한 지지로 급속하게 기울고 있다.

일본도 대공황의 직접 영향권 안에 있어 최근 수출이 거의 절반으로 격감했다. 일본경제가 주로 수출에 의존해서 성장해왔기 때문에 독일 못지않게 사태가 심각하다.

경제공황 왜 일어났나

자본·기술 발달로 폭발적 생산증가에
노동자는 '밑바닥' 전락 구매력 상실

수십 년 전 마르크스가 「자본론」에서 이미 공황의 불가피성을 예견했지만 전후 부흥의 달콤한 꿈에 젖어 있던 미국의 정책입안자들은 이에 대해 콧방귀를 뀌었다. 그러나 아무도 예상하지 못한 엄청난 규모로 대공황이 발생하고 말았다. 마르크스의 말을 빌릴 필요도 없이 이번 공황은 수요를 감안하지 않는 '무정부적 생산'이 어떤 결과를 초래하는지 만천하에 보여준 것이다.

1차세계대전 이후부터 이번 공황 직전까지 미국과 유럽 그리고 일본의 경제는 수직상승의 번영을 구가했고 누구나 이것이 영원히 지속되리라고 생각했다. 기술혁신에 의해 생산은 최근 5년 동안 거의 두 배 가까이 증가했고 막대한 시설투자가 이루어졌다. 그리고 생산물을 시장에서 소화해내기 위해 할부판매 등을 도입, 대량소비를 촉진시켰다.

실수요를 기준으로 공급량을 조절하는 것이 아니라 이렇게 엄청나게 빠른 속도로 증가하는 공급량에 맞춰 수요를 무리하게 끌어올리는 한 파국은 필연적이었다. 미국 월스트리트에서 이번 공황으로 휴지조각이 된 주식이 400억 달러라고 하는데 바로 이 금액이 실수요를 초과해 과잉생산된 액수라고 할 수 있다. 자본주의가 과연 이 공황을 헤쳐나갈 수 있을지 주목된다.

"땅덩어리는 넓고 허술한 곳은 많다"

중국공산당, 국민당 행정력 허술 틈타 농촌에 '숨바꼭질식' 소비에트 건설

농민들을 교육하고 있는 마오쩌둥.

1930년 7월 27일 펑 더화이(彭德懷)가 이끄는 중국공산당 홍군(紅軍) 제5군과 제8군이 후난성의 성도인 창사를 점령하고 공산당 선전부장인 리리싼(李立三)을 주석으로 하는 창사소비에트를 수립해 중국정세가 새 국면에 접어들고 있다. 창사소비에트는 10여 일 만에 장제스의 국민당 정부군에 의해 붕괴됐지만 앞으로 중국 각지에서 공산당과 국민당 간에 이러한 숨바꼭질식 결전이 잇따를 것으로 보인다.

이렇게 전망되는 이유는 현재 장제스의 국민당이 지방군벌과 공산당이라는 두 적을 상대해야 하는데다 농촌지역으로 깊이 들어갈수록 중앙행정력이 미치지 못하는 곳이 많기 때문이다. 공산당은 이러한 중국 특유의 정세를 이용해 혁명무력인 홍군을 창설하고 이 홍군을 앞세워 마치 물고기가 물속을 헤엄쳐다니듯 자유자재로 활동하고 있다.

특히 최근 마오쩌둥의 활동이 이러한 추세에 박차를 가하고 있다. 마오쩌둥은 "하나의 불꽃이 광야를 불태울 수 있다"고 하며 공산당의 농촌근거지 건설에 몰두하고 있는 것으로 알려졌다.

인도 "영국통치 전면거부"

간디 '사티아그라하' 운동 사회 전역으로

1930년 3월 영국이 인도에서 소금세를 신설한 것을 계기로 인도국민회의의 지도자 간디는 사티아그라하('진리에의 헌신'이란 뜻)운동을 재개, 영국의 인도통치에 대한 전면 거부운동에 나섰다.

간디가 창안한 사티아그라하운동은 폭력투쟁을 일절 배제하면서도 영국이 인도에서 실시하고 있는 모든 법률과 제도를 무시하는 독특한 운동방식이다. 이에 따라 세금납부 거부·영국제품 불매·국산품 사용 등을 실천하고 있다. 특히 간디는 전매품목이 된 소금을 자신이 직접 제조하러 나서는 한편 면제품의 민간제조가 금지돼 있는 데도 자신이 직접 물레를 돌려 옷감을 짜는 모습을 보여 인도국민에게 감명을 주고 있다.

영국은 이 운동이 지닌 폭발력에 놀라 이에 가담하고 있는 인도인을 무조건 체포, 투옥하고 있는데 현재까지 투옥된 인도인은 6만 명에 이르고 있다는 소식이다. 인도인들은 체포당하거나 폭행을 당하더라도 '사티아그라하'의 지침에 따라 전혀 저항하지 않고 순순히 당하기만 해 영국인들을 더욱더 당황시키고 있다.

한편 영국 본국정부는 인도인들

간디가 소금제조 금지에 항의하는 시위를 벌이고 있다.

의 이러한 저항이 영국이 1차세계대전 이후 독립을 시켜주겠다는 약속을 지키지 않은 데 대한 반발이라고 보고 대책을 마련 중이라는 후문이다. 소식통에 의하면 완전독립은 논의할 수 없지만 영연방의 일원으로서 자치를 보장해주는 안을 신중하게 검토하고 있다고 한다.

그러나 국민회의측은 이에 대해 또다른 속임수에 불과하다며 절대 반대를 확언하고 있어 귀추가 주목된다.

사티아그라하란

간디가 창안해낸 철학적 개념으로, 힌두어로는 '진리에의 헌신'이나 '진리의 힘'을 가리키지만 실천적 의미는 그렇게 단순하지 않다. 구체적인 악에 대한 단호한 저항을 주장하지만 그 수단은 어떠한 경우에도 비폭력적이고 도덕적이어야 한다. 왜냐하면 실천자가 폭력을 사용하거나 자신에게 유리하도록 사실을 숨기는 등의 책략을 쓰는 순간 실천자 자신이 진리에 대한 통찰력을 상실할 뿐만 아니라 상대방에 대한 도덕적 교화가 무위로 돌아가버리기 때문이다. 이것은 인도인들에게 단지 반영투쟁의 지침만이 아니라 세세한 일상생활에서까지도 일관되게 지켜야 하는 생활철학으로 받아들여지고 있다.

일제하 만화경

대공황 VS 대성황
이바구

좌우합작 신념 지닌 신간회 산파

전혀 소설을 쓸 것 같지 않던 홍명희가 조선일보에 「임꺽정」을 연재하여 독자들의 인기를 한 몸에 모으고 있다. 그가 민중대회사건으로 종로서에 구속되자 독자들의 성화에 못이긴 조선일보가 당국과 교섭하여 옥중에서도 「임꺽정」을 집필하고 있다는 소식이다. 그의 이런 소설 솜씨는 어디서 나온 것일까?

그는 전통적인 조선양반의 후예다. 할아버지 홍승목이 참판을 지냈고 아버지 홍범식은 여러 고을 군수를 지내다 나라가 망하자 스스로 목숨을 끊었다. 이런 가통의 영향으로 조선사회의 풍속과 정서를 몸으로 익히며 자라 소설 속에 양반들의 생활이 손에 잡힐 듯 묘사되고 있다.

또 그가 소설의 소재로 구태여 천한 백정으로 신분사회의 질곡에 항거했던 임꺽정을 택한 것은 그의 사상에서 비롯된 것으로 보인다. 그는 일찍이 일본에 건너가 중학을 다니면서 근대학문을 익히기도 했다. 나라를 잃은 후에는 중국, 싱가포르 등지를 다니면서 동제사 등의 독립운동단체에 가담했지만, 괴산에서 3.1운동을 주도한 이후에는 사회주의사상에 공명하여 1923년 사회주의사상단체 '신사상연구회'를 만들었다. 그러나 지금까지의 이력으로 보아 그는 골수 사회주의자라기 보다는 사회주의의 이상에 공감하는 진보적인 민족주의자라고 해야 옳을 것 같다. 좌·우를 합작한 신간회 창립에 그가 핵심적인 역할을 했던 것도 이 때문이다.

「임꺽정」은 그가 지어낸 단순한 도적 이야기가 아니라 「조선왕조실록」, 「기재잡기」, 「남관유사」, 「열조통기」 등의 방대한 자료를 섭렵, 여기에 나온 사실과 일화들을 종횡으로 짜놓은 걸작이다. 여기서 홍명희의 천재성이 입증되는데, 그는 이미 이광수,최남선과 함께 조선의 삼대 천재로 일컬어져왔다. 민족의 지성을 자처했던 앞의 두 사람이 일제의 품에 안겨 망발을 서슴지 않고 있기에, 마지막 남은 그에게 거는 우리의 기대는 더욱 크다.

1888년생. 본관은 풍산. 충북 괴산 출생. 호는 벽초(碧初).

'고향의 봄' 등 수록 「조선동요 100곡집」 펴내

1929년 작곡가 홍난파가 「조선동요 100곡집」을 출판하여 음악계의 화제가 되고 있다.

홍난파는 1928년 6월 「동아일보」 지상을 통해 동요를 위한 시를 모집하는 동시에 아동문학가들의 작품을 모아 곡을 붙이는 작업을 하였는데, 이번 동요집은 이러한 작업의 성과로 나온 것이라고 한다.

홍씨는 일찍이 연악회를 조직해 젊은 학생들을 지도하고 있었는데 이 과정에서 어린이가 부를 노래가 없다는 사실에 충격을 받아 동요에 관심을 갖게 되었다고 밝히고 있다.

이 동요집에는 윤석중의 시에 곡을 붙인 '낮에 나온 반달', '퐁당퐁당', '달마중'과 이원수의 시에 곡을 붙인 '고향의 봄'이 특히 눈에 띈다.

이 가운데 '고향의 봄'은 이원수가 1925년 마산보통학교 졸업반 때 지은 것으로 어린이뿐 아니라 어른들 가운데도 널리 불리고 있다.

이 노래는 겉으로는 고향의 모습을 밝고 아름답게 그리고 있지만 "그 속에서 놀던 때가 그립습니다"라고 한 후렴구에서 보이듯이 무언가 딱히 표현할 수 없는 애잔한 분위기를 감추고 있는 것이 매력이라는 평이다. 때문에 나라가 망하고 세상이 바뀌면서 고향을 떠날 수밖에 없었던 사람들은 이 노래를 들을 때 바로 이 대목에서 고향을 생각하며 눈물을 짓기도 한다.

사상물 간행 격증 … 족보도 늘어

정치서 거의 없다시피, 신소설도 꾸준, 족보 간행은 해마다 증가

최근 10년간 출판계의 동향을 살펴보면 사상에 관한 서적이 10배 이상 격증하였으며 족보의 간행도 해마다 증가하고 있는 것으로 밝혀져 눈길을 끌고 있다. 정치에 관한 서적은 얼마 늘지 않았다고 한다.

최근 발표된 총독부당국의 조사에 따르면 올해 출판된 서적은 10년 전에 비해서 3배 반 증가했다. 문예물의 경우 고소설의 출판이 정체되고 있는 데 비해 신소설의 출판은 약 3배 가량 증가하고 있다.

사상에 관한 서적의 출판이 격증하고 있는 것은 최근 사회주의사상이 청년들 사이에 선풍을 일으키고 있는 것과 관련이 깊은 것으로 분석되고 있다.

또한 족보의 간행이 해마다 꾸준히 증가하고 있는 것은 1910년 국권을 상실한데다가 사회적 결사의 길마저 철저히 차단되어 가문 단위로의 결집만이 자신을 보호할 수 있는 유일한 길이 되고 있는 식민지 상황을 반영하는 것이 아니냐는 것이 전문가들의 의견이다.

	1920년	1930년
사상	7종	82종
정치	0	24
종교	20	55
역사	7	26
의학	7	52
공업	0	13
아동	10	91
고소설	37	46
신소설	47	106
문예	7	85
족보	63	178

연극계에도 사회주의 물결 거세다

노사문제 등 사회물 다수 … 지방순회공연도 활발

최근 청년층을 중심으로 몰아친 사회주의 물결이 연극계에도 밀려와 노사관계 등 사회문제를 다룬 각본이 다수 창작되고 있으며 이들 각본을 토대로 한 소극단들의 지방순회공연이 붐을 일으키고 있다.

사회주의연극운동이 처음 시작된 것은 1923년 극단 홍염(紅焰)이 창설돼 처음으로 경향극 공연을 시도한 데서 비롯됐다. 1925년에 불개미 극단이 생기고 조선프롤레타리아연극협회가 결성되면서 사회주의연극운동은 본궤도에 오르게 된다.

1927년 9월 미나도좌에서 심영, 나운규, 이영철 등이 공연한 「탄갱부」, 「이층의 사나이」 등이 대표적인 사회주의연극인데 이들 사회주의연극인들은 대중과의 결합을 내세우면서 소극단을 구성하여 지방공연에 나서고 있다. 대구의 가두극장, 개성의 대중극장, 해주의 연극공장, 원산의 동방예술좌 등이 대표적인 지방소극단이며 서울의 이동식 소형극장과 메가폰도 지방순회공연을 준비 중인 것으로 알려지고 있다.

이러한 사회주의연극운동은 최근 창립된 조선프롤레타리아예술동맹의 연극부 산하에 편제되어 조직적인 활동을 펼치고 있는데 경찰의 탄압으로 많은 어려움을 겪고 있는 것으로 알려지고 있다.

최승희 창작무용발표회

신식무용 관객에 첫 선, '호평'

1930년 2월 무용가 최승희가 경성공회당에서 제1회 창작무용발표회를 가졌다. 아직 신무용이 대중에 널리 알려지지 않아서 생소한 감이 없지 않았지만 최승희씨의 무용은 예술성이 뛰어나 관객들에게 신선한 충격을 주었다.

이번에 공연한 최승희는 우리나라 신무용의 선구자격으로 일본에서 무용수업을 닦은 인물이다. 그녀는 1926년 일본인 이시이의 한국공연을 관람하고 충격을 받아 일본에 건너가 그에게 사사한 것으로 알려지고 있다.

이시이는 이탈리아 무용가 로시에게 발레를 배운 인물로 일본 근대무용의 선구자라고 할 수 있는데 현재 최승희 외에도 조택원, 하병룡, 배구자 등 여러 사람이 그에게서 무용을 배우고 있다고 한다.

무용계에서는 이번 발표회를 계기로 앞으로 우리나라에도 신식 창작무용의 시대가 열릴 것이라고 기대하고 있다.

조선일보사 주최로 경평축구대항전 열려

1929년 10월 8일 조선일보사 주최로 제1회 경평축구대항전이 개최됐다. 이 대회는 민족의식과 향토애를 고취한다는 목적하에 우리나라 남북을 대표하는 두 도시인 경성(서울)과 평양의 대표선수들이 두 도시를 번갈아 오가며 축구대회를 벌이게 된다.

이날 대회는 제1회 대회로 경성의 휘문고등보통학교 운동장에서 열렸는데 세 차례의 시합 결과, 평양팀이 2승 1무로 우승했다.

주최측은 종목을 축구로 선정한 것은 우리나라에서 구기경기 가운데 축구가 가장 대중적인 종목이기 때문이라고 밝혔다. 축구가 이렇듯 널리 보급된 이유에 대해서는 축구가 비용이 가장 덜 드는 종목이기 때문이 아니냐는 것이 체육계의 분석이다.

또한 평양시민들은 조선왕조 500년 동안 서북지역이 홀대받아왔는데 이번 경평전을 보면서 평양이 경성과 어깨를 나란히 하는 도시로 인정받은 것 같아 금석지감이 느껴진다며 흡족해하고 있다.

역사신문

일제, 무력도발 만주 침공

유조구철교 폭파 빌미로 공격개시 … 중국 국민당, 분쟁꺼려 수수방관
강대국들도 '팔짱' … 공산당-민중들 자발적 항일투쟁 나서

1931년 9월 18일 밤 11시경 일본군은 북대영 부근에 있는 유조구철교가 폭파된 것을 기화로 만주전역을 점령하는 만주사변을 일으켰다. 펑톈(奉天) 주둔 일본 관동군은 철교 폭파를 중국군 소행으로 간주하고 각지에서 일제히 공격을 가하여 19일에는 펑톈성 일대를 점령했다. 한국 주둔 일본군도 즉시 행동을 취해 압록강을 건너 불과 5일 만에 펑톈·지린 두 성의 주요 지역이 일본군의 손에 들어갔다.

만주사변이 일어나기 전 이미 만주지역은 긴장이 감돌고 있었다. 7월 만보산사건이 일어났고, 8월에는 정탐임무를 수행하고 있던 나카무라대위가 살해당한 일이 발생하여 중·일관계가 험악해졌다. 이 때문에 중국 동북지역에 자리잡고 있던 10만 장쉐량(張學良) 군대는 일본군의 공격을 예감했으나, 장쉐량은

아직 군벌이 할거하고 있는 상황이어서 일본군과의 분쟁을 회피하려고 했다. 장제스의 난징정부도 "이번 일을 국제연맹에 제소하겠다"며 일본군과 싸울 의지를 보이지 않고 있다. 그러나 세계대공황의 여파에 허덕이고 있는 강대국들은 만주사변에 적극적으로 나설 수 없는 형편이다. 한편 중국민중들은 상해를 중심으로 대규모 항일대회를 개최하고, 일본상품배척운동을 강력하게 전개하여 일본의 만주점령에 항의하고 있다. 또한 만주에서는 중국공산당이 일본에 저항하는 무장투쟁을 펼칠 것을 발표하였고, 한국 독립운동단체도 중국군과 연합하여 일본에 저항하려는 움직임을 보이고 있다. **관련기사 2면**

만주사변으로 펑톈(奉天)을 점령한 일본군.

농촌경제 '파탄' 위기
쌀값 폭락 등 생활난 가중 … '적색농조' 활발

농촌의 살림살이가 가난의 극에 달해 파탄지경에 이른 가운데 사회주의사상의 영향을 받은 농민조합운동이 북쪽지방을 중심으로 활발하게 일어나고 있다. 일제 경찰당국은 이에 대해 폭압적인 탄압을 자행해 사회정세가 날로 위기국면으로 치닫고 있는 실정이다.

농촌살림의 궁핍은 어제 오늘의 일이 아니었지만 특히 최근의 세계대공황 여파에 따른 농업공황으로 쌀값이 폭락하고 있어 심각한 실정이다. 연이은 쌀값의 폭락으로 농가수입이 급감하고 있는데 1926년을 100으로 할 때 1931년의 쌀과 누에고치가격은 각각 47과 70으로 떨어졌다.

여기에 총독부의 재정수탈마저 가중되어 지세부담은 1920년에 비해 50% 이상 늘었고 연초 등의 전매수입액도 1920년대 후반에 비해 25%나 증가, 이 부담의 대부분이 농민들에게 돌아가 대부분의 농가는 빚더미에 올라 있다. 최근 조사에 의하면 한국농촌을 통틀어 농가

부채 총액이 1억 5천만 원에 이른 것으로 드러났다. 뿐만 아니라 전체 농가의 절반, 소작농가의 70%가 봄만 되면 양식이 떨어지는 춘궁농가여서 그야말로 초근목피로 생계를 유지하고 있다.

이런 경제위기를 반영하여 사회주의사상에 기반을 둔 적색농민조합의 지도하에 각지에서 농민들의 폭동적인 항쟁이 연이어 터지고 있다. 1930년 함남 단천과 정평에서 농민동맹의 지도 아래 수천 명의 농민들이 항일폭동을 일으켰다. 1931년 들어 함남 홍원 농민조합의 지도 아래 농민 2천여 명이 일제의 징세정책 반대, 세금불납의 구호 아래 항일시위를 벌이고 고리대금업자, 대금조합 반대를 위한 빚문서 소각투쟁을 벌였다. 영흥에서는 경찰주재소와 면사무소 등을 불태우는 항일폭동이 일어났고, 강원도 삼척에서는 2천여 명의 농민들이 폭동을 일으켜 사회 전체가 위기국면으로 치닫고 있다.

신간회 마침내 해체
좌우파 주도권 다툼, 의견대립 해결못해
일제 강압지배 선회로 압박 가중 분석도

1931년 5월 15일 신간회는 두 번째이자 마지막이 된 전체회의를 개최하여 전격적인 해소를 결의함으로써 창립 이후 5년 동안의 활동을 마침내 마감하였다. 신간회의 해소는 민중대회사건 이후 집행부의 우경화에 반발한 신간회 내 사회주의세력의 주장에 따른 것이지만, 전문가들 사이에는 이번 신간회의 해소가 1930년대 들어 일본의 지배정책이 강압적으로 바뀐 때문이라는 분석도 있다.

신간회 내에서는 1930년 말경부터 해소론이 제기되어온 바 있다. 이는 주로 신간회 지방지회의 결의 형식으로 제기되었는데 이는 이들 지방지회를 대부분 사회주의자들이 장악하고 있기 때문이다.

1930년 12월 부산지회의 김봉환은 현재 신간회가 민족단일당의 미명하에 노농대중의 투쟁의지를 말살하고 있다고 주장한 것이 그 시발인데 이후 인천·통영·도쿄 등 각 지회에서 해소결의가 잇따랐으

며 마침내 경성지회에서도 신간회 해소를 건의하기로 결의한 바 있다. 이러한 압박에 못 이겨 신간회는 전체회의를 개최, 해소결의안을 투표에 붙여 표결 결과 찬성 43, 반대 3, 기권 30으로 통과되었다. 집행부는 새로운 운동방향에 대한 토론에 들어가려 하였지만 임석경관의 집회금지로 신간회는 앞으로의 활동방향을 정하지 못한 채 사실상 해체되고 말았다. **관련기사 2면**

신임총독에 우가키 임명

1931년 6월 일제는 사이토총독을 퇴임시키고 육군대장 출신의 우가키 가즈시게(宇垣一成)를 신임 총독에 임명했다. 우가키는 일찍부터 만몽(滿蒙)적극정책을 주장해온 군부 강경파로 알려졌는데, 최근의 미

묘한 만주정세에 비춰 머지않아 만주와 관련해 중대한 사건이 일어나지 않겠느냐는 추측이 무성하다. 또 그는 날로 격화되고 있는

농촌사회의 모순에 대해서도 일정한 대책을 세우지 않으면 안 되는 처지에 놓여 있다. 바야흐로 일제 침략으로 인한 대내외적 위기가 고조되는 가운데 그가 어떤 정책으로 이에 대처해나갈지 두고 볼 일이다.

만보산 한인-중국인간 사소한 수로 다툼
일제 농간으로 '피의 보복전'화

1931년 7월 2일 중국 지린성 만보산지역에서 우리 농민과 중국농민 사이에 수로문제로 일어난 사소한 충돌사건이 일제의 농간으로 확대 보도되자 국내 각지에서 화교들을 습격, 살해하는 참상이 벌어졌다. 문제의 발단은 1931년 7월 3일자 조선일보가 "중국농민이 동포 습격"이라는 제하의 특보를 연달아 게재하고 동아일보, 시대일보 등도 이를 대서특필했다. 이 소식이 전해지자 한·중 간에 민족감정이 폭발, 7월 5, 6일 평양에서 화교들을 집단습격하여 사망자 94명, 부상자 300여 명, 가옥피해 289호에 이르는 참사가 일어났다. 인천 등 화교밀집지역에서도 집단충돌사건이 연이었다. 그러나 이번 사건은 만주의 일본영사관이 조선일보 창춘(長春)지국장 김이삼에게 허위정보를 제공한 것임이 밝혀지면서 각계에서 화교에 대한 위문금을 모집하는 등 사태 수습에 나서고 있다. **관련기사 2면**

1910 한일합병
1919 3·1운동
1926 6·10운동
1929 광주학생운동
만주사변 발발
1937 중·일전쟁
1945 민족해방

79

역사신문

브 나로드운동과
농촌문제를 생각함

농민은 대상이 아니라 주체여야 한다

각 언론기관과 기독교, 천도교가 중심이 돼 학생들을 동원, 여름방학을 이용하여 문맹퇴치운동을 대대적으로 전개하고 있다. 방학을 이용하여 고향으로 돌아가 부모형제를 만나고 휴식을 취할 수 있는 기회를 버리고 대신에 농민들에게 한 글자라도 가르쳐주겠다고 나서는 학생들의 행동에 우리는 찬사를 보내지 않을 수 없다. 특히 우리 사회에서 고등보통학교 정도를 나온 학생이면 선망의 대상이 되는 특별한 지위에 있음을 생각할 때 이들이 농촌을 계몽하겠다고 방학을 포기하고 문맹퇴치에 앞장서고 있는 것은 어쨌든 긍정적인 일이다.

그러나 냉정하게 보면 이러한 농촌계몽운동은 심각한 문제를 내포하고 있다. 우리 농촌의 문제를 농민들이 무지하고 나태하며 비위생적인 상태에 있기 때문이라고 보는 것에 문제가 있는 것이다. 우리의 농촌은 계몽과 협동, 근검절약 만으로는 회생할 수 없는 심각한 곤란에 빠져 있다. 사실 그동안 보통학교가 확장되면서 농촌에도 학교가 많이 생겨났다. 농촌에 문맹자가 많은 것은 교육기회가 부족해서가 아니라 농촌경제의 곤란 때문에 학업을 중도에서 포기하는 학생들이 늘어가고 있기 때문이다. 일제당국이 조사한 바에 의하면 전라북도에서만 해도 1931년 3월말 현재 보통학교 학생 중 22.8%가 수업료를 내지 못하고 있고, 4월 이후 1년간 퇴학한 학생수는 3천 300여 명으로 전체 학생수 3만 2천여 명의 10%에 달한다. 이들의 부모인 한국농민들이 게을러서 이러한 처참한 결과를 초래했을까. 오히려 지주경영의 강화속에서 농민의 대다수인 소작인의 농사규모가 점점 영세하게 되고 거기에 공황이라는 힘겨운 파도가 농촌에 몰아닥쳐 농민을 피폐하게 만들었기 때문인 것이다.

이처럼 구조적인 문제에 허덕이고 있는 농촌을 방학이라는 짧은 기간 동안에 실시하는 단기 강습을 통해 이상적인 농촌으로 변화시킬 수 있을까. 무지한 농민을 계몽하기만 하면 농촌문제를 해결할 수 있다는 것이 근본적인 접근 방식인가라는 점이 바로 우리가 느끼는 의문이다.

결국 오늘의 농촌문제는 농민이 주체가 돼 해결해야 한다. 우리는 1920년대에 이미 소작쟁의를 비롯, 농민들의 주체적인 역량이 표출된 모습들을 보아왔고, 현재도 비공개적으로 조직적 움직임이 이어지고 있음을 잘 알고 있다. 이들의 의식도 소작쟁의에서 나타난 지주에 대한 반대투쟁을 넘어서 일제에 대한 반대투쟁으로 발전하고 있다. 진정 학생들이 '민중 속으로' 가기를 원한다면 삶을 던져 농민운동에 투신하는 것이 올바른 자세일 것이다.

그림마당
이은홍

미친개 고삐풀렸네

일제, 만주침략 무엇을 노리나

대륙진출로 경제난 돌파 의도

만주 내 항일운동 탄압도 목적 … 군부·우익 단체 급성장

세계적인 대공황으로 자본주의열강이 공황 타개에 골몰하는 가운데 일제가 전격적으로 만주를 침략함으로써 동아시아정세는 위기국면을 맞고 있다. 일제의 만주침략은 말할 것도 없이 공황으로 인한 경제난국을 타개하기 위한 것이다. 일본경제는 기본적으로 국내시장이 좁아 주로 대외무역에 의존할 수밖에 없는 구조여서 이번과 같은 세계적인 공황의 여파를 가장 크게 받을 수밖에 없다는 분석이다.

따라서 일제가 이 위기를 타개하는 방법은 시장을 확대하는 방안밖에 없는데, 서구시장의 경우 각국의 무역장벽 때문에 일본상품이 진출하기 어려운 형편이다. 이런 상황에서 일본이 선택할 수 있는 길은 중국대륙으로 진출하는 것밖에 없다. 그래서 일본이 택한 길이 만주에 대한 무력침공을 통해 만주시장을 독점적으로 확보함과 동시에 장차 대륙 진출을 위한 전진기지를 만들겠다는 것이다. 만주는 일찍이 러·일전쟁을 통해 일제가 관동군을 주둔시키는 등 상당한 이권을 확보하고 있던 지역으로, 철도·광산·해운 등에 많은 투자를 해왔던 일본의 안마당과 같은 곳이다.

한편 이번 만주사변으로 동아시아정세는 새로운 국면에 접어들었다는 게 대체적인 평가다. 우선 일본정치는 향후 군부의 막강한 입김 하에 점차 군국주의의 길로 내달을 수밖에 없고 또 본격적인 대륙침략에 나설 것이라는 분석이다. 지금 국민당과 공산당의 내전이 한창인 중국으로서는 일제 침략에 대해 당장 일치된 항일투쟁을 전개하기 어렵지만 일제의 침략이 확대될수록 항일여론이 높아갈 것이고 이에 따라 중·일 간의 전면적인 대립은 필연적이다. 또 만주사변으로 대륙진출의 길목인 한반도에 대한 군국주의적 통제가 대폭 강화되고 만주에서 전개되고 있는 한국민의 독립운동에 직접적인 탄압이 강도를 더해갈 것이라는 전망이다.

신간회 왜 해체됐나

'불안한 동거' 노선차이 못좁혀 끝내 파경

일제탄압에 합법활동 한계 놓고 대립 … 좌파 "대중투쟁 주력"

1927년 민족연합전선의 기치를 내걸고 민족적 기대 속에 창립됐던 신간회가 5년 만에 무력하게 해소되고 말았다. 말이 해소(解消:새로운 단계로 나가기 위한 발전적 해체)이지 실질적으로는 해체된 거나 다름없다.

신간회 해산의 원인은 무엇보다 여기에 포용됐던 좌·우 세력들 간의 갈등이 커진 데 있다는 지적이다. 신간회 창립 당시 최린·김성수·송진우 등 타협적 민족주의자들의 자치운동을 막기 위해 신간회 결성에 나섰던 비타협적 민족주의세력들은 민중대회사건으로 홍명희 등이 구속된 이후 김병로체제가 들어서면서 급속히 우경화의 길을 걸었다.

1930년대로 넘어오면서 갑산화전민사건 등 각지에서 노동자·농민들의 폭동적인 투쟁이 계속됐지만, 온건하고 타협적인 김병로 중심의 집행부가 이런 사태에 구체적인 대응을 못했다. 이에 사회주의자들은 신간회의 역할은 이제 끝났으며 오히려 투쟁에 장애가 될 뿐이라는 생각하에 해소를 주장하고 나선 것이다.

사회주의계열의 이런 입장에는 민족주의자를 통째로 개량주의로 몰아 그들과 연합하기보다는 공격하여 대중을 장악하기로는 코민테른의 방침도 중요하게 작용했다는 지적이다.

이와 함께 1930년대로 접어들면서 대공황의 여파로 일제의 지배정책이 급격하게 강경해지면서 신간회에 대한 총독부의 압박은 날로 심해졌고 합법적인 공간도 급격히 축소됐다. 이 점 또한 신간회 내의 좌·우세력이 갈라서게 된 중요한 요인으로 작용했다.

이런 과정을 통해 신간회가 해산됨으로써 향후 민족운동전선에서 민족주의계열과 사회주의계열 간의 대립은 한층 심화될 전망이다. 특히 농촌을 중심으로 사회적 위기가 고조되는 가운데 두 세력은 서로 다른 이념과 조직에서 농민대중을 장악하기 위한 활동을 본격화할 것으로 보인다.

특파원 보고 만보산 사건, 진상은 이렇다

한·중인간 사소한 분쟁 … 일제, 한국언론에 허위자료 흘려 확대

수로문제를 둘러싼 한·중 농민간의 사소한 다툼이 일제의 농간으로 엄청난 보복전으로 번진 만보산사건의 진상을 파헤치기 위해 「역사신문」은 현지에 특파원을 급파했다. 다음은 특파원과의 일문일답이다.

만보산사건의 진상은 어떤 것인가?

만보산 일대 15만 평의 땅을 우리 농민 180여 명이 개간하여 농장을 만들었다. 사건의 발단이 된 수로는 논에 물을 끌어들이기 위해 이통하에서 중국인들의 땅을 거쳐 물길을 만든 것인데, 중국인들이 장마에 범람할 것을 우려해 덮어버린 것이다. 이 때문에 우리 농민 및 일본영사관 경찰과 중국인들 사이에 일대 충돌이 일어났고 중·일 경찰 사이에 약간의 총격전도 있었다. 그러나 다행히 피해자가 발생하지는 않았고 중국인들도 물러가 사태는 일단락됐다.

왜 일본경찰이 여기에 끼여든 것인가?

원래 만보산농장은 일제가 중국인 학영덕을 매수하여 중국정부의 허락 없이 설치한 것으로 우리 농민에게 빌려준 것이다. 때문에 수로공사 때부터 우리 농민들을 보호하고 나섰다. 수로문제를 둘러싸고 총격전까지 벌인 것은 이것을 기화로 한·중 간의 충돌을 야기시켜 만주침략의 구실을 만들려는 저의가 있었던 것으로 보인다.

이 사건이 국내에 보도된 경위는 어땠는가?

일본관동군이 사건을 확대하기 위해 일본영사관을 통해 조선일보 창춘지국장 김이삼에게 만보산사건에 대한 과장된 허위자료를 제공했는데, 김이삼이 진상에 대한 확인 없이 그대로 본사에 기사를 보낸 것이다. 「조선일보」가 7월 2일자 호외를 내서 대대적으로 보도하고 동아·시대 등 다른 신문도 대서특필한데다 일제가 은밀하게 사주하면서 사건이 확대된 것이다.

김이삼은 만나보았는가?

지금 행방을 알 수 없다. 일설에 의하면 일본군에 의해 암살당했다는 풍문이 무성하다.

"지식인들이여 민중 속으로"

동아·조선·YMCA, 브 나로드·문자보급운동 등 농촌계몽운동 활발

핼쑥하리만치 하얀 얼굴에 책장이나 넘기던 고운 손을 가진 서울의 청년, 학생들의 농촌으로 향하는 행렬이 줄을 잇고 있다. "이 시대의 가장 가난한 이 농민들이 먹는 것을 먹고, 그들이 입는 것을 입고, 그들의 누추한 집에 살면서 그들의 심부름을 해준다. 편지도 대신 써주고, 주재소, 면소에도 대신 다녀주고, 그러면서 글도 가르치고, 소비조합도 만들어주고, 뒷간과 부엌 소제도 해준다."

지난 1920년대에도 간간이 이루어졌던 농촌계몽운동이 최근 동아, 조선일보 양대 언론사가 '브 나로드 운동'과 '문자보급운동'이라는 대대적 사업을 펼치고 기독교중앙청년회(YMCA)도 여기에 가세함으로써 더욱 활기를 띠고 있다.

지난 1929년부터 「조선일보」가 "아는 것이 힘이다. 배워야 산다"를 구호로 문자보급운동을 펴왔고, 1931년 「동아일보」가 브 나로드 운동을 시작함으로써 민족주의계열의 농촌계몽운동이 본격화된 것이다. 브 나로드 운동은 제정러시아 말기 러시아 지식인들 사이에 풍미했던 브 나로드(V narod : '인민 속으로'라는 뜻) 운동을 그대로 본뜬 것이다. 이들 신문사들은 학생들의 방학을 이용해 각지 농촌에 학생들을 파견하여 문맹퇴치, 생활개선 계몽활동을 하고 있으며 경비 일체는 이들 신문사가 부담하고 있다.

YMCA도 여름방학을 이용해 농촌에 하계성경학교를 개설하고 성경뿐 아니라 한글·산수·보건위생 등을 가르치고 있다.

이러한 운동은 최근 농촌경제의 피폐가 극에 달하면서 사회주의계열의 적색농민조합이 확산되고, 농민폭동이 연이어 터지자 민족주의 계열에서 이에 대한 대응책으로 시작했다는 분석이다. 또 현재 생계가 절박한 상황인데 문맹 퇴치·생활개선활동이 얼마나 효과가 있을지 의문스럽고, 오히려 사태의 본질을 흐릴 염려도 있다는 지적이다.

농촌계몽운동에 나선 학생들이 농촌 아동들을 가르치고 있다.

평원고무공장 여공 49명 임금 인하 반대 단식투쟁

1931년 평양의 평원고무공장 여성노동자 49명 전원이 임금 인하에 반대하며 단식투쟁에 돌입했으나 경찰에 의해 전원 공장 밖으로 끌려나왔다. 그러나 이튿날 여공 강주룡씨가 을밀대 지붕 위에 올라가 고공(高空)투쟁을 감행함으로써 소식이 서울에까지 알려져 여론의 관심을 불러모아 파업투쟁이 새로운 국면을 맞이하고 있다.

평양에 밀집해 있는 고무공장은 세계대공황의 여파로 임금 인하를 단행해 지난해부터 노동자들의 파업투쟁이 거세게 일었고 이에 대해 일제는 경찰력을 동원해 파업을 분쇄해왔다. 이번 평원공장의 파업도 그 연장선상에서 일어난 것인데, 평원공장 여공들은 자신들이 임금 인하를 받아들일 경우 평양 고무노동자 전체에 파급될 것으로 보고 단식동맹을 맺어 결사투쟁에 돌입했다. 그러나 단식에 돌입한 날 새벽 1시경, 경찰이 난입하여 여공들을 모두 길거리로 내쫓은 것이다.

을밀대 지붕서 '고공투쟁'

"임금 삭감 취소없인 못내려간다"

"우리 평원공장 49명의 문제가 아닙니다. 평양노동자 2천300명의 생계가 달린 문제입니다. 우리 동무들의 살이 깎이지 않게 하기 위해서라면 내 한 몸뚱이 죽는 것은 두렵지 않습니다. 내가 배워서 아는 것 중에 대중을 위해 명예스럽게 살아야 한다는 것이 가장 큰 지식입니다. 나는 사장이 이 앞에 와서 임금 삭감을 취소할 때까지 결코 내려가지 않을 것입니다."

을밀대 아침 산책길에 난데없는 이 여공의 을밀대 지붕 위 고공(?)투쟁을 보고 어느덧 수백 명의 사람들이 몰려들었다. 사건의 주인공은 강주룡씨(30세). 공장에서 단식투쟁 중 경찰에게 끌려나온 어제, 그녀는 자살로써 항거하기로 마음 먹고 무명 한 필을 사서 을밀대로 올라왔다.

그러나 그냥 자살해버리면 사람들이 말 못 할 사연이 있는 여인으로 오해할까 봐 을밀대 지붕으로 올라가 밤을 새운 뒤 아침에 을밀대에 모인 대중을 향해 호소하기 시작한 것이다.

을밀대는 높이 11m의 축대 위에 세워진 누각으로 누각 높이도 5m 가량 된다. 이처럼 높은 을밀대 지붕으로 어떻게 올라갔는지 궁금한데, 그녀는 무명 한 끝에 돌을 매달아 지붕 너머로 던져 걸쳐놓은 다음 그네타기식으로 강도를 시험해본 뒤 이 무명을 타고 지붕으로 올라갔다고 한다.

강주룡씨는 평북 강계 출신으로 14세 때 간도로 이주했다가 그곳에서 결혼하고 살았으나 남편이 독립군 활동 중 병사해 시집으로 돌아왔다. 이후 평양으로 와 최근까지 5년 동안 고무공장 직공을 하며 부모와 동생들을 먹여살리고 있었다.

그녀는 스무 살 때 5살 연하의 귀여운 도련님과 결혼했는데 그녀 말로는 "남편 사랑을 받았다기보다 내 사랑을 남편에게 듬뿍 줬다"고 한다. 그리고 남편이 저승으로 먼저 간 이제 그 사랑을 이 땅의 노동자들에게 베풀고 있다.

학생맹휴 2년째 '맹위'

지난해 이어 최고조 정치투쟁화 경향 완연

1931년 들어 학생들의 동맹휴학 발생건수가 102회로 지난해의 107회에 이어 최고조를 기록했다. 그리고 맹휴에서 내건 구호도 1920년대의 학내문제에서 최근에는 식민지교육 철폐와 민족독립 요구로 바뀌어 완전히 정치투쟁화한 것으로 드러났다.

더구나 최근의 맹휴는 자연 발생적인 경우가 극히 드물고 기존에 조직돼 있던 독서회나 연구회 등을 통해 조직적으로 준비되고 있다. 이들 비밀결사들은 대개 사회주의사상을 학습하고 있는 것으로 알려져 있고 간혹 공산당 등 외부조직과의 연계가 드러나기도 해 경찰당국을 긴장시키고 있다.

주요맹휴사례

6월 8일 경성여고
6월 16일 동덕여고
11월 11일 평양고보에서 전교생 600여 명이 일제히 동맹휴학.

'반제 학생협의회' 50여 명 검거

반전의식 고취 등 지하유인물 제작 등 활동

1931년 9월 경찰은 경성제국대학 학생들을 중심으로 '반제 경성도시 학생협의회'가 결성돼 활동해오다 회원 50여 명이 전원 검거됐다고 발표했다.

발표에 따르면 경성제대 법과에 재학 중인 신현중이 의학부 학생 조규찬 및 일본인 학생 3명과 함께 지난 1929년에 이 조직을 결성했으며 이후 제2고보, 경신학교 등으로 조직을 넓히고 '적우회(赤友會)'라는 별동대를 만들어 각종 불온유인물을 제작, 살포하는 등의 활동을 해왔다고 한다. 이들은 특히 출판노동조합에 접근해 지하유인물을 제작해왔는데 「성대독서회뉴스」, 「반제학생신문」 등과 각종 격문을 통해 반전의식을 고취하려고 기도했다. 경찰관계자는 그동안 학생들 사이에 사회주의사상이 널리 유포돼 있었는데, 이제는 단순한 사상의 학습을 넘어 구체적인 실천행동을 시도하는 단계로까지 나간 것 같다고 분석했다.

만주 한국독립당 대일 임전태세 결의

1931년 11월 홍진 등이 이끄는 한국독립당(상해의 한국독립당과는 별개)은 만주 지린에서 중앙회의를 개최하고 만주사변으로 조성된 긴박한 정세에 대응하여 일본에 대한 임전태세를 갖출 것을 결의했다.

회의는 전 지역에 총동원령을 내려 전면적 군사행동을 개시하며, 당내의 모든 활동도 군사방면에 집중할 것이고, 중국 지린성 당국과의 한·중합작을 추진하기로 했다. 이에 따라 당 산하 독립군사령관 이청천장군이 지린성 당국과 협의를 진행 중이다.

이번 결의는 일본이 만주사변을 일으킨 뒤 우리 독립운동세력에 대한 압박을 계속해오는 데 대한 자구책으로 이루어진 것으로 앞으로 일본군 및 만주국군과의 전면 무력충돌 가능성이 높아지고 있다.

미주지역 대한인국민회-동지회 사사건건 마찰

1931년 작년 7월 하와이에서 대한인교민단과 동지회가 연합대회를 개최하고 미주지역 독립운동단체를 통합하기로 결의했으나 끝내 이를 실행하지 못한 채 결별하고 말았다. 특히 연합대회에서 임시대표로 선출된 김원용과 동지회의 이승만 사이의 불화가 법정싸움으로까지 번져 교민들의 눈살을 찌푸리게 하고 있다.

1921년에 동지회를 결성해 하와이는 물론 샌프란시스코·디트로이트·로스앤젤레스 등에 지회를 설치하는 등 활발한 활동을 하고 있는 이승만은 미주의 대표적 교민단체인 대한인국민회와 사사건건 마찰을 일으켜 평판이 좋지 않은 상태다. 특히 자금과 관련된 분쟁이 많아 더욱 추태로 인식되고 있다. 교민단체들은 이러한 상황에서 이승만을 제외하고 교민단체간 연합을 추진할 예정인 것으로 알려졌다.

지방선거 관권개입 금품살포 판쳐

친일 부유층 흥청망청 잔치판 … 살인적 불경기에 요리집·기생집 때아닌 대목

1931년 개정된 지방제도하에 각 부·읍·면의 자치단체 선거를 실시했는데 유례없는 타락선거가 판쳐 세인의 눈살을 찌푸리게 했다. 이번 선거에도 여전히 각 지역의 대지주·고리대금업자·은행 중역·양조업자나 요리업자 등 지역의 친일적인 유지들이 출마했는데, 선거운동은 지역연고나 정실을 동원하는 것이 일반적인 양상이었다.

타락선거의 대표적인 유형은 관권개입과 금품살포 및 향응제공. 이번 선거에서 가장 문제가 된 곳은 경성부회 의원선거로, 최다득표 당선자 모리와 그 운동원 89명, 정구영과 그 운동원 21명, 임흥순 등이 무더기로 고발됐다. 이 밖에도 어떤 후보는 아예 요정에다 선거사무소를 차리고 유권자에게 갖은 향응을 제공했다. 서울의 모 후보는 선거운동원을 40일간이나 자기집 사랑방에 숙박시키면서 2, 3일에 한 번 요리집에서 산해진미를 대접했는데, 이들에 대한 급료로 최저 50원 최고 100원까지 지급했다고 한다. 당선된 경우에는 보너스로 200원 내지 250원을 추가 지급했다고 하니 그 액수가 어마어마한 것이다. 당국의 조사에 의하면 이번 선거에 동원된 운동원수는 무려 8천930명에 달한 것으로 알려졌다.

한편 불경기가 심각한 가운데서도 선거 특수로 일부 업종이 톡톡히 재미를 본 것으로 알려졌는데 대표적으로 음식점과 요정이 꼽히고 있다. 또 도시에서는 기생들도 한몫씩 단단히 챙겼다고 한다. 서울의 경우 개표 당일 저녁에는 최대 권번(券番)인 조선권번에서만 100여명의 기생이 출장을 나갔다는 후문이다. 이 밖에도 택시와 인력거도 큰 재미를 봤다. 인력거 한 대당 하루 사용료를 5원씩 지불했는데, 돈 있는 후보들은 이런 인력거를 50대씩 빌려 동원한 것으로 알려졌다. 이번 선거는 살인적인 불경기 속에 일부 돈 있는 사람들이 벌인 흥청망청 잔치판이었던 것이다.

중국인 날품팔이 쿨리
국내 노동시장 '야금야금'

금년에만 2천여 명 넘어와 … 잔류인원도 상당수

한국의 노동시장을 파먹는 중국 날품팔이들(苦力 : 일명 쿨리)이 설이 지나 노동철이 가까워옴에 따라 한국으로 몰려들기 시작하고 있다. 금년 들어 벌써 2천여 명이 인천항을 통해 들어왔고 이 밖에도 진남포, 용암포, 목포 등지로 들어온 수를 합하면 훨씬 더 많을 것으로 추산되고 있다.

이들은 중국 산동(山東)에서 인천항까지의 1원 70전 하는 삼등 뱃삯만 가지고 고향을 떠나 한국에 와 7, 8개월 동안 한국에서 날일을 하고 노동철이 끝나는 음력 동지섣달이 되면 1인당 최하 200원 가량씩 챙겨 고향으로 돌아간다. 이들은 대부분 이처럼 계절노동을 하지만 매년 5, 6천 명 정도가 돌아가지 않고 한국에 눌러앉는다고 한다. 작년의 경우 3만 657명이 입국했다가 2만 890명이 돌아가고 약 1만 명 정도가 눌러앉은 것으로 집계됐다. 이들이 지난해 한국에서 번 돈은 700만 원에 이른다고 한다.

"경제불황, 총독부 관리라고 비켜갈까"
2천여 명 감봉조치에 태업 등 반발

경제불황으로 재정이 위축되자 총독부가 관리들의 월급을 감봉하여 관리들이 태업에 들어가는 등 심하게 반발하고 있다.

총독부가 6월부터 본봉의 감액은 물론 한국에 근무하는 일본관리들에게 특별히 지급하는 가봉(加俸)까지 2할씩 내리기로 하자 총독부 내의 2천여 상하급 관리들은 사무를 전폐하고 공개리에 성토대회를 열며 집단적으로 반발하는 등 감봉반대의 정세는 자못 험악하게 전개되고 있다는 소식이다. 500여 명의 관임관들은 5월 25일 오전 제2회의실에 모여 본봉의 감액은 물론 가봉의 감액은 개인생활을 근본적으로 위협할 뿐만 아니라 장래 중대한 사변이 있을지도 모르는 일이므로 반대한다는 결의문을 채택했다. 또 고등관 54명도 오전 10시부터 제1식당에 모여 같은 내용의 결의문을 채택했고 용산 철도국에서는 23일 이래 전 직원이 태업에 돌입했다고 한다.

화류계도 불경기
손님 발길 '뚝'

불경기에 따른 실업지옥 등으로 온갖 불안한 소리가 높은 가운데 춘삼월 화류계도 예외는 아니어서 이곳을 찾는 손님의 발길이 뚝 끊겼다.

지난 2월 중 신정(新町)의 유곽을 찾은 손님은 7천487명, 이들이 쓴 돈은 6만 2천133원으로 집계됐는데 이는 작년 같은 기간보다 226명, 5천938원이 줄어든 것이다.

우리 사회, 몸도 마음도 '꽁꽁'
16년 만의 강추위 한반도 강타
마작 창궐 … 서울 '도박도시화'

영하 20도 한파

1월 9일 오후부터 갑자기 차가운 북서풍이 몰아치기 시작하여 10일 아침 7시에는 기온이 영하 22도까지 떨어지는 16년 만의 강추위가 기습했다. 이날 아침 한강은 10cm 두께로 얼어붙었고 자동차들은 엔진이 얼어 시동조차 걸지 못해 발이 묶였다. 부산을 출발해 서울에 도착하는 열차는 히터가 얼어붙어 한 시간 반이나 연착했다. 아침 8시 30분경 서대문과 남대문에서 전차선이 끊겨 30분 동안이나 전차가 불통, 각 정류장은 혹한에 떨고 있는 출근인파로 혼잡을 이루었다.

기상대는 시베리아 방면에 정체되어 있던 한랭한 고기압이 남쪽으로 이동하는 가운데 강력한 계절풍이 엄습하여 한반도 전역에 영하 20도의 한파가 몰아닥친 것이라고 설명했다.

전국 각지서 도박성행

취직난과 생활불안이 심각해지면서 해가 갈수록 마작이 독버섯처럼 사회저변으로 퍼져 가고 있다. 현재 허가를 받아 공공연히 도박을 하는 소위 '마짱구락부'가 서울시내에만 127군데나 되는데 이 밖에도 허가 없이 운영되는 요리점, 기생집, 기타 각처의 숨은 마작장이 부지기수여서 서울은 마치 도시 전체가 도박장이 된 감이 없지 않다. 마작꾼들은 겉으로는 오락인 것처럼 하여 관헌의 눈을 피하고 있지만 하룻밤에 수십 원, 크면 수천 원이 오가는 큰 도박판을 벌여 패가망신하는 사례가 속출하고 있다. 주로 직업 없는 룸펜들이 직업적으로 하는 경우가 많은데 직업이 있는 사람도 한번 빠지면 헤어나오지 못해 그 폐해가 날로 심각해지고 있다.

최근 청년들의 사상이 차츰 좌익화되고 중대사건이 빈발함에 따라 일제당국은 고등경찰을 대폭 증원하고 있다.

서울의 경우 각 경찰서에는 고등계에 차석으로 경부보를 한 사람씩 증원 배치하여 사상범 단속에 만전을 기하도록 하고 있다.

또 함경남북도의 경우 사상관계 사건이 연이어 터지자 당국은 청소년 지도가 미비한 때문으로 진단하고 사회과와 학무국에서 30만 원의 예산을 책정하여 이들의 선도에 나설 예정이라고 한다. 구체적 방법은 아직 마련되지 않았으나 근로정신 고취와 과격사상 교정에 중점을 둘 것이라고 한다.

백화-소매점
판매경쟁 치열
소매상들 연합회 결성
"세일판매 중지" 등 요구

현대도시의 모습을 갖추어가는 서울에도 백화점들이 생겨나기 시작하면서 백화점과 일반 소매상 간에 판매경쟁이 치열해지고 있다. 최근 삼월(三越), 정자옥(丁子屋), 삼중정(三中井), 평전(平田), 화신(和信), 동아부인(東亞婦人) 등 백화점이 크고 높은 건물에 온갖 물건을 진열하고 단장을 호화롭게 하여 세인의 눈길을 끄는 데 성공하고 있다. 더구나 이들은 일부 상품에 대해 세일판매를 단행하여 손님들의 발길이 끊이지 않고 있는 실정이다. 그로 인해 특히 주변 소매상의 매상이 급격히 줄어들어 중소상인들의 불안감이 날로 커지고 있다.

이에 따라 1천여 명의 소매상들은 경성소매상연합을 결성, 백화점 측에 세일판매를 중지할 것과 무제한경쟁을 삼가도록 요구하고 나섰다. 백화점측에서도 백화점협회를 조직, 취급상품의 품질 향상에 주력하고 판매상품을 제한하여 일반 소매상과 차별화를 기할 것을 결의하였다고 한다. 그러나 향후 백화점과 소매상 간의 판매경쟁은 필연적이어서 경쟁이 더욱 치열해질 것이라는 게 업계의 공통된 전망이다.

휴지통

서울에 '키스강도' 출현
수법 등 치밀 상습범 …
순찰 경찰에 체포 '쇠고랑'

서울시내에 키스강도가 나타나 사람들의 분노를 사고 있다. 지난 4월 1일 시내 모여자실업학교 교사 이정애씨(22세)는 오후 6시 30분경 관수동 자택에서 나와 언니집에 가던 중 갑자기 괴한이 나타나 끌어안고 키스를 하며 괴이한 행동을 하자 이씨는 죽을 힘을 다해 저항하면서 소리를 질러 구원을 청했다. 이에 당황한 괴한이 바람같이 도망갔으나 부근을 순찰 중이던 본정경찰서 순사의 추격 끝에 체포되고 말았다.

경찰 취조 결과 이 괴한은 북미창정 250번지에 사는 모통신사 기자 구로키 니치로(黑木二郎, 26세)인 것으로 밝혀졌는데, 이 자는 모자까지 벗어서 양복주머니에 넣어 언제든지 도망할 채비를 하고 있었던 것으로 보아 키스강도를 상습적으로 해온 것으로 추측되고 있다.

전세계 '금융공황' 강타

영국·독일·미국 등서 은행휴업 속출 … 금본위제 파탄

1931년 5월 오스트리아 최대의 은행 크레디트 안슈탈트가 돌연 휴업을 선포하고 문을 닫은 것을 시발로 은행 휴업사태가 유럽 각국으로 파급돼 국제적인 금융공황이 발생했다. 독일에서는 전 은행이 휴업에 들어간 상태고, 영국은 금 수출을 금지하는 한편 파운드의 평가절하를 단행해 영국 주도의 금본위제가 파탄을 맞고 있다.

독일이 금융공황의 직격탄을 맞은 것은 1차세계대전 전후보상을 짊어지고 있는 상태에서 전후부흥을 위해 막대한 단기성 외채를 쓴 것이 근본원인인 것으로 지적되고 있다. 독일 외채 총액의 약 절반인 117억 마르크가 1929년의 경제대공황으로 당장 상환해야 할 위기에 처하자 자금수요가 격증해 금융부담이 견딜 수 없을 정도로 가중된 것이다. 더구나 최근 나치당이 급부상하자 국제신용도는 더욱 떨어져 자금조달이 거의 불가능한 지경에 이르러 최근 대외지불 정지선언을 한 상태이다.

영국 역시 단기자금을 많이 쓰다가 대공황으로 타격을 받고 있다. 영국은 1차세계대전 이후 경상수지 적자에도 불구하고 전쟁 전의 1등국 지위를 유지하기 위해 무리하게 세계 각지로 영국자본을 수출해왔다. 이에 따라 발생하는 국제수지 적자는 프랑스와 미국으로부터 단기자금을 빌려와 메우고 있었는데 독일의 대외지불 정지선언 여파로 자금압박이 가중돼왔다. 한편 영국이 외국의 단자를 급히 끌어다 쓰는 바람에 영국의 금은 그에 비례해서 급속하게 대외로 유출돼왔다. 최근 영국의 금 준비액이 8억 달러에서 6억 5천만 달러로 급격히 줄자 영국정부는 금 유출을 금지하는 한편 금본위제로부터의 이탈을 선언할 수밖에 없었다.

미국도 상황이 나은 것은 아니다. 미국의 광공업 생산지수는 1929년의 110에서 1931년에는 75로 급락하고 있고 그 하락속도는 더욱 가파라질 전망이다. 이미 미국에서는 많은 은행이 파산한 상태이고 달러의 금 태환 정지도 곧 있을 것으로 예측돼 세계경제는 그야말로 총체적 파탄상을 보이고 있다.

파시즘찬가 연주 거부 토스카니니에 폭행

이탈리아 파시스트, 국제적 빈축 사

1931년 5월 이탈리아에서 세계적 오케스트라 지휘자 토스카니니가 파시즘 찬가 연주를 거부하다 파시스트당원들로부터 폭행당하는 사태가 발생해 빈축을 사고 있다.

토스카니니는 이전부터 파시즘 찬가인 「지오비네자(Giovinezza)」만은 연주하지 않아왔는데 볼로냐시 당국은 5월 14일로 예정돼 있던 음악회를 돌연 파시스트축제로 바꾸고 그에게 「지오비네자」를 연주할 것을 강요했다. 그가 끝내 연주를 거부하고 퇴장하자 극장 밖에서 파

시스트당원들이 토스카니니 부부를 폭행하기에 이른 것이다. 토스카니니 부부는 큰 상처를 입지는 않았지만 당국은 세계적 명사인 이들 부부의 여권을 압수해버렸다.

스페인에 급진적 공화정 수립

제헌의회서 좌익공화파 다수 획득 … 군부, 정권재탈환 공언 정국 불안

1931년 6월 실시된 제헌의회에서 좌익공화파가 다수를 획득해 스페인에서 왕정이 폐지되고 '모든 노동자의 민주공화국'이 수립됐다.

스페인 내정은 지난 1월 입헌왕정하의 군사독재체제를 이끌어온 리베라장군이 사임함으로써 급속하게 혁명정세로 빠져들었다. 리베라 장군이 사임한 뒤 베렝게르장군이 내각을 이끌었으나 군주제 폐지를 강령으로 내건 혁명위원회가 4월 지방선거에서 승리함으로써 이번 제헌의회선거가 실시된 것이다.

새로 제정된 헌법에 따라 남녀평등 보통선거·단원제 의회·대통령 임기 6년·귀족제 폐지·교회와 국가의 분리·지방자치제에 의한 연방제 등이 실현될 예정이다. 이로써 스페인 국왕 알폰소 8세는 해외로 망명하고 왕정과 신분제는 공식적으로 폐지됐다.

더구나 혁명정부를 이끌고 있는 스페인사회노동당세력은 노동운동과 학생운동 출신자들로 구성돼 있는데다 러시아혁명을 모범으로 삼고 있어 좌익적 색채를 짙게 띠고 있다.

현지 소식통에 의하면 혁명정부의 급진적 개혁에 대해 국민 일부에서 불안해하는 분위기가 있으며 군부는 정권 재탈환을 다짐하고 있어 정국이 상당히 불안한 상태라고 한다.

'깡패들의 천국'에서 알 카포네 쫓겨나다

미국, 탈세혐의 인정 11년 선고

1931년 10월 지난 6월 밀주판매 혐의로 체포, 구속된 갱 두목 알 카포네에게 탈세혐의로 11년 징역형이라는 중형이 선고됐다. 이는 탈세죄에 대한 형량으로는 사상 최고인데다 같이 부과된 벌금 및 추징금이 20만 달러에 이르러 알 카포네의 전성시대는 이제 종말을 고했다는 평가가 나오고 있다.

그러나 알 카포네가 성발렌타인데이의 대학살 등 수많은 살인사건의 배후로 지목돼온 것에 비해 이번에 적용된 죄목은 너무 가볍다는 지적도 있다. 알 카포네는 뉴욕 브루클린의 빈민가에서 태어나 어릴 때부터 갱단에서 활약해온 자로 1920년에 시카고로 옮겨오면서 일약 암흑가의 황제로 부상했다. 특히 미국에서 실시되고 있던 금주법을 기화로 밀주제조 및 판매에 손을 대 엄청난 거액을 손에 넣었다. 그는 이 돈을 수많은 경찰과 정치가들에게 뿌려 일설에 의하면 이들에게 상납하는 액수가 1년에 1억 달러에 이르렀다는 소문도 있다. 따라서 이번에 탈세혐의가 적용된 것도 이와 무관하지 않다는 설이 있다.

경찰·정치가 매수 밀주로 일확천금… 암흑가 황제 군림

휘하에 거느린 총잡이만 700명. 일군(?)들이 총 1만 명. 미국에서 그 어느 정치가나 재벌도 부럽지 않은 암흑가의 황제. 암흑가에서 그가 성공할 수 있었던 것은 뺨에 길게 그어진 흉터와 중절모 밑에서 살기를 발하는 눈빛 때문만은 아니다. 그의 손짓 하나면 순식간에 목숨이 날아갈 수 있기 때문이다.

1929년 2월 14일 성발렌타인데이. 시카고 북부지역을 장악하고 있던 갱 벅스의 부하 7명이 어느 차고에서 밀주를 기다렸다. 그러나 나타난 것은 경찰들이었고 경찰은 이들을 벽에 일렬로 세우고 일제히 기관총을 난사했다. 경찰로 위장한 카포네의 부하들이었던 것. 카포네에게 도전한 갱의 최후였다.

알 카포네가 밀주매매와 도박과 매춘을 통해 버는 돈은 FBI가 추산한 것만도 연 1억 달러 이상. 그러나 국세청에 신고된 직업은 고물상. 그 자신은 최고급 실크셔츠와 비싸고 야한 양복, 다이아몬드로 장식한 벨트를 자랑하고 다니는 자칭 '사업가'다. 그의 사업수완은 수많은 살인혐의에도 불구하고 검사나 판사 그 누구도 그에게 살인죄를 적용시키지 못한 데서 잘 드러난다. 밀주판매 혐의에 대해서조차 그는 "부자들과 정치가들 모두 내가 파는 밀주를 마시고 있지 않으냐"며 격렬하게 저항했다.

그는 미국에서는 무엇이든 가능하다는 아메리칸 드림의 정수를 보여준 인물인 듯하다.

훠어이~ 훠이

이바구

이번 호의 인물　　　김성수

굴곡 많은 한국 자본주의 상징

김성수는 참 오지랖이 넓은 사람이다. 동경유학 시절 유학생들을 여럿을 알게 모르게 뒷바라지 했다. 이광수의 와세다대학 학비를 대준 것은 알만한 사람은 다 아는 사실이다. 동아일보 부사장의 직함을 가지고 미국에 유학중인 장덕수의 어머니 회갑연까지 아들 대신 열어주는 세심함을 잃지 않은 사람이다. 이런 공덕으로 그의 주변에는 재사(才士)들이 끊임없이 모여든다.

그는 호남 대지주의 아들로 한국 최대의 기업 가운데 하나인 경성방직을 설립했고, 또 동아일보를 설립하여 '민족의 입'을 자임하고 있다. 머지않아 경영난에 빠진 보성전문학교도 인수할 거라는 소문이다. 그의 기업 경영방직은 한국자본주의의 상징이며 동아일보의 논설은 한국자본주의사상의 이정표 역할을 하는데, 이 모든 일을 그의 주변에 모여든 재사들이 이끌어가고 있다.

그러나 그는 여전히 대지주로 그의 소작인들은 여느 소작인과 마찬가지로 높은 소작료를 내야 한다. 경성방직은 해마다 총독부의 보조금을 받고 있는데 그 노동자들은 저임금에 시달려 쟁의가 끊이지 않고 있다는 소식이다. 그가 세운 중앙학교는 6·10만세운동에 참여한 학생들을 무더기로 처벌했던 학교다. 동아일보는 자치운동을 주장하는 이광수의 사설을 실었다가 국내외 각계 각층으로부터 신랄한 비판을 받았다. 그가 펼치는 사업은 모두 민족주의를 표방하고 있지만 이런 내용을 알고 보면 그 민족주의의 실상이 어떤 것인가는 대강 짐작이 되고 남는다.

그의 동아일보가 요즈음 브 나르도운동을 전개하고 있다. 학생들을 동원하여 무지한 농민들을 계몽시키겠다는 순수한 뜻을 구태어 폄하할 필요는 없을 것이다. 그러나 당장 먹고사는 것이 절박한 농민들에게 계몽이라는 게 얼마나 고맙게 와닿을지는 미지수다. 대지주인 그가 지주·소작제도를 그대로 놔둔 채 농민들의 살 길을 어디서 찾을 것인지 두고 볼 일이다.

1891년생. 본관은 울산. 전북 고창 출신. 호는 인촌(仁村).

동아일보, 충무공유적 보존운동 추진
현충사 · 권율사당 보수공사에 나서

1931년 5월 조만식, 윤치호, 안재홍 등이 중심이 되어 조직된 유적보존회와 동아일보사는 이충무공유적 보존운동을 펼치기로 합의하여 그 첫 사업으로 현충사 보수공사에 착수했다. 그런데 이번 유적보존운동을 서둘게 된 것은 현충사가 충무공 종손의 부채로 말미암아 타인의 손에 넘어갈 위기에 처해 있다는 사실이 전해졌기 때문으로 알려졌다. 『동아일보』는 이 부채를 갚기 위해 대대적인 모금운동을 전개하고 있는데 이 어려운 세상에 충무공과 같은 위인이 나타나기를 갈구하고 있어서인지 많은 사람이 이에 호응하고 있다고 한다.

사회주의진영에서는 충무공을 현양하고 현충사를 보수하는 것 자체는 반대하지 않지만, 신간회 해체

동아일보의 충무공영정 봉안식 보도.

이후 민족진영 인사들이 일제에 대한 저항을 포기하고 이 같은 민족문화운동에만 몰두하고 있는 것을 비판하고 있다. 또한 민족문화를 강조하는 것은 좋지만 이것이 자칫 국수주의적 경향으로 치달을 때 최근 유행하는 사회주의사상까지도 외래사상으로 몰아 배격하기 위한 무기로 이용되는 것이 아니냐는 비판도 있다.

"노래에 취하고 노래에 병든다?"

대중음악시대 본격 개막 … 경성 이어 지방에도 레코드점 잇단 개설

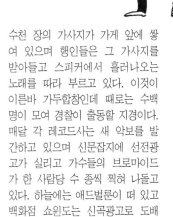

1931년 빅터레코드사와 콜롬비아 레코드사가 경성에 지점을 개설하고 다투어 각 지방에 특약점을 설치, 축음기를 월부로 판매하기 시작하면서 우리나라에도 바야흐로 레코드와 축음기의 시대가 열리고 있다. 이 밖에도 포리돌레코드사와 OK레코드사, 킴레코드사 등도 경성지점 개설을 준비하고 있으며 국내에도 레코드사 설립을 준비하고 있는 사람이 많다. 레코드의 보급에 따라 가요가 대중문화의 총아로 부상하고 있다. 지난 1929년 발표된 '황성옛터'의 공전의 히트도 레코드로 취입되어 발표되면서부터이다. 1930년대는 가요의 전성시대, 레코드와 축음기의 시대가 될 것이라는 것이 일반적인 분석이다.

현재 장안에는 이러한 분석을 뒷받침해주는 현상들이 이미 벌어지고 있다. 레코드상점에 아치가 서고 수천 장의 가사지가 가게 앞에 쌓여 있으며 행인들은 그 가사지를 받아들고 스피커에서 흘러나오는 노래를 따라 부르고 있다. 이것이 이른바 가두합창인데 때로는 수백 명이 모여 경찰이 출동할 지경이다. 매달 각 레코드사는 새 악보를 발간하고 있으며 신문잡지에 선전광고가 실리고 가수들의 브로마이드가 한 사람당 수 종씩 찍혀 나돌고 있다. 하늘에는 애드벌룬이 떠 있고 백화점 쇼윈도는 신곡광고로 도배되어 있다. 창경원의 밤벚꽃놀이가 때면 야외무대공연과 함께 신곡의 광

고와 가사지가 낙화처럼 휘날릴 정도이다.

이러한 레코드와 대중가요의 유행에 비판적인 사람도 적지 않다. 세상이 어느 세상인데 사랑에 울고 사랑에 웃는 식의 대중가요에만 몰두할 수 있느냐는 것이다. 그러나 한 전문가는 숨막힐 듯 억압된 식민지 상황에서 이에 대한 심리적 탈출구로 노래를 찾게 된 것이라고 지적했다. 노래에 취하고 노래에 병들지 않으면 견딜 수 없는 시대, 우리가 살고 있는 시대가 바로 이러한 시대가 아닐까?

신채호 「조선상고사」, 조선일보에 연재

1931년 6월 10일부터 저명한 독립운동가이자 사학자인 신채호가 「조선일보」에 「조선상고사」를 연재, 식민사관을 극복한 획기적인 역사인식으로 학계의 주목을 받고 있다.

신채호는 일찍이 한말에 「독사신론」을 발표하여 근대적 역사학의 토대를 마련한 바 있으며 1920년대에는 「조선상고문화사」, 「조선사연

구초」 등을 발표했다. 독립운동에도 큰 활약을 하여 신민회의 해외망명 활동을 주도했으며 임시정부 수립 이후 창조파의 거두였다. 이후 항일 테러단체인 의열단의 조선혁명선언을 집필하기도 하였으며, 1928년 4월에는 무정부주의동방연맹에 가담해 활동하다 체포되어 현재 여순감옥에 수감되어 있다. 이번에 연재되

고 있는 「조선상고사」는 그가 옥중에서 집필하고 있는데, 「조선일보」에 이 글을 싣게 된 것은 최근 조선학운동을 주장하고 있는 안재홍의 주선에 의한 것으로 알려지고 있다.

서 평　신채호 「조선상고사」

'아(我)와 비아(非我)의 투쟁' 통한 역사발전 천명
독립운동 이론 마련한 민족사학 초석

신채호의 「조선상고사」는 총론을 비롯 12편으로 구성됐는데, 단군시대부터 백제의 멸망과 그 부흥운동까지 다루고 있다. 그의 역사이론을 집약한 총론에서 그는 역사를 '아(我)와 비아(非我)와의 투쟁'으로 보아, 역사발전의 원동력을 사물의 모순·상극관계에서 찾고 있다. 여기서 '아'를 식민지하에 있는 우리 민족으로 상정하고, '비아'를 일본

으로 설정하면 이는 독립운동의 이론적 근거가 된다는 게 학계의 일반적인 분석이다.

그는 우리 고대사의 영역을 중국 동북부와 랴오시(遼西)지역으로 넓힘으로써 한국사가 한반도 내에서 중국의 영향 아래 발전해왔다는 일제 식민사관을 전면 부정하고 있다. 그는 또 고대사의 인식체계를 새롭게 하여 종래 단군-기자-삼한-

삼국으로 이어지는 고대사체계를 거부하고 단군조선-3조선-부여-고구려로 체계화시켜 역사의 흐름을 기존의 신라 중심에서 고구려·백제 중심으로 바꾸었다.

「조선상고사」는 이처럼 식민사관을 전면 부정하고 민족의 웅대한 기상을 드러냄으로써 시대적 요구에 충실한 역사인식을 체계화했다는 평가를 받고 있다. 그러나 일부에서는 민족주의를 고취하는 데 치중한 나머지 과거 역사를 지나치게 '화려하게' 설명하고 있다는 지적도 나오고 있다.

「신동아」「혜성」「비판」 등 잡지 창간 잇따라

1931년 들어 「신동아」, 「혜성」, 「비판」 등 잡지가 잇따라 창간되었다. 「신동아」는 「동아일보」에서 창간한 월간종합지로서 정치·경제·사회·학술·문예 등 시사평론에서부터 과학·운동·연예·취미에 이르기까지 다양한 영역을 망라하여 폭넓은 정보를 제공하고 있는 반면 산만하고 수박겉핥기식이라는 지적도 있다. 또한 이 잡지는 유수의 신문사에서 발간하여 신문사의 역량을 잡지 발간에 동원한 점이 장점이라는 지적도 있다. 독자들의 반응

이 비교적 좋아서 창간호는 2만 부가 매진되었다고 한다. 잡지 「혜성」은 1931년 3월 1일 개벽사에서 창간하였는데 이 잡지 또한 종합지로서 가격은 30전이라고 한다. 「비판」은 1931년 5월 1일 창간되었는데 창간사에서 "오늘날 이론을 심화하여 현상을 본질적 발전과정에서 파악하고, 비판을 통해 우리의 인식과 행동을 바로잡는다"고 하여, 사회주의적 입장에서 일제의 식민지정책을 비판할 것임을 분명히 밝히고 있는 점이 특징이다.

문화계에도 사회주의 탄압
박영희 · 임화 등
카프 맹원 검거

1931년 총독부는 박영희, 김기진, 임화 등 조선프롤레타리아예술가동맹(약칭 카프) 간부들에 대한 일제 검거에 나섰다. 이번 검거는 표면적으로는 카프에서 제작한 영화 「지하촌」사건 때문으로 알려지고 있으나 일제당국의 사회주의 탄압정책의 일환으로 이루어진 일이라는 분석이 일반적이다.

역사신문

윤봉길, 홍구공원서 폭탄 투척 일본군사령관 등 10여명 사상

상해사변 승리자축 기념식장서 도시락폭탄 던져

1932년 4월 29일 한국인 청년 윤봉길이 상해 홍구공원에서 열린 일황생일과 상해사변 승리를 자축하는 기념식장에 폭탄을 던져 일군사령관 시라카와대장 등 10여 명이 죽거나 크게 다쳐 상해 일대가 발칵 뒤집혔다.

이날 오전 기갑부대가 시가지를 행진하고 비행기가 공중에서 축하비행을 하는 가운데 행사가 시작됐다. 11시 40분경 식순에 따라 일본국가가 막 끝날 무렵 윤봉길이 군중들 속에서 걸어나와 단상을 향해 물통폭탄과 도시락폭탄을 연이어 던졌다. 폭탄이 '꽝' 하고 터지면서 단상은 순식간에 피범벅으로 아수라장이 됐다. 중국 주둔 일군사령관 시라카와 요시노리대장과 일본인 거류민단장이 즉사하고 일본군 중장을 비롯, 10여 명이 중상을 입었다. 윤봉길은 거사 후 현장에서 자살을 기도했지만 실패하고 경찰에 체포됐다(사진).

윤봉길은 김구가 이끄는 한인애국단 단원인

것으로 밝혀졌다. 한인애국단은 지난 1월 이봉창의 일황저격사건에 이어 이번 사건을 일으켜 내외로부터 관심의 초점이 되고 있다. 한인애국단은 홍구공원에서 상해사변 기념식이 열린다는 정보를 입수하고 이를 일본의 침략에 분노하고 있는 중국을 우리 편으로 끌어들일 수 있는 기회라고 판단, 폭탄테러를 감행하기로 결정한 것으로 알려졌다. 윤봉길은 지난 이봉창의거 때 폭탄이 제대로 터지지 않았던 점을 감안해 이번에는 성능 좋은 도시락폭탄과 물통폭탄을 제조하고, 사건 당일 일본식 양복을 차려 입고 식장에 입장하는 데 성공했다.

연이어 폭탄테러를 당한 일본은 내심 당황하고 있다는 후문이며 현지의 일본계 신문들도 '흉악한 사건'이라고 분노와 충격을 표현했다. 그러나 상해사변에 분개하고 있던 중국인들은 속으로 쾌재를 부르고 있으며 중국계 신문들도 통쾌하다는 반응을 보였다. **관련기사 2면**

폭탄 투척직전의 일본군 경축식 장면.

윤봉길의사가 던진 폭탄이 터져 사상자를 옮기고 있다.

일본군에게 체포돼 가는 윤봉길의사.

이봉창, 천황에 폭탄

도쿄 시내서…아깝게도 실패

1932년 1월 8일 이봉창이 도쿄에서 일본천황에게 폭탄을 던졌지만 안타깝게도 실패로 돌아갔다. 이봉창은 한인애국단 단원으로 밝혀졌다. 이 사건으로 천황을 하늘같이 여기는 일본 조야는 경악하고 있는 반면 한국인들의 독립의지는 만천하에 떨쳐졌다. **관련기사 2면**

이봉창은 최근 한인애국단의 지침에 따라 폭탄 2개를 소지하고 상해로부터 일본에 잠입, 거사를 준비해왔다. 1월 8일 천황이 육군행사에 참석키 위해 시내를 통과한다는 정보를 입수하고 현장에 대기하던 중 일본천황이 탄 마차가 지나가자 폭탄을 던진 것이다. 그러나 거리가 멀어 폭탄이 마차에 못 미치는 바람에 거사는 실패했고, 자결용으로 준비해간 폭탄마저 불발돼 현장에서 체포됐다.

한편 한 중국신문이 이 사건을 보도하면서 '불행히도 천황 무사'라고 표현해 중·일 간 외교분쟁까지 일고 있다.

총독부, 농민폭동 대책마련 '골머리'

'농가경제갱생계획' 수립
사회주의 차단 사상교육도…
"현실성 없다" 비난 커

농촌사회의 피폐가 극에 달하고 각지에서 대규모 농민폭동이 빈발하는 등 사회 전체에 위기감이 확산되는 가운데 일제는 이에 대한 대책으로 총독부 주도로 '농촌진흥운동'을 전개하는 한편 소작조정령을 실시하고 자작농창정계획을 수립하는 등 나름의 농촌대책을 잇따라 내놓고 있다.

1932년 7월 우가키 가즈시게(宇垣一成)총독은 도지사 회의석상에서 '농촌진흥운동'의 실시를 지시하면서 그 목표로 관과 민이 일치협

력하여 내선융화, 불온사상 시정·노사협조·구습타파·경제갱생·생활안정 등을 제시했다. 이에 따라 1933년 '농가경제갱생계획'을 수립, 다각적 영농을 통해 노동력을 최대한 이용할 것과 자급자족경제를 만들어 미곡 위주 농사에 의한 폐해를 없애기로 했다. 아울러 농민을 사상적으로 선도하여 충성스러운 황국신민으로 갱생시키는 작업도 병행키로 했다. 이를 위해 조선시대의 농민통제장치였던 향약(鄕約) 등을 부활시켜 지주 등 유력자들의 부락민에 대한 통제기능을 강화하게 된다.

한편 총독부는 1933년 날로 치열해지는 소작쟁의를 통제하기 위해 소작조정령을 시행, 소작쟁의 발생시 재판소가 군수·읍면장·경찰서장·농회장 등으로 구성된 각 지역 소작위원회에 이를 회부, 권고화해를 추진하도록 했다. 그

러나 소작위원회가 관변인사들로만 구성돼 농민들은 오히려 반발하고 있다. 또 1934년에는 농지령을 제정, 일정 기간 소작지를 지주가 마음대로 바꾸지 못하게 하고 소작지 관리인인 마름의 횡포를 막도록 하는 등 소작인들의 권리를 부분적으로 보호하도록 했다.

이와 함께 1932년 농촌사회안정대책으로 자작농창정계획을 수립, 농촌의 중견농민들을 자작농으로 육성하여 농촌사회를 안정시키는 발판으로 삼기로 했다. 이 계획에 따르면 향후 10년간 농민들에게 자금을 대부하여 1만 2천정보에 2만 4천 호의 자작농가를 육성하게 된다. 그러나 날로 피폐해가는 농촌경제의 상황에 비추어 이 계획은 '흙 한 덩어리로 한강을 막으려는 것과 같은 방안으로 전혀 현실성이 없다"는 지적이 일고 있다. **관련기사 2·3면**

대일전선통일동맹 '통일당 결성' 결의

김구 등은 반대 표명

1934년 3월 지난 1932년 11월 상해에서 각 독립운동 정파의 대표들이 모여 결성한 대일전선통일동맹이 2차 대표대회를 열고 기존의 협의체 수준을 벗어나 '통일정당'을 결성하기로 결의해 내외의 관심이 집중되고 있다. **관련기사 3면**

그동안 대일전선통일동맹에는 상해의 한국독립당, 북경의 광복동지회, 남만주의 조선혁명당, 난징의 한국혁명당과 의열단, 그 외에 대한독립당 등 미주지역 4개 단체가 참여해 해외에서 활동하는 거의 모든 독립운동 정파가 결집한 상태였다. 그러나 단순한 협의체 수준이어서 상시적 공동행동을 이루기가 쉽지 않았다. 이번 2차대회는 이러한 한계를 극복하고, 지난 1920년대에 추진하다 실패한 유일당운동의 맥을 이어받아 통일정당 결성을 결의하고 나선 것이다.

그러나 통일동맹 내부에서 이에 대한 반대도 만만치 않아 전망이 밝은 것만은 아니다. 김구 등 한국독립당 일부 세력, 신한독립당(1934년 2월 난징의 한국혁명당과 북만주의 한국독립당이 합당해서 만든 정당)의 일부 간부진 등 우파 진영에서는 이 '통일정당'의 노선과 색깔에 의혹을 표하며 반대하고 있다는 소식이다. **참조기사 7호 1·2면**

무장독립군·중국의용군 연합, 일본군과 격전

이청천·양세봉 장군 남·북만주에서 맹활약

만주사변을 일으킨 일본이 만주국이라는 괴뢰정부를 세우고 중국 침략을 노골화하는 가운데 이 지역의 우리 무장독립군과 중국의용군이 연합해서 일본군과 격전을 벌여 곳곳에서 상당한 전과를 거두고 있다.

북만주에서는 이청천장군, 남만주에서는 양세봉장군이 쌍두마차로 맹활약을 펼치고 있다. 이청천장군은 북만주지역 한족총연합회의 한국독립군을 이끌고 중국의용군과 합세하여 연일

전투를 치르고 있는데, 특히 1933년 6월에는 대전자(大甸子)에서 500여 병력을 이끌고 2천 병력의 중국 지린의용군과 연합해 일본군 수송부대를 습격, 대승을 거뒀는데 노획품만도 군복 3천여 벌과 소총 1천500여 정에 이르렀다.

양세봉장군은 남만주지역 국민부의 조선혁명군을 이끌고 무려 200여 차례의 전투를 치르고 있다. 주로 중국의 랴오닝민중자위군과 합동작전을 펴고 있는데 최근 랴오닝(遼寧)성 신빈현

영릉가 전투에서 일본군에 대승을 거뒀다. 특히 이 전투 이후 중국인들은 양세봉 부대를 '잠방이(팬티)부대'라 부르며 존경의 눈초리로 쳐다본다고 한다. 행진 도중 작은 강이 나오자 추운 겨울인데도 양장군 부대는 물에 뛰어들어 건넜다. 그러나 물에 젖은 바지가 얼어붙어 행군에 지장을 주자 바지를 모두 벗어버리고 살을 에는 찬바람에도 잠방이바람으로 진격했던 것이다.

이렇게 곳곳에서 전과를 올리고 있으나 전반적인 전황은 일본이 우세를 보이고 있다. 그러나 한·중 연합전투의 경험은 앞으로 독립군에게 귀중한 자산이 될 것으로 보인다.

역사신문

일제의 농촌진흥운동은 농촌진흥과 무관하다

농촌피폐는 구조적 원인에서 찾아야

총독부는 1932년 7월부터 농촌진흥운동을 전개하고 있다. 우가키총독은 이 농촌진흥운동이 극단적인 가난으로 정치적 불만이 고조되고 있는 소작빈농층에 대한 대책이라며 경제의 갱생, 생활의 안정, 사회주의 사상의 침투 방지 등을 목적으로 한다고 밝히고 있다. 그러나 실제로 농촌에서 진행되고 있는 이 운동의 양상을 보노라면 과연 이런 목표가 달성될 수 있을지 의문이 든다.

이번 농촌진흥운동의 시작은 무엇보다도 조선의 농가경제 사정이 극도로 악화된 것을 배경으로 하고 있다. 한 조사에 의하면 3년에 걸쳐서 48호의 농가를 조사했는데 그 중에서 27호의 농가가 적자를 기록하였다고 한다. 아마도 전국적으로 비슷한 비율의 농가가 적자에 허덕이고 있으리라 보여진다. 이러한 전반적인 농촌사정의 악화로 인해서 농촌 내부에서는 정치적 불안이 극에 달하고 있다. 혁명적 농민조합의 등장도 다른 요인도 있겠으나 악화된 농촌 사정에서 비롯하고 있다고 이해할 수 있다.

농촌진흥운동은 농민 스스로가 궁핍으로부터 탈피하는 '자력갱생'과 이를 보조하기 위해 총독부가 마련한 각종 '진흥대책'을 내용으로 하고 있다. 자력갱생 방안을 보면 염색한 옷 입기, 관혼상제의 간소화, 단발장려, 금주금연, 도박금지, 미신타파 등 생활개선사업이 중심을 이루고 있다. 소득증대 방법에서도 자급비료 생산, 새끼꼬기, 가마니치기 등 부업이 제시되고 있다. 결국 전가족이 밤낮을 가리지 않는 노동을 해서 소득을 증대하라는 것이다. 근본적 요인인 토지나 소작료문제에 대해서는 아무 언급도 없다. 결국 뼈빠지게 일만 하라는 것밖에 안 되는 것이다.

이마저도 어떤 동기부여도 없이 강요하기만 하니 농민들이 호응을 해줄 리가 없다. 정책실패라는 여론이 나오자 보완책으로 '갱생지정부락', '갱생지정농가' 등을 지정하며 모범사례만들기에 나서고 있다. 그러나 설사 몇몇 시범적인 농가의 성공사례가 있다 하더라도 이는 한낱 '지붕 위의 닭 쳐다보기'에 불과한 실정이다.

결국 총독부는 농촌피폐의 원인을 호도하고 있다. 농촌진흥운동은 농민의 가난이 구조적으로 수탈당하고 있는 데서 오는 것이 아니라 게으르고 무식한 결과라고 세뇌하여 사회정치의식을 마비시키고 자책감에 빠지게 하는 결과를 초래하고 있는 것이다. 더욱이 대륙침략전쟁이 얼마 남아 있지 않다는 논의가 많아지면서 농촌도 전쟁에 대비해야 한다는 분위기가 엄습하고 있다. 조선 농촌이 전쟁을 위한 식량공급지 역할을 한다면 농민의 경제갱생은 도대체 언제나 이루어질 것인가.

그림마당
이은홍

범 동아시아 항일전선 구축 위해 '심장부' 직접 타격
'일본은 공동의 적' 공감대 확산…중국여론 우호적

1932년 1월 이봉창이 일본천황에게 폭탄을 던진 데 이어 이번에는 윤봉길이 상해 홍구공원에서 폭탄을 던져 큰 충격을 주고 있다. 일제의 식민기구에 대한 의열단 등의 테러공격이 없었던 것은 아니지만 이번 테러공격은 일본천황을 비롯 일본 심장부를 직접 겨냥했다는 점에서 일본에 준 타격이 더 큰 것으로 보인다. 그리고 이는 만주사변에서 상해사변으로 이어지는 일본의 대륙 진출 시점에 이루어졌다는 점에서 국제적으로도 큰 의미를 지닌다.

일본은 대공황 타개책으로 만주사변을 일으킨 데 이어 이번에는 상해사변을 일으킴으로써 중국대륙으로 진출하겠다는 야욕을 노골적으로 드러내 중국인들의 반일정서는 극에 달해 있는 상황이다. 반면에 중국국민당은 공산당과의 내전에 골몰하느라 제대로 대처하지 못하고 있다. 이러한 시점에서 일제 심장부에 직접 타격을 가하는 이봉창·윤봉길의 거사가 터져나온 것이다.

따라서 이번 사건에는 기존 한·일 간의 대립구도를 침략자 일본 대 침략을 받는 동아시아 여러 나라의 대립구도로 바꾸려는 의도가 숨어 있는 것이다. 이러한 점에서 한인애국단의 노선은 단순한 테러노선이 아니라 외교적 고려와 테러가 결합된 고도의 정치노선이라 할 수 있다.

한편 이번 사건은 우리 독립운동 내부판도도 고려한 것이라고 할 수 있다. 상해임정은 그동안 여러 차례 이합집산을 거듭하면서 사실상 해체된 거나 다름없었다. 여기에다 일본의 만주점령으로 이 지역을 근거지로 하는 무장항쟁의 여건은 날로 어려워져가고 있었다. 중국에서의 독립운동은 새로운 돌파구를 찾지 않으면 안 되는 시점에 봉착해 있었고, 이러한 상황에서 택할 수 있는 마지막 수단이 바로 일제 심장부를 향한 직접적인 테러였던 것이다.

사건의 여파가 퍼져나가는 양상을 보면 이러한 의도와 목표는 어느 정도 성공을 거둔 것으로 보인다. 중국 대부분의 신문들은 이 사건을 매우 통쾌히 여기면서 한국에 대해 우호적인 논조로 기사를 내보내고 있고 중국인들의 지지여론도 뜨겁게 달아오르고 있다. 이 때문인지 국민당정부도 이제까지와는 달리 적극적으로 한국 독립운동을 지원하겠다고 표명하고 있다. 침체돼 있던 중국 내 우리 독립운동세력들도 아연 활기를 띠고 전열을 가다듬고 있다.

결국 일제는 중국본토로 발을 들여놓기는 했지만 한 발짝 옮길 때마다 상당한 대가를 치러야만 하게 됐다.

한인애국단 어떤 조직인가

한인애국단은 1931년 말 상해임정 김구주석이 만든 비밀테러조직이다. 김구주석은 만주사변 이후 시시각각 조여들어오는 일본에 타격을 가하려면 특단의 방법을 강구하지 않을 수 없다고 보고 이 조직을 결성한 것으로 알려졌다. 특히 일본이 조작한 만보산사건으로 한·중 국민들 사이에 생긴 악감정을 해소하기 위해서도 공격의 초점을 일본으로 집중시킬 강한 필요성을 느꼈다고 한다. 단장은 김구주석이고 간부는 이유필, 이수봉, 안공근 등이 맡고 있으며 행동대원으로는 이봉창, 윤봉길, 이덕주 등 80여 명이 있는 것으로 알려졌다. 이들은 행동에 들어가기에 앞서 "나는 조국의 독립과 자유를 위해 한인애국단의 일원이 돼 적을 살해하기로 맹세하나이다"라는 선서문을 낭독하는데 이는 마치 유서와 같은 것이어서 그 의식이 자못 엄숙하다고 한다.

윤봉길 약력

1908 충남 예산 출생
1919 덕산보통학교 자퇴
1929 부흥원 설립, 농촌계몽운동
1930 만주로 망명
1931 상해로 옮김
1932 한인애국단 입단

이봉창 약력

1900 서울 출생
1916 용산 문창보통학교 졸업
1918 만선철도 기차운전 견습생
1924 일본에서 노동
1931 한인애국단 입단

총독부 농촌대책의 의미

농촌피폐 근본원인 무시, 부분적 개량에 치중
소작권 보호·자작농 육성책도 미봉책에 그쳐

최근 총독부당국이 농촌진흥운동을 제창하는가 하면 소작조정령·농지령·자작농창정계획 등 일련의 농촌대책을 내놓는 것은 한국농촌이 심각한 위기상황임을 반증하는 것이자 이에 대한 일제 나름의 대책인 셈이다. 그러나 이러한 일련의 대책이 과연 파탄상태에 달한 한국의 농촌사회를 안정시킬 수 있을 것인가는 회의적이다.

우선 농촌사회 위기의 근본원인은 기본적으로 일제가 강요한 반(半)봉건적 지주소작제도 자체에 있다. 일제는 한국인 지주들을 한국 지배의 축으로 삼아 기왕의 수탈적인 지주소작제도를 온존시켰다. 지난 1920년대의 산미증산계획은 이런 제도하에서 소작농민에게 쌀 증산을 독려하고 그 수확을 일본 및 한국 지주들이 고율의 소작료를 통해 수탈하여 배를 불려온 것에 다름 아니다. 그러나 총독부가 내놓은 농촌대책은 이런 기본적인 모순구조를 그대로 유지한 채 부분적인 개량을 통해 이를 해결하고자 하는 것이어서 언 발에 오줌 누는 격에 지나지 않는다.

총독부의 소위 농촌진흥운동이란 것도 이런 위기를 반영한 사회주의 사상의 확산과 농민들의 저항을 차단하고자 한 것인데, 그 골자라고 할 수 있는 농촌경제갱생대책도 기본발상은 농민들의 노동력을 최대한 동원하여 생활을 안정시킨다는 것이다. 그러나 아무런 생업기반 없이 탈진할 대로 탈진한 농민들에게 이 구호는 한갓 공염불로만 들린다. 이런 점 때문에 중견농민들을 자작농으로 육성하겠다는 자작농창정계획을 세우고 있다. 그러나 이 계획 또한 경제력 없는 농민들에게 돈 빌려줄 테니 땅 사라는 것이어서 실현성이 거의 없다. 실제로 이 계획 실시 이후에도 소작농은 계속 늘어만 가고 있다.

이와 함께 우선 급한 대로 소작농민들의 소작권을 보호하기 위해 소작조정령과 농지령을 잇따라 제정, 지주들의 자의적인 농민 지배를 차단하고 지주와 소작인 간의 분쟁을 일제당국이 조정하겠다는 방침을 정했다. 일제의 한국 지배를 안정화하기 위해 지주의 자의적 수탈을 부분적으로 통제하겠다는 고육지책인 셈이다.

그러나 부분적으로 소작농민을 보호하는 측면을 갖긴 하지만 기본적으로 지주의 입장에 서 있는 일제의 이런 방침이 이미 극도로 피폐해진 농촌사회를 얼마나 안정시킬 수 있을지에 대해서는 회의적인 시각이 지배적이다.

농촌문제 해결 방안은 없는가

농촌사회의 피폐와 농민층의 몰락이 극에 달하고 있다. 막판에 몰린 농민들은 생존을 위해 경제투쟁에서 한 발짝 더 나아가 일제의 통치체제 자체를 부정하는 사태에 이르고 있다. 심각한 농촌문제를 시급히 해결해야 한다는 점은 누구나 인정하는 바이지만 어떻게 해결할 것인가는 각각 차이가 있다. 민족주의진영과 사회주의진영이 생각하는 농촌문제 해결대책을 취재·보도한다.

민족주의 계열

지주제는 유지, 소작료는 내리고… 소작조합통해 합리적 조정 주장도

민족주의진영의 농촌문제 대책은 소극적인 개선론과 적극적인 개혁론이 대비되고 있다. 어느 쪽이나 농촌문제가 발생하는 원인이 지주층의 농민수탈에 있고, 농촌피폐의 핵심이 빈농층의 몰락에 있으므로 이것을 타개하자는 대책이 중심이 되고 있으나 지주제와 자본주의경제를 부정하고 있지는 않는다.

개선론자들은 지주층도 많은 양보를 해야 한다고 주장하고 있는데, 특히 김성칠이 쓴 '농촌구제책'에서는 소작료 인하를 규정한 소작법 제정을 주장하고 있어 주목된다.

한편 소작권을 영구히 하고, 소작조합을 만들어 단체교섭을 통해 지주·소작관계를 합리적으로 조정하자는 적극적인 방안도 대두되고 있다.

사회주의 계열

일제 타도돼야 농촌문제 해결… 무상몰수 무상분배 토지혁명 주장

사회주의자들은 농촌문제가 일제의 자본주의와 한국의 봉건적 지주제가 서로 결합해서 농민들을 수탈하고 있기 때문에 발생한다고 본다. 따라서 일제의 지배 아래에서는 어떠한 개선책이나 개혁방안으로도 원천적인 해결이 불가능하다고 주장한다. 결국 일제를 타도함으로써만 농촌문제도 해결된다는 주장이다. 따라서 농민운동은 일제를 이

땅에서 쫓아내기 위한 정치투쟁으로 나아가야 한다는 입장이다.

이들은 일본을 쫓아낸 이후에는 모든 토지를 무상몰수하여 농민에게 무상분배하고 모든 관개시설을 국유화해서 농민부담을 없애야 한다고 주장한다. 토지혁명만이 농촌문제를 근본적으로 해결할 수 있는 길이라는 것이다.

"소작료 빼고 빚 갚으면 1년 농사 남는 게 없어"

나는 아들딸 다섯 자식과 늙으신 부모님을 모시고 있는 평범한 농부입니다. 어린 자식을 먹이고 양친을 부양하려면 1년 12달 하루도 쉴 날이 없습니다. 그렇게라도 해서 부모 자식을 먹여 살릴 수만 있다면 불만이 없겠습니다. 그러나 현실은 그렇지가 않습니다.

금년 가을에 수확을 해보니 벼와 잡곡을 합해 40석을 거두는 풍년을 이루었습니다. 그런데 열심히 일하고 풍년을 맞았어도 아무것도 남는 것이 없군요. 40석 중에서 지주에게 소작료와 빚을 갚으니 겨우 12석밖에 남는 것이 없습니다.

이것뿐이겠습니까. 수리조합비도 내야되고, 비료값도 있고, 세금도 있고, 교육비도 있고……. 결국 다 털어주고 나니 한 해 동안 뼈빠지게 고생하면서 수확한 40석이 바람에 날아가는 나뭇잎같이 다 없어지더군요. 결국 올해같은 풍년에도 자식들 끼니걱정을 해야 하는 형편이 됐습니다.

우리마을에는 나처럼 헛고생을 하고 있는 농사꾼이 한 두 사람이 아닙니다. 남의 땅 소작 붙이는 나같은 빈농들은 모두 이런 신세입니다. 그러나 눈앞에 닥친 굶주림을 보면서도 '그래도 무슨 수가 있겠지' 하고 운명에 기대고들 있는 형편이지요.

〈여주에서 김서방〉

한글교육 금지-야학당 폐쇄 일제, 농촌계몽활동 탄압

「동아일보」·「조선일보」 등 언론사와 천도교 등이 농촌계몽운동을 활발히 전개하고 있는 가운데 총독부당국이 이를 방해하고 나서 파문이 일고 있다.

1934년 들어 총독부는 농촌에 2년제 단기완성 교육기관인 간이학교를 설치하고 있는데, 이는 민간의 농촌계몽운동을 봉쇄할 명분을 마련키 위한 술책이라는 지적이다. 이에 따라 농민야학당을 폐쇄하고 있으며 내년부터는 계몽운동도 허용하지 않을 방침이라고 한다.

동아일보사의 브 나로드 운동은 1932년 한 해에만도 고보생과 전문학교생을 비롯한 2천724명의 학생 계몽대가 참여하여 성황을 이룬 바 있다. 이들은 전국 592개 강습지에서 총 4만 1천513명의 수강생을 가르쳤다고 한다.

일제경찰은 이미 이러한 활동에 대해서도 갖가지 꼬투리를 잡아 금

지처분을 내린 곳이 69개처, 중지처분한 곳이 10개처에 달했다. 이에 따라 동아일보사는 탄압의 빌미를 주지 않기 위해 1933년부터는 '브 나로드'라는 명칭을 '계몽운동'으로 바꾸고 내용도 문맹타파에만 주력하겠다고 밝혔다. 한편 동아일보 편집국장 이광수는 동아일보에 장편소설 「흙」을 연재하여 계몽운동을 지원하고 있다.

한편 조선일보사는 1929년부터 여름방학을 이용한 문자보급운동을 계속해오고 있는데, "아는 것이 힘이다. 배워야 산다"는 구호를 내세우며 문맹퇴치운동에 열을 올리고 있다.

현재 우리나라의 문맹률은 80%에 이르는 실정이어서 7세 어린이에서 50세 장년에 이르기까지 야학당으로 몰려들고 있다는 소식이다.

참조기사 12호 3면

농민조합, 일제탄압에 전국적 조직 약화 각지서 '혁명적' 조합 잇단 결성

합법적 농민조합이 일제의 극렬한 탄압에 의해 파괴되고 전국조직인 농민총동맹이 유명무실해지면서 비합법적이고 지역적인 혁명적 농민조합이 각지에서 결성되고 있다.

이들 혁명적 농민조합은 자위대와 규찰대를 조직하고 암호를 사용하는 등 이전과는 전혀 다른 모습이다. 과거와 달리 대중에 뿌리를 내려 동·리 단위 농조→면 단위 농조→군 단위 농조 등 아래로부터 위로의 조직방침을 관철하고 있다.

야학·독서회·농촌진흥회·계·금주단연회 등 다양한 대중활동을 하며 일단 쟁의가 벌어지면 무장하고 강력한 투쟁을 벌인다.

이러한 혁명적 농민조합의 건설에는 공산주의자들의 역할이 큰 것으로 알려졌다. 이들은 "토지는 밭 갈이하는 농민에게!", "노동자·농민들이 주인되는 세상을 만들자!"는 구호를 농민들에게 전파하고 있어 농민들의 큰 호응을 얻고 있다는 소식이다.

나라 밖 독립운동

의열단, 군사정치간부학교 개교

1932년 10월 김원봉이 이끄는 의열단이 중국국민당과 교섭하여 난징에 간부학교를 설립하고 1기생 26명의 입학식을 거행했다. 이 간부학교는 겉으로는 그 명칭을 국민당 군사위원회 간부훈련반 제6대라고 돼 있지만 이는 중국의 군사교육기관인 것처럼 위장한 것이고 실제로는 김원봉이 교장, 박건웅, 이동화 등 의열단원이 교관을 맡고 있는 순수 한국인학교다.

중국 국민당은 일제에게 "중국이 한국 독립운동을 지원하고 있다"는 꼬투리를 잡히지 않기 위해서 이런 편법을 썼다고 한다.

의열단은 이미 지난 1922년 9월 정기대회에서 "한·중합작으로 군관학교를 설립하여 한국의 혁명조직에 필요한 전위투사를 양성한다"는 방침을 세운 바 있다. 그러나 당시는 일단 김원봉 등이 중국의 황포군관학교에서 군사훈련을 이수하는 데 그쳤다. 만주사변 이후 의열단이 다시 학교설립 문제를 제기하자 국민당은 이에 흔쾌히 응하게 된 것으로 보인다.

통일정당 결성 가능한가

'코앞' 일제 준동에 "뭉쳐야 산다" 공감 좌우 '눈높이 맞추기'가 최대 과제

대일전선통일동맹이 '통일정당' 건설을 결의함으로써 꺼져가던 유일당 건설운동의 불빛이 다시 살아나고 있다.

이는 만주사변에서 보듯이 일본의 군사적 침략이 눈앞에 시시각각 다가오는 상황에서 더 이상 분열된 채 자파세력 모으기에만 급급할 수 없다는 절박한 상황인식이 작용한 데 따른 것이다.

따라서 역설적일지 모르지만 상황이 더욱 위급해질수록 '통일정당'이 현실화될 가능성은 그만큼 높다고 할 수 있다.

그러나 통일정당이 현실화되려면 지난번에 유일당운동을 파탄시킨 걸림돌, 즉 사회주의와 민족주의 간의 노선차이와 상호불신이 제거돼야 한다.

그런데 이 걸림돌도 지난 몇 년간 그 높이가 상당히 낮아져왔다. 유일당 건설이 실패한 뒤 각 정파는 독자정당을 결성해왔는데 이러한 정당결성과 활동 경험은 이제 정파 통합에 좀더 성숙한 자세로 임할 수 있게 해준 것이다. 말하자면 무조건 자기 노선과 강령을 고집하기보다는 서로 다른 사상과 노선을 인정하는 가운데 공동의 노선과 공

동의 강령을 찾아내고 합의할 수 있는 정치적 훈련기를 거친 것이다.

물론 주도권 문제는 여전히 남아 있다. 김구 등 우파 민족주의자들이 이번 통일정당 건설운동에 반기를 들고 나선 것도 좌파나 의열단계열(그들은 의열단도 좌파로 보지만)이 통일정당의 주도권을 쥘 것을 우려했기 때문이다. 또 실제로도 사회주의운동가들이 더 많은 활동을 하고 있다. 따라서 사회주의자들은 당연히 자신들이 주도권을 쥐어야 한다고 생각한다.

그러나 상황은 주도권 문제로 마냥 줄다리기만 할 여유를 주지 않고 있다. 따라서 주도권 문제는 일단 덮어놓고 대동단결의 기운이 대세를 이룰 가능성이 높다.

일본군대 진군나팔에 한국기업 손뼉친다

일제 만주 침략에 기업들 만주시장서 '호황'

만주사변으로 만주지역이 일본경제권에 완전 편입되면서 만주수출이 급격히 늘어나는 가운데 한국기업들도 덩달아 너도나도 만주시장으로 진출하는 만주 붐이 본격화하고 있다.

한 조사에 의하면 1931년 1천277만 원이던 만주수출액이 1934년에는 무려 5천767만 원으로 껑충 뛰었으며 수출품은 주로 사탕, 수산물, 면직물, 철강, 목재, 고무신 등인 것으로 나타났다. 이러한 추세에 발맞춰 한국자본가들의 면제품, 고무신 및 평양지역의 메리야스제품이 대거 만주시장으로 진출하여 만

주의 외국상권을 맹렬히 잠식하고 있다고 한다.

만주 붐과 관련하여 특히 각광을 받기 시작한 업종은 면방직공업과 고무신공업인 것으로 알려졌다. 한국의 대표적인 면방직회사인 경성방직은 1932년에 이미 전체 판매량의 26%를 만주시장에 내다 팔았는데, 이처럼 만주시장이 크게 열리자 1933년 영등포공장을 크게 확장하여 직기 224대를 추가로 설치했다. 이런 만주 붐에 힘입어 경성방직은 1931년 불과 14만 원이던 만주판매액이 1934년에는 450만 원으로 급증했고 경성방직의 불로초 광목은

만주시장을 향해 달리는 특급열차.

만주에 너무 잘 알려져 중국인들은 경방을 '불로초양행'이라고 부른다고 한다. 경성방직은 만주시장의 주문이 폭주하자 자체 내에서 이를 소화하지 못하여 청도에 있는 대일본방적회사의 방계공장과 하청계약을 맺어 이를 충당하고 있다고 한다. 이와 함께 한국고무신의 만주 수출도 점차 늘어나고 있다는 소식이다. 1931년 16만 2천 원이던 수출

액이 1933년에 83만 6천 원, 1934년에는 102만 2천 원으로 급격히 늘어나고 있는 것이다.

한국 토착자본가들의 이러한 만주 진출은 앞으로 더욱 확대될 전망인데, 이는 일제의 대륙 침략과 궤를 같이하는 것이어서 토착자본가들의 일제 지배에 대한 태도가 더욱 타협적으로 돌아설 가능성이 많다는 지적이다.

생활고에 비관자살 잇따라

"빈민구제에 쓰라" 거금기탁 숨은 온정도

구정이 다가오자 영세민층의 살림은 더욱 궁핍해져 못 살겠다는 소리가 높아만 가는 가운데 생활고를 견디지 못하고 비관자살하는 사람이 속출하고 있다.

1월 31일 종로경찰서에 유치돼 있던 영세민 3명이 자살을 기도했고, 같은 날 서대문에 사는 74세의 노인이 아내와 같이 양잿물을 마셨으나 아내는 죽고 노인만 살았다. 또한 장교정에서 쥐약을 먹고 신음

하는 두부장수를 병원에 옮겨 치료 중이나 생명이 위태롭다고 한다.

가난을 비관한 자살이 속출하는 가운데 훈훈한 미담이 있어 화제가 되고 있다. 서대문경찰서에 익명의 한 신사가 찾아와 빈민구제사업에 사용하라고 거금 500원을 주고 홀연히 사라졌는데, 경찰서 관계자의 말에 의하면 해마다 이맘때쯤이면 그런 마음씨 좋은 사람이 있었다고 전한다.

서울 남산 밤 풍경 요지경

청춘남녀 밀애에 유부녀 불륜도 버젓
돈벌이에 쫓긴 '별거 부부'들 회포도

서울시 본정(本町)경찰서는 7월 11일 밤에 부랑자를 단속하기 위해 경찰 10여 명을 동원하여 조선신궁, 경성신궁, 장춘단 등 남산일대를 순찰하고 흉기소지자와 기타 범죄자를 검속했는데 뜻밖에 은은한 달빛 아래 곳곳에서 밀애를 속삭이는 청춘남녀들이 많았다고 해서 화제다.

대부분 17, 18세 가량의 청춘남녀들이지만 불륜을 저지르는 유부녀들도 있었다고 한다. 한 유부녀는 남편이 사업차 러시아로 간 지 몇

년이 지나자 성욕을 못 참아 작년부터 다른 남자와 정을 통해온 것으로 밝혀졌다.

그러나 불륜혐의를 받은 많은 유부녀들은 실제로는 남편과 즐기고 있었던 것으로 밝혀졌다. 북촌이 살림집이면서 남산 밑에 고용살이 하는 많은 여자들이 남편과 만날 시간을 얻지 못하자 주인의 허락을 받고 남산공원에서 남편과 만나 그 동안 쌓인 회포를 풀고 있었다고 한다.

오도가도 못하는 나병환자들

"전염된다" 시민들 접촉꺼리며 냉대
수용소 건설 모금운동은 중도하차…
관계기관선 "소관아니다" 떠넘기기

최근 경기도 신설리에서 집단생활을 하고 있던 나병환자 25명이 서울시내로 몰려나와 활보하고 다녀 시민들이 불안에 떨고 있다. 이들은 아무 가정집에 나 침입하여 구걸하거나 중심가인 종로에서 소동을 벌이는 등 막무가내다.

그러나 정작 이들은 당국에서 자신들을 수용소로 보내준다고 약속해 살던 집을 모두 부쉈으나 이후 아무런 소식도 없다고 하면서 자신들을 부디 수용소로 보내달라고 호소했다. 이에 대해 조선나병자근절책연구회는 이들을 전남 여수로 이송하고자 3천 원을 목표로 기금을 모았지만 사회의 냉담한 반응으로 1천 원밖에 모금하지 못해 사업이 중단된 상태라고 말했다.

한편 경북 봉화에서는 나병환자가 8세 소년 2명을 살해하려다 발각, 체포된 사건이 발생했다. 대구에서도 7세 소녀를

죽인 후 창자를 꺼낸 참혹한 사건이 일어났다. 이에 이들을 하루빨리 격리된 장소로 이송, 집단수용하라는 여론이 높다.

공중위생상 중대 사회문제로 떠오른 공포의 나병환자는 전국적으로 약 1만 6천 명에 달하는데 격리치료시설은 절대적으로 부족한 상태다. 현재 치료받고 있는 나병환자는 약 2천 500명에 불과하다.

그러나 당국은 이 문제에 대해 서로 책임을 회피하고 있다. 서울시에서는 전염병 치료시설은 있지만 나병은 법정전염병이 아니며, 행려병자 처리예산은 있지만 나병환자를 행려병자로 취급할 수는 없다는 이유로 소극적인 자세로 일관했다. 경기도는 나병환자 치료시설은 총독부의 소관이라고 떠맡겼다. 이처럼 소관 기관들이 서로 미루기만 하는 가운데 시민과 나병환자만 피해를 당하고 있다.

방응모씨
「조선일보」 인수

「동아」와 본격 경쟁

1933년 광산개발로 거금을 모은 방응모씨가 그동안 경영난에 허덕이던 「조선일보」를 인수, 편집진을 새로 구성하는 등 지면 쇄신을 단행, 본격적인 신문경영에 나섰다. 방응모씨는 전임사장이던 조만식을 고문으로 추대하고 이광수, 주요한, 서춘 등을 새로이 편집진으로 기용하였으며 '정의옹호·문화건설·산업발전·불편부당'을 새로운 사시(社是)로 내걸었다. 또 태평로 1가에 현대식 사옥을 신축하고 전광식 고속윤전기, 자동주조기, 통신용 비행기 등을 도입하는 등 면모를 일신, 「동아일보」와 본격적인 경쟁체제에 돌입한 것으로 알려졌다.

「조선일보」는 1920년 대정실업친목회가 신문 발행을 시작한 이래 여러 차례 경영진이 바뀌고 정간을 당하면서 극도의 경영난에 허덕여 왔다.

보성전문학교
안암동 이전

1934년 9월 28일 보성전문학교 안암동 교사가 준공돼 교직원과 학생들이 송현동 구교사에서 신교사로 이전했다(사진). 이때 전교생이 교기를 앞세우고 종로를 거쳐 안암동까지 기다란 행렬을 이루며 행진해 장관을 이루었다. 신교사는 6만 2천 평의 광대한 땅에 송림이 우거져 있으며 뒤에는 안암산을 등지고 있는 산수가 아름다운 곳이다. 건물 설계는 박동진이 맡았는데 교장 김성수가 유럽 각국 대학의 건축을 돌아보고 고딕양식의 석조건물로 정했다고 한다. 본관 정문 두 기둥에는 보성전문학생의 기상을 상징하는 호랑이를 조각해 붙여 이채를 띠고 있다. 공사는 1933년 7월에 시작해 이번에 완성됐는데 공사비가 무려 19만 원이나 들었다고 한다.

이번 보전이 새로운 교사로 이전한 데에는 김성수의 힘이 컸다. 김성수는 동아일보와 중앙학원의 설립자로서 지난 1932년 초 재정난에 빠진 보전을 인수했다.

동거생활 파경맞자 "돈으로 보상하라" 소송

미모의 간호부 김향숙(가명·18)이 자신의 정조를 유린한 전문학교 학생 박지동(22)을 상대로 위자료를 청구해 화제다.

그녀는 공제병원 간호부 견습생 때 박지동을 알게 됐는데 자신과 결혼하자고 하면서 혼인계약서까지 작성했다. 이후 두 사람은 동거했으

나 그가 아무런 이유 없이 본가로 들어가 결혼요구에 응하지 않았다. 이에 격분하여 그녀는 생명이나 다름없는 정조를 유린당한 위자료로 3천 원을, 그리고 자신이 대준 월사금 및 시계와 축음기대금 283원을 청구했다.

이 사건은 비록 정조는 유린당했

지만 물질적으로나마 보상받으려는 세태의 변화를 보여주는 사건이다.

서울에 댄스열풍…유한계층들 꼴불견

요즘 서울에서는 모던(modern)남녀들이 밤마다 이동댄스팀을 조직해 프로덕션, 바, 찻집, 비밀장소를 전전하면서 사창(私娼)과 여급(女給)을 상대로 댄스열풍을 일으키고 있어 사회문제가 되고 있다.

특히 이들 중에는 품위를 지켜야 할 전문학교 학생과 중등학교 교사

및 의사도 섞여 있어 지식인층의 이마살을 찌푸리게 하고 있다. 서울시 당국이 공개적인 댄스홀을 허가해주지 않고 있어 이러한 음성적인 풍조가 유행하고 있는 것으로 보인다. 서울시의 입장은 여전해 이러한 댄스열기는 단속에도 불구하고 더욱 뜨거워질 전망이다.

만주에 괴뢰정부

일본, '마지막 황제' 푸이 옹립 '만주국' 건국

1932년 3월 1일 일본 관동군은 '신국가건설막료회의'를 열고 만주국 수립을 선포했다. 정부수반은 청이 몰락한 후 평민으로 돌아가 있던 청조의 마지막 황제 선통제 푸이(溥儀)가 맡고 각료직은 봉천군벌계의 장군들이 맡았다. 이로써 청이 멸망한 지 20여 년 만에 만주족의 국가가 만주국으로 부활하게 됐다.

이번에 출범한 만주국은 랴오둥(遼東), 지린, 헤이룽장(黑龍江), 러허(熱河) 등 4개 성에 걸친 방대한 영토에 인구 3천만으로 외양은 거창하다. 그러나 만주국을 움직이는 실세는 지난해에 만주사변을 일으켜 만주정국을 장악한 일본 관동군임이 너무도 명백해 하나의 독립적인 국가로 대접받을 수 있을지 의문이다. 만주국을 승인한 나라가 아직까지 없는데다 기껏해야 독일과 이탈리아 등 몇몇 파시즘 국가들만

이 승인을 해줄 전망이다. 경제적으로도 지역 내 전 철도를 일본의 남만주철도회사가 운영하고 있고 지역개발사업도 일본의 재벌기업 닛산(日産)이 도맡아 하고 있다.

한편 중국국민들은 전통적으로 만주족에 대한 반발심이 있던 터라 이번 만주국을 괴뢰국으로 규정하고 반만항일투쟁을 다짐하고 있다. 또 인접국 소련도 일본의 진출에 위협을 느껴 시베리아에 군대를 증강시키고 있다. 더욱이 중국이 만주사변을 국제연맹에 제소한 상태여서 국제여론도 일본에 극히 불리하게 전개되고 있다.

이러한 상황에서 일본의 군부 강경파들은 이미 워싱턴군축조약이 휴지조각이 된만큼 국제연맹을 탈퇴하자는 주장을 제기하고 있어 일본은 점점 더 고립의 길을 재촉하고 있다.　　　참조기사 12호 1·2면

중국공산당 '대장정' 개시

국민당 · 군벌에 쫓겨 난관 예상

1934년 10월 중국공산당 홍군은 중화소비에트의 근거지인 장시성 수도 루이진(瑞金)을 탈출, 장제스의 토벌군 포위망을 뚫고 북서부 산시성(陝西) 오지로의 기나긴 대장정을 개시했다. 이번 대장정은 지난 7월 홍군군사혁명위원회가 '중국홍군 북상항일선언'을 발표하고 '무장 민족혁명전쟁'을 결의한 데 따른 것이다.　　　참조기사 12호 5면

중국공산당은 장제스의 쿠데타에 맞서 마오쩌둥 노선에 따라 농촌근거지 확보에 박차를 가해 지난 1931년에는 중화소비에트공화국을 선포할 정도로 세력을 확장했다. 당시 각지에 성립된 소비에트 구는 8개에, 이들이 장악하고 있는 현은 300개 이상에 달했다. 홍군도 병력이 30만에 이르렀다. 그러나 북벌을 완료한 장제스의 집요한 공산당 토

벌작전으로 공산당 홍군은 막대한 타격을 받았고 최근에는 소비에트 공화국의 수도로 삼고 있던 루이진이 토벌군에 완전히 포위돼 마침내 근거지 이동이라는 중대결정을 내린 것이다.

현재 홍군은 국민당의 토벌군뿐만 아니라 지방군벌로부터도 공격받고 있어 대장정의 길이 험난할 것으로 보인다. 대장정을 이끌고 있는 마오쩌둥이 난관을 헤쳐나갈 수 있을지 귀추가 주목되고 있다.

"대공황 극복 지름길을 찾아라"

미·영·프 재정 수단 활용 '경제판 다시 짜기'
일·독·이 군부 앞장 파쇼적 강제력에 매달려

대공황의 충격파가 서서히 가시면서 각국이 공황 탈출을 위한 대책 마련에 나서고 있다. 그런데 최근 들어 이 대응책들이 확연하게 두 갈래 성향으로 나뉘고 있어 국제질서의 재편성을 예고하고 있다.

미국의 뉴딜정책, 영국의 노동당 내각 등장, 프랑스의 인민전선 등 '뉴딜형'이 그 한 편이고, 독일·이탈리아·일본의 파시즘체제가 다른 한 편이다. 이들은 모두 경제에 대

한 국가의 적극 개입을 공통점으로 하고 있다. 1929년 대공황의 주범이 국가 불개입의 자유방임 생산체제라는 데 거의 모든 정부가 동의하고 있기 때문이다. 그러나 '뉴딜형'이 물가나 국가재정 등 경제적 수단에 주로 의존하는 데 반해 '파시즘형'은 군부가 전면에 나서 경제외적 강제력에 의존해 경제를 강제적으로 재편하는 것이라는 점에서 큰 차이를 보이고 있다.

이는 자본주의 발달수준의 차이를 반영하는 것으로 분석되는데 주로 후발자본주의국가들이 '파시즘형'을 택하고 있다. 이들은 미국과 영국 등 선발자본주의국가들이 주도하는 국제질서에 대해 불만을 가져왔다. 이에 따라 1차세계대전 이후 성립된 베르사유 평화체제가 붕괴위기를 맞고 있어 국제정세는 암운이 감돌고 있다.

참조기사 11호 5면

미국 루스벨트
통화 · 생산량 조절…
댐공사로 실업 구제

1932년 미국 민주당의 루스벨트는 대통령선거에서 경제재건, 빈궁과 불안으로부터의 구제를 공약으로 제시함으로써 공화당의 후보를 누르고 대통령에 당선됐다. 루스벨트는 당선되자 '뉴딜정책 100일'을 선포하고 이 기간에 무려 18개의 법률을 공포하며 정력적으로 '구제와 부흥'을 일구고 있다.

뉴딜(New Deal)은 말 그대로 '새로운 정책'을 의미한다. 이 정책은 우선 금융공황으로 파산한 금융계를 재건하기 위해 중앙정부가 대폭적인 대부를 하고 이후로도 지속적으로 통화운영에 대한 정부의 규제

력을 강화해나간다. 농업의 경우 생산량을 제한해 과잉생산으로 인한 가격의 하락을 방지하며 기업부문에서는 지나친 경쟁을 억제하고 노동자에게 안정된 고용과 임금을 제공하기 위해 노력한다. 특히 이를 위해 대규모의 테네시강 유역 개발공사를 실시해 고용력을 창출, 이미 많은 노동자들이 실업으로부터 벗어나고 있다.

이러한 정책은 전통적인 자유방임주의를 버리고 국가에 의한 통제를 강화한 것인데 영국의 경제학자 케인스가 그 이론적 틀을 제공하고 있는 것으로 알려졌다.

독일 히틀러
국가가 국민들 관리
군수산업 등에 동원

1933년 1월 히틀러가 수상에 취임함으로써 일약 독일민족의 위대한 지도자로 떠오르고 있다. 히틀러는 수상에 취임하자마자 '4개년계획'을 발표하고 주택, 도로, 하천개수 등 대대적인 공공공사에 착수했다. 계획의 중점은 이미 600만 명에 달하는 실업자를 구제하자는 것이다. 히틀러가 실업자를 어떻게 구제하는가는 1934년 한 해에 무려 80만 명의 청년들을 임금 없이 식량배급을 조건으로 공공사업에 동원한 데서 극명하게 드러난다. 어쨌든 이런 방식으로 최근 200만 명 이상의 실업자가 구제됐다.

산업 전반에 걸쳐 이런 식의 강제력이 동원되고 있다. 주요 산업은 '카르텔 강제법'에 의해 몇몇 거대

기업에 독점적으로 맡겨지고 노동자의 배치에도 국가가 관여한다. 물론 노동조합은 불법화됐다. 농민들도 국가의 통제하에 공출제로 생산한다.

그리고 '강한 독일'과 '실업자 구제'를 위해 군수산업에 막대한 투자를 하고 있다. 이에 대한 인접국들의 우려가 높지만 히틀러는 아랑곳하지 않고 '국제연맹 탈퇴'와 '재군비 선언'을 했다. 이로써 1차세계대전 이후의 국제질서를 규정해온 베르사유체제는 붕괴됐다.

이러한 히틀러의 강력한 통치는 1차세계대전 패배와 1929년 대공황으로 잔뜩 주눅들어 있던 독일국민들에게 새 희망으로 비쳐져 열렬한 환영을 받고 있다.

역사신문

조선어학회 '한글맞춤법통일안' 제정

'서울 중류층 사용어'를 표준어로 삼아…띄어쓰기 등도 규정

1933년 10월 민간단체인 조선어학회에서 '한글맞춤법통일안'을 제정·발표했다.

이번에 제정된 한글맞춤법통일안의 기본적인 내용은 우리말을 소리나는 대로 적되 어법(語法)에 맞게 하고, 표준어는 현재 서울의 중류층이 사용하는 말로 하며, 각 단어는 띄어쓰되 토는 앞 단어에 붙여쓰는 것 등이다. 이로써 우리말 맞춤법의 기본적인 토대가 마련된 것으로 평가되고 있다.

조선어학회는 1930년 12월 더 보편적이고 알기 쉬운 한글맞춤법을 만들기 위해 맞춤법통일안을 만들 것을 결의했으며 이후 만 3년 동안 125차례의 회의를 통해 통일안을 준비했다고 한다. 그 결과 1933년 7월 25일부터 8월 3일까지 서울 화계사에서 권덕규, 김선기, 김윤경, 신명균, 이극로, 이윤재, 이희승, 정인섭, 최현배 등 9인의 정리위원이

가되고 있다.

검토작업을 벌여 최종안이 만들어졌다.

이번 맞춤법통일안 제정작업에 참가한 조선어학회의 한 회원은 "나라가 망하지 않았던 이번 맞춤법통일안은 정부가 반포해야 했을 텐데, 나라가 없어서 민간단체인 조선어학회의 명의로 발표될 수밖에 없었으므로 그만큼 공식성이 떨어지게 된 것이 매우 아쉽다"고 말했다.

조선성악연구회 창립… '우리 소리' 제2도약 기대

1933년 5월 여류 명창 김초향의 발의로 송만갑, 김창룡, 이동백, 정정렬, 한성준 등 판소리 명창들이 모여 조선성악연구회를 창립했다.

이 단체는 판소리 명창들을 비롯해 산조 명창, 경서도소리 명창, 민속무용 명인 등이 한데 모여 판소리·남도잡가·창극·산조·민속무용·경서도소리 등 한국전통음악을 공연하고 재주 있는 젊은이들에게 전수하기로 했다고 밝혔다.

이렇게 국악 명창들이 결집된 것은 대한제국시기 원각사 이래 처음인데, 그동안 신음악의 기세에 눌려 한동안 국악이 침체했던 것이 사실이다. 그러나 최근 음반판매가 본격화되고 경성방송국이 개설되면서 판소리를 비롯한 국악의 수요가 꾸준히 늘어 국악인의 조직적 활동의 필요성이 높아져왔다.

참조기사 제4권 12호 5면

조선의 마지막 명창들

송만갑 1865년 전라도 구례에서 태어났다. 순조 때 가왕(歌王)으로 추앙받던 송흥록의 종손이며 철종 때 명창 송우룡의 아들. 판소리 명문가 출신이다. 어린 나이에 전주대사습놀이에 나가 절찬을 받았으며 대궐에도 불려가 노래를 불렀다. 서편제의 명창 정창업의 소리를 듣고 감동하여 집안 대대로 내려오던 동편제 소리에 이를 가미한 독특한 소리를 만들어냈다. 대한제국 때 원각사에서 활약했으며 이번 조선성악연구회의 중심인물이다.

김창룡 1872년 충청도 서천 출생. 할아버지는 진양조를 처음 판소리에 넣었다는 김성옥이며 아버지 역시 판소리 명창 김정근이다. 따라서 충청도와 경

김창룡   송만갑   이동백   정정렬

기도의 중고제(中古制)를 계승한 인물. 7살 때 아버지에게 판소리를 배웠고 13살 때 이날치에게 지도를 받았다. 전국 5명창의 한 사람으로 불리고 있으며 이번 조선성악연구회 창립에 주도적 역할을 했다.

이동백 1867년 충청도 비인에서 태어났다. 13살 때 김정근 문하에 들어가 판소리를 배웠다. 이후 전국 산천을 떠돌며 혼자서 판소리를 깨우쳤다고 한다. 46세 때 서울에 올라와 원각사에서 활약했으며 이번 조선성악연구회 창립에도 참여했다. 그의 소리는 성량이 풍부하고 풍채가 당당

해 거인 명창이라는 평가를 받고 있다. 고종이 특히 그의 소리를 사랑했다는 후문.

정정렬 1876년 전라도 익산에서 태어났다. 어려서부터 판소리에 소질을 보이고 목청이 좋아 7살부터 정창업의 문하에서 소리를 배웠다. 여러 절을 돌면서 판소리를 익혀 소리선생이 됐다. 그는 특히 춘향가를 주로 연마하여 이를 새로 짜서 정교한 음악적 특징을 가지도록 했다. 당대 명창들보다는 성량이 다소 부족해 고생했지만 끈질긴 수련으로 이를 극복한 노력파다.

이번 호의 인물   윤봉길

민족 앞에 초개 같이 몸던진 의인

윤봉길은 민족의 대의 앞에 한 몸을 초개와 같이 내던진 의인이다. 누군들 자신의 생명이 소중하지 않으리오만 그는 스스로 목숨을 던져 백척간두에 선 민족의 운명을 열어제친 것이다. 그가 던진 폭탄은 우선 만주사변을 일으켜 대륙침략을 본격화하려는 일제의 심장부에 꽂은 비수였다. 또 이는 동시에 날로 악랄해지는 일제의 침략 앞에서도 좌·우로 사분오열돼 전열을 가다듬지 못하고 주춤거리고 있는 우리 겨레의 가슴에 울린 경종이다. 이와 함께 그의 의거는 한·중 양 민족간에 항일을 향한 대동단결의 기치를 높이 세웠다. 국민당정부의 장 제스가 "4억 중국인이 못한 일을 윤봉길이 해냈다"고 칭송해마지 않았던가.

그는 과연 그런 일을 해낼 만한 호걸남아였다. 어려서부터 일제에 대한 적개심이 남달리 강해 덕산보통학교에 재학중 3·1운동이 일어나자 더이상 식민지노예교육을 받을 수 없다며 자퇴해버렸다. 이어 향리에서 농촌운동에 투신 몸소「농민독본」을 지어 농민교육에 전념했다. 그러나 이런 활동조차도 일제의 간섭과 탄압으로 더이상 할 수 없게 되자 1930년 감연히 몸을 일으켜 중국으로 망명했다. 상해 임정의 김구를 찾아가 조국의 독립을 위해 신명을 바칠 각오를 피력하는 그의 두 눈에 고요히 눈물이 고여 있었다. 상해사변을 일으켜 일본군이 상해에까지 진주한 상황에서 그는 자신의 몸을 던져 돌파구를 열 각오를 했던 것이다.

이제 그는 형장의 이슬로 사라졌다. 그리고 더이상 분열을 일삼지 말고 전열을 정비하여 항일투쟁에 매진하라는 명제가 거부해서는 안될 그의 유언처럼 우리 앞에 서 있다. 그가 거사 전날 고향의 어린 두 아들에게 남긴 유서가 우리의 마음을 더욱 무겁게 한다. "네가 만약 의혈이 있고 혈기가 있다면 반드시 우리나라를 위해 용감한 투사가 되라. 태극의 기치를 높이 펄럭이며 나의 무덤 앞에 와 한 잔의 술을 부어라."

1908년생. 본관은 파평. 충남 예산 출신. 호는 매헌.

이병도 등 주축 진단학회 창립… 실증주의사학 표방

1934년 5월 이병도, 김상기, 송석하, 이상백, 도유호 등의 국사학자들이 진단학회를 창립했다. 이 단체는 한국과 그 인근지역의 문화연구를 목적으로 하는 학술단체임을 표방하고 있다.

구성원은 매우 다양하지만 경성제대 출신 학자와 순수학문을 표방하는 학자들이 주축을 이루고 있다. 학회지로「진단학보」를 발간할 예정이라고 한다.

한편 진단학회는 이른바 실증주의 역사학을 표방하고 있는데 일부에서는 이들의 학풍이 학문을 위한 학문으로 치달아 현재의 식민지현실을 외면하고 있는 것이 아니냐고 비판하고 있다.

새로 나온 책

백남운 「조선사회경제사」

"전인미답의 길 개척한 조선사의 새경지"

1933년 경제사학자 백남운이 유물사관에 입각해 우리 경제사를 서술한「조선사회경제사」를 펴내 학계에 큰 반향을 일으키고 있다.

그는 한국사연구의 당면목표는 민족사에 대한 자기비판을 수행하고 우리의 미래상을 전망할 수 있는 실천적인 역사관을 수립하는 데 있다는 입장에서 이 책을 집필했다고 한다. 아울러 그는 현재 사학계의 두 가지 흐름을 비판하고 있다.

첫째는 일제와 일부 한국인의 식민사관이다. 이들은 종속성·당파성·정체성이 한국사의 특성이라고 강변한다. 이는 제대로 된 역사학이 아니라 식민통치를 합리화하기 위한 수단에 불과하다는 게 그의 주

장이다.

다음으로는 신채호, 최남선 등의 단군조선론이다. 그에 의하면 이들은 단군을 지나치게 절대화하고 민족사의 특수성만 강조해 자칫 국수주의에 빠질 수 있다는 것이다.

그는 식민지 현실을 극복할 실천적 전망을 갖기 위해서는 우리 사회를 과학적으로 분석할 수 있는 논리가 필요하며 그것이 바로 유물사관이라고 주장한다. 그러나 동시에 과학이란 이름하에 민족적 주체성을 몰각하고 세계사적 보편성만 되뇌이는 일부 교조적인 사회주의 역사학자들에 대해서도 날카로운 비판을 아끼지 않고 있다.

문예시평

채만식 「레디메이드 인생」

배움이 한이 되는 식민지 지식인 비애 풍자로 묘사

조선 최고의 풍자작가로 알려진 채만식이 식민지 지식인의 비애를 풍자한 단편소설 「레디메이드 인생」을 발표했다.

소설의 주인공 P는 일본에서 대학을 나온 이른바 인텔리다. 배워야 산다는 구호를 금과옥조처럼 여기고 온갖 고난 끝에 공부를 마치고 귀국했지만 그를 기다리고 있는 것은 고등실업자라고 하는 어두운 터널뿐이었다. 그런데 엎친 데 덮친 격으로 형에게 맡겨놓았던 아들마저 그를 찾아 서울로 올라오게 된다. 그는 아들에게는 절대 공부시키

지 않겠다고 선언하면서 인쇄소 견습공으로 들여보낸다. 그러면서 자기의 인생이 레디메이드 인생, 즉 기성품 인생인 것 같다고 자탄하는 것으로 소설은 끝을 맺는다.

이것은 식민지 지식인에 대한 적나라한 풍자다. 식민지 사회에서는 윗자리를 모두 본국인이 차지하고 있기 때문에 식민지 백성은 아무리 공부를 해도 고위직에 진출할 여지가 없다. 특히 우리나라처럼 교육열이 높은 나라에서는 문제가 더욱 심각하다. 자신이 배운 지식을 사회를 움직이는 데 써먹지 못한다면 남은 방법은 그 사회를 뒤집는 데 쓸 수밖에 없다. 그러나 아직 이러한 결단을 내리지 못한 사람은 이 소설의 주인공 P처럼 공부하던 책을 전당포에 맡기고 그 돈으로 술이나 마시고 계집질이나 하며 고뇌할 수밖에 없다.

역사신문

손기정, 마라톤 '세계제패' 쾌거

베를린올림픽에서 세계신기록 수립
남승룡도 3위 마라톤강국 입증
온 국민 환희 감격

1936년 8월 9일 베를린에서 열린 제11회 올림픽 마라톤경기에서 우리나라의 손기정선수와 남승룡선수가 각각 1등과 3등을 차지해 세계 마라톤을 제패했다. 손기정선수의 기록은 2시간 29분 19초 2로 종전의 세계기록을 무려 2분 16초 8이나 앞당긴 것이다. 손기정선수 마라톤 우승소식이 전해지자 전국 방방곡곡이 환희와 감격의 도가니에 빠져들고 있다. 우리나라 사람들의 마라톤 실력은 이미 세계수준이어서 지난 1932년 로스앤젤레스 올림픽 대회에서 김은배선수와 권태하선수가 6위와 9위를 차지한 바 있다. 당시에는 김은배선수가 세계기록을 보유하고 있었는데도 우승을 놓쳐 온 국민이 안타까워했으나 이번에 마침내 손기정선수가 쾌거를 이룬 것이다. 관련기사 4면

"독립운동 단일대오로" 조선민족혁명당 결성

김구 참여 거부, 당 운영 불만 등 분열 불씨 남아

1935년 7월 5일 중국 난징에서 기존 대일전선통일동맹에 집결했던 독립운동 정파들이 각 정당을 해산하고 조선민족혁명당을 결성, 마침내 독립운동의 단일대오를 이뤄냈다. 이날 조선민족혁명당은 창당대회선언에서 "오늘 민족의 통일당이 결성된 것은 우리 민족의 강렬한 혁명열기와 자각의 성과이며 혁명운동가들의 통일운동에 대한 비상한 열망과 노력의 결과이다. 또한 우리 독립운동 사상 획기적 발전의 신기원이다"라며 감격을 표현했다.

중앙집행위원으로는 의열단의 김원봉, 한국독립당의 김두봉, 재미국민총회의 김규식, 신한독립당의 이청천, 조선혁명당의 최동오 등 한국독립당의 김구를 제외한 해외운동세력 전체를 대표하는 이들이 선임됐다. 또 참가정당들은 모두 자진 해체하는 것을 원칙으로 삼아, 기존의 당원과 재산을 모두 민족혁명당에 인계했다. 관련기사 2·3면

이로써 만주사변 이후 급박하게 전개되는 동아시아 국제정세에 우리 독립운동이 더욱 능동적으로 대처할 수 있게 됐으며, 내부적으로도 그동안의 좌·우익 갈등을 해소하고 통일단결의 길로 나가는 큰 걸음을 내디뎠다는 것이 현지 소식통들의 일치된 분석이다.

그러나 명목상이나마 독립운동을 대표해온 임시정부의 김구주석이 참여를 거부한 것에 대해 참여인사들이 한결같이 안타까워하고 있어 이 문제만 나오면 얼굴을 찌푸리며 언급을 피하고 있다. 공식적으로는 임정에 대해 해소를 촉구하지도, 지지하지도 않기로 한 상태다. 한편 당내에서도 우파성향이 강한 원로 민주주의자들은 의열단의 김원봉이 당 운영을 좌우하는 데 불만을 토로하고 있다는 후문이어서 당의 앞길에 먹구름을 드리우고 있다. 참조기사 13호 1·3면

'강경파' 미나미, 조선총독으로 임명
"대륙침략에 한국인 동원" 의도 풀이

1936년 8월 우가키(宇垣)총독이 사임하고 미나미 지로(南次郞)가 새 조선총독으로 임명됐다. 그는 만주사변 때 육군대신으로 대륙 침략을 주도했고, 괴뢰정권 만주국을 실질적으로 지배하는 관동군 사령관을 역임한 자로 군 내부에서 강경파로 알려져 있는 인물이다.

이러한 강경인물이 총독이 되면서 한국도 전쟁에 대비하는 체제로 전환하는 암울한 상황이 초래될 것으로 전망된다. 취임하면서부터 미나미총독은 앞으로 "동양평화를 지키기 위하여 내선일여(內鮮一如), 선만상의(鮮滿相依)하도록 자원을 개발하고 민심을 계도하여 강대국민으로서 부족함이 없는 생활수준에 이르게 하겠다"고 밝혔다. 이는 일본, 한국, 만주의 일체감을 강조함으로써 일본제국의 대륙 팽창에 한국인을 적극 활용하겠다는 의도를 표명한 것으로 분석된다.

이를 위해 한국인을 일본국민화해 대륙 진출에 동원하기 위한 각종 조치가 뒤따를 것으로 보인다.

단재 신채호선생 옥사

1936년 2월 21일 평생 애국의 한길을 걸어온 사학자이자 언론인 그리고 혁명가였던 단재 신채호선생이 중국 뤼순(旅順)감옥에서 뇌일혈로 옥사했다. 신채호선생은 지난 1928년 5월 독립운동자금 마련을 위해 타이완으로 갔다가 일본경찰에 체포, 징역 10년형을 선고받고 수감 중이었다. 열악한 감옥환경 때문에 1935년 이후 건강이 날로 악화돼오다 끝내 숨을 거두고 말았다. 관련기사 2면

일 독점자본, 국내 본격 침투

공업화 구조변화, 총독부 각종 특혜 지원

최근 들어 화학·기계공장이 늘어나고 업종이 다양해지는 등 한국 공업이 구조적 변화를 보이고 있는 것으로 드러났다. 규모는 1931년에 공장수 4천600여 개, 노동자수 약 10만 명, 생산액 2억 7천만 원이던 것이 1936년에는 각각 약 6천 개, 17만여 명, 7억 2천만 원으로 크게 늘었다.

이처럼 한국의 공업화가 급속히 이루어지고 있는 것은 미쓰이(三井), 미쓰비시(三菱), 노구치(野口) 등 일본재벌이 한국에 계열회사들을 세우며 진출하고 있기 때문이다. 종연방적, 북선제지화학공업회사, 조선석탄공업주식회사 등을 필두로 일본 재벌회사가 1935년에 투자한 금액만도 4억 원에 달한다. 이 결과 전체 생산액 중 공업생산액이 차지하는 비중은 30%로 증가했고, 비중이 컸던 농산물은 절반 정도로 떨어졌다. 이러한 일본 독점자본의 진출로 한국인의 중소공장과 가내공업은 큰 타격을 받고 있다.

한편 총독부는 철도와 수력발전 등 사회간접자본을 개발해 일본기업 진출을 위한 기반시설을 제공하고 있다. 또 '농공병진'을 내세우며 제철, 경금속, 조선, 액체연료 등 국책상 중요한 공업분야에 장려금을 교부하는 등 각종 특혜를 제공하고 있다. 관련기사 2면

역사신문

한탄조 대중가요 일제가 바라는 것

씩씩한 기상으로 새 세상 노래해야

"타향살이 몇 해더냐 손꼽아 헤어보니…" "사공의 뱃노래 가물거리고 삼학도 파도 깊이 스며드는데…" 요즘 거리 곳곳의 유성기에서 흘러나오는 '타향살이'와 '목포의 눈물'이다. 공전의 히트를 치고 있는 이 노래들은 사람들의 입에서 입으로 전해져 이제는 가히 국민적 가요가 된 느낌이다. 이들 노래가 실린 레코드는 벌써 수만 장이 팔려나갔고 노래를 부른 고복수와 이난영은 유명세를 타고 주가를 높이고 있다고 한다. 그런데 애조 띤 이 노래들에 흠뻑취했다가 문득 깨어나 현실로 돌아오면 짙은 허무감이 엄습한다. 이는 이들 노래가 허무한 우리 현실을 정확하게 반영하기 때문이다. 하지만 바로 그렇기 때문에 이들 노래에는 문제가 있다.

우리 민족은 예부터 음주가무(飮酒歌舞)를 즐겨 왔다. 우리는 기쁠 때나 슬플 때나 노래로 정서를 표현한다. 어머니 뱃속에서부터 '자장가'를 들었고, 태어나서 희노애락(喜怒哀樂)의 세상을 노래에 파묻혀 살다가 죽음의 현장에서까지 '상여소리'를 들으면서 저 세상으로 간다. 늦은 밤 골목길에서 술 취한 사람의 노랫소리에 세상이 깨어 있음을 실감하기도 한다. 그만큼 우리 민족은 노래를 사랑한다. 우리는 일하면서 민요를 불렀고, 장구와 꽹과리에 장단 맞춰 어깨를 덩실거렸으며, 판소리 마당이 벌어지면 소리꾼의 익살에 웃고 울기도 했다.

그런데 요즘은 많은 사람들이 고향을 떠난 애절함을 '타향살이'로 달래고, 이별의 슬픔을 '목포의 눈물'로 달랜다. 식민지체제에서 희망 없이 이리저리 떠돌 수밖에 없는 우리 서민들의 처지를 너무나 잘 표현하고 있기 때문이다. 그런데 일제에 대한 분노와 독립의 날을 기다리는 간절한 희망도 엄연한 우리 현실의 한 측면이다. 그런데 노래는 항상 수동적으로 현실을 반영하기만 하는 것일까. 우리의 전통 노래가락을 보면 그렇지 않다. 한(恨)과 슬픔 속에서도 이를 극복하기 위한 몸부림이 있고 또 극복할 수 있다는 낙천적 자신감도 있다. 왜 요즘 노래는 하나같이 눈물과 탄식으로 가득 채워져야 하는가. 이 노래들은 진통제와 같이 아픈 현실을 잠시 잊게 하는 기능만 하는 것은 아닐까.

'타향살이'와 '목포의 눈물'이 크게 히트한 만큼 앞으로 이런 유의 노래들이 양산될 것이다. 이것은 진정으로 우려되는 일이다. 부디 음악하는 사람들이 인기와 상업성의 포로가 되지 말고 우리 민족의 활기찬 음악전통을 현실과 접목시키는 일에도 매진해 주기를 기대한다. 음악이란 의식을 마비시키는 마취제로 기능하는 것이 아니라 시대를 풍자하고 나아가 다가올 새 세상을 노래해야 제격이라고 본다.

그림마당
이은홍

조선민족혁명당 결성배경과 전망

일제 본격 중국 침략에 단일대오 합류
좌·우파 갈등 잠복…와해 가능성 상존

조선민족혁명당은 그동안 분열돼 있던 좌·우익 각 파와, 각 지역 운동이 단일대오로 합류했다는 점에서 가히 역사적 사건이라고 하기에 충분하다. 우리 독립운동세력이 이렇게 역사적인 일을 해낼 수 있었던 것은 무엇보다도 전세계적으로 파시즘세력의 전쟁 준동이 현실적 위협으로 다가오고 있기 때문이다. 이는 민혁당 창당선언문이 "세계대전 후 일시적 안정기를 유지해온 열강의 표면적 세력균형은 일본의 만주침략과 독일의 재군비선언에 의해 이미 교란됐다. 이에 따라 2차 세계대전은 시간문제가 되고 있다"고 정세를 정확하게 읽고 있는 데서도 알 수 있다.

특히 만주를 점령한 일본이 연이어 상해를 침공하고 중국본토로 총구를 겨누는 마당에 우리 독립운동이 내부분열상태를 지속하고 있을 수만은 없는 노릇이었다. 코민테른도 최근 파시즘의 대두에 대해 '반파쇼통일전선'으로 대응할 것을 각국 좌익세력에 지시한 바 있고 중국 국민당정부도 일본의 침략 앞에 공산당 토벌을 일단 중지하고 좌·우합작 항일전쟁을 고려하고 있다.

그러나 그간 대동단결의 노력이 없었다면 민혁당은 건설될 수 없었을 것이다. 1920년대 초의 국민대표대회, 1920년대 말의 민족유일당운동 등이 밑거름이 돼 오늘날 통일대정당이 출현한 것이다. 이번 민혁당의 강령은 좌·우익의 공통분모를 산출해내 일제 타도와 조국독립을 최우선으로 하고 독립 후의 정치체제도 민주공화국으로 한 것이 이를 반영한다. 특히 좌익측은 민주집중제와 토지 및 주요 산업의 국유화 정도를 요구하는 데 그치는 성숙한 자세를 보였다.

그럼에도 민혁당의 앞날이 밝지만은 않다. 김구는 "한 이불 속에서 딴 꿈을 꾸려는 통일운동에 참가할 수 없다"며 완강한 자세를 고수하고 있다. 당 내부에서도 이러한 기류가 존재한다. 이를테면 당명을 두고 좌익은 '조선민족혁명당'을, 우익은 '한국민족혁명당'을 고집해 진통을 겪은 것도 이런 맥락이다. 결국 중국측에는 '한국민족혁명당'으로, 국내적으로는 '조선민족혁명당'으로, 외국에 대해서는 'Korean Revolution Association'으로, 당 내부에서는 그냥 '민족혁명당'으로 하기로 했는데 이는 민혁당이 얼마나 허술한 끈으로 묶여 있는가를 상징적으로 보여주는 것이다.

민혁당 잇단 탈당사태로 '와해' 위기
조소앙 등 탈퇴 한국독립당 재건, 김구는 '한국국민당' 창당

1935년 11월 조선민족혁명당의 조소앙, 홍진 등 중견간부 6명이 민혁당을 탈당, 한국독립당을 재건하는 한편 민혁당에 반대해온 김구 등 임정고수파가 한국국민당을 창당하는 등 반민혁당세력들의 신당 창당이 줄을 잇고 있다.

또 이청천, 최동오 등 민혁당 내 만주세력들도 곧 탈당할 조짐을 보이고 있어 민혁당이 와해위기에 봉착하고 있다.

민혁당 내 구한국독립당계 조소앙과 구신한독립당계 홍진, 조성환 등은 민혁당이 김원봉 등 의열단계열의 독주로 운영된다고 비판하면서 민혁당 창당 불과 3개월여 만에 탈당하고 이전의 한국독립당을 재건했다. 참조기사 11호 3면

한편 한국국민당은 김구를 주축으로 반민혁당세력이 결집해 창당됐다. 이사장은 김구가 맡았으며 간부들도 대부분 김구세력으로 구성됐다. 이는 민혁당 창당으로 7명의 국무위원 가운데 송병조, 차이석 두 사람만 남아 사실상 개점휴업상태에 있던 임정을 재가동하기 위한 자구책으로 해석된다.

따라서 이번 한국국민당과 재건 한국독립당은 이념적으로나 인맥상으로나 사실상 한 맥이라고 볼 수 있어 머지않아 통합될 가능성이 높다는 것이 현지의 분석이다.

민혁당 내 각 세력들의 탈당사태는 이에 그치지 않고 계속 이어질 것으로 보인다. 이청천, 최동오 등 만주지역을 근거로 하는 세력들은 현지에서 전개되고 있는 무장항일투쟁에 별로 도움을 주지 못하는 민혁당에 대해 극도의 실망감을 내비치고 있는 상태다.

결국 중국본토의 한국 독립운동세력은 이념적으로 좌파를 주축으로 한 민혁당과 우파를 주축으로 한 임정으로 양분되는 한편 무장운동세력은 홀로서기를 하는 양상을 드러내고 있다.

모처럼 대동단결한 민혁당이 이렇게 찢어지는 것을 안타까워하는 내외의 비판여론에 대해 각 세력 지도자들이 어떤 대응을 보일지 귀추가 주목된다.

일제, 왜 한국공업화 서두르나

전쟁 대비 '한국 군수기지화' 속셈
저임금 고강도 노동 등 착취구조는 한층 심화

총독부의 공업화정책과 일본 독점자본의 한국 진출은 만주사변 이후 국제적인 마찰이 증가하고 있는 가운데 장차 벌어질 대규모 전쟁에 대비하기 위한 것으로 분석된다.

1920년대에 독점자본단계로 진입한 일본자본은 대공황을 거치면서 더 많은 해외투자시장을 필요로 하고 있다. 게다가 1936년 2·26사건을 계기로 일본은 군부 강경파가 득세하면서 경제를 군사적으로 재편성하는 중이다.

일본은 한국에서 식량과 광산물 등의 공업원료 약탈뿐 아니라 금속·화학 등 군사공업을 강력히 추진하였고, 전략상 필요와 원료반출을 위해 철도·항만 등의 교통기관을 확장하는 한편 한국민중을 한층 더 착취하는 체제로 전환하였다.

이러한 경제 재편성은 총력전을 전개하기 위해 평시에는 공산품을 생산하다가 전시에 군수산업으로 전환할 수 있는 공업에 집중되고 있는 것이 특징이다.

일본이 설정한 가상 적들이 경제봉쇄를 단행할 경우에 대처하기 위해 가능한 모든 원료를 자급화할 준비를 하고 있다.

그런데 총독부는 겉으로는 '국민생활의 안정'을 내세우면서 한국을 발전시키기 위하여 개발한다는 식으로 말하고 있다.

물론 경제성장률이 높아진 것만은 사실이지만 지금의 공업화는 일본과 만주를 연결하는 일제의 침략구도 속에서 이루어지고 있어 우리 민족의 자율적 생산기반 마련과는 상관이 없다.

또한 우리 민족의 복지와도 거리가 멀다. 오히려 우리의 중소기업과 가내공업이 몰락하고, 저임금 고강도의 노동이 늘어가고 있어 생존권은 더욱 위기에 몰려 있다. 결국 일제의 공업화정책도 우리에게는 속 빈 강정에 불과한 것이다.

각급 학교에 신사참배 강요

총독부 황국신민화정책 본격화

1936년 8월 총독부는 '신사(神社) 제도의 개정에 관한 규칙'을 발표하고 전국에 걸쳐 신사를 증설하면서 각급 학교 학생들에게 신사참배를 강요하고 있어 학생들은 물론 각계로부터 반발을 사고 있다.

이는 1933년부터 이른바 농촌진흥운동과 함께 추진돼온 정신작흥(精神作興)운동의 연장으로서 한국인들에게 자신이 일본국민임을 확실히 인식하라는 '국체명징(國體明徵)'운동이다. 이에 따라 신사참배를 우상숭배로 보는 기독교계를 비롯하여 각계의 강력한 반발이 예상

된다.

일제당국은 1919년 7월 이미 신사 건립이 조선통치상 긴요한 일이라 판단해 조선신사를 건립했으며 지난해에는 이를 조선신궁으로 개칭한 바 있다. 이후 지방에도 속속 신사를 건립해 전국적으로 신사의 수가 급속히 증가해왔다. 총독부는 이번 조치로 신사제도를 새롭게 정비하고 새로 57개의 신사를 건립해 1면 1신사주의에 입각한 신사체계를 완성할 예정인 것으로 알려졌다.

총독부가 이렇게 황국신민화(皇國臣民化)정책에 박차를 가하기 시

신사(神社)참배란

작하는 것은 만주사변, 상해사변 등을 일으키면서 대륙 진출을 본격화하는 가운데 후방을 안정시킬 필요성이 제고되었기 때문이 아니겠느냐는 것이 정계의 일반적인 분석이다. 그러나 이렇게 과격한 총독부당국의 황국신민화정책이 민족감정을 자극해 오히려 황국신민화를 가로막을 것이라는 지적도 제기되고 있다.

일본에서 고대 이래로 전승돼온 자연숭배사상인 신도(神道)가 군국주의가 등장한 쇼와(昭和)시대에 국가종교로 격상됐다. 이에 따라 일본민족의 시조신 아마데라스 오오미카미(天照大神)를 모신 신사에 참배하는 것은 일본국민들에게 가장 중요한 의무의 하나가 됐다.

적색노조 · 조공재건 핵심 이재유 체포

1936년 12월 그동안 경찰의 집요한 추적을 받아오던 조선공산당 재건운동의 핵심 지도자 이재유가 마침내 체포됐다.

이재유는 제4차 조선공산당에 연루돼 투옥된 바 있고 1932년 출옥 후 서울과 인천지역을 근거지로 노동운동을 하면서 조공재건운동을 전개해왔다. 그는 1934년 1월 다시 체포됐으나 극적으로 탈출하는 등 신출귀몰한 지하활동을 해온 인물이다. 따라서 그의 체포로 조공재건

운동은 상당한 타격을 받을 것으로 보인다. 경찰당국은 '이제 조선의 공산주의 운동은 종말을 고했다'며 자축연을 열었다고 한다.

그는 1905년 함남 삼수 출신으로 일본유학 시절에 고려공산청년회에 가입했고 1928년 귀국했으나 4차 조공사건에 연루, 투옥됐다. 출옥한 뒤 1933년부터 김삼룡 등을 규합해

조공재건운동에 나섰는데 위로부터 전위조직을 먼저 만드는 기존의 운동방식을 비판하고 노동자대중의 조직화를 통해 아래로부터 당 재건을 이루어내야 한다는 새로운 조직방식을 주장했다. 이러한 노선에 따라 조공재건 경성준비그룹을 구성하고 용산, 영등포 등지의 공장지역에 들어가 적색노조운동을 전개했으며 조직원 이현상과 김삼룡이 서울과 인천에서 적색노조를 구성하는 등 성과를 얻기도 했다.

손기정 우승사진서 일장기 삭제

중앙 · 동아일보 의도적 항일 … 총독부 뒤늦게 알고 '광분'
동아 송진우사장 "회사와 관계없는 개인소행" 발뺌

1936년 8월 13일 「조선중앙일보」(사장 여운형)가 손기정선수의 베를린올림픽 마라톤 우승 시상식 사진을 보도하면서 가슴에 단 일장기를 삭제한 데 이어 8월 25일자 「동아일보」와 「신동아」 9월호도 일장기를 삭제한 사진을 보도해 파문이 일고 있다.

관련기사 4면

총독부당국은 사건 주모자로 동아일보 체육부기자 이길용, 사진부장 신낙균, 사회부장 현진건, 신동아 편집부장 최승만, 사진과장 신영균 등 8명을 긴급구속하고 동아일보에 무기정간, 신동아에 발행정지 등 극한처분을 내린 상태다. 조선중앙일보는 탄압을 피해 자진휴간에 들어갔으나 사실상 폐간된 거나 다름없다. 동아일보의 송진우사장을 비롯한 고위간부는 사태에 책임을 지고 사직했다.

동아일보 사진기자 이길용 등은 일본신문에 실린 손기정선수 시상식 사진을 전재하면서 손선수의 가슴에 일장기가 선명한 것이 너무도

눈에 거슬려 이를 지워버린 것으로 밝혀졌다. 총독부는 최근 "국체명징"을 내세우며 애국심을 고취하고 있던 차에 그 상징인 일장기가 훼손당하자 길길이 날뛰며 광분하고 있다.

한편 송진우는 "성냥개비 하나로 커다란 집을 태워버렸다"고 한탄하며, 총독부와 도쿄 정계에 "회사와 관계없이 한 기자의 독단으로 저질러진 일"이라며 조속한 정간 해제를 탄원하고 있다는 소식이다.

일장기를 삭제하고 실은 동아일보 보도사진.

이재유 체포기념사진. 앞줄 왼쪽 세번째가 이재유. 그 외는 변장 잠복했던 일본 형사들이다.

나라 밖 독립운동

만주에 한인조국광복회 결성

'10대강령' 발표 … 한 · 중 항일공동투쟁 제안도

1936년 6월 만주지방에서 활동하고 있는 공산주의자 오성륜, 엄성수, 이동광 등 3인이 '재만한인조국광복회 발기선언문'과 '10대강령'을 발표하고 한국인 각계각층은 물론 한 · 중 양국 국민의 통일적인 항일투쟁을 제안해 주목되고 있다.

이에 따라 이미 만주지방의 중국공산당 동북항일연군 휘하에서 활

동하던 김일성, 최현, 최용건 등이 이끄는 한인부대와 국경지대에서 활동하던 소규모 유격대들이 속속이 조국광복회 아래로 집결하고 있다. 일본군이 진주하고 있는 현지 사정상 정식 결성대회는 열리지 못할 것으로 보이는 가운데 이동광이 대표를 맡을 것으로 알려졌다.

서울 '인구 70만' 대도시화

서울시, 청량리·왕십리·영등포 등 편입으로 구역 확장

1936년 4월 서울시가 구역 확장을 단행했다. 이에 따라 동대문 밖 신설리·청량리·신당동·왕십리, 서대문 밖 아현동과 마포, 한강 이남으로는 노량진·흑석동·영등포가 새로 서울시에 편입됐다. 서울시는 구역이 넓어짐에 따라 인구도 늘어 이제 70만 인구의 대도시가 됐다. 5년 전인 1931년 서울시 인구가 35만이었던 데 비해 두 배나 늘어난 것이다.

서울이 이렇게 급팽창하고 있는 것은 농촌으로부터의 유입인구가 해마다 늘고 있고 여기에 일제의 산업화정책이 맞물린 데서 비롯된

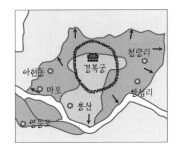

확장된 서울시 경계.

것으로 분석되고 있다.

농촌으로부터의 유입인구 증가는 그만큼 농촌 피폐상을 반영하는 것이다. 이번에 편입된 왕십리, 청량리, 아현동 등에는 이들이 토막민 집단을 이루며 마치 석기시대 움집과 같은 누추한 곳에서 비참한 생활을 하고 있다. 노량진과 영등포는 신흥공업지역인데 이곳 노동자들역시 살인적인 저임금을 받으며 강제노동에 가까운 고역을 치르고 있다. 일반인들도 주택난이 심각해 무주택자가 45%에 달하고 있다.

한편 인구가 늘어남에 따라 전차가 동대문에서 뚝섬을 거쳐 광나루까지 운행되고 있고 중심가에는 지난 1935년말 서울시청 옆에 경성부민회관(서울시민회관)이 들어서는 등 대도시로서의 면모를 그런대로 갖춰나가고 있다.

움막집 강제철거

서울·경기도 "도시미관 해친다"
2천여 호 국유지 이주 추진

서울 외곽과 근교에 허름한 움막을 짓고 사는 이른바 토막민(土幕民)이 날로 증가해 당국에서 대책 마련에 부심하고 있다. 관계자들은 1936년 현재 2천 수백 호에 이르는 이들을 서울과 경기도의 예산으로 내년까지 홍제리와 정릉리의 국유지에 각각 1천 호씩 강제이주시킬 예정이다. 이전하는 토막민에게는 호마다 토지를 주되 주택은 자력으로 짓도록 하고 일부 건축자재도 제공할 예정이라고 한다.

그러나 이러한 강제이주 방식은 문제가 있다는 지적이 일고 있다.

서울 토막민의 가옥이 국유지나 사유지를 무단 점거해 함석이나 나무판자로 지은 보잘것없는 주택이지만 그 중에는 10여 년 동안 살아온 이들도 있어 그들로서는 일종의 재산이 돼버린 경우도 많다. 비록 소유자의 허락 없이 집을 지었지만 그동안 소유자가 이를 묵인해줘 일종의 점유권이 형성되었으므로 땅만 줄 것이 아니라 집값도 보상해줘야 한다는 것이다.

또한 토막민 중에는 시내에 직장이 있는 사람도 있어 이들을 시외로 강제이주시키면 결국 직장을 잃게 되는 상황도 발생할 것으로 우려되고 있다.

토막민이 서울에 처음 등장한 것은 1910년대 토지조사사업이 시행되면서 땅을 빼앗겨버린 농민들이 무작정 서울로 상경하면서부터였다. 최근에도 농촌에서 빈농층이 늘어나면서 생계를 위해 서울로 올라오는 행렬은 끊이지 않고 있다. 서울시는 도시미관 훼손과 풍기문란을 이유로 각 경찰서에 의뢰해 이들을 교외로 내몰고 있으나 하룻밤만 지나면 도로 돌아와 순식간에 움막을 치는 바람에 역부족인 상태다.

"경성역은 서러운 곳"
생활난에 쫓겨 만주로
날마다 이민열차

봄은 왔건만 농촌에는 빈 집만 늘어가고 있다.

살길이 막막한 농민들이 정든 고향을 등지고 무리를 지어 만주로 떠나고 있기 때문이다.

1936년 2월 15일 오전 7시 부산을 떠나 서울에 도착한 열차에는 경남 밀양군에서 만주 적암(赤岩)지방으로 떠난다는 12가구 46명이 타고 있었고, 밤 11시에는 전북 장수군 계북면에서 함북 계림탄광으로 일하러 간다는 남자 6명, 여자 2명, 어린이 3명이 탔다.

한 역무원은 요즘 경의선과 경함선이 삼남지방에서 올라온 이주민들로 날마다 복잡하다며 이들이 떠나면 농사는 누가 짓겠느냐고 한숨을 쉬었다.

홍등가 '불야성'

일제 '공창제' 도입 이후 사창 등 매춘업 크게 늘어
총독부 '수입원' 의도적 묵인…성병 등 사회문제화

기생, 창기, 작부 등의 매춘행위가 해마다 늘고 있는 것으로 드러났다. 1934년 서울에만 약 2천500명이 몸을 팔고 있는 것으로 집계돼 통계에 잡히지 않은 것을 포함하면 그 숫자는 엄청날 것으로 보인다. 특히 최근에는 관청의 허가를 받은 공창보다는 개인포주들이 운영하는 사창이 늘고 있다.

이렇게 홍등가가 날로 성업하는 것은 도시의 저소득층이나 농촌여성들이 극도의 생활고를 견디지 못하고 마지막 수단까지 동원해 돈벌이에 나서기 때문이다. 그러나 일본 풍속과 성개방 풍조가 밀려들어와 홍등가가 날로 성업하고 있는 것도 무시할 수 없는 요인이라는 것이 관계자들의 분석이다.

원래 우리나라에는 공식적인 매춘업이 없었는데 일제가 1916년 '유곽업 및 창기 취체규정'을 제정하면서 사실상 공창제도가 출현했다. 이 규정은 표면상 홍등가를 단속하기 위한 것이지만 공창은 당국에 세금을 내기 때문에 총독부의 수입원 가운데 하나가 됐고 당연히 단속도 소홀할 수밖에 없었다.

홍등가의 환락이 사람들을 유혹하면서 우리의 미풍양속이 흐려지고, 나아가 청소년들에게까지 악영향을 끼치고 있다는 우려가 확산되고 있다. 특히 매독이나 임질 같은 화류병(성병)이 공중위생상의 중대문제로 제기되는 등 부작용이 일파만파로 번지고 있다.

"간 곳 멀지 않거든 어서 대답하라"

아, 단재가 죽다니, 죽고 사는 것이 얼마나 큰일인데, 기별도 미리 안 하고 슬그머니 죽는 법이 있는가! 단재와 나 사이에 서신왕복도 그친 지가 오래지만 이제는 아주 영원히 그치게 되고 말았다.

나에게 온 단재 서신 중 마지막 것에서 단재는 "제가 불원간 아마 10년살이 감옥소로 향하여 갈 것입니다. 이 세상에서 다시 상봉하게 될지가 의문입니다."고 썼다.

이것이 정녕 유서가 아니고 무엇인가. 이렇게 7년이나 전에 미리 기별하여준 것을 보고도 이제 와서야 '죽지 못한다', '죽지 않았다고 믿고 싶다'고 말하는 내가 실성한 사람이 아닌가.

이 서신에 또 이러한 구절이 있다. "형에게 한마디 올리려고 이 붓이 뜁니다. 그러나 억지로 참습니다. 참자니 가슴이 아픕니다. 말하려고 한즉 뼈가 저립니다. 그래서 아픈 가슴을 안고 운명이 정한 길로 가렵니다."

영원히 가슴에 품고 간 '한마디 말'은 무슨 말일까. 이 말은 정녕코 나 개인에게보다도 우리 모두에게 부치고 싶은 말일 것이다. 그의 삶을 통해 우리는 그 말이 무엇인지 짐작키 어렵지 않지만 단재에게 말 한마디 물어보았으면 내 속이 시원하겠다. 간 곳이 멀지 않거든 나의 부르는 소리를 들으라. 단재! 단재!

친일파에 몸 맡길 수 없다
가출옥 종용도 거부

선생의 건강이 악화되자 일제 당국은 선생의 일가뻘 되는 친일파 부호의 보증 아래 가출옥을 종용했으나, 선생은 친일파에 몸을 맡길 수 없다며 이를 단호히 거절. 오히려 "내가 죽으면 시체가 왜놈들의 발끝에 차이지 않도록 화장해 재를 바다에 뿌려달라"고 했다. 그러나 선생의 동지와 후학들은 시신을 화장하되 국내에 봉안해 선생의 정신을 길이 기릴 예정이라고.

고개를 함부로 숙일 수 없다
빳빳이 서서 세수

선생은 세수할 때 고개를 빳빳이 들고 해 옷을 적시기로 유명. 일제가 우리를 지배하는 엄혹한 시대에 고개를 함부로 숙일 수 없다는 것이 그 이유였다.

부인 출산 고생소식 듣자
힘들면 고아원에 보내시오

선생은 항상 가난과 질병을 그림자처럼 달고 다녔는데, 감옥에서 서울에 있는 부인이 차남 신두범을 낳고 고생하고 있다는 소식을 듣고는 "정 할 수 없으면 고아원으로 보내시오"라는 비통한 편지를 써보내기도 했다.

"의지 앞엔 불가능 없어"

○…손기정선수는 반환점을 돌면서 무섭게 속도를 냈는데 경기 후 한 기자가 그 비결을 묻자 "인간의 육체란 의지와 정신에 따라 상상할 수 없을 만큼 불가능한 일을 하게 한다"고 말했다. 외국인들이야 무심코 듣고 흘려보냈겠지만 우리 민족에게 그가 말한 "의지와 정신"은 '독립을 향한' 의지와 정신으로 해석돼 국민들을 더욱 뿌듯하게 하고 있다.

나라 잃은 서러움 우승으로 보복

○…베를린으로 출발하기 전 손기정선수는 "꼭 1등을 하고 말겠다"고 다짐하면서 "나라 잃은 한국인이 세계적으로 명성을 얻는다는 것은 불가능하다. 그러나 스포츠는 예외다. 내가 이번에 1등을 하면 전세계인은 이 손기정이 한국인임을 알게 될 것이다"라고 동기를 밝힌 것으로 알려졌다. 일본인들이 그가 대표선수가 되는 것을 시종 못마땅해 한 이유를 알 만할 듯.

"우리는 결코 약하지 않다"

○…손기정선수의 우승을 알리는 신문 호외에 실린 작가 심훈의 축시 한 토막. "(소식을 전하는) 이 손은 형용 못 할 감격에 떨린다! / 이역의 하늘 아래서 그대들의 심장 속에 용솟음치던 피가 / 2천3백만의 한 사람인 내 혈관 속을 달리기 때문이다 / 오 오, 나는 외치고 싶다! / 마이크를 쥐고 / 전세계의 인류를 향해서 외치고 싶다! / 인제도 인제도 너희들은 우리를 약한 족속이라고 부를 터이냐".

일본에 한때 군사쿠데타

육군장교 22명, 각료 습격 사상 '2·26' 사건 발발
군부, 처리과정서 영향력 극대화 노려 알고도 방치

1936년 2월 26일 일본에서 장교 수십 명이 병사들을 이끌고 쿠데타를 감행, 각료 3명을 살해하고 수상관저, 의사당, 육군본부 일대를 점거하는 사태가 발생했다. 쿠데타는 육군의 출동에 의해 손쉽게 진압됐으나 이번 사건으로 군부의 정치적 영향력이 급격히 높아질 전망이어서 주목된다.

사건 당일 육군장교 22명이 1천 400명의 젊은 군인들을 이끌고 일으킨 이번 쿠데타에서 대장상 다카하시, 내무대신 사이토, 교육총감 와타나베 등이 살해당했고 수상 오카다가 중상을 입었다.

이번 쿠데타는 군부 내 파벌싸움에서 발단한 것으로 알려졌다. 그러나 소식통에 의하면 육군 수뇌부는 이 쿠데타가 일어날 것을 사전에 알고 있었으며 쿠데타를 방조한 뒤 이를 진압하는 것을 계기로 정치의 전면에 부상할 구도를 가지고 있었다고 한다.

실제로 쿠데타 진압 후 군부는 재계와 정계의 지도자에게 정당정치를 철회하도록 압박을 가하는 한편, 재벌에게 전쟁의 필요성을 설득하고 있으며 사회주의자나 진보적 민주주의자들에 대한 탄압과 사상통제를 강화하고 있다.

중국공산당 '항일구국 통일전선' 제안

"홍군 국민당 편입도 가능" 등 국민당 내 항일세력에 손짓

1935년 8월 1일 중국공산당은 '항일구국을 위해 전국 동포에게 고하는 글'을 발표하고 '항일구국 통일전선'을 제안했다.

공산당은 이번 '8·1선언'에서 "평화, 민족통일, 외국의 침략에 대한 공동저항'에 공산당은 국민당과 전적으로 이해를 같이한다며 이를 위해서는 공산당이 장악하고 있는 소비에트지구의 폐지와 홍군의 국민당군으로의 편입도 불사할 수 있다는 획기적 제안을 내놓았다.

그러나 장 제스에 대해서만은 '매국노 두목'으로 지칭해 이 선언은 국민당 내의 온건파를 겨냥한 것으로 보인다.

공산당은 만주사변 이후 일본 관동군이 중국대륙으로 진군해오는 국가적 위기상황을 타개하기 위해 국민당 내의 항일세력과 막후 정치협상을 꾸준히 전개해온 것으로 알려졌다. 특히 국민당 내 친일파세력이 '정관(靜觀)외교'를 내세우며 소극적으로 국제정세의 변화를 기다리기만 하고 '곡선(曲線)구국'이라며 국내산업의 충실과 장기저항(따라서 적극 항일 포기)만 되뇌고 있어 국민들의 여론과 급속하게 유리돼 가자 여론의 힘을 이용해 국민당 내 항일세력과 정치협상을 벌여왔다고 한다.

국민당의 포위공격으로 열세에 놓여 있는 공산당이 이번 '8·1선언'을 통해 정국판도를 뒤집을 수 있을까에 관심이 모아지고 있다.

참조기사 13호 5면

"자유주의자와도 연대… 파시즘 반대세력 총집결"

반파쇼인민전선 건설 결의

1935년 코민테른은 7차대회를 열어 '반파쇼인민전선' 노선을 결의했다. 대회에서 디미트로프는 파시즘에 대해 "금융자본의 가장 반동적, 가장 배외주의적, 가장 제국주의적인 분자의 공공연한 테러독재"라고 규정하고, "공산주의자는 자본주의 국가들에서 파시즘과 부르주아 반동파에 의해 침해되고 있는 부르주아민주주의적 자유의 아무리 작은 부분이라도 옹호해야 한다"고 주장했다. 즉 자유민주주의와 민족주의 세력 등 광범위한 반파시즘세력 전체를 통일전선의 대상으로 삼아야 한다는 것이다.

이번 대회는 지난 1928년의 6차대회에서 '부르주아민족주의=민족개량주의'로 보고, 이들을 주요 타격대상으로 삼아야 한다고 한 입장을 공식적으로 철회한 것으로, 파시즘에 반대하는 모든 세력과의 반파쇼 인민전선전술을 새롭게 채택한 것이다.

참조기사 4호 5면

이 대회의 결정으로 유럽지역에서는 사회주의자와 공산주의자 사이의 '인민전선'이 성립될 수 있을 것으로 보이며, 식민지 종속국 여러 나라는 제국주의에 반대하는 부르주아 민족주의자와의 민족통일전술이 채택될 것으로 전망된다.

"공산당 무찔러라"에 "일본 격퇴가 더 시급"

장쉐량, 장제스 감금 후 정책 뒤집기 '시안사건' 파란

1936년 12월 12일 국민당정부의 위공군(圍共軍) 부사령관인 장쉐량이 총통이자 위공군 총사령관인 장제스를 시안(西安)에 연금, 국·공내전의 중지와 일치항일을 요구하고 장제스가 끝내 이를 수락하는 엄청난 사건이 일어났다.

장제스는 장쉐량이 최근에 난징정부의 승인 없이 독자적으로 공산당 홍군과 정전협정까지 맺는 등 공산당 토벌전에 소극적인 것을 문책하고 공산당에 대한 포위공격체제를 재정비하기 위해 시안을 방문했다. 이에 장쉐량은 군부가 무력을 동원해 최고통치자에게 정책변경을 강요하는 전통적 관습인 이른바 '병간(兵諫)'을 발동해 장제스 및 휘하 간부들을 감금하고 "일체의 내전을 중지할 것" 등 8개 항목을 요구했다.

사건이 발생하자 난징의 국민당정부는 사건의 처리를 두고 군정부장 허위안친(何應欽)을 중심으로 한 친일파와 왕총혜이(王寵惠)를 중심으로 한 친미파 사이에 격렬한 대립이 발생했다. 하응흠은 비밀경찰 남의사와 20개 사단을 동원, 장쉐량을 즉각 응징할 것을 주장했으나 왕총혜는 장쉐량의 제안이 여론을 반영한 것이라며 이를 수용할 것을 촉구했다. 이러한 상황에서 공산당은 "만일 내전이 계속 진행된다면 국내는 완전히 혼란상태에 빠질 것이며, 강도 일본은 이 기회를 이용해 우리나라에 침입할 것"이라며 장 쉐량과 친미파에 사태의 평화적 해결을 제안했다.

장제스는 대세가 장쉐량 편으로 기울고 있다고 느껴 결국 장쉐량의 8개항에 원칙적으로 동의를 표했다. 이로써 중국의 내전은 중지되고 국민·공산 양당의 일치항전 태세가 갖춰지게 돼 중국 정세는 전혀 새로운 국면을 맞이하게 됐다.

장쉐량 부대는 국민당 산시(陝西)성 위공군 중 동북지역을 담당하는 부대로 만주사변을 직접 겪은 바 있어 난징 중앙정부의 내전 우선정책에 일찍부터 불만을 표시해왔다. 장쉐량은 서방측 기자 님 웨일스에게 "외국의 침략에 대해 저항함으로써만 중국의 올바른 통일이 실현될 수 있다"고 밝힌 바대로, 이미 홍군과 정전협정을 맺는 등 중앙정부에 반기를 든 상태였다. 이런 상황에서 장제스가 자신을 문책하러 시안을 방문하자 극단적인 방법을 동원, 사태의 '뒤집기'를 시도한 것이다.

참조기사 12호 5면

적반하장

이바구

도둑놈이 주인을 두드려 패?!

그런 경우가 어딨어, 임마!!

나라를 통째로 훔쳐가서 억지로 자기 것 삼고있다가

내 앞에…

원래 주인이 일밖치 쫌~끔 하댔더니……

마구 때리고 가두고 있잖소?

일장기 말소!!(동아일보 기자들)

대이나 나나 적반하장은 피차일반이오!

헐헐…

이번 호의 인물　손기정

민족기상 세계에 떨친 마라톤 왕

손기정은 우리 민족의 기상을 세계 만방에 떨친 대한의 남아다. 그가 베를린올림픽에서 세계를 제패한 것은 이민족 치하에서 고통받고 있는 우리 민족에게 무한한 가능성을 확인시켜준 일대 쾌거다. 그의 우승은 제국주의열강간의 세력경쟁이 스포츠분야로 확산되는 지금, 히틀러가 자기 민족의 우수성을 과시하기 위한 자리로 마련한 베를린에서 이룩한 것이기에 더욱 값지다. 또 온갖 압박과 수탈 속에 우리 민족을 열등시해온 일본인이 못한 업적을 이룩한 것이기에 더욱 통쾌한 것이다.

손기정의 우승은 우리 민족의 무한한 영광이자 남모르게 흘린 그의 피와 땀의 결정이다. 그는 어릴 때부터 달리기를 좋아한 타고난 달음박질꾼이다. 평안북도 신의주에서 태어난 그는 어려운 가정형편으로 어려서부터 상점 점원이나 인쇄직공 일을 했는데 심부름 갈 때는 항상 달려다녔다고 한다. 마라톤에 뜻을 두고 스무 살에 마라톤의 명문 양정고보에 진학하면서 그의 본격적인 마라톤 인생이 시작됐다. 체계적인 훈련을 받았을 뿐만 아니라 자기 자신과의 피나는 대결을 시작한 것이다. 이런 노력이 결실을 맺어 그는 1935년 일본에서 열린 베를린올림픽 최종 예선 겸 전일본선수권 대회에서 우승을 차지, 올림픽 출전선수로 선발됐다. 1936년 장도에 오른 그는 베를린올림픽에서 2시간 29분 19초의 세계신기록으로 우승, 한국인 최초의 금메달리스트가 됐다.

그러나 그의 우승은 평지돌출의 봉우리가 아니라는 점을 기억해야 할 것이다. 이미 1932년 제 10회 로스엔젤레스올림픽 마라톤에서 우리의 김은배선수와 권태하선수가 각각 6위와 9위를 기록했었다. 더구나 양정고보의 김은배는 1931년 화란의 코렌 마이네가 1920년에 세운 세계신기록을 무려 6분이나 단축시킨 2시간 26분 12초의 기록을 세울만큼 우리 민족은 마라톤에 강한 저력을 갖고 있다. 이런 저력 위에서 '손기정'이란 봉우리가 솟아오른 것이다.

1912년 출생. 평북 신의주 출신.

토키영화시대 개막

최초 발성영화 「춘향전」 개봉

1935년 10월 4일 우리나라 최초의 발성영화 「춘향전」이 단성사에서 개봉됐다. 이로써 우리나라에도 바야흐로 토키영화 시대가 열렸다.

이 영화는 경성촬영소의 작품으로 이기세가 각본을 썼고 이명우가 감독을 맡았으며 문예봉이 춘향역을, 박제행이 이도령역을 맡아 열연했다. 이 영화는 발성영화답게 최초로 주제가를 도입했다. 작곡은 홍난파가 맡았다.

이 영화가 만들어질 수 있었던 것은 이필우가 발성장치기술을 개발, 국산 PKR녹음기를 제작하는 데 성공했기 때문이다. 제1호 발성영화를 춘향전으로 정한 것은 춘향전이면 흥행이 완벽하게 보장된다고 판단했기 때문이라고 한다.

안익태 애국가 작곡

1936년 베를린에서 음악활동을 하고 있는 지휘자 겸 작곡가 안익태가 애국가에 곡을 붙였다. 안익태는 이 곡을 미국 샌프란시스코의 대한인국민회로 보내 출판한 상태이고 임시정부에도 보내 사용허가를 받을 예정이라고 한다.

지금까지 애국가는 가사만 우리의 것이었을 뿐 곡은 스코틀랜드 민요인 '올드랭사인'에 맞추어 불러왔기 때문에 뜻있는 사람들은 항상 이를 민망하게 생각해왔다. 그럼에도 시절이 하도 어려워 여기에까지 힘이 미치지 못하고 있었는데 이번에 안익태가 곡을 만들어 애국가의 체면을 살리게 됐다.

"현실에 울고 노래에 울고" 대중음악 '황금기' 만끽

'타향살이' 이어 '목포의 눈물' 대히트

1934년 '타향살이'가 히트한 데 이어 1935년에는 '목포의 눈물'이 히트하는 등 초대형 히트곡이 잇따라 터져 대중가요는 바야흐로 황금기를 구가하고 있다.

'타향살이'는 신예가수 고복수의 데뷔곡으로, 발매한 지 불과 1개월 만에 5만 장이 팔렸으며 만인이 애창하는 대유행곡이 됐다. 고복수는 처음 콜롬비아레코드사가 주최한 전국 9도시 콩쿠르에 입상해 두각을 나타내기 시작했다. 이후 오케레코드사에서 그를 전격 스카우트해서 전속작곡가인 손목인의 곡을 주어 취입하게 한 것이 바로 '타향살이'다. 이 노래는 특히 고향을 그리는 만주교포들 사이에 인기가 높아 순회위문공연단의 단골 레퍼토리가 되고 있다고 한다.

이어 1935년에 히트한 '목포의 눈물'도 '타향살이'를 작곡한 손목인 작품인데 이 노래는 오케레코드사가 조선일보와 제휴, 전국 6대 도시 애향가를 모집했을 때 당선된 가사들 중 하나에 곡을 붙인 것이다. 이 곡도 발매 직후부터 불티나게 팔려나가 수만 장의 레코드 판매고를 올렸고 곡을 부른 이난영은 '가요계 불멸의 여왕', '엘레지의 여왕'으로 추앙받고 있다.

이 곡은 발매 직후 총독부의 검열에 걸려 일반에 선뵈지도 못하고 사장될 뻔했다고 하는데 문제가 된 대목은 '삼백 년 원한 품은 노적봉 밑에'라는 대목이었다고 한다. 검열당국은 이것이 임진왜란 때의 원한을 말하는 것이며 이 노래를 통해 은근히 반일감정을 유포하려는 의도가 있는 것 아니냐고 닥달했다고 한다.

이에 대해 손목인은 '원한'과 '원앙'의 발음이 비슷한 데서 온 오해이며 원앙새를 비유로 내세워 이별을 원망하는 연인들을 표현한 것이라고 둘러대 간신히 통과됐다는 후문이다. 그래서인지 이후 가사지에는 이 대목이 '삼백연(三栢淵) 원안풍(願安風)은 노적봉(露積峰) 밑에'로 바뀌었다.

다산 저작 「여유당전서」 간행

정인보 안재홍 등 '실학' 개념 통해 민족사 보편성 추구

1935년 정인보, 안재홍 등 학자들이 다산 정약용 서거 100주년기념제 행사의 일환으로 다산의 「여유당전서」를 간행해 학계에 큰 반응을 일으키고 있다. 이번 「여유당전서」 간행에는 문일평, 백남운 등의 학자들도 참여했는데 이들은 '조선학운동'을 주창하며 학계에 새 바람을 일으키고 있다.

현재 사학계 판도는 실증주의에 입각한 아카데미즘사학과 유물사관에 입각한 사회주의사학이 대치하고 있고 일제의 식민사학도 알게모르게 영향을 끼치고 있다. 이러한 상황에서 조선학운동은 한편으로는 일제의 식민사학에 대항하여 우리 문화의 우수성을 확인하며 다른 한편으로는 세계사적 보편성에만 집착할 뿐 우리 민족사의 특수성을 외면하고 있는 사회주의사학의 문제점을 지적하는 데 초점을 맞추고 있다. 따라서 그 첫 사업으로 조선 후기사회의 발전상을 확인할 수 있는 「여유당전서」를 간행하게 된 것이다.

이들은 「여유당전서」의 간행에 그치지 않고 다산을 필두로 한 조선 후기의 새로운 사상경향을 묶어서 '실학(實學)'이라고 명명했다. 이들은 이 실학을 통해 우리 역사의 발전 가능성을 확인하고 나아가 우리나라의 독자적인 변혁노선까지 모색하고 있다고 한다.

특히 민세 안재홍은 세계사의 보편성과 민족사의 특수성을 올바로 결합해 세계와 세계의 모순 없는 발전논리를 모색하는 이른바 '민세주의'를 주창해 조선학운동을 학문의 영역을 넘어서 정치노선으로까지 확대시키고 있다.

'활동중단' 카프, 끝내 정식 해체

일제 탄압·구성원 사상전향 등 맞물려

1935년 5월 일제당국의 거듭된 탄압으로 사실상 활동중단 상태에 있던, 사회주의혁명을 위한 문학가들의 실천단체인 카프가 정식으로 해체됐다. 카프 해체의 표면적인 이유는 일제의 탄압에 있지만 조직 내부의 갈등과 조직원들이 전향하는 탓도 상당히 큰 것으로 알려지고 있다. 카프의 해체로 1920년대 이후 우리 문단의 한 부분을 차지하고 있던 사회주의계열 문학은 큰 타격을 받을 것으로 보인다. 개인적인 차원에서의 사회주의적 문학이론과 창작까지 완전히 없어지지는 않겠지만 이 계열의 특징 중 하나인 조직적 활동이 불가능해져 사실상 그 기반을 상실한 것 아니냐는 분석이 많다.

참조기사 8호 6면

「동아」 장편 공모에 심훈 「상록수」 당선

"농촌피폐상 묘사 탁월" 평

1935년 동아일보사 주최 '창간15주년기념 장편소설특별공모'에서 심훈의 장편소설 「상록수」가 당선되었다.

이 소설은 농촌계몽운동에 나선 지식인의 삶과 고뇌를 다루고 있어 동아일보가 주도하고 있는 '브 나로드운동'의 이념과 실천을 잘 형상화했다는 점이 이번 심사과정에서 높이 평가됐다고 한다.

문학평론가들은 이 소설이 신문사의 구미를 끌 만한 소재를 일부러 택한 점은 마땅치 않지만 일본의 식민지 수탈로 인해 극도로 피폐해진 농촌현실을 탁월하게 묘사했다는 점은 인정할 수밖에 없다고 입을 모으고 있다.

또한 심훈은 사뭇 무거운 주제를 다루면서도 이를 남녀간의 애정문제와 교묘하게 결합시켜 독자들로 하여금 편안한 마음으로 읽을 수 있게 하고 있으며 이러한 점에서 탁월한 로맨티스트로서의 자질이 엿보인다는 평이다.

그래서인지 그는 영화에도 관심이 많아 앞으로 소설가로서의 심훈보다는 영화감독 내지 시나리오작가로서의 심훈을 자주 볼 수 있지 않을까 생각된다.

역사신문

중·일전쟁 발발

노구교사건 발단, 일본군 북경·텐진 전격 침공
광둥·우한 연이어 함락…중국, 장기 항전 태세

1937년 7월 28일 일본군이 중국의 북경과 텐진에 대한 전면공격을 개시해 양국 간에 전면전이 발생했다. 일본군은 화북지방에 진주한 관동군 이외에 본국에서 3개 사단을 증파, 중국본토를 쾌속으로 남진하며 무차별 공격을 감행하고 있다. 중국의 국민당군은 장비와 화력에서 절대 우세인 일본군에 밀려 계속 패주하고 있다. 현지 소식통에 의하면 일본은 대규모 함대와 전투기까지 동원하며 중국·동부 연안지역을 공격, 1938년 5월에 쉬저우(徐州), 10월에 광둥, 우한 등 동남 해안지역을 점령했다.

이번 중·일전쟁은 지난 7월 7일 일어난 노구교사건이 발단이 됐다. 당시 화북지방에 진주한 일본관동군이 북경 서남쪽 15km 근처의 노구교 부근에서 야간훈련 중 병사 1명이 실종되는 사건이 발생하자 즉각 이를 중국군의 소행으로 단정하고 북경 공격을 개시했다. 양국 간 협상으로 일단 정전이 성립됐으나 일본의 고노에내각은 돌연 전면전을 선포하고 공격을 개시한 것이다.

한편 일본이 만주사변을 일으켜 중국 침략을 개시한 이래 항일연합전선을 모색해온 중국공산당과 국민당은 이미 1930년에 붕괴된 국공합작을 최근 다시 복구한 상태여서 일본의 우세에도 불구하고 중국인

들의 장기항전이 예상되고 있다. 특히 중국대륙이 워낙 넓어 일본은 주요 도시와 그 도시들을 연결하는 수송로 정도만 점령한 상태여서 군사전문가들은 이를 점과 선의 점령에 불과한 것으로 분석하고 있기도 하다.　　관련기사 2·5면

북경에 입성하는 일본군.

동북항일연군, 보천보 습격
만주지역 독립군 존재 과시

주재소 습격 무기 등 탈취 후 유유히 퇴각

1937년 6월 4일 일단의 항일유격대가 만주로부터 압록강을 건너 함남 혜산의 보천보를 공격하여 큰 충격을 주고 있다. 이 부대는 동북항일연군 제2군 6사로 알려지고 있다. 동북항일연군은 만주지역 중국인과 한국인의 연합부대인데 제2군 6사는 이 가운데 한국인들로 이루어진 부대라고 한다.

이번 공격으로 만주지역의 독립군은 모두 소탕하였으며 국경은 철벽이라고 호언해온 일본당국은 큰 타격을 입었으며 국내외 각 신문들은 즉각 특파원을 파견하는 등 크게 주목하고 있다.

이날 공격은 오전 10시경에 이루어졌다. 보천보는 혜산에서 20km 떨어진 인구 1천400명의 작은 마을에 불과하지만 혜산선의 종점이자 혜산의 길목에 위치하고 있어 매우 중요한 지점이다. 유격대는 우선 전화선을 절단한 후 주재소를 공격하여 무기고에서 기관총과 권총을 탈취하는 한편 면사무소, 우편소 등을 습격하여 건물을 방화하고 공문서를 소각하였다.

이어 유격대는 '한인조국광복회 10대강령', '반일대중에게 격함' 등

의 삐라를 살포하여 자신들의 정치적 입장을 밝힌 후 11시경 국경을 넘어 유유히 철수하였다. 보천보 습격소식에 놀란 일본군은 5일 새벽 즉각 부대를 파견하여 이를 추격했지만 전사 7명, 부상 14명의 손실만 입은 채 후퇴하고 말았다고 한다.

이 사건으로 총독부 당국의 호언장담과는 달리 만주지역의 항일역량이 끈질기게 살아남아 있으며 국내 진공을 감행할 정도의 무장력까지 보유하고 있음이 밝혀졌다. 그리고 이 유격대가 보천보에서 조국광복회의 강령을 살포한 것으로 미루어 국내에도 상당한 규모의 비밀조직을 갖고 있는 것 아니냐는 것이 공안당국의 분석이다. 따라서 앞으로 이 지역에 대한 대대적인 검거 선풍이 불 것으로 예상된다.

백백교 3백여 신도 살해 후 암매장

1937년 4월 백백교(白白教)라는 사교집단이 신도들의 재산을 갈취하고 부녀자들을 능욕했을 뿐 아니라 이탈자 수백 명을 살해하여 암매장한 충격적인 사건이 드러나 세상을 깜짝 놀라게 하고 있다. 경찰

조사에 의하면 백백교의 실권자 전용해(全龍海·42)는 머지않아 백백교의 세상이 되면 마음껏 벼슬도 할 수 있고 부자로 살 수 있다는 감언이설로 무지한 농민들을 유인, 재산을 바치게 하고 심지어 부녀자

까지 능욕해왔다. 또 전용해는 이탈하는 신도들이 늘어나자 이들을 경기도 양주군 동두천 일대와 이담면 상봉암리의 천원금광사무소로 유인해 무려 314명이나 살해, 암매장한 것으로 밝혀졌다.　관련기사 4면

일제, 독립운동 '씨를 말린다'

수양동우회·흥업구락부 등 온건 민족주의단체도 탄압 '칼날'

일제는 1938년 5월 안재홍 등 흥업구락부 간부회원 60여 명 등 100여 명을 치안유지법 위반혐으로 검거하고 이 중 52명을 기소했다. 이번 흥업구락부사건은 지난 1937년에 발생한 수양동우회사건 예심이 진행 중인 가운데 일어난 것이어서 일제가 사회주의자 탄압에 이어 민족주의자들의 조직까지 송두리째 없애려는 의도로 보인다.

수양동우회는 안창호의 흥사단 계열로서 1926년 결성됐다. 중심인물은 이광수, 주요한 등인데 회원으로 변호사, 의사, 교육자, 목사 등을 망라한 것으로 알려졌다. 지역적으로는 평안도의 기독교계가 중심이 되고 있다. 이들은 인격수양 및 민족의 실력배양을 표방했기 때문에 일제도 해산시키는 정도에 그치려 했으나 '멸망에 빠진 민족을 구출

하는 기독교인의 역할'이라는 유인물을 구실로 일제 검거에 나선 것이다. 한편 흥업구락부는 신흥우 주도로 이상재, 유억겸, 이상협 등이 1925년에 비밀리에 조직했는데 미국의 이승만계열과 연결됐다고 한다. YMCA를 중심으로 활동하면서 자금을 모아 미국에 보내는 등 비밀활동을 하다가 이번에 검거됐다.　관련기사 2면

미나미총독 5대 시정방침 발표

1937년 미나미총독은 식민지 지배를 안정시키고, 장차 있을 서구 여러 나라와의 전쟁에 대비한다는 명분으로 국체명징(國體明徵), 만선일여(滿鮮一如), 교학진작(教學振作),

농공병진(農工倂進), 서정쇄신(庶政刷新)이라는 5대 정강을 발표하였다.

시정방침은 한국 민중을 위한 것은 하나도 없이 침략전쟁을 수행하

기 위하여 모든 인적·물적 자원을 동원하고 정신적으로는 천황제 이데올로기를 주입시켜 민족을 말살하는 황민화정책에 집중되고 있어 앞으로 일체의 민족운동은 발붙일 틈이 없어질 전망이다.

관련기사 2면

역사신문

우리민족사 왜곡하는 일제의 식민사관을 경계한다

조선사편수회의 「조선사」 간행을 보고

조선사편수회가 우리 역사에 관한 15년에 걸친 방대한 연구를 바탕으로 「조선사」 35권을 발간해 학계에 화제가 되고 있다. 이 책은 삼국시대부터 1894년까지의 전기간에 걸쳐 방대한 사료를 집대성 해놓아 앞으로 한국사를 공부할 사람에게 필독서가 될 것으로 보인다. 그럼에도 감히 우리는 이 「조선사」에 대해 "아니올시다"라고 말한다.

이 책은 일어난 사건을 연대별로 기록하는 편년체의 서술방식을 택하고 당시의 사료를 그대로 수록해놓았다. 말하자면 객관성과 그에 대한 방대한 증거를 자랑삼고 있는 것이다. 그런데 바로 여기에 함정이 있다. 편년체로 쓰고 사료를 제시해놓아 객관적인 것처럼 보이게 하고 있지만 그것이 곧 객관성을 보증하는 것은 아닌 것이다. 「조선사」는 모든 사건과 모든 사료를 다 모아놓은 것이 아니다. 이것은 원론적으로 불가능한 일이다. 기록과 사료수집에는 필연적으로 취사선택이 따르게 마련이다. 「조선사」를 분석해보면 조선사편수회는 바로 이 취사선택의 과정에서 하나의 일관된 원칙을 적용하고 있다. 바로 한국의 역사는 정체된 역사요 타율성에 의해 지탱되어온 역사라는 것이다.

이를 위해 심지어 일부에서는 사료의 수정마저도 서슴지 않고 있다. 「조선사」에는 단군관계 기록은 일체 싣지 않고 있는데 이를 위해 「삼국유사」 중의 '석유환국(昔有桓國:옛날에 단군의 나라가 있었다)'을 고의로 '석유환인(昔有桓因:옛날에 환인이 있었다)'으로, 즉 나라 국(國)자를 그와 비슷한 인(因)자로 고쳐 해석이 전혀 달라지게 했다. 취사선택에서 몽땅 빠져버린 대표적인 경우는 발해관련 기록과 사료다. 또 굳이 갑오개혁에서 끝맺음 한 것은 이후 일본의 만행은 아무리 취사선택을 해도 드러나지 않을 수 없는데서 나온 고육지책이다. 이러한 것들을 일일이 지적하려면 끝이 없을 정도다.

결국 우리는 이 「조선사」는 이른바 한국사의 정체성(停滯性)과 타율성을 강변하는 식민사관의 결정판이라고 단정한다. 일본인들이 "조선사람들은 때려야 말을 듣는다"든지, "조선사람은 어쩔 수가 없다"는 식의 말을 하는 것이 모두 이 식민사관에 근거해서 조작된 이데올로기적 선동문구인 것이다. 그런데 우리를 더욱 분노케 하는 것은 이러한 조선사편수회에 들어가 하수인 노릇을 한 한국인들이 있다는 사실이다. 이완용이나 박영효 같은 이미 친일매국노로 낙인 찍힌 자들이야 문제도 안 된다. 자칭 민족주의자라며 행세하고 다니는 이병도, 신석호, 최남선 같은 이들마저 이러한 범죄행위에 가담하고 있는데 대해 우리는 아연실색할 뿐이다.

그림마당
이은홍

일제, 중·일전쟁 왜 일으켰나

경제난 타개 위한 위험한 승부수

군부주도로 중국대륙에 군침…열강 대응 따라 세계대전 우려

이번 중·일전쟁은 그동안 일본 국내정치 판도에서 꾸준히 영향력을 넓혀온 일본군부의 작품이다.

일본군부는 최근 들어 일관되게 중국 내 항일세력의 제거와 소련공산주의의 남하 저지를 주장해왔고 중·일전쟁의 표면적인 목적도 이것이다. 그러나 일련의 일본정치과정을 잘 살펴보면 그들의 실제적인 목적은 일본경제가 안고 있는 구조적인 문제점의 해결에 있다는 것을 쉽게 알 수 있다.

일본경제는 1929년 대공황으로 극심한 불황에 허덕이고 있다. 공황전 호황기에 비해 수출이 절반으로 떨어지고 이 여파로 산업생산 전반이 타격을 받고 있다.

더욱 문제가 되는 것은 수출에 의존해온 일본의 경제구조상 이를 국내적으로 해결할 방도가 거의 없다는 것이다. 일본군부가 '해외에 의존하지 않는 자급적 경제'를 자주 외치는 것은 바꾸어 말하면 해외에 충분한 식민지를 확보하자는 것이다. 식량과 원료와 상품시장을 자체적으로 조달할 수 있을 만큼의 식민지가 필요하다는 얘기다.

일본이 우리 한반도를 시작으로 만주를 먹고 이어 대륙에 군침을 흘리고 있는 것은 이런 이유에서이다. 그리고 이러한 구도에서 우리 한반도는 대륙 진출을 위한 병참기지로 위치지어지고 있다.

최근 미나미총독이 "일본의 해상 수송로가 차단당할 경우 조선의 능력만으로 그것을 보충할 수 있을 정도로 조선의 산업분야를 다각화하고, 특히 군수산업의 육성에 역점을 두어 만전을 기해야 한다"고 말한 것은 바로 이 점을 염두에 둔 것이다.

그러나 근대사회에 진입한 이래 중국대륙은 그 어느 국가도 배타적으로 독점하지 못해왔다. 워낙 면적이 넓고 각종 이해관계가 얽혀 있기 때문이다. 미국, 영국, 프랑스 등도 이번 중·일전쟁을 좌시하지 않을 것이다. 결국 또다시 세계대전이 발발할 위험성이 있다.

또 중국국민당 정부로서도 일본의 무력점령은 자신의 기반인 지주층과 산업자본가들에게 심대한 타격을 주는 것이라 결사항전할 수밖에 없다.

따라서 일본이 이번에 중·일전쟁을 일으킨 것은 국내사정상 불가피한 점이 있다손 치더라도 냉정하게 보면 대단한 모험인 셈이다.

이런 상황에서 우리나라의 일부 기업가들이 현상적인 일본군의 승승장구만 보고 덩달아 대륙 진출에 발붙는 것은 한심한 일이다.

수양동우회·흥업구락부 탄압 이유

전시체제 확립에 광분 '인격수양'도 불온시

친일단체 뺀 모든 단체 탄압 '신호탄'…민족운동에 먹구름

일제가 전시체제 확립에 광분하고 있는 가운데 일어난 수양동우회와 흥업구락부사건은 직접 반일을 내세우지 않더라도 민족을 표방하는 단체와 활동은 용납하지 않겠다는 의미로 보여 국내 민족운동에 어두운 그림자를 드리우고 있다. 이제 국내에는 합법적인 친일단체 외에는 어떠한 합법적인 단체도 존립하기 힘든 상황이라는 것이 전문가들의 한결같은 진단이다.

수양동우회는 인격수양을 목적으로 하는 공개단체였다. 그러나 일제는 한국인의 단체라면 그 목적과 세력에 관계없이 탄압하여 자진해체를 종용하였고, 이에 순응하지 않으면 모두 검거하여 자연히 해체되도록 하고 있다. 경찰의 압력으로 물산장려회도 정식회의 없이 회장의 이름으로 즉시 해산을 선언하였다고 한다.

일제 경찰은 수양동우회를 치안유지법 위반으로 재판에 회부하면서 미국의 흥사단 약법조문 중에서 '우리 민족 전도대업의 기초를 준비함'이라는 대목과 입단가 중에 '조상나라 빛내려고'라든지 '부모국아 걱정 마라' 등이 한국독립을 말하고 있다고 트집 잡았다. 이것은 수양동우회가 안창호 및 흥사단과 긴밀한 관계에 있다는 것을 말해주고 있다. 이번의 대규모 검거에 이어 1933년 체포돼 국내에 들어온 안창호가 1938년 3월에 사망함으로써 동우회 조직은 사실상 와해된 거나 다름없다.

이번에 검거된 흥업구락부 조직은 미국에서 활약하고 있는 이승만 계열인데, 수양동우회와 비슷한 시기에 조직된 것으로 알려졌다. 이 단체는 기독교계열을 중심으로 이상재 이하 9명이 실업단체 친목모임으로 위장하고 자금 수만 원을 모아 이승만에게 보내는 등의 활동을 한 것으로 알려지고 있다. 이번 검거로 인해 국내단체와 해외 독립운동단체의 연결이 끊어질 것으로 전망되고 있다.

"한·일 총력단결이 한국 발전하는 유일한 길… 일본 시책 거스르는 단체는 가차없이 처벌"

「역사신문」에서는 '내선융화(內鮮融和)', '선만일여(鮮滿一如)', '일시동인(一視同仁)'을 표방하며 황민화정책과 전시 병참기지화정책을 수행하고 있는 미나미총독을 어렵게 회견했다. 그 내용을 싣는다.

총독부에서는 「역사신문」을 불온시하고 있는데 어렵게 인터뷰하게 되었습니다. 한말씀 해주십시오.

「역사신문」도 총독부의 시책에 따라 황국의 발전을 위해 협조하여야 할 것입니다. 중국과 본격적으로 전쟁을 하고 있는 이 마당에 내부에서 다른 소리가 나와서는 안 될 일이므로 한데 모여 총력을 기울여야 할 것입니다. 이것이 한국민도 발전하는 길입니다.

이번에 발표된 총독의 시정방침을 보면 한국민의 민족성을 말살하고 희생을 강요하는 내용 일색으로 되어 있는데요.

일본이 한국을 통치한 기간이 상당히 흘렀고 이제는 일본을 이해하고 따르려는 분위기가 조성되었다고 봅니다. 한국민이 여러 가지 어려움에 봉착하고 있는 것은 사실이나 전시체제하에서는 감내해야 할 것입니다. 특히 사회주의를 비롯한 불온세력을 발본색원할 것이며 대일본제국의 시책에 조금이라도 반발하는 인사와 단체에 대해서는 엄중하게 대처할 것이므로 딴 생각 품지 말고 공존공영을 위해 앞장서야 하겠습니다. 지금 좀 바쁘니 회견을 마치도록 하지요.

총독의 말이 한국민 대다수에게 얼마나 먹혀들지 모르겠습니다. 이미 알려진 대로 총독께서는 강경파라는 인상을 지울 수가 없군요. 이상 마치겠습니다.

혜산지역 검거 '선풍'

일제 '보천보 습격' 앙갚음

1937년 10월 이후 경찰당국은 만주 장백현과 함남 혜산 일대의 반일조직에 대한 대대적인 단속에 나서 조국광복회 관련자를 비롯 500여 명의 반일운동가들을 검거한 것으로 밝혀졌다.

이번 검거선풍은 지난 6월 있었던 동북항일연군의 보천보 습격에 대한 보복으로 보이는데 경찰당국은 보천보 습격 당시부터 이 지역에 상당한 규모의 반일 지하조직이 있으며 이들이 동북항일연군의 보천보 습격에 내응한 것으로 파악해왔다. 경찰은 국경지대를 장악하기 위해 1936년 3월부터 이미 함경도 일원의 항일운동에 대한 탄압에 나서 길주·명천·성진 3군에서만 사회주의자 2천144명을 검거하고 자위단을 조직, 황민화사상을 교육하는 등 치안확보에 나선 바 있는데 이번 보천보사건으로 이를 한층 강화할 것이다.

경찰은 우선 혜산지역의 조국광복회 관련자를 검거하는 한편 경찰 보조기관으로 방공단을 조직, 인근 갑산·삼수에까지 반일운동가 색출에 나섰다. 이러한 일제의 무자비한 검거활동으로 함경도지역의 항일역량이 심각한 타격을 받지 않을까 우려되고 있다.

"한국인을 총알받이로"

육군지원병령 공포

1938년 2월 육군특별지원병령이 공포되고 육군지원자 훈련소가 개소됐다. 이는 마침내 한국인에게까지 전쟁의 희생물이 되도록 강요하는 조치이다. 지원병령에 의하면 17세 이상 한국인 중·소학교 졸업자 이상의 지원자는 6개월간 훈련받은 뒤 군인으로 동원된다. 1938년 지원자는 2천946명으로 이 중 406명이 훈련을 받았는데 대부분이 농촌 출신인 것으로 밝혀졌다. 입소동기는 진짜 일본인이 되려고 한 사람, 생활이 어렵거나 강제연행을 피하려는 사람들도 있지만 대부분 유형무형의 압력으로 어쩔 수 없이 지원했다고 한다.

일부 친일파들은 "지원병제도의 실시로 병역에 복무하는 영광을 얻게 되어 감사하고 기쁘다. 이제는 한국인을 일본국민으로 인정한 셈"이라면서 청년들의 지원을 강력히 호소하고 있다. 한편에서는 친일파들의 언동에 혀를 차면서 "소학교를 졸업하면 지원병으로 끌려갈 텐데 차라리 학교를 그만두는 것이 낫다"면서 일본인들이 한국인을 전쟁터에 총알받이로 내모는 처사라고 소리 죽여 불평하는 형편이다.

친일분자·사상전향자 '활개'

국민정신총동원조선연맹·사상보국연맹 속속 가담, 탄압·회유에 앞장

1938년 7월 총독부는 중·일전쟁 발발에 따른 전시동원체제를 구축하기 위해 국민정신총동원조선연맹(이하 조선연맹)과 사상보국연맹 등 친일단체를 잇따라 조직했다.

조선연맹은 반관반민의 어용조직으로 한국민에 대한 통제를 강화하기 위한 조직이며 사상보국연맹은 좌우익 전향자들의 조직으로 반일활동가들에 대한 탄압과 회유를 목적으로 하는 조직인 것으로 알려지고 있다. 앞으로도 이와 비슷한 동원조직이 잇따라 창립될 것으로 보이는데 이로써 우리 민족은 숨 한 번 제대로 쉴 수 없을 만큼 치밀한 통제체제 아래 놓이게 되지 않을까 우려하는 목소리가 높다.

조선연맹은 7월 7일 경성운동장에서 700개 친일단체 약 3만 여명이 모여 발족했는데, 총독부 정무총감이 명예총장으로, 학무국장이 이사장으로 취임했으며 조선인으로는 윤치호 김성수 김활란 방응모 백관수 장직상 최창학 한상룡 등 친일파들이 상무이사로 참여하고 있다.

조선연맹은 도(道)에서 리(里)까지 행정구역에 따라 조직되었으며 아울러 각 직장별 연맹도 조직되었다. 이 조직의 가장 큰 특징은 호주 10명을 한 단위로 한 '애국반'인데 이들 애국반은 반상회를 통해 주민에 대한 사상통제를 행하고 있는 것으로 나타났다. 즉 반별로 신사참배를 행하고 일본어 생활화를 강요하는 한편 호별로 서로 감시하도록 함으로써 앞으로 국내에서의 항일운동은 극도로 어려워질 것이라는 게 공통된 분석이다.

사상보국연맹은 일본군 위문, 국방헌금 모금 등의 일상활동을 수행하는 한편 비전향자 포섭, 반공좌담회 개최 등 총독부의 사상통제정책에 적극 협조하고 있는 것으로 알려지고 있다.

'한일학제 통합-조선어교육 금지'

조선교육령 개정 공포

황국신민화교육 통한 전시체제 구축 주목적

1938년 3월 4일 총독부당국은 황민화교육을 통해 전시체제를 구축하기 위해 국체명징, 내선일체, 인고단련을 강령으로 하는 새로운 조선교육령을 공포했다.

이번 교육령 개정으로 종래의 보통학교, 고등보통학교, 여자고보 등의 명칭이 소학교, 중학교, 고등여학교 등 일본학교와 똑같이 바뀌게 되었으며 조선어는 정규과목에서 삭제되어 조선어교육이 실질적으로 금지되었다. 이렇게 조선인 학제와 일본인 학제가 통합됨으로써 양국 간 교육제도상의 차별이 상당히 해소되었다고 긍정적으로 평가하는 교육전문가들도 없는 것은 아니지만 그것은 형식적인 측면에 지나지 않고 실질적으로는 우리 민족의 민족의식을 말살시켜 자신들의 전쟁 수행에 이용해먹기 위한 술수가 아니냐는 분석이 지배적이다.

나라 밖 독립운동

'좌 따로 우 따로' 결집

"임정 옹호-강화"표방
'광복진선' 결성

1937년 8월 난징에서 한국국민당·한국독립당·조선혁명당 등 중국지역 3개 당과 대한인국민회 등 미주지역 6개 단체가 연합, 한국광복운동단체연합회(약칭 광복진선:陣線)를 결성했다. 이 광복진선은 조선민족혁명당에 가담하지 않았거나 최근 이를 탈퇴한 세력들이 총집결한 우익연합체로서 앞으로 임정의 기반이 될 것으로 보인다.

이에 앞서 임정은 중·일전쟁의 개전에 대응하여 긴급국무회의를 개최, 이청천·현익철·안공근 등으로 군사위원회를 구성했으며 한편 김구·이동녕·이시영 등의 국민당, 조소앙·홍진 등의 한독당, 이청천·최동오 등의 조선혁명당 등 3당은 회동을 통해 "3당이 연합하여 임정을 옹호하고 그 세력을 강화하자"고 합의한 바 있다.

관련기사 14호 3면

"좌익만이라도 단결"
'민족전선' 결성

1937년 12월 후베이성 한커우에서 조선민족혁명당을 중심으로 조선민족해방운동자동맹, 조선혁명자동맹 등이 연합, 조선민족전선연맹(약칭 민족전선)을 결성했다. 이 민족전선은 민혁당에서 일부 세력이 빠져나가 사실상 전 민족통일전선의 의미가 사라져가는 상황에서 좌익세력이라도 하나로 뭉쳐야 한다는 인식에 따라 결성된 것이다.

민족전선이 창립선언에서 "조선민족의 유일한 출로는 오로지 전 민족적 역량을 단결시켜 일본제국주의를 타도하고 민족의 자주독립을 완성하는 데 있다"고 하며 단결을 촉구하고 나선 것도 이런 맥락에서인 것으로 보인다. 민족전선에 참여한 조선혁명자연맹은 무정부주의계열의 단체이고 조선민족해방동맹은 중국공산당으로 흡수되지 않은 사회주의자들의 조직이다.

황국신민서사

천자문도 족보도 아닌 것이… 무엇에 쓰이는 물건인고?

1. 우리는 황국신민이다. 충성으로써 군국에 보답하리라
2. 우리들 황국신민은 서로 신애·협력함으로써 단결을 굳게 하리라
3. 우리들 황국신민은 인고단련 힘을 길러서 황도를 선양하리라

요즘 우리 사회 곳곳에서는 '황국신민서사'라는 이 괴문서를 외우느라 야단법석이다. 각급 학교의 큰 행사 때에는 말할 것도 없고 수업을 시작하기 전에도 이것을 암송하면서 동쪽(일본)을 향해 참배하는 것이 의무사항이다. 뿐만 아니라 이것을 일본말로 적어 전국에 배포, 모든 집회와 행사 때 이를 낭독하도록 했다. 심지어는 결혼식에서도 주례와 신랑 신부 하객이 기립하여 이 '황국신민서사'를 암송해야 한다.

더욱 가관인 것은 이 '황국신민서사'를 한국인이 지어 바쳤다는 점이다. 확인된 바에 의하면 이 문서는 미나미총독의 지시에 따라 김포군수를 지낸 이각종이 문안을 작성하고 전북지사를 지낸 이대우가 손질하여 만든 합작품이라는 것이다. 5천 년의 역사를 이어온 우리 민족에게 섬나라 일본천황의 신하가 되라니 참으로 소가 다 웃을 일이다.

소련 "한인·일본인 구별 안된다"
연해주동포 중앙아시아 강제이주

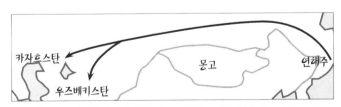

1937년 겨울 연해주지방의 한국인들이 소련정부에 의해 강제로 중앙아시아 일대로 이주하고 있다. 소련정부는 일본과의 긴장이 높아가는 상황에서 한국인이 일본인과 구별되지 않아 만약에 있을 작전 수행시 혼선이 초래될 것을 우려해 이런 강제이주를 시행하게 된 것으로 알려졌다. 소련정부는 약 17만 명에 이르는 우리 한국인을 중앙아시아의 카자흐스탄과 우즈베키스탄 등으로 이주시킬 계획인데 거의 황무지나 다름없는 곳에 사람들만 덩렁 데려다 놔 추위와 굶주림으로 죽어 버리는 이들이 많다는 소식이다.

한편 이주할 대상으로 지명된 한국인은 모든 재산을 그대로 두고 간단한 짐만 챙겨 떠나게 하고 있어 거센 반발이 일고 있다. 심지어 농민들은 수확도 못 하고 그대로 떠나고 있다. 이들은 행선지도 모른 채 기차 화물칸에 1, 2개월 동안 실려가는데 식당은 물론 화장실도 없는 곳에서 장기간 가축처럼 취급당하다 목적지에 도착하지도 못하고 죽는 이도 상당수에 이르는 것으로 밝혀졌다.

광란의 살인잔치로 끝난 백백교의 종말

"백백교 세상온다" 현혹, 헌금·정조 가로채…죄상 드러나자 신도살해 암매장

1937년부터 전모가 속속 드러난 백백교는 사실상의 교주 전용해(全龍海)를 천부님의 아들로 받들고, 세상은 곧 불과 물로 심판받게 될 것이니 피난처를 찾아야 한다면서 주로 한강 이북의 우매한 농민들을 대상으로 포교해온 것으로 드러났다. 특히 심판 이후에는 백백교의 세상이 될 것이며, 이때 헌금의 다과에 따라 도지사·군수·면장 등의 자리를 얻을 수 있고 모두 부귀영화를 누릴 것이라고 주장해 많은 사람들이 이에 현혹됐다.

그러나 신도들은 입교 이후 세월이 지나도 교주가 말한 세상이 오지 않자 교단에 대해 불평하거나 의심하기 시작했다. 상황이 이렇게 되자, 교단의 실권자 전용해는 신도들의 원성이 커지고 백백교의 비밀과 자신의 죄가 드러날 것을 염려하여 신도들을 살해하기 시작했다. 범인들이 살해장소로 빈번히 사용한 양주군 이담면 상봉암리에 위치한 천원금광사무소를 현장검증한 결과 금광으로 위장한 곳임이 밝혀졌으며 인근 주민들의 말에 의하면 자신들은 가끔 폭음소리를 듣기는 했지만 지금까지 금광석은 한 번도 본 적이 없다고 한다. 이렇듯 매우

삼엄한 경비 속에서 살해가 저질러져 취조시 살해가담자의 오랜 기억에만 의존할 수밖에 없어 판명된 피해자의 수에 비해 신원이 확인된 자는 극히 적다는 것이 조사관계자의 말이다. 사건발생 당시 도망친 전용해는 경기도 양평군 용문산에서 시체로 발견되었고, 나머지 범인들 가운데 12명은 사형, 나머지는 수년씩의 실형을 선고받았다.

백백교는 1923년 교주 우광현이 창시한 사이비종교로 현재 교주는 차병간이다. 그러나 교단을 실질적으로 관리해온 자는 전용해로 알려져 있다.

백백교는 신도들에게 일체감을 주기 위해 복장을 통일시키도록 했다. 왼쪽 사진은 백백교의 정장 의복. 오른쪽 사진은 백백교의 간부인 이한종(×)과 이경득(△), 나머지 사람들은 동두천 관민.

사이비종교 왜 번성하나

암울한 시대상황-전통적 공동체 붕괴에 일제 조장도 한몫

지금 우리사회에는 백백교 말고도 보천교,태을교,삼성교 등 수많은 사이비 종교가 주로 농민들 속에 번성하고 있다. 이처럼 사이비 종교가 번성하는 배경은 여러가지다.

우선 암울한 시대상황을 들 수 있다. 일제 압제하에서 대다수 사람들은 기아선상을 헤매는 빈곤 속에 내일을 기약할 수 없는 불안 속에

살고 있다. 시이비 종교는 이런 틈바구니를 비집고 초자연적인 힘에 의한 새로운 세상의 도래와 부귀영화를 약속하며 가난한 농민들을 현혹하는 것이다. 또 전통적인 공동체가 급격히 붕괴되면서 심리적인 불안정을 겪게 되는데 이들의 신비적인 종교의식이 일시적으로 그런 불안감을 마취시켜 주는 셈이다.

이와 함께 20세기 현대사회에서도 초자연적인 힘을 믿는 농민대중들의 몽매한 의식상태도 사이비종교의 온상이 되고 있다. 한편 일제는 안정적인 지배를 위해 은근히 이런 사이비 종교를 조장하고 있다는 지적도 유념할 필요가 있다.

백백교 사이비 행각 백태

○…백백교 입교과정은 가장이 먼저 신자가 되어 재산을 바친 다음 차차 식솔 모두가 신자가 되는 것이 보통이다. 이는 이번 암매장 시체발굴에서 일가족의 시체가 발견된 것으로 보아도 알 수 있다. 가족 모두가 입교하면 문제가 일어나더라도 드러나지 않기 때문에 교단에서도 강요했으리라 생각된다.

○…전용해가 살인행각을 벌인 과정의 치밀함이 드러나면서 경악을 불러일으키고 있다. 그는 우선 신자와 그 가족에게 재산을 정리해서 본부가 있는 서울로 올라오도록 했다. 서울로 온 이들로부터 재산을 빼앗은 뒤 은밀한 장소로 가족들을 분산하여 살해, 암매장했다. 한창 기도를 드리는 중 몽둥이로 구타, 살해한 경우가 대부분이었으며 여신도인 경우에는 능욕한 다음 살해, 했다고 한다.

○…이 사건을 조사하는 과정에서 전용해 형제들도 사이비종교를 설립한 것으로 드러났다. 동생 전용주는 인천교를 창설하여 강원도지방을 전전하던 중 체포되었는데 백백교 전신인 백도교 시절 신자 5명을 살해한 사실을 자백했다. 전용석은 도화교를 창설하여 주로 강원도 평강지방에서 교세확장에 분주했는데, 경찰은 전용해와 가장 밀접한 관계를 유지한 것으로 보아 살해에 가담했을 것으로 추측돼 취조 중이라고 한다.

택시 미터제 실시

업주, 미터기 조작 감시 위해 위장승객 투입도

1936년 5월 1일부터 실시된 택시요금의 미터제(2km에 50전 이후 800m마다 10전)에 업자와 운전수의 이해관계가 상충돼 불신이 싹트고 있다.

미터제 실시 이후 업자들의 수입은 늘었지만 운전수는 전보다 떨어졌다. 운전수는 이전처럼 부수입도 없고 일은 더 힘들어졌으며 월급은 고정돼 있었다. 업자들은 혹시 운전

수들이 음성적으로 부수입을 챙기지 않나 의심하여 운전수의 뒤를 밟도록 친인척을 동원해 소위 사설스파이를 고용한다는 소식이다.

이들은 손님을 가장하여 택시를 타고 운전수들이 미터기를 조작하지 않나 하고 감시하는 일을 한다. 만일 걸리기만 하면 운전수는 가차없이 해고당한다.

"취직 시켜준다" 감언이설 유혹 인신매매 사건 발생

화려한 도시생활을 동경하는 순박한 시골처녀를 취직시켜준다는 감언이설로 유혹하여 정조를 유린한 이후 창기(娼妓)로 팔아 넘기려다 미수에 그친 사건이 발생했다.

1937년 6월 6일 종로 경찰서 소속 경찰이 관철동 103번지 인신매매업자 이우희 집에서 이야기하고 있는 거동수상한 남녀 2명을 연행하여 취조한 결과 마각이 드러난 것이다.

남자는 전남 장흥군 대덕면 신리에 사는 김종관으로 광주에서 우연히 만난 처녀 조옥순을 취직시켜준다고 꼬여 서울로 같이 갔다. 그는 적선동에 있는 화신여관에서 그녀의 정조를 짓밟은 이후 300원을 받고 전기의 이우희 집에서 창기로 팔려다가 발각된 것이다.

피해자 조옥순은 곧 고향으로 보내질 것이라 한다.

라디오 청취자 10만 돌파

조선방송협회 라디오 가입자가 드디어 10만을 돌파했다. 10년 전에 방송사업을 개설한 이래 내용 향상에 힘써온 결과 지난 1937년 2월에 7만명이 가입했다. 이후 가입자 배가운동과 지나사변의 발발로 10월에 10만을 돌파했다. 협회에서는 이를 기회로 청취료인하와 고아원, 가난한 맹아의 무료청취 및 직원의 처우개선을 추진 중이라 하며, 가입자 10만돌파 축하회를 개최할 예정이었으나 그 비용을 국방헌금으로 기부했다.

성병 기승…가짜약도 판쳐

최근 화류병(花柳病, 성병)이 만연하여 사회적인 골칫거리가 되고 있다.

이를 예방하기 위해 관계기관에서는 개인 및 접대업소를 대상으로 화류병이 얼마나 무서운 병인가를 홍보하고 있으며, 만일 걸렸을 경우 우선 증상을 알고 난 이후 치료해야지 그렇지 않으면 오히려 역효과가 발생한다는 점을 강조하고 있다. 항간에는 무책임한 제약업자들이 판매고를 올리기 위해 허위 또는 과대광고를 일삼으니 이에 현혹되지 않도록 주의를 당부했다.

또한 화류병의 예방과 치료에 대해 자세하고 알기 쉽게 설명한 소책자 「화류병의 지식」을 관계기관에서 무료배부하고 있다.

에스컬레이터-엘리베이터 등 최신설비

화신백화점 신축 개관

화재로 소실된 화신백화점 전관이 1937년 11월 11일 신축, 준공되었다. 이 백화점은 1931년 박흥식(朴興植)이 인수·설립했으며, 설립 초기에는 종래 목조 2층 건물을 3층 콘크리트 건물로 증개축했다. 그런데 1935년 1월 27일 화재로 소

실되었다. 신축건물은 지하 1층, 지상 6층, 총건평 3천 11평으로 내부에는 희귀한 에스컬레이터와 엘리베이터까지 설치됐다. 이것이 장안의 구경거리가 되어 이를 보기 위해 지방에서 구경꾼이 몰려 오고 있다는 소식이다.

종로에 조선일보 전광뉴스 '눈에 띠네'

석간-조간 사이에 뉴스보도 위해 전광판 설치

네온사인이 물결치고 있는 중심가를 헤치고 밤거리를 현란케 한 전광뉴스판이 등장했다. 1937년 12월 5일 밤 6시 종로 화신빌딩 7층 옥상에 설치된 조선일보 전광뉴스가 거리를 밝힌 것이다. 지나는 행인들과 영하 10도의 추위를 무릅쓰

고 이를 보려고 몰려든 인파로 종로 네거리는 혼잡했다. 조선일보는 앞으로 매일 석간과 조간 사이에 긴급뉴스를 보도하겠다 한다. 통신발표는 선진국에서도 최근에 고안된 통신방법으로 조선일보가 최초로 선보인 것이다.

일본 '국가총동원법' 공포…전시파시즘체제로

인원·물자·시설 등 즉각 징발 가능…각국 "세계적 규모 전면전 준비" 의혹

1938년 4월 일본은 '국가총동원법'을 제정, 공포함으로써 국가행정과 경제는 물론 국민 개개인이 전쟁이라는 한 가지 목적을 위해 총동원되는 전시파시즘체제를 구축했다. 이는 현재 진행 중인 중·일전쟁을 효율적으로 수행하기 위한 것이지만 관측통들은 중국만이 아니라 미국 등 서방국가들을 대상으로 세계적 규모의 전면전을 준비하기 위한 것 아니냐는 의혹을 불러일으키고 있다. 특히 이 법은 일본뿐 아니라 일본의 식민지인 우리나라에도 그대로 적용돼 많은 부작용이 예상되고 있다.

이 법은 전쟁에 동원되는 인원, 물자, 시설, 자금을 결정하는 법률을 모두 칙령에 위임하게 돼 있어 사실상 의회의 기능을 무력화시킨 악법이다. 이에 따라 정부가 칙령만 내리면 집에서 사용하던 놋그릇, 절에 걸려 있는 종 등이 즉시 징발된다. 공장도 통폐합되거나 정해준 물품만을 생산하고 금융도 전쟁에 필요한 산업에만 집중 지원된다. 상품 가격도 필요에 따라 임의로 결정되고 노동력도 강제 동원된다. 물론 노동운동은 일절 금지될 전망이다.

이 법에서 인류가 수백 년의 투쟁 끝에 근대사회에 정착시킨 인간의 기본권은 눈꼽만큼도 찾아볼 수 없다. 더욱 문제가 되는 것은 일본의 각 정파가 이러한 악법의 제정에 만장일치로 손을 들어줬다는 사실이다.

뮌헨 4자회담으로 유럽 위기 '미봉'

1938년 9월 뮌헨에서 영국의 체임벌린수상, 프랑스 달라디에수상, 독일의 히틀러총통, 이탈리아의 무솔리니총통 등이 회담, 최근 독일의 오스트리아 합병과 체코슬로바키아 침공으로 조성된 위기국면을 논의하고 독일의 기존 행동은 인정하되 현재의 국경상태를 유지하기로 합의했다. 이로써 긴장의 파고가 높아가던 유럽정세는 한 고비를 넘겨 각국 국민들은 이 회담에 열렬한 지지를 보내고 있다.

이에 앞서 독일은 대독일제국의 건설을 목표로 독일민족이 다수를 이루고 있는 오스트리아를 합병했고 뒤이어 같은 논리로 체코슬로바키아의 슈데텐지방을 합병했다. 히틀러는 이에 대해 항의하는 영국, 프랑스 등 유럽강국들에게 "독일이 원하는 것은 베르사유체제의 부당성을 시정하는 것이고 단지 대독일제국을 회복하려는 것"이며 "다른 유럽지역에 대한 영토적 욕심은 전혀 없다"고 설득했다. 영국과 프랑스의 정치가들은 베르사유조약이 사실 독일에 지나치게 가혹했다는 점을 인정하고 있던 터라 독일이 자신들과 대등하게 강대국의 일원으로 성장하게 해주는 것이 유럽평화를 위한 유일한 해결책이라고 생각하고 있는 것으로 알려졌다.

그러나 독일국민들은 히틀러의 대외팽창정책에 열광하고 있고 비공식 소식통에 의하면 뮌헨회담 뒤 히틀러가 무솔리니에게 "우리가 영국과 프랑스를 쳐야만 하는 날이 올 것이오. 중요한 것은 우리가 지도자로 있을 때 그 일이 일어날 수밖에 없다는 점이지"라고 한 것으로 알려져 이번 평화회담은 폭풍전의 고요에 불과하다는 지적이 일고 있다.

일본군, 난징서 30만 학살 만행

난징 전투때 치른 희생에 피의 보복

1937년 12월 중국의 임시수도 난징에서 일본군이 아비규환의 대학살을 자행한 사실이 알려져 전세계에 충격을 주고 있다. 난징에 진군한 마쓰이대장 휘하의 일본 중지나(中支那)방면군 5만 병력은 죽이고(殺光), 태우고(燒光), 약탈하는(搶光) 이른바 3광작전 아래 민간인까지 마구 죽여 피해자가 최소한 13만, 현지여론으로는 30만 명이 넘는 것으로 추정된다.

일본군들은 중국인 패잔병과 포로는 물론 민간인까지 마구 살해, 약탈, 강간하고 있다. 학살방법도 기관총으로 무차별 사격하는 것이 보통이고 휘발유를 뿌려 불태워 죽이거나 생매장하는 경우도 흔하다. 현지에서 빠져 나온 한 서양인에 의하면 심지어 임산부의 배를 칼로 찔러 죽이고 어린아이들도 무차별 학살하는 비인간적인 만행도 있었다고 한다.

일본군은 중·일전쟁 개전 이래 북경과 톈진 그리고 상해를 함락시킨 뒤 수도를 난징으로 옮긴 중국국민당 정부를 궤멸시키기 위해 난징으로 진격해왔다. 그러나 중국군의 난징 사수의지가 워낙 강해 난징 함락에 많은 희생이 따랐다. 난징학살은 이러한 희생에 대

손을 뒤로 묶은채 학살된 현장(사진 위). 중국인들의 머리를 잘라 전시해놓았다.

한 피의 보복으로 분석된다. 한편 이 소식이 외신을 통해 일본에 알려지자 일본인들은 일본군인이 그런 만행을 저지를 리 없으므로 조작된 유언비어일 것이라며 좀처럼 믿으려 하지 않고 있다.

중국 2차 국공합작 항일연합전선 구축

1937년 9월 국민당의 장제스와 중국공산당측의 예젠잉(葉劍英) 등이 난징에 모여 일본군에 대항해 연합 항일전선을 수립하자는 내용을 담은 국공합작을 공식 선언했다.

이번 제2차 국공합작은 중·일전쟁에 자극받아 항일민족통일전선을 수립한 것으로, 중국이 계속 수세에 몰리던 중·일전쟁이 새로운 국면을 맞이하게 될 것으로 보인다.

합작 결과 국민당은 공산당의 합법적 지위를 인정했고 공산당은 농촌에서 실시 중인 토지혁명을 중지하고 각지 소비에트를 해체, 국민당 지방정부 산하로 편입됐다. 그러나 지난 1924년의 1차 합작 때와 같이 공산당원이 개인자격으로 국민당에 입당하는 것이 아니라 당적을 유지한 채 당 대 당 합작을 이뤄 그동안 공산당세력의 성장을 실감케 했다. 공산당의 홍군은 국민당정부군 제8로군으로 편입돼 항일전선에서 활동하게 된다.

이번 합작 성사에는 중·일전쟁에서 수도 난징마저 함락당하는 등 국민당이 위기에 몰린 것이 주요 계기가 됐다. 여기에 국민당에 의해 서북 오지까지 쫓긴 공산당이 1935년부터 '8·1선언'을 통해 국민당에 제휴를 제안한데다 지난해에 있었던 시안사건으로 양당이 극적인 합의를 이루게된 것이다.

현재 중·일전쟁 전선은 일본이 북경에서 남으로 난징을 거쳐 광저우까지 중국 동부를 남북 일직선으로 점령한 상태에서 전 전선에 걸쳐 서쪽으로 진군하고 있다. 국민당군은 국공합작 이후에도 패배와 후퇴를 거듭하고 있으나 8로군만은 각 전투와 후방교란 양 방면에서 혁혁한 성과를 거두고 있다는 소식이다.

관측통들은 이런 추세로 가면 중국국민들의 공산당에 대한 지지가 더욱더 높아질 것으로 보고 있다.

실력양성론으로 초지일관한 민족지사

안창호는 서북출신의 강골로 대단한 연설가다. 일찍이 그의 연설을 듣고 감동받지 않는 사람이 없었다는데, 장사군 이승훈이 재산을 바쳐 교육자로 나서게 된 것도 안창호 연설이 준 감화 덕분이라고 한다. 또 그는 일을 지도하고 조직하는 데 뛰어난 자질을 갖춘 인물이다. 이런 능력으로 그는 한말 독립협회에서 맹장으로 활약했고 서북학회·대한협회 등에서도 활동했으며, 청년학우회·신민회를 주도적으로 만들었던 계몽운동의 거물이다. 또 미국에서 조직한 흥사단은 그의 분신이나 다름없는 단체다.

그는 구한말 제국주의 침략 속에서 오직 문명개화만이 우리 민족을 구하는 길이라는 생각을 굳힌 뒤 망명생활을 거듭하면서도 좌·우의 어떤 비난이나 공격에도 굴하지 않고 이 신념을 실현시키기 위해 분투한 사람이다. 그의 신념은 요컨대 우리 민족의 자주독립은 일제와의 투쟁을 통해서가 아니라, 서구와 같은 근대적인 문명생활을 할 수 있는 실력의 양성을 통해서 달성된다는 것이다. 그래서 그는 모두가 자기 직분에 충실하여 힘써 실력을 기르자는 무실역행(務實力行)을 외쳤고 점진주의를 내세웠다.

그러나 문제는 투쟁을 하지 않고 일제를 물리칠 수 있을 것이며, 또 일제치하에서 과연 근대문명을 자주적으로 발전시킬 수 있을 것인가에 있다. 더구나 이런 입장에서게 되면 자연히 가난하고 피폐된 민족현실의 원인을 일제 침략에서 찾기 보다는 오히려 뒤떨어진 우리 자신에게서 찾는 쪽으로 생각이 발전할 터이니, 그와의 긴밀한 교감하에 이광수가 썼다고 하는 「민족개조론」밖에 더 나오겠는가. 더욱 아이러니컬한 일은 일제와의 투쟁을 위해서가 아니라 민족의 실력양성을 위해 그가 조직한 수양동우회마저도 최근 일제는 탄압하여 해산시켜 버린 것이다. 그의 생애가 수양동우회와 운명을 같이했다는 것은 그런 점에서 의미심장한 일이다. 그의 죽음이 안타깝지만 더 산다 한들 치욕만 남았을 것이다.

1878년생. 평남 강서 출신. 호는 도산.

국내 첫 영화제 열려

조선일보사 주최…발성·무성 45편 선보여

1938년 11월 26일 조선일보사는 부민관에서 제1회 영화제를 개최하여 베스트 10을 선정했다. 이 행사는 국내 최초로 열린 영화제로 무성영화와 발성영화를 포함, 45편의 영화를 일반관중에게 상영하여 투표에 의해 무성영화부문과 발성영화부문에서 각각 10편의 작품을 선정해서 시상했다. 베스트 10에 뽑힌 영화는 다음과 같다.

무성영화			발성영화		
순위	제목	득표	순위	제목	득표
1	아리랑	4974	1	심청전	5031
2	임자 없는 나룻배	3783	2	오몽녀	4596
3	인생항로	3075	3	나그네	4366
4	춘풍	2921	4	어화	3907
5	먼동이 틀 때	2910	5	도생록	3597
6	청춘의 십자로	2175	6	홍길동전	2946
7	세 동무	1608	7	장화홍련전	2456
8	사랑을 찾아서	1230	8	미몽	2111
9	풍운아	1143	9	아리랑 고개	2069
10	낙화유수	1015	10	한강	2061

"임꺽정을 당장 살려내라"

독자 폭발적 반응 불구 중단됐던 소설「임꺽정」연재 재개

1937년 12월 12일 작가 홍명희가 그동안 중단되었던 대하장편소설「임꺽정」연재를 재개했다. 이 소설은 1928년 11월 21일「조선일보」에 연재되기 시작했는데 작가인 홍명희가 신간회의 민중대회 사건으로 구속되면서 연재가 1차 중단됐다.

이때 처음에는 조선일보측이 당국과 교섭, 경기도 경찰부 유치장에서 집필을 계속할 수 있었지만 같은 달 24일 서대문형무소로 송치되어 결국 연재가 중단되고 말았다. 이때 봉단편, 피장편, 양반편까지 집필됐다. 홍명희는 1932년 1월 가출옥으로 출감하자 12월 1일 연재를 재개, 이듬해 9월까지 의형제편의 연재를 마치고 화적편 연재를 시작했다. 그러나 1935년 12월 24일 다시금 연재가 중단되고 말았다가 독자들의 열화와 같은 요구에 못이겨 이번에 연재를 재개하게 된 것이다.

그동안「임꺽정」에 대해서는 '조선문학의 대유산'(이기영), '조선어의 풍부한 보고'(김상용), '조선어와 생명을 같이할 천하의 대기서(大奇書)'(이광수) 등의 찬사가 쏟아진 바 있다. 그러나 앞으로도 정세가 심상치 않아「임꺽정」의 연재가 언제까지 계속될지 장담하기 어려운 상황이어서 소설의 조속한 완간을 바라는 독자들을 안타깝게 하고 있다.

"벽초의 손에 재현돼 지하에서 웃을 임꺽정"

임꺽정이「조선일보」에 다시 연재되는 것은 반가운 일이다. 꺽정이는 소설로나 극본으로나 전기로나 무슨 형식으로든지 재현할 필요가 있는 인물 중의 뚜렷한 한 사람이다. 그런데 졸렬한 수법으로 부질없이 그린다면 그것은 도리어 꺽정이를 모욕하는 것이 될 뿐이다. 그러나 꺽정이를 재현시키는 주인공이 벽초라면 다행스러운 일이다. 벽초가 임꺽정을 쓰게 됨으로써 꺽정이는 실로 천 년의 세월에 지기를 만난 격으로 지하에서 웃음을 머금을 것이다.

그런데 연재 예고 중 작가의 말을 본다면 연재를 시작한 지 10여 년이 되었다 하였으니 무던히도 오래되었다. 그간에는 신문사의 사정도 있었을 것이요, 작가의 사정도 있었을 것이지만 작가나 신문사나 다 갑갑하지 않을 수 없었을 것이요, 독자는 더욱 갑갑하였을 것이나 그 누구보다 성미 급한 꺽정이가 알았다면 무던히 갑갑하였을 것이다. 그것도 동정할 만한 일이다. 이로부터 간단 없이 연재되기를 바라며 작가는 조급히 굴지 말고 나팔 끝이 피게 하며 신문사에서도 다소 여의치 못한 점이 있더라도 송곳 끝이 되지 않게 하기를 바란다.

───── 만해 한용운

기독교, '무력'에 무릎 꿇고 '우상숭배'

예수교장로회 총회, "교리 어긋난다" 반발 불구 '신사참배' 수용

1938년 기독교계가 마침내 신사참배에 나섰다. 그간 기독교계는 신사참배가 우상숭배를 금지하는 교리에 어긋난다는 이유로 신사참배에 반대해왔는데 총독부당국이 황민화 정책을 강화하면서 기독교계에까지 이를 강요한 것이다.

그간 기독교계는 신사참배를 거부하는 교단 산하 사립학교가 폐교되고 외국 선교사들이 추방되는 어려운 상황에서도 이에 저항한 바 있다. 그러나 당국은 집요하게 교계 지도부를 강압하여 마침내 9월 9일 평양에서 조선예수교장로회 총회가 열리게 되었다.

당국은 주기철·이기선 등 강경한 신사참배 반대론자를 구금하고, 수백 명의 사복경관으로 하여금 회의장을 포위하게 했으며, 강단에도 경찰간부가 총회대표들 사이에 끼여앉는 강압적인 분위기를 연출한 가운데 일사천리로 신사참배 결의와 성명서를 낭독토록 했다.

폐회 후 부회장과 노회장은 평양 신사에 참배하였으며 교단은 국민정신총동원 조선그리스도교장로회연맹으로 개편되었다.

'식민사관' 집대성 「조선사」 35권 완간

1937년 조선사편수회에서는 16년 만에「조선사」 35권을 완간했다.

이번에 출간된「조선사」는 규장각 도서, 총독부 도서관에 보관되어 있는 자료를 중심으로 조선 각 도는 물론 일본과 만주에서 자료를 모아 만들었다. 시기별로 보면 삼국통일 이전 3권, 통일신라시대 1권, 고려시대 7권, 조선 전기(태조~선조) 10권, 조선 중기(광해군~정조) 10권, 조선 후기(순조~고종) 3권 해서 모두 35권으로 구성되었다.

학계에서는 고대사와 관련,「삼국유사」의 단군관련 기록을 무시함으로써 한국사를 2천 년의 역사로 축소했고, 일본의 조선 침략의 '합법성'을 입증하기 위한 사료만 취사선택한 점이 큰 문제라고 지적하고 있다.

'타율성·정체성'으로 한국사 왜곡 식민사관 극복 노력 절실

조선사편수회에서 발간한「조선사」는 한국역사가 타율성과 정체성의 역사라는 식민사관을 집대성하고 있다.

타율성론이란 한반도지역의 역사가 그 주민의 자발적 활동에 의해 발전된 것이 아니라 중국 만주 일본 등 주변 민족의 자극과 지배에 의해서 유지되었다는 것으로, 한국사의 주체적 발전 및 독립된 역사와 문화를 부인하고 있다. 이에 의하면 고대사의 경우 한반도의 일부가 일본의 지배 아래 있었고('임나일본부설'), 중세 때에도 중국 여러 나라의 지배를 받은 타율적인 역사가 된다. 그래서 일제 지배를 받는 것도 숙명적인 것이라고 강변하고 있다. 식민사관의 또다른 이론인 '정체성론'은 우리 역사에 세계사적 발전성이 결여돼 근대초기까지도 고대사회적 수준이었다는 것으로 일제 지배가 한국의 사회경제를 근대적인 것으로 도약시켰다고 '미화'하고 있다. 일제가 식민지 지배를 합리화하기 위해 만든 식민사관의 본질을 정확히 인식하고 이를 극복하는 데 최선의 노력을 다해야 할 것이다.

역사신문

"성을 갈아라" 일제, 창씨개명 강요

불응 땐 진학 · 공무원 채용 금지 등 불이익 처분

1940년 총독부는 전시체제 구축을 위한 황국신민화정책의 일환으로 한국인에게 창씨개명을 강요하고 있다. 이번 조치에 대해 미나미총독은 '창씨개명을 통해 법률상 일본인과 같은 방식으로 씨(氏)를 부를 수 있게 되었으며, 이는 내선일체 구현의 길'이라고 강변하고 있지만 가통을 중시하는 우리 민족의 정서 때문에 심각한 반발을 불러일으킬 것으로 예상된다.

총독부는 지난해 11월 '창씨에 관한 제령'을 공포하고 올 2월부터 이를 실시한다고 발표한 바 있다. 이 법령에 따르면 한국인들은 성과 이름을 일본인처럼 바꿔서 8월 10일까지 제출하도록 되어 있다. 이 법령은 외면상으로는 자유의사에 따르도록 하고 있지만 이 조치에 따르지 않을 경우 각급 학교에 진학할 수 없고, 관공서에 신규채용되지 못하는 것은 물론 현직자도 파면되며, 각 행정기관은 사무처리를 거부하고, 식량 및 기타 물자의 배급에서도 제외되며, 심지어는 편지와 화물도 우체국과 철도에서 취급하지 않는 등의 불이익이 따르도록 하였다. 이러한 불이익 때문에 창씨를 하지 않으면 이 땅에 살 수 없게 된 것이 현실이다.

이러한 일제의 강요 속에 진행된 창씨개명은 1940년 2월 11일부터 접수하기 시작하여 다음날 오후 2시까지 모두 87건이 접수되어, 민족말살정책이 첫발을 내딛기 시작했으며, 1940년 9월 20일 현재 320만 가구(전체 가구의 약 80%)가 창씨개명한 것으로 집계되고 있다. 접수 초기에 창씨개명한 87명 가운데에는 한국문학의 대표자격인 이광수가 끼여 있었다. 반면 일반 민중들은 이에 격렬히 반대하기도 했는데, 전남 고성의 유건영은 총독에게 창씨제도를 반대하는 항의서를 보내고 58세의 나이로 자살하기도 했다.

좌우 재결합 전국연합진선협 결성
단일당 착수…지도부 채택엔 이견

1939년 9월 김구를 주축으로 하는 우익측 정파의 연합체인 광복진선과 김원봉이 이끄는 좌익측 연합체인 민족전선이 중 · 일전쟁이라는 긴박한 정세에 대응하기 위해 재결합하기로 결의하고 전국연합진선협회를 결성했다. 김구와 김원봉은 지난 몇 개월 동안 접촉, 대동단결의 필요성과 방법에 대해 숙의한 것으로 알려졌으며 이 과정에서 '동지 · 동포 제군에게 보내는 공개통신'을 발표해 양 진영의 재결합과 공동강령을 밝힌 바 있다. 이번 연합진선은 공동의 강령에 합의한 만큼 앞으로 단일당 건설에 착수하기로 했다. 그러나 김구측은 단일당의 지도부를 임정으로 해야 한다는 입장이고 김원봉측은 임정과 별도의 당이어야 한다는 입장이어서 의견 조율이 이뤄질지에 관심이 모아지고 있다.

한편 이번 연합진선의 결성에서 민족전선측의 조선민족해방자동맹과 조선청년전위동맹 등 공산주의 계열 단체는 이념 차이를 내세우며 단일당 건설에 반대하고 탈퇴했다.

관련기사 2면

'총력연맹' 개편 주민통제 강화
총독부, 전시체제 구축

1940년 10월 16일 총독부당국은 전시체제 강화를 위해 기존의 주민통제기구인 국민정신총동원 조선연맹을 확대 · 강화하여 국민총력조선연맹(이하 총력연맹)을 조직했다. 총력연맹은 조직의 상부에 지도위원회를 두고 위원장은 정무총감, 위원은 총독부의 각 국장, 조선군사령관 등이 맡아 주민통제기구로서의 성격을 더욱 분명히 하였다.

독일, 폴란드 침공…2차세계대전 발발

1939년 9월 1일 독일군이 폴란드를 침공하고, 이에 맞서 영국과 프랑스가 독일에 선전포고를 함으로써 2차세계대전이 발발했다.

독일군은 육군 기갑사단과 공군 전투기를 동원, 전격적으로 폴란드를 침공해 폴란드측은 전투기가 채 뜨기도 전에 괴멸적 타격을 받았다. 영국과 프랑스가 선전포고를 하고 전투에 나서고 있지만 독일군이 전광석화와 같은 전격전으로 폴란드를 삽시간에 점령해버려 폴란드를 원상회복하기는 힘들 것으로 전망되고 있다.

독일은 폴란드에 그치지 않고 네덜란드, 벨기에, 핀란드 등으로도 진격할 태세로 알려져 있어 이번 전쟁은 1차세계대전 때와 비슷하게 전세계 국가들을 끌어들일 것으로 예측되고 있다.

총독부 국민징용령 선포

한국인 일본내 군수 산업에 마구잡이 동원
폭행 등 '인권 사각지대'…탈출도 잇따라

1939년 7월 총독부는 국민징용령을 선포하여 한국인 인력을 전쟁수행에 동원하기 위한 체제를 구축했으며 이에 따라 수많은 한국인들이 일본 각지의 탄광, 수력발전, 철도, 도로, 군수공장 등으로 끌려가고 있다. 이번 징용령 실시는 지난해 실시된 국가총동원법에 따른 것으로 이른바 대륙전진 병참기지화정책에 의한 군수공업화를 뒷받침하기 위한 것이다.

이번에 실시되는 징용은 그동안의 모집, 알선, 관영 직업소개소 등을 통한 인력동원방식을 한층 강화한 것이다. 징용은 당사자의 의사와는 상관없이 강제적으로 인력을 동원하여 직업선택의 자유를 침해한다는 점도 문제지만 강제적으로 동원되는 만큼 노동조건과 임금수준이 너무나 열악하여 크나큰 원성을 사고 있다. 이러한 조건 때문에 현지에서 탈출하는 사례가 빈번하게 발생하고 있다고 한다.

그런데 이를 막기 위해 물샐 틈없는 감시와 도망자에 대한 가혹한 폭행이 가해져 또다른 문제로 제기되고 있다. 아직 정확한 실상이 드러나고 있지 않지만 인권의 사각지대라고 하는 것이 현지를 방문한 사람들의 한결같은 의견이다.

임정, 광복군 창설

"전면적 광복전쟁" 선언…지휘계통 관련 중국과 갈등도

1940년 9월 15일 임시정부는 충칭(重慶)에서 "우리의 분산된 역량을 집중하여 전면적 조국광복전쟁을 전개하기 위해" 광복군을 창설했다. 임정은 광복군 창설에 즈음한 '한국광복군선언문'을 통해 "한국광복군은 중화민국 국민과 합작하여 두 나라의 독립을 회복하고자 공동의 적인 일본 제국주의자들을 타도하기 위하여 우군의 일원으로 항전을 계속한다"고 밝히고 "조국의 독립을 위하여 우리의 전투력을 강화한다"고 창군 목적을 밝혔다.

이에 앞서 4월에 결성된 한국독립당의 중앙집행위원장 김구는 일본과의 전투에 우리가 참여하기 위해 중국국민당의 장 제스에게 광복군 편성훈련계획을 제출한 바 있다. 그러나 광복군의 결성에 대해 광복군의 지휘계통을 중국측에 둘 것인가 아니면 임정이 가지는가를 둘러싸고 별다른 진척을 보이지 못했다. 그러나 임시정부는 김구를 중심으로 후원금을 모집하는 활동을 전개해왔고, 이러한 노력에 힘입어 중국측의 동의를 얻어냈다.

광복군 지휘부는 총사령 이청천, 참모장 이범석 외 30여 명으로 구성됐으며 이들 대부분은 만주의 독립군 내지 군관학교 출신이다. 광복군은 1940년 11월 총사령부를 시안으로 옮긴 뒤 지대를 편성하고, 광복군 지원자 모집사업을 전개하고 있다.

1910 한일합병
1919 3 · 1운동
1926 6 · 10운동
1929 광주학생운동
1937 중 · 일전쟁 황국신민화 강요
1945 민족해방

103

역사신문

피흘리는 민족 외면하는 친일파의 작태를 규탄한다

친일파는 일제 지배기구의 부속품에 불과

우리나라는 전통적으로 '문치(文治)의 나라'라고 불릴 만큼 지식인을 존중해왔다. 또 지식인들이 민족의 나아갈 길을 앞장서서 제시해 온 것도 사실이다. 특히 오늘날 이민족의 지배를 받고 있는 현실에서 지식인이 해야 할 역할은 더욱 고되지만 그만큼 기대도 크다고 할 수 있다. 그런데 요즘 지식인들 중에 이른바 친일파라고 하는 이들이 하는 작태를 보노라면 지식인은커녕 시중 잡배들만도 못해 차마 말을 잇지 못할 정도다.

3·1독립선언문을 쓰고 조선의 3대 천재 중 한사람이라던 육당 최남선은 요즘 독립군이 일제에게 저항하는 것이 무모하다고 하면서 일본이 동양적인 이상사회 건설에 도움을 준다며 "우리도 신동아 건설에 적극 봉사하자"고 떠들고 다닌다고 한다. 이광수와 최린도 기세 당당하게 황국신민으로서 충성을 다하라고 미친 개 짖어대듯이 동네방네 외치고 다닌다. 윤치호는 "내선일체(內鮮一體)만이 살 길"이라고 하고 유진오는 "우리의 교양은 일본인에 비할 수 없이 저열하다"고 한다. 여성 지식인 김활란은 "지금은 여성들도 친일운동에 앞장서야 할 때다"고 하고 김동환, 박영희, 최재서 등의 문인들까지 문학작품이 황민화운동의 도구가 돼야 한다며 몸소 실천에 나서고 있다. 이들이 외치는 모습을 보면 천황에 대한 무한한 신뢰, 경건한 태도가 극에 달해 금방이라도 쓰러질 듯한 숨가쁜 자세를 보일만큼 열성적이다.

이들은 도대체 왜 이러는 것일까. 이들이 모진 고문 끝에 굴복한 것이라면 차라리 인간적인 동정이라도 베풀 수 있겠다. 아마도 이들은 일본이 전쟁에서 승리할 것이 확실하고 우리는 영원히 일제의 식민지로 살아갈 수밖에 없다고 생각하는 것 같다.

그러나 지금 이 순간에도 거친 만주 벌판을 허기진 배를 안고 맨몸으로 달리면서도 오로지 독립을 위해 피흘려 싸우는 이들이 있음을 우리는 알고 있다. 아니 우리 주위에도 지하에 몸을 숨기며 목숨을 걸고 항일투쟁에 전념하는 이들이 있다. 그들이라고 일본이 당장 패망하리라고 믿고 그렇게 하는 것은 아닐 것이다. 우리의 피와 땀과 눈물이 고일 만큼 고여야 그것을 양분으로 삼아 해방의 열매가 열리리라는 한 가지 믿음 때문일 것이다.

우리나라 지식인의 전통은 지조에 있다. 지식인이 지조를 잃었을 때 그는 더 이상 지식인이 아니다. 따라서 요즘 판치고 있는 친일파들은 더 이상 민족의 지식인이 아니며 일제 지배기구의 한낱 부속품으로 전락한 자들로 규정한다. 그리고 일제가 패망하는 날 그들도 용도폐기돼야 마땅하다. 그것을 받아들이는 것이 그들이 민족 앞에 할 수 있는 최소한의 예의일 것이다.

그림마당
이은홍

황국신민화, 무엇을 노리나

전쟁동원 위한 '정신·육체 길들이기'
동아시아 각 민족 분열시켜 '항일연합' 차단도 노려

일제는 1937년 중·일전쟁을 일으켜 대륙 진출을 본격화하면서 우리 민족에 신사참배와 창씨개명을 강요하는 등 이른바 황국신민화정책을 추진하고 있다. 일제의 황국신민화정책이 노리고 있는 것은 도대체 무엇일까?

일본은 중·일전쟁 이후 대륙 진출 과정에서 무엇보다 인적 자원의 부족을 절실히 느끼지 않을 수 없었다. 조그만 섬나라가 중국이라는 대륙을 지배하기 위해서는 한국을 지배할 때와는 비교할 수 없을 정도의 인적 자원이 필요하게 되었다. 따라서 대륙 진출을 위해서는 한국

에 투입했던 인력 가운데 상당 부분을 대륙으로 빼돌리지 않을 수 없었으며 전쟁의 추이에 따라서는 한국인들까지 군사력으로 동원해야 하는 상황이다. 이를 위해 먼저 한국인을 천황에 충성하는 신민(臣民)으로 개조하려는 것으로, 황국신민화정책이 바로 그것이다.

또한 일제는 대륙 침략으로 말미암아 동아시아에서 일본에 대항하는 여러 민족의 연합전선이 구축되는 것을 피해야만 하였다. 그래서 이러한 정책의 일환으로 만보산사건을 조작하여 한·중을 이간한 바도 있는데 황국신민화정책도 이러

한 측면을 염두에 둔 것이라는 게 일반적인 분석이다.

그러면 이러한 황국신민화정책에 따라 한국인이 일본인과 동등한 국민이 될 수 있을까? 일부에서는 이를 두고 우리 민족의 지위를 실제적으로 높일 수 있는 절호의 기회라고 떠드는 사람도 없지 않지만 이는 모두 망상에 지나지 않는다. 일본은 자신의 전쟁 수행을 위해서만 황국신민화를 부르짖고 있을 뿐 우리는 그들에게 언제나 이등국민일 뿐이다. 이용가치가 떨어지면 언제든지 헌신짝처럼 버릴 수 있는 것이 바로 황국신민의 구호다.

'연합진선' 결성 배경과 전망

중·일전쟁 자극받아 좌·우 재결합…주도권 문제 남아

이번에 또다시 독립운동 연합체인 전국연합진선협회(이하 연합진선)가 결성된 것은 지난 1934년에 결성된 대일전선통일동맹의 복사판이라 할 수 있다.

당시 대일전선통일동맹이 일본이 일으킨 만주사변에 자극받아 결성된 것이라면 이번 연합진선 결성에는 중·일전쟁이 자극제 역할을 했다. 특히 중국국민당 장제스총통이 최근 우리측의 좌·우 양대산맥인 김원봉과 김구를 각각 만나 양 세력이 손잡을 것을 종용한 이후 두 사람은 연합을 위한 협의를 계속해

왔다. 이번 연합진선이 통일동맹 이후 조선민족혁명당을 결성했던 것과 마찬가지로 다시 '단일당' 건설을 추진키로 한 것도 비슷한 양상이다. 그러나 당시에 유일하게 단일대오에서 이탈했던 김구가 이번에는 통합의 한 축을 이루고 있다는 점에서 만일 이번에 단일당 건설이 성공할 경우 그 의미는 자못 클 것으로 보인다. 그러나 민혁당이 실패한 경험을 연합진선도 되풀이할 가능성이 높다. 다만 민혁당 실패가 민족주의와 사회주의 간의 이념대립이 주요인이었던 것과는 달리 이

번에는 단일당의 주도권을 둘러싼 대립이 주요인이 될 것으로 보인다.

광복진선측은 임정을 연합진선의 최고기구로 하자는 입장이다. 이는 임정이 광복진선의 영향권 아래에 있기 때문이다. 김원봉 등의 조선민족전선연맹은 새로 생겨날 단일당이 최고기구여야 한다고 주장한다. 이는 전체 세력판도에서 자신들이 다수라는 자신감 때문이다.

이러한 주도권 확보경쟁은 현재로서는 타협의 여지가 없어 다만 어느 쪽이 대세를 틀어쥐느냐에 달려 있는 것으로 보인다.

여운형-최린 대담 2차세계대전이 한국에 미칠 여파

최 린 "일본 승리에 기여한 뒤 대가 받아내야"
여운형 "전쟁을 민족해방의 기회로"

최린

여운형

중·일전쟁에 이은 2차세계대전은 우리에게도 엄청난 영향을 끼칠 것이 확실하다. 최린, 여운형 양씨를 모시고 2차세계대전이 우리에게 미칠 파장과 전망을 들어보았다.
최린(조선임전보국단 단장)
여운형(전 조선중앙일보 사장)

우선 전쟁의 원인에 대해 분석해주시죠.

최린 독일이 드디어 영국 등 강대국의 횡포에 맞서 결전에 나섰다. 이는 일본이 중·일전쟁을 개시해 강대국의 침략에 철퇴를 내리고 있는 것과 같은 맥락이다. 지금 세계의 정세는 미국, 영국, 프랑스 등 기득권을 가진 강대국의 독점과 횡포에 대해 전세계적인 성전이 선포되고 있는 형세다.

여운형 독일이나 일본이나 제국주의국가라는 점에서는 미국, 영국 등과 다를 바 없다는 점을 분명히 말해두고 싶다. 이번 전쟁은 제국주의국가들 사이의 이권분쟁적 성격을 갖고 있다.

그럼 이번 전쟁이 우리에게 어떤 영향을 끼칠까요.

여운형 일본도 조만간 미, 영 등에 대해 전쟁선포를 하리라고 본다. 그렇게 되면 우리나라도 곧바로 전쟁당사국이 된다. 식민종주국인 일본은 우리나라에서 전쟁물자를 조달하려 할 것이고 우리 민중들의 삶은 그만큼 어려워질 것이다.

최린 물론 우리도 전쟁에 참여하게 될 것이고 응당 맡겨진 책무를 다해야 할 것이다. 이는 우리에게 절호의 기회다. 일본이 전쟁에서 승리하면 그 공의 일부는 분명 우리 민족의 것이고 일본은 그 대가를 우리에게 보상해줄 것이다. 우리도 일본인들과 함께 아시아의 1등국민으로서 권리를 누리게 되는 것이다.

여운형 내가 보기에 일본이 전쟁에서 이길 확률은 극히 적다. 우선 경제력에서 일본은 미, 영 강대국의 적수가 되지 못한다. 지금의 중·일전쟁도 현상적으로는 일본군이 쾌속 진군하고 있지만 현지소식을 들어보면 중국인들의 저항이 만만치 않다고 한다.

시각이 크게 다른데 그에 따라 대처방안도 많은 차이가 날 것

같군요.

최린 우리 조선사람들은 희생정신이 부족한 게 흠이다. 일단 일어난 전쟁에 팔짱만 끼고 구경할 수만은 없는 형세다. 미국만 보더라도 3·1운동 때 윌슨인가 하는 자의 민족자결주의에 우리가 얼마나 속았는가. 미, 영이 우리의 원수인 것은 자명한 사실이다. 우리는 일본과 단결하여 이번 전쟁을 승리로 이끄는 데 최선을 다해야 한다.

여운형 3·1운동 때 우리는 조국의 독립을 위해 죽음을 무릅쓰고 봉기했다. 그런데 이제 와서 일본과 한 몸이 되자는 것은 민족에 대한 배반이다. 우리는 오히려 이번 전쟁을 독립의 기회로 전환시켜야 한다. 만약 일본이 패전한다면 그 순간이 우리에게는 해방의 날이다. 따라서 우리는 일본의 패전을 위해 노력하면서 독립 준비를 해야 한다.

워낙 극과 극의 차이라 곤혹스럽군요. 옳고 그름은 머지않아 역사가 심판하리라 봅니다.

고원훈 김성수 김활란 모윤숙 박승직 박영철 박흥식 방응모
백관수 유진오 윤치호 이광수 장직상 최정희 최창학 한상룡…

자본가·지식인들 잇단 친일행각

일제의 황국신민화정책이 본격화되면서 직업적인 친일분자뿐만 아니라 한국의 자본가와 저명한 지식인들이 대거 친일활동에 앞장서고 있어 민족의 분노를 사고 있다.

1938년 결성된 국민정신총동원 조선연맹에는 김성수, 박승직, 박영철, 박흥식, 방응모, 장직상, 최창학, 한상룡 등의 토착자산가와 김활란, 고원훈, 백관수 등의 저명지식인들이 간부로 참여했다. 이들은 1940년 이 조직이 확대개편된 국민총력조선연맹에도 거의 그대로 참여했다. 또 1941년 태평양전쟁이 터지자 최린, 윤치호 등 한국의 친일적인 자본가와 지식인들은 8월 25일 임전대책협의회를 결성하고 "황국신민으로 임전국책에 전력을 다해 협력할 것"을 결의했다. 9월 4일 부민관에서 열린 연설회에서는 윤치호가 '극동의 결전과 오인(吾人)의 각오', 최린이 '읍소', 이성환이 '애국의 지성과 그 기회', 신흥우가 '태평양 풍운의 전망', 이종린이 '30년 전의 회고' 등의 강연을 통해 일황의 적자로 충성을 다하자는 망언을 서슴지 않았다. 이 단체는 10월 흥아보국단과 합동하여 임전보국단으로 발전했는데 여기에는 유진오, 모윤숙, 김활란, 최정희 등의 지식인이 대거 참여했다.

한편 이광수, 유진오, 박영희 등 친일파 문인들이 결성한 조선문인협회는 첫 사업으로 위문대 100여 점을 20사단 사령부를 통해 일선으로 발송했으며 1939년 12월 3일 주요 도시를 순방하며 문예의 밤 또는 좌담회를 개최하여 지원병 참여를 권유하여 내선일체를 실천하기로 결정했다.

이들은 '일본이 승승장구하는 가운데 조선의 독립은 도저히 불가능하다. 차라리 일본인으로 동화되어 국민으로서의 권리를 나누어 받는 것이 낫다'는 논리를 펴고 있다.

사상범예방구금령 시행

1941년 2월 총독부는 '조선사상범예방구금령'을 제정, 발표했다. 이 법은 '비전향' 사상범을 사회로부터 격리시키는 것을 목적으로 하고 있다. 이에 따라 앞으로 사회주의자 등 사상범들은 구체적인 범죄사실이 없어도 단지 '전향'을 하지 않았다는 이유만으로도 체포, 수감된다. 총독부는 이를 위해 서대문 구치소 안에 예방구금소인 '보호교도소' 시설을 별도로 마련했다.

일제는 이미 지난 1936년 12월 '조선사상범보호관찰령'을 제정, '치안유지법' 위반자로서 기소유예, 가출옥, 만기출소 등의 전력을 가진 자에 대해 그 사상동향과 일상생활을 감시해왔다. 이번 '구금령'은 거기에서 한발 더 나가 단지 '범죄의 우려'가 있다는 이유만으로 인신을 구속할 수 있도록 법적 장치를 마련한 것이다. 총독부는 이에서 더 나가 '국방보안법'을 제정해 군사기밀 뿐만 아니라 사회, 경제, 문화 등 일상생활상의 모든 정보를 기밀로 취급해 사회주의자들의 이적활동을 단속할 예정이라고 한다.

식량증산 강요
쌀배급 통제

1939년 혹심한 가뭄으로 쌀 생산량이 줄어든 가운데 일제는 전시식량확보를 위해 '신조선미곡증식계획'을 실시했다. 이것은 6개년계획으로 평균 2천325만 석을 생산하고 1945년에는 2천900만 석을 생산할 것을 목표로 하고 있다. 그러나 아무리 증산해도 해마다 일본으로 800만~900만 석이 빠져나가 조선 농가는 쌀을 팔고 값싼 잡곡을 주식으로 삼는 형편이다. 한편 '미곡배급통제법'이 공포돼 쌀의 공출을 제도화하고 배급제도를 실시했다. 공출이 시작되자 농민들의 생산의욕은 더욱 떨어지고 있다.

일본인과 차별 없애는 데 까짓 이름쯤이야
자손·민족 장래 생각한다면 더더욱 당연

춘원 이광수가 창씨개명에 앞장서서 빈축을 사고 있다. 다음은 그가 「매일신보」에 발표한 「창씨와 나」라는 글을 요약한 것이다.

나의 새 이름은 향산광랑(香山光郎)이다. 일본 신무천황이 즉위하신 곳에 있는 산이 향구산인데 이 산 이름을 성씨로 삼아 '향산'이라 하고, 그 밑에 광수의 '광'자를 붙이고 '수'자는 일본식으로 '랑'이라 한 것이 향산광랑이다.

일본식 이름으로 고친 것은 자손과 민족의 장래를 위해 그렇게 하는 것이 당연하다는 굳은 신념에 도달했기 때문이다. 이광수라는 이름으로도 천황의 신민이 못 될 것은 아니나, 향산광랑이 좀더 천황의 신민답다고 믿는 까닭이다.

일본은 내선일체를 조선인에게 허락하였다. 이제 내선일체운동을 할 자는 조선인이다. 차별의 제거를 위해서 성명 3자를 고쳐야 한다면 못 할 일이 아니라 기쁘게 할 일이 아닌가. 앞으로는 일본식으로 불릴 일이 많을 텐데 일본식 이름을 갖는다면 실생활에 많은 편의를 가져올 것이다.

과거 우리의 성명은 중국을 숭배하던 조선의 유물이다. 이제 우리는 일본제국의 신민이다. 중국인과 혼동되는 성명을 가지는 것보다는 일본인과 혼동되는 성명을 가지는 것이 가장 자연스러운 일이라고 믿는다.

금년 8월 10일까지 조선인의 창씨 기한이 끝난다. 얼마나 창씨를 하느냐는 조선인이 황민화에 철저하였다는 것을 추리하는 자료가 될 것이다. 창씨를 많이 하느냐, 적게 하느냐에 따라 일본이 조선인을 신임하고 아니하는 것과 관계가 있을 것이니 창씨의 결과는 정치적인 영향과 큰 관계가 있다고 나는 믿는다.

나라 밖 독립운동

김구 등 한국독립당 결성

1940년 5월 한국국민당(김구계), 한국독립당(조소앙계), 조선혁명당(이청천계) 등 3당은 해체선언을 발표하고 한국독립당을 결성했다. 집행위원장에는 김구가 선임됐으며 주요 간부로는 이시영, 조완구, 엄항섭, 송병조, 조소앙, 이청천 등 각 당의 간부가 선임됐다.

이번 한국독립당은 좌우합작운동 결렬 이후 임정과 밀접한 관계를 지닌 우익 민족주의자들이 재집결한 것인데 각 당의 강령이나 주요 간부의 성향이 별 차이가 없어 합당에 별다른 어려움이 없었다고 한다. 한독당은 중앙조직 이외에 중국 각지에 지부를 설치하고 멀리 하와이에도 지부를 둘 예정인 것으로 알려졌다.

조공재건 '경성콤그룹' 조직원들 대거 검거

1940년 12월에서 1941년에 걸쳐 경성콤그룹의 조직이 드러나 김삼룡을 비롯, 대부분이 검거되었다. 이 조직은 이관술, 김삼룡 등이 조선공산당 재건을 목표로 조직, 1940년 2월 박헌영 등이 가세하여 더욱 확대되고 있었다. 일제의 극심한 탄압으로 공산주의자들이 좌절·이탈·전향하는 사태가 속출하는 가운데서도 이들이 마지막까지 지조를 지키며 활동을 전개해 온 것에 많은 사람들이 놀라고 있다.

조선어교육 완전폐지 '국민학교령' 공포

1941년 4월 일제는 국민학교령을 공포하여 소학교를 국민학교로 개칭하고 조선어 과목을 완전히 폐지하였다. 일본 문부성은 "초등교육은 황국민 전체에 빠짐없이 주어지는 교육이고 국민의 기초를 지도하는 학교이므로 면목을 일신하기 위해서 소학교를 국민학교로 고치기로 했다"고 밝혔다. 따라서 이번에 국민학교로 명칭을 변경한 것은 황국신민화를 더욱 철저히 하기 위한 것으로 분석된다. 특히 국민이라는 말은 황제에게 복종하는 신민(臣民)이나 황민(皇民)과 같은 뜻으로 황국신민의 준말로 풀이되고 있어 황국신민교육에 종사하는 교육자들은 적극적으로 찬성하고 있다. 한편 일본에서는 학교명칭을 고치면 교문에 다는 문패와 학교장 직인, 각종 봉투와 용지, 장부를 고치는 데 엄청난 거금이 들기 때문에 쓸데없는 일이라는 반대의견도 있었으나 단순한 명칭변경이 아니라 근본적 혁신이므로 다소의 불편과 지출이 있더라도 옛날 생각을 버려야 할 것이라고 하면서 추진됐다고 한다.

아침조회 시간에 황국신민서사를 외우고 있는 학생들.

현장탐방　황민화교육의 현장 – 국민학교를 찾아

기미가요, 황국신민서사, 회초리, 기합 …
'어린왕자'는 다 어디로 갔을까

황민화교육의 현장 국민학교를 아침부터 찾아갔다. 마침 아침조회 시간이다. 전 직원이 운동장에 나와 있고 학생들도 자습을 마치고 교정으로 나오고 있다. 사이렌이 울린다. 아침 묵도를 한다. 레코드에서 국민진군가가 울려 퍼지면 발걸음도 힘차게 가로 세로로 맞춘 열이 정확하다. 아버지로 받드는 학교장이 단상에 올라서면 직원도 학생도 학교장에 대하여 "안녕하십니까?"라는 인사를 한다. 기미가요의 레코드로 국기게양이 시작되면 전원의 눈은 국기에 쏠린다. 황국신민의 서사로 메이지천황의 가르침을 지키고 시국을 바로 보아 오늘 할 일을 힘차게 하겠다고 외친다. 끝으로 학교장의 훈화와 주번의 발표가 있다. 이렇게 해서 엄숙한 조회가 끝난다.

조회가 끝난 뒤 교장을 만났다. "학교는 아동을 일본적으로 단련하는 도장입니다. 아이들은 복도에서 뛰고, 교실은 난잡하고, 변소는 발 들여놓을 틈이 없습니다. 이 모양으로 어떻게 황국민을 양성할 수 있겠습니까? 학교는 도장과 같이 단련하고 통제하고 자각하고 질서 있게 움직이는 곳이 되어야 합니다."

교실을 살펴보았다. 너무나 조용하다. 한 사람도 말하는 학생이 없어 교실문 여는 소리만 들린다. 수업이 시작되고 단상에 스승이 올라가자 학생들은 "안녕하십니까?"하고 인사한 뒤 착석한다. 걸상에 앉을 때도 소리가 나지 않는다. 학습은 진지한데 손을 들 때도 손끝이 오른쪽으로 45도 각도로 통일되어 있다. 교사가 지명하니 "예!"라고 크게 대답하고 일어난다.

수업이 끝나고 복도를 보행하는 학생들이 두 사람씩 나란히 소리 없이 걷는다. 떠들고 장난치는 것은 아이들이 가진 자연스러운 본성인데 철저하게 복종과 침묵에 익숙해 있다. 이렇게 된 것은 매와 기합으로 공포분위기를 조성했기 때문임은 말할 필요도 없다. 이 아이들이 크면 으레 사람은 때려야 말을 듣는다고 생각하고 행동할 것이 뻔한 일일 텐데. 황국신민화교육이 인간성을 망치는 현장을 돌아보니 민족의 앞날이 암울하기만 하다.

"부엌쌀도 내놔라" 쌀 강제 '공출'

일제, 군량미 확보 위해 '유통금지' 등 식량관리 혈안

총독부에서는 1939년의 대가뭄으로 심각해진 식량부족(평년작의 61.6%)을 보충하고 전시군량미를 확보하기 위해 쌀공출을 실시했다.

공출은 1940년부터 전국적으로 시행했는데, 미곡배급조합통제법을 제정하여 쌀의 시장유통을 금지하고 쌀의 자가소비 부분까지 헐값으로 강제공출시킨 것이다.

이에 농민은 공출당하지 않으려고 온갖 방법을 다 썼지만 관리들은 숨긴 쌀을 찾아내기 위해 경찰견까지 동원하기도 했다. 농민은 자신들이 농사지은 식량을 마음대로 먹고 팔 수 없는, 죽도록 농사만 지어야 하는 형편에 놓이게 된 것이다. 강제공출로 농민은 만주에서 수입한 조나 수수로 연명할 수밖에 없게 됐다. 더욱이 1942~1944년 3년간은 고르지 못한 날씨와 노동력

및 비료 부족으로 극심한 흉년이 들어 춘궁기가 다가오면 농민들은 풀뿌리나 나무껍질로 주린 배를 채워야 했다.

총독부는 부족한 쌀 확보를 위해 공출뿐만 아니라 주조용(酒造用) 식량과 가축사육까지 줄였고, 이를 철저히 실행하기 위해 1942년 2월 식량관리법을 제정, 공포했다.

성냥값 대폭인상 물자난 반영

1940년 3월 총독부는 지정고시가격으로 묶여 있던 성냥값을 평균 15% 인상했다. 이에 따라 한통에 29전 짜리는 32전, 12전 짜리는 13전, 10전 짜리는 12전으로 올랐다.

이번 가격인상은 그동안 원료가격이 30%나 올랐는데 소비자가격은 그대로 묶여 있어 공급자들이 생산 자체를 기피해 성냥품귀 현상이 발생하는 등 문제가 발생한데 따른 것이다. 그러나 이는 같은 사정인 일본의 경우 정부가 생산업자들에게 보조금을 지급해 문제를 해결한 것과는 달리 부담을 고스란히 소비자들에게 전가시킨 것으로 총독부가 그토록 강조하는 '내선일체'에도 어긋난다는 지적이다.

한국에서 1년에 소비되는 성냥은 9만톤으로 그 대부분이 수입되고 있는데 최근 중일전쟁이 장기화되고 미국, 영국 등이 일본에 대한 경제봉쇄조치를 취함으로써 원료수급이 급속히 악화되고 있다.

석유 품귀현상에 목탄자동차 동원

1938년 중·일으로 석유공급이 부족한 가운데 목탄을 연료로 쓰는 자동차가 등장했다. 목탄자동차는 가솔린 대신 차체 뒷부분에 설치한 목탄가스 발생로 안에서 목탄을 연소시켜 발생하는 가스로 엔진을 움직인다. 목탄자동차는 시동을 거는 데만 5~10분이 걸리고, 힘이 약해 언덕에서는 사람들이 뒤에서 밀어야 겨우 올라갈 수 있다.

중·일전쟁이 장기화되면서 석유류의 품귀현상은 날이 갈수록 심각해져 1938년 7월에는 전표제에 의한 가솔린배급이 실시됐고 이마저 최근에는 배급량이 크게 줄었다.

쌀 품귀현상에 불량쌀 판쳐

악덕 정미소 횡포 … 나락-돌 투성이

최근 서울 가정집에 배달되는 쌀이 나락 투성이, 돌 투성이어서 시민들의 불만이 극에 달하고 있다.

문제가 심각해지자 서울시 시국총동원과가 시내 일부 정미소에서 쌀을 수거해 시험조사해본 결과 쌀 일곱 되에서 나락이 1천 200여 개, 돌이 100여 개나 섞여 있는 것이 드러나 시민들의 주장이 사실인 것으로 밝혀졌다. 조사한 공무원들조차 이러한 조사결과에 놀라며 "이런 것을 쌀이라고 불러서 좋을지 의문이다"라고 했다는 후문이다.

조사결과를 통보 받은 총독부 경제경찰당국은 "전쟁 승리를 위해서 후방의 생활안정이 긴요한 이 마당

에 이러한 악덕 정미업자에게는 철퇴를 내려야 할 것"이라며 단호하게 조치하기로 했다. 그러나 악덕 정미업자가 생겨나는 것은 최근 들어 쌀 공출로 쌀 품귀현상이 벌어지는데 쌀값은 고시가격으로 묶어두는데 따른 필연적인 현상이라는 지적이 많다. 시민들이 악덕 정미업자에게 직접 항의하지 못하고 당국에 익명의 투서를 한 것도 이를 반영하는 것으로 풀이된다.

따라서 일본으로의 쌀 유출이 줄지 않는 한 당국이 아무리 '단호한 조치'를 외쳐대도 시민들은 울며 겨자먹기로 불량쌀을 먹을 수 밖에 없는 실정이다.

일제, 학생 준군사집단화

국방색 학생복에 모자는 전투모로 통일

1940년 9월 10일 일제는 학생복은 국방색으로, 모자는 전투모로 통일시켜 학생들을 준군사집단으로 만들어가고 있다. 이는 일제가 1937년 '황국신민서사'를 제정하여 학생들의 민족정신을 말살시키고 황국신민으로 교육시켜온 연장선상에서 이뤄진 것으로, 그 궁극적인 목적은 전시체제하에서 한국청년의 전력화, 즉 전쟁터에서 일본청년 대신

한국학생들의 교련시간.

총알받이가 되게 하려는 조치인 것으로 풀이된다.

동아·조선일보 강제 폐간

1940년 8월 10일 총독부는 동아·조선일보를 강제 폐간시켰다. 일제는 1937년 중·일전쟁을 도발해 전시체제를 더욱더 강화해나갔으며 1940년에는 황국신민화와 내선일체를 더욱 효과적으로 수행하기 위해 민간이 경영하는 한글신문

인 두 신문을 폐간시켰다. 일제는 이 두 신문의 폐간이유로 일본어 보급, 용지 부족, 언론통제를 내걸었다.

폐간된 동아일보는 인쇄기기를 총독부 기관지 매일신보에 강제 매각당하게 되었다.

일제, 갖은 압력 동원 창씨개명 2백만 호 돌파

총독부 법무국의 조사에 따르면 1940년 2월부터 실시한 창씨개명은 5개월 만인 7월 200만 호(약 50%)를 돌파했다는 소식이다.

내선일체의 일환으로 실시된 창씨개명에 대해 일제는 결코 강요하는 것이 아니라고 강변하고 있지만, 실제로는 식량배급을 받을 수 없을

뿐만 아니라 심지어 기차표를 살 수도 없고 학교에서 입학원서조차 받아주지 않는 등 생활 전반에 걸쳐 차별대우가 극심한 실정이다. 이런 불편 때문에 마감날이 임박함에 따라 창씨개명하는 사람이 갑자기 늘어나 마감날인 8월 10일에는 79.3%에 달했다고 한다.

창씨개명 이모저모

창씨개명을 등록하기 위해 서울시청 호적과에 줄을 선 시민들.

성 바꾸기 반발 거세

○…전국적으로 창씨개명이 강제적으로 진행되고 있는 가운데 유교문화가 뿌리 깊은 우리 실정에서 특히 성씨를 바꾸는데 대해 반발이 거세게 일고 있다. 이에 따라 마지못해 창씨를 하는 경우 원래 성씨에 한 글자만 덧붙이는 경우가 많다.

이를테면 김씨들은 '본관이 김씨'라는 뜻에서 '가네모토(金本)', '원래 김씨'라는 뜻에서 '가네하라(金原)', "광산 김씨'라는 뜻에서 '가네미츠(金光)' 등으로 성을 정하고 이름은 그대로 두되 일본식으로 발음하는 경우가 가장 많은 것으로 드러났다.

천황이름은 '불경죄'

○…접수된 새 일본식 성명 중에 '괘씸죄'에 걸려 퇴짜를 맞은 것도 종종 있어 화제. 대표적인 것이 '犬子熊孫(이누코 쿠마소오)'로 이는 '성을 가는 나는

개새끼나 곰자식에 불과하다'는 조롱이 담겨 있다는 것이 총독부 관계자의 해석이다. 반면에 '若松 仁(와카마쓰 히토)'는 일본왕궁인 와카마쓰궁 이름을 성으로 쓰고 쇼와천황의 이름 히로히토(裕仁) 중 끝자를 이름으로 한 것이어서 '불경죄'로 역시 퇴짜를 맞았다.

이름 아부까지 추태

○…일부 인사들은 지나치게 아부형 창씨개명을 해 눈살을 찌푸리게 하고 있다. 중추원 참의 최지환은 일본의 상징인 후지산을 성으로 삼고 정한론(征韓論)의 창시자인 사이고 다카모리의 이름을 따서 후지야마 다카모리(富士山隆盛)로 창씨개명해 간도 쓸개도 다 내주는 추태를 연출. 친일승려 이종욱은 중·일전쟁을 주도한 당시 외무대신 히로다 쓰요시의 성을 따서 광전종욱(廣田鍾郁)으로 고쳐 군국주의에 적극 아부하는 작태를 보였다.

창씨개명 저명인사

원래성명	바꾼 성명	직업	원래성명	바꾼 성명	직업
윤치호(尹致昊)	伊東致昊	정치가	이숙종(李淑鍾)	宮村淑鍾	교육가
이광수(李光洙)	香山光郎	작가	김성태(金聖泰)	金城聖泰	음악가
최린(崔麟)	佳山麟	작가	박영희(朴英熙)	芳村香道	작가
홍난파(洪蘭波)	森川潤	음악가	김동환(金東煥)	白山靑樹	작가
김은호(金殷鎬)	鶴山殷鎬	화가	백철(白鐵)	白矢世哲	평론가
김활란(金活蘭)	天城活蘭	교육가	문명기(文明琦)	文明琦一郎	사업가
주요한(朱耀翰)	松村紘一	작가	민복기(閔復基)	岩本復基	경성지법 판사
최재서(崔載瑞)	石田耕造	작가	노덕술(盧德述)	松浦 鴻	고등계 형사

"대동아공영권 확대- 군사력 적극 강화"

일본각의 '기본국책강요' 발표
미국 등과 '전면전 불사' 입장

1940년 7월 신임 수상 고노에 후미마로가 이끄는 일본각의는 '기본국책강요'를 제정, 발표하고 장기화되고 있는 중·일전쟁에 대한 국가적 대응책을 제시했다.

이에 따르면 일본·만주·중국을 묶는 기존의 대동아공영권은 남양(南洋), 즉 필리핀, 인도차이나반도, 인도네시아, 하와이 등 동남아시아와 태평양 서안 일대까지 포함하는 광역 블럭경제로 넓혀지고 일본은 이들 지역을 획득하기 위해 더욱 강력한 국방체제를 갖추게 된다. 따라서 이들 지역에 식민지를 가지고 있는 미국, 영국, 네덜란드 등과 마찰이 심해질 것으로 우려되고 있다.

일본은 이에 앞서 지난 1938년 중·일전쟁에 대한 정책목표를 제시하면서 이미 일·만·중 3국의 '선린우호, 공동방공(防共), 경제제휴'를 표방한 바 있다. 그러나 중·일전쟁으로 중국민의 저항이 거세짐에 따라 이 3국블럭 구상은 실효를 거두지 못하고 말았다. 이에 대해 도조 히데키(東條英機)를 주축으로 하는 군부세력이 기존 3국에 광대한 남양을 추가해 초광역 경제권 구상을 내놓은 것이다. 이것이 실현되면 원료공급과 상품시장 문제가 완전히 해결된 자급자족 경제권이 된다는 논리다.

그러나 이는 이 지역에 기득권을 갖고 있는 서방 각국들을 몰아내야 하는 부담이 따른다. 도조 등은 이 때문에 강력한 군사력이 필수적으로 요청된다고 주장하고 있다. 현재의 국제정세상 일본이 강력한 군사력으로 밀어붙이면 이들 국가들의 저항은 손쉽게 극복할 수 있다고 보고 있다.

일·독·이 3국동맹 체결

"전쟁 공동대처" 선언… 미·소 전쟁개입 차단 노림수

1940년 9월 일본·독일·이탈리아 3국은 3국동맹조약에 서명, 현재 중국과 유럽에서 진행되고 있는 전쟁에 공동대처하기로 합의했다.

3국은 조약에서 "현재의 중·일전쟁이나 유럽전쟁에 관련돼 있지 않은 어떤 세력에 의하여 한 국가가 공격을 받으면 정치적·경제적·군사적 모든 수단을 동원해 이를 격퇴한다"고 했다. 이는 사실상 소련과 미국을 겨냥한 것으로 독일측이나 일본측 모두 미·소 양국이 현 전쟁에 개입할 것을 극도로 경계하고 있기 때문이다.

독일은 현재 서부전선에서 전쟁을 수행하고 있어 소련의 배후공격 여부가 초미의 관심사이고 서부전선에서도 대서양 건너 미국이 개입하는 것을 경계하고 있다. 일본 역시 시베리아에서 소련군이 남하해 오면 막대한 타격을 받을 수 있다. 그리고 인도차이나반도로의 진출을 확정해놓은 터여서 미국의 개입에 신경이 쓰이지 않을 수 없다.

이러한 3국동맹에 대해 미국은 일단 관망자세를 보이고 있지만 독일과 일본이 전선을 더욱 확대할 경우 관망하고만 있을 수 없다는 여론이 확산되고 있다. 소련은 독일, 일본과 각기 불가침협정을 맺고 있고 전쟁을 원하지 않지만 독일이 소련세력권인 그리스와 유고슬라비아를 침공하자 독일에 대한 적대감이 고조되고 있다.

2차세계대전 왜 일어났나

독일, 후발자본주의국 서러움에 공황까지 덮쳐
전쟁이 유일한 탈출구 … 일·이도 사정 엇비슷

역사적인 사건은 어느 것이나 그렇게 될 수밖에 없는 필연성을 가지고 있는 법. 2차세계대전이야말로 20세기 자본주의 세계정세의 필연적 귀결이다.

독일은 1차세계대전 패전국으로서 전후 막대한 전쟁배상금을 짊어지게 됐고 여기에 대공황이 덮치자 난국을 해결할 길은 대외팽창이라는 단 한 가지 수단밖에 없었다. 1차세계대전 이후의 국제관계를 규정한 이른바 베르사유체제는 실질적인 평화유지 역할을 하기보다는 전승국들의 이해관계를 적당히 조절하는 한편 독일을 최대한 고립시키는 데만 열중했기 때문에 오히려 독일로 하여금 전쟁을 선택하도록 부추긴 셈이 되었다.

따라서 독일에서 히틀러의 나치당이 집권하고 오스트리아와 체코슬로바키아를 합병했을 때부터 사실상 2차세계대전은 예고됐다. 히틀러가 독일을 고립시키려는 영, 프, 미 등 강대국을 성토하며 국제연맹을 탈퇴하고 독일민족의 우수성을 강변하며 재무장에 돌입한 데 대해 독일인들이 열광적으로 지지를 보내고 있는 것은 후발자본주의국가인 독일이 선발자본주의국가들로부터 당해온 냉대에 대한 반발이라고 할 수 있다.

영국 등 선진국들이 이러한 정세의 흐름을 빤히 보면서도 막을 수 없었던 것은 그들 역시 대공황의 타격 때문에 손을 쓸 여유가 없었기 때문이다. 더구나 '자본주의 타도'를 외치는 거대한 사회주의국가 소련에 대한 방패막이 역할을 독일이 하고 있는 판에 섣불리 독일의 신경을 건드릴 수도 없었다.

강대국들의 식민지 독점으로 자본주의 발전이 막다른 골목에 달하고 있는 이탈리아나 일본도 사정은 비슷하다. 결국 2차세계대전은 같은 자본주의국가들 중 선발국과 후발국 사이의 갈등이 폭발한 것이다.

속보 - 2차세계대전 전황

서부전선
파리점령까지 파죽지세

1940년 5월 독일군은 덴마크와 노르웨이를 침공, 간단히 굴복시킨 뒤 연이어 네덜란드·벨기에·룩셈부르크를 공격했다. 독일군은 비행기를 이용해 낙하산으로 공수부대를 투입, 불과 1주일 만에 이들 국가들을 모두 점령했다. 영국군과 프랑스군이 이들 국가를 지원했으나 속수무책이었고 덩케르크 해안까지 몰려 배를 타고 필사적인 탈출을 시도했다. 이어서 독일은 프랑스로 진격, 6월 14일 파리에 입성했고 프랑스의 서북부지역을 점령. 6월 22일 독·프 간 휴전협정이 체결돼 프랑스에 페탱원수를 수반으로 하는 괴뢰정권인 비시정부가 들어섰다. 이로써 지난 1871년 이래 지속돼오던 프랑스의 제3공화정은 종지부를 찍었고 드골장군이 런던으로 망명해 임시정부를 구성했다.

동부전선
겨울철 추위로 첫 패배

소련과 불가침조약을 맺은 독일은 폴란드를 집어삼킨 뒤 루마니아·헝가리·불가리아를 점령, 괴뢰정권을 세우고 1941년 6월 선전포고 없이 소련영토로 진격해 갔다. 소련은 불의의 일격을 맞고 후퇴를 거듭, 스몰렌스크·키예프·오데사 등 주요 도시들이 함락됐고 모스크바 인근까지 독일군이 진주한 상태다. 그러나 겨울이 닥치면서 독일군은 러시아의 혹독한 추위에 고전하고 있다. 소식통에 의하면 독일군이 추위 때문에 최초의 패전을 기록할 가능성이 있다고 한다.

영국침공
레이더·대공포로 격퇴

유럽대륙 거의 전 지역을 석권한 독일은 영국에 대한 대대적인 공습에 나서고 있다. 산업시설뿐 아니라 시가지에도 무차별 융단폭격을 가해 런던을 비롯한 대도시들에는 공습경보 사이렌이 끊이지 않는 가운데 가옥과 인명 피해가 속출하고 있다. 영국은 레이더라는 새로운 기계를 발명, 공습해 오는 적기를 사전에 포착하여 대공포로 격퇴시키고 있다. 이에 따라 독일공군기의 피해도 커서 최근까지 2천여 대의 독일전투기가 추락했다.

일제하 만화경

날벼락
이바구

역사신문

조선어학회 '외래어표기법통일안' 발표

"외래어도 국어표현 일부…동화된 형태로 적어야" 원칙

1940년 조선어학회는 '외래어표기법통일안'을 발표, 외국에서 들어온 말을 한글로 적는 방식을 통일할 수 있는 기틀을 마련했다. 이번 '외래어표기법통일안'은 1933년 조선어학회에서 제정한 한글맞춤법통일안 중 제60항의 내용을 구체화한 것으로 국어문장 가운데 쓰이는 외래어는 국어표현의 일부이므로 국어에 동화된 음대로 적는 것을 원칙으로 하고 있다고 한다.

한글이 만들어진 이후 외래어 표기가 처음 시도된 것은 1447년 간행된 「동국정운」의 한자음 표기이지만 조선시대에는 외래어가 고작 중국어나 일본어에 불과했다. 그러다 개항 이후 서양 언어들이 국내에 들어오면서 외래어 표기의 통일을 기하는 것이 절실한 상황이었다. 이 통일안은 나라에서 만든 것이 아니라 한 민간단체에서 만들었고 총독부당국이 조선어학회를 백안시하고 있기 때문에 얼마나 영향을 끼칠지 장담할 수는 없지만 올바른 외래어 표기를 위한 초석을 놓았다는 점만은 아무도 부인하지 않고 있다.

이광수·최재서·박영희 등 한·일문인 100명
'내선일체·국민문학' 표방 조선문인협회 결성

1939년 10월 29일 황국신민화정책이 강화되는 가운데 조선인 문인과 일본인 문인 100여 명이 국민문학 건설과 내선일체 구현을 표방하면서 조선문인협회를 결성했다. 결성식은 부민관에서 박영희의 사회로 이루어졌는데 이 자리에서 회장으로 이광수가 선출되었다.

이날 결성식은 이광수의 취임사에 이은 최린의 축사, 그리고 이광수의 '천황폐하 만세' 삼창으로 끝났다. 이번 조선문인협회의 결성은 지난 10월 19일 총독부 학무국장이 이광수, 김억, 최재서 등 문인 10여 명을 초대하여 문학이 대중에 끼치는 영향이 크니 문인들이 시국에 협력해달라고 요구한 데서 비롯된 것으로 알려지고 있다. 이 단체에 참가하기를 거부한 문인들은 "이른바 문단의 지도급 인사라고 자처하는 사람들이 이렇게 지조를 지키지 않고 일제에 야합하고 있으니 같은 문인으로서 얼굴을 들고 다닐 수 없다"며 흥분하고 있다.

일제침략 레일 위를 달려온 '선각자'

"해에게서 소년에게"

요즘은 최남선을 보고 모두들 변절자라고 욕을 한다.

계몽운동가요 민족의 지성으로 추앙받던 그가 1928년 우리 역사를 왜곡시키기 위해 일제가 설치한 조선사편수회에 들어가 일한다는 소문에 모두들 고개를 갸우뚱했다. 그러더니 총독부 중추원의 참의가 됐고, 급기야 1939년 일본의 괴뢰국인 만주국의 건국대학 교수로 팔려갔다는 말에 정인보 등 지우들은 "이제 최남선은 죽었다"고 개탄했다. 더욱 가관인 것은 일본에까지 건너가 한국의 청년학도들에게 일제의 침략전쟁을 성전으로 미화하면서 학병에 나가도록 권유하고 다니는 작태다.

그는 1890년 서울의 부유한 중인집안에서 태어났다. 열다섯 철모르는 나이에 동경에 건너가 일본에 들어온 서구문물에 눈이 휘둥그레지면서 그는 제국주의침략에 저항할 수 있는 민족의식을 생각할 겨를도 없이 맹목적인 근대화지상주의자가 돼버렸다. 일본에서 배운 신문물에 포박된 그에게서 일제에 저항할 정신적 기백을 기대하기는 애당초 어려운 일이었다.

또 학문적으로 단군연구를 자신의 독보적 영역으로 내세워 조선정신의 화신인양 떠들던 그가 지금에 와서 한일문화동근론(韓日文化同根論)을 들고 나온 것은 참으로 해괴하다. 그러나 이 망발의 뿌리 또한 그의 '불함문화론' 속에 깃들어 있다. 일본과 한국이 중심이 돼 발전시킨 동아시아의 불함문화권을 제창한 것이나, 두 민족이 혈통은 다르나 문화적으로 같은 뿌리에서 나왔다는 주장은 일제 식민사학의 한 골격인 일선동조론과 너무나 근사하다.

따지고 보면 최남선의 삶과 학문은 일제가 한국 침략을 위해 깔아놓은 레일 위를 달려온 꼴이다. 그러나 그는 아직도 그점을 간파하지 못하고 있다. 그렇게 본다면 자신이 변절한 게 아니라는 그의 강변은 그의 입장에서는 거짓없는 고백이다.

1890년생. 본관은 동주. 호는 육당. 저서 「불함문화론」, 「심춘순례」, 「백팔번뇌」 등.

'문화재 지킴이' 전형필씨
경영난 보성고보 인수

1940년 장안에 미술품 수집가로 널리 알려진 전형필이 경영난에 빠진 불교계통의 고계학원으로부터 보성고보를 인수했다. 전형필은 대지주이자 종로일원의 상권을 장악하고 있는 대부호로서 자신의 재력으로 우리 문화재를 수집하여 문화재가 일본에 약탈되는 것을 막아내는 데 힘을 기울이고 있는 인물이다.

이번 보성고보 인수는 심각한 경영난으로 폐교 직전에 이른 보성고보측의 간곡한 요청으로 이뤄졌는데 이에 대해 유명한 문화재 수집가가 이번에는 또다른 보배인 유서깊은 민족교육기관을 수집했다고 평하는 사람도 있다.

전형필은 일본 와세다대학 유학

시 조선의 문화재가 일본으로 흘러 들어가는 것을 보고 충격을 받아 이를 막아낼 것을 결심한 것으로 알려지고 있다. 졸업 후 서울로 돌아와 정력적으로 미술품 수집에 나섰는데 거의 전 재산을 문화재 구입에 바친 것으로 알려지고 있다. 미술품 경매시 일본인 수집가에 맞서기 위해 상상할 수 없는 거금을 쾌척하여 일본인들 사이에 화제가 되기도 하였다. 그의 소장품 가운데는 다수의 고려자기와 훈민정음 원본도 있다고 한다.

"식민지 백성은 길 잃은 나그네"
백년설 '나그네 설움' 빅 히트

1940년 2월 발매된 백년설의 노래 '나그네 설움'이 10만 장 이상 팔려나가는 등 큰 호응을 받고 있다. 현재 조선에서 1년간 판매되는 음반이 100만 장이며 이 가운데 조선어 음반이 30만 장에 불과한 점을 감안하면 이 노래가 얼마나 큰 인기를 얻고 있는지 알 수 있다.

'오늘도 걷는다마는 정처 없는 이 발길'로 시작되는 이 노래는 음반뿐만 아니라 입에서 입으로 전해져 우리 민중의 애창곡이 되고 있다. 한 음악평론가는 우리 모두 도대체 어디로 가고 있는지 모를 세상에 살고 있기 때문에 '나그네 설움'이라는 제목부터가 대중의 정서 깊은 곳에 어필할 수 있었던 것 같다고 평했다.

특히 '낯익은 거리다마는 이국보다 차워라'는 대목은 황국신민화정책으로 주민에 대한 물샐틈없는 통제가 가해져 여기가 도대체 조선인

지 일본인지 모를 지경인 오늘날의 상황을 잘 그려주고 있다. 서러운 나그네의 기나긴 여정은 언제나 끝이 나려는가?

정노식 「조선창극사」
판소리 역사 첫 정리

근대 들어 처음으로 우리 판소리의 전통이 본격적인 역사책으로 정리되어 나왔다. 개항기에 신재효가 우리 판소리의 대본을 정리한 바 있지만 판소리의 역사가 정리된 것은 이것이 처음이다. 정노식이 쓴 「조선창극사」가 바로 그것으로 1940년 조선일보사에서 발행하였다. 이 책은 명창 전도성의 구술을 중심으로 하되 정조 때부터 고종 때까지 여러 신문에 실린 판소리에

朝鮮唱劇史

관한 기사를 초록하여 싣고 있으며 이어서 우조 계면조의 분석, 창극조의 조직과 장단, 조선창극조의 유래와 변천, 창극조 광대의 효시 등 판소리에 관한 이론들을 소개하고 있다. 마지막으로 88명에 달하는 여러 명창과 명창들의 독특한 창법을 담은 더늠을 실어 우리 판소리 흐름의 대강을 짐작할 수 있게 했다.

김남천 「경영」·「맥」
사상전향 과정
차분히 묘사

1940년 일제가 황국신민화정책의 일환으로 지식인들에 대한 전향공작에 열을 올리고 있는 상황에서 소설가 김남천이 전향문제를 다룬 연작소설 「경영」과 「맥」을 발표하여 화제가 되고 있다.

이 소설의 주인공은 모종의 사건으로 감옥에 갇힌 사회주의자 애인을 가진 여자이다. 그녀는 아파트의 사무원으로 취직하여 애인의 옥바라지를 한다. 그런데 애인은 감옥 속에서 서서히 사상의 변화를 보이고, 이에 그녀는 직감적으로 둘 사이의 관계에도 불안을 느끼게 된다. 그녀는 애인의 사상변화를 이해해보려고 애를 쓰기

도 하지만 애인은 결심공판에서 사회주의를 포기하고 전시체제에 협력할 것을 다짐하여 석방된다. 그리고 방청석에는 애인의 아버지가 그동안 혼인을 강요해오던 도지사의 딸이 서 있다. 이 모습을 보고 주인공은 쓸쓸히 발걸음을 돌린다. 이 소설의 줄거리는 어쩌면 단조롭다고도 할 수 있다. 그러나 이 소설은 전향하는 사람들의 사고변화과정을 찬찬히 그리고 있는 점이 눈에 띈다. 또한 사상전향의 문제를 남녀간의 애정문제와 연결지음으로써 자신의 신조를 헌신짝같이 내버리고 있는 지식인들의 모습에 대한 우리들의 안타까운 마음을 잘 표현하고 있는 점이 특징이라고 할 수 있다.

역사신문

임정, 일본에 선전포고

태평양전쟁 발발에 즉각 대응…중국정부 간섭 배제가 참전 관건
일제 패망 예상, 균등사회 지향하는 '대한민국건국강령'도 선포

1941년 12월 임정은 일본의 진주만 습격으로 태평양전쟁이 발발하자 즉각 '대일선전포고'를 내외에 선포했다. 이는 지난 11월 발표한 '대한민국건국강령'에서 일본의 패전을 기정사실화하고 해방조국의 얼개를 제시한 데 이어 일본에 대한 전면전을 선포한 것이어서 관심을 집중시키고 있다.

임정은 일본이 12월 8일 전격적으로 진주만을 기습, 태평양전쟁을 일으키자 바로 그 다음날 "한국 전체 인민은 반침략전선에 독자의 전투단위로 참가하여 동맹국들에 대한 전쟁을 선포한다"는 신속한 대응을 보였다. 이는 일본의 개전에 대해 미국의 루스벨트대통령과 영국의 처칠수상이 긴급회동하고 미국이 전쟁에 적극 대응하기로 하는 등 국제정세가 일본에 불리하게 전개되고 있다는 판단에 따른 것으로 보인다.

임정이 이에 앞서 건국강령을 제정, 공포한 것도 일본의 패전과 민족독립을 예견한 데 따른 것이다. 건국강령은 나라를 세우는 방법을 3기로 나눠 제시하는데 우선 독립을 선포하고 법규를 반포하여 적과의 전쟁을 계속하는 과정을 거쳐, 국토를 회복하고 당과 정부, 그리고 군대가 국내에 들어가는 과정과 나라와 주권을 회복하고 각국 정부와 조약을 맺는 과정으로 이루어진다. 또한 각 시기에 맞추어 수립된 정책은 토지와 주요 산업의 국유화, 무상의무교육 실시 등 균등사회를 표방하고 있다.

그러나 임정이 중국당국과 기존에 맺은 '한국광복군행동준승 9개항'이 걸림돌로 작용할 우려가 높아 이의 폐지에도 적극 나서고 있다. 이 '9개항'에 따르면 광복군은 중국군 총사령관의 지휘를 받게 돼 있어 독립국가로서의 행동에 상당한 제약을 받을 수밖에 없다. 중국은 우리의 폐지 요구에 대해 이해는 한다고 하면서도 수락 여부는 차일피일 미루고 있는 상태이다.

관련기사 2면

일본군의 기습으로 진주만에서 불타고 있는 미국 전함.

'독립동맹' 옌안서 결성
주석에 김두봉 선출

1942년 7월 화북조선청년연합회는 중국공산당의 근거지인 옌안(延安)에서 2차대회를 열고 항일민족통일전선을 표방하며 화북조선독립동맹을 결성했다.

독립동맹은 강령에서 '일본제국주의의 조선 지배를 전복하고 독립 자유의 조선민주공화국을 건립할 것'을 천명하고 '각 당파를 망라하여 항일애국자는 총단결'할 것을 호소했다. 독립동맹의 주석에는 국어학자이기도 한 김두봉이 선출되었으며 사회주의자인 최창익과 한빈이 부주석에, 중국 8로군의 포병사령관이었던 무정, 허헌의 딸 허정숙, 이유민, 박효삼, 박일우, 김창만 등이 집행위원으로 선임되었다.

독립동맹의 모태가 된 화북조선청년연합회는 조선민족혁명당 산하 조선의용대 일부가 옌안으로 북상하여 무정 등 중국공산당 내의 한인 무력과 연합, 산시성 진동남에서 조선의용대의 이름으로 항일전을 지속하다가 1941년 1월 그 혁명단체로 결성된 것이다.

화북조선청년연합회는 중국 화북지방의 모든 한인 청년들을 결집하여 조국광복의 대업에 참가시킬 것을 목적으로 하고 있다.

미·일 '태평양전쟁' 발발
일본, 진주만 기습으로 전면전 돌입 … 동아시아·태평양 일대 점령

1941년 12월 8일 일요일 일본 전투기와 폭격기 183대가 휴일을 즐기던 하와이 진주만의 미 태평양함대 기지를 선전포고 없이 급습, 미·일 간에 전면전이 발생했다. 일본은 이날부터 필리핀, 미얀마, 인도네시아 등 동남아시아로 진격, 순식간에 동아시아와 태평양 일대를 점령했다.

12월 8일 새벽 일본 군함과 항공모함에서 발진한 폭격기 180여 대가 1시간씩 두 차례에 걸쳐 진주만 기지를 폭격해 군함 24척을 격침시키고 전투기 300여 대를 격파했으며 2천400여 명의 전사자를 발생시켰다.

이에 따라 미국 태평양함대의 전투력은 괴멸적인 타격을 받아 일본은 별 제약을 받지 않고 인도차이나 방면으로 진격할 수 있게 됐다.

불의의 일격을 받은 미국의 루스벨트대통령은 "일본은 비겁하다. 사람을 속이고 공격했다. 잊을 수 없는 일이며 반드시 결판을 내겠다"며 흥분을 감추지 않았다. 미국인들은 루스벨트가 말한 "진주만을 기억하라(Remember Pearl Harbour!)"는 구호를 외치며 반일감정이 극에 달해 있다는 소식이다. 한편 일본측의 최후통첩은 의도적인지 사고에 의해서인지는 모르나 진주만 기습 이후에야 미국정부에 전달돼 미국인들을 더욱 격분시키고 있다.

일본의 도조(東條)내각은 미국이 지난 11월 말 일본에 대해 '중국에서의 철군' 등 4개항을 요구해오자 이때부터 미국에 대한 전면공격을 준비해온 것으로 알려졌다.

관련기사 2면

'한국인을 총알받이로' 징병제 실시
일제, 병력보충 의도

1943년 8월 일제가 마침내 징병제를 실시하였다. 이제 한국청년들은 강제로 군대에 끌려가게 되었다.

일제는 그동안 한국인을 믿지 못하여 주저해왔으나 태평양전선이 확대되고 병력이 급속히 소모되어가자 징병제를 실시하게 된 것으로 알려졌다.

이미 1943년까지 2만 명 가량의 한국인 젊은이들이 지원병으로 전쟁터에 끌려갔는데 앞으로 약 34만 명이 징병대상자가 될 것이라고 하여 총알받이로 희생되는 우리 청년들이 부쩍 늘어날 것으로 우려되고 있다.

민간에서는 징병 가면 무조건 전사한다고 생각해 벌써부터 호적연령을 정정하여 대상에서 빠지려 하거나 일본은 곧 패배할 것이니 괜히 전쟁터에서 개죽음당할 필요가 없다며 도망갈 구멍을 찾고 있다.

일제당국은 공권력을 총동원하여 강력 계몽하고 있지만, 1944년 징병 검사에서 대상자 중 1만 명 가량이 소재불명일 정도로 징병회피자가 늘어나고 있는 형편이다.

9대 총독에 아베 수상 출신 거물… 고이소총독 후임

1944년 7월 고이소 구니아키(小磯國昭)총독이 부임한 지 2년 2개월 만에 사임하고 9대 총독으로는 일본수상을 지낸 거물인 아베 노부유키(阿部信行·사진)가 임명되었다. 고이소총독은 한국인을 전쟁에 동원하고 친일화를 강요한 공로를 인정받아 내각총리대신으로 영전했다.

일본수상 출신이 총독에 부임한 것은 처음 있는 일로 이는 일제가 전쟁수행을 위해 한국을 그만큼 중요하게 생각하고 있음을 보여주고 있다는 중론이다.

역사신문

발악하는 일제,
해방의 새벽멀지 않았다

압제와 억압 끝장낼 총궐기를 준비하자

일제의 발악이 날로 극심해지고 있다. 자신들의 전쟁을 위해 우리 민족을 못살게 하더니 이제는 아예 민족을 말살시키려 하고 있다. 우리말을 없애고 우리 민족정신을 없애려고 한다. 그리고 우리 땅에서 쓸 만한 물자는 모두 거둬가고 있다. 얼마나 물자가 부족하면 금, 은 같은 귀금속은 물론 생활필수품인 놋그릇, 대야, 수저까지도 가리지 않고 빼앗아가는가. 어린 학생들을 공부시키지 않고 송진을 채취하게 해서 석유 대신 쓰고, 자동차를 개조하여 목탄을 연료로 개발하기까지 한다. 인력이 부족해 우리 청년들을 끌고 가고, 가련한 여성들을 군대의 위안부로 동원하는 부도덕한 짓마저 서슴지 않고 있다.

이런 식으로 하는 전쟁이 얼마나 오래갈 수 있을까. 일제는 이번 전쟁에서 승리할 수 없다. 물자와 인력이 부족해서만이 아니다. 총력전 체제의 현대전쟁에서 일제는 총력을 모으는 데 이미 실패하고 있기 때문이다. 물자는 최대한 끌어모으고 있는지 모르지만 우리의 정신은 모으지 못하고 있는 것이다. 민심을 잃은 전쟁은 결코 오래갈 수 없다.

실제로 전쟁의 양상을 보더라도 전선이 확대되면 확대될수록 일본군대는 더욱 물자부족에 시달리게 되고 결국 약화될 수밖에 없다. 일본인들이 전원 옥쇄(玉碎)의 각오로 임한다지만 태평양 건너 미국 본토를 공격할 능력은 없다.

이에 반해 연합군은 유럽에서 히틀러와의 전쟁이 종결돼감에 따라 일본과의 전쟁에 전념하게 될 전망이다. 특히 북쪽 시베리아에서 소련군이 남하할 경우 일본은 전후 양면으로부터 완벽하게 포위공격당하는 꼴이 될 것이다. 중국도 국공합작으로 항일전을 활기차게 전개하고 있다. 비록 지금은 일본이 이기고 있다고 선전하지만, 이는 단순히 그렇게 됐으면 한다는 희망을 표현하는 데 불과하다.

우리는 이러한 정세에 적극적으로 대응해야만 한다. 일제의 패망은 곧 우리 민족의 해방이기 때문이다. 그리고 이 해방은 가만히 앉아서 기다린다고 오는 것이 아니다. 우리가 주체적으로 나서서 싸워야 우리 것이 된다. 만약 현재 시점에서 3·1운동이나 6·10만세운동이나 광주학생운동 같은 전국적 시위가 일어난다면 일제의 패망은 더욱 앞당겨질 것이 틀림없다. 그러나 지금과 같은 전시체제에서 그러한 일을 도모하는 것이 쉽지는 않을 것이다. 따라서 우리는 각자가 처한 위치에서 일제에 불복종하고, 가능한 투쟁수단을 찾아 실천에 나서야 한다. 이렇게 저항에 나서는 사람들끼리 서로 연대하면서 총궐기 역량을 키워나가야 한다.

그림마당
이은홍

임정, 건국강령·대일선전포고 어떻게 가능했나

독립운동 통일전선 구축 자신감 반영

새 국가 틀거리도 좌우의견 일치…완전한 단일대오에는 여전히 미흡

임정이 다가올 해방을 대비해 '건국강령'을 제시하고 이어 일본에 대해 '선전포고'를 함으로써 대외적인 위상이 단번에 높아졌다. 이는 임정이 허세를 부린 것이 절대 아니다. 실제로 임정이 그동안 갈등을 거듭해온 우리 독립운동 내부를 통합하고 단일한 통일전선체로서의 자기 위상을 확고히 정립한 자신감에서 나온 것이다.

지난 1939년 '전국연합진선협회'의 단일당 건설노력이 무산된 뒤 결국 임정으로의 통합이 이루어질 수 있었던 것은 임정의 노력도 있었지만 좌파계열 연합체인 '민족전선'이 자중지란으로 분열된 데 따른 반사이익이 컸다. 특히 민족전선측의 무력기반이었던 조선의용대가 대부분 화북지방으로 떠나고 남은

부대조차 일방적으로 임정 참여를 선언하자 대세는 임정으로의 통합으로 기울었다. 이런 상황에서 민족전선을 이끌고 있던 민혁당이 마침내 임정 참여를 선언했고 김원봉이 임정의 부주석 자리를 맡는 선에서 대통합이 이뤄진 것이다.

임정이 이렇게 통일전선의 형태로 지위를 굳힘에 따라 임정의 건국강령도 자연스럽게 그동안의 좌우합작 노력을 반영하고 있다. 정체(政體)를 민주공화국으로 한 것은 이미 민혁당 때부터 좌·우 모두가 합의한 최대공약수다. 그리고 대규모 공업, 운수업, 통신업 등 기간산업과 토지를 국유화한다는 것 역시 일찍이 합의된 바다. 결국 해방 후 건설될 새 국가는 자본주의체제를 기본으로 하면서 사회주의적 색채를

가미한 체제로 하자는 것이다.

그러나 임정이 독립운동세력 전체를 아우르는 통일전선체라고 하기에는 아직 이르다. 민족전선에서 이탈한 조선의용대 주력이 화북지방으로 이동, 무정(武亭)이 이끄는 조선독립동맹에 가담한 것은 가볍게 볼 일이 아니다. 무정은 중국공산당 홍군과 함께 항일무장투쟁을 전개하고 있는 인물로, 무장투쟁의 관점에서만 보자면 임정과는 비교도 되지 않는 비중을 갖고 있다.

충칭의 임정, 화북의 독립동맹 그리고 만주일대에서 유격투쟁을 벌이고 있는 세력 등 3자가 통일전선을 이룰 때 비로소 전 민족적 단일대오를 이뤘다고 말할 수 있을 것이다.

일제, 왜 태평양 전쟁 일으켰나

동남아 자원·영토 확보 위해 미·영과 전면전
서구열강 포위공격 땐 역부족 '불 보듯'

일본이 마침내 국가존망을 건 승부수를 던졌다. 미국이 1차세계대전 이후 세계최강국으로 부상한 경제대국임을 생각한다면 일본이 도발한 태평양전쟁은 승부수 중에도 위험천만한 승부수다. 그러나 이것은 일본이 중국 침략을 시작하면서 밟아온 외길 수순이다.

일본이 중·일전쟁을 개시할 때 스기야마(杉山) 육군상(陸軍相)은 단 2개월이면 끝날 전쟁이라고 했다. 그러나 일본은 4년이 되도록 전쟁을 끝내지 못하고 있다. 이 틈에 미국과 영국 등이 개입하기 시작했다. 미국과 영국은 자국 내 일본인 자산을 동결한 데 이어 최근에는

이른바 ABCD선(미국·영국·중국·네덜란드의 남방방어선)을 설정, 일본의 남하를 극력 저지하고 나섰다. 일본으로서는 중·일전쟁 수행을 위해 석유, 고무 등 인도차이나의 천연자원이 절대적으로 필요해 어쩔 수 없이 이 ABCD선을 돌파해야만 했다. 일본이 하와이 폭격과 동시에 말레이시아, 필리핀, 인도네시아로 진격한 것은 이런 이유에서다.

서구열강들이 일본의 이러한 전격적인 남하에 속수무책인 것은 현재 유럽전선에 집중하고 있기 때문이다.

그러나 유럽전선에서 미·영 등

연합국이 승리할 경우 일본은 연합국의 포위공격에 말려들 것이다. 일본으로서는 중국에서 동남아를 거쳐 서태평양에 이르는 광대한 전선을 감당하기가 쉽지 않을 것이다.

일본이 이 모든 전선에 걸쳐 전쟁을 수행하기 위해서는 막대한 자원과 엄청난 인력을 쏟아부어야만 한다. 그리고 그 부담은 고스란히 우리 한국에도 지워질 것이 명백하다. 이미 한국에서 징병제와 징용제가 실시되고 있고 공출을 통해 거의 모든 자원을 싹쓸이해 가져가고 있다. 따라서 우리나라로서는 일본이 이번 전쟁에서 이기든 지든 막대한 피해를 입게 돼 있다.

여운형, 비밀리에 '건국동맹' 결성

일제 패망 후 건국사업 대비책 일환…노·농·학생 등 하부조직도 꾸려

1944년 8월 여운형을 중심으로 한 일단의 사회주의계열 독립운동세력들이 일제의 패망과 건국에 대비하기 위해 비밀리에 건국동맹을 결성한 것으로 알려졌다. 핵심인물은 여운형, 현우현, 황운, 이석구, 김진우 등으로 알려졌으며 이여성, 이만규, 김세용, 이상백 등 각지의 뜻있는 청년들이 속속 가담하고 있다고 한다. 이에 따라 중앙에 여러 부서를 두고 각 지방에도 조직책임자를 선정하는 등 세를 확장하고 있는 것으로 확인됐다.

비밀정보에 의하면 건국동맹은, ① 각인 각파는 대동단결하여 건국일치로 일본제국주의의 모든 세력

을 구축하고 조선민족의 자유와 독립을 회복할 것, ② 반추축제국과 협력하여 대일연합전선을 형성하고 조선의 완전한 독립을 저해하는 일체 반동세력을 박멸할 것, ③ 조국건설은 민주주의원칙에 의거하고 특히 노농대중의 해방에 치중할 것 등의 강령을 채택했다고 한다.

이들은 현재 전국적으로 지원단체를 조직하고 있는데 여운형은 농민동맹, 이각경은 부인동맹, 최현국·김사욱 등은 청년노동자운동, 김종계·문규영 등은 각급 학교 학생운동, 조원환·서재필·여용구 등은 교원조직운동 등을 만든 것으로 확인됐다. 이들은 각지에서 식량

공출 등 군수물자의 운반을 방해하고, 징용·징병을 기피하도록 선동하는 활동을 펴고 있다는 소식이다.

한편 건국동맹은 군사행동의 필요성을 인식하고 만주사관학교에 있던 박승환을 불러들여 군대편제와 유격대조직 등을 검토하고 있다. 박승환은 옌안에서 활약 중인 독립동맹 산하의 조선의용군과 협동작전을 수행하려는 노력도 기울이고 있다고 한다. 건국동맹은 현재 불문(글을 남기지 않는다), 불언(말을 하지 않는다), 불명(이름을 밝히지 않는다)의 3대원칙에 따라 행동하므로 더 자세한 내용은 파악되지 않고 있다.

"총부리를 일본으로"

학병들 잇단 탈출…무장게릴라·광복군 합류 등 항일운동 가세

1944년 이후 국내외 각처에서 강제징집된 학병들의 탈출사건이 잇따라 발생하여 일제당국을 긴장시키고 있다. 이들 탈출 학병들은 단순한 탈영에 그치는 것이 아니라 산간에 은신하면서 무장세력을 형성하거나 광복군이나 조선의용군에 합류하여 항일세력을 증강시키는 역할을 하고 있기 때문이다.

학병들의 탈출사건은 엄격한 보도통제로 인해 그 전모를 파악할 수 없지만 1944년 3월 중국에서 부대를 탈출한 김상태, 안국보, 이준승 등이 광복군에 합류한 것이 처음 확인되었으며 6월 2일에는 함흥

에 주둔하고 있는 제43부대에서, 8월 8일에는 대구의 제24부대에서도 학병탈출사건이 일어난 것으로 전해지고 있다. 12월에는 평양사단에서 학병들이 탈출하여 항일게릴라전을 전개할 것을 모의하다가 사전에 발각되어 70여 명이 검거되는 일도 발생했다.

1945년 1월에는 중국 장쑤(江蘇)성 쑤저우(蘇州)에 주둔한 일본군 부대에서 학병 성동준, 김영남 등 7명이 병영을 탈출하여 일본군 최전선 초소를 급습, 일본군 병사의 무장을 해제하고 사라진 사건도 일어났다.

일제가 한국학생들을 학병으로 끌어가기 위해 광분하고 있다.

부민관 친일대회장서 폭탄테러 발생

1945년 7월 24일 친일파 거두 박춘금 등이 서울 부민관에서 개최한 아세아민족분격대회 도중에 폭탄이 터져 대회가 무산되었다. 이 사건은 태평양전쟁 발발 이후 폭압적인 통치를 해온 총독부당국에 큰 충격을 주어 경찰이 대대적인 수사를 벌이고 있지만 아무런 단서도 찾지 못하고 있는 것으로 알려지고 있다.

이번 대회를 주최한 대의당은 친일파로 구성된 정치폭력단으로 대표 박춘금은 여러 차례 정치테러를 일삼은 인물로 알려지고 있다. 이들은 일제의 전쟁수행을 뒷받침하기 위해 조선총독 및 조선군사령부와

협력하여 이른바 아세아민족분격대회를 서울에서 열기로 하고 중국대표 팅 위안간(丁元幹), 만주대표 탕춘텐(唐春田), 일본대표 다카야마(高山虎雄) 등을 초청한 바 있다. 대회는 7월 24일 저녁에 열렸는데 진행절차에 따라 박춘금이 등단하여 궤변을 토하고 있는 순간 무대 뒤편에서 폭탄이 터졌다. 이 폭발로 대의당원 한 사람이 즉사하고 대회장은 수라장이 되었다. 사건 직후 경찰이 긴급 출동하여 출입문을 봉쇄하고 범인 색출에 나섰지만 검거에 실패한 것으로 알려지고 있다.

관련기사 4면

징병·징용 거부 청년들 '삼삼오오' 결집
보광당·산악대 결성, 후방교란 활동

1944년 4월부터 실시된 징병과 징용을 회피하기 위해 산간에 숨어든 청년들이 보광당, 조선민족해방협동단, 산악대를 비롯한 각종 무장단체를 조직하여 주재소를 습격하는 등 맹활약을 펼치고 있다. 이들은 대부분 단지 몸을 숨기기 위해 개별적으로 입산하였는데 그 숫자가 많아지면서 점차 조직을 갖추게 되었으며 더욱 적극적인 투쟁에까지 나서게 된 것으로 알려지고 있다. 이들의 활동이 가시화됨에 따라 항일투쟁을 위해 이들을 찾아 입산하는 사람들까지 나타나는 추세여서 경찰당국이 긴장하고 있다고 한다.

이 가운데 보광당은 1945년 3월경 일본 중앙대학을 졸업한 하준수가 덕유산에서 조직하였다. 그는 당초 친구와 단둘이 학병 기피를 위해 덕유산에 숨어들었는데, 이후 징용거부자들이 늘어나면서 이들 73명을 규합하여 후방교란과 무장투쟁을

목적으로 보광당을 조직한 것으로 전해진다. 이들은 무기를 구입하고 화약을 제조하는 한편 주재소를 습격하여 총 5, 6자루를 빼앗아 무장을 갖추면서 군사훈련에 열중하고 있다는 소문이다.

조선민족해방협동단은 1944년 초 이기형과 염윤구 등이 경기도 포천에서 조직하였다. 이들은 징병을 피해 산간에 들어가 굴을 파고 생활하면서 동지를 규합하였다고 한다. 협동단원들은 무기를 탈취하여 군사훈련을 실시하던 중 1944년 12월 경찰의 습격을 받아 10여 명이 체포되는 수난을 겪은 바 있다. 산악대는 1944년 1월 이혁기 등이 강원도 속초 설악산에서 조직하였다. 이혁기는 1941년 경 성제대 예과에 입학하였는데 학병으로 끌려나갔다가 탈주한 뒤 학병거부자들을 규합하여 산악대를 조직한 것으로 알려지고 있다.

나라 밖 독립운동

광복군 대원, 미 OSS에서 훈련
국내잠입 등 특수임무 수행

1945년 5월 시안에서 이범석 휘하의 광복군 제2지대가, 푸양(阜陽)에서 김학규 휘하의 제3지대가 미군 특수부대인 OSS의 지도 아래 특수훈련을 받고 있는 것으로 알려져 그 임무와 활동에 대해 관심이 집중되고 있다.

알려진 바로는 국내에 잠입, 정보수집, 중요시설 파괴, 후방교란 등 특수임무를 맡을 것이며, 공작대원은 일본학병으로 끌려갔다 최근 탈출해 우리 광복군 경내로 들어온

자들로 구성돼 있다고 한다. 현재 선발된 인원은 장준하, 노응서, 이광인, 김상철 등이며 이들은 강건너기, 사격 등 엄격한 훈련을 받고 있다. 3개월 기한의 훈련이 끝나면 연합군이 한국영토에 상륙할 즈음에 맞춰 잠수함을 타고 연안으로 침투하거나 비행기를 타고 국내 상공으로 이동, 낙하산을 타고 후방으로 침투해 공작활동에 들어갈 예정이라고 한다.

일제, 한국인 무자비 강제동원

전쟁수행인력 조달 위한 '국민징용령'으로 무차별 차출
탄광으로, 발전소로, 비행장으로 '강제징용' 행렬

일제의 패색이 짙어지고 있는 가운데 1944년 8월 국민징용령에 의해 한국인이 강제동원에 내몰리고 있다.

그동안 식민지하에서 일제의 가혹한 수탈을 말로 할 수 없을 만큼 받아왔지만, 이제는 이유 여하를 막론하고 때와 장소를 가리지 않고 동원돼 일본 각지의 탄광·금속광산 등을 비롯, 수력발전·철도도로공사·군수산업공장은 물론 군사도로·비행장 등의 군사기지공사, 포로감시 등의 군사요원으로부터 종군위안부에 이르기까지 도처에서 혹사당하고 있는 현실이다.

일제는 이미 1939년부터 국민징용령이란 이름으로 자국 노동력을 강제동원하였으나 한국에서는 반발

을 우려해 '모집'이라는 형식으로 노동력을 동원해왔다. 말이 모집이지 사실은 강제연행이었다.

1942년부터는 관 주도하에 근로보국대라는 이름으로 15세의 소년부터 50세의 장년 노동자들까지 연행해갔다. 그런데 이번 국민징용령으로 인해 이제는 모집이라는 형식적인 절차도 필요없이 무차별적으로 노동력을 동원할 수 있게 된 것이다.

강제연행에 참여하고 있는 한 일본인 관리는 보도하지 않을 것을 전제로 해서 다음과 같이 말했다. "주로 한국의 남부 출신들로 노무자들을 채우고 있다. 북부는 공업지대라 남는 사람들이 없다. 어떤 탄광에서 몇 명이 필요하다고 신청하

면 도청에서 군으로, 군에서는 면으로 하달해 최종적으로 면장이 숫자를 채운다. 이들이 일본에서 석탄을 캤다. 석탄 채굴자의 60%가 한국인이다. 남양군도에서 항구를 만든 것도 한국인이라고 한다. 나조차도 이 사람들이 어디에 있는지, 죽었는지 살았는지 알 수가 없다." 이렇게 강제동원한 숫자는 정확하게 파악되어 있지 않지만 100만 명이 훨씬 넘는 것만은 틀림없다고 한다.

이처럼 해외로 끌려갔을 뿐만 아니라 한국 내에서도 군수공장, 발전소, 비행장 건설에 많은 사람들이 동원되고 있다. 1939년부터 1945년까지 한국 내에서 동원한 인원은 480만 명에 달한다고 한다.

'정신대' 20만 동원

종군위안부로 투입… 일부는 공장에서 노동

1944년 8월 일제는 여자정신대 근로령을 공포하고 수십만에 달하는 12~40세의 미혼여성을 차출하여 일본과 한국 내의 군수공장으로 동원하였다. 이 중 일부는 남방과 중국 전선에 위안부로 끌려가고 있다고 한다. 그 숫자는 정확하게 파악되고 있지 않지만 20만 명에 달하

는 것으로 알려졌다.

일본군 위안부들은 1937년 난징 대학살에서 벌인 일본군의 짐승 같은 강간행위가 중국인들의 심한 반일감정을 불러일으켰기 때문에 체계적으로 성적인 위안시설을 정비하면서 확대되었다고 한다. 200만 명이 넘는 일본군의 성적 욕구를

충족시키기 위해서는 직업여성만으로 부족하던 차에 이를 채우기 위해 한국여성을 동원하였던 것이다. 이들 한국인 위안부들은 꽃다운 나이에 몸과 마음을 모두 짓밟히다가 대부분 전장에서 죽어가고 있는 실정이다.

일제에 의해 남양군도로 끌려간 종군위안부들.

극비인터뷰　부민관 폭파사건　주역 조문기 씨(수배중)

"우리 민족 살아 있음을 증명코자 거사"

방공호 공사장 위장취업해 폭탄 빼돌려…지원자 많았지만 3명으로 제한

총독부는 부민관 폭파사건에 관해 아무 언급이 없고 언론도 침묵을 지키고 있다. 따라서 피해규모는 물론 누구의 소행인지도 오리무중이다. 그러나 총독부는 조문기, 유만수, 강윤국 등을 주모자로 지목, 비밀리에 수배를 내린 것으로 알려졌다. 그 중 조문기씨를 극비리에 접촉, 인터뷰하는 데 성공했다.

거사동기는 무엇인가.

친일매국노 박춘금이 집회를 하고 여기에 총독 등 고위인사들이 다 참석한다기에 이 집회를 폭탄으로 무산시켜 우리 민족이 죽지 않고 살아 있다는 것을 알리기 위해서다.

특히 박춘금은 악랄한 친일분자로 백번 죽어 마땅한 자다.

참여한 사람은 몇 명인가.

당일 폭탄을 설치한 사람은 나와 유만수동지고 강윤국동지가 권총으로 호위했다.

준비과정에서 함께 일한 동지는 한 20명쯤 된다. 지원자가 많았지만 한 사건으로 모두 잡혀 죽을 수는 없어 3명으로 한정했다.

폭탄이나 권총은 어떻게 마련했나.

수색의 방공호 만드는 공사장에 위장취업해 다니면서 다이너마이트를 몰래 조금씩 떼어다 모았다. 권총은 우리 동지 중 한 명의 아버지가 내로라 하는 친일파와 거두어서 그 집에 들락거리다 훔쳐냈다.

잡히면 목숨을 건지기 어려울 텐데….

만주와 상해에서 우리 독립운동가들이 목숨 바쳐 투쟁하고 있는 것에 비하면 아무것도 아니다. 사실 우리는 상해로 가기 위해 이번 거사를 준비했다. 쟁쟁한 투사들이 있는 그곳에 합류하려면 뭔가 투쟁경력이 있어야 우리를 믿어주지 않겠나 하는 생각이었다.

경력을 말해달라.

일본강관주식회사의 모집공고를 보고 일본과 투쟁하려면 그들의 심장부로 가서 실상을 접해야 한다는 생각에서 자원했다. 거기에서 만주에서 온 유만수동지를 만나 사람들을 모아나갔다. 그러던 중 회사에서 우리 조선인을 멸시하는 책자를 배포하자 수백 명이 합세해 식당을 점거하고 농성투쟁을 벌였다. 그 뒤 피신했다가 귀국했다.

지금 심정은….

우리가 한 일이 큰일이라고 생각하지 않는다. 일본을 이 땅에서 몰아낼 때까지 최선을 다해 싸우겠다.

지금은 암흑시대 민족의 별들지다

한용운(韓龍雲, 1879~1944)

충남 홍성 출신으로 불교의 개혁에 힘쓴 승려이자, 시집 「님의 침묵」을 쓴 시인이며, 독립운동가인 만해(卍海) 한용운이 1944년 5월 서울 성북동 심우장에서 순국하여 망우리에 유골이 안치되었다. 14세에 승려가 되어 불경을 우리말로 옮기는 작업에 주력했으며, 1910년 불교개혁을 주장하는 「조선불교유신론」을 저술했다. 그의 나이 41세이던 1919년 불교계를 대표하여 3·1운동에 참가하고 3년 동안 옥살이를 했다. 출옥 후 1926년 47세에 「님의 침묵」을 발간했다. 이후 신간회(1927~31) 중앙집행위원과 경성지회장을 맡았다. 60세에 그가 지도해온 불교계의 비밀결사단체인 '만당사건(卍黨事件)'이 발각되어 고초를 겪었다.

이육사(李陸史, 1904~1944)

경북 안동 출신으로 시인이며 독립운동가인 이육사가 중국에서 독립운동을 하다가 1943년 가을 일본경찰에 체포되어 1944년 1월 북경감옥에서 순국했다. 본명은 활(活)인데 대구형무소 수감번호 '이육사(264)'라는 번호를 따서 이육사라는 이름을 사용했다. 1925년 형과 아우와 함께 대구에서 의열단에 가입하고 1927년 의열단원 장진홍의 조선은행 대구지점 폭파사건에 연루되어 대구형무소에 투옥되는 등 모두 17차례 옥고를 치렀다. 1935년 잡지 「신조선」에 「황혼」 등을 발표하면서 본격적으로 시를 지었다. 대표작으로 「청포도」(1939. 8), 「절정」(1940. 1) 등이 있는데 시를 통해 저항의식과 조국광복에 대한 염원을 노래했다.

학생운동 소수정예화

사회주의 색채 짙어지고 비밀결사 위주로 변모

일제 말 전시체제하에서 학생운동은 동맹휴학이 감소하는 한편 소수정예 중심의 비밀결사운동으로 전환했다. 한편 사회주의운동의 성격이 짙어져 적색돌격대, 적기회, 적광회 등 사회주의비밀학생조직이 생겨났다.

그 조직원들은 독서회를 통해 사회주의사상을 학습한 후 이 시기의 혁명적 노동·농민 운동에 투신했다. 일본경찰은 지난 1940년 7월부터 1943년 6월까지 치안유지법 위반으로 검거된 인원이 모두 710명이라고 발표했다. 이 가운데 학생들이 456명을 차지하고 있어 당시 학생들이 전체 인구의 1%인 점을 고려하려면 그 비율이 매우 높다고 볼 수 있다.

일제 '유기' 공출 실시

군수물자 충당 위해 밥그릇·숟가락까지 거둬

1941년 6월부터 금속류 회수의 일환으로 유기를 공출하기 시작했다. 1941년 6월 13일자 신문에 "앞으로 3주간에 걸쳐 전 조선 내의 각 공장과 사업장이 보유하고 있는 불요불급한 금속류의 회수운동을 전개한다"고 보도됐다.

이 운동은 국민총력연맹 주관하에 지역별 금속회수사무소가 담당했다. 심지어 대를 이어 내려오는 밥그릇, 숟가락 등과 제기(祭器)까지 애국반을 통해 강제공출되었는데, 식기와 제기는 누구누구 집에

있다는 것이 알려져 있어 쌀처럼 감출 수 없는 탓에 그대로 공출당할 수밖에 없었다.

종군위안부 증언

인간이라기보다 짐승 같은 생활 강요
죽기 전에 고향땅이나 밟아봤으면 …

일제는 남양군도에 미군이 진주해오자 많은 위안부들을 동굴에 집어넣고 수류탄으로 폭파시켜 매장하는 만행을 저질렀다. 이 참사를 용케 피해서 미군의 포로가 된 한 위안부의 증언을 입수하여 싣는다.

나는 일본놈 앞잡이 노릇을 하던 아저씨가 공부도 할 수 있고 돈도 벌 수 있는 곳으로 보내주겠다고 해서 따라 나섰다. 그때 내 나이 17살이었다.

내 주위의 여자들도 대부분 너무나 배고파서 따라 나선 경우였다. 개중에는 파출소 앞을 지나가다가 바로 끌려오기도 했다. 어떤 이는 학교 담임선생님이 정신대에 나가라고 해서 끌려오기도 했다.

나는 공장에서 일하는 줄로 알았는데 공장은 구경만 하고 곧바로 남양의 위안소로 끌려왔다. 도착하자마자 난생 처음으로 강간을 당했다. 마치 하늘이 무너지는 것 같은 기분이었다. 경비가 삼엄한데다가 섬이었기 때문에 도망할 길도 없었다. 부대의 이동을 따라다니면서 군인들을 상대했는데 인간이라기보다 짐승과 같은 생활이었다. 그러다가 성병에 걸리는 일은 다반사였는데 그럴 때면 606호라고 하는 독한 주사를 맞았다. 이 주사를 여러 번 맞으면 불임이 된다는 소문을 들었다.

일본이 패배할 무렵에는 부상군인이 늘어 간호보조원으로 일하기도 했는데 군인들에게 수혈하기 위해 여러 번 피를 뽑았다. 일본군들은 내 피 한 방울까지 빼갔다.

일본군은 퇴각하면서 여자들을 사살하거나 굴 속에 집어넣고 몰살시키기도 했는데 나는 어느 날 너무 조용해서 방 밖으로 나왔다가 군인 하나가 도망치라고 해서 목숨을 건졌다. 그러나 몸이 이미 만신창이가 되었으니 아마도 앞으로 얼마 못 살 것 같다. 죽기 전에 고향땅이나 밟을 수 있을지 모르겠다.

윤동주(尹東柱, 1917~1945)

북간도 명동촌 출신으로 시인이며 독립운동가인 윤동주가 1945년 2월 일본 후쿠오카(福岡)형무소에서 생을 마쳤다. 윤동주는 어린 시절 대부분을 중국에서 지내 민족의식이 남달랐다. 1941년 연희전문학교 영문과를 졸업했다. 졸업하던 해인 1941년에는 자선시집 「하늘과 바람과 별과 시」를 발간하려 했으나 결실을 거두지 못했다. 이듬해 일본 릿교대학(立教大學)으로 유학한 이후 다시 도시샤대학(同志社大學) 영문과로 전학했다. 1943년 7월 귀향 직전 항일운동 혐의로 체포되어 2년형을 선고받고 후쿠오카형무소에서 복역 중 사망했다.

토막민(土幕民) 어떻게 사나

생활고에 고향 떠나왔건만 날품팔이 등 전전 도시빈민화
총독부, 강제이주 모자라 북해도·사할린 등지로 강제징용

서울에 흩어져 있는 토막민(土幕民)은 관유지, 사유지, 강바닥, 다리 밑 등을 가리지 않고 유한지(遊閑地)만 있으면 무단으로 점거하여 초라한 움막을 지어 살고 있다. 토막민은 고목, 마른 나뭇가지, 헌 멍석, 헌 가마니, 새끼, 흙 등을 사용하여 대략 5~6시간 정도면 집을 완성한다. 이들은 극빈자의 일반적인 현상인 낮은 출생률 및 높은 영

아사망률과 문맹률(약 80%)을 나타내며, 직업도 날품팔이, 잡부, 행상 등 육체노동자가 대부분이다. 또한 66%가 1평 반의 집에서 살고 있어 1인당 점유면적이 0.2평에 불과하며, 총수입의 71%가 음식비여서 말 그대로 하루살이다.

이들이 서울로 몰려들어 사회의 관심을 끌게 된 것은 대략 1920년부터로 추정된다. 이들은 농촌에서 살기 힘들어 도시로 온 경우가 대부분인데, 1920년대에는 겨우 몇백 호에 불과했지만 1930년대에 이르러 수천 호로 증가했으며 1939년(4천292호에 2만911명)에는 더욱 증가했다. 1939년의 대가뭄과 전시체제하에서의 극심해진 생활고가 이 농현상을 부채질했기 때문이다.

이들은 1930년대 후반부터 1936년에 실시한 도시계획으로 몇 곳

(홍제정, 돈암정, 아현정, 용두정 등)에 모여 살고 있다. 1940년대 들어도 토막인이 계속 늘어가자 총독부에서는 생계보장이라는 구실로 이들을 북해도나 사할린으로 강제징용해 토목과 철도공사에 동원하기까지 했다.

"한국에 독립기회 부여"

미·영·중 카이로회담

1943년 12월 미국대통령 루스벨트와 영국수상 처칠, 중국주석 장제스가 카이로에서 회동, 일본 패전 이후의 전후처리문제에 관해 논의했는데 이 가운데 우리나라에 대한 언급이 들어 있어 우리 2천만 민족의 귀가 번쩍 뜨이고 있다.

3국 수뇌들은 우선 연합군을 총동원하여 일제에 대해 무자비한 압박을 가할 결의를 표명하고, 1914년 1차세계대전 후 일본이 약탈한 태평양 도서를 탈환할 것과 만주, 타이완 등 중국에서 빼앗은 모든 지역을 중국에 반환할 것을 결정하고, 또한 일본이 약탈한 모든 지역으로부터 일본인을 축출하기로 했다. 특히 지난 반세기 동안 일제의 노예하에 있던 한국민족의 해방을 위해 적당한 절차를 밟아 자주독립의 기회를 부여할 것을 약속했다.

발표문의 정확한 문구는 "조선인민의 노예상태에 유의하여 적당한 시기에 한국인에게 자유와 아울러 독립을 부여할 것을 결의한다"고 돼 있다.

항공모함에서 출격하는 미군 전투기.

일, 미드웨이해전 대패

승세 급제동, 회복불능 타격받아…태평양전쟁 분수령 될 듯

1942년 6월 일본군이 미드웨이해전에서 대패, 진주만 공격 이후 승승장구하던 전세가 이 전투를 고비로 꺾이기 시작했다.

일본은 진주만 공격으로 큰 손상을 입은 미국의 태평양함대를 재차 공격함으로써 미군의 반격의지를 봉쇄할 것을 목표로 태평양 한가운데의 미 해군기지 미드웨이 점령을 계획했다. 이를 위해 진주만 기습 때보다도 많은 항공모함 7척, 전함 11척, 순양함 22척, 구축함 62척에 항공기 1천여 대를 동원, 미드웨이로 향했다. 당시 미국은 항공모함 3척, 순양함 8척, 구축함 14척밖에 보유하지 못했으며, 전함의 경우 진주만 습격 이후 6척 모두 사용 불가능한 상태였다.

일본 폭격기들은 일제히 미드웨이섬의 활주로를 공격했으나, 일본 해군의 암호를 해독, 만반의 준비를 하고 있던 미군의 기습을 받아 미드웨이 점령을 포기하고 패주했다.

이번 전투에서 일본은 항공모함 4척과 순양함 1척이 격침당하고, 비행기 300여 대가 격추됐으며, 3천 500여 명의 병사가 전사해 일본이 입은 전력손실은 회복하기 힘들 정도라는 것이 군사문제 전문가들의 분석이다. 특히 일본군 최고의 조종사들 수 백명이 전사한 것으로 알려졌다. 일본외상 시게미쓰조차도 "미군이 미드웨이에서 마침내 진주만의 원수를 갚았다"고 보고했을 정도다.

실제로 이번 전투 이후 일본군은 더 이상 전선을 확대하지 못하고 있어 미드웨이해전은 태평양전쟁의 분수령으로 기록될 것으로 보인다.

유럽전선 전황

외곽때리기·양동작전 연합군 효과적 전술로 독일 '사면초가'

1939년 9월 독일의 폴란드 침공으로 시작된 2차세계대전은 독일군이 전격적으로 유럽대륙의 주요 국가를 제압하여 승세를 잡고 있었다.

그러나 1941년 독일이 소련을 침공해 동부전선에 묶여 있는 동안 미·영 등 연합군측은 독일과 이탈리아의 전력이 약한 북아프리카로부터 반격전을 펼쳐 1943년 5월 북아프리카에서 추축국을 완전히 소탕, 전선은 유럽으로 옮겨졌다. 연합군측이 아프리카전선에서 전력을 기울이는 동안 유럽전선에서는 소련이 독일과 상대했다. 1943년 말 레닌그라드에서의 독일군 항복으로 이 지역 전세도 역전되었다. 특히 이 전투에서의 연합군측 승리는 동부유럽지역 독일점령지에서의 민중저항운동에 희망을 불러일으켰으며, 연합군진영의 사기를 북돋웠다.

1943년 7월 연합군은 시실리섬에 상륙했고, 9월 3일 마침내 추축국의 일원인 이탈리아가 연합군측에 항복했다. 이후 연합군측은 대독일전선에 모든 전력을 모아 1944년 6월 프랑스의 노르망디에서 대규모 상륙작전을 전개했다. 작전에 성공한 연합군은 프랑스 레지스탕스와 함께 파리로 진격해 8월에는 마침내 파리를 해방시켰다.

한편 동부지역에서도 소련이 1944년 가을 자국 영역에서 독일군을 완전히 몰아낸 후 동유럽지역으로 진격, 1944년 9월 루마니아가, 1944년 10월에는 유고가 해방됐다. 독일을 가운데 놓고 동서로부터 공격한 연합군의 뛰어난 전술이 마침내 독일로 하여금 패망의 길로 접어들게 했다.

현장취재

"아우슈비츠 이후에는 서정시가 가능하지 않다"
20세기 인간 이성이 비켜간 '유태인 박멸' 만행

지금 독일 점령치하에서 유태인들은 더 이상 인간이 아니다.

아이들은 학교에 다닐 수 없고 어른들은 직업을 가질 수 없다. 토지를 가질 수도 없다. 도서관과 박물관은 물론 공원에도 갈 수 없다. 유태인 아닌 사람과는 아예 접촉할 수도 없다.

따라서 모든 유태인들은 가슴에 '다윗의 별'을 상징하는 노란색 별 표지를 달고 '게토'라 불리는 특정 거주지역에서만 살아야 한다.

이것도 모자라 나치 독일은 유태인을 멸종시키기 위해 인간으로서는 상상하기 어려운 범죄를 저지르고 있다. 1924년 1월 20일 아돌프 아이히만 등 나치 지도자들이 베를린 교외에 모여 유태인문제의 최종적인 해결책을 만들어냈다.

이에 따라 현재 폴란드에 세워진 아우슈비츠 수용소에서는 연일 수천 명의 유태인들이 가스실로 향하고 있다. 극도의 굶주림과 질병으로 뼈만 앙상하게 남은 유태인들은 이미 자신이 가스실로 들어간다는 의식조차 없다. 현재까지 사망한 유태인의 숫자는 어림잡아 5백만 명. 아우슈비츠 화장터의 굴뚝은 연일 시커먼 연기를 뿜어대고 있다.

그러나 폴란드, 헝가리, 프랑스 등 어느 나라도 유태인에게 동정을 표시하고 있지 않다. 반유태인 감정은 뿌리깊은 역사적 유산이기 때문이다.

게다가 미국, 영국 등 연합국 국가들도 이 문제에 신경 쓸 여유가 없어서인지 침묵만 지키고 있다.

20세기가 인간 이성 진보의 시대라고 누가 말할 수 있을는지….

일제하 만화경

돌아온 탈영병

이바구

역사신문

이번 호의 인물　　　김구

대한독립의 열성으로 뭉쳐진 임정의 상징

"나의 소원은 첫째도 둘째도 셋째도 우리나라의 완전한 자주독립이오." 이 말을 한 김구는 상해 임정의 상징이다. 그는 상해에서 임정이 수립되자 애초에 임정의 문지기를 자청하고 들어갔다. 그리고 임정이 격심한 내분에 휩싸여 많은 인사들이 임정을 떠났지만 그만은 특유의 고집스런 의지로 끝까지 임정을 이끌고 있다.

김구의 일제에 대한 적개심은 젊은 시절부터 대단했다. 명성황후가 시해되자 1896년 2월 안악의 한 주막에서 일본군 장교를 칼로 찔러 죽여버렸다. 또 을사조약이 체결되자 종로에서 벌어진 반대운동에도 앞장섰다. 1911년 안악의 부호들을 협박해 독립운동자금을 모았다는 소위 안악사건에 연루돼 감옥에서 갖은 고초를 겪었다. 그럴수록 그의 항일의지는 철석 같이 굳어졌다. 3·1운동이 일어나자 더 이상 국내에서의 항일운동이 불가능하다고 판단해 상해로 망명, 원하던 대로 임정의 문지기인 경무국장이 됐다.

1926년 내분으로 텅 빈 임정을 수습하여 국무령이 된 그가 겪어야 할 궁핍은 이루 말할 수 없었다. 아무런 힘도 없고 아무도 돌보지 않는 임정 간판을 지키기 위해 청사의 집세 30원, 심부름군 월급 20원을 줄 돈이 없어 집주인에게 송사를 당하고 김구는 교포들의 이집 저집을 전전하며 끼니를 때워야 했다. 새로운 돌파구를 열어 이런 국면을 타개해야만 했다. 그래서 한인애국단을 조직, 1932년 이봉창과 윤봉길의사의 통쾌한 거사가 이뤄졌다. 이 사건으로 김구의 존재가 국내외에 크게 알려졌고, 임정은 중국정부로부터 지원을 받아 중경 등지로 거처를 옮기면서도 광복군을 조직하여 일제와 싸울 태세를 갖추게 된 것이다.

그러나 그는 생각이 진보적인 사람은 아니다. 어려서 한학을 배워서인지 유교적인 체질도 강하고 시대의 흐름과 호흡을 같이하지 못해 진보적인 인사들과 힘을 합하는 데 늘 부정적이다. 다시 그가 사회주의에 부정적인 태도를 취하는 것은 이런 이유에서이다.

1876년생. 본관은 안동. 황해도 해주 출생. 호는 백범(白凡).

새로나온 책

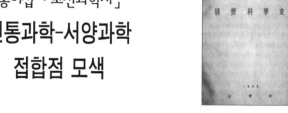

홍이섭 「조선과학사」

전통과학-서양과학 접합점 모색

1944년 역사학자 홍이섭이 우리나라 과학기술 및 과학사상을 다룬 통사 「조선과학사」를 펴냈다. 이 책은 필자가 1942년부터 잡지 「조광」에 연재한 내용을 묶은 것으로 그는 서문에서 이 책을 조선사에서 본 과학사의 시험적 구성이라고 밝히고 있다.

아직까지 우리나라에는 과학사에 관한 연구가 거의 전무하다시피 하기 때문에 이 책이 더욱 높이 평가되고 있다. 이 책은 조선의 과학을 시대순으로 개관하고 있는데 원시시대부터 조선시대 말기까지를 5편으로 나누어 살펴보고 있다. 이 책은 과학의 전개를 사회의 변화와 연관지어서 살피고 있는 것이 특징인데 '서구적 과학의 수용과 이조 봉건과학의 지양'을 다룬 편에서 실학자들의 공헌을 강조하고 있다. 이것은 필자가 조선 후기 실학, 그 가운데서도 정약용의 사상에 큰 관심을 기울이고 있는 점과도 관련이 있는 것으로 보인다.

'국어연구자에 내란음모라니'

일제, 최현배·이희승 등 조선어학회 관련 11명 구속 … 한글운동 '타격'

1942년 10월 1일 최현배, 이중화, 장지영 등 국어학자 11명이 긴급 구속된 것을 시작으로 조선어학회 관계자에 대한 검거선풍이 불고 있다.

일제의 폭압적인 탄압으로 국내 독립운동이 숨을 죽이고 있는 상황에서 이제 검거의 손길이 학자들에까지 미쳐 큰 충격을 주고 있다. 총독부는 황국신민화정책을 추진하면서 그동안 이에 정면으로 배치되는 한글운동을 못마땅하게 여겨왔으며 그것이 이번 사건으로 터진 것이라

는 분석이다.

사건의 발단은 1942년 4월 함흥 영생고등여학교 학생 박영옥이 기차 안에서 우리말로 대화를 하다가 경찰관에 발각되어 취조를 받은 데서 비롯되었다. 취조 결과 이들 여학생에게 감화를 준 인물이 조선어학회에서 사전편찬을 맡고 있던 정태진임이 드러났고 이에 일경은 즉각 정태진을 연행하였다.

경찰당국은 이번 사건을 한글운동을 박멸할 수 있는 기회로 판단하여 즉각 조선어학회에 대한 대대

적인 검거로 몰아갔다. 이에 따라 10월 1일 11명이 검거된 것을 시작으로 이듬해 4월 1일까지 모두 33명이 검거되었다. 검거된 이들 중에는 이극로, 이윤재, 이희승, 김윤경, 이은상, 서민호, 안재홍 등 쟁쟁한 학자들이 포함되어 있으며 이들 모두 치안유지법의 내란죄 혐의로 재판에 붙여졌다.

이번 사건으로 우리 국어학계가 심각한 타격을 입어 이들이 전개하던 한글운동은 당분간 숨을 죽일 수밖에 없을 것이라고 한다.

총독부 항일사적 파괴령 '충격'

1943년 11월 24일 태평양전쟁에서 패색이 짙어지는 가운데 총독부가 황산대첩비, 명량대첩비 등 전국 각지의 항일사적에 대한 파괴령을 내려 큰 충격을 주고 있다.

본사에서 긴급 입수한 '반시국적 고적의 철거에 관한 건'이란 비밀문서에 따르면 이들 사적들이 학술상 보존의 가치가 있지만 현 시국에서 국민사상 통일에 지장을 주고 있으므로 철거가 부득이하다고 하고 있다. 이는 이들 사적이 대부분 이성계가 왜구를 무찌른 사적을 기록한 황산대첩비나 임진왜란시 충무공의 전승기록이 담긴 명량대첩비 등 일본과 맞서 싸운 역사를 기록한 것이어서 이를 빌미로 항일민

족사상과 투쟁의식이 일어나지 않을까 우려한 것이라고 할 수 있다. 이 비밀지령은 총독부 학무국장이 기안하여 경무국장을 통해 각 도 경찰부장에게 하달되었으며 이 지령에 따라 각지의 항일사적들이 속속 파괴되고 있다고 한다.

총독부가 작성한 파괴대상 가운데 주요한 것은 다음과 같다. 1. 고양 행주전승비 2. 청주 조헌전장기적비 3. 아산 이순신신도비 4.운봉 황산대첩비 5. 여수 이순신좌수영대첩비 6. 해남 이순신명량대첩비 7. 합천 해인사 사명대사석장비 8. 진주 김시민전성곡적비 9. 부산 정발전망유지비 10. 고성 건봉사 사명대사기적비 11. 진주 촉석정충단비

문예시평

노천명과 이육사의 시

시인이라고 모두 순결한 것은 아니다

1942년 일본군의 싱가포르 함락을 즈음하여 노천명은 「노래하자 이날을」이란 제목의 시를 발표한 바 있다. 노천명은 이 시에서 '싱가폴 함락의 뉴스를 듣는 밤/한잔의 술이 없이도 취하는 마음이여'라고 하여 일본군의 싱가포르 함락을 축하하고 있다. 이어 그는 '영미(英米)가 성문을 열어 항복하는 오늘/싱가폴의 거리거리엔 조국의 깃발이/물결치리라'고 하여 일본의 일장기를 조국의 깃발이라 칭하는 등 이른바 내선일체에 앞장서고 있다. 마지막으로 "머리에 터번을 두른 이방(異邦)의 형제여/제일 오래 묵은 술을 꺼내오라/아시아민족의 역사적인 이날/남양군도의 주인이 바뀌는 이날을/웅장하게 기념하자 잔치하자"라고 하여 일제의 대동아공영권 논리를 앵무새처럼 되풀이하고 있다.

그런데 같은 시대에 살면서 이와는 전혀 다른 시를 쓴 시인이 있다. 그는 노래한다.

"모든 산맥들이/바다를 연모해 휘달릴 때도/차마 이곳을 범하던

못하였으리라" 우리 국토를 이러한 남성적인 기상으로 표현하면서 이어서 흰 눈에 덮인 암담한 현실상황을 그렸다. 그러나 이러한 암울한 현실에 굴복하지 않고 지금은 비록 가난하지만 시인이 소망하는 '노래의 씨'를 뿌려 "다시 천고의 뒤에/백마를 타고 오는 초인이 있어/이 노래를 부르게 하리라"고 노래하고 있다. 이 시는 이육사가 쓴 「광야」이다.

앞의 두 시인이 겪은 현실은 동일하다. 노천명도 개인적으로는 할 말이 있을지 모른다. '이것은 나의 본의가 아니다. 살려고 하다 보니까 억지로 쓴 것이다. 나만 이런 글을 쓰는 것은 아니지 않으냐?' 그러나 이 모든 변명은 이육사의 시를 옆에 가져다놓는 순간 모두 색이 바래고 만다. 똑같은 현실을 이렇게도 다르게 바라볼 수 있을까. 그것은 단순한 문학적 재주의 문제가 아니라 삶의 문제인 것 같다. 이 시를 쓴 이육사가 천고의 뒤에 올 초인을 기다리며 1944년 1월 북경감옥에서 마지막 숨을 거뒀기 때문이다.

"신사참배 못 한다" 주기철목사 옥사

1944년 4월 21일 신사참배를 끝까지 거부해온 평양 산정현교회 목사 주기철이 감옥에서 숨을 거뒀다. 주기철은 1940년 2월 산정현교회에서 행한 '다섯 종목의 나의 기도'라는 제목의 설교가 문제돼 투옥된 바 있다. 이 설교는 신사참배 거부를 주장한 것으로 알려지고 있는데 이 사건으로 말미암아 그는 일제의 강압에 의해 평양노회의 결의 형식으로 파면됐으며 산정현교회도 폐쇄됐다.

주기철은 1938년 9월 9일 조선예수교장로회총회가 신사참배를 결의하는 등 기독교계 대부분이 굴복한 상황에서 끝까지 이에 저항한 몇 안 되는 인물들 가운데 한 명이다. 그는 1988년 경남 웅천 출신으로 1926년 평양 장로회신학교를 마치고 몇 군데 목사직을 역임한 후 1936년 평양 산정현교회 목사로 부임한 바 있다. 이 무렵부터 일제가 신사참배를 강요하여 숭실학교 등이 폐교되기도 하였는데 이 와중에 그도 이를 거부해 이미 몇 차례 투옥된 바 있다. 그는 1938년 9월 9일의 장로회총회 당시에도 연금되어 참석하지 못했다. 그의 죽음이 전해지자 평양의 기독교도들은 소리 죽여 그를 애도하고 있다고 한다.

친일언론인 규합 조선언론보국회 조직

1945년 6월 8일 총독부는 연합군의 본토 상륙에 대비하여 언론출판 관계자로 하여금 조선언론보국회를 조직토록 했다.

이 단체는 내선일체의 완수와 언론의 총력결집을 내걸고 있는데 회장은 전 매일신보 사장 최린이며 이사장은 경성일보 사장 나카야스, 사무국장은 매일신보 편집국장 정인익이 맡았다.

역사신문

1945년 8월 15일 오전 11시 서대문형무소의 옥문이 활짝 열리고 석방된 독립투사들이 수많은 군중들의 환영속에 감격의 만세를 부르고 있다.

아! 자유여! 해방의 물결이여!

일본 "무조건 항복"…온 국민 감격에 찬 환호

1945년 8월 15일 천황의 항복녹음이 전국으로 방송되었다. 이로써 만주사변 이래 14년 동안의 일제 침략전쟁은 종막을 내렸다. 떨리는 목소리로 "우리의 선량하고 충실한 신민이여!"라는 말로 시작한 방송은 원자폭탄의 위력에 놀라움을 나타내면서 포츠담선언에서 밝힌 연합군측의 무조건적인 항복 요구를 수락한다고 밝혔다.

일본의 항복소식을 들은 서울 시민들은 시내로 몰려나와 손으로 그린 태극기를 흔들면서 기쁨의 노래를 부르면서 해방을 축하하면서 감격에 차있어 축제 분위기를 이루고 있다. 해방의 날이 하루 밤 지난 16일에는 서울역에 소련군이 도착한다는 소문이 거리에 나돌아 금새 20만이 넘는 시민이 환영인파를 이루어 서울역 광장을 메웠으나 사실이 아닌 것으로 밝혀졌다. 거리는 어제까지 국민복이나 몸뻬 차림이 여러 가지 색깔의 한복으로 변하고 사람들의 표정은 기쁨으로 신바람에 넘쳐 있다.

환희와 함께 신국가 건설을 위한 움직임이 재빠르게 이루어지고 있다. 조선건국준비위원회 위원장 여운형은 16일 휘문중학교에서 5천명여명의 군중들 앞에서 "이 땅에 참으로 합리적이고 이상적인 낙원을 건설하자"고 연설하여 건국준비위원회의 활동을 알렸으며, 각 지방에서는 일제의 패망으로 발생할 지 모를 혼란을 방지하기 위해 치안대가 조직되고 행정을 담당하는 건준 지부나 인민위원회가 설립되고 있다는 소식이다.

일본인들은 방송을 듣고 "전쟁은 이겼다 이겼다하면서 적을 분쇄했다고 생각했었는데 무조건 항복이 아닌가"라면서 통곡하고 있다. 또한 이제 어떻게 일본으로 돌아갈 것인가를 걱정하면서 공포에 빠져 있다.

여운형 '건준위' 결성…총독부로부터 권력이양

1945년 8월 15일 여운형과 안재홍은 조선건국준비위원회를 조직하고 각각 위원장과 부위원장에 취임했다. 16일에는 위원회의 이름으로 "자중과 안정을 요청하고 경거망동을 금하며 지도층의 포고에 따르라"는 포고문을 발표하는 동시에 여운형은 서울시민에게 엔도오 정무총감과의 교섭내용을 설명했다.

여운형은 ① 정치·경제범 석방, ② 식량 3개월분 확보, ③ 치안유지와 건설사업에 불간섭, ④ 학생훈련과 청년조직에 불간섭, ⑤ 각 사업장의 노무자를 건설사업에 협력시킬 것을 총독부가 승인하였다고 말하였다.

8월 10일경 소련군이 북한지방에 진입하자 일제의 패망을 예감하게 된 총독부 당국자는 12일에서 14일에 걸쳐 송진우, 여운형 등과 개별적으로 협의하였다. 그 내용은 총독부 권력을 동원하여 독립 준비를 지원할테니 일본인의 생명과 재산을 보장하도록 도와달라는 것이었다. 송진우는 즉석에서 거절했으나 건국동맹을 조직하고 해방을 준비하고 있었던 여운형은 총독부의 권력 이양에 응하기로 건국준비위원회를 조직하게 되었다고 한다.

그러나 미군 선발대가 미군이 진주할 때까지 통치기구를 변경하지 말도록 통보하고 한국인의 복수와 보복이 두려움을 느낀 총독부는 권력 이양을 취소하고 권력을 다시 재접수하는 등 해방정국에 어두운 그림자를 드리우고 있다.

히로시마-나가사키에 원자폭탄 투하… 일본 전의 완전상실

1945년 8월 6일과 9일 세계 최초로 히로시마와 나가사키에 원자폭탄이 연이어 투하돼 10여만 명이 즉사하는 사상 초유의 비극이 발생했다. 일본정부는 재래식 전쟁과는 차원을 달리 하는 이 폭탄세례에 완전히 전의를 상실하고 즉각 연합군과 항복협상에 들어간 상태다.

8월 6일 오전 8시 15분에 미군 B29폭격기가 히로시마 상공에 떨어뜨린 원자폭탄은 인구 34만의 이 소도시를 순식간에 폐허로 만들었다. 또 8월 9일 드디어 소련이 대일전에 참가, 시베리아에서 남하하기 시작한 가운데 나가사키에 재차 원폭이 투하됐다. 이곳에서도 4만 명이 즉사하고 도시의 40%가 완파됐다. 이렇게 되자 일본정부는 최고전쟁지도자회의를 개최, 사실상 항복수순을 밟기 시작했다.

미국은 원폭개발을 위해 아인슈타인의 자문을 받아 지난 42년부터 맨해튼계획이라는 비밀 프로젝트를 진행시켜 왔고 45년 7월 16일 뉴멕시코주에서 실험에 성공한 것으로 알려졌다.

어둡고
괴로워라
밤이 깊더니.
삼천리 이 강산에
먼동이 튼다.
동포여
자리차고
일어나거라.
산 넘고
바다 건너
태평양까지
아 — 아
해방의
해방의
종이 울린다

미·소, 한반도 패권 싸고 '신경전' 치열

소련, 원산·청진 상륙 남하작전 개시…미국, 소 작전 맞춰 원폭 재투하로 대응

1945년 8월 9일 미명 소련군 60개 사단이 시베리아에서 만주를 향해 남하하기 시작, 순식간에 한중국경을 돌파하고 원산과 청진으로 상륙 작전을 펴는 등 전세가 급변하고 있다. 만주지역의 일본관동군은 별다른 저항도 못하고 일본민간인들

을 내버려둔 채 급속하게 퇴각하고 있다.

소련군은 지난 2월에 있었던 얄타회담에서 독일이 항복한 뒤 3개월 이내에 대일전에 참전하겠다고 약속했고 실제로 독일이 5월 8일 항복했으므로 정확히 3개월만에 약

속을 이행한 것이다. 그러나 얼마전에 있었던 포츠담회담에서는 스탈린이 트루먼에게 8월 15일 경 참전하겠다고 한 것에 비하면 며칠 앞당겨진 것이다.

소련군의 진격속도는 굉장히 빨라 이미 두만강과 압록강을 넘었으

며 소련 극동함대는 동해안의 청진과 원산으로 상륙했다. 일본정부는 소련의 참전으로 더이상 버티기 힘들다는 판단을 하고 긴급회의에 들어간 상태다. 내각 일부에서는 일본 천황의 권위를 보존한다는 조건으로 포츠담회담을 수락해야 한다는

의견이 제시되고 있다고 한다.

한편 소련군이 공격을 개시한 당일, 나가사키에 두번째로 원폭이 투하됐다. 이는 미국이 소련의 쾌속 남진에 대해 내심 초조해 하고 있어 신속하게 일본을 항복시키기 위한 것이라는 분석이 나오고 있다.

포츠담회담

독일 분할 점령 - 일본에 항복권유

1945년 7월 17일에서 8월 2일에 걸쳐 베를린 교외의 포츠담에서 미국의 트루만 대통령, 영국의 처칠 수상, 소련의 스탈린 서기장이 회동, 전후 독일처리문제를 논의하고 아울러 일본에게 항복조건을 제시했다.

3국 수뇌들은 회담에서 독일은 미·영·소·프 4국이 분할하여 점령하며 앞으로 독일 및 오스트리아 등 독일점령지에 관한 사항은 이들 4개국이 협의하여 처리하기로 했다. 아울러 일본에 대해서도 연합군에 의한 일본점령과 무장해제 등 조건을 제시하며 항복을 촉구했다. 일본은 이에 대해 즉각 거부했다.

한편 회담에서 스탈린과 트루만은 소련의 대일전 참전에 관해 막후 의견교환이 있었던 것으로 알려졌다. 트루먼은 일본 본토점령에 막대한 희생이 따를 것으로 판단, 소련의 참전을 촉구했고 이에 대해 소련은 8월 15일쯤 공격을 개시하겠다고 통보했다. 그러나 미국에서 원자폭탄 실험이 성공했다는 소식을 들은 트루먼은 원폭에 의존해 일본에게서 항복을 받아내는 쪽으로 마음을 굳힌 것으로 알려졌다.

독일 항복

1945년 5월 8일 소련군이 베를린을 점령한 가운데 독일이 연합국에게 무조건 항복, 6년간의 전쟁이 막을 내렸다.

독일은 지난 42년의 소련침공이 처참한 패배로 실패하고 미국이 참전하면서 전세가 꺾이기 시작했다. 45년에 들어와서는 서부전선에서는 미·영 연합군으로부터, 동부전선에서는 소련군으로부터 협공당해 이미 패색이 짙어왔다.

이어 4월 28일 이탈리아의 무솔리니는 도망가다 반파쇼 레지스탕스에게 붙잡혀 처형당했고 4월 30일에는 베를린이 소련군에게 포위된 가운데 히틀러가 총통관저 지하벙커에서 자살했다.

국내외 인사들 해방 제일성

김구(임시정부 주석)

임정 정식정부로 불인정 연합국 점령지화 우려

저는 중국 섬서성에서 일본의 항복 소식을 들었습니다. 조선의 독립은 우리선열들의 귀한 희생과 중, 미, 소, 영 등 연합국들이 노력한 대가로 이루어졌다고 생각합니다. 저 나름대로 독립을 위해 노력했고 독립이 됐다는 사실에 감개무량하나, 임시정부가 연합군에 의해 정식정부로 승인받지 못하고 연합군의 일개 점령지로 인식될 것같아 우려됩니다.

저는 임시정부 요인들과 함께 조속한 시일내에 귀국할 것입니다.

김창숙(유학자·독립운동가)

이제 완전독립 치안유지에 우선 착수

저는 8월 7일 밤 건국동맹 남한 책임자인 사실이 발각돼 성주 경찰서에 연행된 뒤 왜관서에 구속돼 있었습니다. 15일 밤 8시 경 옥문이 열리고 같이 있던 정치범들과 함께 석방됐습니다. 남녀노소 할 것 없이 만세 소리가 천지를 진동하고 있었습니다.

그날은 너무 기뻐 잠을 이룰 수 없었습니다. 내가 세상에 나와 67년

만에 처음 맞는 거룩한 날이었습니다. 저는 사람들을 시켜 마을 사람들을 불러모아 놓고 "일본이 패망했으니 우리나라는 이제 완전독립이 된 것입니다. 다만 갑자기 일어난 일이라 정식 정부가 설립되는데는 시일이 걸릴 것으로 봅니다. 우선 지방의 치안이 우려되니 임시 치안유지회를 조직해서 정부가 성립될 때까지 치안을 책임지는 것이 좋겠습니다"라고 제안하고 치안유지회를 조직했습니다.

여운형(건준 위원장)

정치범 즉각 석방 - 건준사업 간섭배제 요구

일제의 패망을 예상하고 독립에 대한 준비를 하고 있던 차에 15일 아침 8시 총독부에서 연락이 와서 정무총감을 만났습니다. 그는 "지난 날 조선과 일본 두 민족이 합한 것이 조선민중에게 합당하였는가 아닌가는 이제 말할 것이 없고, 다만 서로 헤어질 오늘을 당하여 마음좋게 헤어지자. 오해로서 피를 흘린다던지 불상사가 일어나지 않도록 민중을 잘 지도하여 달라"라고 저에

게 요청했습니다. 저는 이 자리에서 조선 각지에 구속되어 있는 정치범을 즉시 석방할 것, 식량이 제일 큰 문제이니 8, 9, 10월의 3개월간의 식량을 확보해 줄 것, 우리의 치안유지와 새국가건설 사업에 대해 아무런 구속과 간섭을 하지 말 것 등을 요구했습니다.

이광수(친일문학가)

이미 훼절한 사람… 세상에 나서지 않겠다

15일 아침 저는 우리집 앞에 개울가에 갔는데, 그 곳은 그동안 수백명의 근로보국대 사람들이 B29를 막는 방비공사를 위해 자갈을 채취하는 곳이었습니다. 그런데 이날은 감시를 하는 일본군도 보이지 않고 사람들도 수십명 밖에 모이지 않았습니다. 잠시 후 그자리에 누군가가 해방되었다는 사실을 알리자 모두들 돌아갔습니다.

그날 군중들은 면사무소와 면장의 집을 부수고, 배급창고에서 쌀을 꺼내어 사람들에게 나누어 주었습니다.

저 스스로 독립의 기회가 온 것이 큰 기쁨이거니와 우리나라가 전쟁터가 되지 않은 것이 다행이며 동포가 일본의 손에 학살을 당하지 않은 것이 모두 기쁜 일이라고 생각합니다.

앞으로 저는 다시는 세상에 안나서기로 결심했습니다. 왜냐하면 조선 신궁에 가서 절하고, 향산광랑(香山光郎)으로 이름을 바꾼 날 이미 훼절한 사람이 됐기 때문입니다. 전쟁중에 천황을 부르고 내선 일체를 부른 것은 조선 민족에게 떨어질 화를 조금이라도 돌리고자 한 것이지만, 이제 독립이 되었으니 말할 자격이 없습니다.

이승만(임정 주미외교위원부책임자)

건국이 제일 우선 친일파들 너그러이 용서

해외에서 망명생활을 한지 33년만에 독립을 맞이하게 돼 감개가 무량합니다. 저는 국외로 나가 있어 국내 사정에 대해 잘 모릅니다. 그러나 해방이라는 중대한 상황 속에서 나만 살자고 애쓰다가 민족 전체를 못살게 하는 일이 있어서는 안된다고 생각합니다.

오로지 우리 전체가 잘 살아야 할 것만 생각합시다.

특히 일제시대에 과오를 저지른 친일파에 대해서는 건국이 시급한 상황 속에서 이들에 대한 처벌에 얽매일 수 없으며, 아울러 공산주의에 반대하는 반공적인 모습을 지니고 있기에 용서해주어야 한다고 생각합니다.

기자들이 겪은 해방정국 표정

1945년 8월 15일은 역사에 기록될 의미 깊은 날이 될 것이다. 이 역사적인 순간 우리 기자들은 어디서 무엇을 하고 있었으며 무엇을 보았는지 들어보았다.

행정상 중대조치가 곧 항복

O…최근까지 일본이 이긴다, 최후 일전으로 이길 것이니 걱정하지 말라는 말만 듣다 8월 10일부터 소련군이 국경지대와 청진으로 홍수같이 밀고 들어온다는 소문이 퍼지자 일본들은 당황하는 기색이 역

력했습니다. 13일 경 행정상 중대조치가 있으리라는 정보를 얻어 들었지만 그것이 일본의 항복일 줄은 꿈에도 생각지 못했습니다.

제호 바꿔 신문 내자 불허

O…내어 나가 보니 거리가 떠들썩하고 휘문학교에서 여운형 선생이 강연을 했습니다. 그리고 출옥자를 실은 자동차가 달려와서 환영하느라고 야단들이었습니다. 저는 매일신보를 해방일보로 고쳐서 냈습니다. 정말로 생전 처음으로 민족적

기쁨과 정열을 가지고 신문을 발간했습니다. 그러나 경무국이 매일신보로 내라고 강요해 신문이 나오지는 못했습니다.

애국가 대자보에 써붙여

O…애국가를 불러야 하겠는데 누가 잘 알아야지요. 학생들이 종이에 적어가지고 다니는 것을 얻어가지고 신문사 게시판에 갖다 붙였더니 신문사 앞에는 잠깐 사이에 인산인해를 이루었습니다. 모두들 받아 적으며 합창을 하고…. 난 그

때 창 밖으로 그것을 내려다 보면서 눈물이 핑 돌았습니다. 또 신문사에서 태극기를 게재하려고 하는데 모습은 짐작하나 육괘를 알 수 없어 제작에 어려움을 겪었습니다.

한글활자판 없어 고생

O…부산에서 한글 신문을 만들려고 하는데 한글 활자판이 없었습니다. 또한 한글을 식자하는 것이 익숙하지 않아 '게'를 '개'로 쓰는 등 엉망진창이었으나 열성만은 대단했습니다.

역사신문

미·소 한반도 분할통치

38선 경계 삼아 남북 각각 주둔…건준, 새국가 건설 준비에 박차

8월 말 현재 건국준비위원회의 조직이 전국으로 퍼져 남북 전역에 145개 지부가 결성되는 등 신국가 건설에 박차를 가하고 있다. 각계 각층을 망라한 건국준비위원회는 8월 25일 '완전독립'과 '진정한 민주주의 확립' '대중생활 확보' 등의 내용을 골자로 하는 선언과 강령을 선포하였다. 또한 미군의 진주에 앞서 조선인민공화국이 좌익 계열의 주도로 결성되었다.

한편 일본의 항복 이후 38도선을 경계로 북한지방에는 소련군이 진주하고, 남한지방에는 미군이 진주하여 분할점령했다. 소련군의 진주는 전격적으로 진행되고 있다. 8월 20일에 평양에 입성하고 26일에는 38도선을 완전히 장악하여 일본군의 무장해제를 벌써 마친 형편이다. 이에 비해 하지중장이 이끄는

미 제24군단은 9월 8일 완전무장하고 인천에 상륙한 뒤 9월 9일 항복 조인식을 마치고 군정 실시를 포고했다. 그런데 북한에서 일본인과 친일파를 몰아낸 것과는 대조적으로 미군정은 일본의 통치기구와 일본인 직원을 임시로 사용해 한국인의 실망과 불만을 사고 있다.

38도선의 획정은 빠르게 남진한 소련군에 비해 미군은 한국에서 600마일 이상 떨어진 오키나와에 주둔하고 있어 미국이 향후 한반도 내에서 영향력을 행사하기 위해 한반도 분할점령을 소련에 제의함으로써 이루어졌다. 국무성의 딘 러스크대령은 "38도선을 소련에 제안했는데 이것은 미군의 책임지역에 한국의 수도를 포함시키는 것이 중요했기 때문이라고 밝혔다는 후문이다. **관련기사 2·3면**

휘문학교 운동장에서 군중들의 환호 속에 연설을 마치고 나오는 여운형.

남북 권력수립 제각각…해방정국 '불안한' 활기

남한에는 건준, 북한에는 인민위 결성…이승만·김구 등도 귀국 서둘러

해외 독립운동가들이 속속 귀국함에 따라 해방정국이 뜨겁게 달아오르고 있다. 38선 이남에서는 건국준비위원회가 인민공화국으로 전환, 정부수립을 선포했고 북한에서도 항일무장투사로 알려진 김일성이 각 지역에 인민위원회를 조직해 정부의 모습을 갖춰가고 있다.

1945년 16일 미국에서 활동하던 독립운동가 이승만이 김포공항을 통해 입국해 해방정국이 아연 활기를 띠고 있다. 이승만은 귀국 당일 라디오방송을 통해 "모든 정당과 당파가 협동하여 완전한 자주독립을 찾는 것이 나의 희망"이라는 요지의 방송을 했다. 그의 귀국소식이 신문호외를 통해 알려지자 전 국민이 환호하고 있으며 그가 묵고 있

는 이화장에는 여운형, 허헌 등 정계 고위인사들이 찾아와 전국에 관해 환담을 나누는 등 활발한 움직임을 보이고 있다. 이승만은 개인자격으로 혼자 귀국했는데 날짜가 이렇게 늦어진 것은 미국이 그를 기피인물로 지목, 귀국편의 제공을 거절했기 때문이라고 한다.

김구를 필두로 한 충칭의 임시정

부 요인들도 귀국을 손꼽아 기다리고 있으나 역시 미국측이 정식 정부로 승인받지 않은 일개 단체에 불과하다며 귀국허가를 늦추고 있다. 소식통에 의하면 이들은 11월 중순경에 귀국하게 될 것이며 이승만과 같이 개인자격이라는 조건으로 귀국하게 될 것이라고 한다. **관련기사 3면**

"아직은 해방이 아니다"

미군 "현상황 유지" 포고령 1호 발표

1945년 9월 5일 미군이 인천을 통해 한반도에 상륙하고 '포고령 제1호'를 발포했으나 그 내용이 위압적인데다 환영하러 나온 민간인에게 총격을 가해 사상자를 내는 등 혼선이 빚어졌다. **관련기사 4면**

연합군 총사령관 맥아더는 '조선 인민에게 고함'이라는 제목의 포고령을 통해 "북위 38도 이남의 영토와 주민은 나의 관할 아래에 있다"는 점을 분명히 하면서 "정부 및 공공기관은 그 기능과 의무를 계속 실행할 것"을 못박았다. 이는 조선 총독부를 그대로 두라는 것과 같아 사람들은 고개를 갸우뚱하고 있다.

더구나 "공공안녕을 문란하게 한 자는 엄중처벌하겠다"는 위압적인 명령까지 담겨 있고, 실제로 미군이 서울로 진입하던 날 거리에 환영하러 나온 인파를 향해 총격을 가해 충격을 안겼다.

이러한 일련의 불미스런 상황은 미국이 한반도에 관해 자세한 정보를 갖고 있지 않은 데 따른 것이라는 게 대체적인 분석이다.

완전한 독립은 어떻게 가능한가

인류는 평화를 갈망하고 역사는 발전을 지향한다. 인류역사상 공전의 참사인 2차세계대전이 마침내 종결되고 이제 우리 조국에도 해방의 날이 왔다.

지난 반세기 동안 우리는 일제의 식민지로서 제국주의적 착취와 억압 아래 모든 방면에서 자유의 길이 막혀 있었다. 그러나 우리는 지난 36년간 조국의 해방을 위해 투쟁을 계속해왔다. 이러한 자유 발전을 열려는 우리의 모든 운동

과 투쟁은 제국주의 및 그와 결탁한 반동적·반민주주의적 세력에 의해 완강하게 거부돼왔다.

그러나 이제 전후문제의 국제적 처리에 따라 한국은 제국주의 일본의 구속으로부터 벗어나게 됐다. 그러므로 우리의 해방은 국제적 협의에 따라 얻은 것인 동시에 우리 투쟁의 결과물이라고 말하지 않을 수 없다.

그러나 완전한 독립을 위한 투쟁은 아직 허다하게 남아 있으며 새

국가 건설을 위한 중대한 과업이 우리 앞에 놓여 있다. 우리의 당면 임무는 완전한 독립과 진정한 민주주의를 확립하는 데 있다. 한반도에 진주한 연합군은 일시적으로 통치할 것이나 우리의 해방 조국 건설을 도와줄지언정 방해하지는 않을 것이다.

우리는 식민지 잔재를 일소하고 자유 발전의 길을 열기 위한 진보적 투쟁을 전국적으로 전개하는 한편, 이를 위해 민주주의를 갈망하는 여러 세력이 모여 통일전선을 결성해야 한다. 그리고 모든 반동적·반민주주의적 세력에 대한 대중적 투쟁을 전개해야 한다.

그들은 과거에 일제와 결탁해 민족적 죄악을 범했고 이후에도 해방조국 건설을 방해할 가능성이 있다. 그들과 싸워 이를 극복하기 위해서도 강력한 민주주의정권을 시급하게 수립해야 한다. 새 정권은 전 민족의 총의를 대표하고 전 민족의 이익을 보호해야 한다. 그리고 새 정권은 그동안 해외에서 조국해방을 위해 투신해온 혁명전사와 조직의 참여에 대해 특별한 배려를 해야 한다.

또 전 민족의 정치적·경제적·사회적 요구를 실현해야 한다. 이렇게 하는 것만이 완전한 독립국가를 건설하는 길이다.

전 부문에 총체적 상처…복구 쉽지 않을 듯

36년간 경제적 수탈-민족분열 조장에 일상생활 곳곳 흔적 남겨

36년에 걸친 일제의 식민지 지배는 우리 민족에게 크나큰 상처를 남겼다. 이러한 상처를 하루빨리 치유하는 것이 우리 앞에 놓인 가장 시급한 과제일 것이다. 이를 위해서는 먼저 일제의 식민지 지배가 우리에게 어떤 상처를 남겼는지 조목조목 짚어보는 것이 필요하다.

가혹한 인력수탈

전쟁동원만 200만
생사불명·학살 부지기수

일제 식민지 지배가 남긴 가장 직접적인 상처는 인력과 물자의 피해다. 일본은 전쟁을 수행하면서 수많은 우리 인력을 동원했는데 군인으로 36만, 군속으로 24만, 노무자로 140만, 위안부 30만 등 동원된 인원은 총 200만이 넘는다.

이들은 대부분 자신의 뜻과는 상관없이 전쟁에 이용되었다. 이 가운데 군인 5만 3천, 군속 7만 5천, 노무자 30만, 위안부 8만 등 약 50만이라는 막대한 수의 사람이 전쟁에서 목숨을 잃었다. 이 밖에도 생사가 불명한 사람이 무수히 많으나 이들에 대한 생사확인조차 제대로 이루어지지 않고 있다. 희생자의 상당수가 일본군의 손에 학살당했다는 점이 더욱 문제다. 아직 귀국하지 못하고 일본에 남아 있는 수많은 동포의 안전귀환문제도 시급한 현안으로 제기되고 있다.

껍데기만 남은 나라

강점 내내 식량수탈
지하자원까지 뻗쳐 '벌집'

인력동원 못지않게 심각한 것이 물자의 약탈이다. 일본은 태평양전쟁을 수행하면서 우리나라의 모든 물자를 걷어가 그야말로 껍데기만 남겨놓았다. 이 가운데 가장 중요한 것은 미곡이다. 일제는 1940년 공출제를 실시해 조직적으로 미곡을 수탈해갔으며 1943년에는 조선식량영단을 설치하여 엄격한 식량배급체제를 구축했다. 이 과정에서 우리 미곡은 대부분 일본으로 건너가고 이 자리를 만주산 잡곡이 메웠다.

일제는 이 밖에도 우리나라의 수많은 지하자원을 약탈해갔다. 1930년대에는 금의 약탈에 몰두하였으며 1940년대에는 금 대신 중석, 코발트 등 군수광물 약탈에 주력하여 한국의 산은 온통 벌집이 되고 말았다.

절름발이 경제구조

자립적 경제발전 방해
산업화도 지역편중 불균형

민족경제는 일본의 식민지 지배로 말미암아 온전한 발전을 하지 못하고 왜곡된 구조를 갖게 됐다. 우리나라를 일본의 식량공급기지로 삼으면서 이를 위해 반(半)봉건적 지주제를 온존시킨 점이 가장 큰 문제라고 경제전문가들은 한결같이 지적하고 있다.

한편 1930년대 이후 일정하게 산업화가 이루어져 몇몇 큰 공장이 우리나라에 세워지기도 했지만 이는 전적으로 일본의 대륙 진출을 뒷받침해주기 위한 것이었을 뿐 우리 민족 내부의 경제와는 아무런 유기적 관련이 없는 것이었다. 그나마 지역적으로 치우친 것이어서 경제 전체의 측면에서는 심각한 부조화를 이루어 우리 경제를 절름발이같이 만들어버렸다.

정치사상적 상처

민주주의 훈련기회 봉쇄
민족분열 조장 친일파 양산

일제 식민지 지배가 남긴 가장 큰 정치사상적 상처는 민주주의국가를 건설할 훈련 기회를 박탈당한 점이다. 조선시대에는 왕조국가의 틀 내에서나마 일정하게 지방자치의 전통이 있었다. 이러한 기반 위에서 정치적 훈련만 쌓는다면 민주국가를 건설할 가능성이 얼마든지 열려 있었다. 그런데 일제의 식민지 지배는 이러한 가능성을 송두리째 앗아가버렸다. 일제는 삼천리 방방곡곡을 경찰과 관료를 동원, 물샐틈없이 장악해 우리 민족이 정치적으로 결집할 기회를 박탈해버렸다. 이러한 과정에서 우리 민족은 민주주의 훈련을 쌓을 기회가 원천적으로 봉쇄된 것이다. 이런 마당에서 정치라고 하는 것은 오로지 일제에 맞서 싸우는 것밖에는 없게 되었고 국가통치 경험을 가질 수 없었다.

또한 일제는 효율적인 통치를 위해서 악랄한 민족분열책을 동원하여 수많은 친일파를 만들어놓았다. 따라서 우수한 자질을 갖춘 인재들이 한때의 고난을 이겨내지 못하고 몸을 더럽혀 정치적 지도자로서의 자격을 상실한 것은 그들 개인에게도 돌이킬 수 없는 불행이지만 우리 민족에게도 정치적으로 크나큰 손실이라 하지 않을 수 없다.

문화재 파괴와 약탈

민족 저항문화 파괴
수많은 보물들 가져가

일제의 식민지 지배가 남긴 또 하나의 뼈아픈 상처는 수많은 우리 문화재가 파괴되고 약탈된 것이다. 우리나라의 얼굴이나 마찬가지였던 광화문은 옆으로 치워지고 그 자리를 흉물스러운 총독부건물이 차지하고 있으며 창경궁은 한갓 놀이터로 전락했다.

이 밖에도 수많은 문화유산이 파

괴되어 전쟁 말기에 이르면 시골 구석에 놓인 비석 하나까지 항일의 흔적이 조금이라도 있으면 살아남지 못할 지경이다. 문화재 약탈도 이루 말할 수 없을 정도이다.

일찍부터 일본인 호리꾼들이 전국을 누비며 고분이란 고분은 모두 파헤쳐 부장품을 훔쳐갔다. 이렇게 훔쳐낸 문화재는 대부분 일본으로 빼돌려 우리 문화재를 서울에서 찾는 것보다 도쿄에서 찾는 게 더 쉬울 지경이다.

일상생활 속의 흔적

이름 석 자와 지명까지
일제 입맛대로 바꿔버려

일제의 지배는 우리 생활의 곳곳에 자신의 흔적을 남기고 갔다. 창씨개명을 통해서 우리의 이름까지 바꾼 것은 두말 할 나위가 없지만 우리의 마을이름과 거리이름도 고유의 것을 버리고 일본식으로 뜯어고쳤다.

명치정, 황금정, 본정이 모두 그런 것들로 본정(本町:혼마치)은 전국 어느 도시에서나 제일 번화한 거리에 붙인 이름인데, 우리는 아직도 시내중심가를 이야기할 때 입버릇처럼 본정통이라고 하곤 한다.

지금 아이들이 다니는 학교의 이름인 국민학교도 일제가 황국신민화정책을 추진하면서 황국신민을 줄여서 붙인 이름이다.

그림마당
이은홍

일제잔재 청산, 무엇부터 시작하나

토지개혁-친일파 청산
최우선 과제

일제가 36년간 우리에게 남긴 상처를 치유하고 새로운 나라를 건설하기 위해 가장 먼저 착수해야 할 과제는 무엇일까? 무엇보다도 토지문제의 해결이 시급하다. 민족 구성원 대다수가 농민이고 사회모순 구조의 핵심이 바로 토지문제에 있기 때문이다.

우리나라는 일본의 식량공급기지로 전락함에 따라 반봉건지주제가 온존되어왔다. 이러한 약탈적인 지주제는 우리 민족의 압도적 다수를 이루는 소작인들의 삶을 위해서도 폐지되어야 하지만 우리 경제의 온전한 발전과 산업화를 위해서라도 극복되어야 한다. 이러한 경제적 기반을 갖춘 뒤라야 사회적·문화적 발전이 뒤따를 수 있을 것이다.

토지문제의 해결 못지않게 중요한 것은 친일파 청산이다. 국가와 민족을 일제에 팔아버린 자들을 엄중하게 심판하지 않는다면 나라를 또다시 잃지 않으리라는 보장이 없다. 친일민족반역자들을 역사의 죄인으로 규정하고 처벌을 가하는 한편, 그들과 그들의 친인척이 친일의 대가로 모은 일체의 재산을 국고로 환수해야 할 것이다. 무엇보다도 이를 위해서는 일제시대에 이루어진 일체의 법률행위를 전면 무효화하는 일이 급선무다. 이는 나라의 독립을 위해 목숨을 잃거나 온갖 고초를 겪은 선열들의 명예를 회복하기 위해서도 필수적이다.

38선 확정 배경과 전망

미·소 세력권 절충선…비운의 민족분단선 될지도

미끈하게 생긴 한반도를 반 토막으로 댕강 잘라버린 것 같은 38선. 이 38선이 아무래도 심상치 않다. 38선은 1945년 9월 2일 미 육군 태평양지역 총사령관 맥아더가 '일반명령 1호'에서 "한반도에서 일본군의 무장해제는 북위 38도선 이남은 미군이, 이북은 소련군이 맡는다"고 함으로써 처음 공식화됐다.

그러나 이미 7월에 열린 포츠담 회담에서 트루먼과 스탈린이 비공식적으로 이를 거론했을 가능성이 높다. 왜냐하면 일본의 패망이 시간문제인 상황에서 한반도 처리문제는 미·소 양국 간에 미묘한 문제였기 때문이다. 미국은 이미 독일 패전 뒤 소련군이 진주한 폴란드가 공산화되는 것을 목격한 바였다.

그러나 미 육군이 한반도에 진주하는 데는 시일이 필요했다. 따라서 일본관동군과 일본 대본영의 작전경계선인 38선을 경계로 각자 군대를 진주시키기로 사전에 절충했을 가능성이 높은 것이다. 지난 1896년에도 러시아와 일본이 한반도에서 세력각축을 벌이다 이 38선을 경계로 각자 집어삼키자는 밀약을 맺은 바 있다. 참조기사 제5권 12호 2면

이번에야말로 38선은 미·소 양 세력권의 경계가 될지 모른다. 이것이 실제로 현실화할 경우 38선은 비운의 민족분단선이 될 것이다.

특별서면좌담 - 신국가 건설 어떻게 해야 할까

새 국가건설 방향, 좌에서 우까지 다양한 스펙트럼

박헌영
토지국유화 추진 등
혁명적 해결 있어야

여운형
국내외·좌우 총단결로
주체적 정부수립 최선

김구
건국사업 임정 중심으로
외세 배격 자주적으로

송진우
과격한 조치 혼란 초래
새 정부 좌익 배제 마땅

질문 1—일제의 패망인 우리 민족의 해방에서 미·영·중·소 연합국의 역할을 무시할 수 없다. 향후 새 나라 건설과정에서 미·소 등 연합국과의 관계는 어떠해야 한다고 보는가?

우리의 해방은 미·소 연합군의 일본에 대한 승리의 결과로 주어졌다. 연합국의 노력에 감사하는 바이다. 향후 나라 건설은 연합국과 협력하는 가운데 이루어져야 한다.

우리 민족의 해방은 미·소 연합군의 승리도 중요하게 작용했지만 무엇보다도 지난 36년 동안 우리 민족이 국내외에서 강고한 해방투쟁을 전개한 결과이다. 미·소 등 연합국과의 협력도 필요하지만 우리의 주체적 역량이 더욱 중요하다.

임시정부의 광복군이 일제와 미처 싸우기도 전에 일본이 패망한 것은 안타깝기 그지없는 일이다. 앞으로 나라를 세우는 과정은 임정을 중심으로 미·소 등 외세의 간섭을 배격하는 가운데 자주적으로 이루어져야 한다.

일본이 포츠담선언을 수락했음으로 우리는 확실히 독립하게 된다. 새나라 건설은 연합국의 합의에 따라 이루어져야 한다. 우리는 경거망동을 삼가해야 할 것이다.

질문 2—앞으로 세울 새 나라는 어떤 나라여야 하는가?

노동자·농민·도시빈민·인텔리겐치아 등이 권력을 장악하는 혁명적 민주주의인민정부를 세워 봉건 잔재를 일소하고 근로인민의 생활을 급진적으로 향상시켜야 한다.

친일파, 민족반역자를 제외한 모든 인민이 자유롭고 평등하게 살 수 있는 진정한 민주주의국가를 건설해야 한다. 특히 좌우합작 정신을 지키는 것이 중요하다.

계급, 성별, 종교를 초월하여 보통선거를 실시하고 이에 입각하여 민주공화국을 세워야 하며 계획경제제도를 실시하여 균등사회를 실현해야 한다.

언론·출판·집회·결사의 자유가 확립되고 국민의 기본생활이 보장되는 민주주의국가를 세워야 한다. 경제적으로도 공업발전을 추진해야 한다.

질문 3—새 나라의 건설에 핵심사항인 토지문제, 즉 반봉건적인 지주·소작제도제의 해결방향은?

토지문제를 혁명적으로 해결해야 한다. 우선 일제 및 민족반역자와 대지주의 토지를 무상으로 몰수하여 땅 없는 농민들에게 무상으로 분배해야 한다. 중소지주의 토지도 자신이 경작하는 것 외에는 몰수해야 한다. 기본원칙은 국유화다.

일제 및 민족반역자의 토지는 몰수하여 국유로 한 다음 농민들에게 적정하게 분배해야 한다. 대지주들의 토지도 농민들 위주로 적정하게 재편성해야 한다. 대지주들이 일제 시대에 대부분 친일 민족반역자였다는 점을 고려해야 한다.

일제 및 매국노가 소유하던 토지는 몰수하여 국유로 하되 경작하는 농민에게 나누어 주어야 한다. 그러나 지주들의 사유토지는 법률로써 보장해야 한다.

토지문제를 해결해야 한다는 점은 인정한다. 그러나 과격한 조치는 오히려 사회혼란만 가져올 것이다. 국가가 지주들의 소유권을 인정하고 그 토지를 사들여 이를 농민들에게 유상으로 분배하는 방향으로 재편돼야 한다는 생각이다.

질문 4—건국과정에서 친일파와 민족반역자를 어떻게 처리할 것인가는 아주 예민한 문제다. 이에 대한 견해는?

일제하에서 친일행적이 있는 사람들은 철저히 가려 처벌해 민족반역에 대한 대가를 치르게 해야 한다. 물론 건국과정에도 일절 참여하지 못하도록 해야 한다.

매국노나 악랄한 친일분자는 당연히 제거해야 한다.

매국노와 독립운동을 방해했던 자들은 반드시 징치해야 할 것이다. 그러나 대지주나 대자본가라 하더라도 애국적인 마음을 가진 사람은 포용해야 한다.

지금은 온 민족이 단결하여 나라 건설에 주력해야 할 때이지 친일파 문제를 거론할 때가 아니다. 친일파 문제는 정부가 수립된 이후 그 정부에서 처리토록하는 것이 순리다.

질문 5—좌우의 이념대립이 건국의 앞날에 중요한 걸림돌이 되고 있다. 이 문제는 어떻게 풀어야 할까?

건국사업은 노동자·농민이 주체가 되어 이들의 주도 하에 민주주의를 이룩하는 방식으로 해야 한다. 일제하에서 대부분 친일행위를 한 대지주나 대자본가들과 합작하는 것은 있을 수 없다.

지금은 우리 민족이 총단결 해야 할 때다. 민족반역자를 제외한 국내외의 모든 혁명세력이 좌우를 망라하여 합작해서 정부를 만들어야 한다. 우리가 구성한 인민공화국은 그런 취지에서 만든 것이다.

건국활동은 임정을 중심으로 하는 것이 순리이다. 장차 정식 정부가 수립될 때까지 임정이 과도정권의 역할을 맡을 것이다. 이를 위해 모든 세력과 협력할 것이다. 다만 친일파는 청산돼야만 한다.

우리의 건국사업은 충칭의 임정을 중심으로 이뤄져야 한다. 지금 일부 좌익인사들이 건준이다, 인민공화국이다 해서 나서고 있는데 장차 들어설 정부에는 이런 좌익세력이 배제돼야 한다.

해방정국 여론조사

해방을 맞은 이 시점에서 과연 누구를 새 나라의 지도자로 추대해야 할까? 또 우리 조국은 어떤 모습으로 새로 태어나야 할까? 한 잡지사에서는 이 문제에 대한 민족적 여론을 수렴하기 위해 두 차례에 걸쳐 여론조사를 실시했다. 조사대상은 각 정당 당원, 신문기자, 각 문화단체 회원, 학생, 기타 사회단체 회원 가운데 각각 약 2천 명씩을 뽑아 두 차례 설문지를 주고 응답을 들어 보았다.

1차 조사 : 1천975명(응답자는 626명)에게 우리나라를 이끌어갈 지도자로 누가 적합하다고 생각하는가를 물었다.
2차 조사 : 1천967명(응답자는 978명)에게 우리나라가 선택해야 할 정치체제로 어떤 것이 좋다고 생각하는지와 존경하는 인물 및 정부 각 부서에 어떤 인물이 적당한지를 물었다.

"지도자론 여운형, 대통령엔 이승만, 체제는 민주주의"

지도자
여운형 33%, 이승만 21%, 김구 18%, 박헌영 16%, 이관술 12%, 김일성 9%, 최현배 7%, 김규식 6%, 서재필 5%, 홍남표 5%

존경하는 인물
여운형(195), 이승만(176), 박헌영(168), 김구(156), 허헌(78), 김일성(72), 안재홍(59), 김규식(52), 백남운(48), 최용달(40)

선호하는 정치체제
민주주의정체 284(28%), 입헌정체 206(21%), 진보적 민주주의정체 167(16%), 사회적 민주주의정체 147(15%), 사회주의정체 89(9%), 신민주주의 정체 69(7%), 불명 16(2%)

대통령 이승만(431) 김구(293) 여운형(78)

내무부장	외무부장	재무부장	군무부장	사법부장	문교부장	경제부장	교통부장	노동부장
김구(195)	여운형(274)	조만식(176)	김일성(309)	허헌(371)	안재홍(275)	백남운(215)	최용달(196)	박헌영(371)
여운형(118)	이승만(137)	김성수(98)	김원봉(98)	김병로(58)	김성수(68)	이관술(98)	허필섭(58)	여운형(38)
안재홍(59)	김규식(58)	정태식(39)	이청천(78)	최동오(52)	김창준(58)	이헌영(36)	안재홍(36)	

국민학교 일제히 개학

중등학교도 뒤따를 듯
교원 학무국 등록요망

국민학교가 9월 24일 일제히 개학하게 됐다. 미군정청은 이 날짜에 공립국민학교가 개학하도록 하고 사립국민학교는 학무과에 신청하여 허가되는 대로 개학토록 하겠다고 발표했다. 중등학교의 개학일자는 추후 발표될 예정이다.

이에 따라 국민학교 교원과 중등이상 기타 학교 교원도 오는 10월 1일부터 10일까지 학무당국에 등록할 것을 요망했다. 또 교과서는 조선어학회에서 새로 편찬하는 것을 사용토록 하기로 했다.

한글 교과서 편찬

조선어학회…일반인 교재도

1945년 9월 조선어학회에서는 이극로, 최현배, 이희승, 정인승 이외에 18명으로 구성된 교재편찬위원회를 열고 우리말을 보급하기 위해 일반용 국어교재와 초등 및 중등학생용 교과서를 편찬하기로 했다. 미군정 당국은 조선어학회에서 편찬한 교재를 정식 교과서로 채택하여 출판(초등용 400만, 일반용 200만, 중등용 200만 부)하기로 확약했으며 저작권은 조선어학회가 갖기로 했다. 조선어학회에서는 또 장차 우리말 강사 지망생을 위한 단기 강습회 개최도 준비 중이라는 소식이다.

총독부, 철수비용 마련
조선은행권 남발로
물가 급등

일제가 패망한 이후에도 총독부가 조선은행권을 마구 찍어내는 바람에 물가가 급등하고 있다.

총독부는 미군이 진주하기 전에는 기존 통화량의 무려 50%를, 미군이 들어온 이후에도 2.5%나 남발했다. 이는 일본관리 및 일본인들의 본국철수에 필요한 비용을 마련하기 위한 조치인 것으로 보인다.

"1인당 쌀배급량 늘리겠다"
미군정 발표…쌀값은 유지

미군정 장관 아널드소장은 9월 15일부터 1인당 쌀배급량을 늘린다고 발표했다.

미군정은 1인당 쌀배급량을 2홉에서 2홉 5작으로 늘리고 쌀값도 한 섬에 50원 90전으로 종전과 같은 가격으로 하며 올해에는 대풍이 예상되므로 장차 배급량도 크게 늘리겠다고 발표했다.

"38선 언제 철폐될지 알 수 없어"
하지 미군정사령관 기자회견서 밝혀…긴급한 경제현안에도 두루뭉실

9월 18일 미군사령관 하지중장은 정례기자회견에서 사회 전반적인 현안에 대한 입장을 발표했다.

그는 38도선을 중심으로 이북에는 소련이, 이남에는 미군이 각각 진주하고 있는데 이런 상황이 언제까지 지속될지 모르며 자신이 결정할 사안이 아니라고 밝혔다. 그에 의하면 38선 문제는 미 외무성이 직접 관장할 사안이므로 미 군정당국은 이에 대해 확실한 입장을 천명할 수 없다는 것이다. 그러나 미군정에서도 이 문제를 조속히 타개하기 위해 조선사정을 날마다 미 외무성에 보고하고 있으며 현재 미군대표를 평양에 파견한 상태라고 한다.

한국인의 생활과 가장 밀접한 통화와 물가문제에 대해서는 물자가 부족하고 행정력이 거의 마비상태이기 때문에 통제경제를 실시하고 있는데 다소 불편이 따르더라도 참고 미군정의 방침에 순응해야 할 것이라고 말했다. 미군정은 이에 통제경제의 시행착오를 시정하기 위해 조속한 대책을 마련하고 있는 중이니, 당국에서 정한 쌀의 공정가격이 올바르게 시행되도록 한국인이 적극적으로 협조해 줄 것을 당부했다.

통화의 경우 현재 조선은행권과 일본은행 보조화폐만 유통할 수 있는데 일본은행권이 공공연히 나돌고 있어 앞으로 이의 출처를 밝혀내 유통을 금지시킬 예정이라고 했다. 따라서 일본은행권 소지자는 조선은행권으로 바꿔야 될 것으로 보인다.

이 외에도 하지는 38도선 이남과 이북의 교통 및 통신 재개를 위해 소련측과 협상 중이며 격변기에 언론은 국가건설과 건전한 여론형성에 이바지해야 한다고 주문했다.

취재수첩
해방감에 편승 무질서는 곤란
일터 지키며 건국역량 모아야

해방된 지 약 1개월이나 지났는데도 해방감에 도취되어 일손을 놓고 거리를 떠돌아다니는 사람이 한둘이 아니다.

전차는 종업원이 출근하지 않아 십여 대 밖에 운행하지 못해 시민들의 발이 묶여 있는 실정이다. 시내를 지나니 일용품 상점이 굳게 닫혀 있어 가뜩이나 생활필수품이 부족한데 시민들이 큰 불편을 겪고 있다. 음식점은 손님이 오는지 가는지 모르고 오더라도 하대하거나 친절과는 거리가 멀다. 청소하는 사람이 출근조차 하지 않아 거리에 쓰레기가 그대로 쌓여 있어 악취가 코를 찌른다. 해방의 기쁨이야 이루 말할 수 없겠지만 사회의 기강이 다소 해이해진 감이 있다. 수년 동안 짓밟혀 마지못해 살아왔으니 억눌린 감정이 하루아침에 해소될까마는.

그러나 해방은 새로운 국가건설을 의미한다. 건설은 그냥 얻어지는 것이 아니며 또한 남이 갖다주는 것도 아니다. 스스로 팔다리를 걷어 올려 노력하고 각자 맡은 일을 열심히 해 주체적으로 만들어가는 것이다. 냉정하게 보면 우리는 현재 완전히 해방된 상태가 아니다. 남쪽에는 미군, 북쪽에는 소련군이 진주하고 있어 그들의 통제를 받아야 하는 상황이다. 이 통제에서 하루빨리 벗어나기 위해서라도 주체적으로 사회를 꾸리고 나라를 운영하는 자세를 갖추어야 할 것이다. 그런 노력 없이 어찌 자주독립국가를 세울 수 있을까.

일자리를 찾으러 거리로 나선 이들도 적지 않을 것이지만 더 이상 흥분과 환희에 휩쓸리지 말고 각자의 일터로 돌아가자. 희망에 가득 찬 미래를 위해 힘찬 발걸음을 재촉하여야 할 것이다.

영어·러시아어 학습 붐
미·소 점령 사회상 반영…사회과학서적도 꾸준

국립도서관의 조사에 의하면 해방 직후 1개월 동안의 도서열람 경향은 단연 어학부문이 압도적이다. 그 중에서도 영어, 러시아어 관련 서적이 가장 많이 대출됐는데 이는 38선을 중심으로 북쪽에는 소련, 남쪽에는 미군이 주둔한 정치적 상황을 반영한 것으로 풀이된다. 또 가와카미 하지메(河上肇)의 「자본론 입문」, 최현배의 「우리말입문」, 헤겔의 저서 등도 많이 읽힌다고 도서관 관계자는 밝혔다.

"총독부 관리 유임, 일본인 재산 보호"
미군정 담화에 민심 '들썩'

9월 16일 한국에 들어와 행정을 시작한 미군정청이 기존의 일본인 관리들을 그대로 유임시켜 국민들의 분노를 사고 있다.

미군정청은 이에 대해 한국인 관리를 임용하기까지의 과도적인 조치라고 밝히고 있지만 모두들 수긍하기 어렵다는 표정이다. 또 군정청은 조선총독부 및 일본인 재산을 보호할 것임을 천명했다. 현재 군정당국이 접수한 총독부와 일본인 재산은 장차 한국인의 재산이 될 것이므로 훼손 및 피해가 없도록 관리하는 것이 군정의 임무라고 밝히고 특히 통화나 증권 등을 해외로 반출해서는 안 된다고 말했다.

일인 '문화재 빼돌리기' 안간힘
귀국물품 제한하자 밀항선 동원

1945년 8월 일본이 패망하자 조선에 거주하던 일본인 문화재 소장가들이 수집품들을 일본으로 빼돌리려 안간힘을 쓰고 있다. 이들은 한국인이 접수한 박물관 당국과 군정청의 규제에도 불구하고 밀항선을 이용하는 등의 방법으로 문화재를 일본으로 빼돌리고 있어서 이에 대한 대책이 시급히 요구되고 있다. 전쟁의 추이를 예의주시하고 있던 일본인 소장가들이 종전 되기 전부터 이미 문화재 빼돌리기에 들어갔다는 소문도 있어서 현재 일본으로 유출된 문화재의 규모는 파악되고 있지 않다.

1945년 9월 군정청 당국에서 본국으로 철수하는 일본인에게 고리짝 2개씩 가지고 가는 것을 허용하자 문화재를 이 고리짝에 은닉하는 방법으로 빼돌리는 것이 일반적이었다고 한다.

그러나 곧이어 규제가 강화되어 가져갈 수 있는 짐이 류색 1개로 제한되자 더 이상 이 방법을 쓸 수 없게 되었다. 이때 동원된 방법이 밀항선을 이용하는 것이었는데 대구에 거주하던 오쿠라나 이치로 같은 인물이 주로 이 방법을 이용한 것으로 알려지고 있다.

한편 조선총독부 시정기념관 주임으로 있던 가토(加藤灌覺)는 박물관에 찾아와 자기는 이미 조선여자와 결혼하였고 이름도 한국식으로 바꾸어 이관각(李灌覺)으로 할 것이니 박물관에서 일할 수 있게 해달라고 애원하였다고 하는데, 이것도 자신이 수장한 문화재를 잃지 않기 위한 마지막 발악이 아니냐는 지적이다. 풍문에 의하면 급히 귀국하는 일본인들이 그에게 많은 문화재를 맡겨두었다고도 한다.

"칼로 흥한 자 칼로 망한다"

미, 항복문서 조인 이어 맥아더사령관 일본에 군정 실시
각료 등 39명 '전범' 체포…군국주의 해체 등 일대 개혁

1945년 8월 30일 연합국총사령관이자 미 태평양육군사령관인 더글러스 맥아더원수가 오키나와에서 전용비행기로 일본본토에 첫발을 디뎠다. 카키색 군복에 특유의 모자와 검은 선글라스, 그리고 필리핀제 담배파이프를 문 맥아더는 "항복 이후 천황 및 일본정부의 국가통치권은 항복조건에 따라 연합군 최고사령관에 종속된다"고 도착 일성을 내뱉었다.

이어 9월 2일 도쿄만에 입항한 미 제3함대 기함 미주리호 선상에서 맥아더를 필두로 한 연합국측 대표와 일본대표 사이에 항복문서가 조인됐다. 이제 일본은 공식적으로 패전국이 됐고 맥아더가 군정을 실시하게 됐다. 맥아더사령관은 우선 도조 히데키대장을 비롯한 도조 내각 각료 10명을 포함, 총 39명을 전쟁범죄 혐의로 체포했다. 도조는 미 특별헌병대가 체포하러 갔을 때 권총으로 자살을 기도했으나 죽지는 않고 중상을 입은 채 체포됐다. 아울러 사회주의자를 포함한 정치범들은 모두 석방했다.

맥아더사령관은 일본의 군국주의를 완전히 해체하고 미국식 민주주의를 이식하는 것을 군정의 기본방침으로 정하고 있어 헌법을 비롯해 정치·경제·사회 전반에 걸쳐 대수술이 진행될 것으로 보인다.

미주리 함상에서의 맥아더와 일본 외상 시게미츠 사이의 항복문서 조인식.

'일본 패망' 각국 반응

일본이 항복했다는 소식이 알려지면서 아시아 각국은 환희에 들뜨고 있다. 일본이 그토록 외쳐댔던 '대동아공영권'이 하루아침에 무너지면서 일본군에 시달리던 아시아 각국은 이제 자유와 해방의 날을 맞이하고 있다.

중 국

8월 15일 일본천황의 항복방송이 나오자 북경주재 일본인과 중국인 사이에 희비가 극명하게 교차됐다. 북경에는 군인과 민간인을 합해 약 13만의 일본인이 있었는데 이들은 항복방송을 듣고는 마치 스위치가 꺼진 로봇 모양으로 움직이지도 않고 말도 없이 멍한 표정이다. 반면 길거리에는 '경축광복', '경축승리'라는 포스터가 곳곳에 나붙는 가운데 요란한 폭죽소리가 들려오고 있다. 중국인들은 이전에는 길거리에서 일본인과 마주치면 눈을 내리깔고 못 본 체 지나쳤으나 이날은 그들을 정면으로 응시하며 당당히 걷는 모습이다.

인도네시아

9월 8일 일본군 무장해제를 위해 영국군이 들어왔다. 그런데 이 중에는 이전에 네덜란드의 동(東)자바 주지사였던 판 모크가 있었다. 인도네시아가 이전에 네덜란드의 식민지였으므로 이번에 다시 식민지로 삼겠다는 의사표시를 한 것이다.

인도네시아의 독립운동을 이끄는 수카르노는 이런 낌새를 눈치채고 이미 8월 17일 '반네덜란드 독립선언'을 발표하는 등 결사항전할 태세를 갖추고 있다.

베트남

이미 8월 10일부터 수만 군중이 반제국주의 데모를 해오던 차에 일본이 항복을 하자 시위군중은 수십만에 달하고 있다.

베트민(베트남독립동맹)의 호 치민이 시위를 이끌고 있는데 그는 "우리의 목표는 외국 제국주의로부터 인도차이나를 해방시키는 것"이라고 말했다. 사이공에 있던 일본의 남방군총사령부는 이러한 민중봉기에 기가 푹 죽어 있다.

그러나 프랑스의 드골장군이 사이공에 기갑부대 1개 사단을 파견하는 등 베트남을 식민지화하려는 야망을 드러내고 있어 귀추가 주목되고 있다.

장제스, 일제 패망 후 주도권 확보 위해 '이중플레이'
"앞으론 마오쩌둥과 회담, 뒤론 일본군과 합작 공산당 공격 사주" 비난 일어

1945년 8월 말부터 충칭에서 국민당의 장 제스와 공산당의 마오 쩌둥이 만나 일본 패전 이후의 중국 정세에 관해 심도 깊은 논의를 하고 있으나 쉽게 결론이 나지 않아 난항을 거듭하고 있다. 이러한 가운데 각지에서는 국민당의 공산당에 대한 공격이 자행되고 있어 또다시 국공내전이 벌어지는 것 아니냐는 우려가 확산되고 있다.

일본이 8월 15일 항복을 선언했을 때 중국국민당과 미국은 중국주둔 일본군이 공산당에 항복하는 것에 결사반대한 바 있다. 이에 따라 이미 패전한 일본군이 국민당과 합세하여 공산당을 공격하는 일마저 벌어지고 있다. 이는 국민당의 장 제스가 전후의 주도권을 장악하기 위해 공산당을 견제하려 하기 때문으로 분석되고 있다.

마오 쩌둥은 상황이 최악으로 치닫자 8월 25일 '현재의 시국에 대한 선언'을 발표하고 "우리 민족 전체가 당면한 중대임무는 평화와 민주주의와 단결의 기초 위에 전국통일을 실현하고 독립적이고 자유로운 부강한 신중국을 건설하는 것"이라고 호소했다. 이에 따라 장 제스와의 회담이 이루어지게 됐고 장 제스도 마오 쩌둥의 시국인식에 일단 동감을 표시하고 있다. 그러나 각 지방의 분위기는 충칭과는 사뭇 달라 국민당과 공산당 사이의 전투는 점차 격화되고 있다.

중국인들은 국민당의 장 제스가 회담장에서는 미소를 지으면서 뒤로는 공산당에 대한 공격을 사주하고 있다고 보는 등 여론이 대체로 장 제스에게 비판적인 것으로 알려지고 있다.

일제하 만화경 1945년 8월 15일

"서러움을 거두고 노래하라, 해방을"
대중음악 광복 기쁨 싣고 '나래'

행진곡풍의 '해방가' 널리 불려

최근 광복을 맞이하여 이 기쁨을 담은 노래가 만들어져 널리 불리고 있다. 저명한 소설가 박태원이 가사를 쓰고 작곡가 김성태가 곡을 붙인 '해방가'가 바로 그것인데 이 노래는 행진곡풍으로 지어졌기 때문에 일부에서는 '독립행진곡'이라 부르기도 한다.

이 노래는 해방의 감격과 새 나라 건설의 희망을 잘 표현하고 있으며 곡도 밝고 쉬워서 특히 아동들에게 인기가 있는 것으로 알려지고 있다. 앞으로 국민의 노래로 권장할 만하여 가사 전문을 싣는다.

귀국동포 감격 담은 '귀국선' 유행

"돌아오네 돌아오네 / 고국산천 찾아서" 요즘 해방의 기쁨에 들떠 있는 거리에서 크게 유행하고 있는 대중가요 '귀국선'의 첫 소절이다. 이 노래는 손노원이 가사를 쓰고 이재호가 곡을 지었으며 손석봉이 불렀다.

가사에서도 알 수 있듯이 이 노래는 광복 후 일본이나 중국 혹은 멀리 남방에서 돌아오는 귀국동포의 감격을 표현하였다. "얼마나 그렸던가 / 무궁화꽃을 / 얼마나 그렸던가 / 태극깃발을"이라고 하여 나라 잃은 백성의 설움과 염원을 보여주고 있으며 새로운 조국에 대한 꿈과 희망을 "갈매기야 울어라 / 파도야 춤춰라 / 귀국선 뱃머리에 / 희망도 크다"라고 노래하고 있다. 이 노래는 가사뿐만 아니라 곡조도 과거 대종을 이루었던 일본음계에 의한 대중가요와는 아주 다른 선율진행을 보여 뚜렷한 개성을 나타내고 있다. 이에 대해 한 음악평론가는 나라가 해방되고 새로운 세상을 맞이한 마당에 대중가요도 더 이상 식민지의 설움에 기반한 신파조의 애상에 젖어 있을 필요가 있겠느냐고 반문하면서 앞으로 대중가요도 새롭게 변모할 것이라고 분석하고 있다.

어둡고 괴로워라 밤이 길더니 / 삼천리 이 강산에 먼동이 튼다 / 동무야 자리 차고 일어나거라 / 산 넘고 바다건너 태평양 넘어 / 아아 자유의 자유의 종이 울린다

한숨아 너 가거라 현해탄 건너 / 서름아 눈물아 너와도 하직 / 동무야 두 손 들어 만세 부르자 / 아득한 시베리아 넓은 벌판에 / 아아 해방의 해방의 깃발 날린다

유구한 오천 년 조국의 역사 / 앞으로 억만 년이 더욱 빛나리 / 동무야 발맞추어 함께 나가자 / 우리의 앞길이 양양하구나 / 아아 청운의 청운의 피가 끓는다

「매일신보」, 「서울신문」으로 발행
총독부기관지 '색깔벗기'에 나서

1945년 11월 23일 군정청당국은 조선총독부의 기관지인 「매일신보」의 사옥과 시설을 인수, 제호를 「서울신문」으로 바꿔 발행하기 시작했다. 초대 사장은 오세창, 편집국장은 홍기문이 맡았다. 「매일신보」는 해방 직후 사원자치위원회에 의해 운영되어왔다. 10월 2일 이후 군정청당국이 이를 인수하여 오세창 등 우익간부를 중심으로 재편성하려고 시도했지만 사원자치위원회의 완강한 반대에 부딪힌 바 있다. 이번에 사원자치위원회측과 타협이 이루어져 「서울신문」이란 제호로 발간되기에 이르렀는데 진보적 성향이 강한 홍명희의 아들 홍기문이 편집국장을 맡게 된 것도 이러한 타협의 산물인 것으로 알려지고 있다.

새로 나온 책
서인균 「조선민족운동과 사회운동의 회고」
독립운동 실상·정치지도자 프로필 소개

1945년 11월 15일 해방 이후 해외에서 독립운동가들이 속속 귀국하고 국내에서도 숨죽이고 있던 정치가들이 활동을 개시하는 이른바 백화제방의 정치의 시대를 맞이하여 일제시기 독립운동의 흐름을 정리하고 주요 정치지도자의 프로필을 소개한 소책자가 간행되어 눈길을 끌고 있다.

서인균이 엮은 「조선민족운동과 사회운동의 회고」가 바로 그것인데 '사선을 넘어서'란 부제를 달고 있는 이 책은 그간 일제당국의 보도통제로 인해 국내 주민에게는 우리 독립운동의 실상과 우리 정치지도자들의 면모가 잘 알려지지 않았던 상황에 나온 것이라 더욱 큰 관심을 끌고 있는 것으로 보인다.

이 책은 모두 7장으로 이루어져 있는데 1장부터 6장까지에서 3·1 운동부터 사회주의운동까지의 독립운동 경과를 간략하게 서술하였으며, 마지막 7장에서 '조선사상가와 혁명투사들의 면모'란 제목으로 정치지도자의 프로필을 소개하고 있다. 이 부분이 책의 2/3 분량을 차지하고 있어서 이 책을 펴낸 의도를 알 수 있게 한다.

독립운동의 경과를 다룬 부분에서는 상해임시정부와 의열단, 그리고 사회주의운동 등 좌우익의 활동을 함께 다루고 있으며 정치지도자 프로필에서도 좌우익 인물들을 망라하고 있다.

여기에는 130명의 정치지도자가 소개되고 있는데 이들의 프로필을 출생연도, 원적, 학력, 저서, 경력의 순으로 정리하고 있으며 마지막으로 해독 가능한 외국어를 덧붙이고 있다.

조선학술원 창설
백남운 주도…
좌우 각계 인사 망라

1945년 8월 16일 백남운(경제사·사진), 김양하(물리화학), 윤행중(이론경제학), 김재숙(철학) 등 학계·기술계 인사들이 모여 조선학술원준비위원회를 발족시켰다. 이들은 모두 현재 지식계의 중진으로서 마르크스주의자, 사회민주주의자, 진보적 자유주의자, 민족주의자, 실증주의자 등 다양한 이념적 성향을 보이고 있는데, 조선학술원의 창립으로 건국준비위원회의 이론적 뒷받침을 하게 될 것으로 기대된다.

이번 조선학술원의 창립은 경제사학자 백남운이 준비위원장을 맡아 주도하고 있는 것으로 알려지고 있는데, 그는 이미 1936년에 학술원에 해당하는 중앙아카데미의 창설을 제안한 바 있다.

그는 당시 중앙아카데미를 조선의 학술을 담당할 기간부대로 설정하고, 중요활동목표를 조선문화의 선양과 전 사회적으로 우리의 것을 알고 사랑할 줄 아는 문화의식을 갖게 하는 데 두었다. 이렇듯 그는 당시부터 자신이 취하고 있는 사상적 입장과 경향성을 내세우지 않고 학계인사들을 폭넓게 규합할 생각을 갖고 있었기 때문에 이번에 창립된 조선학술원에도 다양한 이념적 성향을 가진 인사들이 모여들 수 있었던 것으로 보인다.

이번 호의 인물　여운형

민족해방 일념의 포용력 있는 민족지도자

여운형은 도량이 넓은 호걸남아다. 훤칠한 키에 준수한 얼굴, 사자후와 같은 열변, 너그러운 마음씨는 문자 그대로 호걸남아에 손색이 없다. 외모나 인품만 그런 게 아니라 생각도 유연하여 민족을 살리는 길이라면 좌도 우도 기독교도 불교도 포용한다. 그렇다고 그가 주견이 없는 사람은 결코 아니다. 민족의 자유로운 해방과 근로대중의 세상을 만들자는 일념은 바위 같다. 그래서 그를 따르는 사람이 많고 민족지도자로 가장 추앙받고 있는 것이다.

그는 스물두살 때 부친의 장례식을 치르자 빚받을 문서와 노비문서를 불태워버리고 종들을 모두 불러 "너희들은 이제부터 나의 형제요 자매들이다"고 하며 각기 살길을 마련해줬다. 그의 진보적이고 과감한 면모를 여실하게 보여준 장면이었다. 일찍이 배재학당에도 다녔고, 중국으로 건너가 1918년에는 상해에서 청년동포들을 규합해 신한청년당을 조직, 1차대전 종전을 맞으면서 파리강화회의에 대표도 보내고 민족적인 운동을 준비해 이런 노력이 결국 3·1운동이라는 거족적인 항쟁으로 이어졌다. 1920년대 그는 사회주의사상을 수용하면서 모스크바에서 열린 피압박민족대회에도 참석했고 중국의 손문과도 손잡으려 했으며 중국국민당에도 가입했다. 그는 민족해방에 도움이 된다면 누구와도 손잡고 일하고자 한 국제적인 안목의 인물이다.

1929년 일경에 체포돼 국내에 들어와 3년 동안 영어(囹圄)생활을 하고 나서 조선중앙일보의 사장으로도 활동했다. 일제의 발악이 막바지에 이르는 길목에서 많은 인사들이 변절했지만 그는 추호도 동요없이 일제 패망을 예견하고 지하에 건국동맹을 결성, 건국사업에 대비했다. 이런 그의 노력이 결실을 맺어 해방된 지금 그는 건국준비위원회를 구성해 신속하게 건국사업의 터전을 다져가고 있는 것이다. 민족의 여망을 한몸에 받고 있는 그에게 힘찬 박수를 보내자.

1886년생. 본관은 함양. 경기도 양평 출생. 호는 몽양(夢陽).

좌익만담가 신불출, 느닷없는 무료공연
"이승만 환영인파 분산 목적" 소문 무성…
세태풍자에 사회주의 전파까지 '전천후'

1945년 10월 26일 유명한 만담가 신불출이 느닷없이 무료공연을 개최하였다.

이번 무료공연이 이승만의 귀국을 겨냥한 것으로 조선프롤레타리아예술연맹의 지시에 따라 환영인파를 분산시키기 위한 목적으로 열렸다고 하는 소문도 있다.

사회주의적 성향을 띤던 일제 말기의 공연내용이나 최근 좌익문인들과의 빈번한 교유로 볼 때 충분히 그럼직 하다는 것이 주변 사람들의 의견이다.

신불출은 1930년대 이래 세태풍자연극으로 대중을 사로잡은 인물이다. 주로 식민지 지배를 풍자하여 일제당국에 미운 털이 박혀 무수히 연행된 바 있다. 일제 말기부터는 단순한 세태풍자를 넘어서 사회주의사상을 만담에 담아내기 시작했는데, 당시 만담을 들었던 사람에 의하면 시쳇말로 의식화시키는 내용이었다고 한다. 아마 이 시기부터 좌익문화인과 교류를 한 것이 아닌가 생각되는데 이번 공연도 이러한 과정의 연장에서 개최된 것이다.

그런데 개인적으로는 발랄하고 자유분방하며 여자문제로도 말이 많아서 도저히 사회주의와는 어울리지 않는 인물이라는 평도 있다.

국 내		국 외	
연 대	내 용	연 대	내 용
A·D		A·D	
1910. 8	한일합병조약 공포.	1910.10	포르투갈, 공화제 선언
	일본, 조선총독부 설치.		러시아 작가 톨스토이 사망
9	황현 자결		
	임시토지조사국관제 공포로 토지조사사업 본격적 시작		
10	데라우치 마사다케(寺內正毅), 초대 조선총독에 임명됨		
12	회사령 공포 시행		
1911. 1	신민회·안악·105인사건 발생		
5	잡지 「소년」 폐간		
7	석굴암 발견	1911. 7	프랑스, 모로코에 출병(제2차 모로코사건)
8	조선교육령 공포	9	이탈리아·터키, 트리폴리전쟁 개시
11	압록강 철교 준공	12	노르웨이 탐험가 아문센, 남극 도착
		1912. 1	중화민국 성립
		2	청, 선통제 퇴위
		3	모로코, 페즈조약으로 프랑스 보호령이 됨
		5	러시아지도하에 발칸동맹 성립(세르비아·그리스·불가리아·
1912. 7	정인보·박은식·신채호 등, 상해에서 동제사 조직		몬테네그로)
11	극장 단성사 설립	10	이탈리아, 로잔조약으로 트리폴리·키네나이카 영유
12	임병찬, 전라도지방에서 독립의군부 조직		제1차 발칸전쟁 발발, 발칸동맹이 터키에 선전포고함
1913. 4	엄복동, 평양 역전광장에서 열린 자전거대회에서 일본인을 물리	1913. 6	제2차 발칸전쟁 발발, 불가리아와 세르비아·몬테네그로 사이의
	치고 우승		전쟁
5	안창호·안종우 등, 샌프란시스코에서 흥사단 조직	9	알바니아, 영세중립국으로 독립
1914. 1	호남선 개통		
3	지방행정구역 개편, 12부 218군 2,517면	1914. 6	오스트리아, 사라예보사건 발생
7	유길준 사망	7	제1차세계대전 발발
	선린고등학교 한국 학생, 일본 학생과 충돌하여 전원 동맹휴교		
	하고 자퇴원서 제출		
8	경원선 개통	8	독일, 러시아에 선전포고
9	최남선, 잡지 「청춘」 창간		영국·프랑스, 독일에 선전포고
	일제, 석굴암 보수		미국, 제1차세계대전에 중립선언
1915. 1	박용만, 하와이에서 독립운동단체 조선국민군단 조직		파나마운하 개통
	윤상태·서상일 등, 경북 달성에서 조선국권회복단 결성.		
7	채기중·박상진 등, 대구에서 대한광복회 결성	1915. 5	이탈리아, 3국동맹을 파기하고 오스트리아에 선전 포고
9	의병장 채응언, 7월에 체포된 이후 평양감옥에서 처형됨		
	경복궁내 총독부 박물관 준공		
10	박은식, 상해에서 「한국통사」 간행		
12	일본, 조선주둔군 2개 사단 증설(제19 및 20사단)		
	조선광업령 공포		
1916. 3	박중빈, 전북 익산에서 원불교 창설	1916. 2	아일랜드, 신페인당주도의 폭동 발생
5	의병장 임병찬, 거문도에서 자결	3	포르투갈, 독일에 선전포고
7	공창제도 시행		
8	대종교 교주 나철, 구월산에서 자결		
10	일본 대장 하세가와 요시미치(長谷好川道), 총독에 임명됨		
1917. 1	이광수, 장편소설 「무정」 매일신보에 연재	1917. 1	미국 대통령 윌슨, 〈승리없는 평화〉 제창
		2	독일, 무제한잠수함작전 선언
3	조선산직장려계, 중등학교 교사를 상대로 활동 중 이은상·안재	4	미국, 독일에 선전포고하고 연합군 가담
	홍 등 130여명 체포됨		
8	신규식 등, 상해에서 조선사회당 결성		
10	광복단, 각지의 부호들에게 독립자금을 요구하는 통고문을 보냈	11	러시아, 10월혁명 발발 및 레닌의 소비에트정부 수립
	다가 발각(광복단사건)		영국, 발포어선언으로 유대인자치 약속
12	한강 인도교 준공	12	독일, 러시아와 휴전조약
1918. 1	김립·문창범, 전로한족회중앙총회 조직	1918. 1	미국, 윌슨의 14개조 평화안 발표
6	남만춘·김철훈 등, 이르쿠츠크에서 공산당 한국지부 창립	7	일본, 러시아혁명 저지하기 위해 시베리아에 출병
	이동휘·김립 등, 하바로프스크에서 한인사회당 조직		
	토지조사사업 완료		
	안중식·고희동·오세창 등 13명, 서화협회 창설		
8	각도에 금융조합연합회 설치		
	경성전기회사 소속 차장 및 운전사 250여명, 임금인상을 요구하		
	며 파업 돌입		
9	여운형·장덕수·조동우·김구 등, 상해에서 신한청년단 조직		
10	한용운, 불교지 「유심」 창간	10	오스트리아, 연합군에게 항복 발표
11	조선식산은행 설립	11	독일, 혁명 발생으로 황제 퇴위하고 제1차세계대전에서 항복
	김동삼·신팔균·김규식·이동녕 등 만주에서 대한독립선언서		
1919. 1	발표(무오독립선언)	1919. 1	파리강화회의 개최
2	고종, 덕수궁에서 승하		
	신한청년단, 김규식을 파리, 장덕수를 도쿄, 여운형을 노령(露領)		
	에 파견 독립운동 준비		

국 내		국 외	
연 대	내 용	연 대	내 용
	김동인·전영택·주요한, 도쿄에서 최초의 문예동인지 「창조」 창간		
	도쿄유학생 600여명, 조선기독교청년회관에서 독립선언서 발표 (2·8독립선언서)		
3	이승만·민찬호, 미국 대통령 윌슨에게 한국위임통치청원서 전달		
	3·1독립운동 발생		
	고종 국장 거행		
	노령의 대한국민회의, 독립선언서 발표하고 정부수립 선언		
	김규식, 파리에 한국대사관 설치		
	유관순, 천안에서 피검		
4	상해교포 400여명, 대한인거류민단 조직(단장 여운형)		
	상해 프랑스 조계에서 대한민국임시정부 수립(의정원 의장 이동녕, 국무총리 이승만)		
	제암리 학살사건 발생		
	인천 만국공원에서 한성임시정부 조직		
	이범윤·진학신 등, 동북만주 의병을 중심으로 옌지현(延吉縣)에서 의군부 조직		
5	만주의 이회영계 부민단, 서로군정서 조직	5	중국, 5·4운동 발생
	김규식, 파리강화회의에 독립청원서 제출	6	베르사유조약 조인
7	상해에서 대한민국적십자회 조직		
	홍범도 휘하의 대한독립군, 갑산·혜산진 등지의 일본군 습격		
8	사이토 마코토(齋藤實), 총독에 임명됨	8	독일, 바이마르헌법 공포
	강우규, 남대문역에서 신임 총독 사이토에게 폭탄 투척		
	상해임시정부, 기관지 「독립신문」 창간		
9	서일·김좌진 등, 정의단을 북로군정서로 개칭		
	총독 사이토, 문화정책 공표		
10	김성수 등 경성방직주식회사 설립	10	미국, 금주법 제정
	한국 최초의 영화 「의리적 구투」 상영		
11	김원봉 등, 지린성(吉林省)에서 의열단 조직	11	국제연맹 제1차 총회 개최
1920. 2	국민협회, 한인의 참정권 청원서 일본 중의원에게 제출		
3	조선일보 창간		
4	조선노동공제회 창립		
	동아일보 창간		
	회사령, 설립허가제를 신고제로 개정		
5	조선체육협회, 제1회 전선체육대회 개최		
6	대한독립군, 홍범도의 지휘로 만주 봉오동에서 일본군 150여명 사살(봉오동전투)		
	천도교청년회의 이돈화 등, 월간 종합지 「개벽」 창간		
7	잡지 「폐허」 창간		
8	광복군 총영의 김영철 등 10명, 미국의원단 방한을 계기로 총독 암살·관공서 폭파 계획		
10	김좌진·이범석 등 북로군정서부대 청산리대첩		
11	동북만주의 독립군, 대한독립군단 조직		
12	의열단원 최수봉, 밀양경찰서에 투탄		
	총독부, 산미증식계획 수립		
	박은식, 「한국독립운동지혈사」 간행		
1921. 1	양근환, 친일파 민원식 도쿄에서 살해		
	장덕수·이영·김사국 등, 서울청년회 조직		
4	서화협회, 제1회 서화협회전 개최		
5	변영로·황석우 등, 「장미촌」 창간		
6	흑하사변(자유시사변) 발생	1921. 7	중국 공산당 결성
9	부산부두 노동자 5천여 명, 임금인상 요구하며 총파업	11	워싱턴군축회의 시작(~22. 2)
12	이승만·서재필 등, 워싱턴군축회의에 한국독립청원서 제출		
1922. 1	박종화·홍사용 등, 「백조」 창간		
5	이광수, 「개벽」에 〈민족개조론〉 발표		
6	제1회 조선미술전람회 개최		
11	안창남, 도쿄-오사카간 비행 성공	1922.11	터키, 술탄제 폐지
	조선민립대학기성회 발기		
	박승희·김기진 등, 도쿄에서 토월회 조직		
12	고려공산당 해체되고 코민테른극동총국 휘하에 고려국(꼬르뷰로) 설치	12	소련, 소비에트사회주의공화국 수립(USSR)
1923. 1	상해임시정부, 내분을 수습하기 위해 상해에서 국민대표회 개최		
	의열단원 김상옥, 종로경찰서에 투탄		
	조선물산장려회 창립		
4	조선형평사 창립		
	최초의 극영화 「월하의 맹서」 개봉		
9	관동대진재사건 발생	1923.10	터키, 공화국 수립(대통령 케말 파샤)
11	박열, 천왕 암살음모 혐의로 검거됨		
		1924. 1	중국, 제1차 국공합작
1924. 3	김좌진·김혁, 신민부 조직		레닌 사망

국 내		국 외	
연 대	내 용	연 대	내 용
4	서울의 친일단체, 각파유지동맹 조직		
	조선노농총동맹 창립		
	조선청년총동맹 창립		
7	전남 암태도소작쟁의 발생		
9	북률동척농장소작쟁의 발생	10	프랑스, 소련 승인
11	홍명희·박헌영 등의 신사상연구회, 화요회로 개칭		
	북성회의 국내본부, 북풍회 조직		
1925. 1	통의부 등 만주의 독립운동 단체, 지린성에서 정의부 조직		
	평북 용천 불이농장 소작쟁의 개시		
3	상해임정부 의정원, 임시대통령 이승만 탄핵 가결	1925. 3	쑨원(孫文) 사망
	상해임정부, 헌법을 개정하여 대통령제를 없애고 국무령 중심의 내각책임제 채택		
4	김약수·김재봉·김찬·조봉암 등, 조선공산당 창립		
	전조선기자대회 개최		
	전조선민중운동자대회, 일제의 탄압으로 무산		
5	치안유지법 공포		
6	총독부, 조선편찬위원회를 확대·강화하고 조선사편수회 설치		
9	백남운·안재홍 등, 조선사정연구회 창립		
	사회주의계열의 학생, 조선학생사회과학연구회 창립		
11	제1차 조선공산당 사건 발생		
	조선노농총동맹, 노선노동총동맹과 조선농민총동맹으로 분리		
12	박영희·김기진·최학송 등, 조선프롤레타리아예술가동맹(카프) 결성	12	로카르노조약 조인
			스탈린, 1국사회주의론 채택
1926. 4	정의부의 양기탁 등, 고려혁명당 결성		
5	주요한, 종합잡지「동광」창간		
6	6·10만세운동 발생		
	제2차 조선공산당사건 발생		
7	전주고보, 맹휴 끝에 일본인 교장 축출	1926. 7	장제스(蔣介石), 공산당을 토벌하기 위해 북벌 시작
		9	독일, 국제연맹에 가입
10	나운규 감독의 〈아리랑〉 개봉		
11	정우회, 사상운동단체의 통일 주장		
12	의열단원 나석주, 조선식산은행과 동양척식주식회사에 폭탄 투척		
	안광천·김준연·한위건 등, 조선공산당 재조직(세칭 ML당)		
1927. 1	신간회 창립		
2	경성방송국 방송 개시		
3	이상재 사망	1927. 4	중국, 장제스의 쿠데타로 난징국민정부 조직
5	신간회의 자매단체 근우회 창립	5	미국의 린드버그, 최초로 뉴욕에서 파리까지 대서양횡단 무착륙 단독비행 성공
		8	중국, 우한(武漢)정부가 공산당을 탄압하여 국공합작 분열
9	제1회 전조선씨름대회 개최		
12	조선토지개량령 공포		
1928. 1	제3차 조선공산당사건(ML당사건) 발생		
3	불교전수학교 개교		
7	제4차 조선공산당사건 발생		
10	한글날 제정		
11	홍명희, 장편소설「임꺽정」조선일보 연재	1928.12	중국, 은허(殷墟) 발굴됨
1929. 1	원산총파업 시작	1929. 2	이탈리아, 라테라노협정으로 로마교황청과 화해
3	정의부·참의부·신민부, 자치기관으로 국민부 조직		
6	「삼천리」창간	7	중국·소련과 국교 단절
8	사이토, 총독에 재임명됨		
10	조선일보, 경평축구대항전 개최	10	미국, 뉴욕 월가의 주가 폭락으로 세계적 대공황 발생
		11	인도, 전인도국민회의를 개최하고 영국에게 완전독립 요구
1930. 1	김좌진, 만주 영안현에서 의문의 암살		
3	이동녕·안창호·김구 등, 상해에서 한국독립당 창당	1930. 3	인도, 무저항운동 시작 간디 체포
5	간도지역 한인 공산주의자들, 박윤서·김근 등의 지도하에 대규모 봉기(5·30봉기)		
4	불이농장소작쟁의 개시		
7	홍진·신숙·이청천 등, 한국독립군 조직		
8	평양고무공장 노동자 파업 돌입		
11	광주학생운동 발생		
1931. 5	신간회, 해체 결의		
6	동아일보, 브나로드운동 전개		
	제1차 카프 검거		
	우가키 가즈시게(宇垣一成), 신임총독에 임명		
7	만보산사건 발생	1931. 9	중국, 일본군이 조작한 류탸오거우(柳條溝)사건으로 만주사변 발발
11	경성제국대학생 중심의 반제동맹사건으로 많은 학생 피검	11	마오쩌둥(毛澤東), 중화소비에트임시정부 수립
1932. 1	한인애국단원 이봉창, 일본 왕에 폭탄 투척 실패		
2	조선혁명당군, 중국의용군과 한중연합군 조직	1932. 3	만주국 수립됨
4	윤봉길, 상해 홍커우공원(虹口公園)에서 일본의 천장절 겸 전승		

국 내		국 외	
연 대	내 용	연 대	내 용
	축하회장에 폭탄 투척		
9	제1차 쌍성보 전투, 한중연합군 쌍성보 일시 점령		
10	한국독립당 등 5개 단체, 난징(南京)에서 대일전선통일동맹 결성	11	소련, 프랑스와 불가침조약 체결
12	윤봉길, 총살형으로 순국		
		1933. 1	히틀러, 수상에 취임
1933. 3	미곡통제령 공포	3	미국, 뉴딜정책 실시
5	조선성악연구회 창립		
10	조선어학회, 한글맞춤법통일안 발표	10	독일, 국제연맹 탈퇴
		11	소련, 농업집단화 달성
		12	미국, 소련을 승인하고 국교 재개
1934. 2	한국독립당과 한국혁명당, 난징에서 신한독립당으로 통합		
3	면양장려계획 발표		
4	조선농지령 공포		
5	이병도·김윤경·이병기 등, 진단학회 창립		
9	조선혁명군 총사령 양세봉, 일본군에 피살	1934. 9	소련, 국제연맹에 가입
		10	마오쩌둥(毛澤東), 중국공산당 대장정 개시(~1936. 10)
			네루, 인도 국민회의파 지도자 됨
1935. 1	이동휘, 블라디보스토크에서 사망		
	여자 농촌운동가 최용신 사망		
4	카프, 해체 결의		
7	난징에서 민족혁명당 조직		
9	총독부, 각 학교에 신사참배 강요		
10	최초의 발성영화「춘향전」, 단성사에서 개봉		
11	이동녕 등 전 한국독립당 간부, 한국국민당 조직	1935.11	그리스, 왕정 부활
			프랑스, 프랑스인민전선 결성
		1936. 1	일본, 런던군축회의 탈퇴
1936. 2	민족혁명당, 우파의 한국민족혁명당과 좌파의 조선민족혁명당으로 분리		
3	신채호, 여순 감옥에서 옥사		
5	만주에서 조국광복회 조직		
6	안익태, 애국가 작곡		
7	동아일보, 일장기말소사건으로 무기정간	7	스페인내란 발생
8	손기정, 베를린올림픽에서 마라톤 우승	12	영국, 심프슨부인 사건으로 국왕 에드워드 8세 퇴위
	미나미 지로(南次郎), 신임 총독에 임명됨		소련, 스탈린헌법 제정
1937. 2	백백교사건 발생		
4	김동삼, 경성감옥에서 옥사		
	이상, 도쿄에서 사망		
5	동북항일연군, 갑산군 혜산진 보천보주재소 습격 (보천보전투)		
6	수양동우회사건 발생		
7	총독부, 사립학교 통제를 강화하기 위해 사립학교규칙 공포	1937. 7	루거우차오사건(蘆溝橋)으로 중·일전쟁 발발
8	한국국민당·한국독립당·조선혁명당·한인애국단 등, 한국광복운동단체연합회 결성	8	중국, 공산당 팔로군 편성
	나운규 사망		중·소불가침조약 체결
9	소련, 극동 시베리아 거주 한인 20만에게 중앙아시아로 강제 이주 단행	9	중국, 제2차 국공합작
10	총독부, 황국신민서사 제정·강요		
11	덕수궁미술관 준공	11	일본, 중국의 난징을 함락하고 난징학살사건 자행
12	조선민족혁명당·조선민족해방운동자동맹 등, 조선민족전선연맹 결성	12	중국, 장쉐량(張學良)이 장제스를 감금한 시안(西安)사건 발생
1938. 2	육군특별지원병령 공포		
3	안창호 사망	1938. 3	멕시코, 석유국유화 선언
	총독부, 조선교육령 개정 공포		
4	양기탁 사망		
5	흥업구락부사건 발생		
6	총독부, 각도에 근로보국대 조직 지시		
7	총독부, 국민정신총동원조선연맹 창립	9	뮌헨협정 체결로 체코슬로바키아의 주데텐란트가 독일에 합병
12	조선사상범보호관찰령 공포	10	일본, 중국의 광둥(廣東)점령
		1939. 3	독일, 체코슬로바키아 침입
1939. 4	한국광복운동단체연합회와 조선민족전선연맹, 전국연합진선협회 결성	5	독일·이탈리아 군사동맹(강철조약) 체결
	문일평 사망		
8	철도국, 목탄자동차 시험	8	독소불가침조약 체결
		9	영국·프랑스, 독일에 선전포고
10	이광수·최재서·박영희 등, 내선일체·국민문학을 표방하고 조선문인협회 결성		제2차세계대전 시작
			미국, 중립 선언
	국민징용령 실시		폴란드, 독일에 의해 바르샤바가 함락되자 항복
1940. 2	창씨개명 실시		
5	한국국민당·조선혁명당·한국독립당, 한국독립당으로 통합 창립	1940. 5	독일, 마지노선을 돌파하고 벨기에·네덜란드 항복시킴
		6	독일, 프랑스 파리 함락
			프랑스·이탈리아 정전협정 체결

국 내		국 외	
연 대	내 용	연 대	내 용
		7	이탈리아, 영국·프랑스에 선전포고
			소련, 발트3국을 병합
8	동아·조선일보, 강제 폐간됨	8	트로츠키, 멕시코에서 암살됨
9	임시정부, 한국광복군 창설	9	독일·이탈리아·일본, 3국군사동맹 체결
10	총독부, 황국신민화운동 본격적으로 실시	11	헝가리·루마니아·슬로바키아, 3국군사동맹에 참가
1941. 3	총독부, 국민학교 규정 공포하고 조선어 학습 폐지	1941. 4	소련, 소일불가침조약 체결
		6	독일, 소련 공격 개시
8	농산물공출제도 시행		드골, 런던에 프랑스 망명정부 조직
11	임시정부, 대한민국건국강령 발표		
	임시정부, 워싱턴에 구미위원회 설치		
12	임시정부, 미·일개전에 따라 대일선전포고	12	일본, 하와이 진주만 공격
	물자통제령 공포		미국·영국, 일본에 선전포고(태평양전쟁 개시)
			독일·오스트리아·헝가리, 미국에 선전포고
1942. 5	고이소 구니아키(小磯國昭), 신임총독에 임명됨	1942. 5	독일, 폴란드의 아우슈비츠 등에서 유대인 학살 개시
7	총독부, 가정의 유기공출 강요	8	독일, 소련의 스탈린그라드에 진격(스탈린그라드전투)
	김두봉, 옌안(延安)에서 조선독립동맹 조직		
9	노기남, 한국 최초로 주교가 됨		
10	조선어학회사건 발생	11	독일, 프랑스 전역을 장악
1943. 1	보국정신대 조직		
3	징병제 공포	1943. 5	독일·이탈리아, 아프리카의 튀니지아와 알제리에서 연합군에 패배
		7	이탈리아, 연합군에게 항복
8	광복군, 연합국사령부의 요구로 병사 1대를 미얀마전선에 파견	9	독일, 이탈리아가 연합군에게 항복하자 로마점령
10	일본 육군성, 조선인학생의 징병유예 폐지(학병제 실시)	11	카이로회담 개최(미국·영국·중국)
11	카이로회담에서 적절한 시기에 한국의 독립을 약속	12	테헤란회담 개최(미국·영국·소련)
1944. 1	이육사, 북경에서 옥사	1944. 1	독일, 유럽의 동부전선에서 대패
4	주기철 목사, 옥사		
5	한용운 사망		
7	아베 노부유키(阿部信行), 신임총독에 임명됨	6	연합군, 노르망디상륙작전 성공
8	여운형, 비밀지하단체 건국동맹 조직		연합군, 이탈리아의 로마 해방시킴
	여자정신대근무령 공포	8	소련, 헝가리에 침입
1945. 2	얄타회담에서 한반도문제 언급	1945. 2	얄타회담 개최(미국·영국·소련)
		4	히틀러, 아내 에바 브라운과 함께 자살
			무솔리니, 정부 클라레타 페타치와 함께 이탈리아 빨치산에게 처형됨
		5	독일, 베를린이 함락되고 연합군에게 항복
6	친일언론인, 조선언론보국회 조직(회장 최린)	6	국제연합 창설
7	포츠담선언, 카이로선언 이행을 확인하고 한민족의 독립을 약속	7	포츠담회담(미국·영국·소련)
8	8·15해방	8	소련, 일본에 선전포고하고 만주에 출병 시작
	조선건국준비위원회 발족		미국, 일본의 히로시마(廣島)와 나가사키(長崎)에 원자폭탄 투하
	학병동맹 결성		
	국민당 결성(위원장 안재홍)		
9	조선건국준비위원회, 조선인민공화국 수립 공포		
	송진우 등, 한국민주당 결성		
10	이승만, 미국에서 귀국	10	일본, 무조건 항복
			뉘른베르크군사재판, 독일의 전범 처벌시작
11	김구 등 임시정부 요인, 충칭(重慶)에서 개인자격으로 귀국	11	중국, 국공내전 시작
	조선노동조합전국평의회 결성		
	신의주반공학생의거 발생		

찾아보기

신문으로 엮은 한국 역사 6

역사신문

1996년 7월 30일 1판 1쇄
2022년 6월 30일 1판 33쇄

지은이 | 역사신문편찬위원회

편집 관리 | 인문팀
제작 | 박흥기
마케팅 | 이병규 · 양현범 · 이장열
홍보 | 조민희 · 강효원

출력 | 블루엔
인쇄 | 천일문화사
제책 | J&D바인텍

펴낸이 | 강맑실
펴낸곳 | (주)사계절출판사
등록 | 제 406-2003-034호
주소 | (우)10881 경기도 파주시 회동길 252
전화 | 031) 955-8588, 8558
전송 | 마케팅부 031) 955-8595   편집부 031) 955-8596
홈페이지 | www.sakyejul.net   전자우편 | skj@sakyejul.com
페이스북 | facebook.com/sakyejul   트위터 | twitter.com/sakyejul
블로그 | blog.naver.com/skjmail

ⓒ 사계절출판사, 1997

ISBN 978-89-7196-308-1 04910

其征服者의 快를 貪할 뿐이오 我의 久遠한 社會基礎와 卓犖한 民族心理를 無視한다 하야 日本의 少義함을 責하려 안이하노라. 自己를 策勵하기에 急한 吾人은 他의 怨尤를 暇치 못하노라. 現在를 綢繆하기에 急한 吾人은 宿昔의 懲辦을 暇치 못하노라. 今日 吾人의 所任은 다만 自己의 建設이 有할 뿐이오 決코 他의 破壞에 在치 안이하도다. 嚴肅한 良心의 命令으로써 自家의 新運命을 開拓함이오 決코 舊怨과 一時的 感情으로써 他를 嫉逐排斥함이 안이로다. 舊思想 舊勢力에 覊縻된 日本 爲政家의 功名的 犧牲이 된 不自然 又 不合理한 錯誤狀態를 改善匡正하야 自然 又 合理한 正經大原으로 歸還케 함이로다.

當初에 民族的 要求로서 出치 안이한 兩國倂合의 結果가 畢竟 姑息的 威壓과 差別的 不平과 統計數字上 虛飾의 下에서 利害相反한 兩民族間에 永遠히 和同할 수 업는 怨溝를 去益深造하는 今來 實績을 觀하라. 勇明果敢으로써 舊誤를 廓正하고 眞正한 理解와 同情에 基本한 友好的 新局面을 打開함이 彼此間 遠禍召福하는 捷徑임을 明知할 것 안인가. 또 二千萬 含憤蓄怨의 民을 威力으로써 拘束함은 다만 東洋의 永久한 平和를 保障하는 所以가 안일 뿐 안이라 此로 因하야 東洋安危의 主軸인 四億萬 支那人의 日本에 對한 危懼와 猜疑를 갈스록 濃厚케 하야 그 結果로 東洋全局이 共倒同亡의 悲運을 招致할 것이 明하니 今日 吾人의 朝鮮獨立은 朝鮮人으로 하야금 正當한 生榮을 遂케 하는 同時에 日本으로 하야금 邪路로서 出하야 東洋支持者인 重責을 全케 하는 것이며 支那로 하야금 夢寐에도 免하지 못하는 不安恐怖로서 脫出케 하는 것이며 또 東洋平和로 重要한 一部를 삼는 世界平和 人類幸福에 必要한 階段이 되게 하는 것이라. 이 엇지 區區한 感情上 問題―리오.

아아 新天地가 眼前에 展開되도다. 威力의 時代가 去하고 道義의 時代가 來하도다. 過去 全世紀에 鍊磨長養된 人道的 精神이 바야흐로 新文明의 曙光을 人類의 歷史에 投射하기 始하도다.

야 하 갓 征服者의 快를 貪할뿐이오 我의 久遠한 社會基礎와 卓犖한 民族心理를 無視한다하

日本의 少義함을 責하려안이하노라 自己를 策勵하기에 急한 吾人은 他의

라 現在를 綢繆하기에 急한 吾人은 宿昔의 懲辦을 暇치못하노라

의 建設이 有할뿐이오 決코 他의 破壞에 在치안이하도다 嚴肅한 良心의 命令으로써 自家의 新

運命을 開拓함이오 決코 舊怨과 一時的感情으로써 他를 嫉逐排斥함이안이로다 舊思想 舊勢

力에 羈縻된 日本爲政家의 功名的犧牲이된 不自然又不合理한 錯誤狀態를 改善匡正하야

然又合理한 正經大原으로 歸還케함이로다 當初에 民族的要求로서 出치안이한 兩國倂合의

結果가 畢竟 姑息的威壓과 差別的不平과 統計數字上虛飾의 下에서 利害相反한 兩民族間에

永遠히 和同할수업는 怨溝를 去益深造하는 今來實績을 觀하라 勇明果敢으로써 舊誤를 廓正

하고 眞正한 理解와 同情에 基本한 友好的新局面을 打開함이 彼此間遠禍召福하는 捷徑임을

明知할것안인가 또二千萬含憤蓄怨의 民을 威力으로써 拘束함은 다만 東洋의 永久한 平和를

保障하는 所以가 안일뿐안이라 此로因하야 東洋安危의 主軸인 四億萬支那人의 日本에 對한

危懼와 猜疑를 갈스록 濃厚케하야 그 結果로 東洋全局이 共倒同亡의 悲運을 招致할것이 明하

니 今日吾人의 朝鮮獨立은 朝鮮人으로하야금 正當한 生榮을 遂케하는 同時에 日本으로하야

금 邪路로서 出하야 東洋支持者인 重責을 全케하는것이며 支那로하야금 夢寐에도 免하지못

하는 不安恐怖로서 脫出케하는것이며 또 東洋平和로 重要한 一部를 삼는 世界平和 人類幸福

에 必要한 階段이되게하는것이라 이엇지 區區한 感情上問題ㅣ리오

아아 新天地가 眼前에 展開되도다 威力의 時代가 去하고 道義의 時代가 來하도다 過去全世紀

에 練磨長養된 人道的精神이 바야흐로 新文明의 曙光을 人類의 歷史에 投射하기